卢布

一部政治史
（1769—1924）

THE RUBLE
A Political History

［俄罗斯］ 叶卡捷琳娜·普拉维洛娃 著
Ekaterina Pravilova

万青松 张红 孙超 译

中国科学技术出版社
·北京·

北京市版权局著作权合同登记 图字：01-2024-3416

图书在版编目（CIP）数据

卢布：一部政治史：1769—1924 /（俄罗斯）叶卡捷琳娜·普拉维洛娃（Ekaterina Pravilova）著；万青松，张红，孙超译 . -- 北京：中国科学技术出版社，2025.2（2025.5 重印）.

ISBN 978-7-5236-1119-7

Ⅰ . F825.129

中国国家版本馆 CIP 数据核字第 2024H89N03 号

策划编辑	刘颖洁	执行编辑	何　涛
责任编辑	刘颖洁	版式设计	蚂蚁设计
封面设计	东合社	责任印制	李晓霖
责任校对	吕传新		

出　　版	中国科学技术出版社
发　　行	中国科学技术出版社有限公司
地　　址	北京市海淀区中关村南大街 16 号
邮　　编	100081
发行电话	010-62173865
传　　真	010-62173081
网　　址	http://www.cspbooks.com.cn

开　　本	710mm×1000mm　1/16
字　　数	496 千字
印　　张	33.75
版　　次	2025 年 2 月第 1 版
印　　次	2025 年 5 月第 2 次印刷
印　　刷	北京盛通印刷股份有限公司
书　　号	ISBN 978-7-5236-1119-7 / F·1328
定　　价	109.00 元

（凡购买本社图书，如有缺页、倒页、脱页者，本社销售中心负责调换）

纪念我的老师

—

鲍里斯·阿纳尼奇（Boris Anan'ich）

序言

回看人类历史上每一个具有全球意义的转型时代，大国货币与相互间货币关系，以及由此而衍生，也受之影响的种种政治、经济、社会与文化变迁，始终是一个令人十分关注，但也还是刚刚开始被系统地加以研究的重要话题。

放在我面前的这本《卢布：一部政治史（1769—1924）》是叶卡捷琳娜·普拉维洛娃的最新著作，由万青松、张红、孙超等我的同事们翻译，代表着对该领域复杂现象展开多视野、跨学科研究的最新努力尝试。

此书令笔者感兴趣的视角之一，乃是把货币沿革进程与政治文化、政治历史相互交织起来加以观察和分析。这样就提供了一个全息透视式的图景，使我们不仅对俄罗斯货币发展演进的渊源，乃至货币现象本身的实质，有了更深入的理解；而且，也使我们对俄罗斯的千年兴衰起落是如何与货币有着千丝万缕的关联，有了更为具体切实的认知。本书作者是通过几条线索将数百年来俄国货币沿革进程与内外政治变迁串联起来的：第一，是将近三四百年来俄国在不同国际环境下，或是趋于开放改革，或是趋于保守自主的国内政治制度变化与卢布命运勾连起来加以叙述；第二，与此相关，是刻画了俄国保守主义、自由主义意识形态取向的不断交替变化如何影响货币制度的漫长过程；第三，伴随着俄罗斯帝国疆域的伸展与收缩，描述了卢布作为价值符号，也作为国家威望与影响力的不同际遇。

掩卷沉思，笔者不由回想起 20 世纪 80 年代中期在苏联学习的年代，与货币现象有关的若干片段。当时的苏联，虽然还是在高度集权的意识形态管理之下，但已经在文化历史等领域出现了对于民族特征与民族个性问题的大量研究。我曾经搜集了不少 16 世纪、17 世纪以后俄国人与西欧人互相认知的历史记载，在当时西欧人眼中，看不惯的是俄罗斯大而化之、粗枝大叶的生活作风；而在俄罗斯人眼中，最讨厌的是日耳曼人的锱铢必较、斤斤计较的交往习惯。从文化习俗角度，也许也可以为本书提供一个小小的补充，不光是政治文化，而且，千百年积淀之下的文化心理基因会无处不在地影响价值评判与交往行为。当然，事情的另一面，本书所特别强调的出自意识形态与价值观念而对货币制度产生的影响，依然是十分直接而巨大的。在笔者的记忆中，20 世纪 80 年代中期，当时苏联卢布与美元的官方比价是 1∶2.5，也就是，尽管苏联经济已经明显落后于欧美，卢布官方定价的币值还是要比美元高出很多。道理很简单，苏联认为，苏联式社会主义肯定要优于美国式资本主义。但是，据我在当地的观察，实际上黑市里的人们交换的比价是相反的。开始时，还是一美元相当于三四卢布，但到苏联晚期，卢布兑美元的比价直线下跌。从 20 世纪 80 年代中期一美元兑换五到八卢布，到 80 年代与 90 年代之交，已迅速下跌到一美元兑换一千以上甚至两千卢布的水平。紧接着，那就是 1991 年整个苏联体制的雪崩式瓦解。

　　另一个在本书中有所涉及，但还有待展开深入研究的问题，乃是在国际格局重大变动时期的大国货币间的相互关系问题。按照国际政治经济学家苏珊·斯特兰奇的说法：国际体系的稳定有赖于国际金融体系的稳定，而国际金融体系的稳定则有赖于主导性大国的货币体系的稳定。但是，若按照世界体系演进研究者们的论断，从中世纪晚期意大利城邦国家体系的出现，"三十年战争"后 1648 年《威斯特伐利亚条约》的签订，1814 年拿破仑战争后维也纳体系的确立，乃至第二次世界大战后雅尔塔秩序的构建，这每一次国际秩序的重大变更，都伴随着主导性大国相互间金融、货币关系的巨大而深刻的变更。当今时代，在人们似乎又一次目睹着国际金融、货币关系发生了若干次海啸式震荡之后，国际秩序重新又面临着变革的前景。俄罗斯并不是主导性的金融强国，但是，俄罗斯在大宗商品交换体系中所占据的独特地位使得卢布具有特殊的影响力——在西方多年严苛的经济制裁之下依然存活，甚至经济有所起色。尤其是，当俄罗斯在国际政治与安全领域独树一帜地推进世界秩序大刀阔斧的变革的同时，依然尽一切努力保持卢布的国际开放地位，这一令人眼花缭乱的崭新现象，不得不要求人们重新回到对于作为大国货币之一的卢布及其相关现象的全面研究。特别是在金砖国家货币合作加紧提上日程，俄罗斯作为2024年金砖峰会的东道主已经对此问题展开了系统研究，提出了一系列令人关注的议题之际，卢布与国内国际政治的相关性问题、卢布的自主地位与民族特性问题、卢布在国际货币变局中的地位与作用问题，不可避免地成为人们关注的，尤其是专家们需要深入探讨的话题。

作为一个并非来自金融专业，但愿意更多学习国际的、国别的金融及货币知识的学者，我觉得，本书还提出了若干明显超出仅限于某个单一专业领域的问题。比如，本书写道，1769 年叶卡捷琳娜二世时期的沙皇政府发行了第一张纸币，而在 18 世纪 60 年代，纸币本身在欧洲还是新鲜事。因为纸币发行不仅有金融风险，而且有更大的政治风险。那么，俄国何以与当时其他西欧国家不同，甘愿承受此风险？值得注意的是，在世界货币史上，中国乃是更早发行纸币的文明古国。元朝初年，马可波罗从当时货币经济十分发达的欧洲来到中国。但当他看到中国的纸币时，大为惊叹，可见中国独树一帜的货币体系在当时世界所居地位。我想提出的问题是，为什么恰恰是作为非典型西方文明体系内的、市场经济未必如西方那样开展的中俄两国在发行纸币的实验中走到了世界的前面？如果说，当年曾有这样的先例，那么，在当今信息社会与数字经济条件之下，这两个大国又会有怎样的壮举呢？这是一个有待回答的问题。

冯绍雷

2024 年 4 月 8 日

致谢

当我和朋友们说要写一部俄国货币史专著的时候，一些人耸了耸肩，并为我感到遗憾；另一些人则认为这个计划振奋人心，支持我的想法，我由衷感谢他们的支持。同时，我也感激获得机会来证明研究货币尤其研究俄国卢布这件事的趣味与益处。

我无法一一列举在研究和写作中给予我帮助的人。我尤其要感谢来自普林斯顿大学和古根海姆基金会的慷慨帮助，前者是我自 2006 年以来的学术家园，后者资助我 2018—2019 年的学术休假以及数次前往莫斯科和圣彼得堡档案馆的差旅开支。我在俄罗斯遇到了许多档案馆和图书馆工作者，他们热情、友好并乐于助人。尤其要感谢圣彼得堡"戈兹纳克"货币历史博物馆的俄国货币学专家、历史学家安德烈·波格丹诺夫（Andrei Bogdanov）。他带我了解了该馆令人惊奇的收藏并为我答疑解惑。阿纳斯塔西娅·波韦林（Anastasia Poverin）、玛丽亚·斯塔伦（Maria Starun）和阿扎特·比拉尔特季诺夫（Azat Bilaltdinov）帮我搜集整理了许多当地图书馆和档案馆的资料，由于新冠疫情时出行困难，这些工作显得格外重要。普林斯顿大学斯拉夫图书馆的托马斯·基南（Thomas F. Keenan）在搜寻罕见文献和我孜孜以求的文献方面发挥了不可或缺的作用。克里斯滕·卡普弗（Kristen Kapfer）努力改进了本书早期文稿的行文。

我有幸能在学术活动因新冠疫情停摆之前提出本项研究的相关设想。我从哥伦比亚大学主办的俄国历史研讨会、德国历史研究所和莫斯科高等经济学院现代俄罗斯历史研究中心的同仁处获得的反馈意见，对我确定研究设想至关重要。本书能在普林斯顿大学谢尔比·卡洛姆·戴维斯历史研究中心面世是我的荣幸。感谢时任中心主任的安杰拉·克里杰（Angela N.H.Creager）给了我一个与普林斯顿大学的同事们集思广益、探讨卢布政治的机会。特别是杰弗里·德拉姆（Geoffrey Durham）和弗里德利克·阿申费尔特（Friedrich Asschenfeldt）等几位研究生，阅读了手稿的部分章节，并提出了独到的见解。我很高兴地发现，我和威廉·罗森堡（William Rosenberg）一样，都对第一次世界大战和俄国革命时期货币的命运充满兴趣。阅读他即将出版的一本关于俄国经济和社会危机专著的章节，并比较我们对这一时期的解释，让我受益匪浅。安妮·奥唐奈（Anne O'Donnell）为我提供了宝贵的建议，我们就革命时期的金融、财产权和经济问题进行了多次交流。斯蒂芬·科特金（Stephen Kotkin）对我关于苏联早期金融史的看法意义重大（当然，其中的谬误均由本人负责）。哈罗德·詹姆斯（Harold James）、史蒂芬·艾希（Stefan Eich）、扬尼·科特索尼斯（Yanni Kotsonis）和弗朗西斯·威斯洛（Francis Wcislo）阅读了整个手稿的未编辑和未删减版，我忠实地采纳了他们的大量评论和建议。在钦佩他们在学术上的友谊之余，我也感谢他们在本书设想和论证方面所做出的重大改进。最后，牛津大学出版社的苏珊·费伯（Susan Ferber）帮助我把手稿编辑成了一本著作。感谢她的辛劳、耐心和专业精神。

许多其他友人与同事用我难以一一叙说的方式支持着我，罗列每个人的名字得花上十几页笔墨。伊戈尔·费秋金（Igor Fedyukin）、卡佳·德米斯捷娃（Katia Demisteva）、伊利亚·维尼茨基（Ilya Vinitsky）、莫妮卡和赫尔穆特·赖米兹（Monika & Helmut Reimitz）、安娜和迈克尔·米森（Anna & Michael Meeson）以及塔蒂亚娜·鲍里索娃（Tatiana Borisova）的帮助对本书尤为重要。我的丈夫历史学家伊戈尔·赫里斯托福罗夫（Igor Khristoforov）对俄罗斯帝国货币和银行的了解不亚于我，我经常在研究和写作中寻求他的建议。我的母亲娜塔莉亚·瓦西里耶夫娜（Natalya Vasilievna）和父亲阿纳托利·米哈伊洛维奇（Anatoly Mikhailovich）一直是我最热情的后援。尽管货币的历史并非他们的研究领域，但他们一直尝试理解我的研究，我也尽力向他们进行解释。

谨以本书纪念我的恩师鲍里斯·瓦西里耶维奇·阿纳尼奇（Boris Vasilievich Anan'ich）（1931—2015），他在研究谢尔盖·维特（Serguei Witte）的生平和俄罗斯帝国的金融问题上深耕了三十余年。鲍里斯·瓦西里耶维奇·阿纳尼奇是一位极其慈祥、热心、慷慨的优秀导师，他得到了无数人的敬佩。我的恩师启发了许多学生走向研究经济学与政治史的学术道路。与此同时，他也十分擅长讲述历史故事，我们这些学生对他给维特起的"伯爵"简称耳熟能详。他对黄金改革、俄国对外贷款及其经济扩张的历史的讲授引人入胜。我对金本位制和维特政策的诠释可能与恩师不同。但我想象他一定乐见于此，因为他一直支持学生与同仁们大胆尝试。如果没有他，这部书就不可能写成。

翻译分工明细

　　本书由教育部人文社会科学重点研究基地华东师范大学俄罗斯研究中心牵头组建的团队完成翻译。中心主任冯绍雷教授撰写译序，万青松、张红、孙超负责全书的初校，万青松负责最后的统稿。具体翻译分工如下：序言（冯绍雷，华东师范大学），致谢、绪论、后记（马岳达、万青松，华东师范大学），第一章、第二章（张红，华东师范大学），第三章（杨帆，华东师范大学），第四章（李艳龙，苏州科技大学），第五章（许佳晖，宾夕法尼亚州立大学；万青松，华东师范大学），第六章、第七章（孙超，中共江苏省委党校），第八章、第九章（张慧敏，华东师范大学），第十章（荣真，华东师范大学），第十一章（崔珩，上海政法学院）。

目录

绪论：卢布的故事 ·································· 1

第一部分　纸币时代

第一章　纸币：从代币到纸币

爱与利 ······································ 23

专制与金钱 ··································· 25

卢布为何下跌？ ······························· 40

第二章　独裁还是代表制：拿破仑时代及之后的货币政治哲学

皮币 ··· 46

19 世纪早期自由主义的货币、主权和宪法 ·········· 49

俄国保守主义与"纸质标准"的发明 ··············· 59

"人民卢布"和法治货币的其他替代品 ·············· 65

第三章　纸币的终结

铂金硬币 ····································· 76

金钱、信任和证据 ···78

控制利率 ···84

坎克林计划与波兰的另一种选择 ······················90

沙皇的货币 ···96

波兰货币的终结 ···102

克里米亚的灾难 ···105

第二部分　专制资本主义

第四章　"大改革"时代的纸币

北方风暴 ···109

卢布与资本主义的到来 ···113

自由主义的新面孔 ···117

银行改革与 1863 年的大灾难 ·····························119

货币和金融开放 ···130

斯拉夫式资本主义 ···137

替代货币 ···141

第五章　卢布之战："他们烧的是钱！"

债务帝国 ···152

仇恨政治 ···157

官僚法治 ···159

贵族卢布 ································ 166

商人的卢布 ······························ 172

第三部分 黄金改革

第六章 维特的"过山车"

压上卢布作赌注 ···························· 186

帝国卢布 ································ 193

维特的转变 ······························ 198

黄金之路 ································ 202

第七章 专制标准

贬值还是正常化？ ···························· 207

尊严游戏 ································ 210

黄金、银行和宪法 ···························· 216

货币政变 ································ 230

第八章 实行金本位制

驱逐纸币 ································ 235

银本位制中的金卢布 ·························· 248

卢布在满洲 ······························ 255

第四部分　卢布、战争与革命

第九章　黄金综合征

亨伯特的保险库 ··· 267

黄金泄漏 ··· 276

洪水过后 ··· 284

第十章　战争与金卢布的终结

法夫纳的黄金 ··· 291

俄国、盟军和黄金交易 ··· 294

激烈的卢布争夺战 ··· 298

金融后方 ··· 305

收获黄金 ··· 311

纸上共和国的阶级之争 ··· 325

第十一章　一场未发生的革命

接管 ··· 340

古科夫斯基的插曲 ··· 348

利维坦银行的兴衰 ··· 357

社会主义货币与结算问题 ··· 365

阶级战争的机关枪 ·· 368

怀念沙皇卢布 ·· 376

后记　花不掉的卢布 ·· 389

附录 ··· 401

注释 ··· 413

参考文献 ··· 519

绪论：卢布的故事

　　货币能有自己的故事吗？俄国作家认为可以。尼古拉·诺维科夫（Nikolai Novikov）笔下关于一枚25戈比硬币的滑稽自传、尼古拉·别斯图热夫（Nikolai Bestuzhev）的《一枚银卢布的历史》（*A History of a Silver Ruble*）、叶夫根尼·格列比翁卡（Evgenii Grebenka）的《一张蓝色纸币的历险记》（*The Adventures of a Blue Assignat*）等作品，其叙事重心均不在人，而是关于戈比和卢布、硬币和纸币充满想象力的生活故事。货币的旅程彰显了囤积硬币，以及伪造、偷窃、遗失、交换或赠送纸钞的人们的美德、罪恶、走运和不幸。货币的漫长生命周期反衬出人类的脆弱性：卢布能够抵御危机、疾病和饥饿，而人们却在贫困中受苦受难。金钱似乎是被动的，它默默地见证着人类的功绩和恶行，但事实并非如此：它是细小的不幸、隐秘的故事以及宏大历史进程的无形驱动力。革命前的故事往往以道德说教和反思金钱对人性的腐蚀作用为主，其中最著名的是列夫·托尔斯泰（Lev Tolstoy）的短篇小说《伪息券》（*The Forged Coupon*）。苏联关于金钱的"游记"和童话，如谢尔盖·米哈尔科夫（Serguei Mikhalkov）的《卢布历险记》（*The Adventures of a Ruble*），直白地传播了苏联金融秩序优于帝国主义经济的意识形态信息。无论如何，新旧卢布列传都发掘了货币的拟人化特质。卢布像人一样有生必有死——其中一些货币已华丽谢幕，被熔化成装饰品或在宫廷篝火中燃烧；另一些则饱受唾弃，成为被苏维埃鄙视的货币符号，在1921—1924年的货币改革后一文不值，被"好"的切尔沃涅茨

（chervonetz，简称切尔文）金币所取代。[1]

人类与货币之间隐含的类比由来已久。社会学家奈杰尔·多德（Nigel Dodd）的《货币的社会进程》（*The Social Life of Money*）一书，既强调了货币的时间性（"货币是一个进程，而非一样东西"），也强调了货币在社会结构中的嵌入性。[2] 其他学者则强调了货币特殊的双重性：它既是一种排除个体特征的、典型的可替代商品（fungible commodity），同时又包含了丰富的含义——社会、性别、代际、政治、宗教和民族属性。[3] 因此，矛盾的是，尽管现代社会的历史往往被描述为一个简化和抹平的过程——"建构人"以适应标准化的分类，但金钱却常以微妙多变的身份和内涵出现。[4] 我们可以将美元、兹罗提（złoty）① 或法郎的历史作为一种货币的传记来书写，重点关注货币在政治和金融领域的作用或其美学及物理特征。本书是一部关于俄国纸币卢布的政治史，讲述了卢布从 18 世纪中叶诞生到 1921—1924 年改革的进程。本书认为，货币不仅是经济发展和宪政建构的被动产物，也是推动（或阻碍）国家、社会的政治和法律体制变革的能动手段。[5]

任何一部传记都不会只讲述一个人的生活故事。即使在关注个体的传奇且独特的人生时，传记也会突出其世代、社会群体或民族的命运。同样，卢布的政治传记提供了一个探索现代货币政治生活的机会，探究并解释各国货币之间的异同及其成因。被称为"民族主义世纪"的 19 世纪，给金融领域带来了前所未有的普及化（universalization）。它给世界带来了货币本位制（monetary standard）和国际货币联盟（International Monetary Unions）的现

---

① 兹罗提（złoty），波兰语中为"黄金"的意思，为波兰 14 至 15 世纪流通的一种金币。

代理念，一定程度上终结了国家在金融领域的排他性。19世纪60至80年代，金本位制在欧洲和北美蔓延开来并向外扩散，创造了一种在共同货币语言（common monetary language）基础上的金融和谐假象。到20世纪初，坚持金本位制被视为政府的美德，而背离金本位制则意味着政府的失职。在经济史和货币史上，"例外"往往意味着"畸形"，而原则、标准和规则的统一则被视为至善境界。但是，尽管名称如此，货币本位制的原则却没有看上去那么"标准化"。约翰·梅纳德·凯恩斯（John Maynard Keynes）在1913年就注意到了这一点，他据此认为试图效仿英国模式是徒劳的。[6] 如果说（各国）货币本位制的金融模式有所不同，那么它们的政治构成则表现出更大的差异。关于世界各国内政进程和政治机构的特殊性如何影响银本位或金本位的研究成果颇丰，俄国的情况尤其具有启发性。

长期以来，历史学家一直围绕着俄国国家及其政治文化的独特性展开争论。一些人试图将俄国的历史"正常化"，他们遵循非欧洲的视角展开比较研究，并质疑所谓"常态"的普适性；另一些人则反对淡化专制和极权主义的历史。人们通常直白地把俄国在金融领域的特殊性称为"落后"。俄国沿袭了许多欧洲的制度模式，但其货币在历史上的大部分时间里都不能自由兑换。俄国坐拥欧洲最多的黄金储备，但却是最后一个加入金本位制的欧洲大国。这个帝国避开了19世纪欧洲革命的动荡，但又孕育了一场声势浩大、持续多年的自由主义运动，产生了许多独创但有时脱离实际的想法。俄国社会关注欧洲的知识动态，对西方经济理念的接受程度令人惊叹，然而，被俱乐部、学术期刊和官僚机构频繁讨论的经济和政治计划却从未落地。1917年的革命伴随着第一次世界大战的巨大破坏，摧毁了旧政权及其货币体系，但在帝国的废墟上出现的新政权的轮廓具有其前身不可磨灭的特征，新的社会主义卢布也复制了帝国的原有货币。本书并不讨论俄国国家和社会固有的特征，而是阐述这种特征在俄国与西方和东方的政治、金融和思想领域的关联下是如何演变的。

本书通过追溯卢布自身的演变和与它有关的争论，将金融体制和"可兑换性"（convertibility）、"汇率"（exchange rate）、"货币本位"、"发行银行的独立性"（independence of the bank of issue）等金融术语转化为政治语言。这些含义在 200 年前迥异于今日。当叶卡捷琳娜大帝（Catherine the Great）[①] 在 18 世纪推出被称作 assignats[②] 的俄国第一张纸币时，纸币并不被当作真正的货币，而是货币的"代表符号"。为了确保纸币的信用，国家将等值的金属货币储存在"国家纸币银行"中，并承诺纸币可以自由兑换成铜币和银币。但当政府发现纸币可以轻松支付战时的特殊开支后，就开始发行没有金属抵押物"撑腰"的纸币。当纸币的价值由于多种因素尤其是过量印刷等原因开始下跌时，政府为使之保值采取了一种新的手段——将纸币与统治者至高无上的权力相关联。因此，人们开始认为，专制国家的纸币价值取决于君主的神圣承诺，而非实物的担保。指券从此被视为绝对权威的投射。

并非所有人都欢迎专制货币的概念。18 世纪 80 年代，精通启蒙运动经济思想的俄国政治家们提出了货币代表国家财富的概念。它假定国家拥有贵金属，政府不能发行与这一共同资产价值不符的货币符号。这一思想显然是非常激进的：它对专制特权进行了限制，甚至间接地提出了人民政治主权的概念。但如何才能限制君主的权力呢？其中一个办法就是要求贵金属不可侵犯，并

---

① 叶卡捷琳娜大帝，本文中均指叶卡捷琳娜二世。——编者注
② assignats，俄语的英译，俄国 1769—1848 年发行、流通的纸币旧称。源自法语 assignat，指的是 1789—1796 年法国大革命时期发行的一种证券，译为指券。

要求货币可以兑换成实物。这种安排既有经济意义，又有政治意义：储备金以及纸币的可兑换性，被认为是在国内外均具有公信力的最佳证明。因此，渴求资本和投资的政府会有意维持储备。然而，仅仅持有与流通中的纸币等量的贵金属储备，并不能保证政府在金融方面遵守"法治"。政府（或统治者）迟早会屈服于超额印钞的诱惑。因此，国家货币权的支持者建议用制度保障来补充物质抵押，即建立一个独立的私有（股份制）发行银行。经济学家认为，除了贵金属储备，独立的中央银行还可以用反映实际商业交易的短期汇票来为货币背书。这样的银行被认为代表着社会的生产部门，并将发行反映经济中货币需求量的纸币。

在纸币出现的同时，俄国思想生活的西方化和俄国社会对启蒙运动的接受，引出了国家对其臣民的责任问题。俄国思想家将纸币的可兑换性与政治代表权相提并论，而纸币则被视为参与治理的授权。贵金属储备似乎对维持政府的问责制和三权分立至关重要，对货币本位制的遵循类似于忠于法治。此外，按照19世纪俄国自由主义的说法，一个独立的银行类似于议会，它负责保管储备金、发行纸币并确保纸币可以兑换成实物。整个思想大厦都建立在一个假设之上，即政府的货币发行权来自主权人民，而非相反。

与自由主义理论同时发展起来的保守主义理论认为，要求为纸卢布的价值提供额外的物质和宪政保障违背了帝国统治的逻辑。在君主制国家，君主的承诺和荣誉足以支撑货币的价值和国家的信誉。维持储备金被视为对国家财政权力不必要的限制，侵犯了沙皇的神圣职责——对帝国或东正教的敌人发动战争并保护祖国。俄国的保守派对自由主义理论的僵化和教条主义颇为不满，批评其缺乏灵活性。他们认为，一个不断扩张的帝国的政府需要有适时发行纸币的自由。这类强调"民族大义"或"名分意义"的理论将货币自由主义与想象中的"西方"关联在一起，因而带有民族主义倾向。它发展成为"人民卢布"（people's ruble）的概念，强调俄国人民应无条件地信任国家发行的任何货币符号。因此，当自由主义者为卢布的不可兑换性感到尴尬时，19 世纪的"名分意义"论者却认为这几乎是一种美德。仅为说明俄国君主主义者如何发明了本土纸币标准并将其转化为官方意识形态，俄国卢布的故事就值得一说。没有任何一个国家能创造出如此奇特的意识形态结构。

19 世纪，随着俄国成为国际资本市场上的活跃借贷者，它必须以某种方式满足债务人对其偿付能力的期望。因此，经济保守主义进一步将自由主义的可兑换理念，转变为与君主制相关的东西，而非宪法赋予的权利。这些将专制与货币本位概念相结合的保守主义金融思想是独创的，在欧洲其他地方也没有出现过。自由派设想由一家独立的银行代表人民持有储备并确保货币的可兑换性，而保守派则认为这是一种皇家资产，目的仅在于弥补外国债权人眼中所谓宪政保障的缺失。政治学家斯蒂芬·艾希（Stefan Eich）认为，如果货币"有助于创造和维持……民主政治的前提条件"，那么它也可以以相反的方式发挥作用。[7] 俄国的货币体系旨在维持专制。

俄罗斯帝国政府拒绝接受西方的良币（good currency）概念，因为这些概念被认为与君主制信条不相容。为此，俄罗斯帝国政府发明了与专制国家政治原则相匹配的经济成功和金融稳定的理念。毕竟，如果政治稳定意味着没有革命，那么从这个角度来看，1905 年之前的俄国就像是一片祥和的绿洲。当然，这种安宁是一种必须通过政治压迫和审查制度来实现的假象。在金融方面，保守主义的稳定是指固定卢布汇率并防止其出现波动。但是，就像外在的政治秩序掩盖了内在的广泛不满情绪一样，这种币值的稳定在很大程度上也借助政治手腕和行政措施得以维持。1839 年，俄国卢布被"固定"在银本位上，这意味着面额面值为 1 的纸卢布等同于一个银卢布。1897 年卢布转向金本位。这两项改革的前提都是官僚机构加强对商业活动的监控，并以国家权力的集中为基础。在帝国管理者的思维中，不稳定的威胁来自不可预测的和无序的市场，它与投机、破产以及毁灭的危险联系在一起。当然，政府并未尝试让商业活动和信贷网络完全瘫痪。但是，在期待商业和贸易发展的同时，货币必须完全处于国家掌控之下。

这些在追求经济增长的同时破坏市场影响力的企图似乎令人震惊。毕竟，货币不正是经济增长的重要组成部分吗？货币史学家现在已经打破了货币从贸易和交换中产生的神话，俄国纸卢布的起源故事则进一步证明了货币是被创造出来的，而非自然诞生的。[8] 然而，尽管国家声称自己垄断了货币的生产，但它却无法完全控制社会的经济行为及其对卢布的态度。令俄国管理者懊恼的是，当卢布汇率不稳定时，人们会发明自己的可替代的记账手段，如 19 世纪 30 年代的"硬币卢布"（coin ruble）和内战时期（the Civil War）的"面包卢布"（bread ruble）。如果中央政府无法向市场供应需求量大的纸币或硬币，地方政府就会开始印制自己的货币替代物，以弥补现金的不足。

但是，国家控制卢布的能力最明显的制约因素是卢布币值的不断波动。汇率问题与纸币同时出现，它不仅仅是一个纯粹的经济问题。卢布的汇率就像俄国商业活动的缩影一样，被视为俄国地缘政治地位的反映；在更广泛层面，它还是俄国文明优劣的反映。整个 19 世纪，关于如何解释卢布汇率的争论仍在继续。卢布汇率的下降影响了购买进口商品的能力，而进口商品与欧洲思想的引进一起，共同象征着俄国精英的西化进程。在废除农奴制、取消对信贷和投资活动的大部分限制后，俄国社会陷入了资本主义的新现实，卢布汇率成为日常生活的重要参数之一。然而，俄国大多数农民并不消费进口商品，也不购买股票，民族主义者抓住这一点，并试图将卢布汇率渲染成是俄国依赖西方的一种形式。经济因素（如粮食出口收入或偿还外国贷款的成本）固然重要，但卢布汇率并不完全属于金融范畴。在第十次俄土战争（1877—1878）和柏林会议之后，俄国与欧洲列强的关系特别紧张，当时的沙俄政府认为卢布在俄国取得胜利后贬值是一种耻辱，对汇率的持续走低避而不谈。几年后，情况发生了反转。那些曾建议用面包重量而非法郎或便士来衡量卢布价值的人宣称，卢布的低汇率是对沙皇尊严的侵犯。经济学家们也试图找出影响卢布地位的因素——纸币发行量、俄国的贸易差额、对外信贷债务规模或俄国军队在战场上的战绩。

关于汇率、可兑换性或货币真伪的讨论，往往揭示出人们对关乎道德和意识形态的重大问题以及荣誉、尊严和信任等基本议题的关切。当叶卡捷琳娜二世为纸币的可兑换性提供担保并承诺保持其价值时，她认同将卢布作为统治者期票的观念。每张纸币都印有兑换实物的承诺，后来的债券加强了这种联系；当卢布的汇率下降时，俄国作家们对卢布的"卑微"状态表示哀叹，这指的是俄语单词"Достоинство"的双重含义，即同时指向尊严和额定价值。"荣誉论"（the honor argument）在不同的语境和含义下出现。例如，1862年，政府在准备不足的情况下匆忙恢复了纸卢布兑换黄金的业务，理由是政府有责任履行已故沙皇——尼古拉一世（Nicolas Ⅰ）——的承诺。然而，1876年俄土战争前夕，民族主义者认为，保护斯拉夫人免受奥斯曼帝国侵略的荣誉，比卢布贬值所带来的耻辱更重要。1896年，当卢布计划贬值的消息见诸报端时，改革的批评者将其定性为违反荣誉准则，把政府比作不守信用的商人。卢布本应是中性的、可替代的，但却经常以拟人化的形式出现——它是一个人，有其灵魂、荣誉和尊严。"荣誉论"尤其主导了保守派的话语体系。民族主义的政治经济学批评人士对货币关系提出了浪漫化的看法，指责自由主义经济学家对货币采取无情、机械的态度。诚然，自由主义所理解的信用立足于透明度、节制、科学和证据，这触犯了保守派的敏感神经。

有一点在卢布的故事中格外重要，那就是货币意识形态和金融政策模式始终内嵌于囊括了伦理、文化、认识论和历史的庞大体系之中。[9]因此，相互冲突的意识形态之间的裂痕，比人们通常所认为的要深且大，而且并不局限于体制偏好。如果像奥地利社会学家卡尔·曼海姆（Karl Mannheim）所写的那样，保守主义（同样也包括自由主义）代表着"思想的风格"，那么分析货币则为探索这些思想提供了绝佳的机会。[10]货币政策的方向选择往往以历史和哲学为依据。例如，在 19 世纪上半叶，俄国历史学家和政策制定者沉浸在一场关于前蒙古罗斯（Mongol Rus）是否存在皮币的辩论中。这个看似细枝末节的问题实际上具有重大意义。支持俄国本土纸币标准的民族主义者拒绝用白银或外国货币来衡量卢布的价值，他们认为俄国在西欧出现纸币之前的几个世纪就已引入纸币的雏形。他们认为无锚货币是一种文化上先进的形式，因为它需要抽象的思维，而使用与贵金属储备相挂钩的硬币和纸币则暴露了一种更原始的经济形式。这场历史辩论中最令人关注的是俄国与西方的关系，以及国家作为文化和经济进步驱动力的作用。关于俄国的角色和文明优越性的争论体现在其发明无锚货币（存疑）的先例上，这与关于俄语及其发展的民族主义观点是一致的。民族主义者在论证国家在决定货币符号的数量和价值方面的优先权时，还主张政府有权清除外来词，并在本土词根的基础上创造新的俄语词汇。

因此，卢布就像一个帮助俄国在世界经济和政治版图上定位的罗盘。俄罗斯帝国的部分领土曾属于金融上的"西方"。波兰会议王国和芬兰大公国在不同时期曾享有货币自主权，而它们的货币（体系）则倾向于西部邻国。1831年和1863年革命失败后，波兰失去了货币自主权，同时也失去了宪法特权和自治权。1860年，芬兰获准采用自己的货币符号，1876年，芬兰转而采用金本位制，让俄国的自由主义者和民族主义者感到难堪。所有重大的货币改革——1839—1843年的白银改革、1897年引入金本位制以及1921—1924年的苏维埃切尔沃涅茨改革——都旨在促进将边境地区纳入卢布的版图。虽然俄国在经济上相较自己的西部边疆处于东方，但在文明上则较自己的东方、亚洲边疆地区和保护领地处于西方。实行金本位制后，俄国政府看不起布哈拉汗国和东北亚地区的银本位货币，试图让当地人改用"更优越"的金本位卢布。行政当局认为俄国文明使命的要义之一是扩大卢布的使用范围，并对当地居民为何不愿放弃"劣质"货币而改用"更好"的卢布感到困惑。卢布并不总是帝国管理和一体化的优良（且廉价）的工具，但将卢布转变成帝国唯一货币的意识形态考量超过了所有其他实际因素。

在试图将卢布传播到帝国偏远角落甚至国境之外的同时，政府往往要回应当地精英、地方当局、俄国商人和外交官相互冲突的要求。因此，货币政治并不局限于国家治理；不同的行为者在与国家讨价还价时都以卢布为抓手。货币是沟通不满和表达期望的通用语言——不仅在地方与中央政府、俄国与非俄国精英之间，而且也在不同社会群体与政府机构之间。俄国社会被划分为不同的出身和阶级，在帝国时期和苏维埃早期，政府和人民之间的讨价还价通常是依据这些划分而展开的。商人和贵族，有时是农民或他们的代表，表达他们各自认为的卢布理想形式和体现社会正义的货币制度，并要求政府在这些关系中充当仲裁者，履行立法、执法、监督和查禁的职能。他们大多时候持不同的意见，认为其他社会群体的经济行为不利于"通用卢布"（common ruble）的命运。从 18 世纪 80 年代的反对奢侈运动（当时商人指责贵族造成了通货膨胀）到第一次世界大战和内战期间的反农民情绪（当时农民被指责囤积货币），这些争论展示了社会行动主体如何运用卢布叙事来操纵国家，以及政府如何利用这些要求为不受欢迎的改革进行辩护或拖延改革。

　　并非所有围绕卢布的社会互动都是以和平协商的方式进行。有时，它们会演变成不同形式的冲突和反抗，吸引大众参与政治，让国家难以预料、无法应对。1915 年因小额零钱短缺而引发的妇女骚乱当然无法与 1662 年因铜币取代银币而引发的"铜币起义"（Cooper Riot）相比，但这些骚乱同样都是自发的，表达了人们对货币经济（economy of money）伦理的理解。针对货币政策的社会抗议很少升级到反叛的程度，但正如人类学家詹姆斯·斯科特（James Scott）所强调的，弱势群体可以使用其他武器和手段来表达不满。[11] 1918—1921 年内战期间，农民默默地拒绝为换取贬值的卢布出售粮食就是一次这样的反抗，但在 19 世纪 60 年代金融危机期间，旧教徒村庄中造假币的行为也达到了前所未有的规模，1897 年改革后普遍拒收金币的情况也是如此。这些事件和其他事件均表明，人们视不成文的货币流通规则为国家与社会之间隐性契约中不可或缺的要素。在 17 世纪以及社会主义革命后的最初几年，人们视货币为国家必须提供的公共产品。在他们眼中，货币是社会财产，由国家进行管理；但当局并不认同这种态度。政策制定者常常谈到沙皇的臣民有义务接受贬值的货币，从而分担国家的财政负担。回绝人民的要求是统治者与被统治者之间深刻政治分歧的表现，这种分歧最终引发了大众的不满。1917 年的二月革命一下子暴露了财政问题上的极端政治倾向。工人和士兵曾希望沙皇政府的倒台能改善他们的处境，但他们指责新的共和政府未能挽救卢布并遏止通货膨胀，而通货膨胀侵蚀了革命的社会成果。十月革命后，新的社会主义政权公开宣布，卢布是阶级斗争的武器，用以从无产阶级的敌人手中夺回财富。当内战和阶级清洗的暴力将社会主义共和国推向灾难的边缘时，政府转而重建金融和行政体系。令人吃惊的是，这种重建包括伪金本位制帝国卢布的回归，它确立了国家的中心地位和对自由信贷市场的限制。金融领域的大革命并未发生。

卢布的历史在这里以不同的方式呈现。其中一个研究方向是聚焦思想发展轨迹——改革计划、宣传手册、报刊文章、规章协定和学术著作中反映的货币（卢布）观。通过这些文本，本书追溯了两种货币观的演变：作为社会经济体制和权利授予的结果，以及作为政治权力的代表和分派义务的来源。这两个概念对应着两种世界观———一种是世界主义的，注重法治；另一种是孤立主义的，遵循权力至上的原则。类比之后得出的结论显而易见：旨在恢复可兑换性的金融改革以及建立独立发行银行的主张，被认为等同于要求制定宪法和限制专制。因此，这一研究方向揭示了俄国自由主义和宪政思想之前的未知趋势和来源。将财政宪法和法治思想纳入其中，拓展并丰富了对俄国宪政传统的理解。

专门讨论卢布问题的文章不仅类型各异，而且作者的职业和政治背景也不尽相同。记者、大臣和政治经济学教授就他们在解决金融问题上的优先权和专业知识争论不休。在政治经济学盛行的时代，尤其是19世纪60至90年代，许多人都认为自己有能力谈论汇率、贸易平衡和信贷政策。政府对舆论风向非常敏感，认为其波动会影响卢布的地位。因此，正如大臣与记者之间的大量书信所显示的，控制报纸并与作家和编辑建立良好关系是帝国财政部门的主要活动之一。关于卢布的争论发生在俱乐部、学术团体以及衣着光鲜的妇女和学生参加的公共集会上。小说、诗歌和短篇小说中想象的卢布"历险",反映了货币及其社会地位在大众生活中最常见和最离奇的特征。

卢布故事的第二条线索是货币的物质性。虽然人们经历了金融机构和经济政策的重大转变,但最直接、最明显的影响来自纸币和硬币的物理变化——新的图案、形状和质地。在努力解决汇率、可兑换性和信用等经济问题的同时,政府还专注于确保钞票的真实性、防伪能力和材料质量等琐碎的工作,所有这些都被视为维持民众对货币信任的关键因素。这一点尤为重要,因为在以人定标准为基础且充斥着虚构计算单位的货币世界中,纸币或硬币的价值应该介于原料成本与它所指定的虚构价值之间。在俄国,这种二元论表现在语言上。例如,作为法定货币的"银卢布"(rubl' serebrom)不仅用纸币表示,而且还用铜币表示,铜币上刻有"1(或1/2、2和3)银戈比(silver kopeck)"的字样,这反映了可以将一种金属变成另一种金属的"魔力"。在1897年实行金本位制和1922年恢复金本位制后,纸制的卢布在实际意义(以新的面额铸造金币)和象征意义上都变成了"金卢布"(rubl' zolotom)。所有这些变化都反映在货币的设计上——特别注重价值和兑付承诺的拟定。货币制造的实际组织工作也从物质上限制了政治决策。被通货膨胀压得喘不过气的布尔什维克政府无法填补现金缺口,直到内战结束和货币正常化都只能被迫使用带有双头鹰和沙皇肖像的帝国货币。

通过对文本、思想、政策和实践的分析,可以发现从革命危机到内战结束和新经济政策开始,卢布政治史对俄罗斯帝国的兴起、发展和崩溃,均提供了别样的视角。故事的节奏似乎非常传统,以统治者的登基和死亡、战争和改革的时序、扩张的动力以及帝国疆域的形成和解体为点缀。然而,本书通过从俄国本土货币的角度叙述这些故事，驳斥了许多悖论和成见，同时阐明了重要的现象和进程。此外，本书还探讨了专制主义的问题，解释了不受约束的政治权力对经济所产生的影响。本书也讨论了宪政思想的谱系，重新界定了自由主义和保守主义的含义，以及经济发展和落后的概念，还重新评估了 1917 年革命的意义，并质疑了经济和政治领域革命性变化的激进倾向。

根据时间线，本书包括四个部分。第一部分"纸币时代"，从叶卡捷琳娜二世的主要金融改革开始，引入纸币和创建纸币银行（第一章"纸币：从代币到纸币"）。关于指券诞生的故事揭示了 18 世纪欧洲许多其他国家当时所面临的难题，即如何协调启蒙运动的政治理念与帝国扩张和发展的金融需求。对于俄国来说，这个问题更为复杂，因为与其他欧洲国家不同，俄国的皇室尚未建立起向国内精英借贷的机制，而这需要进行政治谈判。因此，以铜币为抵押的纸币成为国家内债的第一种形式。通过在 1769 年引入纸币，叶卡捷琳娜二世无意中使俄国君主制遭受了一番审查。从新货币开始流通的那一刻起，她的朝臣们就陷入了一场关于货币的本质以及君主的权利和义务的争论。俄国的思想家们试图探索如何从政治角度来构建这些关系，以及如何在不影响其财政手段的情况下提高俄国作为法治君主制国家的政治信誉，他们提出了一个即使对于革命前的欧洲来说也是新颖和激进的概念：他们将女皇的臣民指定为支持纸币价值的贵金属储备的所有者，并将纸币描述为统治者对人民的负债。然而，对这一金融政策的分析表明，制度安排——最重要的是国家纸币银行的地位——与这些崇高的理念相矛盾。政府继续过度发行纸币，纸卢布相对于贵金属等价物和其他货币的价值急剧下降。

第二章"独裁还是代表制：拿破仑时代及之后的货币政治哲学"解释了拿破仑战争如何决定了俄国宪法和货币改革的命

运。该章追溯了 19 世纪前 25 年里，亚历山大一世统治时期货币政治概念的发展，当时在近乎不间断的战争背景下，关于宪政优于君主制专制的激烈辩论正在展开，战争使卢布体系濒临崩溃。在俄国改革者的心目中，货币和政治这两个问题是一枚硬币的两面：宪政改革的前提是引入金融法治，而如果不限制君主制的权力，金融稳定是不可想象的。米哈伊尔·斯佩兰斯基（Mikhail Speransky）将这一双重原则纳入其 1809 年的改革计划，但该计划却实施不力，既没有独立的银库，也没有代议制立法机构。1812 年拿破仑入侵前夕，反对斯佩兰斯基改革的保守派占据上风，他们废除了斯佩兰斯基的货币创新，包括最重要的银本位制，并宣扬以贵金属为基础的卢布与君主制并不相容的理念。

第三章"纸币的终结"侧重于 19 世纪 30 年代至 50 年代，这一时期通过普希金的诗歌和果戈理的小说而为人所知，其中充满了关于货币的谜语和隐喻。事实上，后拿破仑时期俄国的货币体系就像果戈理笔下的故事一样充满幻想，纸币和金属货币并行流通，形成了令人困惑的计量和换算体系。为了解决这一异常现象，政府于 1839 年启动了货币改革，结束了纸币时代，并引入了一种新的货币：以白银为基础的"国家债券"。第三章聚焦于主要的改革理论家叶戈尔·坎克林（Egor Kankrin）的哲学和政治观点，解读了改革的意义，坎克林将尼古拉一世的"官方国家性"意识形态的政治原则转化为货币语言。除了坎克林的改革计划，沙皇和他的官员们也曾短暂地考虑过以波兰银行及其可兑换兹罗提纸币为基础的模式。然而，由于担心波兰的替代方案可能唤醒波兰的宪政传统和金融独立，因此该方案未被采纳。相反，根据沙皇和坎克林的计划进行的货币改革，通过逐步引入卢布，为波兰在金融上的俄国化开辟了道路。尽管此次改革是将白银作为卢布的锚定物，但改革明显摒弃了发行纸币的国家责任的原则。

由于无法承受克里米亚战争的压力，甚至在沙皇尼古拉一世驾崩之前货币体系就已崩溃，俄国以不可兑换的卢布进入了所谓的大改革时代。第二部分"专制资本主义"以第四章"'大改革'时代的纸币"开篇，提出了19世纪60年代货币改革的规模是否与社会、法律和农村经济（包括农民解放）变革的激进程度相匹配的问题。西方化、自由化和权力下放的浪潮改革了俄国的公共机构乃至其日常生活结构，这是否也改变了卢布？虽然19世纪60年代的金融改革重启了信贷系统，政府也退出了多个金融活动领域，为私人活动留出了更多的空间，但俄国货币经济的政治原则仍未改变。改革的关键要素，即货币的非政府化和将国家银行转变为自治机构，被排除在改革计划之外；同时，引入代议制立法机构的计划也在最后准备阶段被否决。然而，大改革在思想和文化方面的影响是无法消除的。俄国进入了资本主义时代，人们对金钱和财富的态度发生了巨大转变。俄国人外出旅行、投资债券、将土地抵押给私人银行、购买股票，并焦虑地关注着汇率的变动。在金融宣传和大众货币知识显著增加的同时，俄国社会开始从不同的政治和社会视角来看待卢布。俄国货币贬值与人们对经济繁荣的期望形成了鲜明的对比。

1862—1863年，政府试图恢复卢布的可兑换性，但没有成功。此后，政府开始实施一项逐步恢复金融的计划，在国家银行积累黄金，并慢慢为另一次改革做出准备。1877年，俄国与奥斯曼帝国再次开战，这一改革进程戛然而止。第五章"卢布之战：'他们烧的是钱！'"主要讲述了卢布生命历程中的一个非凡时期：俄土战争结束后，财政部推行财政紧缩政策并修复卢布的币值，却遭到保守派和民族主义记者的攻击，这些记者得到沙皇的庇护并成功罢免了财政部大臣尼古拉·本格（Nikolai Bunge）。在没有政党的情况下，报纸及其编辑扮演着舆论领袖的角色。在国家民族认同的各个组成部分中，民族主义者将货币作为俄国独特性的象征，将卢布的不可兑换性变成了一种美德。保守派对西方金融原则的批评不仅揭示了贵族和商业精英对政府收紧政策日益增长的不满情绪，也揭示了社会上层对加入西欧货币体系前景的焦虑，因为在 19 世纪 70 年代西欧已经改用金本位制。

第三部分"黄金改革"讲述了改革的前奏、准备和实现。第六章"维特的'过山车'"介绍了著名的金融改革家谢尔盖·维特。维特是在保守主义和民族主义政策的旗帜下加入政府的，在金融方面这意味着通货膨胀。他增发纸币的计划旨在通过修建水路和铁路、迁移农民以及发展农业经济等手段来对俄国边境地区实施经济掠夺。虽然维特对"通胀主义"的金融效率感到失望，于 1895 年成为金本位制的坚定支持者，但他并没有放弃自己的政治立场。1897 年的黄金改革所追求的目标与维特早期的保守派导师所主张的目标一致，例如集中政府在制币方面的权力。维特认为，与纸卢布相比，金卢布是实现帝国扩张目标更好的工具。

第七章"专制标准"对 1895—1897 年的货币改革进行了全面的重新思考，并强调了政治机制在决定货币创新的金融结果方面的核心作用。黄金改革体现了一种新的金融民族主义，它与面向西方和为外国投资创造有利条件完全一致。为了解释金本位制在俄国的意义，该章分析了俄国向金本位过渡的机制，包括维特驯服报界，与顽固不化的记者谈判，控制公共辩论以及在商业中强制使用金币的努力。维特的立法提案表明，尽管他的金本位制看起来与欧洲和其他地方引入的其他模式相似，但新货币制度的政治影响赋予了它完全不同的含义。黄金改革是在违反所有立法程序的情况下通过敕令建立的——被称为"货币政变"（monetary coup d'état），它将专制原则投射到了金融领域。向黄金过渡确保了卢布的汇率不会不断波动，并增加了外国资本的流入。然而，由于缺乏制度和政治保障——例如，缺乏政治代表和国家银行独立于政府的地位，卢布的地位和俄国的信誉开始取决于黄金储备的规模。因此，改革带来了新的焦虑和威胁。第八章"实行金本位制"首先分析了改革引入金币和取消小面额的纸币时在日常使用和物流运输方面遇到的问题。改革的结果是，货币体系的社会金字塔发生了翻天覆地的变化：富人要使用纸币，而普通百姓则必须使用金银币。可以预见的是，改革引发了大批民众的不满，尤其是在农业领域。当俄国试图将金卢布引入东方的"白银王国"，即布哈拉汗国和东北亚地区时，新体系的脆弱性就变得更为明显，因为在这两个地方，人们都坚定地注重卢布的信誉和购买力而非其黄金"含量或成分"。

卢布的主要弱点在于俄国对黄金的依赖。这与在危机时期能够暂停货币可兑换性的其他国家不同，俄国无法在不危及其海外借贷和偿还债务能力的情况下放弃本位制。第九章"黄金综合征"是第四部分"卢布、战争和革命"的开篇，首先分析了在日俄战争和 1905 年革命危机期间，固守黄金储备规模是如何影响俄国的金融政策的。1905 年，俄国转入宪政，但具有代表性的国家杜马在货币领域并未获得任何特权，卢布的命运仍然完全由政府掌控。俄国政治秩序的这一特点在 1914 年俄国参加第一次世界大战时令其引火上身。第十章"战争与金卢布的终结"探讨了第一次世界大战期间俄国金融危机的政治因素，诸如政府与国家杜马在黄金储备问题上的冲突，以及在金融爱国主义旗帜下动员民众的问题。从经济角度看，俄罗斯帝国政府遵循了管理战争财政的标准模式。要解释为什么俄国卢布比其他交战国货币在战争中遭受的损失更大，除纯粹的经济原因之外，还需要考虑政治因素。1917 年二月革命推翻了沙皇政府，卢布问题变得更为政治化。卢布成为阶级斗争的战利品，在这场阶级斗争中，自由主义者和社会主义者、实业家和银行家、工人和农民等不同角色相互指责对方在卢布消亡中所起的作用。

第十一章"一场未发生的革命"讲述了这个自相矛盾的故事，描述了布尔什维克政府创造社会主义新货币的失败尝试。战时共产主义是消灭货币的一次令人困惑的试验，其结果是货币的非政府化。国家失去了发行货币的垄断权，但货币却并未消失。因此，新经济政策试图重新控制货币，重建1914年之前的货币秩序。1921—1924年的改革带有许多维特金本位制的痕迹——例如，国家的中心地位和对黄金储备规模的痴迷。

货币政治史的解释力在于改变分析的角度，将重点从众所周知的政治事件和传统的政治观念转移到政治改革和进程的隐性机制上。以卢布为切入点，本书解释了重大历史事件和进程的实质和微妙成因。卢布的故事既小至商人、政治家和管理者的日常金融政治，也大至经济结构和政治体制的广阔视野。它解释了某些政治条件、治理模式和政治参与如何以及为何会产生类似的金融政策和组织模式。俄国作家的文学作品选择用纸币或硬币卢布的声音来讲述自己的故事，卢布的故事以细腻的笔触和对细节的关注描绘了一幅广阔的历史画卷。与其他政治史一样，卢布的历史记述了卢布生命和命运中的非凡转折，同时也揭示其持续存在的常见机制和模式。

第一部分　纸币时代

一

Part 1

第一章 纸币：从代币到纸币

爱与利

1769 年初，沙皇俄国的第一张纸币发行，这张纸币看上去朴素无华。在黄色 A8 大小宽边纸上的纸币中央印有一段简短的文字，表明纸币的价值，并承诺用这些纸币可兑换"流通硬币"。文字上方有两个带有印记的椭圆形，椭圆下方是几乎难以辨认的图案：一个是暴风雨来临时大海中的一块岩石，另一个则是一只雄鹰飞过一堆显然象征着商业的物体之上。[1] 也许纸币设计最显著的特点是在纸币的顶部和底部分别印有一行语法奇怪的短句当作水印："对祖国的热爱是为了祖国的利益。"[2] 它的第一部分——"对祖国的热爱"——听上去很熟悉。它是公民美德的同义词，也是叶卡捷琳娜二世统治下的俄国政治词汇中的关键表达方式。这句话被印在 1762 年 9 月匆忙制作的加冕奖章上，以庆祝女皇在发动导致其丈夫丧生的政变后登上王位。"爱"是为非法夺权的事实进行辩护。叶卡捷琳娜二世的无数法令和指示中都提到了"爱"，旨在激发"祖国之子"灵魂中的爱国情感，并解释和证明新的义务。与此同时，叶卡捷琳娜二世通常以"祖国"的"母亲"形象出现。在叶卡捷琳娜二世在位时期的政治话语中，这种亲属关系的隐喻弥补了女皇与罗曼诺夫王朝血缘关系的缺失。此外，1768 年 12 月，当叶卡捷琳娜二世宣布发行纸币时，沙皇俄国已经与奥斯曼帝国交战。敌对行动于 1768 年 11 月 18 日宣布，但军事行动直到 1769 年 1 月才开始。岩石和雄鹰上方压印的椭圆形中神秘的词语"战无不胜"与"和平与健康",表现了沙皇俄国第一张纸币的爱国象征意义。

纸币对"爱"的解说的第二个要素——为祖国的利益而工作"——把女皇臣民的爱国主义直接与对利润和公共利益的务实考虑联系起来。事实上,即使纸币意在发挥爱国宣传传单的作用,它的核心成分仍然是金融。与叶卡捷琳娜二世时期考究的硬币或 19 世纪设计华丽的国家债券不同,第一版卢布的朴素设计更像一种私人期票(*veksel*),仿佛"祖国"正向人民索要贷款似的。但如果纸币代表的是一纸信用证券,那么发行它的"祖国",或者说那个要求人民付出爱和牺牲的无形恩主,又该由谁来代表呢?在纸币的左右两侧有水印铭文,提到了"国库";在纸币的四角则印有组成俄罗斯帝国的四个区域(莫斯科、喀山、西伯利亚和阿斯特拉罕)的徽章,代表着君主制。对于一纸贷款文件来说,谁是具体的债务人可谓相当不清楚。在 18 世纪的俄语词汇中,国库指的是整个国家和君主的金融财富,而非一个特定的机构。事实上,发行纸币的宣告书仅仅说明,发行它的两家银行(一家在莫斯科,另一家在圣彼得堡)是专门为了管理这种纸币的流通和兑换而设立的。纸币上印有两名帝国参议员、一位银行行长和一位银行董事会成员的手写签名,确认了可以将纸币兑换成硬币的承诺,这似乎表明"国库"和银行是该券的共同债务人。简而言之,纸币的地位有些不明确,从它的设计就可见一斑。那么,纸币到底是什么?是一纸国债证明,还是一种向民众索取的新贡款?它是金属硬币的替代品,还是满足商业需求的新型信用汇票(credit paper)?它是民众参与金融治理的授权书,还是效忠君主的象征?

在 1769 年,几乎没有人能够肯定地回答这些问题。如果有人试图定义纸币在俄国金融和治理中的性质和作用，那就必然会在无意中质疑诸如"国库""人民""国家"等一些在俄国政治体制中虽约定俗成、但缺乏法律界定的概念的稳定性，并进而对政府和君主与其臣民的关系产生新的思考。这一不起眼且看上去毫无吸引力的纸张，在叶卡捷琳娜二世执政下的俄国政治话语发展中所发挥的作用，或许比俄国宫廷中流传的任何文件、备忘录都更大。纸币的悖论隐藏在其含义的含糊之中：它既像一份请女皇的臣民积极参与经济和政治生活的邀请函，又像一份君权独揽的宣言书。

专制与金钱

发行纸币是一项充满风险的事业。18世纪60年代，纸币在欧洲还是新鲜事物，最初的试发行并不顺利。发行纸币的政治风险甚至比金融风险还要大。在中世纪和近代早期的俄国以及欧洲其他地方，货币既被视为合法性的象征，又是崇高权力的物质象征，类似"皇家印记"。当时人们普遍认为，每个真正的君主都在他的身上有着"皇家印记"。真实性似乎是货币和权力的主要品质，因此，在这段激烈的政治斗争时期，人民常常把制作伪币和冒充王室血统相提并论。[3] 因此，发行纸币的计划一旦失败，不但可能危及叶卡捷琳娜二世的皇位，而且会引发对她所声称的权力的真实性的质疑。

货币的真实性包含两层意思：首先，来源必须合法（即铸币人有这样做的合法授权）；其次，货币的实际价值（指铸币的材料和成本）必须与名义价值相等。后一个条件有时可以放宽，因为国家信用或权威的加持有时候可以弥补实际价值的不足。然而，在近代早期的俄国，对货币的物质质量的操纵直接影响到政府的威望，而硬币的足量则表明君主权威的纯洁和完整。这种态度最明显的体现是民众对沙皇阿列克谢·米哈伊洛维奇（Alexei Mikhailovich，1645—1676 年在位）货币改革的反应。当时，政府内的改革者计划以西欧为榜样建立俄国货币体系，使"虚拟"货币的流通合法化，其价值则由沙皇决定。这次改革推出了各种面值的新硬币，包括与银币面值相同的铜币。[4] 在俄国国内贸易中用铜代替白银，使政府能够为其在西方的军事行动筹集大量资金，这引发了强烈不满，并最终酿成 1662 年的"铜币起义"。政府不得不中止改革，恢复原来的铸币标准。40 年后，彼得大帝再次采用他父亲的想法，引入西方高面额货币的铸币标准（银卢布相当于塔勒，金切沃涅特相当于达克特）以及铜戈比。铸造更大面额和更大尺寸的硬币不仅提供了一种方便的新贸易手段，而且还可以在硬币正反面印上国徽和其他皇家权威标志。与此同时，对硬币重量和质量的操控也服务于政府的财政目的：用 1 普特①（16 千克）铜铸造的硬币的名义价值，从 12 卢布 80 戈比涨到 40 卢布。[5] 这一手法使国家可以利用其铸币特权来资助北方战争（Northern War，1700—1721）。与早期现代欧洲政府严重依赖国内外信贷形成鲜明对比的是，俄国政府直到 18 世纪中叶才开始利用信贷机制。这意味着，除了向民众征收的各种税费，铸币成了俄国政府获得额外收入的一种政治上危险，却极为有效的方式。

当战争爆发时，大炮被熔化并铸成硬币，提醒人们金钱是国家的主要武器。[6] 然而，彼得大帝的改革，包括铜戈比的成功引入，标志着过去对货币真实性的理解与新的价值观念之间的重要决裂。这种决裂反映出国家与社会之间的关系，而非硬币的物

---

① 普特，沙俄时期俄国主要计量单位，1 普特 = 40 俄磅 ≈ 16.38 千克。——编者注

质性。彼得一世对约翰·劳（John Law）通过操纵货币和扩大殖民地贸易来促进经济发展的思想颇感兴趣，并于1721年［即约翰·劳的殖民公司和法国皇家银行（Banque Royale in France）破产后］邀请这位苏格兰经济学家和企业家来到沙皇俄国。沙皇许诺授予他贵族头衔和圣安德鲁勋章、赠予他200名农奴和100名私人卫兵，并赋予其实现其大胆计划的自由裁量权，这些计划包括里海海岸的殖民、城市的发展以及海上贸易。但是约翰·劳并没有来。他在俄国有几位崇拜者，其中包括伊万·谢尔巴托夫亲王（Prince Ivan Shcherbatov），后者不但翻译了约翰·劳的论文《对货币和贸易的几点思考：为国家提供货币的提案》（*Money and Trade Considered: With a Proposal for Supplying the Nation with Money*），还起草了一份建立一家拥有纸币发行权的股份制银行的计划。[7]

俄国货币体系的激进变革不可避免地引起了不满。在人们的宗教想象中，彼得大帝的所有改革都导致社会生活的道德和精神原则发生剧变；与之相同的是，货币标准的变化引发了深度不满。硬币上刻有彼得大帝的"神圣"形象和类似宗教图标的铭文，这一宗教内涵强化了关于纯洁和荣誉的宣传。这一宣传突出体现在伊万·波索什科夫（Ivan Pososhkov）的著作《论贫穷与财富》（*On Poverty and Wealth*）中，他是俄国首位自学成才的经济学家和造币大师。在历史学家尼古拉·巴甫洛夫-西尔万斯基（Nikolai Pavlov-Sil'vanskii）看来，波索什科夫是一位"莫斯科进步主义者"，也是一位对彼得大帝把俄国货币欧洲化的政策进行温和批评的人士。他试图说服沙皇回归白银和黄金"古老的纯度"的理念，以便俄国货币可以"胜过所有外国铸币，无论是在工艺质量上还是在银币的精美程度上，都可以赢得所有人的赞誉"。他将贵金属的精美程度比作基督教信仰的纯洁性。与此同时，波索什科夫认为，铜币的名义价值应由君主决定，因为他的臣民崇拜他，"就像他们（崇拜）上帝一样"，并且铜币的名义价值不应取决于它的物质价值："只要我们看到陛下的题字，我们就要报之以所有的荣誉和敬意。"波索什科夫主张降低铜币作为沙皇收入来源的地位，因为它们缺乏白银的外观："它们的面值不应像外国通行的做法一样等同于它们的实际价值，而该由陛下来决定"。[8] 波索什科夫的构想表明，沙皇的权威在于保护银币的纯度和真实性，并全权决定铜币价值。

因此，18 世纪初，货币开始被视为是主权权力的投射和一种财政工具，允许国家在税收和其他收入不足时获取资源。流通中的铜的数量每次发生周期性膨胀或收缩，都会导致大量铜币被熔化和重铸，这是一种特殊的国家借贷机制。从这个意义上说，铜币——18 和 19 世纪的经济学家常常认为它们只是"货币象征"，而不配被称为货币——为纸币的引入铺平了道路。[9] 两者都充当真正的白银货币的替代品而出现。当叶卡捷琳娜二世引入纸币时，这种新货币被认为代表着铜币，而铜币则代表银币。[10]

纸币的语义与金融演变在某种程度上遵循着相同的轨迹，从物物交换到价值的间接表示，这为信贷的使用腾出了空间。最初，纸币仅代表铜币，后来则取代了铜币。1768 年 12 月 29 日发表的《宣言》（*The Manifesto*）宣布引入纸币，并以铜币过于沉重、运输不便（1000 卢布的铜币重约 2250 磅）为由宣扬改革的合理性；[11] 它还提到外国银行发行"印刷票据"供公众流通的例子。[12] 该法律包含叶卡捷琳娜二世代表她自己及其继承人的誓言，即纸币将始终可以兑换为实物货币。每个人都可以用圣彼得堡和莫斯科两家新成立的纸币银行发行的纸币换取相应数量的铜币（直到 1770 年还可以兑换银币）。银卢布仍然是主要的货币单位，铜币起到了零钱的作用，纸币是两者的便捷替代品。

圣彼得堡的纸币银行。建筑师贾科莫·夸伦吉（Giacomo Quarenchi）设计

资料来源：*Gosudarstvennyi bank: kratkiii ocherk deiatel'nosti za 1860–1910 gody.* St. Petersburg, 1910。

当最初的 100 万卢布的纸币被印刷出来时，同等价值的金属货币被存放在纸币银行作为抵押品。女皇的宣言将这项改革视为一项冒进的创新，但其目的并不是影响或援引君主的权威。存放在纸币银行地下室的帆布袋中的铜币足以确保公众对纸币的信任。货币的形态发生了改变，但其本质没有改变。政府允许用纸币支付税收和国家财务，这也确保了民众的信任。因此，最初纸币的作用相当有限。纸币轻便且易于生产，这不仅促进了国家机构资金的跨省转移，并且方便了通常以铜币支付并从全国各地运往首都的税收征集。换言之，庞大且不断扩大的帝国疆域，以及中央集权下的税收征集自然会导致有必要创造一种更轻便、更容易的支付手段。纸币还使通常流连于城市的贵族更容易从各省的农奴庄园获得收入。然而，由于纸币的发行锁定了等量的硬币作为储备，这种新货币无法提供额外的资源。纸币的性质或地位尚不清晰。它们看起来像期票，但与其他信贷形式不同，它们完全由金属货币支持。纸币及其所代表的金属硬币，都源自同时充当债权人和借款人的国家。若要纸币从纸质替代品转变为信用货币，至少需要在制度上对国家的这两种功能进行分离。

这种转变在实践中一开始是以零碎的形式出现的。一旦地方和省政府当局索取的纸币开始在数量上超过国家财政收入（税收）中铜币的价值，这种转变就开始出现。将铜币转移到纸币银行既困难又不方便，而且银行也没有足够的空间来存储铜币，因此各地方政府被允许将铜币存放在本地库房中，作为从纸币银行收到的纸币的抵押品。[13]1771 年 1 月，女皇颁布法令，禁止各地方机关在存入预期收取的税收之前就向中央索取指券。尽管如此，这种做法仍然存在：1772 年，地方机关要求的纸币金额是他们拥有的铜币价值的两倍（换句话说，他们借了这笔钱来抵扣未来的税收）。18 世纪 70 年代初爆发的俄土战争和瘟疫，使得铜币税收的运输变得更加困难。正如纸币银行董事安德烈·舒瓦洛夫伯爵（Count Andrei Shuvalov）指出的那样，"几乎没有一个政府机构不欠纸币银行大笔的资金。"[14]尽管纸币帮助政府克服了危机，但轻松获取现金的做法仍然存在。正如 1772 年一份未署名的备忘录所提示的那样，这导致一种错误的模式出现："与流通中的纸币的心理（设想）价值相比，银行只拥有虚拟的货币资本。"作为储备金的铜币和它的纸质代表之间，或者说所指与能指之间存在的原始联系就这样被切断了。由于流通中的纸币数量开始不成比例地增加，这就损害了纸币的地位，并破坏了纸币银行在民众中建立的信誉。[15]

纸币银行对发往政府各个机构和负责女皇私人开销的内阁的纸币数量进行了准确的统计，并将该统计与这些机构所拥有的铜币价值进行对比。银行的资产负债表将纸币列为政府对银行的债务。后来，在省级财政部建成集中管理体系之后，各机构的债务被统一合并为国库对纸币银行的债务。纸币作为债务的想法可能看起来很虚无缥缈，但它仍然体现了一种把货币看作信贷机制的新态度。1769 年，即引入纸币制度的第二年，俄国与荷兰银行家德斯梅特（De Smeth）签订了第一笔外国贷款，这并非巧合。作为一个没有"信用记录"的国家，俄国将其西部边境的海关收入作为贷款的抵押品。[16] 私人信贷机制是在 17 世纪和 18 世纪初俄国经济中发展起来的抵押工具，最终渗透到公共财政领域。沙皇俄国正在加入靠国际和国内借贷生存的欧洲国家行列，但俄国公共信贷制度安排与其他地方不太一样。

纸币代表债务的观念在理论上假设存在两个自治实体：债权人和债务人。例如，英格兰银行（Bank of England）的票据代表着国王对掌握英格兰银行（一家依靠私人资金运营的私人机构）的私人债权人的义务。瑞典中央银行（The Swedish Riksbank）成立于 1688 年，由瑞典立法议会独家控制。因此，货币政策和纸币的发行反映了国王和议会这两个不同政治实体之间的政治安排。叶卡捷琳娜二世非常熟悉金融领域的权力制衡原则：她著名的《给立法委员会的指令》(Instruction to the Legislative Commission)赞扬独立银行"凭借其信用，建立了新的价值标志，也增加了这些国家的货币流通量"。[17] 根据当时的主导理念和实践，女皇指示"为了在君主制政府中可以安全地依赖这些机构，这些银行应独立于所有行政机关……以便所有人都拥有最大的信心和保证，即相信君主永远不会干预货币，也不会损害此类机构的信用。"女皇在组建纸币银行时是否遵循了这一原则？从某种意义上说，是的。根据其章程，该银行"不依赖于任何政府（机构）"，由"在朕（即女皇）亲自监督下"的董事会管理，并且"除了朕，不向任何人报告（他们的）行为"。[18] 因此，银行与行政机构是分开的，但服从女皇的最高权威。"独立"的这个含义完全符合叶卡捷琳娜二世对宪法和行政原则的解释。同样，她将权力分立解释为在其不可分割的君主权力的保护伞之下行政职能的分离。俄国启蒙运动所特有的双重标准文化导致了彼此尖锐矛盾的思想和实践的共存。

即使对货币和信贷本质的理解发生微小转变，即将纸币解释为一种国家义务，也会产生重要的政治影响。1770 年，叶卡捷琳娜二世的朝臣们讨论了银行董事舒瓦洛夫的一项建议，他认为纸币银行可以为国家对外贷款提供"担保"，即提供其贵金属储备作为物质抵押品。关于利用银行担保和资源来获取俄国海外信贷的争论反映了关于国家义务的两种观点的争执。叶卡捷琳娜二世最亲密的顾问之一伊万·切尔尼雪夫（Ivan Chernyshev）宣称，国家贷款由女皇的个人承诺作为担保，因此"使用银行的担保（来发行国家贷款）对于女皇陛下来说是不合适的，因为银行不（能代表）设立该机构的女皇陛下，更确切地说，如果银行需要借钱，女皇陛下（将代表）银行做出承诺。"叶卡捷琳娜二世不同意，她认为俄国的对外贷款是国家义务，而不是她的个人债务，她表达了"人们不相信统治者的人格，而相信国家本身"的"愿望"，从而证实了彼得大帝将国家与君主个人相分离的原则。[19]舒瓦洛夫的提议当时未能实现，但对其讨论凸显了在货币问题上日益增长的分歧，这一点在随后的辩论中将变得更加清晰。这场辩论的核心是对皇室权威的定义、皇室对社会的态度，以及货币和银行在平衡两者利益方面所发挥的作用。

在叶卡捷琳娜二世时代，尤其是在约翰·劳臭名昭著的法国金融"体系"崩溃之后，皇室金融权威和信誉的性质与局限问题是欧洲金融辩论的焦点。[20] 约翰·劳金融体系的倒塌对法国君主政体的金融信誉造成了毁灭性的打击。它还提出了一个问题：货币的名义价值应该由什么来定义——是它的物质价值，还是统治者的号令？[21] 尽管在他的事业开始之时，约翰·劳声称他的纸币的信用完全取决于"支付的保证"，但他最终将他的体系的稳定性押在了君主的意志上，当它开始崩溃时，他依靠国家强制执行已经不可兑换的纸币的价值。尽管遭遇这样的不幸，法国王室仍然继续靠贷款为生，加强其对地方精英的依赖，无意中滋长了政治参与的思想，逐渐削弱了王室的基础。[22] 因此，历史学家认为大革命前法国公共信用的发展是政权更迭的一个诱发因素。学者们还将英国公共信用体系的巨大成功描述为"光荣革命"（Glorious Revolution）和代议制机构发展的结果。议会对公共债务的支持使国家能够以低得多的利率借款，从而促进了英国财政军事型国家的出现。[23] 但即使在代议机构权力远不如英国议会的国家，它们仍然在建立金融机构和公共信用方面发挥着核心作用。例如，瑞典议会基本上控制着银行及其发行政策，其原则往往是在各政党之间的竞争中确立的。[24]

18 世纪的俄国并不存在此类代表机构。这是否意味着国家债务和公共信用的概念没有任何政治内涵？令人惊讶的是，在缺乏替代性政治权力中心的情况下，叶卡捷琳娜二世的金融顾问们提出了一些更为广泛，甚至具有潜在颠覆性的政治概念。例如，大约在 18 世纪 70 年代末至 18 世纪 80 年代初，在起草一份国家纸币银行章程时，引入了与纸币银行的金属币储备有关的"全民国库"（all-people's treasury）的概念。按照该章程的解释，这个"全民国库"与国家的常规国库不同，之所以如此命名，是因为"我们每个持有纸币的臣民，都和我国各国家机关一样，按照所持有的纸币价值拥有这些银行的相应资本份额。"侵犯这种"全民国库"的完整性，不仅会被视为对统治者利益的侵犯，还会被视为对所有女皇臣民的"财产和福祉"的侵犯。[25]

这一声明中所表达的思想，即纸币是个人参股国家财富的一种凭证，对于 1789 年之前的欧洲政治思想来说极为激进。在君主制的俄国，人们参股国家财富的可能性微乎其微，但对上述章程的表述不可能有其他解释，这些表述也许代表了财政层面的"人民主权"（popular sovereignty）这一概念。从 18 世纪末到 1917 年革命前，俄国政治思想家和经济学家一再将纸币的概念，视为公众参与帝国政治生活的授权书。在缺乏民选立法机构的情况下，这一思想在俄国比在西方受到更多的重视，尽管其根源可能可以在欧洲政治哲学中找到。来自叶卡捷琳娜二世的主要财务顾问、总检察长亚历山大·维亚泽姆斯基（Alexander Viazemskii）办公室的备忘录和草稿上对欧洲书籍、概念、术语和机构的引用很是频繁。纸币银行董事舒瓦洛夫的思想似乎也深受法国的影响。伊丽莎白时代著名金融家之子，既是诗人又是社交名流的舒瓦洛夫伯爵于 18 世纪 60 年代初在法国度过了几年，在那里他结识了伏尔泰。叶卡捷琳娜二世的开明官僚们完全沉浸在欧洲的知识生活以及欧洲关于信贷和金融的辩论中。

"在专制统治下获得人民信任的想法……在历史上并无先例，而这个想法不属于女皇陛下以外的任何人。"舒瓦洛夫在 1786 年反思纸币的历史时写道。在舒瓦洛夫看来，早在 1768 年，无人理解银行的作用，"总的来说，它被认为是一个徒劳的企业……起初，人们不愿相信纸币能在俄国成功使用，随后他们将纸币银行视为铜币的免费行李箱。"[26] 这一看法提到了人们对专制政体与稳定的纸质货币体系是否相容的普遍怀疑，旨在强调俄国开明君主政体的特殊性。政治制度定义货币秩序的观点显然来自孟德斯鸠的《论法的精神》（L'Esprit des Lois）。这位哲学家宣称，在专制国家中，万物与货币之间不存在代表性的联系，因此，货币无法充分发挥其作用。[27] 孟德斯鸠还专门指出，俄国是无法在正常的货币制度下生存的专制国家的典型，指出其政治法律与商业不相容。[28] 叶卡捷琳娜二世和她开明的朝臣试图洗刷专制主义的耻辱。因此，他们的努力不仅是为了解决货币问题，而且也是为了改善俄国金融体系的政治形象。也有可能他们想与法国君主制所代表的"挥霍无度的君主"形象保持距离，因为后者常受到启蒙运动经济学家的严厉批评。

孟德斯鸠在论述政府与信贷机构之间的关系时描述了三种纸质票据："代表货币的流通纸币"、代表公司当前或未来利润的票据和"代表债务的票据"。前两种纸币"对国家有利"，第三类纸币却对国家无益，"因为只有富裕的国家才能维持这种纸币"。那么，俄国指券属于三类纸币中的哪一类？最初，纸币代表货币流通，即使在增加纸币发行量的情况下，政府仍保持硬币和纸币之间 1∶1 的平衡。1774 年，女皇通过一项法律，宣布纸币发行量不得超过 2000 万卢布，但即使是这一点自我克制也未能持续多久。人们继续信任政府在征税时接受的纸币，而硬币的兑换多年来未曾中断。然而，贵金属储备不再与纸币数量相匹配，在市场上纸币可以折扣赎回。[29] 因此，最初使用纸币作为铜币替代品的想法已过时。那么，纸币是否属于第二类"票据"，即那些像英格兰银行票据一样代表现有或预期商业利润的票据？不，因为严格来说，发行和兑换纸币的纸币银行并不是与商业和生产相关的信贷机构。因此，纸币代表着"国家债务"。为了改变货币的性质，沙皇俄国政府必须重新考虑纸币银行的架构及其与国家之间的关系。

1783 年，舒瓦洛夫得到女皇的批准，准备对俄国金融进行改革，"效仿欧洲大国，这些国家不是通过硬币，而主要是通过公共信贷来增加他们的财富"。[30] 组织信贷体系和维持人们对银行的信任的第一步包括，实现银行与国库关系的正常化，并制订把纸币作为国家债务的偿还计划，因为纸币的发行已经大大超出法定额度。舒瓦洛夫计划的另一个目标是将银行与商业和贸易联系起来，引入"银行义务"（bank obligations），并邀请商人和企业家开设银行账户以促进商业交易和资金转移。[31] 该计划的一个重要组成部分是"银本银行"（argent de Banque，舒瓦洛夫使用的法国金融术语）——"将凌驾于指券之上"——的制度化。[32]

1786 年，在叶卡捷琳娜二世的一些高官的帮助下，舒瓦洛夫综合了这些想法，提出了大规模重组银行的想法。[33] 值得注意的是，与舒瓦洛夫旨在让银行更接近商业和工业机构的初步想法有所不同，该项目重点强调帮助政府偿还其纸币债务。到 1786 年，财政部和内阁的债务加起来已高达 3000 万卢布，再加上 1000 万卢布的预期费用和需求。这一金额超过了该报告认为可以作为国债担保的国家年收入。[34] 偿还全部款项，即使是分期付款，对于财政部来说也太过困难，财政部需要征收新税。这笔债务违约是不可能的，因为这会损害政府的声誉，破坏人们对银行的信任。因此，报告提出了另一个方案：纸币银行将通过新成立的国家贷款银行向贵族贷款 2200 万卢布，向商人或地方城市贷款 1100 万卢布，他们将在 20~22 年内带息偿还。这些贷款赚取的资金将用于赎回财政部向纸币银行承担的大约一半的纸币债务，纸币银行则将逐渐撤回并销毁过多的纸币。政府仍将对剩余的债务负责，并将分期带息偿还。

该方案的主要问题是又会导致纸币发行量的增加。1786 年，流通中的纸币数量达到 4600 万卢布，这已高于 1774 年法律所规定限额的两倍。舒瓦洛夫和他的合作者建议将上限提高到 1 亿卢布，而不是简单地使现有问题合法化。这笔上限 1 亿卢布的三分之一将被用于向贵族和地方城市提供贷款。有趣的是，该提案并未提及纸币数量应如何与银行的贵金属储备相对应。然而，它表示，合并并更名为国家纸币银行的新纸币银行应努力收集黄金和白银而非铜币，以使其做法符合欧洲规范。

因此，这项改革计划是各种不同的，甚至有些相互矛盾的想法的混合体。增加计价货币（即流通中的纸币）的数量以刺激贸易和生产的想法暴露了重商主义的影响。舒瓦洛夫和他的同伙确信，资金短缺助长了高利贷，而大量发行计价货币不会造成任何损害。他们既希望将纸币银行转变为比货币兑换所更大的机构，又希望将当前纸币的性质从硬币的简单替代品转变为与商业和贸易相关的纸币。然而，如果欧洲银行的金融资产主要由与商业交易相关的期票组成，那么俄国银行则向拥有农奴的贵族提供信贷，而这些贵族大多将钱挥霍在消费而非生产上。因此，这次改革等于用贵族的不动产（即农奴）作为很大一部分银行铜币储备的资产替代。[35] 至于剩余的、无担保的指券额，其价值本应取决于无形资产即女皇的誓言和荣誉。因此，改革计划表明，货币政策的政治哲学发生了重大变化，即重新考虑君主义务的本质和确保货币价值的手段。从此以后，过去完全由铜支撑的纸币的价值将取决于三种资产：不断减少的金银储备、抵押在银行的农奴人口以及女皇的誓言和荣誉。

值得注意的是，维亚泽姆斯基是一位节俭的总检察长，也是叶卡捷琳娜二世唯一反对改革的顾问，他警告女皇，发行更多的纸币将破坏她承诺的"神圣性"，并扭曲货币体系的本质。更重要的是，维亚泽姆斯基强调，拟议中的改革是非法的，因为存储在纸币银行的资金属于整个"国家"而不仅仅是"国库"。这个想法看起来很熟悉——它曾出现在前面提到的纸币银行的初步章程中，将纸币的兑换基金定义为人民的国库，而不是政府的国库。在维亚泽姆斯基的解读中，"国家"一词包括社会和政府（而不仅仅指国库）。为了支持这一观点，维亚泽姆斯基引用了1768

年的《宣言》，该宣言根据国家信贷的需要"及每个君主、臣民的利益"证明了引入纸币的合理性。与卢布作为公共利益的理念相反，新货币法的计划只支持政府国库和贵族的需要。这种做法等于是为了政府和贵族的蝇头小利而放纵贵族的奢侈，从而损害了公众的信任。[36] 维亚泽姆斯基认为，该项改革歪曲了纸币的最初理念，不仅可能对货币体系造成损害，而且还会损害君主制的社会和政治基础。

　　舒瓦洛夫及其合作者与维亚泽姆斯基之间关于货币本质的第一次争论显示了两个阵营之间未来争论的轮廓——一派认为货币规模的扩张超过贵金属储备的上限，不会带来任何危险；另一派则主张限制纸币发行量。值得注意的是，舒瓦洛夫和维亚泽姆斯基都具有关乎世界主义和改革的启蒙精神，而且两人似乎都同意问题的关键是政府和皇室有责任偿还债务。正如舒瓦洛夫1789年写给叶卡捷琳娜二世的信中所说，偿还纸币债务"对于维护国家在您（即女皇）的人民和整个欧洲面前的尊严"至关重要。[37]因此，在政治哲学领域，他们的分歧比在经济领域更为微妙。两人对于统治者改变国家货币性质的权力的解释方面存在分歧。在这个意义上，他们的辩论呼应了18世纪中叶欧洲的讨论，这些讨论也集中于公共当局和经济"环境"（即市场）在定义货币价值方面的作用。启蒙运动的思想家否认统治者确定货币价值的能力——这一主张表明国家应该只拥有调控经济的有限权力。[38]孟德斯鸠等人坚持这样的原则：货币的价值（他当然指的是硬币）反映了它的物质价值，而非统治者强加给它的有条件的、想象的价值。维持与纸币价值相对应的贵金属储备是同一原则的延伸。这种做法在经济上可能显得毫无用处甚至荒谬（银行为什么要保留如此大量的铜？）。然而，在18世纪，与一味信任君主承诺的主张相比，通过坚实可信的贵金属储备来锚定货币价值被视为约束专制君主的货币发行权的最有效方式。在缺乏政治保障的情况下，贵金属储备发挥了锚定和约束专断王权的关键作用。

维亚泽姆斯基和舒瓦洛夫立场分歧的第二个争论涉及国家和皇室对贵族的态度。维亚泽姆斯基的担忧，即以货币升值为代价来维护国库和贵族的财政利益会带来严重后果，是颇有先见之明的。向贵族提供的贷款本应帮助国库在 20 年内偿还债务，但后来却演变成政府与地主阶层之间的长期财政依赖。由于农奴主将他们的财产抵押给国家贷款银行，而国家贷款银行由国家纸币银行提供补贴，卢布的命运就与国家对贵族地主的信贷政策密切相关。一位作者在 19 世纪 80 年代就表达了当时的一个普遍观点："发行纸币是为了贵族阶层的安全。"[39] 即使在第一版纸币消失、国家贷款银行清偿和废除农奴制之后，把纸币视为贵族与皇室之间的纽带的想法仍然继续流传，并最终导致在 1885 年（即 1786 年改革的 100 年后）创建贵族土地银行。最初安排的后果超出了言论和意识形态的范畴。国有银行享有信贷市场的垄断地位，为贵族提供以地产为担保的贷款以及高息存款的机会。国库不断负债累累，积极借用贵族存放在这些机构的资金。结果，贵族和国家陷入了金融的恶性循环。只有国家确保对纸币生产的垄断并保留农奴制，才能继续履行对贵族负有的这些义务。

1786 年，维亚泽姆斯基尚无法预测未来几十年国家与贵族之间的金融关系将如何演变，他的反对意见主要基于伦理和道德的论证。他正在打一场必败之仗：银行"改革"批准了事实上现有的通货膨胀政策，该政策用于资助农奴经济的发展以及俄国日益膨胀的帝国野心。1785 年，叶卡捷琳娜二世的《贵族宪章》（*Charter to the Nobility*）再次确认了她赋予统治阶级特权的政策，而舒瓦洛夫的货币改革计划只是为该宪章所保障的贵族特权提供了财政基础。1786 年改革计划的起草者因其工作而获得丰厚的奖励，其中一位还得到乌克兰的几个农奴村庄，这并非巧合。[40] 这次改革还标志着对君主职责和货币意识形态的解释的重要转变。1786 年 6 月 28 日（即叶卡捷琳娜二世登上皇位的政变 24 周年纪念日）颁布的法律措辞反映了这一变化。女皇以"上帝赋予朕的独裁权威和君主话语的神圣性"发誓，流通中的纸币发行量不得超过 1 亿卢布的限额。[41] 叶卡捷琳娜的《宣言》开启了保证国家纸币可信度的实践，而这种以君主的荣誉和威望作为担保的想法在随后的货币改革中得以发展。

对统治者个人威望的重视与叶卡捷琳娜的金融、社会和行政改革的成功以及俄国地缘政治地位的上升有着很大的关系，这些在欧洲舆论中都与开明女皇的名字联系在一起。俄国的改革表明，很少有君主政体能够支持纸币的可信度，而俄国成功的关键则是叶卡捷琳娜二世对财政政策原则的坚定遵守。然而，这种货币发行模式体现了专制统治的悖论：责任的个人化使君权始终面临着纸币贬值带来的声誉损失的危险。此外，在充满宣誓仪式的君主制"权力场景"中，通常是由君主的臣民来宣誓而非相反。尽管叶卡捷琳娜的誓言并未通过宗教仪式来实现，但她口头保证纸币的价值这一事实，本身就引起了人们的担忧和焦虑。随后，所有纸币的发行均由君主根据总督（及后来的财政大臣）的提议来颁布特别谕旨。[42] 对信任和荣誉的强调也体现在日常程序的仪式化上，例如在参议院大楼前的广场上公开焚烧不再流通的旧纸币。

卢布为何下跌？

纸币的持续发行及其在市场上的汇率下降，让俄国民众感到焦虑并造成了硬币短缺。1789 年，每天有 500~1000 人来到圣彼得堡的国家纸币银行将纸币兑换成硬币，尽管银行延长工作时间，但仍无法满足需求。[43] 为了维持兑换业务，银行每年需要价值 600 万到 800 万卢布的铜币。由于担心兑换受到干扰，政府向各省总督发出了秘密命令，要求他们以金属币形式交付一半（或至少三分之一）的消费税收入。这一要求却只带来兑换的恶性循环：为了用铜币纳税，人们去银行兑换硬币，以满足对铜的需求。国家纸币银行获得独家购买西伯利亚生产的所有的铜的权利以满足交易之需，但真正的问题并不在于铜矿的生产力。关键在于，俄罗斯帝国入不敷出，将对外扩张置于国内的生产、商业和文化发展之上。 1786—1795 年，军费开支消耗了俄国国库收入的 67%~100%。[44] 然而，政府却从其他地方寻找卢布贬值的原因。亚历山大·别兹博罗德科（Alexander Bezborodko）伯爵认为，主要问题在于纸币的公开发行。这与舒瓦洛夫的说法截然相反："（国家）越信任社会，社会也就越信任国家。善行和善意并不需要面纱。"别兹博罗德科呼吁金融的保密性。[45] 他认为公众信任与纸币流通量无关，令人们焦虑的是发行纸币的消息。因此，别兹博罗德科建议对货币发行情况保密："把纸币（货币）泛滥变成谜团"被视为防止银行挤兑的关键手段。[46]

有可能对纸币的"谜团"保密吗？几乎不可能。纸币价值的波动不仅影响它们对于铜和银的兑换性，而且对沉湎于西方消费习惯的俄国贵族来说，更明显的痛苦是卢布相对于欧洲货币的贬值。卢布在国际市场上的地位，从俄国汇票在阿姆斯特丹、伦敦、汉堡和巴黎的欧洲交易所贴现的汇率可见一斑。正如簿记员和畅销金融教科书的作者伊万·诺维科夫（Ivan Novikov）在他的小册子《汇率计算的关键》（*The Key to the Calculation of Rate*）中解释的那样，汇率表示"卢布的价格"。[47] 然而，如果对贵族来说，卢布汇率的稳定性决定了他们享受西方奢侈品的能力，那么对商人来说，本国货币的涨跌（大部分是贬值）使得俄国商品在国际市场上贬值，同时提高了外国进口商品的价格，带来了财务损失、增加了破产的风险。卢布国际汇率的波动始于18世纪70年代中期，当时纸币的大量发行动摇了贵金属储备规模与流通纸币数量之间的平衡。政府呼吁专家调查利率下降的原因，但是俄国官员往往把卢布贬值归咎于奢侈品进口、走私猖獗和外国投机，只有一位经济学家蒂莫菲·克林斯泰特（Timofei Klingstaet）把卢布汇率下跌归因于纸币发行的倍增。[48]商人们的请愿书也呼应了上述政府官员的观点：商人们认为，贵族阶级因其过度消费的恶习为其他社会阶层树立了坏榜样，应该对卢布汇率下跌负主要责任，并恳求政府采取措施禁止进口外国商品（尤其是奢侈品），因为这些商品将资金吸到国外。

商人对俄国"爱好花哨洋货"的批评[49]凸显了俄国货币之争的一个重要特点：卢布汇率往往与社会阶层的经济行为联系在一起，而各种利益集团往往操纵政府对国家货币的担忧以获取特权。商人们认为，贵族的奢侈消费习惯影响了俄国经济。虽然卢布汇率的下跌无疑导致俄国商品贬值，然而，俄国的工业、农业和商业无力与欧洲竞争，不仅仅是因为贵族偏爱欧洲产品。生活方式的西化是俄国政治和经济西化的结果；"成本"由贵族、农奴、商人和国家一起承担。[50]

因此，俄国商业精英试图利用政府对卢布贬值的焦虑来获取特权。他们提出的稳定卢布汇率的建议不仅包括打击非法贸易和走私在内的传统措施，还包括禁止进口奢侈品和"不必要的外国商品"。[51]"不必要"的物品清单包括："葡萄酒、香槟和勃艮第红酒"、人们"喜欢"喝的"朗姆酒"、面食、面条、奶酪和"美味佳肴"、"金丝雀和云雀"、椰子、手套、"羽毛（我们有很多自己的）"、"丝袜（我们在莫斯科有自己的工厂）"以及许多其他商品。凤尾鱼、沙丁鱼、柠檬、橙子、牡蛎、贻贝和其他非俄国生产或制造的商品应该被课以重税。换言之，商人希望政府放弃自由贸易制度，采取保护主义的政策。值得注意的是，出口俄国商品而非进口外国商品的英国商人，则以完全不同的方式回应了有关卢布贬值的问题，表明汇率下跌是由于纸币和铜币的生产过剩，以及银币和金币的质量下降。[52]

在卢布汇率下跌背后的两种叙事中，政府自然更倾向于强调外部影响而非国内货币政策的叙事。1793 年，俄国征收新关税，禁止进口几类奢侈品，汇率确实因此有了些许改善。然而，从长远来看，印钞和汇率的统计数据显示，纸币的贬值与卢布在国外的价值之间存在很强的相关性。1787 年，1 卢布兑换 39 荷兰斯图弗或 41 英镑；1790 年，1 卢布兑换 30 斯图弗或 31 便士，而 1793 年则只能兑换 25 斯图弗或 26 便士。纸币兑银币的汇率也显示出类似的曲线。1786 年的《宣言》允许发行纸币的额度从 4600 万增加到 1 亿，之后，银卢布对纸币的价值在 1786 年上升至 103 戈比，1790 年则升至 115 戈比。到 1793 年，纸币的数量已增加至 1.2 亿，而银卢布的相对价值升到了 135 戈比。[53] 两种利率波动之间的相关性并不总是直接的。除了国内纸币债务增加外，俄国还积极向国外举债，每年偿还外债的费用不断增加，加上军费开支的增加，均导致卢布在国际市场上的贬值。然而，值得注意的是，政府经常分开处理这两个问题，并且不愿承认卢布的国际地位取决于其在国内的信誉。

1796 年叶卡捷琳娜二世去世时，1 银卢布"值"142 戈比纸币，1796 年之后，银卢布与本应成为其"代表物"的纸币之间的价值差距不断扩大。叶卡捷琳娜二世的儿子保罗一世（Paul Ⅰ）对卢布汇率下降和货币贬值感到尴尬，在即位后不久他就下令公开焚烧近 600 万新印制的纸币。这件事发生在冬宫门前，冬宫是他"可恶的母后"的王宫。[54] 烧毁纸币象征着保罗一世经过深思熟虑要

"消灭……所有纸币并永不拥有"。[55] 然而，保罗一世清偿纸币或至少恢复其可兑换性的计划注定要失败。恢复纸币的可兑换性后不久，政府不得不暂停兑换，并以更大的力度重新开始印制纸币。[56]

叶卡捷琳娜二世的货币政策确立了俄国金融体系的制度和意识形态原则。无疑，意识形态原则更为重要。1768 年，当女皇签署引入纸币的宣言时，这些原则尚不清晰；对纸币的含义，以及与纸币相关的金融机会和政治成本的理解在 18 世纪 70 年代和 80 年代逐渐演变。支持叶卡捷琳娜二世改革的政要以及女皇本人都非常熟悉同时代的欧洲理论，但却有选择性地应用它们。例如，他们绕过了孟德斯鸠的警告，即君主对货币的权力受到国家边界的限制，即使在国家内部，它也会受到经济状况的制约。

俄国纸币在许多方面与近代早期欧洲的其他纸币相似，例如起源于国王的战争债务、由英格兰银行发行的纸币。[57] 然而，它们在一个重要方面有所不同：英国国王从私人银行借钱，而在国内没有的情况下，俄国的纸币则因为缺乏明确的债权人而显得像是国家对自己的负债，或者像叶卡捷琳娜二世的廷臣们所认为的那样，像是国家对人民的债务。舒瓦洛夫等人试图将俄国的纸币与欧洲货币进行类比，并夸张地描绘国库对女皇臣民的义务，就好像国家纸币银行代表公众并储存国家的财富一样。别兹博罗德科在为保罗一世撰写的一份备忘录中（大概是在 1797 年）直言不讳地宣称"纸币……无非是君主向其臣民借的款。"[58]

纸币是国家向民众借款的一种形式，这一点在意识形态上的重要性怎么强调都不为过。尽管这种认识并未公之于众，但它在 18 世纪末和 19 世纪初有关货币的著作中已成为常态。欧洲主要国家的君主长期欠其封臣、银行家、公司和其他臣民的债，与之相反，俄国沙皇直到 19 世纪才向本国人民借款。为什么俄国君主不能或不想向民众借款，这是一个完全不同的问题。要么是人民太穷，要么很可能是专制家长式权威的意识形态不允许那种依赖关系的存在。无论如何，纸币是国家的第一笔内债，承认这一点具有深远的政治含义。国家与公众之间的财务关系不再被视为单向度的。正如迈克尔·夸斯（Michael Kwass）在论述 18 世纪法国金融时所说的，"借贷考验了公众对君主制的信心，而且可能反而强化了社会统治阶层的政治参与的民主习惯。"[59] 由于缺乏与皇室进行谈判的企业信用团体或机构，俄国纸币并不具有相同的含义。然而，国家（或君主）负债的观念赋予了国家的众多债权人某种政治自主权。理论上，全体人民都成了女皇的债主。这一叙事与制度现实形成鲜明的对比：纸币银行只不过是帝国行政机构的另一个办公室，在定义货币发行原则方面没有发挥任何作用。尽管如此，（纸币）银行作为代表国家财富的机构的理念首次出现于 18 世纪 70 年代和 80 年代，并在 19 世纪关于货币的自由主义话语中发挥了核心作用。

第二章　独裁还是代表制：拿破仑时代及之后的货币政治哲学

皮币

俄国沙皇亚历山大一世（Alexander Ⅰ）的臣民生活在三大洲，他们经常使用不同的货币。有些人口袋里揣着硬币，从未用过纸币；在其他省份，金属货币则很少见。从 1817 年开始，到 1867 年俄国出售阿拉斯加，俄国美洲公司（the Russian American Company）的工人领取的微薄薪水都是用鞣制皮革制作的，皮革上刻有公司印章，印章上有一只俄国双头鹰和公司董事的签名。俄国运往美洲属地的纸币供不应求，而从俄本土输入的硬币很快就从流通中消失了。[1] 因此，1816 年，俄国在美洲属地的政府开始发行自己的私人货币，称为"殖民马克①"（marki），其设计和颜色类似于俄国本土的纸币。皮革卢布和戈比印在阿拉斯加最珍贵的商品——海洋动物的毛皮上，并从圣彼得堡运送到殖民地，在锡特卡、科迪亚克、阿留申群岛和加利福尼亚州的俄国属地流通。除了得到俄国在美洲属地当局的军事和行政机构的支持外，皮币是权力货币的典型例子，是沙皇殖民代理人无限权威的体现。俄国在阿拉斯加殖民地的剥削经济体现了对商品和劳动力（指被强征

卢布：一部政治史（1769—1924）

---

① 殖民马克，是货币学术用语，本处的"马克"是名称，而非单位。
　　——编者注

劳动的土著人）自由市场的限制：公司的商店享有垄断地位，以高价出售简单商品以获得"标识"，而经济上处于奴役地位的阿留申群岛和阿鲁提克猎人则被迫为公司工作，将宝贵的海獭皮卖给恰克图中国商人。外国人不喜欢俄国的皮币，而喜欢流动性更强的交换手段：毛皮、外国硬币和酒精。因此，俄国美洲公司的经济模式代表着一个微型国家，它与世界保持活跃的商业往来，在殖民地内则以军事、经济和行政统制为依托，靠一种特殊货币推行经济孤立主义。[2]

在殖民地使用的面额为 1 卢布的马克，俄国美洲公司

资料来源：史密森学会下属的国立美国历史博物馆工作与工业部。

到 19 世纪初，俄国的领土急剧扩张，每一次对外国领土的攫取都加剧了俄国与邻近帝国的竞争，引发了另一场战争或冲突。持续的战争和暴力不可避免地影响了俄国货币的地位，改变了卢布的价值和俄国货币制度的政治属性。与此同时，俄国借用西方邻国的理念并效仿其做法，声称其在欧洲政治、知识和经济生活中发挥着更加明显和积极的作用。所有这些因素使得人们对货币本质的看法发生了渐进且微妙的变化。货币是什么？是一种交换和信用机制，还是权力、治理和强力部门的工具？这个问题的答案通常涉及货币的产生方式及其存在的物质形式。这就是为什么俄国皮币在美洲看似孤立的情况是如此重要。大约在俄国美洲皮币开始流通的同时（1816—1817），俄国政府决定以国家权威而非信任和信用为基础来决定其货币政策和国家货币概念。巧合的是，关于皮币的争论在改变金融政策的方向上发挥了关键的宣传作用。俄国美洲公司是沙皇帝国的卡通形象：充满了西方商业和进步的意识形态，由圣彼得堡的少数自由主义者领导，依赖暴力和勒索。该公司的形成时期恰逢俄国自由主义和改良主义的鼎盛时期，当时立宪主义思想一度风行，预示着将对帝国的政治架构进行重大变革。那个年代的另一特征是俄国在欧洲（反拿破仑）和亚洲（针对奥斯曼帝国和波斯）持续不断的战争。战争和维持帝国的费用耗尽了俄国的财政收入，导致政府选择支持民族主义和孤立主义的货币意识形态。

　　本章讲述的是，亚历山大一世统治初期出现的、基于人民主权和有限国家权力的货币观如何以及为何最终屈服于保守主义的货币观。这种保守主义强调俄国国家的封闭性及俄国货币的"名分大义"属性。这两种货币观之间的分歧——一种重视市场和大众政治参与，另一种重视国家权威和臣民义务——在拿破仑入侵前夕达到顶峰，导致自由主义改革计划的失败。这一时期的独特之处在于，这两种货币观在政治和经济上互为对照、截然不同。自由主义的货币观强调建立独立银行并遵守银本位制、宪政和法治。在这一观念中，货币是公民政治权利的延伸；与之相反的保守主义观念则强调纸币的灵活性（或任意性）、国家权威至上并因此享有任意发行货币的特权，以及将卢布视为臣民义务的象征。由此观之，银币、纸币和皮币在俄国的并存，不仅仅是物质和象征意义上的。这两种货币观不仅植根于不同的政治理念，还体现了对俄国历史、语言和文化特性的迥异解释。随着时间的推移，这两种货币观之间的区别变得不那么明显。但即使在几十年后，坚定的自由派和忠诚的保守派仍然继续依托它们在 19 世纪初的思想渊源。从本质上说，这些思想渊源反映了对货币发展和国家演进的两种不同愿景。

19 世纪早期自由主义的货币、主权和宪法

1801 年保罗一世被谋杀后，亚历山大一世继位，人们欢欣鼓舞。新君主的改良主义热情和自由主义思想导致人们产生一种幻觉，认为一切都是可能的，包括通过宪法对专制权力进行自我限制。这位年轻的沙皇得到共和派作家弗雷德里克-塞萨尔·德拉哈普（Frédéric-César de La Harpe）的培养，并接受欧洲启蒙运动的最佳传统教育，逐渐并果断地将旧精英逐出政府，并将新人带入宫廷和官僚机构。在亚历山大的鼓舞下，他的朋友们开始狂热地起草改革计划，旨在以一种不同意识形态的、激进的方式解决国家治理中的实际问题。俄国知识分子和政治家对后革命时期的欧洲政治世界有一种归属感。亚当·斯密（Adam Smith）、亨利·桑顿（Henry Thornton）、西斯蒙第（Sismondi）和让-雅克·卢梭（Jean-Jacques Rousseau）等经济学家和政治哲学家成为俄国家喻户晓的人物。俄国人将有关经济理论和货币政策问题的辩论，以及宪法和政治自由问题作为晚餐谈话的主题。

1801 年 12 月，就在亚历山大一世登上王位的政变发生几个月后，退休海军上将、新近转向自由派的尼古拉·莫尔德维诺夫（Nikolai Mordvinov）写道："除了与人们的劳动相关外，金钱没有任何价值。"这句话是"鼓励劳动力银行"项目的开场白，扭

转了人们对货币这一关键概念的认知。过去的保守派认为，纸币的价值与君权的崇高地位密切相关；如今的自由派则认为，纸币的价值植根于人力资本。[3] 在莫尔德维诺夫看来，如果流通中的货币数量与国民经济生产的商品数量相对应，"那么金、银和任何其他金属或纸币就具有真实和稳定的价值；如果不相对应，那么黄金和任何其他货币的价值都会下降。"值得注意的是，莫尔德维诺夫的概念背离了对硬币内在价值与纸币抽象属性并列的简单化解释：他认为，所有货币的真实性都源于国民经济的生产力。上面那句"货币价值下降"的措辞——字面意思是货币尊严的贬低——暗示着均衡的货币体系具有道德优越性。它还默认了货币来源于人们的劳动而非国家的权威，国家仅仅在生产纸币和调节交换方面发挥辅助作用，因此，它不能在不违反道德秩序法则的情况下自行赋予货币以价值。

莫尔德维诺夫思想的激进之处不仅仅在于他关于"劳动力银行"提议的新颖性和对货币概念的重新考量。作为这一提议的接收者，亚历山大一世可能感到惊讶的是该提议体现了一种强调人民而非政府拥有政治主权的政治哲学。年轻的沙皇对这些激进的计划感到兴奋。类似的想法出现在两份简短的备忘录中，即《论国家的基本法》（*On the Fundamental Laws of the State*）和《论政府精神》（*On the Spirit of Government*）。应亚历山大的要求，这两个备忘录由一位牧师的 30 岁的儿子、自学成才的哲学家米哈伊尔·斯佩兰斯基（Mikhail Speransky）撰写。彼时，他刚从神学院毕业，正担任沙皇密友维克多·科丘贝伯爵（Victor Kochubei）的私人秘书。斯佩兰斯基认为，政府的权力来自人民，人民让渡了执法特权，并为政府提供人力和物力资源，用于组建军队和财政资本。[4] 因此，如果代议制立法机关要反映人民的政治意愿，那么货币就必须反映全国（而非政府）的财富。用货币术语来说，人民掌握金融主权的原则规定了纸币的"衍生"或"代表"属性及其对于金属货币的可兑换性，而金属货币被视为经济商品和交易的表征。[5] 纸币的名义价值不能脱离它所代表的国民经济主体而存在。

俄国的改革者之所以如此关注货币的本质，有一个非常实际的解释。当时，俄国一边在南方扩张领土，一边卷入欧洲的反拿破仑联军战争，财政资源极度紧张，只能靠大量印钞来弥补资金的不足。1801 年，流通中的纸币为 2.21 亿卢布；1806 年，这一数字增至 3.19 亿卢布，1808 年增至 4.77 亿卢布，到 1810 年则增至 5.79 亿卢布。[6] 事实上，国家收入的 60%~70% 依赖向农民征收的税收和消费税，这种制度已经过时且缺乏灵活性，而且卢布汇率的下跌也大大减少了国库的收益。1810 年，俄国政府的"日常"收入是其支出的一半；国家资源的大部分都被战争消耗掉了，而财政赤字则由 1.27 亿卢布的"纸币银行贷款"来弥补（这

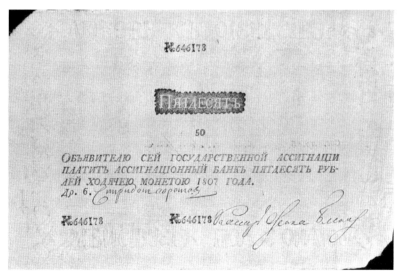

50 卢布纸币，1807 年

资料来源：史密森学会下属的国立美国历史博物馆工作与工业部。

种所谓"贷款"其实是大量新增印钞的委婉说法)。[7] 卢布汇率持续下跌，1810年12月，纸卢布的价值仅为银卢布的四分之一。国家货币的崩溃成为日常生活的常态。所有商品和服务均采用双重价格，即以纸卢布和银卢布同时计算。[8]

　　19世纪初欧洲的大多数国家也面临着货币贬值的问题，英国、法国和奥匈帝国的战争和经济危机导致货币问题的政治化。然而，在俄国，政府试图在改革治理体系的同时实施货币改革。因此，人们开始从政治改革的角度来看待货币发行问题，反之亦然。由于货币不仅仅是一个金融问题，货币改革的总体计划并非源自财政大臣办公室。[9] 1809年11月，官运亨通的国务大臣兼沙皇主要顾问的斯佩兰斯基起草了一份《财务计划》（Financial Plan），以此作为大规模改革计划的核心要素。该计划主张推行分权，建立各级民选代表机构，以国家杜马作为最高立法机关，并改革政府服务体系。[10] 在斯佩兰斯基看来，俄国正处于重大变革和挑战的边缘，拿破仑向被征服的欧洲强加了新的政治和法律秩序，而俄国沙皇则要求自上而下地、仁慈地实施改革。宪法、法治和新货币构成了斯佩兰斯基体系的基础。

　　为了完整理解斯佩兰斯基计划的变革程度，必须将他的货币改革计划与其倡议的政治意义放在一起进行综合考虑。[11] 除了限制统治者及其侍从和大臣行使立法权和行政权的能力外，斯佩兰斯基计划的货币和银行改革剥夺了君主控制金融资源的特权。应当指出的是，斯佩兰斯基的财政计划追求一系列务实的目标，并没有明确针对君主独裁。为了恢复因纸币贬值而扭曲的价格标准，斯佩兰斯基建议以银卢布作为主要计量和支付单位。政府必须承认纸币代表着"国家债务"，将其从流通中撤回，并公开予以销毁。斯佩兰斯基建议，由新成立的独立股份制"银本位制银行"发行新的"信用汇票"来代替指券。[12] 仅仅收回多余的纸钞并设立贵金属储备并不能解决问题，因为改革的成功取决于政府是否恪守规则。在不改变货币生产原则的情况下，贵金属储备只能暂时阻止政府进行不受控制的货币发行。因此，改革的最终目标是货币发行的非政府化，而独立银行将扮演金融领域的"国家杜马"。

独立银行的理念涵盖了关于国家、货币和社会的自由主义思想的本质，而斯佩兰斯基的计划将其他一些经济学家和政治家的想法诉诸笔端。[13] 政治宪法需要某种金融宪法作为补充，斯佩兰斯基宏伟的改革计划则体现了两部宪法之间的联系。斯佩兰斯基的打算是，在采取某种重大的政治改革步骤之后，即着手推行他的《财务计划》，将俄国的专制独裁政权转变为君主立宪国体，其特征则是建立从地方到中央的分权制度和代议机构制度。[14] 斯佩兰斯基希望《财务计划》将是未来建立的代议机构议程上的第一个项目，通过立法者们的同意而使该计划合法化。[15]《财务计划》要求政府承担重大承诺，包括纠正和维持货币体系标准的义务。换言之，斯佩兰斯基设想建立一种"法治"卢布，而不是随心所欲式的君主专制卢布。

鉴于 19 世纪初有关国家、银行和货币的辩论的时代背景，斯佩兰斯基建议的激进性是显而易见的。当时，拿破仑战争是欧洲金融政策和辩论中最重要的一个因素，使得国家在金融中的作用得以大幅提升。1797 年，英格兰银行暂停了其本币（硬币）支付，以此来实现国家财政的稳定性和获得紧急贷款的可能性。此次暂停使英国免遭重大金融冲击，但也动摇了银行与政府之间的权力平衡。随着英格兰银行与政府之间的关系变得不那么疏远，许多同时代人都开始质疑英格兰银行的独立性。[16] 同样，拿破仑在 1800 年创建的著名的法兰西银行（La Banque de France），在 1806 年进行了彻底的改革，这次改革没有影响其私人股份资本的结构，而是让政府直接控制公司治理。[17]换言之，银行独立的想法在战时的欧洲逐渐（尽管是暂时的）失势。

在此背景之下，俄国自由主义者关于银行和货币的思考显得尤为激进。斯佩兰斯基没有具体说明银行独立组织的原则和保证，但其要点在他最亲密的政治盟友之一莫尔德维诺夫的著作中得到体现，后者提议建立俄国自由银行（Free Russian Bank）。莫尔德维诺夫认为该银行不仅是一家代表银行家-政府联盟的私营公司，而且还是一个由俄国社会所有自由成员资助的、分散的信贷机构网络。与斯佩兰斯基的建议一样，莫德维诺夫提议取消原来的纸币，并将货币发行权交给涵盖所有社会阶层的俄国自由银行。[18]农民、地主和商人将被邀请存入资本、收取利息、申请信贷，最重要的是，他们将通过民选代表直接或间接参与银行的管理。参与程度取决于个人银行存款的规模：每家当地银行都必须确定一张选票相当于多少金额。因此，正如莫德维诺夫所写，"每个人都将自行管理自己的资本"，因为国家银行将拥有庞大的地方分行网络，每个分行都由当地代表管理。只有那些选择匿名存入资金的人才没有投票权（代表原则要求公开、诚信和透明）。有趣的是，政府无权将国库资金存入自由银行，沙皇只能以"个人"身份参与其中。政府应该接受俄国自由银行发行的纸币，后者的印刷纸张应该与当前的纸币完全一样并用于所有的国家支付，以便新纸币可以逐渐取代旧纸币。最终产生的相互信任将把政府、沙皇和人民团结在"最紧密的联盟"之中。[19]

莫德维诺夫的自由银行的理念将货币的含义概括为政治代议制度的一种表现形式。因此，从不可兑换的国家发行的纸币转变为自由银行发行的可兑换的纸币，要么是政治改革的替代品，要么是政治改革的延伸——从官僚专制向拥有代议机构的、受到人民拥护的君主制的过渡。1813年，斯佩兰斯基被解职并流放后，莫尔德维诺夫再次设想以自由银行的形式建立金融共和国。在这个新设想中，莫尔德维诺夫的目标是通过省级银行的网络来实现帝国社会和领土的统一："每个省都必须拥有自己的银行，一个省的每个居民都必须参与其银行资本的募集"。这实际上再现了斯佩兰斯基关于建立各级代议机构的思想。国家银行系统的地方机构发行的纸币，将反映每个阶层创造的财富数量，滥发货币的问题将得到解决。最终，通过金融参与国民经济和国家治理，"俄国各地将通过信任和互助的纽带得以团结"。[20] 莫尔德维诺夫撰写的关于银行的文章无疑用金融语言表达了宪政思想。

莫尔德维诺夫关于自由银行的愿景是一个最纯粹的金融乌托邦：通过地方银行筹集的公共资本，应该满足几乎所有的国家的需求并最终取代税收。[21] 国家似乎正在消亡，因为自治的省级银行将承担大部分经济职能，而沙皇的臣民可以参与治理。莫尔德维诺夫试图同时解决多个问题：政治代表权、帝国治理、容易获取的地方信贷、贵族拥有大量地产的可持续性、农奴制，等等。值得注意的是，他利用银行和货币体系的改革来修复社会和政治生活各个领域最主要的缺陷。莫尔德维诺夫经常使用的关于"统一"的比喻被证明是非常通用的。"货币的统一性"意味着其所有存在形式（金属和纸张）之间的价值同一性及其代表国家所有财富的能力（斯佩兰斯基将这些特点称为"真实性"）。"货币的统一性"，莫尔德维诺夫写道，"可以连接所有思想、感情、愿望和权利，无论它们有多么不同"。这样的说法为他的金融设计增添了道德色彩。[22]"国家的统一"不仅意味着社会和民族的凝聚力，而且还意味着皇权与人民的团结。代表权则是实现这两种统一的关键。

然而，莫德维诺夫的计划是一种政治白日梦，而非解决问题的可行方案。[23] 他将斯佩兰斯基的实用主义思想融入金融乌托邦之中，体现出亚历山大一世统治早期的自由主义精神。这种金融改革似乎可以帮助沙皇摆脱困境，使他无须通过宪法改革放弃专制权力。但是，尽管亚历山大一世公开承诺实施变革，但他不愿意彻底限制他的政治或经济特权。《财务计划》和斯佩兰斯基的政治改革计划均未能完全实现。与沙皇经常发起然后撤销的其他宪法计划一样，建立一个拥有货币发行权的独立"银本位制银行"的想法，和建立国家杜马的想法均被放弃。[24] 通过支离破碎的政治与行政改革，俄国于1810年建立了一个名为"国务会议"（State Council）的独立而专门的立法机构，但其成员并非民选代表，而是由沙皇遴选和任命。斯佩兰斯基不得不将他的财务愿望限制于一个更温和的计划之内，即让政府承诺赎回纸币债务，而不是继续发行限量纸币。在这种情况下，皇室和政府最终都逃避了外部的公共控制，而公众或资本的代表却没有获得任何权力。

尽管他的宏大计划遭到强烈反对，斯佩兰斯基还是试图实现他最珍视的想法之一，即立法过程的"统一"。这种"统一"旨在限制沙皇的大臣和侍从无须咨询公众而径自让沙皇批准某个计划的能力。1810年颁布的新命令规定，所有立法计划在提交给沙皇之前都必须经过国务会议的协商和讨论。同样，货币改革旨在用银本位统一确定纸币和金属货币的价值，从而恢复卢布的"统一"。1810年6月20日的宣言表达了货币改革的逻辑，将银本位置于纸币之上，正如治理改革确立了法律高于行政命令的地位。[25]

斯佩兰斯基的倡议常被认为是大胆的创新，事实上，它也是对有关纸币的最初设想的回归。国务大臣起草的另一项法律明确地将纸币称为"由国家所有财富担保的国家债务"。叶卡捷琳娜二世的廷臣曾为这一观点辩护，认为这是国家信誉的一个条件，但到1810年，对纸币的态度发生了改变。当1810年2月2日的政府公告宣布政府认为过量纸币的存在是一个问题时，俄国的政界人士认为这是疯狂的，就好像一个寻求提高财务声誉的人公开宣称他正处于破产的边缘。尼古拉·鲁米扬采夫（Nikolai Rumiantsev）对斯佩兰斯基的举措的回应是："上述公告揭开了只应在政府面前揭开的面纱，不但没有带来救济，反而造成了伤害。"[26] 上述公告还宣布，赎回纸币需要出售"一直作为纸币担保的"国家财产，因此追溯性地改变了纸币的地位和国家义务的性质。[27] 斯佩兰斯基显然是在效仿法国革命政府的例子，后者曾发明了用国家财产支持货币的想法（biens nationaux），并以出售国有土地的方式来偿还债务。[28] 斯佩兰斯基选择效仿这个例子是值得关注的。与法国国民议会一样，俄国政府发现自己陷入了这样的境地：除了政府财产的价值，它没有其他东西可以补偿纸币的持有者。[29] 这就产生了让人毫不奇怪的类似结果：俄国政府只能出售国有财产的五分之一，用于赎回纸币。然而，这一改革的意识形态影响相当大：纸币的定价不再被视为沙皇的个人义务，而是与国家的物质资产相符。

斯佩兰斯基的货币措施表面上具有技术性，但它们同时也具有重要的意识形态含义。斯佩兰斯基认为"真实性"——包括物质层面（货币的防伪能力）和财务层面（货币代表价值的能力）——是货币的关键特性。[30] 整个体系取决于对称代表原则：政府发行的"信用票据"代表国家银行的银本位储备，同时也反映了商业交易中涉及的资本。相比之下，纸币不适合这种模式，因为它们失去了代表财富的能力（正如斯佩兰斯基所说，"纸币基于推定，不具有真实性"）。[31] 正如斯佩兰斯基最亲密的盟友莫德维诺夫几年后所表示的那样，对货币价值真实性的攻击不仅破坏了人民对政府及其义务的信任，而且破坏了所有社会关系中的信任标准。当卢布贬值时，"法律就会失去效力，美德不能持久，罪恶被宣布为正当且无罪。"[32]

这种对货币的态度留给君主专制统治的空间很少。自由主义模式强调货币的表现形式、技术性和非个人化，而专制制度则优先把荣誉而非物质保障作为货币的基础。叶卡捷琳娜二世本着"专制贵族"的精神进行统治，她以个人荣誉保证了俄国纸币的信誉。[33] 女皇把统治者和臣民之间的关系看作是自上而下的，斯佩兰斯基的看法则相反，他认为这些关系是相互依赖的。国家债务不是源于誓言，而是源于最初的授权和契约。有趣的是，这种看法让斯佩兰斯基既可以向政府施压、促其遵守法律，同时也可以借口为了国家的福祉和共同利益而向人民增税或征收特殊费用。换言之，如果国家承担了对于纸币债务的义务，沙皇的臣民就应该缴纳更多赋税和参与国家借贷作为回报。[34]

政府用于获取财政收入的每一种金融工具——税收、外国或国内贷款以及发行货币——都有明确的政治含义，并且每种工具都蕴含不同形式的政治参与和社会包容程度。在 19 世纪的自由主义话语中，发行纸币被认为是最糟糕的财政收入方式，因为它代表了一种隐性税收，而这种税收并非基于人民的同意，且让不同阶层负担不均，从而加剧了社会不平等。政府强迫每个人接受贬值的纸币，等于暗中榨取价值。[35] 与纸币相比，国内贷款和所得税都必须基于透明度和自愿参与的理念。因此，斯佩兰斯基试图找到一种方法，让政府不是通过滥发纸币，而是通过某种能够推动各阶层参与政治的财政机制（例如所得税）来获得收入。19 世纪初期，1799 年起源于英国的所得税被视为新鲜事物和政治激进措施。特别是对于俄国来说，纳税被视为一种耻辱，是社会出身较低的人士才必须做的事。因此，当斯佩兰斯基不仅提高对农民的税收，并且要求贵族地主也交纳所得税（尽管这取决于当地贵族会议的同意和自愿报告其地产收入）的时候，他的做法被视为对贵族统治特权的一种攻击。不过，即使那些最强烈反对这项措施的人，也仍然缴纳了这项税款，导致 1812 年的财政收入为 550 万卢布。[36] 战争结束后，爱国热情减退，税收大幅下降，该税于 1819 年被废除。

总而言之，斯佩兰斯基的改革的财务效果相当有限。他的许多倡议的效果都因为战争和财政大臣德米特里·古里耶夫（Dmitrii Guryev）的抵制而化为泡影，后者破坏了这些倡议的实施。[37] 然而，如果把斯佩兰斯基的改革放在一个更广泛的金融和政治改革框架之内来考察，那么其先行一步的实验性是很引人注目的。斯佩兰斯基的改革蕴含了一种看待公共财政的不同方式，即不再从狭义的角度看待公共财政，而是将其更广泛地理解为一种体现国家与人民之间互动的社会经济和政治基础。在自由主义话语中，货币改革被视为宪政变革的前奏或后续，而保守主义话语则攻击"代表权原则"不合情理、不适用于俄国。在自由主义和保守主义的这场货币辩论中，人们可以选择要么承认代表权原则，要么否定它。

俄国保守主义与"纸质标准"的发明

俄国保守派思想家强调传统主义、民族主义以及沙皇与人民之间的团结，意在批判自由派改革者的世界主义热情及其"政治代表权"主张的虚假性。货币问题确实不是欧洲保守派议程的焦点问题，但由于俄国的金融改革与专制政治转型密切相关，因此它成为政治争论的重要问题。自由主义者可以从大量的自由经济理论中汲取论据，但保守主义的"名分论"（nominalism，一种主张国家有权独断货币价值的学说）却谈不上有什么权威和丰富的思想渊源。俄国保守派思想家于是即兴发挥，将他们的论点建立在历史先例和政治构想的基础之上。

在亚历山大一世时期，自由派和民族主义者之间的意识形态争论主要局限于政治精英的上流阶层，他们代表着宫廷权力争夺的另一面。冲突的中心是斯佩兰斯基和他的对手之间的斗争，他的对手利用政治论战和阴谋除掉了这位能干的国务大臣。金融创新是攻击斯佩兰斯基的一个主要借口。在货币改革的所有原则中，保守派主要攻击银本位、可兑换性和纸币作为国家债务的概念。对他们来说，一种以坚信"沙皇权威至上"为基础的纸币提供了更多安全感。此外，斯佩兰斯基的反对者还鼓吹，纸本位制才是有史以来最优越的货币形式。

在这场论辩中，支持维护现状的历史和哲学论据占有令人惊异的中心地位。例如，财政大臣阿列克谢·瓦西里耶夫（Alexei Vasiliev）提出了一种对于货币演变的独特历史解释，并以此攻击货币的可兑换原则。他声称货币体系的发展扩大了货币的物质价值和名义价值之间的差距。在瓦西里耶夫看来，卢布贬值和价值标准解体是一个令人沮丧的事实，但也是人类智力发展的结果，这一发展导致货币的估值标准从物质本位的原始形式，进化到以"智力和信任"为基础的更高级形式。当然，在现代早期欧洲引入纸币之前，人们就已开始使用抽象单位而非物质单位来计算价值。然而，尽管瓦西里耶夫的说法不无道理（即认为思想变迁是纸币出现的先决条件），但他得出的结论却和他的论据并无必然的逻辑联系。"只要大笔一挥，一块金子就变得不如一张纸值钱了。"他似乎认定，印在纸币上的区区"铭文"（inscriptions）具有一种可以保证人们用纸币兑换"任何一种需要"的魔力，而政府则可以扮演魔术师的角色，随意确定纸币的兑换价值。[38]

以 21 世纪的视角来看，瓦西里耶夫关于货币虚拟价值的说法可能显得完全合乎逻辑和理性，而自由主义者对贵金属储备价值的依赖可能显得过时。然而，这两种范式建立在不同的政治基础之上：自由派把贵金属储备看作经济生产力和商业交易的表征，而保守派的"名分论"则认为抽象货币的价值来自统治者的（非物质性）权威和君主的（物质性）存在。"什么让货币变得有价值？"在历史学家尼古拉·卡拉姆津（Nikolai Karamzin）看来，只要政府愿意接受，任何"象征物"（无论它们是由木材、皮革、黄金或纸张制成）都可以有价值。应沙皇妹妹叶卡捷琳娜·帕夫洛夫娃（Grand Duchess Ekaterina Pavlova）大公夫人的要求，卡拉姆津撰写了著名的保守派宣言《古代与现代俄国纪事》（*Memoir on Ancient and Modern Russia*），主要用意则是为了影响亚历山大一世的思想。这一宣言强调了当代自由货币理论的谬误，并特别批判了对金本位制的偏好。[39]"如果君主发给我们标记的筹码，并命令它们代替卢布进行流通……我们也会接受这些筹码。"

为了支持他的论点，卡拉姆津引用了一个历史事例——前蒙古罗斯时期就存在的皮币。值得注意的是，客观的历史论据并没有影响他对当时经济问题的看法。相反，卡拉姆津针对斯佩兰斯基货币改革的政治斗争影响了他关于俄国中世纪经济情况的论述。在描述前蒙古罗斯经济发展的著作《俄国国家史》（*The History of the Russian State*）中，卡拉姆津断言，"从公元9世纪到14世纪，我们的祖先在没有自己的金属硬币的情况下仅用皮革碎片，这些碎片被政府加盖烙印，并被称为库尼（kuny）；我们的祖先用它们与东方和西方、希腊、波斯和德意志进行贸易。"[40]根据卡拉姆津的说法，许多历史学家认为格里夫纳（grivna）是古罗斯国家的主要银币，代表着"计量单位"，没有内在价值。"财政部在发行皮币时坚持适度原则，因此能够在（可汗）巴蒂（Baty）入侵之前维持它们的价值；在那次入侵后，库尼失去了价值，因为蒙古人不接受它们来代替白银。"[41]皮币最终消失并被白银取代，"对国内贸易产生了不利影响，因为它突然减少了流通中的货币数量"，甚至导致真正的貂皮和松鼠皮作为交换手段的重新出现，因此让俄国回到以物易物的时代。

在卡拉姆津的描述中，带有烙印的皮革货币象征着前蒙古罗斯相对于野蛮的蒙古人的文明优越性，因为蒙古人只使用金属币并无法掌握货币的抽象特征。"在俄国，在我们被可汗奴役的最动荡和最野蛮的时期，皮币被银币和铜币取代。"[42] 这句话引自卡拉姆津的《古代与现代俄国纪事》，明确地将斯佩兰斯基引入银本位的努力比作蒙古可汗的政策，而斯佩兰斯基在法国入侵俄国时对拿破仑的钦佩则强化了这种相似性。[43] 事实上，拿破仑的金融改革包括建立法兰西银行和实现货币在多年革命动荡后的稳定，这些成就为斯佩兰斯基和许多后来的俄国金融改革者树立了榜样。

卡拉姆津使用了一个看似无可挑剔的论点，即一种根据惯例而非物质本身来评估价值的能力，表明了更高水平的文明。因此，皮币库尼的存在使俄国领先西欧国家几个世纪，同时消除了货币贬值的尴尬现象。[44] 他还强调国家利益优先：货币的价值取决于国内的社会共识，而非与其他国家的协议。然而，卡拉姆津理论的核心是国家在调节流通中的皮币数量方面的作用。根据这个例子，在现任统治者的明智政策下，政府只需减少指券数量就可以解决卢布汇率下跌的问题。

作为一位忠诚的君主主义者，卡拉姆津认为政府的可信度不需要任何物质上的凭证（例如贵金属储备），并且政府关于向纸币持有人支付一定数量的、与纸币面额相符的金属硬币的承诺，也不应被直接理解为一种国家义务。卡拉姆津之后的许多保守派思想家都主张，俄国纸币和国家信贷票据上不该保留"国家义务"的字样，因为纸币的价值并非源自物质支撑和可兑换性，而是源自君主的权威。纸币是真正的货币而非债务，因为人们就是这样看待它们的。卡拉姆津断言："尽管事实上纸币是以期票的形式出现，我们并未将君主视为我们的债务人，我们并不期望他按票付费，我们也没有研究国库的状况，我们对纸币给予我们想要的一切感到满意。"[45] 许多18世纪的政治家认为，纸币代表国家债务，这种看法对于维持纸币的可信度是至关重要的。卡拉姆津则谴责了这种观念，同时也否定了把人民或民族看作一个自治实体和国家财富所有者的观念。

卡拉姆津对俄国过去的论述不应掩盖这样一个事实：他对货币的看法类似于某些欧洲货币改革的概念。沙皇亚历山大一世宫廷中另一位有影响力的保守派政治家约瑟夫·德·迈斯特（Joseph de Maistre）与卡拉姆津政治上惺惺相惜，曾经起草一个计划，为位于意大利半岛的皮蒙特王国进行类似的金融改革。1798年，在德·迈斯特前往圣彼得堡担任驻俄国大使的前夕，他为皮蒙特王国的国王写了一份备忘录，建议政府"可以而且应该刻意建立并持续维护一个不可兑换的纸币体系"。[46] 他声称纸币的流通取决于公众的信任和国家主权，并拒绝政府债务的想法。德·迈斯特认为，纸币代表"国家间的信用"。[47]

尽管这两人都属于亚历山大宫廷中俄国保守派政治家的狭小圈子，甚至彼此争夺沙皇的注意，但卡拉姆津并不一定会借用德·迈斯特的经验。更有可能的是，他从当代欧洲保守经济思想中汲取了这些想法。卡拉姆津的灵感可能来源于约翰·戈特利布·费希特（Johann Gottlieb Fichte）的著名论文《封闭的商业国家》（*The Closed Commercial State*），费希特为了国内发展而宣传经济孤立主义。这篇论文认为，实现国家自给自足的关键"决定性措施"是引入不可兑换的本国货币，并撤回金银币的流通："公民手中的世界货币，即所有黄金和白银都必须退出流通并转换成新的国家货币，也就是说，这种货币仅在该国有效。"[48] 费希特强调，一国的政府必须采取强制性措施以确保其对新货币的垄断。"政府是货币的唯一印制和发行人，并以宣布该货币是本国唯一交换手段的方法来赋予它普遍的有效性。"[49] 费希特还认为，政府不应该利用这种垄断地位盲目印钞，但君主也无须通过外部限制和公众监督来约束自身，"只需要做出有约束力的自我保证即可，并且其子孙后代在即位时也要重复上一辈做出的保证。"

费希特认为，引入这种新型货币消除了当代金融政策的焦虑。新货币不会贬值，因为与同金属硬币一起流通的纸币不同，新货币将成为唯一的交换手段，并且无法与其他价值标志进行比较或关联。[50] 因此，费希特的体系旨在改变事物和价值符号之间语义关系的整个模型。金钱不一定有内在价值；它"本身什么都不是，它只代表国家意志的某些东西"。[51] 无论是费希特的计划，还是卡拉姆津的计划，它们的最终结果都超出了经济领域。费希特借助创造唯一的、排他性的经济交换手段，努力为德意志民族的国家统一奠定新的基础。货币就像语言一样，象征着团结和共同体精神，同时允许政府打造和控制民族国家的形成。[52]

语言、金钱和民族主义之间的联系，并非德国浪漫主义的独有特征。[53] 卡拉姆津同时也是推动俄语变革的激进理论家和积极参与者。在俄语改革的争论中，亚历山大·希什科夫（Alexander Shishkov）的民族主义圈子"俄罗斯语言协会"（The Conversation of the Lovers of Russian Language，1811—1816）是其中一方，而他们的对手、由卡拉姆津领导的世界主义文学圈子"阿尔扎马斯"（Arzamas，1815—1818）则是另外一方。[54]1813 年，希什科夫就任俄罗斯科学院院长，其主要成果是编纂并出版了《俄语大辞典》（The Dictionary of Russian Language）。卡拉姆津与希什科夫的争论围绕着民族性以及俄语的起源和未来问题而展开。[55] 希什科夫采取极端民族主义的立场，声称俄语是东正教教会斯拉夫语的扭曲版本；卡拉姆津虽然原则上不赞成"借用语"，但实际上更喜欢借用西方语言而非源自教会斯拉夫语的新词（后者是希什科夫的偏好）。维亚泽姆斯基通过货币的类比来描述卡拉姆津的世界民族主义："人们可以说我们的语言既富有又贫穷，没有足够的词汇来描述思想和感受的微妙色彩……（但）不宜借用邻国的外来词；然而，荷兰对银币的需求量很大，没有人对此感到不好意思。这就是关键所在。如果有需要，熟练的作家可以使用荷兰盾，英国人也可以做同样的事情。"[56]

考虑到语言，卡拉姆津更喜欢简单明了的词汇，不喜欢表面丰富的、充斥着过多衍生词的，教会斯拉夫语或外来语词汇。在这个意义上，他对于语言的立场不同于费希特那种强调"自我指涉"的认识论。[57]事实上，卡拉姆津本人也反对强加西方价值标准（银本位或金本位）和过度印钞。卡拉姆津的货币观也比费希特的激进孤立主义更为温和，也许更接近德·迈斯特的立场：尽管后者关注货币的不可兑换性，但并不假定国家必须完全自给自足。他的民族主义同样比希什科夫更为温和。然而，他关于语言和金钱的著作中仍然明确地传达着民族主义思想。就像费希特和另一位"货币民族主义者"、纸币的坚定拥护者亚当·穆勒（Adam Mueller），[58]卡拉姆津将本国货币视为国家团结的基础，是一种将国家团结在一起的自给自足的交流手段。因此，他否认银本位作为国际标准的优越性，不赞成俄国采用银本位来衡量本国纸币的价值。这种主张既表明俄国可以自行处理货币事务，又暗示了国家将在货币政策中发挥超常作用。

"人民卢布"和法治货币的其他替代品

当拿破仑大军逼近俄国边境时，斯佩兰斯基的政治失败已处于倒计时。1812 年 3 月，财政大臣古里耶夫在斯佩兰斯基倒台前不久，已经从这位国务大臣（斯佩兰斯基）最初的协助者变成了后者的对手，并在国务会议中阻止了斯佩兰斯基的最后一项倡议。斯佩兰斯基建议为私人信贷交易建立白银和纸币之间的年度"法定利率"。莫尔德维诺夫认为，引入法定汇率的最终目标是促进银本位制的采用和扩大纸币在俄国西部省份的流通。此前，这些省份由于靠近欧洲及对外贸易的发展几乎不存在纸币流通。[59] 在这个问题上古里耶夫是斯佩兰斯基和莫尔德维诺夫的反对者，他建议政府不应为俄国银币的使用提供便利，而应强制沙皇的所有臣民接受纸币。古里耶夫声称，西部省份的居民试图逃避纸币流通带来的负担，而这一负担沉重地落在俄国核心省份其他臣民的肩上。古里耶夫指控俄西部边境地区的 600 万臣民（主要是犹太人）犯有叛国罪，最终导致俄国纸币崩溃，并破坏了帝国的货币统一。[60]

西部省份对纸币的接受程度涉及货币改革的两个关键问题。第一个涉及货币的定义，即货币究竟是一种自上而下强加的使用义务，还是一种市场交换的工具？第二个问题涉及该如何使用货币促进帝国的金融一体化。斯佩兰斯基的《财务计划》之所以主张银本位的发展，是因为需要整合面向欧洲和使用银币的西部省份，政府必须在向西扩张之前确定帝国的货币。从这个意义上说，帝国的核心省份必须调整其标准以适应其西欧边境地带的标准。至于古里耶夫，他始终主张将国家的边疆省份无条件地纳入基于"纸"本位的帝国货币体系中。[61]

1812 年 3 月，斯佩兰斯基被流放到下诺夫哥罗德，几个月后又被流放到更为偏远的彼尔姆。在拿破仑即将入侵的紧张政治气氛中，斯佩兰斯基受到清洗被认为是对他盲目崇拜国家敌人的一种报复。指控斯佩兰斯基的正式原因是他"试图通过他的财政政策损害国家，并通过税收煽动对政府的仇恨"。斯佩兰斯基认为，真正的原因是他的政治改革计划被解读为限制沙皇权威的恶意企图。[62] 似乎没有人对这位改革者的离开感到遗憾：这位改革者对富人征收新税，并出于减少国家支出的需要而剥夺了许多政要的养老金和其他财政福利。斯佩兰斯基团队的成员路德维希·海因里希·冯·雅各布（Ludwig Heinrich von Jacob）抱怨说，他和米哈伊尔·巴卢吉安斯基（Mikhail Balugianskii）一起参与了斯佩兰斯基的团队并共同起草《财务计划》，因此被指控为雅各布主义者（注意双关语），并受到"大肆嘲笑和仇视"。[63] 斯佩兰斯基倒台后不久，事情开始发生变化：1812 年 4 月 9 日，政府采纳了古里耶夫的计划，强制要求在帝俄境内的一切国家财政、税收和私人交易都采用纸币并用纸卢布结算，从而推翻了斯佩兰斯基关于将白银指定为主要的货币标准的早期法律（1810 年）。实际上，这意味着，即使一份合同以白银结算，合同的一方也不能拒绝另一方以纸币付款。纸币代替白银作为主要法定货币也传递出强烈的政治信号，迫使人们依赖货币的名义价值。古里耶夫的主张——沙皇的所有臣民都必须受到使用纸币的共同义务的约束——推翻了斯佩兰斯基的观点，即纸币是国家对其公民的债务。这两种主张之间的对立反映了两种不同的政治观念，即俄国人到底是以臣民还是公民的身份参与政治的。拿破仑的入侵，导致斯佩兰斯基的自由主义理想及其受拿破仑金融创新的启发而制订的、技术官僚式的改革计划以失败而告终。这场战争及其结局（俄国对拿破仑的胜利）也使人们对斯佩兰斯基体系的基础经济理论产生了怀疑。人们开始思考，除贵金属储备和财政紧缩之外，还有什么可以支撑俄国的信誉。[64] 毕竟，俄国并非拿破仑战争期间和战后唯一经历财政困难的国家。战争在某种意义上让建立在有形抵押品和牢固制度保证基础上的货币流通原则暂时失效。

另一个令人对欧洲货币经济原则产生怀疑的因素是，俄国在欧洲的军事行动所付出的巨大代价。1812 年的卫国战争由于一系列原因（暴力、破坏以及拿破仑大规模伪造纸币）给国民经济造成了可怕的损失；然而，随后的 1813 年的反拿破仑战役造成了更加严重和直接的财政困难。俄国在境外的军事行动需要用黄金和白银支付，而俄国没有也尚未购买这些黄金和白银。[65] "欧洲必须战胜拿破仑" 的共同目标促使人们做出让步，俄国财政大臣古里耶夫与普鲁士大臣海因里希·弗里德里希·卡尔·冯·施泰因谈判达成了各种协议，以发行 "联邦" 货币，供盟国（俄国、普鲁士和英格兰）军队使用，用于购买食品和其他物资。[66] 尽管涉及欧洲货币的提议都没有成功，但根据 1813 年与普鲁士签订的协议，俄国纸币在普鲁士得到认可。这项协议可以帮助长期缺乏硬通货的俄国军队在战争期间维持生计，尽管士兵和军官在使用纸币支付时常遇到困难。[67] 但战争结束后，大量的纸币和数以百万计的假钞有可能回流至俄国，并导致卢布汇率大幅下降。令人难堪的是，"此时，胜利赋予俄国不容置疑的荣耀、尊严和福祉的权利。"[68] 为了防止纸币泛滥，古里耶夫推迟了向驻普鲁士的俄国军队发放资金：根据米哈伊尔·巴克莱·德·托利（Mikhail Barklay de Tolly）的报告，这些军队正处于饥饿的边缘。[69] 财政大臣预计这会给私人财富和国民经济带来 "可怕后果"，因此恳求沙皇批准另一种俄国纸质债券——专门用于兑换原本在欧洲的5000 万纸币。正如古里耶夫指出的，由于没有找到相应金额的硬通货，新债券应该得到沙皇陛下的亲自担保。[70]

亚历山大一世明智地绕过了以他的名义承担新义务的想法。然而，俄国糟糕的财政状况与最近的政治和军事胜利之间的矛盾，使许多爱国者认为，货币的状况并不能反映经济的真实状况。这个想法出现在参议员德米特里·特罗辛斯基（Dmitrii

Troshchinskii）向总司令米哈伊尔·库图佐夫（Mikhail Kutuzov）所发表的夸夸其谈的声明中：尽管俄国损失惨重，但她仍将以伟大和荣耀的姿态出现在十分震惊的世人面前，并证明她的"财富和力量是取之不尽用之不竭的，因为它们源于我们丰富的土地资源，而不依赖于贵金属（贵得离谱）交换。"[71] 就连尼古拉·屠格涅夫（Nikolai Turgenev），一位曾在德国学习过自由主义经济学的后来的十二月党人（Decembrist），也在 1813 年承认"最近的经验表明……俄国纸币不能完全符合其他国家的纸币理论；这不是因为我们的纸币与其他国家的纸币不同，而是因为人们尚未完全了解俄国的内部资源。"[72] 这种经济自由主义与对于自然财富潜力的信念的结合，被普希金诗意地概括在《叶甫盖尼·奥涅金》（Eugene Onegin）之中：奥涅金读过亚当·斯密，并相信国家"可以放弃黄金，因为他们在土地上拥有现成的产品"。[73]

屠格涅夫对货币流通原则的普适性的怀疑与卡拉姆津关于货币是国家权力延伸的思想并不一致。卡拉姆津认为国家可以自上而下地强制推行货币，而屠格涅夫建议发行特殊的战时纸币来体现"政府对承受战争负担之苦的人民的义务"。[74] 战争确实是促使人们重新思考国家与人民之间关系的最重要的因素。按照屠格涅夫的理解，1812 年的卫国战争赋予俄国人民特殊的、与政府平等的权利。然而，保守派扭转了这种关系。在安德烈·拉祖莫夫斯基（Andrei Razumovskii）的文稿中有一份写于 1816 年的备忘录，其中写道："国家只不过是组成它的个人所构成的共同体，人民即国家。"因此，把纸币视为国家债务并要求偿还的做法，就好比说"我要偿还的是我欠自己的债"。国家的开支，特别是军费开支，代表着国家的"牺牲"，每个人都有义务分担战争的经济负担。[75] 这种主张将重点从国家债务转向人民义务，导致了独特的民族主义概念"人民卢布"的产生。这个概念体现了俄国的独特性，同时也允许家长式国家在财政和国民经济中发挥更大的作用。俄国纸币变得类似于卡拉姆津历史书中众所周知的皮币。不管是否巧合，在俄国接受这种货币意识形态的同时，俄国在美洲属地的新总督引入了皮币，作为俄国对其阿拉斯加殖民地人口进行经济统治的最终工具。

俄国政府认为纸币拥有有条件的价值，并将其作为一种意在将俄国与其他国家区分开来的、新的民族意识形态，而卢布则被视为一种独特的货币，自由主义政治经济学的法则对它并不适用。斯佩兰斯基的前任上司科丘贝写道，要理解俄国货币体系的真正含义，"人们必须了解关于国家纸币的民间思维方式"（正是科丘贝于 1806 年将斯佩兰斯基介绍给沙皇，从而为他的晋升铺平了道路；但在斯佩兰斯基倒台后，科丘贝转向了保守主义）。事实上，构成"人民大多数"的农民并没有注意到纸币卢布价值的下降。科丘贝断言，"由于不需要银卢布，人们不会关心它的价值，也不会用白银来衡量其产品的价值"。他的报告是针对瑞士经济学家弗朗西斯·迪维尔努瓦（Francis d'Ivernois），1813 年的货币改革计划而写的，描绘了生活在货币交换时代到来之前那个黄金时期的、田园式的俄国的理想景观："在其谦逊的思想中，他们（人民）接近具备（对金钱）最公正的理解，并用面包来衡量他们的财富。"[76] 简单的、民间想象中的纸币被认为是"沙皇最高权威授予的真正货币"，所以农民以"神圣的信仰"来对待它们。任何重大改革，例如迪韦尔努瓦提出的让纸币贬值的建议，都会动摇人们的信心，削弱他们对政府的尊重，从而危及整个"国家权力大厦"的稳定。[77]

科丘贝关于俄国民间对卢布的深情态度的浪漫描绘在某种程度上与"俄国落后"的观念相一致。科丘贝反对引入贷方票据而非纸币的想法，他写道："由于种种原因，俄国在其制度、组织方面无法完全效仿欧洲国家。"这些"充分理由"包括经济欠发达、商人不守信、商法不健全、司法系统效率低下，最重要的则是人们缺乏"启蒙"，这就使得期票和其他信用凭证的流通变得不可能。因此，只有基于国家的"坚定承诺"而非信用，纸币才能正常流通。[78]

这种看法，把俄国民众描绘成完全无条件地信任沙皇发行的纸币，糅合了民族主义对农民生活的崇拜与对商业精英傲慢的批判。有趣的是，科丘贝的"人民卢布"理论扭转了卡拉姆津和瓦西里耶夫早期关于纸币的观点，瓦西里耶夫认为纸币是高级经济思维形式的表达，因为接受纸币的前提是理解抽象价值概念的能力。如果说卡拉姆津称赞俄国人民发明了想象中的货币，那么科丘贝则强调了它的落后性。然而，两人都想证明俄国并不需要纸币的可兑换性和独立的银行。在后来的争论中，货币和银行改革的反对者经常以"俄国不发达"作为论据，而改革的支持者则批评政府是在"使农民落后"，即不让农民使用基于信用而非政府法律的货币。[79]

在保守主义言论和官方意识形态中，纸卢布已经变成真正的"人民货币"，是沙皇与臣民之间纽带的物质体现。然而，尽管纸币被广泛接受，"人民"似乎并未高度重视它们，而是将一纸卢布视为四分之一银卢布。[80]此外，正如古里耶夫所分析的那样，拿破仑军队带来的假币给那些寻求白银而非纸币的农民"灌输了偏见"。为了恢复"普通民众对纸币的信任"，政府敦促所有国家机关立即接受和交换所有伪造的纸币，并对持有者表现出"温和和大度"。[81]

政府对纸币的焦虑态度表明，尽管口头上强调兑换比率无关紧要，但它不能完全忽视纸币的贬值。在斯佩兰斯基被流放后，财政大臣古里耶夫全权负责管理俄国财政，他希望通过简单地减少流通中的纸币数量来提高兑换比率。1818 年，政府开始逐渐让纸币从流通中退出，同时还让一家新成立的国家造币厂印制的纸币代替老版的纸币。除了传统元素（序列号和由两个官方签名确认的可以兑换硬通货的承诺）之外，新的纸币还以作为皇家徽章的双头鹰来装点。这既背离了之前的低调形式，又默认了纸币作为真实货币而非硬通货代表的地位。

流通中的 8.36 亿卢布中有 2.52 亿卢布按现行比率被兑换成白银，从而退出流通并被销毁。[82] 这项成本高昂的行动迫使政府寻求海外资源并向欧洲举债。屠格涅夫嘲笑这种不合理、荒唐的政策："那些借钱给我们的金融家不敢相信政府会……烧掉它借来的价值数以百万计的纸币，以便用有利息的债务取代纸币的无息债务……俄国政府是在怎样精神错乱的情况下才冒险采取如此荒唐的措施呢？"[83] 诚然，销毁数以百万计的纸币而不改变其发行机制，并不能改善货币体系；纸币相对银币的兑换比率仅增加了6 戈比（从 1∶3.79 到 1∶3.73）。[84] 值得注意的是，当时的俄国经济学家认识到，仅仅通过撤回劣币无法修复因通货膨胀而被扭曲的体系。正如尼古拉·德米多夫（Nikolai Demidov）在 19 世纪 20 年代末所写的那样，"堕落（贬值）的货币"本质上代表着假币，其可靠性无法通过减少其数量来予以恢复。政府应该"以真币代替假币"，因为仅仅让一定数量的指券退出流通虽会提高商品价格，但不会提高货币的价值。[85]

"言语是思想的有条件的标志。"1826 年彼得·维亚泽姆斯基这样写道。这位人士是叶卡捷琳娜二世时期总检察长亚历山大·维亚泽姆斯基的远亲，也是诗人普希金的密友。"一些言语在我们眼中具有真正的、通过时间和使用获得的价值；另一些言语则是强行引入的、只有有条件的价值。当国家没有足够的金属硬币时，它会再次发行纸币。当语言没有足够的本土词汇时，它就会重复出现复合词或假词。"[86] 这段文字出自彼得·维亚泽姆斯基在《莫斯科电讯报》(*The Moscow Telegraph*) 发表的一篇文章中,用纸币的比喻来评论保守派拟古主义者和国际化创新者之间围绕俄语的著名争论。所涉及的问题比语言的发展或货币改革问题要大得多:它们关系到国家在文化和经济生活中的作用,以及国家与社会之间的关系。谁能够而且应该定义语言进步的方向和特征?在彼得·维亚泽姆斯基看来,通过人为地采用教会斯拉夫语词源来创造新语言的保守作法,就好像生产"无法在品味的熔炉中证明其真实性的假币"。言语的真实性,以及货币的真实性,都需要通过社会共识而非上层命令来定义。"纸币何时有效?那就是当将它投入流通的人对它负有责任的时候,不管他是否通过武力或其他方式迫使其他人按照他希望的方式来计算它的价值。"硬币和纸币是一个"由平等的人民组成的社会"为了促进贸易和契约关系而创造的"事物的代表性标志"。"一个代表性符号在社会之外没有任何价值,但在社会内部它的价值是坚定且不容置疑的。"[87]

彼得·维亚泽姆斯基将金钱与语言之间的相似性予以延伸,认为社会应该以类似的方式发明通用的,并能被每个人所接受的新词。民族主义者不欢迎借用外国词源:"不允许使用外来词,借用外来词会损害民族自尊心,但不借用能做什么呢?"如何解决"表达思想和观念"的词语短缺的问题?维亚泽姆斯基对语言问题的解决方案来自货币发行的类比:用反映全国共识而不是少数人意见的新词来丰富原有的词汇。文字、金钱等代表性符号能够代表真实的价值观、意义和思想,这是最本质的品质;如果这些符号不具备这种代表能力,它们就会丧失其地位。

彼得·维亚泽姆斯基的比喻说法及其与表征观念的联系显示,他对启蒙哲学和欧洲当代哲学辩论非常熟悉。这也反映出俄国在文学、学术和公共服务尚未划分为不同职业群体的时代所特有的学术氛围。彼得·维亚泽姆斯基是一位著名的诗人、记者和文学评论家，他一边为国家机关服务，一边当期刊的自由撰稿人。从1818到1820年，他是一个改革者团队的成员，该团队致力于完善宪法计划并起草著名的1820年《宪法宪章》(*Constitutional Charter*)。尽管亚历山大一世宣称致力于改革，但并未签署该宪章。彼得·维亚泽姆斯基的主要个人贡献是将亚历山大一世在华沙的宪法演说从法语翻译成俄语，这就需要发明宪法词汇，而这在俄国仍然是新鲜事。[88]

最有可能的是，彼得·维亚泽姆夫斯基将货币视为语言和政治代表形式的观点源自卢梭的作品。卢梭曾对语言无法传达人的思想、无法满足世人的视觉感观需求以及货币无法表达事物的真正价值而深感遗憾，并声称议会无法代表人民主权。[89]尽管俄国知识分子并不认同卢梭对政治代表权的悲观主义看法以及他对直接民主的钦佩，但他们还是借用了卢梭把语言、货币和议会相提并论的认识论视角，并借此提出适合俄国国情的新思想。彼得·维亚泽姆斯基对于国家对语言和文化的监管表示不满，这反映了俄国自由派对国家垄断纸币发行权和法律制定权的不满：两者都侵犯了人民在文化领域以及政治和金融领域的主权。

亚历山大一世去世、十二月党人起义及随后的政治反动之后，宪政和金融法治的理念似乎被遗忘了，至少在官方话语中是这样。俄国对一种专断的纸本位货币的承诺，是意识形态选择和事有必然的结果，排除了宪法和金融改革的可能性。货币改革的想法逐渐被边缘化，而自由主义思想家则因过于直接地鼓吹政府应允许社会大众参与改革进程而受到当局的迫害。但是，在社会思想中，已经牢固树立了货币是国家治理体系的一部分，以及金融思想必须有哲学、认识论和政治概念的支持等一系列观念，而这些观念已经无法逆转。在灵活的知识氛围中，有关语言和历史的话语可以代表货币和宪法等话题，这使得关于后者的辩论得以继续。

19世纪最初25年是金融意识形态形成的关键时期。在亚历山大一世改革之前，保守的"名分论者"和自由主义的"货币主义者"（这两种货币观点分别对应两种不同的政治和认识论观点）之间的紧张关系尚未得到明确的理论区分。随着俄国社会开始就君主制的未来，以及如何调和日渐升温的自由主义宪政思想与现有君主统治原则展开政治辩论，这两种对立的意识形态才逐步定型。与其他地方一样，在俄国，主要问题是货币的起源及其性质。在亚历山大一世统治初期群情高涨的气氛中，关于国家是否可以保留指定本国货币价值的垄断权的讨论，常常变成关于国家与社会之间关系的对话，并触及公民身份、道德和文化等话题。这些辩论扩大了讨论货币的话语界限，从而涵盖了语言、权利和宪法等问题。

第三章　纸币的终结

铂金硬币

1822 年，乌拉尔山脉一家私人金矿的工人们洗沙时发现了白色金属颗粒。事实证明，该物质含有铂合金。在接下来的几年内，其他含有铂金的矿藏被发现，俄国突然成为世界铂金生产的领导者。[1] 当时唯一生产铂金的国家是哥伦比亚。

铂金曾不太可能成为新型备选货币，因为它既昂贵稀有，又不受欢迎。铸造铂金硬币的过程昂贵，而且结果并不完全令人满意，因为铂金硬币看起来同银币非常相似，因此容易伪造。然而，铂金的发现恰逢俄国货币体系陷入破败，民族主义抬头的时刻。对俄国统治层来说，不完全基于欧洲通用标准创立自己的货币模型的想法相当吸引人。圣彼得堡造币厂于 1827 年生产了第一批实验性的铂金硬币。[2] 尼古拉一世是如此喜欢这种货币，以至于立即批准了铂金硬币的生产。然而，由于世界市场上的铂金供应非常有限，因此很难确定这种货币的真正价值。于是，1823 年 4 月古利耶夫离任后，被任命为财政部大臣的叶戈尔·坎克林（Егор Канкрин）就向精通南美洲矿业、地质学和经济学的德国科学家、哲学家和旅行家亚历山大·冯·洪堡（Alexander von Humboldt）寻求建议，并请他确定铂金硬币与银币的兑换比率。[3]

然而，洪堡对坎克林将铂金用作货币的计划持怀疑态度，认为其他国家不会接受铂金硬币，这种货币将不得不保持其"地方性"。俄国当然可以开采大量铂金并将其铸造成硬币，但这种国内货币却与纸币别无二致，相反，这种货币重且不便携带。[4]洪堡建议政府使用铂金制作奖章和徽章，这样他们的君主就可以授予俄国和外国学者令人难忘的特别礼物了——而非传统的金戒指和鼻烟盒等。[5]

坎克林没有采纳洪堡的建议，或许是因为尼古拉一世对新硬币的需求太过急切，又或者是他希望建立一种能让俄国超越西方的标准，但他忽略了一个明显的事实，即在没有国际认可的情况下，铂金与纸币并无二致。面对洪堡的怀疑，坎克林坚持认为国家机构将接受铂金硬币，不按名义价值计算，而是像黄金和白银一样按照其内在价值来计算。然而，由于（铂金在）俄国境外没有市场，铂金的"内在"价值在很大程度上是根据 1828 年 4 月 24 日的法令随意设定的，该法令宣布引入新的铂金货币，与银币相同，但上面印有"3 个银卢布"的字样。[6]在这些硬币上还注明是由"乌拉尔纯铂金"铸造的。与当时的其他硬币一样，它们上面印有双头鹰的图像。

铂金硬币的发行引起了西蒙·玻利瓦尔（Simon Bolivar）的兴趣，这位哥伦比亚的"独裁者"甚至邀请洪堡就铂金货币为其提供建议。然而，此事最终没有进展，俄国仍然是唯一将铂金用作正式货币的国家。坎克林似乎对新货币的前景充满激情，正如他在写给科学家的信中提到的那样，"采取措施让硬币在亚洲流通"，也就是在伊朗流通。[7]然而，这些计划仍然停留在幻想。虽然俄国铂金产量增加了，但国外的需求却很低。1832 年，迈恩多夫（Meiendorf）男爵向政府提交报告，在报告中写道，巴黎的 1 普特哥伦比亚铂金（约合 16 千克）售价为 5238 卢布，而圣彼得堡的皇家造币厂支付杰米多夫矿山（乌拉尔铂金的主要供应商）相同数量的原材料价格则为 9472 卢布。[8]基于此，政府采取了简单的方法，禁止进口铂金，由于俄国铂金的名义价格几乎是其在欧洲市场上的两倍，因此将铂金走私到俄国并铸造成硬币变得越来越有利可图。换句话说，洪堡对铂金硬币的预测是正确的。到19世纪30年代末，铂金硬币开始消失，[9] 并于1845年停止流通[10]。人们被给予6个月的时间来兑换他们的铂金硬币，6个月后，政府建议这些前货币的持有者们"寻找最有利可图的方式"来使用它们。[11]

铂金铸币是一次实验，政府没有在重新建立基于硬币的整个货币体系方面取得多大进展。然而，俄国铂金硬币不仅是一种稀有的货币，它还代表了一种非常特殊的民族主义意识形态的货币政策，否认了国际货币市场在定义货币价值方面的作用。坎克林认为，货币的价值取决于君主的权力以及君主与人民之间的"道德"纽带。因此，铂金铸币的产生是一次非凡的尝试，试图创造出俄国自己的标准，即将资本的不足转变为优势。它比其他历史大事件更能定义尼古拉一世时代（1825—1855）的财政意识形态。[12]

金钱、信任和证据

坎克林不同于他的前任古里耶夫，他不仅是一位经验丰富的管理者，还是一位观点鲜明的经济学家，曾撰写过几篇有关政治经济的文章。他对通货膨胀政策坚决支持，同时坚决反对自由主义政治经济学及其金融理念。他是官方学派的支持者，或者说是主张以国家为中心的技术官僚意识形态的倡导者。[13] 与此同时，与坎克林的技术官僚主义在某种程度上共存的有强调家长主义、前工业时代经济秩序的道德，以及相信民族精神可以决定经济状况的浪漫经济民族主义。尽管坎克林赞同"纸币是魔鬼"的说法，但他认为在一个文化相对落后于欧洲平均水平的国家中，纸币能够"比在文化程度高的国家中存在的时间更长"。[14] 俄国属于相对与世隔绝的国家之列，俄国人比外国人更重视他们的纸币，尽管卢布纸币在欧洲市场上汇率下跌，但国内的汇率降幅要小得多。爱国主义、对国家的普遍信任、相对与世隔绝和稍显落后的国家生存状态，都保证了纸币的稳定性。[15] 这种说法无疑表明了与自由主义理论的背离，坎克林认为这种自由主义理论无论在任何社会都行不通。[16]

保守派经济理论常常专注于讨论道德、文化以及君主与人民之间的精神联系，并认为市场仅占次要地位。正如坎克林在1823 年就任后向亚历山大一世呈递的第一份纲领性备忘录中所写的那样，纸币并不代表国家债务，而是一种"精神货币"，一种起源于政府并渗透到社会和个人关系中的道德信用体系。俄国的纸币代表了一种优越的货币，因为"整个民族的共同担保要比任何金属储备更强大——金属储备既不能为其增色，又不能使纸币超过其价值"。铜、银、金，甚至传说中的乌兹钢，如果金属没有得到公共信用的支持，就不能支撑纸币的价值。[17] 这些观点可能并不新鲜，但坎克林对俄国文化独特性的认识更加犀利和务实，比卡拉姆津早期的世界民族主义更具冲击力，它代表了一种后来被称为"官方民族主义"（Official Nationality）新哲学的最初表现。

尽管新兴起的、以国家为中心的俄国意识形态与坎克林的经济民族主义看似不同，但作为尼古拉时代的两大支柱，它们之间的联系是深刻的。坎克林的备忘录、声明和立法建议可以说奠定了官方国家性意识形态和政策的基础。坎克林关于民族特性和用道德纽带团结社会经济的想法，是以国家的中心地位为假设条件的，并先于 1833 年由尼古拉一世的教育大臣谢尔盖·乌瓦罗夫

（Serguei Uvarov）提出的"官方民族主义"学说。[18] 两种学说的哲学和认识论基础都推动了关于信任和权威的新理念的提出。在保守主义学说中，信用占据中心地位，这一点同自由主义学说强调信用与政治参与的关联貌同而实异。在市场经济学说中，信用代表了信贷制度的基石，而坎克林却是市场经济的坚定反对者。对信用的这两种不同视角，即经济视角和君主制视角，它们之间的差异微妙却至关重要。

在坎克林对货币真实性的看法中，对银本位的依赖似乎是有失尊严的，不符合君主制的威严，因为这种安排为怀疑留下了余地。与此对应的是，卡拉姆津相信真理不容置疑的理念，并将此应用于他对历史资料的研究，构建了一套貌似合理的关于俄国国家起源的历史叙述，其中就包括货币制度的发展。在 19 世纪 20 到 40 年代，物质和非物质证据的并存成为历史真实性原则辩论中的一个关键问题，也是乌瓦罗夫作为历史学家要发挥重要作用的地方。在 19 世纪 20 年代，俄国历史学家发展了有关俄国历史起源的批判性研究法，从而质疑了关于俄国国家起源的官方叙述。保守派历史学家强烈谴责这些尝试，并将基于批评和怀疑的历史真相概念与源于对国家及其历史的盲目信任的真实性概念进行了对比。这场争论的一个核心问题涉及"皮币"的故事，而"皮币"被看作中世纪使用野生动物的皮制成的另一种法定货币。

尽管证实皮币存在的证据非常稀少，除卡拉姆津以外没有人见过，但直到 19 世纪 20 年代晚期，历史学家们才开始怀疑卡拉姆津理论的真实性。1828 年至 1835 年，历史学家米哈伊尔·卡切诺夫斯基（Mikhail Kachenovskii）发表了一系列关于基辅罗斯早期货币制度的文章。卡切诺夫斯基运用文本分析的方法，认为基辅罗斯的货币体系仅由金属硬币组成：被称为格里夫纳的银币可以兑换较小面额的金属硬币，这些硬币以货币的原型命名，即库尼和贝尔基（belki）。卡切诺夫斯基反对把基辅罗斯国家及中世纪货币制度的发展牵强附会地和后来的纸币联系起来。虽然基辅罗斯已经发展到不再依赖皮革和动物尾巴的阶段，但仍未达到开始抽象思考的文明阶段。在这两个阶段之间，银币和金币代表了货币发展的中间阶段。[19] 因此，卡切诺夫斯基从官方史学和意识形态两个方面对皮币的存在提出了质疑。[20] 首先，卡切诺夫斯基质疑了早期中世纪编年史的可信度，这些史书没有一个以原始形式保存下来，并且基辅罗斯与卡拉姆津所描绘的史实不同。其次，他呼吁历史学家自由思考，评估事实的历史可能性，而不是盲目信任他们的资料来源。总的来说，这颠覆了俄国国家和经济发展的主流叙事。[21]

在 19 世纪 30 年代初，卡切诺夫斯基的作品受到了民族主义历史学家的严厉批评。1835 年，乌瓦罗夫部长解除了他在圣彼得堡大学俄国历史教授的职务。尽管卡切诺夫斯基有一些追随者，他的"怀疑学派"逐渐被遗忘，而由乌瓦罗夫部长支持和推广的民族主义学派地位日益增强。正如乌瓦罗夫阐述这种历史世界观的信条一样，历史真相不是基于对来源的批判性分析和对证据的科学调查，而是基于民族共识。真相就是人们在国家和宗教的指导下达成的共识。民族保守主义者对信仰和共识的强调，与对证据的物质性和批判性分析相对立，具有非常重要的政治和哲学含义。这种含义，也反映在坎克林把纸币看作信仰和权力的产物的学说中，或官方民族主义的政治学说中。对后两种学说而言，纸币不需要证明其价值，也没有人可以质疑君主承诺的有效性。

然而，坎克林并不是一个只迷恋民族主义和文化独特性观念的不切实际的浪漫思想家。他的经济民族主义理论很容易转化为一个务实的模式，即所谓"坎克林体系"（Kankrin System）。除了奉行严格的保护主义和反工业主义，这个模式还包括其他三个密切相关的要素：国家对信贷业务的垄断、对纸币现状的保持，以及对国家财政、货币和信贷情况的绝对保密。坎克林公开痛批私人银行和他们追求利润的活动。正如他在担任财政大臣两年前发表的一篇论文中所写的那样，发行银行券的私人银行"或许不应该得到容忍，这和不能容忍江湖郎中、万能药和其他利用公众盲目轻信的弱点从中渔利的行径的道理相同"。[22] 财政大臣认为，因为私人银行是以利润为驱动的，它们不值得信任；因此，政府应该努力废除私人银行，并用可靠的国家信贷机构取而代之，"这些机构的运作应该置于政府的控制和管理之下"。[23] 暂且不谈坎克林对追求利润的资本家的愤慨，他对私人银行的态度和保持国库银行垄断的态度有一个非常实际的解释：这样可以使国家从国民经济中获取资金，而不必将新印制的纸币投放到流通中。

其运行方式如下：国家（或国库）银行在市场上没有竞争对手，接受存款，并向客户支付高额（5%，1830年后降至4%）的利率，客户可以随时取款。贵族地主可以以他们的农奴领地为抵押，申请长期抵押贷款（15年、28年和56年）。换句话说，政府从所有存款人的账户中抽取资金，转入贵族借款人的账户。最重要的是，除地主之外，国库是这些银行资本的主要借款人之一，简单地利用个人客户和机构账户中的资金来弥补国家财政收入缺口。在银行中积累的巨额资金，不是用于投资生产和商业，而是用于当前的国家需求和贵族的消费。事实上，对信贷行业和创业的禁止，有助于将资金保留在国库银行的账户中。[24] 根据坎克林的说法，只有政府机构才值得沙皇臣民们的信任。

国库从国家银行的存款账户借款，是一种在外国贷款和发行纸币之外最简单、最便利的替代方案。这种秘密借贷不需要公开宣布，因此不会立即影响卢布的汇率和兑换性。[25] 尽管在政治上很方便，政府这种对国内的借贷非常昂贵且效率低下，因为政府支付了非常高的存款利息，以便将资金留在银行中。至关重要的是，它需要保持国家对于货币发行的垄断地位，而这种垄断地位与整个信贷系统紧密相连，通过国家借贷的恶性循环实现。政府也总是面临着无法偿还存放在银行中的数百万卢布的债务，以及它们可能被立即提取的风险。在这种情况下，政府只能通过印刷更多的纸币来确保自身能继续履行债务责任。有时，政府不得不绕开银行借款，因为银行的可用资金量已降至危险的低水平，偿还客户可能会出现问题。[26]

因此，坎克林反对资产阶级的措辞和他将资金从工业部门转移出来的政策，掩盖了通过从臣民的口袋中秘密借款来为国家提供资金的非常简单和务实的目标。这也与他设计的货币制度的原则密切相关。每年，在国家信贷机构理事会报告其财政政策成果时，坎克林都强调流通中的纸币数量保持不变。在 19 世纪初，这种稳定看起来是一种奇迹。事实上，当一群改革者在 1858 年着手解决国家银行的问题时，他们发现国家濒临破产，无法偿还债务。

这种完美财政秩序的表象与公众对经济现实的看法形成了鲜明的对比。人们想知道，如果纸币的数量保持不变，为什么卢布的汇率却不断波动。为什么国家优先选择纸币，而不是与纸币一起流通的银币和金币？为什么俄国经济以一种已经失去"尊严"和价值的货币为基础？坎克林将俄国人对纸币的喜爱视为一种民族特质，但对于细心的观察者来说，对一种陷入困境的货币的奇怪崇拜似乎隐喻了政治危机、衰败、价值观的颠倒以及真实性的丧失。

控制利率

古里耶夫召回、销毁了大量纸币，因而造成了财政赤字，但这一缺口很快就被白银、黄金和外国硬币所填补，外国硬币在某些地区甚至超过了本国货币数量。[27] 然而，国家不接受硬币作为各种税费的支付方式，因此人为制造对纸币的持续需求。商人、税农和地方当局请求政府允许他们用白银缴纳国家税款，但直到19世纪20年代末，政府一直拒绝这些要求，担心接受金属硬币会进一步降低纸币的兑换比率。[28] 直到1827年，政府才开始接受几个省份把硬币作为当地的付款方式。最终，政府因拒绝接受银币和金币，坚持接受纸币，进而激发了纸币"价格"的正向波动。[29]

基于此，人们更喜欢用纸币而不是银币来用作支付手段，正如普希金所说，白银代表了"父辈的遗产"，与"一堆纸币"的世俗功利主义形成鲜明对比。[30] 尼古拉·果戈里几乎所有的短篇小说和长篇小说的主人公都是用纸币来支付的。

例如，《死魂灵》（Dead Souls）中的乞乞科夫说服已故农民的主人将农民的灵魂卖给他，并承诺"仅以纸币"付款。只存在于名单的人和纸币之间的相似之处凸显了两者的虚构性。斯捷潘·普罗布卡（Stepan Probka）是贪婪的地主泼留希金（Pliushkin）死去的木匠，他将"国家的"（gosudarstvennaia），这里指的是纸币，缝在他的帆布裤子里。果戈理使用阴性形容词"国家的"作为名词，是因为审查员删除了这个名词后面的"纸币"，只留下所有格。[31]《鼻子》（The Nose）中腐败的警察大肆赞美纸币无与伦比的优点，称"这个东西不需要食物，总是可以放进口袋里且不会占用太多空间，如果掉到地上，也不会碎。"[32] 纸币总是皱巴巴的，成束的；果戈理《肖像》（The Portrait）中的艺术家们用他们的才华换取了这些"束"。[33] 在陀思妥耶夫斯基的《双重人格》(*The Double*)中，纸币被描绘成货币的虚假替代品，从而突出现实中的荒诞、欺骗和神秘性[34]。正如纸币被视为卢布的冒名顶替者，该书主角戈利亚德金（Goliadkin）的分身也偷走了他本人的生命和金钱。对于陀思妥耶夫斯基、果戈理和其他作家来说，纸币是对现实生活中价值观扭曲的隐喻，因为俄国贿赂盛行，老信徒们将纸币塞进面包里，并将其作为一种礼物赠送给腐败官员，以换取后者减轻压迫。[35]

一本名为《受贿的艺术》(*The Art of Bribe-Taking*)的匿名讽刺小册子也许是对纸币崇拜最明确、最具讽刺性的表现，它向读者推荐"在所有国家货币符号中，选择纸币，是因为它们可以不声不响地被人交易；轻松和金银兑换，甚至有利可图；同时它占用很少的空间，可以放进诸如口袋、领带下面、靴子里、袖口下面等任何地方。"在贿赂时，每张纸币都有其昵称："5卢布的纸币称为小山雀，10卢布的纸币称为红腹灰雀，25和50卢布的纸币称为白鸽，100卢布的纸币因其大小和漂亮装饰而被叫作花花公子或暗色的红脚鹬，而一张200卢布的纸币则因其颜色而被称为鳟鱼。"[36] 手册上说，受贿过程中用这种"诗意"比喻使整个交易变得轻松愉快。

外界观察人士认为，俄国的货币体系是一个一切都颠倒了的世界。1839年访问俄国的卡斯廷侯爵（Astolphe Marquis de Custine）震惊地发现，"在俄国，银币代表了纸币，尽管纸币的产生在法律上是为了代表银币。"[37] "这也许是金融史上唯一的例子"，卡斯廷在他著名的游记《1839年的俄国》(*La Russie en 1839*)中说。在卡斯廷和其他人看来，银卢布价值不断波动，而纸币价值保持不变，这是不同寻常的。事实上，官方的《商业报》(*Kommercheskaia Gazeta*)公布汇率时采用的形式表明了金银卢布的不同价格，例如，"1 黄金卢布等于 3 卢布 62 戈比（的纸币）；1 银卢布等于 3 卢布 51.5 戈比（的纸币）"，似乎纸币倒自成一体。[38] 这样，卢布就变成了一种难以捉摸的类别或投机的货币单位，其价值受当地和主观等多种因素的影响。

从 1817 年开始，国务会议每年批准纸币兑换白银的"税收"兑换率，这与在 1:3.5 和 1:3.6[39] 之间波动的"股票兑换"和"关税"兑换率略有不同。除了这些国家批准的货币兑换白银的兑换率，市场还根据交易的地点、金额、目的、时间，尤其是支付方式，产生所谓的"普遍兑换率"。不同面值的纸币、金币、银卢布、铜和银戈比都有不同的价格。[40] 商人们用虚构的货币单位来计算商品的价格，这种单位被称为"硬币卢布"（coin rubles）或简称为"硬币"（moneta），根据这种单位，一枚硬币约为四分之一卢布。

然而，为了将价格调整到当前汇率，他们添加了一种新的计算单位拉兹（lazh），用于对纸币、银币、金币，有时甚至是铜币的价值调整。拉兹允许商人避免因卢布汇率的当地波动、货币供应情况、季节和其他因素（例如增加对指定货币需求的税收征收）而频繁重新计算价格。例如，在 1839 年的莫斯科，虚构的货币单位 1 "硬币卢布"相当于 4.25 卢布。商人们列出了商品的价格，以拉兹为单位计价，在 1839 年 1 月初，1 拉兹相当于 20 戈比，使实际的白银与纸币汇率达到 1:3.54（1:1.2×4.25 = 3.54）。在圣彼得堡，1 "硬币卢布"是 3.75 卢布，拉兹是 6.5 戈比，这意味着汇率接近 1:3.52。[41] 但是，不只有卢布纸币有价格。一份典型的 1 月底莫斯科粮食价目表，显示了 1 个银卢布的价格为 4.30（纸）卢布、半英制金币的"价格"（每枚相当于 22 卢布，即 1 个金卢布价值 4.4 卢布），以及"拉兹的纸币"（lazh on assignat）价格为 21 戈比。[42]

拉兹的存在无疑增加了结算的复杂性，当时的会计手册（manuals for housekeepers）就证明了这一点。[43] 在坎克林的解释中，大众汇率（popular rate）或拉兹是商人发明的一种伎俩，目的是欺骗普通群众。官方宣传强调了这种说法，呼吁商家不用拉兹而用纸币或银卢布标价。1839 年 3 月，有报纸报道了莫斯科茶叶和葡萄酒商人的爱国举动，他们同意在计算商品价格时不使用拉兹，[44] 同意按照莫斯科批准的价格出售商品的商人姓名经常出现在商业报纸和其他出版物的版面上，同时政府警告参加 1839 年 5 月制造商展览会的贸易商必须按照政府规定的汇率（1∶3.6）列出商品价格，而非用拉兹标价。[45]

　　政府抨击使用拉兹的恶劣做法时，提到了普通农民的利益，声称农民无法理解利率的含义，并且还被贪婪的商人欺骗。但政府不满的主要原因显然是另一个，即大众汇率的出现是为了应对俄国货币体系中主要价值单位不稳定、包括外国硬币在内的多种货币并行流通的特殊情况。换句话说，抽象的"硬币卢布"是市场的产物——坎克林认为这与俄国传统经济格格不入。[46] 此外，以市场为基础的货币单位与君主统治的逻辑相矛盾，根据君主统治的逻辑，货币是由当权者的意志创造的，不能自行产生。正如在坎克林手下财政部任职的康斯坦丁·费舍尔（Konstantin Fischer）回忆的那样，"沙皇想颁布一项禁止拉兹的法令，但坎克林回应说，这样的法令颁布后，拉兹肯定会翻倍。"沙皇感到被冒犯了。"你将会看到，"他说，"我将证明，在俄国，仍然存在专制统治。"[47]

　　政府对大众利率的不满，在某种程度上与坎克林关于信用的主要作用的主张，以及人们在定义自身地位时对纸币的看法相矛盾。在政府心目中，这个抽象的"人民"代表着非常特殊的社会类别；"人民"是纳税人、农产品的生产者和消费者，而试图使价格适应卢布价值波动的商人和实业家则不属于这一类。最重要的是，在理想的国家货币体系中，基于政府和社会的共识，政府仍然应该占据主导地位。坎克林发起的货币改革旨在消除大众利率，结束多货币的共存流动和不稳定局面。[48]

俄国国务会议关于旨在将卢布从商品转变为稳健货币的改革计划报告指出，"国家支付手段不再是贸易和其他社会生活的主要工具，而是国内各方讨价还价的主要内容"。1839年至1843年采取的一系列改革以废除旧货币、发行新"国家债券"而告终，这些票据一直流通到1920年代初。改革开始于1839年7月1日的乌卡兹（即法令），扭转了纸币和白银之间的关系，并恢复了银卢布作为主要价值衡量标准的优先地位。[49]纸币再次（如1810年）降级为辅币：可以在当地财政部以1∶3.5的利率将纸币兑换为银卢布，银卢布的最高面额为100卢布。

货币转型的政治意义从改革进程一开始就显而易见。首先，汇率的确清楚地表明了卢布的价值和地位必须完全依赖君主的意志。大众利率将1卢布纸币平均估值定为四分之一的硬币卢布再加上1拉兹。股票交易率在1∶3.5和1∶3.6之间波动，而1839年的交易率为1∶3.6。这种情况下，政府必须决定采用哪个汇率并将其固定下来。当斯佩兰斯基创立的咨议立法机构国务会议讨论这一税率时，大多数成员建议将税收税率固定为1银卢布兑3.6卢布纸币。而坎克林得到其他3名成员的支持，坚持接受目前的1∶3.5的兑换比率。政府可以选择任何一种汇率，但坎克林利用他能私下接触沙皇的机会说服了沙皇支持他的观点。当国务会议的成员再次召开会议讨论这个问题时，坎克林出示了沙皇的批示，即使用1∶3.5的兑换比率，国务会议别无选择，最终只能投票支持沙皇的选择。因此，整个问题转变成了一场关于沙皇权力和国务会议在立法过程中扮演何种角色的政治丑闻。坎克林称，国务会议在君主的批示公示后仍继续讨论是对国家最高权威的"极大挑衅……国务会议只是一个咨询机构，沙皇只会将他想要发送的东西发送到这里。"因此，货币改革的问题再次引起了法治和权威的问题。最终，国务会议根据沙皇的意志进行了投票。卢布的汇率既不依赖市场的力量，也不依赖立法机构的意见，只取决于君主的意志。所有关于改革的进一步决定，如引入新的国家债券和回收纸币，都源自尼古拉一世、坎克林及其反对派以及由沙皇主持的秘密会议之间的博弈和辩论。

在合法性和秩序化的幌子下，纸币以 1：3.5 的比例恢复兑换，代表着国家承认自己无力提高纸币的价值。政府并不认为货币贬值过于尴尬或可耻，希望公众会忘记它，但这一操作肯定不会被忽视。[50] 瓦西里·科科列夫（Vasili Kokorev）嘲讽地评论说，1839 年 7 月 1 日法令的宣布恰逢尼古拉一世女儿的婚礼日。按照惯例，此类事件需要显示一下君主的仁慈，每个人都期待沙皇会赦免十二月党人。[51] 然而，这部"仁慈的法令"却宣告了国家的破产。[52] 更严重的是，这项法令宣布的时间正值下诺夫哥罗德年度交易会开幕前夕，这是一年中最重要的商业活动。商人们感叹，许多合同已在旧的条件下签署，而引入的新系统可能会造成重大财务损失。当时身处下诺夫哥罗德的卡斯廷侯爵描述了省长和商业精英代表之间的一场著名的对话。面对商人们对卢布汇率意外变化的抱怨，省长称，政府政策的推迟实施将对国家造成比个人破产更为严峻的灾难性后果。[53] 这项改革以不同方式影响了所有社会群体。一位同样在审查机构工作的作家亚历山大·尼基坚科（Alexander Nikitenko），在他的日记中写到，那些在国家服务的人一夜之间变得更加贫困；他们的工资以前按照纸币计算，现在按 1：3.6 的比例换算成银卢布，而不是公布的 1：3.5。[54] 这项改革还导致食品价格显著上涨。政府提醒商家们必须按 1：3.5 的新汇率重新计算价格，但很少有人遵守。

另一项与银本位法同时颁布的法令宣布在国家商业银行（the State Commercial Bank）开设所谓的存款办事处，人们可以在那里用银币交换临时存款特别凭证，这是一种新型的国家信用票据，其名义价值为银卢布，并可以随时按面值兑换硬币。存款凭证因其便利性而备受欢迎，但主要是因为人们担心即将来临的改革以及此事的神秘性。有人散布谣言称，政府将很快停止接受硬币。于是，人们纷纷涌向银行，将积蓄的白银和黄金兑换成新的纸质凭证。成群结队的人拎着一袋袋硬币包围了位于萨多瓦亚街的国家商业银行大楼，观察家评论道这样的场景只可能发生在俄国。在国家存款办事处开设后的前13个月里，共收到了2600万卢布的银币。[55]

坎克林计划与波兰的另一种选择

确立纸币和银卢布的固定汇率并发行新的"存款"货币，似乎不是一个永久性的解决方案。毕竟，政府的目标是让人们忘记纸币的贬值。如何推进改革仍然是一个悬而未决的问题，只能通过与沙皇的个人交流来解决。坎克林得到了沙皇近乎无限的信任，但他并不是唯一向沙皇争取关注并提出改革计划的人。[56]在这些提案中，最激进的来自曾任波兰会议王国财政部大臣的弗朗西斯泽克·德鲁斯基-鲁贝斯基（Franziszek Drucki-Lubecki）王子，他曾试图说服沙皇认同没有新的贴现和发行银行，改革将无法推进。

坎克林固定俄国货币体系中白银标准的计划是一种最低程度的创新[57]。他还建议将指定纸币兑换为存款凭证，并且这些存款凭证可以兑换为储存在国库中的白银。然而，他还建议将存款凭证的金额增加到 1.7 亿，并用其中的六分之一建立一个白银储备基金，从而改变了凭证的地位并减少其金属货币的储备。[58] 将大量财富固定在贵金属储备中的想法对坎克林来说很奇怪，他计划只在储备中持有 1000 万卢布的硬币，[59] 剩下的 1800 万卢布则以国债的形式持有。因此，存款凭证与金属的兑换比率预计会将从 1∶1 改为 1∶17。通过公众兑换存款凭证而来的那 5000 万卢布硬币将怎么处理还不清楚。这位大臣回避这个问题，带给公众的印象则是，政府在将存款凭证转换成新型国家货币后，只会将这笔钱装进自己的口袋。

这个计划看起来像是公开的国家诈骗，尼古拉一世也许是在他的顾问的影响下拒绝了坎克林的提议。非常不寻常的是，沙皇亲自写了备忘录批评坎克林的方法，并强调了政府的荣誉及其诺言的“神圣性”。正如沙皇指出的，存款凭证是直接以 1∶1 的比例代白银发行的，它们的完全可兑换性代表了一种“不可改变的、神圣”的条件，这使得它们在民众中非常受欢迎。它们成了“对政府及其承诺的信任”的象征，因此，改变它们的地位可能会动摇“政府的公信力”。民众带来的白银不属于政府，国家只是它的“看护人”。[60] 沙皇略带戏剧性的举动向所有人发出了攻击坎克林狡猾计划的信号。这也引发了一场关于荣誉和信誉的辩论。陆军元帅亚历山大·切尔内绍夫（Alexander Chernyshev）将坎克林的计划描述为对“他人财产”的侵犯，并且“不便利、不公正、让政府有失尊严”。[61] 最猛烈的指责来自德鲁斯基-鲁贝斯基，他毫不含糊地称坎克林的计划为投机，并将其政策与不择手段的商人进行类比，称这些商人甚至在破产时也会设法寻找致富之道。[62]

坎克林和德鲁斯基-鲁贝斯基是政治上的对手，他们在关于国家与社会关系的原则方面的立场截然相反。但在德鲁斯基-鲁贝斯基对坎克林提案的批评中最突出的是他对信任和知识的引用。德鲁斯基-鲁贝斯基强调了公众记忆的持久性。与坎克林关于信任国家货币的说法相反，在公众记忆里，政府承诺过限制纸币发行，也记得政府违背了这些承诺。公众知晓纸币上有一个将其兑换为流通货币的承诺，但却没有明确硬币的金属，它们在大部分时间里无法兑换。在公众记忆中，政府曾多次改变铜币的数量和价值。因此，公众可以得出结论，坎克林提供的组合未确保标准的稳定性。[63] 公众知道在所有治理良好的国家中都有独立于处理国家收支的机构的发行银行，并且这些银行发行的钞票数量以抵押财产的价值为支撑。公众还知道其他国家成功解决货币问题的经验是通过建立严格的法律规范保护货币制造过程免受权力滥用。因此，坎克林用存款凭证替换纸币的计划不但拒绝学习其他国家的经验、规范和规则，而且一种是公然欺诈。"人们会怎么想？他们会说什么？那些手里拿着政府给他们凭证而不是真钱的人会怎么办？19世纪的欧洲会对此说些什么呢？"[64]

德鲁斯基-鲁贝斯基对坎克林的激烈攻击也可以解释为他想实现自己在沙皇要求下的货币改革和银行组织设计的目标。这个计划与坎克林的计划形成鲜明对比，复制了欧洲的货币政策实践。[65] 其最明显的模式是1831年前波兰的财政组织。尽管成功的可能性很小，但以波兰模式替代俄国货币改革计划的方案值得我们关注，原因有二：其一，尽管自由银行的概念在亚历山大一世统治后似乎已经消失，但它在德鲁斯基-鲁贝斯基的计划中重新出现。其二，亚历山大一世授予波兰会议王国政治和财政自治权后，俄国政界人士对这个位于本国西欧一隅的边疆地带充满嫉妒或恐惧，他们预见波兰的自治经验可能会传播到俄国。镇压1831年波兰起义似乎消除了从波兰引进一部宪法的可能性。因此，在货币改革计划背后也许别有所图，即试图利用波兰模式来推动帝国财政的政治转型。

让我们仔细看看波兰模式，波兰会议王国于 1815 年在帝国内部按照立宪主义和政治自治的原则建立，独立管理财政，实行自主预算，并有权发行自己的货币波兰兹罗提。实际上，王国并没有充分行使亚历山大一世授予的宪法权利；波兰瑟姆议会不定期举行集会。因此，王国的财政自治变得尤为重要，并弥补了政治权利的缺乏。波兰的货币体系与德国的重量单位（科隆马克）挂钩，并依赖于银本位。虽然卢布可以在波兰自由流通，但波兰国家货币体系与俄国货币体系没有任何联系。作为财政和国库委员会（相当于财政部）的负责人，德鲁斯基–鲁贝斯基在治理中发挥了重要作用。沙皇的支持帮助他推动了一些重要举措，包括 1828 年成立波兰银行，坎克林对此表示强烈反对。波兰银行（Bank Polski）发行的银行券与俄国的纸币不同，可以按照面值1∶1 兑换白银。流通中的银行券数量不得超过银行资产规模，资产包括贵金属储备和各种有价证券。实际上，该银行券履行了纸币的功能，从而极大地促进了王国的货币兑换，而没有扭曲或压垮货币体系。[66] 波兰的金融组织在某些方面实现了俄国自由主义经济学家的愿望。尽管正如德鲁斯基–鲁贝斯基的反对者所声称的那样，波兰银行的成立并未得到瑟姆议会的批准，也不是一个私人组织，但它与俄国国有银行有所不同。[67] 其纸币与银行自有资产挂钩。银行的资金来源不是国库或国有财产，而是通过灵活的短期信贷体系与该国发展中的工业及其农业经济和商业保持着密切的关系。也许更重要的是波兰银行的意识形态特色，后者与该王国的财政自主权和独立增长密切相关。然而，对 1831 年革命的镇压剥夺了波兰独立的财政管理系统，德鲁斯基–鲁贝斯基被迫从华沙搬到圣彼得堡，在那里他参与了各种委员会的职务，成为坎克林的主要对手。

100 兹罗提纸币，波兰银行，1830 年

资料来源：德国捷德公司基金会钞票收藏。

　　不可思议的是，尼古拉一世允许这位曾在以前拥有自治权的波兰担任过部长的人来评判帝国财政大臣的计划和项目。这两位部长（大臣）代表了两种相互冲突的意识形态：一种是参考所有欧洲文明国家的经验，主张将银行信贷系统与财政系统分开，另一种则认为俄国的金融组织比欧洲模式更"优越"。这两种理念源自对工业化和经济增长的不同看法。波兰以西方为导向的经济经历了巨大的增长；但是俄国的工业，尽管出现了国家支持的技术创新和蓬勃发展的贸易，却由于限制性规定和信贷的缺乏而导致发展速度缓慢。德鲁斯基-鲁贝斯基正确地指出，坎克林不愿对俄国货币和信贷系统进行深入改革的原因是，坎克林相信抑制工业和银行业的发展将有助于避免"生产过剩带来的不便"以及"美国和英国正在经历的破产"。[68]

　　德鲁斯基-鲁贝斯基在俄国的货币改革计划复制了自由主义

货币理论（liberal monetary theory）的教条：货币应该反映经济的实际状况；因此，由自由银行发行的货币必须与商业交易的数量相对应，并以贵金属储备作为担保。银行必须能够将其票据兑换成"可以随时方便地转换为流动货币的票据或物品，例如本票、公共资金、股票等。"[69]该改革计划的要义在于将国家商业银行转变为一个新的信贷机构，其国内和国际声誉将由于它"独立于财政部之外"这一事实而增强。[70]因此，德鲁斯基–鲁贝斯基创建一家新的独立银行的计划旨在剥夺国家"成为每个人的银行家"的特权，同时将发行新的国家信用票据与商业和工业的需求联系起来。显然，在起草该计划时，德鲁斯基精心设计了一个波兰银行的改进版本，这个版本通过完善的短期信贷体系积极支持国家蓬勃发展的经济增长。[71]

德鲁斯基–鲁贝斯基的计划还暗示了对帝国整个信贷系统进行大规模转型的必要性。伊拉里昂·瓦西尔奇科夫（Illarion Vasilchikov）亲王，作为德鲁斯基–鲁贝斯基的支持者之一，参与设计了该改革计划的秘密委员会。他指出，当国家垄断信贷市场时，它无法抗拒扒窃其臣民腰包的诱惑。这种做法阻碍和延迟了还款，危及整个信贷体系。国家拖欠国库银行贷款可能会损害其政治声誉和公信力，因为支付私人存款是"有君主的承诺来保证的"。[72]

按照对货币改革秘密委员会辩论进行非正式记录的负责人莫德斯特·科夫（Modest Korf）的说法，银行改革是德鲁斯基–鲁贝斯基念念不忘的事情，改革在理论上得到了许多"当时的政要"的认同，当然这不包括坎克林。[73]然而，坎克林对私人银行的厌恶是无法克制的，他认为将波兰这样一个叛乱边疆区的经验移植到俄国本土并不可行。正如科夫所观察到的，"由于一些奇怪的宿命论，德鲁斯基–鲁贝斯基的想法无法实现，在他去世后，这个想法逐渐被人们遗忘。"[74]货币改革留下的记录文件显示，自由银行的想法最终被从改革议程中剔除。[75] 这个结果并不令人意外，因为创建这样的银行不符合尼古拉一世对改革的设想。

沙皇的货币

既然存在两个互相竞争的计划，又有沙皇扮演仲裁者的角色，这种情况给人的印象是，沙皇有意借这场斗争来提出他自己对卢布问题的解决方案。尼古拉一世提出的货币改革计划建议发行一种名为"国家债券"的新型纸币，它将取代纸币和存款凭证，并以 1：1 的比率兑换成银卢布。在讨论如何推进这项改革时，沙皇和秘密委员会的成员特别关心国家债券发行的两个方面：第一，政府应该在多大程度上、以什么方式支持新纸币；其次，政府是否应该公开宣布其意图并在宣言中解释改革的技术细节？这两个问题都涉及了国家与社会之间关系的性质以及信用的概念。尼古拉一世亲自介入新货币系统的问世，引发了有关诚实和欺骗问题的道德和政治讨论，例如，这种操作本身是否算一种欺诈，以及公众是否会将其视为一种欺骗等。

实际上，政府必须决定如何支持新纸币。沙皇认为，发行新货币不需要像存款凭证那样维持 1：1 的贵金属储备。沙皇设想的国家债券应该以 1：6 的比例受到金属储备的支撑。然而，新的债券卢布的贵金属储备将主要来自人们用来兑换存款凭证的那部分贵金属。[76] 坎克林谨慎地表示，"公众可能会认为这个操作是以他们为代价进行的"，沙皇的计划确实隐藏了"某种欺诈行为"。[77] 沙皇回应说，纳入国家债券基金的白银总额将相当于用于缴纳国家税收的凭证数量。这些白银将不再代表"公众的财产"，相反会成为国家的财产。换句话说，公众在用债券支付税款时，会不知不觉地将其白银转入新的基金当中。正如沙皇所指出的，这项操作不需要财政做出任何"牺牲"，贵金属储备会"轻松地"自动生成，政府将避免欺诈和不诚实的指控。

与此同时，由于贵金属储备仅支持发行的国家债券的六分之一，政府急于用无形的担保来弥补物质保证的不足，从而支撑卢布的可信度。在讨论如何在1843年的宣言中表达国家债券可兑换成白银的承诺时，秘密委员会的成员们起先设计了一种较为谨慎的表述，即卢布的价值是通过"储备资本和国库的一切手段"来保证。之后，他们又设计了一种更宽泛的表述，即"由国库的所有财产和手段"来保证卢布币值。最终定下的表述则是通过"国家的全部财富"来保证纸币价值。[78] 从法律的角度来看，这个承诺的措辞非常模糊，因为俄国的财产法中并不存在"国家财富"这样的范畴。特别是，在政府拥有的财产之外，这个"国家财富"是否还包括沙皇臣民的私人财产？如果"国家财富"可以解释为包括私有财产，那么等于免除了国家保护公众私产的义务。最具讽刺意味的是，用物质抵押品保证货币信誉的这个想法实际上起源于法国大革命，印在国家债券上的"国家财富"字样不可避免地让人联想到法国大革命时期的"国家财产"。然而，这个词语最终被保留了下来，甚至在19和20世纪的动荡时期也是如此。1922年，它以稍加修改的形式出现在苏联卢布纸币上，标明该纸币由"整个共和国的财富"提供支持。这一做法与同年发行的苏联金币不同，因为后者表面仅刻有"完全由黄金支持"的字样。

将整个俄国的财富作为纸币的抵押物似乎很荒谬，因为这种抵押的性质是虚构的：与金块甚至国库土地所有权不同，国家的财富是不可兑现的。

面额为 5 卢布的国家债券，1847 年

资料来源:《俄国卢布：历史上的里程碑》(*Russian Ruble: Milestones in History*)，俄罗斯国家银行，虚拟博物馆。

然而，还有一个技巧可以帮助国家免于破产，即使这个技巧只存在于理论和想象之中。新的信用票据没有在国家债务簿中登记，这与之前将纸币计入国家债务的规范和做法截然不同。[79] 在同时代人看来，这是一种欺骗：如果纸币代表国家债务，那么取代它们的国家债券必须保持相同的性质，即使货币贬值使该债务减少了 72%。[80]

那么，国家债券到底是信用货币，还是法定货币？与卢布新名称的含义相反，它与信用借贷体系没有任何联系。负责印刷纸币的国家纸币银行被废除，财政部的一个新部门承担了这个任务。这项改革消除了自 1769 年以来存在的名实不符现象，因为国家纸币银行实际上并不是银行，而是一个由政府控制的机构。但是该银行被废除一事证明，在俄国，货币是国家创造的，而不是市场和信贷机制的产物。新货币与信贷没有任何关系，使用"债券"一词是错误的。[81] 政府垄断了整个货币制造过程，即从纸币印张的制造到用银币兑换纸币等。任何愿意用银币换取纸币的人都可以在上午九点至下午一点（或周六中午）之间到位于圣彼得堡或莫斯科的办公室进行兑换。这种安排并没有使兑换变得很便利，但它保持了卢布的法定兑换性。[82]

改革的最终象征性阶段是将黄金从国家商业银行的贵金属储备转移到专制统治的据点——彼得保罗要塞内的特殊建筑中。这个要塞也是关押政治犯的主要监狱和沙皇的墓地。[83]1844 年 12 月，沙皇政府花了整整一周的时间才将价值 7000 万卢布的硬币和金块穿越整个城市运往该要塞。这场庄严的仪式由信贷机构理事会的成员参加，他们受邀为政府的信用作证，而且参加的成员还包括以宫廷银行家亚历山大·冯·斯蒂格利茨（Baron Alexander von Stieglitz）男爵领导的证券交易委员会为代表的 24 位商人。[84] 这些储备被视为国家的特殊资产。与欧洲中央银行的贵金属储备不同，国家完全拥有并控制为其发行卢布提供支撑的黄金和白银。从这个意义上说，尼古拉一世创立了国库的贵金属储备，这是欧洲其他地方都没有的独特做法。[85]

作为这场改革的成果，俄国的货币制度很像一个混合体。表面上，该国的银本位制度和欧洲国家类似。[86] 1844 年，英国政府通过了极为严格的《银行特许条例》（Bank Charter Act）—— 也称为罗伯特·皮尔法案，规定银行发行的纸币必须与其贵金属储备的价值挂钩，从而使得货币学说中的贵金属学派取得了胜利，并使那些主张更灵活、更加去中央集权化政策的学派陷于失败。与此类似的是，俄国的货币改革也把贵金属储备作为稳定的象征。然而，俄国货币改革的政治内容与众不同，因为贵金属储备属于国家和皇室。这种内在矛盾对俄国的官员来说可能不明显。例如，财政部的《商业报》将《银行特许条例》解释为"一种新制度的开始，该制度将国家的货币义务从对私人信贷机构的依赖中解放出来，并将其直接置于政府管理之下。"事实上，英格兰银行的改革确实将英国的货币发行权集于一身，取消了多个省级银行的发行权，并规定由英格兰银行发行的所有纸币必须以"证券、硬币和黄金"作为支撑。[87] 然而，由于英格兰银行只是一家私人股份有限公司，其资本地位以及与国家的关系并没有改变。英格兰银行并不依赖国家，正如沃尔特·贝奇霍特（Walter Bagehot）所说，银行的董事们是"公众的受托人，代表他们保持银行储备"。[88]

这种政治上的差异反映了俄国专制国家的特殊性，即货币和法律均起源于君主的意志。1832 年，由斯佩兰斯基为首的俄国法律编纂委员会最终制定了《沙皇俄国法典》（Code of Laws of the Russian Empire）。斯佩兰斯基曾参加为十二月党人辩护的活动并为此被沙皇流放，但他在 1826 年结束流放后，就抓住了通过制定这部法典来洗刷自己过去的自由主义罪孽的机会。通过这部法典，沙皇政府不但几乎消除了所有的公民和政治自由，在欧洲获得了作为一切反宪制政府和反革命力量的堡垒的声誉，还可以宣称自己忠于法律。在法律和货币领域，沙皇政府制定规则并自称遵守规则，但不允许对其行为的合法性进行监督。新发行的俄国国家债券正体现了《沙皇俄国法典》的基本原则，即权力不受监督。从这个意义上说，它们的性质与所替代的纸币没有区别。表面上一切更新，实际上背后的制度设置一切如旧，这种矛盾是非常明显的。国家债券与简单的单面印刷的纸币看上去截然不同。它们色彩缤纷、装饰性强，上面印有一段来自其发行布告的长篇摘录，还以不同的字体印刷了三遍，这对于一个识字率低的国家来说显得冗长而花哨。然而，尽管纸币和国家债券在视觉上有差异，但即使在改革几十年后，人们仍继续用"纸币"一词来描绘后来发行的新国家纸币。1845 年，政府惊讶地发现弗拉基米尔省博戈多尔斯基地区仍在大量印制旧纸币，这显然是在 1843 年国家债券诞生时就开始印制的。警方报告称："造旧币的人竟然如此厚颜无耻，以至于其中一张纸币上有'出纳员沃赫昂斯基'（以村名 Vokhna 命名）的签名。"[89]

新货币体系的财务稳定性如何？从表面上看，一切都很完美。俄国给人的印象是政治和经济最稳定的国家，受到警察、审查制度和军事力量的坚不可摧的保护，使其免受欧洲狂热革命的影响。坎克林不再发行新的国家债券，而且它们仍然可以完全兑换成白银。尽管有一定量的贵金属被有息证券逐渐取代，并且贵金属储备覆盖国家债券的份额从 1845 年的 48.8% 减少到 1850 年的 35.7%，但外汇基金看起来却很稳固。[90] 另一个明显的变化是贵金属储备中黄金的比例逐渐增加，而之前的储备几乎完全由银组成。有两个因素促进了经济中贵金属的积累：其一是 1830 年代初期就发现了砂金，其二就是 1812 年引入的自由银矿和金矿的制度。在 19 世纪 30 到 40 年代，俄国西伯利亚地区掀起一场淘金热。黄金产量增长了 3 倍（1831 年至 1835 年每年 378 普特增至 1841 年至 1845 年每年 1076 普特），[91] 这都是私人采矿业蓬勃发展的结果。[92]1828 年，政府将西伯利亚的"采矿税"从 10% 提高到 15%；1840 年，又提高到 24%，从而确保了私人矿山的黄金稳定流入国库。[93] 黄金产量的成倍增加并没有促进黄金在货币交易中的使用率不断增长，这是因为金币在货币系统中地位低下。[94] 在 1858 年美洲发现金矿前，俄国仍然是世界黄金的主要生产国。然而，具有讽刺意味的是，1833 年之前政府甚至禁止用金币支付税款等费用。

尽管俄国预算长期处于赤字（1832 至 1861 年，赤字总额为10 亿卢布），但保持储备基金规模与流通纸币数量之间的平衡却能帮助政府保持财政稳定和政府信誉。事实上，政府在不印钞的同时，还采取了其他手段来弥补预算赤字，首先，继续向国有银行借款。到 1860 年，国库已经借了国有银行一半以上的私人存款（即 5.214 亿卢布）。相比之下，1860 年俄国的全部预算收入约为 3.86 亿卢布，支出为 4.38 亿卢布。[95] 其次，政府于 1831 年首次发行了有息国债，当时国有银行的资源已经非常有限了。如果没有"公开声明"，大笔国外或国内贷款就无法进行，这可能会引发不必要的议论，并给人留下俄国正在积极备战的印象，而发行纸币不是一个合适的解决方案。[96] 正如坎克林所言，国家再次回到发行国债的问题上，用新的国债赎回以前发行的国债，来保持公众将其用作货币的习惯。事实上，未被正式命名为纸币的债券已经成为金融生活中的普遍现象，它们与国债一同流通。值得注意的是，政府不希望人们将国债视为其债务，因为这可能会"动摇公众对它们的信任"。因此，国债也没有被登记在国家债务簿上。此外，俄国仍然继续向国外借钱。总的来说，在坎克林任职财政大臣期间（1823—1843），国债总额增加了一倍以上。[97]

波兰货币的终结

民族主义可以采取不同的形式：一种是主张本民族相对于其他民族的独特性，另一种是对其他民族和领土的统治。尼古拉一世的民族主义涵盖了以上这两种形式，货币自给自足的想法伴随着试图消除帝国中多种货币的努力。逻辑上说，这种政策的第一种表现形式是逐步消除波兰的货币自主权。波兰的经验启发了德鲁斯基-鲁贝斯基对金融自由化改革的提议，但这一提议最终被放弃了，转而采用了保守派的变体。此外，1839 至 1843 年的货币改革为波兰融入俄罗斯帝国金融体系奠定了基础。

在 1830 年的波兰起义后，就立即出现了削弱波兰金融自主权的计划，但纸币的不稳定汇率阻止了这些计划的实现，因为波兰的兹罗提是一种更稳定、更可靠的货币。正如波兰总督伊万·帕斯凯维奇（Ivan Paskevich）所言，将兹罗提与卢布纸币挂钩没有意义。"在俄国，卢布本身……在我们的纸币失效后不再是真正的卢布了，"帕斯克凯奇在谈到了帝国的货币时这样写道。这位总督曾在镇压波兰 1830 年波兰起义中发挥了关键作用，他自豪地将波兰银行的纸币与俄国纸币进行了比较，波兰银行的纸币代表了"银行中必须时刻存在的资本"，而俄国的纸币仅仅是"基于国家信用"，也就是说，它是基于无形和不稳定的东西。[98]考虑到波兰货币相对于卢布的优越性，财政部不得不将兹罗提定为波兰会议王国的基本货币，而所提出的货币系统的"整合"就仅限于生产双重卢布 / 兹罗提面额的硬币。

1839 年至 1843 年的货币改革为更激进的货币集权政策铺平了道路。从这个意义上说，著名的银本位改革也是一场体现了主流意识形态主要内容的帝国改革。1841 年 1 月，俄国银卢布在波兰被宣布为"单一面额和法定货币"（the single denomination and legal tender）；所有政府和私人账户都必须以该卢布进行存储，波兰银行纸币的持有者被命令将其兑换成新的"俄国卢布纸币"，上面有波兰语和俄语以及新的波兰国徽。除了双语硬币外，所有旧货币都将重新铸造为俄国卢布。

因此，1841 年，两种货币体系的统一似乎基本完成了，但有一个值得注意的例外：俄国卢布纸币不在波兰流通，而波兰银行的纸币在俄国各省也无法被人接受。[99]波兰货币系统的相对孤立性一直未受到挑战，直到 1848 年欧洲爆发革命，引发了俄罗斯帝国西部省份的金融危机。1848 年 3 月和 4 月，西部省份（沃伦、维尔诺、格罗德诺、科夫诺、明斯克、库尔兰等）的总督抱怨人

第一部分 纸币时代

103

们突然对国家债券产生了"信任不足"。人们纷纷赶去兑换卢布纸币，理由是在这种情况下，"拥有硬通货比拥有代表它的符号更安全"。有传言称，国家债券很快将"像 1812 年战争期间的纸币一样贬值"，随后可能会被宣布无效。沙皇政府向西部省份运送了更多的白银，并指示地方当局不要干扰兑换，并在各大报纸上发布公告进行辟谣。[100] 然而，沙皇政府秘密指示建议每周兑换处只开放三天，并且不接受每人超过 100 卢布的兑换。在卢布信誉下降的背景下，波兰可兑换的纸币需求量非常高。在对俄国货币和西部省份的管理至关重要的情况下，总督帕斯凯维奇采取了单方面、秘密和违法的举措，允许波兰会议王国的政府机构接受俄国用国家债券付款。

　　正如波兰银行行长本尼迪克特·涅波科伊奇（Benedict Niepokojczycki）所言，自 1848 年以来俄国国家债券的涌入耗尽了波兰的贵金属储备，以至于它们无法再向银行提供贵金属。正如当地官员所哀叹的那样，1848 年革命之后很快就发生了"匈牙利战役，然后东方问题再次成为焦点，不久后就是多瑙河战役和克里米亚战争。"俄国在波兰的大量军事存在意味着该地区国家债券泛滥。仅在 1854 年，波兰财政部就处理了价值约 7100 万银卢布的纸卢布，这一数量远远超过了发行面值仅为 1000 万卢布的波兰流通纸币的数量。[101] 克里米亚战争引发了一场金融危机，导致整个帝国，包括波兰，都充斥着卢布账单。1854 年，当国家债券与铸币的公开兑换被暂停时，波兰银行的纸币仍然是唯一可兑换成硬通货的支付手段。兑换需求急剧增加，波兰银行的贵金属储备即将耗尽，无法继续支付国家外债。[102] 波兰发现自己因融入俄罗斯帝国货币体系而处于破产的边缘。

克里米亚的灾难

彼得保罗要塞的仓库自 1844 年以来一直保管着俄国的黄金储备，该仓库是在匆忙之中建成的。工人们在潮湿的墙上涂抹灰泥，但在该建筑物内部潮湿的空气中，灰泥很快脱落，露出丑陋的砖块；铁格栅和门生锈了；外墙上的装饰线条倒塌了。1856 年，这座建筑空置了。随着黄金和白银储备的消失，建筑的管理人员将窗户打开了几个月以晾干房间，直到 1856 年 6 月，财政部才开始翻修这个仓库。[103]

黄金去哪里了呢？金银库被清空的主要原因是克里米亚战争。考虑到最坏的情况，政府制订了一项计划，将铸币厂迁至彼得罗扎沃茨克，并将印制国家债券的国家造币厂和金属储备迁至莫斯科。首都并未受到威胁，这个计划也从未得以完全实施。然而，财政部却下令将价值 1.05 亿卢布的黄金和白银转移到莫斯科，声称要开设国家债券的兑换分支机构。1854 年 3 月，装满金银的箱子被装上"爱国"公民哈里奇科夫（Kharichkov）提供的车，运到火车站，然后被送往莫斯科，直到 1859 年 2 月都一直存放在克里姆林宫的军械库中。[104]

彼得保罗要塞的剩余黄金和白银就这样被政府用于偿还欧洲的债务、购买商品、兑换国家债券和其他必需品。[105]在和平时期，政府可以使用汇票进行资金转移，避免携带沉重的金条过境。然而，在战争爆发后，俄国汇票的汇率下降，政府和参与国际贸易的商人及银行家不得不恢复用黄金来支付的旧方式。中央邮政管理局（the Central Post Office）报告称，仅在两个月内，私人和机构共向欧洲寄出了 450 万卢布的黄金。黄金开始迅速流出该国，人们急于将纸质国家债券兑换成硬通货。政府陷入了恐慌。1854 年 2 月，政府禁止黄金流出，这一禁令使卢布汇率下降了

10%~19%。[106] 在接下来的几个月里，大量黄金仍然会流出境，政府只能焦急地观察黄金的动向。克里米亚战争后的危机特点是对消失的贵金属感到焦虑，并试图在据称是流氓税吏的口袋里，甚至在鞑靼妇女的耳朵和胸口找到可能存在的金银，正如喀山财政部报道的那样，这些妇女将这些硬币用作珠宝。[107]

硬币消失的真正原因与俄国穆斯林的文化传统无关。1857年，亚历山大二世问他的财政大臣为何储备基金减少时，彼得·布罗克（Peter Brok）提到了战争的巨大开支，以及最重要的是俄国纸币的严峻形势。[108] 自危机开始以来，所有财政收入仅以纸币形式收集，而造币厂成为唯一的金属货币供应商。纸币很充裕，但远低于其应有的价值。俄国在克里米亚战争期间的非正常开支总计达5.38亿卢布，其中4亿卢布是通过大量发行国家债券获得的。[109] 国家债券和黄金之间的比率急剧下降。1854年，贵金属储备覆盖了43%的国家债券，而到1857年7月，这个比率跌破了法定的15%。[110] 正如布罗克所证明的那样，1857年，个人和机构每月兑换的卢布仍然多达100万，这清空了国家纸币发行部国家债券的库存。1857年8月，造币厂停止向国家纸币发行部供应硬币。[111] 把卢布兑换成黄金变成了一种只有少数人才能享有的特权，他们的要求不容忽视；拒绝给予"普通大众"这种权利是很正常的。[112] 实际上，卢布在1854年就不可兑换了，当时首次引入了兑换限制，尽管政府没有发布正式声明暂停兑换。[113] 正如一些经济学家所认为的那样，俄国的卢布不可兑换是在1854年，政府专家认为在1858年俄国也进入了金融不确定和不稳定的时代，这一时代的象征是国家纸币发行部大门口的宪兵，他们被召唤来保护该机构免受焦虑的民众的侵害。[114]

卢布：一部政治史（1769—1924）

第二部分　专制资本主义

一

Part 2

第四章　"大改革"时代的纸币

北方风暴

1860 年 10 月初，伦敦《泰晤士报》(*Times*) 报道了一场可怕的风暴："它最近以同样的狂暴之势席卷了整个北欧海岸；航运业，尤其是波罗的海的航运业遭受了巨大的破坏，风暴似乎已经在那里耗尽了它的全部力量，可谓是骇人至极。"电报提供了"一份最可怕的灾难清单"，其中包括 60 起沉船事故。在这场风暴的遇难船只中，就有鲍斯 (Bowes) 船长指挥的"北极号"(*Arctic*) 汽船，当时该船正按照常规航线从赫尔和格里姆斯比驶往圣彼得堡。刚刚建成一年的"北极号"是"港口最受欢迎的船只"，它在位于日德兰半岛海岸的莱姆维港附近沉没，夺去了 4 名乘客和 2 名船员的生命。[1]

如果不是因为"北极号"上的货物，一艘英国汽船的沉船事故并不会引起俄国高级官员的关注。除其他物品外，这艘船还载有印钞设备，其中有俄国政府委托给纽约的美国钞票公司 (American Banknote Company) 制作的带有雕刻和卷轴的模板，用于印制新的、改良版的国家债券。鲍斯船长报告说，那个箱子"随船沉没了"，随船的还有该公司的一台印钞机。[2] 几天后，当潜水员从海底打捞上来时，海水已经毁坏了这些雕版。

沙皇政府与一家美国公司之间的这种合作，或许是 1855 年沙皇亚历山大二世即位后开启的金融新纪元最明显、最具象征意

义的标志之一。新发行的货币必须传达统治的精神，同时使国家
债券在技术上更加先进且不易伪造，而这正是 19 世纪 50 年代困
扰俄国货币体系的问题。[3]1859 年，在沙皇的要求下，新绘制的
卢布纸币草图以历史和民间"类型"的风格化肖像为特色，同时
还有城市的标志性建筑和民族语言——波兰语、德语、格鲁吉亚
语、瑞典语、芬兰语和"鞑靼语"（阿拉伯语）——的铭文。选
择的城市——莫斯科、圣彼得堡、赫尔辛福斯（赫尔辛基）和华
沙——可能表明了俄国西部边境地区的自治地位。强调俄罗斯帝
国的多元文化主义标志着对旧设计和意识形态的背离，尽管从审
美角度来看，新设计是失败的。所选用的民间人物看起来既虚假
又不自然，而且风格化人物与风景之间也不协调，这或许是有意
为之：一副以华沙为城市形象的设计中，人物却身着"莫斯科式
的服装"；而一副有关赫尔辛福斯的草图则是一个女孩的肖像，
她手里拿着葡萄，但芬兰并不种植葡萄。[4]

　　无论如何，图像和美感都不被视为决定纸币防伪能力的
关键因素，纸币能否防伪几乎完全取决于印钞工艺技术的精密
性。从这个角度来看，俄国落后于其他国家。"国家纸币发行部"
（Expedition for the Production of State Papers）采用的是老式手工操作
技术，已被证明不适合生产新的高质量纸币。因此，为了与世界
潮流保持一致，发行处的管理层决定向世界上最著名的纸币和有
价证券专业印制公司之一，即纽约的美国钞票公司，订购俄国国
家债券的雕版。[5]该公司还应该为发行处提供新的印钞设备、材
料和技术人员。最终，发行处的管理层预计将彻底改造生产过程，
并引入一种名为钢板雕刻术（siderography）的新技术。[6]俄国人与
美国人的合同于 1859 年 7 月签订。1860 年 9 月，一个装有制作卢
布纸币的图版和卷轴的箱子，以及机器和其他材料被运往俄国。

　　在沉船事故毁坏了珍贵的模板后，政府再次决定改变设计。

面值为 5 卢布及以上的新纸币不再印有不同民族风格的图案，而是使用"俄国国家历史上声名显赫的"统治者的肖像，即德米特里·顿斯科伊大公（Prince Dmitrii Donskoy）、沙皇米哈伊尔·费奥多罗维奇（tsar Mikhail Fedorovich）和米哈伊洛维奇、彼得一世和叶卡捷琳娜二世。[7] 摒弃先前的"民族志式"的设计与波兰1863 年初爆发的起义有关（但很可能不是由波兰 1863 年起义引起的），这场起义最终导致了帝国政府对非俄罗斯民族态度的重大转变，并最终取消了波兰的财政与政治自治权。从技术上来讲，新的设计似乎也不容易被伪造；人们通常会认为，擅长复制装饰品的雕刻工匠并不具备雕刻肖像的技能。财政委员会还认为，最好避免使用任何代表抽象概念的"典型人物或寓言人物"，以免引起政治解读。因此，选用历史上统治者的肖像被认为是最安全的选择。[8]

与美国钞票公司的合作并没有按照计划进行，这使得财政委员会最终做出决定，认为在俄国国内制作新版钞票更为安全。发行部为制造印钞机和印刷涂料的"秘密"技术（专利）及机械师和工程师的服务支付了费用。然而，尽管设计和模板都是在俄国完成的，但几年后，也就是 1866 年出现的俄国国家债券却与美元十分相似，美元上面印有椭圆形的美国著名历史人物的肖像，就像卢布上沙皇的肖像一样。这并不是双方合作的最重要成果。以美国钞票公司为榜样，国家纸币发行部变成了一家国有企业，它通过国家银行接受政府的订单，享有相对的经济自主权，甚至可以赢利。新的管理模式是按照美国钞票公司的模式建立起来的，即由一名董事和一批技术专家担任（最高）领导职务，一套以订单收益而非预算拨款为基础的改进型融资体系，一支取代农奴和被征召者的自由劳动力，最大限度地减少繁文缛节，并由政府提供初始投资。所有这些因素都是为了让发行部"发展起来，并与最好的外国同行企业站在同一水平线上。"[9] 结果，国家纸币发行部变成了一个模范工厂，工人们参与公司的分红——这在农奴解放前的俄国是一种闻所未闻的模式。印钞技术有了显著的提高，尽管所有这些变化都需要几年的时间才能够实现。然而，伪钞的祸根并没有消失。事实证明，问题的根源并不在于字母的形状或雕刻装饰的精美程度，而在于国家的政治和意识形态地位以

1866 年 5 卢布国家信用钞票（背面）

资料来源：俄国国家造币厂与美国钞票公司合作的成果。注意与美元的相似之处。私人收藏。

50 美元，1862 年美国法定货币美元纸币

资料来源：美国国家历史博物馆工作与工业部、史密森学会。

及体现这种地位的国家货币。假币的泛滥是俄国金融体系中有更
深层次、更严重问题的表现。

沉船和重制的卢布彰显了这样一个时代：前改革时代（pre-
reform）秩序的旧原则正在让位于新的实践和机制。然而，经济和
社会的激进变革往往因政治体制的弹性而大打折扣。随着沙皇的
肖像取代了随意的工匠和农民形象，改革俄国金融机构的理念也
从更宏大的计划转变为表面上的改造。对西方的模式，无论是学
习、有选择地采纳，还是摒弃，都在改革模式上留下了印记。尽
管机构改革常常使公共财政专家感到失望，但大众对货币及其性
质和功能的看法发生了变化，这表明改革后的货币政治将与以前
大不相同。

卢布与资本主义的到来

19 世纪 50 年代末和 60 年代初的后克里米亚货币危机不同于
早期的纸币危机，尽管它唤起了人们对后拿破仑时代的回忆，当
时纸卢布的价值为 25 戈比。这场危机是在一场政治变革中发生
的，这场变革被视为俄国政治、经济和社会的彻底革新。改革的
标志是俄国与西方的和解，这也是俄国追赶欧洲的一种尝试，因
为它正在以金本位制作为主导的货币标准。尽管俄国卢布忠于银
本位制，[10] 但政府和民众都渴望获得黄金。俄国的白银产量下降
到每年只有 80 万卢布，而黄金的年产量却增加到 2000 万卢布。
此外，建立一个以黄金为基础的泛欧货币联盟的想法在当时也被
广泛讨论。然而，由于俄国的贸易逆差和不断增加的贷款支出，
它所生产的大部分黄金并没有留在国内，因此，将现有的银本位
制改用金本位制仍然是乌托邦式的提议。[11]

后克里米亚货币危机的另一个显著特点是卢布价值计量新标

准的应用。国家债券的白银价值并没有像它在国外市场上的价格那样暴跌。然而，在 19 世纪 50 年代和 60 年代初，政府和公众的主要关注点是国家债券相对于欧洲货币的地位以及俄国汇票在欧洲的贴现率。这一贴现率取决于多个因素，其中包括政治和经济前景（汇票是对未来支付的承诺）、贸易平衡（即对卢布支付的需求）和国家债务额。对黄金的偏爱和对汇率的担忧，均标志着俄国经济和政治孤立状态的结束。新沙皇亚历山大二世的政府向外国商人和投资者敞开了俄国市场，取消了保护俄国货币和工业不受外部影响的壁垒。1857 年，政府彻底改变了关税，从严格的保护主义转向自由贸易制度。1861 年，政府解除了对国家债券进出口的禁令，实质上允许信用汇票作为商品在西方金融市场流通（巧合的是，这也允许从欧洲大量进口伪钞）。出口禁令的取消使信用汇票变成了一种商品，其价格和价值取决于卢布的供应和需求。[12]

对于俄国的富裕阶层，亚历山大二世的经济改革始于取消对国际旅行和移民的金融限制。俄国贵族们涌向欧洲城市寻找新事物和新体验，卢布汇率的下跌影响了他们在国外和俄国国内维持欧洲式消费的能力。根据官方数据，在 1850 年，只有 8000 名旅行者越过了俄罗斯帝国的欧洲边界；1855 年，离开俄国前往欧洲的人数翻了一番；1858 年，这一数字已接近 7 万；次年，有 11 万旅行者越过了俄国西部边境。他们随身携带着汇票和黄金，或者在私人银行家的帮助下，将俄国账户上的钱转移到欧洲。因此，汇率成为俄国贵族和中产阶级生活中的一个重要因素。报纸养成了向公众通报"汇率"波动的新习惯，用简单的语言解释卢布相对于法郎或英镑的涨跌如何影响人们在巴黎和伦敦购买商品的能力。每个受过教育的人都应该关注汇率，因为正如财政部驻伦敦代表加夫里尔·卡缅斯基（Gavriil Kamenskii）所说，汇率是

"观测政治和商业世界最完美的工具。物理学家还未能发明出如此灵敏的工具"。[13]

对利率的日益关注也表明，不仅金融政策发生了重大变化，而且公众对价值、财产和财富来源的态度也发生了重大变化，这一过程可以被描述为资本主义时代的到来。[14] 正如当时最有影响力的记者之一、《莫斯科公报》（*Moscow Bulletin*）的米哈伊尔·卡特科夫（Mikhail Katkov）所解释的那样，在19世纪早期，财产由不动产和动产组成，但到了19世纪50年代末，俄国的经济格局发生了翻天覆地的变化。有形的贵重物品开始让位于各种无形的资源（证券、债券、股票），而卢布的角色变得更加抽象——它是价值的衡量标准，而非价值本身。1861年的农民解放、将农民主要的自然债务和土地的价值转化为国家发行的债券的赎买行动，以及经济的普遍货币化，都改变了卢布汇率的意义，而数十家银行和股份公司的出现则创造了新的财富形式。正如《工业先驱报》（*Herald of Industry*）在1858年俄国第一次股份制热潮中所报道的那样："圣彼得堡没有更多的钱了，圣彼得堡变得非常贫穷。或者说，变得非常富有。圣彼得堡的资本家们用数百万国家债券换来了数十万份其他票据，这些票据尺寸更大、外观更美，给人以诱人的、美好的希望；他们用金钱换来了股票，并将继续换下去……再重复一遍：圣彼得堡的富人不再有钱了；只有穷人才有钱。"[15] 财富的获取并不取决于口袋里或银行账户上的卢布数量，而是取决于资本的可获得性，而后者取决于包括汇率在内的多种因素。因此，卢布汇率的波动是令人烦恼的。卡特科夫对此曾写道："人们不可能不焦虑地看着汇率下跌。"[16]

卡特科夫个人对卢布汇率的关注，象征着民族主义意识形态中一个有趣的转折：他的民族主义并没有削弱俄国国际金融声誉的重要性及其在世界经济中的地位。卡特科夫写道："在这方面，俄国与其他国家并无不同；国家债券的流通与爱国主义并无共同之处，汇率也不能反映爱国情感的程度。"在像卡特科夫这样的世界民族主义者的新世界观中，俄国卢布独一无二、有别于其他货币的旧观念得不到支持。卡特科夫公开驳斥了一种由来已久的信念，即"对国家债券的信任是俄国人民的一个典型特征，源于对政府的无条件信任。"正如他所指出的，"事实上，这并没有什么特别之处。"[17] 对于卡特科夫，金融上的爱国主义在于分担对卢布在世界市场上地位的担忧，并催促政府进行必要的改革，而不是将俄国货币孤立在一个"封闭状态"的泡沫中。

如果说公众担心的是能否负担得起进口商品，那么政府对卢布汇率的关注则是一种真正的痴迷，就好像这是一个事关主权或地缘政治声望的问题。1857 年，为了扭转不断下跌的汇率，政府开始系统地在圣彼得堡有计划地出售汇票（国家债券），以便在欧洲城市贴现；政府的代理人随后用通过外国贷款获得的黄金或直接从俄国运往欧洲的黄金来兑换这些汇票。[18] 在 1861 年 5 月 1 日至 11 月 1 日，政府花费了约 2500 万卢布来人为维持汇率；而从 1857 年到 1862 年，这一行动的总成本达到了 1.2 亿卢布。[19] 这种转移行动以抬高俄国商品价格和消耗黄金储备为代价，维持了合理的汇率。[20] 观察家们将试图维持汇率的行为解释为俄国对其海外声望的焦虑，或者说是"假爱国主义"，这表明政府对汇率意义的理解是错误和陈旧的。这些批评或许并不完全公正。毕竟，许多处于金融危机中的政府都会采取此类干预措施。然而，在贸易自由主义信条盛行的 19 世纪 50 年代，政府的干预显得并不恰当。经济学家声称，在一个实行自由贸易的国家，波动是正常的，而掩盖波动的努力就像"病人脸上的化妆品，或者矮子腿下的高跷"。[21]

自由主义的新面孔

通过支持利率，政府试图通过自由派经济学家所描述的源自"重商主义黑暗时代"的手段来解决金融问题。改革的自由主义精神与恢复金融的需要相矛盾，政府不想限制金融活动和自由，即使它们会对经济状况产生不利影响。1860 年 11 月，新任财政大臣亚历山大·克尼亚泽维奇（Alexander Kniazhevich）建议通过对居住在国外的俄国人征收特别税来解决黄金外流的问题，尽管他引用的数字证明了旅游和移民造成的巨大黄金损失，但政府还是拒绝了这一措施。[22] 拒绝用压制和限制来解决金融危机，不但标志着政府官员和经济学家的经济学理论发生了重要转变，而且也是重新考虑国家在信贷–货币关系中的作用的一种尝试。

然而，将这些变化的意义简单地解释为意识形态的转变是错误的。尼古拉一世对自己处理经济事务的能力充满信心，与之相反，亚历山大二世并不插手财政事务，而是将其留给了由专家技术官僚组成的新官僚集团。参与筹备和制定金融改革（计划）的特别委员会的专家包括许多年轻的理论家，他们既受过学术训练，又有行政经验。[23] 他们中的大多数人都撰写过有关货币、银行和统计方面的学术著作或大量文章。这些没有官职的年轻学者在时尚"圈子"和沙龙中与圣彼得堡的精英代表们打成一片。费多尔·特尔纳（Fedor Terner）曾怀念地描述过这样一种独特的氛围：当时，在帝国地理学会（Imperial Geographical Society）的聚会上，在弗拉基米尔·别佐布拉佐夫（Vladimir Bezobrazov's）寓所举行的所谓经济晚会上，精英官僚、大公和雄心勃勃的年轻经济学家在非正式会议和讨论中产生了改革的想法。公共知识分子、地方自治运动活动家和学者们经常参加这些学术会谈，部长们也经常到场聆听。

在政府委员会任职期间，新"专家"继续撰写有关金融问题的文章，但他们的作品面向更广泛的读者。尼古拉·邦格（Nicolai Bunge）、叶夫根尼·拉曼斯基（Evgenni Lamanskii）和弗拉基米尔·别佐布拉佐夫成为日报《证券交易公报》（*Stock Exchange Bulletin*）和月刊《俄国公报》（*Russian Herald*）的定期撰稿人。新版周刊《经济指南》（*Economic Index*）及其副刊《经济学人》（*The Economist*）在宣传新的自由主义思想和向俄国社会灌输新的经济思想方面发挥了特别重要的作用。该期刊的撰稿人认为，无知和陈旧观念的主导地位是阻碍金融发展的主要障碍。"由于政治经济教育的落后，大多数人仍然用重商主义的眼光看待货币，认为……货币的价值……是由印制货币的权力机构随心所欲地获得的。"[24] 新的经济主张旨在反对关于国家是货币唯一来源的旧理论，以及报纸广泛传播的关于货币的新神话。特尔纳回忆起在圣彼得堡时尚百货公司"帕萨兹拱廊街"（Пассаж/Passage）的音乐厅举行的一次关于货币的"公开讨论"，讨论变得如此"激烈"，人们相互大声咆哮，以至于会议主持人拉曼斯基不得不结束会议。[25]

与19世纪初一样，自由主义者坚持要求政府退出货币生产。然而，自由主义金融改革思想中出现了新的元素，反映了大改革时代的精神。19世纪50年代末至60年代的改革，允许所有社会阶层通过新的民选自治机构和新的法院更积极地参与行政和司法事务。在金融领域，信贷机构可以发挥类似于地方自治组织或治安法官和陪审法庭的作用。1858年，尤里·加格迈斯特（Yulii Gagemeister）表达了这样一种普遍信念，即私人信贷机构将社会的"物质成功与道德成就"联系在一起。信贷是"衡量文明最精确的尺度，同时也是对人们进行道德教育和提升的最有力手段。"

因此，加格迈斯特总结道："在一个人民已经准备好获得政治和工业自由的国家，信贷机构也必须获得自由。"[26]这种观点认为，信贷的发展是政治成熟的标志，同时也是实现政治成熟的途径，这与先前关于俄国人民落后、无法理解信贷的抽象含义的立场形成了鲜明对比。

正如加格迈斯特所言，缺乏独立的发行银行意味着政府在金融事务上对本国人民的不信任，正如缺乏代议机构表明政府不信任本国人民的政治能力一样。因此，"政治自由"和代表权与财政代表权密切相关。《货币是什么？》（*What is Money*？）一文的作者杜宾斯基（Dubenskii），怀疑"货币"一词是否可以用于描述政府印制的、与信贷系统无关的国家债券。只有自由银行发行的纸币才能享有这种地位。"如果银行由政府主导，或者属于政府，"它发行的纸币就失去了任何承兑保证，因此变成了"假币"。杜宾斯基明确指责政府滥用这些特权实质上是在伪造货币，而政府的任务本应仅限于"批准"和"核实"钱币的价值。[27]

银行改革与 1863 年的大灾难

在国家逐步退出私人资本和商业将发挥关键作用的领域方面，第一步也是最重要的一步，是对国有银行或国库的改革。国库从国有银行借款一直是一项救命措施，它使俄国的卢布和国家预算得以维持，同时以高利率使银行客户受益，并阻止他们进行商业投资。这种模式在国家和社会之间强加了一种特殊的关系模式，这种关系模式建立在保密的基础上，把人们变成了被动、懒惰的食利者，对自己资本的命运漠不关心。拉曼斯基描述了一位典型的国有银行客户，他"并不关心银行的运营。他知道他的资本必须有利息，他对银行如何获得这笔资金不感兴趣"。[28]拉曼斯基常常观察着国有银行办公室里的两排客户自问道："当他们来取自己的钱时，这群人对信贷和银行的意义有什么样的理解？"[29]

国家信用制度的另一个缺陷是，国有银行无法为经济发展做出贡献。例如，1853 年，（俄国）国家商业银行积累了 2 亿卢布（或 8 亿法郎），这个数字相当于法国央行资本的 8 倍。然而，法国银行每年使用 1 亿法郎的资本开展 15 亿法郎的商业业务，而国家商业银行的商业业务总额不过 3700 万卢布（1.48 亿法郎）。路德维希·特戈博尔斯基（Ludwig Tegoborcki）在给沙皇和康斯坦丁大公（the Grand Duke Konstantin，沙皇的弟弟和政府改革小组的领导人）的备忘录中写道，即使是非常富裕的国家也无法承担这样的资本浪费。[30] 然而，资本的"闲置"是在不发行纸币的情况下维持国家预算大致平衡的必要条件，因为它为政府提供了方便快捷的信贷。

1857 年，财政部大臣布洛克试图通过大幅降低利率来消除国有银行存款账户中多余的"闲置"资金。[31] 这种单方面和突然的银行政策变化，恰逢商业活动激增和俄国有史以来的第一次股票热。存款人争相将钱取出，转而投资公司股票。从国有银行流出的资本很快变成了大规模的资金外流：战争期间加印并存入银行账户的数百万卢布被推向市场。[32] 从 1857 年 6 月到 1859 年 7 月，银行的现金储备从 1.5 亿卢布下降到 1300 万卢布。剩余的 1300 万卢布只能在国家商业银行的省级办事处找到，而圣彼得堡和莫斯科的办事处则没有任何现金。[33] 提款的动态表明，国有银行很快就会耗尽资金，而威胁到整个货币体系的国家破产似乎是不可避免的。正如国务会议成员之一、前财政部大臣之子亚历山大·古里耶夫（Alexander Guryev）所言，为了满足银行客户的需求，国家将不得不印制数以亿计的卢布："这种令人毛骨悚然的发行规模，相当于'我们财政的死亡'。"[34]

以降低利率的方式开启银行改革的决定，针对的是问题的后果，而非问题的根源。[35] 因此，改革必须从制度变革开始，修复俄国货币和信贷的"错误基础"。1859 年 6 月，俄国就如何重组国有银行召集了一个特别委员会，得出结论说："即将到来的银行破产使国家在国内和国际上的信誉面临极端危险。"[36] 该委员会成员包括一批年轻的经济学家，如自由贸易主义者和改革派官僚，他们建议废除旧的国有银行，将国内债务转化为有息国债，并将国家信贷活动集中在一个彻底转型的国家商业银行中，该银行将为工业提供信贷，同时发行纸币。改革的目的不仅是防止国家破产，还要改变公众与国家之间的经济关系，使政府和人民都对金融行为的政治影响负责。将闲置的银行存款转化为有息国债，意在向公民灌输"独立且自由选择地使用资本"的习惯，而创建一家拥有发行权的新的独立银行，以及一个由当地地主选举产生的代表团（"不考虑他们的社会等级"）组成的地方银行系统，将完善整个政治金融大厦。拉曼斯基后来声称自己奠定了新制度主要思想，他认为改革具有"最崇高的道德意义"："每个资本家在获得收入并保留资本的同时，可以独立自主地管理自己的物质财富……在人们中间，甚至在最高阶层，寻找最有利可图的资本投资的习惯……将会产生独立感和个人责任感。这些品质在俄国生活的物质和道德方面都非常缺乏，没有这些品质，就不可能有公民美德、道德伟大或共同福祉……"[37]

拉曼斯基将公民美德与金融改革联系起来以及建立一个自治银行体系的想法，与 19 世纪早期莫尔德维诺夫的金融方案十分相似。新的背景赋予了这一想法新的含义。对拉曼斯基来说，成为一名积极的资本家和投资者就等同于成为一名公民。这也与国库银行储户的被动主体地位截然相反。该计划写于 1859 年 3 月，当时，地方自治改革（1864 年）尚未被完全构想出来，而解放农奴（1861 年）也仍在筹备之中，它违背了早期改革时代的精神，当时金融独立和参与金融活动被视为政治权利。拉曼斯基建议，未来的国家商业银行应类似于欧洲国家的中央银行，特别是法兰西银行，并设想用一种新的纸币逐步取代国家债券，这种纸币将"不是任意发行的，而是为了与本票进行兑换"，从而使货币数量与商业交易规模相匹配。[38] 新钞票的信誉度将由贵金属储备和本票贴现过程中获得的付款来支撑。[39]

简而言之，拉曼斯基关于银行改革的想法，以及防止政府和财政部直接参与信贷和货币生产的愿望并无新意。然而，在每一个时期，自由银行的梦想都被赋予了新的意义和重要性。19 世纪50 年代至 60 年代，被卷入企业和商业活动旋涡的俄国社会发现，股份制公司的形式是权力下放到财政和经济领域的延伸，是自治和公众参与的隐喻，体现了团结和公民社会的精神。例如，律师谢苗·帕赫曼（Semyon Pakhman）将股份制公司的发展解释为俄国社会深刻变革的标志：旧社会决策权仅限于受过教育的精英阶层，而以股份制公司形式出现的新社会交往模式——"本土社会元素最原始的表现形式"——涵盖了全体人民。[40] 帕赫曼总结道，"社会自由，是基于自由、公开和责任原则的股份制组织的基本原则。"[41] 因此，股份制银行发行新货币的想法与 19 世纪 50 年代末席卷俄国社会的经济自由和企业家精神产生了共鸣。

令年轻的改革者失望的是，财政大臣克尼亚泽维奇颁布了委员会的改革方案，但决定略过银行改革议程的核心问题，即发行银行的私有化。相反，他只关注了委员会报告中的技术性建议，尽管这些建议也非常重要。帕维尔·米古林（Pavel Migulin）后来声称，保留银行组织主要特征的决定是在"亚历山大二世的个人坚持下"做出的。[42] 政府合并了国内债务并将其转化为国家债券，取消了多家国库银行，将国家信贷业务集中到一家银行，更名为国家银行（the State Bank）。[43] 这一改革避免了国家违约，但它使整个体系的政治基础保持不变，并让国家官僚机构管理国家的信贷和货币经济。国家银行成立于 1860 年，由财政部和国家信贷机构委员会控制，承担了许多新的职能，与其"振兴贸易和加强信贷货币体系"的新使命相对应。[44] 然而，这两项职能并不相互关联。作为一家商业信贷机构，它提供贷款、接受存款和汇票贴现；与此同时，该银行还服务于国库和政府的总体需求。在成立之初，该银行获得了 1500 万卢布的资金，它可将其作为自己的"财产"。然而，由于银行利润的主要部分被用于偿还国家债务和维持银行的储备金，因此，银行管理层并没有提高利润或满足公众需求的动机。[45] 国家银行比其前身享有更大的自主权，其董事和管理委员会可以做出与财政部和国库利益无直接关系的决定。然而，并没有具体的规则来保证银行的自主权，而且在实践中，一切都取决于财政大臣个人及其控制银行的意愿。正如许多专家所认为的那样，俄国国家银行对政府的依赖是其组织结构的主要缺陷，这扭曲了作为其基础的理性理念。国家对货币生产的垄断仍然是牢固和不受干扰的。

尽管俄国政府不愿在金融和治理方面进行重大结构性改革，但它并没有放弃恢复卢布可兑换性的努力。银卢布和卢布纸币之间的价值差距并不大（12%），恢复平价似乎是现实的。1861 年，作为新成立的国家银行的副行长，拉曼斯基起草了一份提案，他再次建议以 1819 年英国的类似行动为蓝本，将恢复可兑换性与国家银行重组为类似法兰西银行的独立股份制发行银行相结合，后者的纸币最终将取代国家信用汇票。[46] 然而，与 1859 年一样，新财政大臣米哈伊尔·罗伊特恩（Mikhail Reutern）批准的最终行动方案再次忽略了与银行自主权有关的一切内容。在货币改革的最初意图中，只有恢复以纸卢布兑换黄金和白银保持不变，但如果不进行制度改革，它就具有了不同的意义。[47]经过删减的新方案只强调卢布的可兑换性，而其背后的主要驱动因素则是履行恢复货币平衡的主权承诺，否则"政府将失去公信力"。[48]因此，在不确保货币体系稳定的情况下着手恢复可兑换性的决定并非偶然。事实上，尽管统治的改革主义精神没有改变，但这显露出一种非常特殊的货币政治哲学，即货币继续与主权联系在一起。

通过与斯佩兰斯基的《财政计划》的类比，可以解释拒绝发行银行非政府化是如何与19世纪60年代早期立宪主义思想的失败联系在一起的。正如亚历山大一世统治时期的情况一样，关于货币改革问题的讨论与新闻界、社会和政府中关于重大政治变革的争论同时展开。一部引入各阶层政治代表权的宪法被认为是农民解放的必然结果，也是自治和行政改革不可分割的一部分。1861年，亚历山大二世政府的关键人物之一、内政大臣彼得·瓦卢耶夫（Peter Valuev）建议，通过邀请选举产生的各阶层代表，将官僚主义的国务会议转变为议会机构的雏形。值得注意的是，瓦卢耶夫以国家的财政信誉为最终论据，劝说沙皇有必要限制自己的权力："陛下只需大笔一挥，就足以废除整个《俄罗斯帝国法典》，但您的任何命令都不能提高或降低圣彼得堡股票市场上政府证券的价格。"[49]换句话说，瓦卢耶夫认为只有宪法才能加强金融信誉，而沙皇的最高权力不能延伸到金融领域。在19世纪60年代早期的背景下，当所有人都在关注卢布汇率时，关于证券交易所不受国家控制的论调就显得非常有力。根据瓦卢耶夫的计划，立法机构的宪法改革应该伴随着"联合政府"（united government）和所得税的引入，这似乎是政治代表权的自然延伸。但沙皇拒绝了瓦卢耶夫的提议。[50]

通过排除货币改革的制度组成部分，即引入独立的银行和新的纸币发行法律，政府将货币改革的本质简化为恢复专制君主的金融声誉和维护他的荣誉。考虑到1862年5月重新开放信用卢布兑换的程序，罗伊特恩坚持认为亚历山大二世应该亲自宣布这一措施。正如他所言，1843年沙皇的宣言引入了国家债券，而1858年的另一份宣言则宣布暂停国家债券的兑换。因此，沙皇更有必要依照以往统治者的"明智传统"，郑重地宣布"解决措施，它将在上帝的祝福下开启新的时代，并且……表明了俄国希望履行自己的义务……不惧怕巨大的牺牲"。[51] 因此，强调可兑换性在意识形态上偏离了自由主义计划，表明政府忠于尼古拉一世统治时期的政治哲学。正如《俄国公报》（*Russian Herald*）所解释的那样，如果卢布纸币的性质、"本质和意义"没有改变，那么可兑换性就没有任何意义："可兑换性是一种派生属性，是一种次要而非首要的属性……以次要属性代替主要属性……就是牺牲了事物的主要意义；这意味着不想要真正的东西，而是想要与之相似的东西。"[52] 财政部的货币改革计划将恢复卢布的可兑换性视为金融改进过程的起点而非终点，因此，这一逻辑就被颠覆了。政府和银行采取的唯一准备措施是通过伦敦罗斯柴尔德银行（the Bank of Rothschilds of London）获得了1500万英镑（约合1亿卢布）的外国贷款，以充实国家银行的外汇基金。[53]

　　1862年5月，位于圣彼得堡的国家银行开放了以低于面值10%的价格兑换黄金和白银的国家债券，并承诺逐步提高卢布纸币的汇率，直至与银卢布持平。与此同时，用盒子包装的罗斯柴尔德的金条开始运抵国家银行，由国家银行直接送往铸币厂。1862年5月至10月，黄金储备中的826普特黄金，加上罗斯柴尔德家族送来的465普特黄金，被熔化并铸造成俄国的半英制金币，并交付给外汇局。[54] 当罗斯柴尔德家族的黄金继续源源不断地流入俄国时，1863年1月，波兰临时国民政府发动了一场反对俄罗斯帝国的革命，迫使政府耗尽了用于兑换业务的资金。一袋袋、一箱箱的黄金向相反的方向流动，流向西方。在波兰的平叛行动中花掉了来自罗斯柴尔德家族的 60% 的贷款和数百万卢布的储备基金之后，政府不得不在 1863 年 8 月将兑换限制在白银范围内，随后在 1863 年 11 月被迫完全中止兑换。[55]1863 年 11 月，国家银行而不是沙皇宣布暂停交易所业务。[56] 在整个行动期间，俄国国家银行设法从流通中的 7.07 亿卢布中提取了约 7200 万卢布纸币，但为此付出了沉重的代价。1863 年 11 月 1 日，在国家银行限制卢布兑换本票后的一天内，卢布对欧洲货币的汇率下跌了 8%。

　　暂停卢布的兑换业务及随后汇率的下跌不仅伤害了国家，也伤害了所有人。卡特科夫的报纸急忙解释汇率下跌的后果："想象一下……您从巴黎订购了一批货物。比方说，它值 4000 法郎。如果您设法在 11 月 1 日下午 4 点购买一张该金额的汇票，那么这张汇票将使您花费 1007 卢布 50 戈比。然而，如果您错过了这一时刻，在下午 5 点才出现，那么这张汇票的价格为……1090 卢布，也就是说，您损失了 82 卢布 30 戈比。"[57] 转瞬间，随着卢布再次变成不可兑换的货币，俄国社会的西方化和消费变得更加昂贵。[58] 与 1812—1839 年纸币与白银的汇率保持灵活且波动较大有所不同，1863 年后不可兑换的信用卢布在法律上等同于银卢布，尽管事实上其价值是波动的。这意味着，如果有人想在国家银行或国库办公室将银币或金币兑换成卢布纸币，他将获得 1∶1（金币为 1∶1.03）的兑换率[59]，即使白银和黄金的市场价值相差很大。与 1839 年之前的情况相反，卢布的强制汇率不可避免地导致了金属货币的消失。1863 年的这场灾难具有巨大的政治和道德意义。此后，政府放弃了一次性恢复卢布可兑换性的企图，转而采取逐步恢复和改进的政策，而卢布纸币直到 1897 年都是不可兑换的。

这种结果是不可避免的吗？在农奴解放运动开始时，国家银行的储备基金中有 1.755 亿卢布的黄金，占流通中的 7.07 亿卢布纸币的四分之一。这一比例超过了康克林制定的六分之一的标准，直到 19 世纪 50 年代中期，该标准一直支持卢布纸币的可兑换性。然而，在 1862—1863 年，情况却截然不同：最近的一场战争和波兰起义给俄国造成了巨大的破坏。[60] 此外，康克林的金融体系依赖于保密和全权信托，而在 1862—1863 年，每个人都可以从各种公开渠道了解俄国经济和国家预算的状况。也许是 1861 年的精神——由政府进行的大规模农奴改革——使改革者相信，可以通过一次强有力的行动"自上而下"修复货币体系。每个人都相信，在废除农奴制后，经济会蓬勃发展，但是改革者的乐观是没有道理的。[61]

1863 年 11 月，在货币兑换终止后不久，最聪明的年轻经济学家之一别佐布拉佐夫在一篇文章中表达了一种在官僚们看来可能是经济学异端的想法。别佐布拉佐夫指出，尽管黄金储备作为一种辅助支持手段非常重要，但其规模并不能保证货币体系的稳定。在正常情况下，纸币应该以实际的商业交易为后盾，并作为信贷手段发挥作用（这种模式现在被称为"真实票据论"）。外汇基金只起到辅助作用，而官僚们所信奉的纸币与黄金的比率在信用货币体系中毫无意义。别佐布拉佐夫借鉴了欧洲经济学家的著作，将国库券与纸币并列起来，并说明了这两种货币产生的不同方式。国库券是作为支付手段发行的，而纸币则是作为信用手段产生的；国库券代表了政府的需求，而纸币则反映了公众的需求。因此，与早期的俄国经济学家的观点一致，别佐布拉佐夫坚称，如果货币的性质保持不变，那么单有黄金的可兑换性意义不大。[62]

考虑到 1863 年俄国金融危机的原因，大多数 19 世纪的经济学家和历史学家都同意别佐布拉佐夫的评估。19 世纪 60 年代的金融家们认为，纸币的可兑换性既是恢复金融稳定的充分条件，也是一种手段。在一个不再与欧洲市场和信贷经济隔绝的国家，他们高估了政府调节货币体系的能力。改革者从英国借鉴了恢复货币兑换的机制，英国在经历了数年的不可兑换状态后于1821年恢复了金本位制。然而，他们忽略了一个重要的区别。在英国的案例中，由于经济和贸易的快速发展，纸币的汇率是逐渐上升的，政府只是将事实上的兑换恢复正式化并加以确认。[63]1862年至1863年，俄国政府试图恢复等价兑换，但不想等到国家财政和经济好转后再这样做。正如银行家和公众人物阿夫拉姆·扎克（Avraam Zak）对改革者思维模式的描述："当时财政部的政治家们被一种乐观情绪所鼓舞，这种乐观情绪对于那种严肃的事务来说是不同寻常的。"[64]

在这一时期的其他特征中，扎克注意到改革者通过道德视角来看待他们的任务："几乎每一位大臣……从克尼亚泽维奇开始……都将汇率问题视为关乎自身尊严的问题。"[65]改革者们完全沉浸在欧洲政治经济学和社会科学的思想中，他们的思维仍停留在抵押和承诺的旧范畴中。他们认为无法用黄金换取纸币是一种骗局，而政府则通过人为地支撑汇率来误导民众，从而在经济停滞和资本外逃的同时提供了一种虚假的财富印象。俄国过去曾经历过更为剧烈的纸币贬值，但从未像19世纪60年代那样引发如此大的危机，因为"社会在对事物价值的看法方面没有受到欺骗。"[66]研究大改革时期的历史学家阿列克谢·戈洛瓦乔夫总结道："我们害怕货币汇率的下跌会损害我们在欧洲的形象。"[67]他指责改革者过分关注荣誉和名声，而无视制度问题。[68]经济学家伊拉里昂·考夫曼（Illarion Kaufman）认为，19世纪60年代早期的改革者将卢布汇率的数字视为信心的晴雨表，而"信任或不信任在这种情况下并不起任何作用"。[69]宣布卢布的可兑换性仍被视为沙皇个人承诺的义务。

奇怪的是，改革者没有注意到政治经济学的客观规律与信任和信念等非经济因素之间的张力。他们讲的是资本主义和专制的语言，没有看到两者之间的不匹配。例如，在 1857 年给康斯坦丁大公的备忘录中，罗伊特恩试图解释俄国经济受制于某些普遍经济规律（例如，政府不能让经济吸收超过其所需要的货币），但同时又将恢复货币体系描述为履行康斯坦丁的父亲尼古拉一世的个人义务："这一措施是公正的，因为它是君主的法令所承诺的，人们不应该玩弄君主的名义。如果纸币还没有完全贬值，那是因为俄国人民坚定地信任他们的政府；我们不应该用毁灭来回报这种信任。"[70] 公众的信任和个人的声誉尚未分离。例如，在 1863 年汇兑最危急的时刻，当国家银行开始耗尽黄金时，其首任董事亚历山大·斯蒂格利茨男爵（Baron Alexander Stieglitz）使用自己的资金为国家银行的兑换处提供了资金。[71] 然而，当恢复兑换的尝试失败后，斯蒂格利茨拒绝在国家债券上签字，因为根据法律，国家债券承诺用硬通货兑换纸币。他不想因参与这一骗局而损害自己的名誉，并为一个明显的谎言做担保。[72] 1861 年至 1866 年发行的国家债券上都有国家银行副行长拉曼斯基的签名。

垄断风险并为可能的失败承担全部责任的执念可能是专制治理最不合乎逻辑的特征。在评论货币的政治意义时，加格迈斯特提及了美国的例子，"由于过度发行纸币，银行破产了，纸币失去了价值，给公众造成了巨大的损失，尽管如此，国家仍在大步向前发展，财富在无形中不断增加。"[73] 然而，在俄国，纸币的贬值有着完全不同的意义。尽管美国私人银行的倒闭不会动摇政府的信誉，但在俄罗斯帝国，"（沙皇的）最高权力保证了国家债券（的价值），它们的倒闭比在美国有更大的影响。"[74] 金融动荡给皇权的威信蒙上了一层阴影。因此，加格迈斯特和他的许多同行一样得出结论，真正的货币改革必须将沙皇政府的发行权和责任移交给一个独立的信贷机构——一个与经济和贸易有着紧密联系的银行。

1866 年，财政部大臣罗伊特恩写信给沙皇亚历山大二世，"在这里（俄国），政府比任何个人或公共组织都更受信任。"[75] 的确，在 19 世纪 60 年代，政府废除了一些烦冗的部门和机构。国家不再垄断信贷，使得数十家新的信贷机构应运而生，其中包括 1864 年开业的第一家股份制银行。然而，政府保留了对货币生产的垄断。[76] 恢复卢布可兑换性和改革国家银行的失败尝试表明，从本质上讲，国家并不想退出这一公共财政领域。国家主导的自由主义和进步变革的意识形态起源于大改革时代，当时政府承担了废除长达数百年之久的农奴制度的艰巨任务。自上而下的自由主义改革可能会产生认知和意识形态上的失调，但改革者通过传统和民众的集体心态为国家的干预进行辩护。

货币和金融开放

政府对卢布汇率数字所体现的金融声誉的执着，部分是由金融信息数量的突然增加而引起的。在多年的保密之后，俄国取消了旧的审查制度，展现了新的"开放"精神，这表明俄国致力于提高透明度，并与外国投资者合作。与此同时，这也带来了新的威胁和挑战。遗憾的是，开放时代与俄国金融的严重危机同时到来，官方统计数据并不总能让外国投资者和银行家感到乐观。特戈博尔斯基写道，有关金银储备的信息使俄国在外国人眼中处于一种"非常尴尬"的境地，因为他们将这些数字视为"……信用的晴雨表"。俄国政府不得不在披露资源的临界状态和暂停公布任何数据之间做出选择，但目前尚不清楚哪种做法会产生更坏的影响。[77]

1862 年至 1863 年的外汇危机表明，政府还不能确定哪些信息有助于维持金融稳定，哪些信息对金融稳定构成威胁，哪些信息可以公开，哪些信息不能公开。1862 年的新预算规定首次强制要求公布预算。1864 年，国家财政监督局（State Financial Control）开始发布报告，报告显示了国家预算的执行和实际收支情况。国家银行每周、每月和每年都公布其余额和报告，以补充国家信贷机构委员会过于笼统但内容丰富的报告。报纸急切地抓住这个机会，对这些新的财政信息进行评论和解读。海量的信息与尼古拉一世统治时期形成鲜明对比，当时财政大臣在国家信贷机构委员会上的年度演讲是了解俄国货币和信贷的唯一来源。[78]具有讽刺意味的是，造成 1863 年兑换业务失败的因素之一就是政府的过度开放。1863 年设计恢复卢布可兑换性的官僚们决定告知公众，国家银行将以上升的汇率兑换国家债券，他们甚至提供了黄金价格变化的时间表。的确，人们争相到银行抛售黄金，以便在几个月后以更低的价格买回黄金。[79]基于虚假的诚实和荣誉观念进行不必要的开放是一个严重的错误，导致了兑换业务的失败。

对声誉及其对汇率的影响的执着，也引发了人们对有关俄国财政的公共信息的焦虑。1859 年，财政部信贷总务处主任加格迈斯特公开透露了他对俄国即将面临债务违约的担忧，并对俄国的"贫穷"发表了评论。一位法国银行家被加格迈斯特的声明震惊了，他向圣彼得堡报告了此事，亚历山大二世要求立即解除加格迈斯特的职务。[80]如果说这种声明在早些时候可能不被注意的话，那么在 19 世纪 50 年代末，它们会被认为威胁到了卢布的稳定。政府希望做到诚实守信并增加财政公开性，但同时也努力控制信息的流通以及公众对其财政政策的看法。对荣誉和声誉的执着使政府在宣称忠于自由主义原则的问题上做出了妥协，并引入了非官方的金融审查制度。据费多尔·特尔纳（Fyodor Terner）回忆，1862 年，财政大臣罗伊特恩要求为卡特科夫的《莫斯科公报》供稿的别佐布拉佐夫撰写支持政府财政举措的文章，而特尔纳则负责监督俄国新闻界有关金融事务的出版物。别佐布拉佐夫对这一提议感到震惊，并回应说，他只能写他赞成的措施。特尔纳虽然原则上不反对与新闻界合作，但对罗伊特恩用"审查"一词来形容他的新工作感到反感。[81]

　　显然，罗伊特恩最终获得了别佐布拉佐夫的同意，但交易并未按计划进行。1863 年，《莫斯科公报》收到了内政大臣瓦卢耶夫的非正式警告，原因是该报的一篇文章对财政部在 1863 年处理兑换业务的方式提出了温和的批评，并描述了汇兑可以按计划完成的条件。在回应卡特科夫的愤慨时，瓦卢耶夫承认，尽管政府欣赏他"独立、高尚且有益"的风格，但国家审查机构会以特殊的方式对待有关金融事务的文章。[82] 事实上，在 1863 年 11 月 1 日之前的数月当中，卡特科夫都没有发表任何关于货币的文章，因为他听从了"一些人的建议，这些人发现报刊的沉默对金融最有利"。后来，当兑换被终止时，卡特科夫的报纸不厌其烦地向读者解释危机的原因以及如何应对危机造成的后果。[83] 瓦卢耶夫立即做出了回应，这一次，他代表财政大臣"特别感谢"卡特科夫"在《莫斯科公报》上发表了关于银行危机问题的文章"。[84] 卡特科夫与瓦卢耶夫的进一步通信表明，该媒体人不得不将他有关货币问题的文章草稿寄给瓦卢耶夫和罗伊特恩审批。1863 年 12 月下旬，瓦卢耶夫退回了卡特科夫（或者更准确地说，是别佐布拉佐夫，显然是他写的文章）的另一份草稿，并抨击他宣扬"已经并正在导致俄国毁灭的理论"。瓦卢耶夫称这些观点是"书生气"和错误的，并将其描述为不尊重"人们对纸币的坚定信念"。虽然没有公开禁止出版，但瓦卢耶夫要求软化处理财政部指出的段落信息。[85]1863 年之后，报纸与大臣之间的这种关系是否还在继续，我们不得而知。但这种在 19 世纪 60 年代初建立起来的政府与新闻界之间的关系模式一直持续到帝国灭亡。

然而，政府对新闻界的控制并不能超越帝国的边界。路易·沃洛夫斯基（Louis Wolowski）是著名的波兰裔法国经济学家，也是 19 世纪 60 年代有关欧洲货币和银行政策辩论的积极参与者，他在 1864 年 1 月出版的《两个世界评论》（*Revue de Deux Mondes*）上发表的一篇文章让许多人陷入了绝望。他的文章以"贫穷的俄国"为开篇，分析了 1863 年破产后俄国的财政状况。沃洛夫斯基认为，俄国深陷危机的主要标志是国家债券数量的大幅增加和贵金属储备的减少。俄国的经济规模相当于法国的三分之一，而俄国的纸币数量却是法国的 3 倍（法国为 9 亿法郎，而俄国为 30 亿法郎）。[86] 由于沃洛夫斯基使用的是官方统计数据，因此他的文章中没有任何新内容，但它却引发了前所未有的反响。著名激进期刊《钟声》（*The Bell*）的联合编辑、侨民社会主义者尼古拉·奥加廖夫（Nikolai Ogarev）写道："他们很害怕。对这篇文章的一个回应紧接着另一个回应。这篇文章触动了最敏感的神经……从《莫斯科公报》到《北方报》（*The Nord*），所有官方媒体都感到不寒而栗。"[87]大量文章谴责沃洛夫斯基的解释，指责他与波兰革命者合作，这进一步证明了俄国政府对其财政批评的高度敏感性，因为这可能会导致汇率下降，将俄国拖入新一轮财政危机。[88]具有讽刺意味的是，沃洛夫斯基从 1862 年发表在《俄国公报》上的一篇文章中借用了这篇文章的主要短语——"贫穷的俄国"。然而，能用俄语表达的话，却不能翻译成法语出现在阅读量很大的欧洲杂志上。围绕沃洛夫斯基文章的整个讨论都是用法语进行的，而且是针对西方读者的。

政府认为，沃洛夫斯基的文章不仅表达了反俄情绪或经济批评，而且是一种颠覆性的政治行为。这种对金融声誉的执着表明，政府认为金融完全是政府的活动范围。但是，政府在宣称垄断货币政策的同时，也为其失败承担了全部责任。1863年金融危机的余波中，一些报刊作者指责投机者和资本家的贪婪和缺乏爱国主义精神导致了兑换业务的崩溃，但他们的声音立即被记者和专家的大合唱所淹没，他们将改革失败和卢布贬值的全部责任归咎于政府。[89]卡特科夫在《莫斯科公报》上写道："个人没有能力与（纸币过剩）的幽灵作斗争。这场战争的后果只能由国家独自承担。"[90]《证券交易公报》也表达了类似的观点："货币体系的监管不能由社会独自承担；相反，必须保护公共利益免受货币混乱造成的损失，政府必须承担起这一责任。"[91]

政府有过错、需要承担责任的观点是建立在对国家债券进行解读的基础之上的：国家债券是国家因大量不可兑换的纸卢布而欠下社会债务的证据。1865年，俄国的主要报纸《圣彼得堡公报》（St. Petersburg Bulletin）收到了来自内政部的正式"警告"，这是一份可能会导致报纸停刊的处分通知，原因是"发表了与国家信用利益不相符的观点"。该报因讨论政府是否应该被允许出售或抵押作为国家债券抵押品的国有财产而受到谴责。这篇文章提到了对每一张信用国家债券上的文字含义的常见解释，即国家有义务将卢布纸币兑换成由"国家财产"担保的黄金或白银。[92]《圣彼得堡公报》既不是第一个也不是唯一表达这一观点的刊物。《证券交易公报》还提醒读者，财政部欠国家银行5亿多卢布（无担保的国家债券），认为它应首先偿还社会的旧债务，然后再创造新的债务。[93]

由内政部主办的官方《北方邮报》（Northern Post）对《证券交易公报》的建议做出了回应，对每张卢布钞票上印有的信用担保承诺做出了截然相反的解释。它指责自由派混淆了两个不同的术语——"国家财产"（State Properties）和"国家遗产"（State Patrimony），即 1843 年《宣言》采用的惯用语。根据政府报纸的说法，该惯用语既包括私人财产，也包括国家财产。因此，"国家债务"的责任"不在于财政部，而在于人民"。显然，这种对人民支配财富和权力的理解并没有扩展到权利上，而是严格局限于债务和义务上。[94] 通过提出国家与人民之间的相互关系以及货币领域的责任问题，《北方邮报》的文章只是让宪法辩论的精灵从瓶子里跑出来。关于什么构成了国家债券的抵押品这一看似理论性问题的讨论，最终以一场关于主权、代表权、私有和国有财产的性质，以及对于国家权力的限制的对话而告终。《圣彼得堡公报》反对官方报纸关于人民对国内债务负有责任的观点，因为这种解释排除了国家破产的可能性，也排除了政府无法偿还由人民提供的国内贷款的可能性。社会有纳税的责任，只有这部分私人财富才能与国家财产一起被视为属于"国家的全部财富"。如果征收税收的国家没有钱来履行其义务，这并不意味着它可以将责任转嫁给人民。《圣彼得堡公报》指出，"从理论上讲"，并不是人民的财富构成了国家财富的一部分；相反，国家"起源于人民的劳动和生产力；因此，在宪政国家中，人民利益的代表负责处置国家财产。"该报声称，它不想破坏政府与社会之间的关系，并认为，尽管俄国缺乏代议制机构，但它们可以实现团结。[95] 然而，这一橄榄枝并没有使该报免于官方警告和颠覆国家信誉的指控。就连经常与《圣彼得堡公报》意见相左的卡特科夫也对政府的反应感到震惊："国家信用难道真的如此脆弱，以至于会被一家或另一家独立报纸毫无根据、虚假甚至荒谬的观点所影响吗？"[96]

关于国家债券性质的讨论一直持续到 19 世纪 60 年代末和 70 年代，这不可避免地引发了对国家与其臣民之间关系的分析。在"大改革"时代，关于国家与社会之间相互关系的争论达到了顶峰。大多数自由主义者仍然认为，国家即使不是敌人，至少也是异己或外部因素。《证券交易公报》重申了"货币是什么？"这一问题，并得出结论：在货币的三大职能——价值尺度、交换手段和交易安全——中，只有第三项职能需要国家的参与和调解。在实践中，政府生产货币的任务应仅限于铸造黄金货币，它应作为"相对价值单位"发挥作用。"货币主要具有私人经济意义"，国家利益不应凌驾于私人利益之上，政府在履行生产"价值尺度"这一主要职责之外，不应干预货币体系的其他领域：在其他领域，政府是无能为力的，因为纸币的数量必须反映当前的商业需求，并保持灵活性。自由派报纸提出的两条原则——银行自由和金本位——勾勒出了商业和知识精英的期望。[97]

改革失败的挫败感和恢复俄国货币的希望破灭，在芬兰改革成功后变得更加强烈。直到 1860 年，自治的芬兰大公国仍然完全使用卢布结算；1860 年，芬兰推出了自己的货币芬兰马克，并于 1865 年成功转向金属货币流通制度。芬兰向法兰克福的罗斯柴尔德家族举债贷款。1865 年 11 月，亚历山大二世颁布法令，宣布"金属货币"（即白银）为主要价值尺度，从而使芬兰马克与卢布脱钩。[98]值得注意的是，帝国财政委员会批准了这一措施，尽管它承认这会对俄国的金融体系产生非常"不利"的经济和意识形态影响。[99]芬兰的货币改革是在其他重大政治变革之后进行的，其中最重要的是 1863 年恢复了自 1809 年以来从未召开过会议的国民议会——等级议会（Diet of Estates）。正如约翰·威廉·斯奈尔曼（John Vilhelm Snellman）在提交给帝国财政委员会的报告中解释的那样，"芬兰银行的金属基金是国家的财产"。[100]1867 年，置于国会的监督之下的芬兰银行（Bank of Finland）发行可以兑换银马克的纸币。因此，尽管银行仍然是一个国家机构，但银行独立的理念是以议会控制的形式实现的。[101]与此同时，俄国的改革者既未能实施宪法改革，也未能在财政方面引入法治。

在法律、地方治理、教育和农村经济等领域的改革大多取得成功并广受赞誉的背景下，货币和宪法改革遭遇了重大失败。然而，国家银行的运营环境与改革前的时代大不相同。在 19 世纪六七十年代，俄国媒体和日益壮大的俄国经济学家团体密切而焦虑地关注着财政部和国家银行的活动。国家银行和财政部的"团结"以及它们对贸易和工业需求的漠视仍然是经济学家和新闻工作者最关心的问题。[102] 政府政策的批评者尤其关注继续印制纸币的政治和法律问题，即财政部和国家银行可以（而且确实可以）秘密、随意地发行纸币。[103] 卡特科夫煞费苦心地弄清了银行的余额，并发现银行宣称"临时"发行是为了支持其分支机构的现金存款，而且是应政府的要求这样做的。[104] 卡特科夫称这些发行是"非法的"。根据他的解释，只有"维持纸币价值"的措施才能被视为符合法律规定："任何有损于卢布价值的行为，即使从形式上看是合法的，也应被视为非法。"卡特科夫总结道："银行发行纸币的行为只有在具备银行发行货币的真正特征时，也就是说，在市场需求的要求下，才是合法的。"[105] 财政法治的观念是在自由主义经济意识形态和话语体系中牢固确立起来的。

斯拉夫式资本主义

即使在自由主义最流行的时期，它也只是几种理论和政治趋势中的一种。改革所付出的经济和社会的高昂代价引发了不满情绪，助长了保守主义思想的复兴。工业家们在欢迎结构性改革的同时，也抱怨自由贸易制度的不利条件以及激进的金融措施，如降低国有银行的存款利率并随后取消存款利率。莫斯科的商人和民族主义知识分子在多家期刊［最重要的有《工业先驱报》、《股东报》（*Stockholder*）[106] 和《贸易年鉴》（*Trade Almanac*）〕上发泄了他们对政府关税政策和外国企业与日俱增的不满。19 世纪 60 年代的经济保守派敦促国家更好地保护民族工业，同时也对一群绰号为"他们"的年轻世界主义经济学家带来的"西方"货币理论的泛滥表示抗议。民族主义者怀疑"他们"与妒忌俄国成功的敌人串通一气，并宣传政府为满足国家需要而发行纸币是不合时宜的教条。保守派认为，货币非政府化这种不爱国的思想旨在限制最高权力机构的财政权力，从而限制其发动战争的能力。[107]

19 世纪的经济民族主义从来都不是一个单一的运动。19 世纪 60 年代，卡特科夫等一些民族主义者将自由放任的改革主义与民族主义思想结合起来，但这种矛盾的结合并没有持续多久，在俄土战争和 1878 年柏林会议（Berlin Congress）之后就消失了。世界民族主义与激进保守派的立场不同。在 19 世纪 60 年代，卡特科夫经常与贸易保护主义的堡垒《贸易年鉴》就俄国流通中的纸币是否过多（或不足）的问题上发生冲突，而对于老牌工业家和铁路资本家瓦西里·科科列夫来说，《工业先驱报》显得过于世界主义了。[108] 经济民族主义和保护主义与财政法治和恢复卢布稳定的愿望并非完全不相容，但如果说在 1858 年和 1859 年，《工业先驱报》似乎或多或少地同情政府的活动并赞同其世界主义的话，那么在 19 世纪 60 年代初，它的批评性越来越强，对货币改革的方向和方法提出了抗议。资助这一刊物的莫斯科商人并不像政府那样痴迷于卢布与黄金的可兑换性，因为在自由贸易制度下，黄金会被从俄国带走。[109] 总体而言，"斯拉夫派资本家"的计划类似于 19 世纪早期的经济民族主义。它并不等同于费希特的孤立主义，却强化了摆脱国际金属货币，并以国内标准衡量本国货币购买力的思想。民族主义者声称卢布纸币的低汇率没有任何问题：不是卢布便宜，而是黄金和白银昂贵。[110]《贸易年鉴》的撰稿人，如亚历山大·希波夫（Alexander Shipov）甚至认为，卢布纸币的逐步减少对俄国出口商，尤其是国内生产商有利，因为在农奴解放之后，他们需要政府的特别关注和支持。[111]

《贸易年鉴》的笔者几乎逐字逐句地复制了早先的经济民族主义思想，这些思想后来成为保守主义思想的主要内容：国家债券象征着政府和人民的团结，是一种有别于"外国"金银的独特价值标准。[112]他们对（俄国）国家在国家债券上破产的说法感到愤怒，并重复了卡拉姆津的说法，即国家不欠任何人任何东西，这一说法后来被著名历史学家、俄国泛斯拉夫主义创始人之一米哈伊尔·波戈金（Mikhail Pogodin）重申。[113]"古罗斯的货币是由野兽的耳朵、尾巴和口鼻制成的"这一谚语的再次出现，被用作证实国家无条件发行货币的权力，以及"大众关于货币的真正看法"的论据。[114]

19世纪50年代末至60年代的经济民族主义伴随着旧的货币概念产生了新的想法和计划。保守派货币改革议程的主要新内容是用铁路取代作为纸币抵押品的贵金属储备。从其总体轮廓上看，这一想法与西方经济思想的一种趋势，即"真实票据论"十分相似。其主要建议是用反映工商业状况的生产性抵押品取代被动黄金基金的限制性机制。然而，这种相似性只是表面上的：与汇票不同，铁路不具有流动性，不代表实际或潜在的经济利润，也不能反映对货币的需求。"铁路货币"的概念与许多其他保守主义思想一样，强调经济的道德和意识形态方面，并非巧合的是，它起源于历史学家波戈金的著作。波戈金提出这个计划的原因之一是，有传言称俄国铁路公司计划由国际资本（俄国、波兰、英国、德国、荷兰和法国）和法国人管理，这伤害了许多俄国工业家和思想家的爱国感情。因此，波戈金希望同时解决两个问题：一是让政府摆脱寻找黄金的需要，因为这代表着俄国被欧洲奴役；二是为铁路建设提供资金。因此，"铁路纸币"将拥有比国家债券更好、更可靠、更有价值的抵押品：它们将与纸币的价值相匹配，而且与黄金不同，它们能带来真正的利润和财富。[115]

波戈金的"铁路纸币"很快成为所有反对政府财政西方化和金本位制的作家和经济学家的最爱。它看起来简单而有吸引力：新纸币"将由铁路本身来代表和支持，直至最后一个戈比。人们只需要宣布它们（新纸币）将与国家债券一起被接受，并作为货币流通。"[116]波戈金对政府盲目听从西方"科学"（连同杂耍和喜剧一起传入俄国）的建议感到愤怒，他指责当局忽视了解决卢布问题的自然的、民族的良方。1862年汇兑业务的开启就是政府教条主义的一个例证，波戈金在1862年4月写道："他们现在发放贷款，用纸币兑换黄金，但为什么没人想要这些黄金呢？"，他预测这些黄金最终会流入"犹太人"的金库。[117]

尽管波戈金对自由放任主义及其在英国资本主义中的表现深恶痛绝，但他还是试图从英国自由贸易思想大师、激进自由主义者理查德·科布登那里为自己的铁路纸币寻找理论支持。在给科布登的一封信中，波戈金阐述了他对货币的观点要点。值得注意的是，这些观点与卡拉姆津早期的观点非常相似，认为俄国货币具有独特性，俄国人民对黄金或白银漠不关心并且对国家的无限信任。与卡拉姆津一样，波戈金援引古代皮币作为最终论据："如果政府决定发行印有帝国纹章的貂皮口套，对我们来说，它们立刻就会变得比黄金更有价值。政府应该在这种信任变弱或发生变化之前，利用这种信任为俄国铺设铁路，就像铺设铁轨一样，发行与其他信用债券一起流通的特别纸币。"[118]

科布登对波戈金的计划并不感兴趣，而且显然误解了他用铁路纸币代替外国资本的意图。让–约瑟夫·蒲鲁东（Jean-Joseph Proudhon）没有以同样的内容给波戈金回信（或许是波戈金选择不公开这部分信件）。然而，俄国民族主义报刊的反应要更具同情。铁路纸币的想法与对政府货币政策的批评一起出现在一些出版物中。1867 年，自然科学家兼哲学家尼古拉·丹尼列夫斯基（Nikolai Danilevskii）后来因其斯拉夫主义宣言《俄国与欧洲》（*Russia and Europe*）和对达尔文主义的激烈批评而闻名，他发表了一系列文章，其主题虽然偏离了他的主要专业领域，但对政治民族主义的概念化非常重要。丹尼列夫斯基在《贸易年鉴》上发表了《国家债券的衰落》（*The Fall of the Credit Ruble*）一文，赞同波戈金将俄国卢布与铁路——一种有价值的、生产性的、最重要的国内资源——挂钩的想法，并批评了政府中的世界主义经济学家，他们从英国借鉴了自由贸易思想，却忽视了俄国的国家利益。

尽管民族主义作家们一致支持铁路纸币的想法，但在细节问题上却存在分歧。一些作者希望将其作为一种为未来铁路建设筹集资金的方式，而另一些人则建议使用已经建成并正常运行的道路来代替黄金用作汇兑资金。[119] 他们的共同点是用一种对每个人都有利的资源来取代短缺的（正如作者所认为的，无用的）黄金。"斯拉夫派资本家"最先启动的项目之一是修建一条从莫斯科到圣三一修道院的三一铁路，其目的是运送东正教朝圣者和其他乘客。该项目由作家、经济学家兼《工业先驱报》发行人费多尔·奇佐夫（Fyodor Chizhov）发起，他"决心从外国人手中夺回俄国的铁路"。[120]

替代货币

当作家和政治家们争论金融政策的意识形态原则时，另一场卢布争夺战正在俄国各省展开。城市、乡村和贸易市场上充斥着各种来源的、伪造的卢布纸币。根据罗伊特恩的报告，伪造卢布已不再是一种以获取"非法利润"为目的的犯罪行为，而是一种旨在"动摇国家财政手段和信用"的活动。[121] 警方在审讯后发现，在 1863 年波兰起义被镇压后，波兰移民组织的大规模卢布伪钞生产确实是为了"通过发行这些纸币来扰乱国家财政"，并支持流亡在欧洲和其他地方的波兰人。[122] 俄国当局声称，假币最初是由伦敦的波兰革命政府（Rząd Narodowy）制造的。[123] 显然，假币制造很快蔓延到了整个欧洲，并成为巴黎、阿伯丁、布鲁塞尔、华沙和勒阿弗尔网络的一部分，在许多其他城市设有仓库和中转站，并有多个代理人（其中许多是女性）携带假币过境。[124] 警方改变了调查方法，为欧洲城市的线人和警察提供了丰厚的奖励。广泛宣传的逮捕和审判或许有助于提高（俄国）政府在欧洲的声誉，但却几乎没有减少俄国境内的假币数量。

记录谣言和俄国城市普遍情绪的警察简报敲响了警钟。人们抱怨银币的消失和假卢布的流入。"城市里有传言说，甚至在国家银行的办公室里也能搞到假的纸币。人们对我们信贷机构的不信任与日俱增，（纸币）与银卢布的比价也在下降。"一份报告称，"人们不禁要问：为什么我们的纸卢布在国外的价值这么低？这一点很清楚：因为有太多的假币（即卢布纸币），做工精良，真假难辨。它们被大量带入国内，并立即被兑换。很快，我们的假币就会比真币还多了"。[125] 然而，假币不仅来自国外，帝国几乎所有省份都有伪造假币的案例，而且制造地与传播地通常并不一致。[126]

莫斯科宪兵管理局局长大吃一惊。造假币的主要中心"不是在国家的边境地区，而是在首都附近"——在博戈罗德斯基区的古斯利茨村，它将假币传播到核心省份和"国家的偏远角落"。古斯利茨是一个旧信仰社区，约有 4 万居民，以种植啤酒花和纺织为生。这里还是旧信仰圣像绘画、书籍缩影和铜铸工艺的中心，这些工艺使许多当地农民成为真正的艺术家。难怪当地雕版师制作的假钞质量上乘，几乎与真钱无异。古斯利茨社区 25 个村庄的几个家庭都参与了假钞的制作。一个错综复杂的通信网络一直延伸到圣彼得堡的国家造币厂，村民的一个兄弟在那里担任看门人，随时向他们通报所有的变化和创新。例如，古斯利茨的工匠们对 1866 年发行的印有沙皇肖像的新纸币了如指掌，伪造起来毫不费力。事实上，在 1868 年，莫斯科宪兵管理局局长报告说，新发行的假钞在各省（主要是莫斯科以外的省份）流传开来。[127] 古斯利茨的农民摧毁了政府最后的希望，即由麻纤维纸张印制、设计新颖复杂、采用复杂的美国技术的新纸币会改变现状。新的手工纸币通过一个"系统和固定"的网络迅速传播到全国各地，其中包括在下诺夫哥罗德、哈尔科夫、库尔斯克、喀山、奥伦堡和顿河等著名的交易市场。[128]

莫斯科宪兵队长承认："当局无法根除这一罪恶。"[129] 来自古斯利茨的 86 名主要造假者的名字是警方所熟知的，但警方却无法当场抓住他们。他们的作坊和工具都藏得很好（正如警方所认为的那样，藏在地下迷宫里），村里没有人愿意透露他们的行踪。过于接近秘密地点的特工会冒着生命危险：一名警察和一名警卫被杀，一名被怀疑帮助警察的村民的房子被烧毁。[130] 在数十年的迫害和当局的控制下，旧信徒社区训练有素，外人几乎无法渗透。圣彼得堡探警中的传奇人物伊万·普季林（Ivan Putilin）在报告中写道："臭名昭著的造假窝点所在村庄的整个社区的狂热和团结……是抵御官员起诉的坚固堡垒。"[131] 如果没有令人满意的伪造证据，这些案件就无法提交法院审理，即使警方能够以发行假币的罪名提起诉讼，陪审团要么宣判伪造者无罪，要么判处他们几个月的监禁。肆无忌惮的造假者对自己的安全很有信心，他们甚至不试图躲避警察。直到莫斯科宪兵在古斯利茨设立了一个特别观察点后，他们才变得谨慎起来。莫斯科和圣彼得堡的警察局，以及财政部和内务部，包括伊万·普季林在内，需要共同努力才能挫败古斯利茨的阴谋，普季林伪装成当地牧师的兄弟出现在古斯利茨。[132] 最终，在 1868 年 12 月，警方逮捕了雕版师伊万·罗吉诺夫（Ivan Loginov），并经过 48 小时的搜查，找到了证明他共谋的必要证据：一块沉入河中的雕刻石。1869 年 1 月，财政部特工尤列维奇（Iurevich）在古斯利茨卧底数月后，逮捕了另一名雕版师谢苗·佐托夫（Semyon Zotov）。佐托夫是一位年老的大师，培养了几代工匠，并制作了几块假钞模版。[133]

尽管古斯利茨的行动取得了成功，但假钞问题并没有消失。在罗吉诺夫和佐托夫被捕后，同一地区的其他村庄继续制造假币。[134] 莫斯科附近、巴库和托博尔斯克都出现了新的中心，假币继续从国外流入。即使是国家的货币制造最终也不够安全。1868年，一位名叫伊万·韦特霍夫（Ivan Vetkhov）的国家造币厂雇员吹嘘可以通过轻而易举地获得空白纸张来赚钱，他在警方人员的唆使下偷窃了价值 2.5 万卢布的面额为 100 卢布的空白钞票纸张。[135] 警方将韦特霍夫的案件告上法庭，结果警方人员也被送上了被告席：唆使偷窃，即使是为了揭露犯罪行为，也等同于共谋。韦特霍夫的案件并非个例。警察在抓捕犯罪分子时，往往会卷入犯罪活动。律师们对警方的行为表示愤慨；财政部警告地方当局不要使用"引诱甚至可能制造犯罪"的策略，从而败坏政府的声誉。[136] 然而，由于亟须将伪造者送上法庭并防止伪造钞票的行为蔓延，警方挑衅的做法仍在继续。与此同时，警方干脆停止逮捕和起诉散布假币的货币兑换商，因为俄国刑法的特殊性意味着几乎不可能在法庭上提起公诉，逮捕只会引起造假者的警觉，促使他们伪装自己的工厂。[137]

在处理具体的伪钞案件成败参半的同时，政府也在努力制定一项总体的预防战略。自 18 世纪以来，这一领域的主要政策原则一直未变：对所有持有伪钞的人进行无罪推定，甚至对将假币兑换为真币的人也是如此，这是为了防止恐惧和不信任的蔓延。政府被自己的货币政策所挟持。由于卢布的地位取决于人们对政府的信心和信任，政府担心拒绝接受假卢布会破坏这种信任。此外，还通过立法对提供伪造信息的人给予奖励，并赦免愿意揭发同伙的伪造者。因此，精明的犯罪分子往往会揭发他们经验不足、作案手法幼稚的同行，从而获得奖励（最高可达 1500 卢布）。[138] 尽管警察当局取得了一些成功，[139] 但俄罗斯帝国西部省份仍充斥着跨境携带的假币。情况变得非常严重，以至于基辅、华沙和卡利什三省的省长都派出私家侦探前往伦敦，因为伦敦被认为是伪造货币的主要据点。这一行动导致了一桩涉及中央政府和各省省长的丑闻，他们指责财政部无法阻止伪钞的泛滥。[140]

对政府而言，伪造货币的有害影响不仅限于经济损失。它扭曲了纸币作为国家发行的价值尺度的理念，而人们对纸币的接受是基于对政府的信任。正如财政部所指出的那样，接受假币"并非以其真实性为前提，而主要是基于参与交换的个人之间的相互信任，这绝对是不正确的，也不符合国家货币的含义。"[141] 假币质疑了国家作为信用和权威的唯一承担者的声誉，并将重点转移到人与人之间的信任，而不是个人与国家之间的信任。这可能是双向的。警察当局惊讶地发现，古斯利茨的居民经常在知情的情况下接受假钞；假钞作为一种替代支付手段在当地流通，在伪造者所在社区内充当替代货币。在其他情况下，人们并不关注支付手段的真伪，直到有关假币的谣言使他们完全抵制所有国家发行的纸币。

政府不得不承认，它自己也要对其货币理论的扭曲负有部分责任。战后金融危机和卢布相对于白银的贬值造成的后果之一，就是构成农民和工人主要交易手段的足量银币的消失。因此，国家发行的硬币的真空由私人发行的马克和替代品填补。1860 年，财政部宣布在财政正常化之前不会禁止私人马克。俄国大亨谢尔盖·马利佐夫（Serguei Maltsov）发行的马克可能是最普遍和最著名的私人货币，他的工业园区遍布三个省（卡卢日斯卡亚省、奥尔洛夫斯卡亚省和斯摩棱斯克省）。马利佐夫工厂雇用了10万多名工人，拥有自己的铁路和电报网络，并以技术和社会创新而闻名。同时代的人更愿意把马利佐夫的企业称为"共和国"，即"俄国的美国"，强调马利佐夫的民主管理风格。然而，这个"共和国"是在废除农奴制之前发展壮大的。它是专制制度的一个缩影，是一个人的统治，尽管是进步的。马利佐夫得到了民众的充分信任，甚至是爱戴，这种态度延伸到了他的所有举措中。一位访问"马利佐夫共和国首都"（迪亚特科沃）的游客注意到，他印制的纸币具有不可动摇的信誉。事实上，马利佐夫印制的纸币在三个省取代了国家发行的纸币。这些纸币最初是为工厂内部的本地交易而发行的，后来逐渐扩展到工厂以外的地区，其发行量肯定超出了促进交易的目的。马利佐夫的马克有各种面额，包括1卢布、2卢布、3卢布和5卢布，它们与国家发行的纸币形成竞争。甚至收税员也不得不接受马利佐夫的马克，因为他们可以在其他地方以99%的折扣换取国家债券。[142] 废除马利佐夫的马克可能会毁掉他的生意，并破坏几个省的经济和社会局势稳定。此外，当地居民相信国家已经批准了它们的流通，马利佐夫的马克贬值会对国家发行的纸币的地位产生不利影响。

1868年，财政部决定阻止替代货币单位的扩散，此举可视为财政集中的又一次尝试。然而，禁止马利佐夫的马克也象征着19世纪60年代俄国改革的一个重要特征，即试图将重点从基于个人信任的关系转移到对机构的信任。马利佐夫的马克是以他自己的声誉和个人财富为后盾的，这些财富超过了私人"纸币"发行量的许多倍。不幸的是，没有任何机构能够控制和保证马利佐夫的企业的偿付能力，因此也就无法保证他的前农奴（已成为沙皇的自由民）的福祉。俄国没有任何法律禁止发行私人货币，也没有任何法律允许私人货币的存在。罗伊特恩说："毫无疑问，人们可以在财务问题上相互信任，而不以某种合法的形式表达出来，但在这种情况下，他们就失去了法律的保护。"这种协议应该建立在"自由意志"的基础上，但在马利佐夫这样的案例中，工人们别无选择，只能接受这笔钱。马利佐夫的私人货币是建立在权力和财富之上的。因此，必须禁止发行私人货币。[143]

罗伊特恩坚决主张消灭私人货币，但并非所有政府官员都赞同他的观点。例如，司法部部长康斯坦丁·帕伦（Konstantin Pahlen）认为，应该授予"所有俄国臣民"发行私人纸币的权利。任何愿意发行私人货币单位的人只需告知地方长官发行量、面额以及这些纸币可以兑换国家债券的地点。发行者还应将由国家货币或有价证券组成的"兑换基金"交由地方行政部门支配，并下令在俄国国家造币厂印制纸币，以保证纸币不会被伪造。换句话说，私人货币应与国家信用汇票体系相匹配，并弥补其不足。事实上，西南和西北地区的总督已经批准了类似的模式，即用各种纸币和马克代替市场上缺乏的硬币。[144]

私人货币的反对者和支持者之间的争论揭示了一个有趣的意识形态悖论。在俄国，私人货币代表着农奴制的意识形态遗产：这种制度取代了地方行政、警察和司法权力以及财务管理的整个结构，所有这些都集中在一个地主的身上。农奴制的废除和自由劳动力市场的建立使货币经济的发展成为必要，但这种发展的财政手段是有限的。因此，许多前农奴庄园主和工厂主试图通过发行自己的地方货币来弥补国家发行货币的不足。[145]矛盾就在于此：废除农奴制要求用制度取代个人权力网络，而私人货币似乎偏离了这一原则。与此同时，俄国国家货币制度的主要原则在本质上与地主的私人货币并无不同。主张消灭私人货币的财政大臣无意中证实，在俄国，只能存在一种"私人"货币。针对帕伦提到的欧洲银行发行纸币和"无记名支票"的做法，罗伊特恩回应说，银行是在汇票的担保下发行纸币的。也就是说，每张纸币背后都有一笔商业交易。因此，纸币是信贷手段。相反，私人货币"不是信贷工具，而是支付手段"："它们的数量取决于他们（所有者）的需要，而不是当地工商业的需求。"具有讽刺意味的是，这句话逐字重复了不以"信用"为基础的国家债券的一般特征。以沙皇的荣誉和日益减少的黄金储备为后盾的国家债券在某种意义上是俄国皇帝的私人货币。[145]

对马利佐夫案件的审议非常复杂，因为马利佐夫的家族与圣彼得堡上流社会关系密切。他的妻子是亚历山大二世的妻子（已分居）的朋友。政府中的一些成员与马利佐夫的家族有某种联系。然而，1870年，国务会议投票决定禁止发行私人货币。[147]马利佐夫的马克又继续流通了好几年才逐渐被兑换和提取。19世纪70年代，马利佐夫的生意慢慢衰落。他的亲属不满收入减少，宣布他精神失常，并接管了企业的管理，国家财政部于1885年收购了该企业。[148]

马利佐夫的马克和前所未有的伪钞泛滥的故事很能说明问题。政府拒绝放弃对（货币）发行、交易手段的垄断，但在实践中，替代货币的泛滥打破了这一垄断，威胁到了政府的金融主权和金融稳定。政府深信，伪造货币是"我们的纸卢布汇率空前下跌"以及"不仅在国外，而且在帝国内部都不信任国家发行的纸币"的罪魁祸首。[149]事实上，在1867年至1868年，在与伪造货币和私人货币斗争最激烈的时候，卢布汇率相当低，尽管政府竭尽全力使其保持稳定。然而，假币是否降低了卢布汇率却值得怀疑。卢布汇率波动的动态和伪造货币的激增表明，卢布在疲软时更容易成为伪造的对象。导致卢布特别容易被伪造的不是卢布纸币的材质，也不是其设计的复杂性，而是俄国货币在经济上的脆弱性。

第五章 卢布之战:"他们烧的是钱!"

造币最难的是提高纸币的防伪能力,同时销毁有缺陷的旧纸币或在旧纸币退出流通时将其收回也十分棘手。法兰西银行采用的化学方法是:将纸币放在特殊的碱液中浸泡四天变成纸团后,回收利用再制作成硬纸板。更普遍的方法则是焚烧纸币。大多数银行悄悄地进行,但是在俄国,除了有缺陷或伪造的纸币以外,焚烧纸币竟还是一项公开的仪式。

圣彼得堡的市民习惯了焚烧纸币的壮观场面。在 18 世纪,这些仪式十分盛大,城市里各个社区都会公告这些活动。[1] 到了 19 世纪,焚烧货币的仪式变得更为普遍:当着银行理事会、圣彼得堡联合股份公司(St、Peterturg joint-stoçk)委员会代表,甚至"外国客人"[2] 的面,将退出流通的纸币会在位于花园大街的国家银行熔炉中被销毁。当地人可以通过由建筑大师贾科莫·夸伦吉(Giacomo Quarenghi)设计的铸铁围栏观看这一仪式。浓烟从熔炉中升腾而起,弥漫在银行的院子和周边的街道上。炽热的灰烬和燃烧的货币碎片四处飞扬,附近市场和商店的商人抱怨他们的货物受到影响。换而言之,钱并未被完全烧毁。

国家银行和纸币生产局的熔炉构造不能确保纸币被完全、精准地销毁。1883 年 6 月,一个名叫菲利波娃(Filippova)的农妇带着 6 张面额为 10 卢布的残破纸币到银行。法律允许在序列号保持完好的情况下兑换受损纸币。事实上,这些纸币既非在她的厨房炉灶上擦上火星,亦非在家庭火灾中奇迹般地幸存下来,而是从造币厂的炉灶烟囱中飘散出来，菲利波娃发现了它们并带到银行进行兑换。造币厂的管理层对此展开调查，并最终下令建造一个改进版的熔炉，据说是模仿奥地利银行（Bank of Austria）所使用的熔炉。改进后的熔炉带有一个旋转滚筒和一个特殊的烟囱，用于储存所有未被烧毁的碎片。1888年，这台新机器的试运行以一片狼藉而告终。整个院子和造币厂的建筑遍布灰烬，而滚筒内的纸币却未被完全销毁。[3] 此后，多种新型熔炉投入试运行但均未有进展。1892年，国家银行委托曾为冬宫建造垃圾焚烧炉的工程师帕什科夫（V.L.Pashkov）建造了一台新的焚烧炉。[4] 帕什科夫的"纸币火葬场"比之前的熔炉略胜一筹。由于此后没有更好的焚烧炉，人们一直在使用它。[5]

与高端的造币术的历史相比，销毁纸币的问题可能看起来很普通。然而，在19世纪80年代，焚烧纸币以及在花园大街的银行栅栏后面老妇人们哭喊着"他们在烧钱！"的情景成为1877—1878年俄土战争后俄国政府金融政策的象征。[6]

在民族主义者批判的怒火与民众的不满中，俄国国家银行销毁了其在战争期间所发行的价值数百万卢布的纸币。实际上，这个行动的规模被过于夸大，但金钱被烧成灰烬的场景仍挥之不去。经济学家将花园大街上的"净化之火"视为与这场毫无意义的战争遗产之间的必要结算——这是为实现俄国民族主义幻想和帝国野心所付出的代价。保守派记者利用焚烧钱币的场景，揭示自由派教条主义者不了解俄国经济独特性，却盲目追随西方模式所颁布的反国家、反人民的政策。这两种观点之间的分裂的加深标志着卢布历史的新阶段。然而，对于反通胀的人和民族主义者来说，俄土战争代表着一个政治里程碑：或者是经济改革时代的结束，或者是俄国走向繁荣的开端。

在国家银行院子里公开焚烧信用钞票，1851 年

资料来源：G. Timm, "Publichnoe sozhzhenie vetkhikh kreditnykh biletov 24 ianvaria 1851 goda v St. Peterburge." *Russkii khudozhestvennyi listok*, 1851, no. 5。

在国家银行院子里公开焚烧信用钞票，1870 年

资料来源：*Vsemirnaia illustratsiia*, 1870, no. 68。

建造于 19 世纪 90 年代的纸币熔炉

出自 20 世纪初的明信片。

债务帝国

人们不仅预见到俄土战争所可能带来的财政灾难，甚至有些人已欣然接受。1876 年 10 月 1 日，俄国财政大臣罗伊特恩去位于克里米亚利瓦迪亚的夏宫拜见亚历山大二世，他发现那里有着浓厚的"好战"气氛。来自公众舆论、沙皇家族及宫廷内政治阴谋的压力，使得下一次针对奥斯曼帝国的战争一触即发。亚历山大二世解释说，尽管他尝试"以和平方式解决问题"，但并未奏效。他从乡间别墅召唤罗伊特恩，命其准备一份关于战争财政手段的备忘录。罗伊特恩声明没有可用的资源，政府只能继续印钞。更重要的是，罗伊特恩向沙皇解释道，沙皇的经济和社会改革使得俄国更易受到国际市场的影响。因此，战争可能破坏"外国资本家对我们未来的信任"，并进而对俄国的财政造成重创。[7]
亚历山大二世认为罗伊特恩的话是对俄国的"羞辱"。[8] 对于沙皇来说，战争和金钱是两码事。帝国的尊严不应依赖于外国人的信任或能否获取贷款，尊严得靠战争和外交谈判来捍卫。

1876 年秋季俄国政治危机之前的政治事件表明，政治和金融之间的联系远比沙皇想象的要紧密。一方面，巴尔干地区的敌对行动以及受到奥斯曼当局血腥镇压的斯拉夫人起义，将俄国置于"野蛮"政权的对立面。作为基督教和东方文明的保卫者，俄国将自己塑造成一个向被压迫的斯拉夫人提供支持的西方大国。然而，另一方面，罗伊特恩以不同的视角看待世界。在他看来，国家分为两类："债权国家"和"债务国家"。债务国家的经济发展有赖于外国资本的流入。他在自己最后一份战前财政计划的序言中写道："历史表明，在文明上落后于其他国家的国家，需要从文明程度更高的国家借来的不仅有知识和发明，还有资本。"[9] 正是得益于外国资金的涌入，俄国才能在过去的二十年间实现其福祉和发展。即使在和平时期，俄国也缺乏足够的资本来发展工业、贸易和农业，而必须向其他国家借款。如果俄国的生计依赖外国资本，那它怎能在战争上花费如此巨额的资金呢？俄国注定要通过印刷新的纸币来弥补其资本的空缺，从而永远不可能"回到现状或者改进我们的货币制度。"[10]

在罗伊特恩的理性推断中，令沙皇及其大臣深感冒犯的也许是他暗中将俄国和其敌人奥斯曼帝国进行比较。从财政角度看，俄国和奥斯曼帝国都属于"债务国家"。奥斯曼帝国直到 1854 年才发行其第一笔国际贷款，用于支付克里米亚战争的军费以对抗俄国，但由于无法承担债务负担，奥斯曼帝国于 1875 年宣布其所有外国贷款破产。令人好奇的是，与俄国相比，奥斯曼帝国没有永久性的纸币。它发行的国库券（kaime）带有利息，代表一种国内债务的形式，只是暂时作为纸币流通（1852—1862 年和 1876—1880 年）。[11]19 世纪奥斯曼帝国的金融体系基于白银和金币，所以乍看之下，与俄国相比，不能说更现代，但是更健全。俄国的经历则是不同的，即使在严重的财政危机情况下，俄国也辛勤地支付了所有外国贷款，但它拖欠的是自己的国内债务，增加了无担保以及非自由兑换纸币的流通。

即将爆发的战争可能会使两个帝国都破产。在最近奥斯曼帝国破产的冲击下，欧洲政治家和金融家们观察着两个帝国之间的竞争，认为俄国的财政状况相对好得多。然而，正如颇具影响力的俄国作家安纳托尔·勒鲁瓦-博利厄（Anatole Leroy-Beaulieu）所说，俄国财政的"宏伟建筑"虽是"用娴熟的技艺建造的，却是由脆弱且不稳定的材料构成的，既不够坚固，也缺乏抵抗力"。依赖纸币的财政预算就像"一个冰库，冰库里抛光的冰块在严寒中保持完整和坚固；但当春天万物消融之时，这座建筑物将在阳光下坍塌"。[12] 俄国的货币制度将在战争的压力下受挫，俄国未来的发展将在未来的 25 年里受到影响。因此，即使"俄国军队取得胜利"，这胜利也将最终导致财政受损。

这正是罗伊特恩试图向沙皇传达的观点。战争一旦发动，政府将成为自己国内经济的"竞争者"，因为政府需要"花费人们的储蓄"，并且"从贸易、工业和农业中获取"迫切需要的资金。[13] 俄国属实负担不起另一场战争，尤其是为了其他国家的利益而战。如果说罗伊特恩看到的是破产和卢布贬值所带来的耻辱，沙皇则将国家声誉视为个人荣誉的体现："在国家的生命中，犹如在个人生命中一样，有时候人们必须忘记一切，捍卫自己的荣誉。"[14] 正如罗伊特恩所回忆的，沙皇认为自己"受到荣誉问题的束缚"，因此罗伊特恩那市侩论调可能显得令人厌恶且并不恰当。

这场战争象征着与"大改革"政策的决裂，而这一政策旨在使俄国的经济正常化。截至 1875 年，国家银行已经积累了价值约 3.09 亿卢布的黄金（相当于 1867 年的 7800 万卢布），相当于

7.63 亿纸卢布（约合 1867 年的 6.97 亿卢布）。[15] 这是当时中央银行中保存的最大黄金储备之一，恢复通货兑换貌似可行。[16]1876年，国家造币厂发行了与英格兰银行纸币非常相似的面额为 25 的卢布 [17]。同年，政府规定要用黄金、以黄金为担保的证券以及货币或黄金采矿证书来征收关税 [18]。黄金的积累本身并没有显著地改善卢布的地位，但俄国希望通过这些措施为金本位制奠定坚实的物质基础。在 19 世纪 70 年代，几乎整个欧洲大陆都转向了金本位制，俄国财政部也急切跟风。

这场战争威胁着罗伊特恩的紧缩和准备恢复黄金兑换的政策。宣战不仅是一种地缘政治举措，而且也是一种有意的政策选择，旨在反对金本位制以及同欧洲恢复金融上的友好关系。然而，1876—1878 年，所有人都对财政上的实用主义嗤之以鼻。谈钱被视为不得体且不爱国。针对即将爆发的战争所可能带来的财政危机，罗伊特恩做出了很多努力以寻求解决方案。德米特里·奥波伦斯基（Dmitrii Obolensky）亲王对此评价道，"这一切都前景黯淡而且很愚蠢"。"我知道我们资金匮乏。我也知道将军们很糟糕……但这些并不重要，因为主要的问题是，我们是谁？" 不像讲实用的英国人，他们的国家政策是建立在物质利益上的，俄国的政策"完全是无私的。""如何解释'人不是为了面包而活着'，如何解释没有民族自尊心的人和社会都是可悲的……" [19] 即使自由派的《声音》（Voice）也呼吁其读者"忍受"不可避免的现实：印钞和卢布的崩溃。而《欧洲先导报》（Herald of Europe）则讨论了俄国为了"支持俄国荣誉并保护她未来利益的最大化"可以承受的其他形式的财政牺牲。[20] 反财政、反实用主义的战争格言被一个农民简明扼要地表达了出来，并由一位民粹派贵族亚历山大·恩格尔哈德（Alexander Engelgard）传颂而为人所皆知。与"圣彼得堡的官员"不同，俄国农民不害怕战争及其所带来的苦难："没有钱？我们为什么需要钱？如果钱用完了，沙皇会下令印更多。"[21]

　　这场只持续了一年的俄土战争——这是解放农奴后进行的第一场战争，由强征入伍而非自愿服役的新兵参战——却成为当时最为昂贵的战争之一。俄国取胜的代价为 10 亿卢布，至少是克里米亚战争所消耗的 2 倍，这对俄国经济所产生的损害比以往的战争都要多。[22] 据财政部估计，战争需要印刷近 5 亿的额外纸币，此外还需要一笔对外贷款和三笔国内贷款。[23] 纸卢布的"金属"价值从 1877 年的 78.5 戈比下降到了 1883 年的 62.5 戈比，在战争期间，它甚至降至最低的 50 戈比[24]。更为重要的则是卢布相对于外币的贬值。在军队动员期间，1 卢布的价值为 29 或 30 便士，宣战时已降至 27 便士。在俄国试图攻占奥斯曼帝国的普列文纳要塞但以失败告终时，1 卢布跌至 22.5 便士。"普列文纳汇率"成为谚语甚至进入《大英百科全书》（Encyclopedia Britannica）作为政治和公众舆论如何影响货币汇率的例子[25]。当俄国军队获胜时，罗伊特恩辞职了。恢复财政的艰巨任务留给了他的能力平平的继任者赛缪尔·格雷格（Samuel Greig）。卢布稍微上涨（升至 26.75 便士）后再次下跌至最低点（22.125 便士）。[26]

　　然而，与其对政策和意识形态所产生的影响相比，战争所带来的财政后果未免相形见绌。财政政策中充满悖论的反实用主义——优先考虑非金融、非经济利益而非经济目标——令民族主义作家和记者成为经济辩论的核心人物。亚历山大二世和亚历山大三世（Alexander Ⅲ）政府中的财政官员试图抵制这一趋势，谨慎地恢复战前的部分金融秩序。在战后矛盾的世界政治中，保守的沙皇政府具有改革精神，代表着实用主义，而"社会"则走向另一边。

仇恨政治

这场胜利为何会导致金融思想体系发生如此急剧的逆转呢？其中一个原因是俄国在柏林会议上的外交惨败，会议重新考虑了俄国和战败国奥斯曼帝国之间的初始和平协议。俄国在外交上被欧洲大国羞辱，导致卢布问题在 1878 年后被极端政治化。自由经济政策的所有要素，包括金本位制，都被认为是令人厌恶的西方输入。俄国走向民族主义并且拒绝西方概念的入侵，最明显的例子就是卡特科夫对纸币、黄金和国家在货币体系中的作用的看法发生了突然的，甚至几乎奇迹般的转变。1878 年 9 月在柏林谈判结束后，《莫斯科公报》文风骤变，以至于其他报纸纷纷怀疑社论作者还是不是同一个人。[27] 如果说 1878 年 1 月卡特科夫还在为战争的高额代价和财政过度扩张而产生的严重后果感到惋惜，那么他在 11 月却为战争给俄国经济带来的激励以及"俄国民族精神悄无声息的崛起"所带来的"非物质资本"而欢欣鼓舞。[28] 卡特科夫将他的转变归因于对西方理论过于热情的纠正。对他来说，即使是额外印刷的 5000 万卢布也并不像自由派报道所描述的那样"有害"，因为卢布的价值在于购买俄国"自己的面包"这一点并未因为战争爆发而发生改变。[29] 在否认汇率的重要性之后，卡特科夫否认了黄金的意义，而且他对国家银行的态度也发生了改变。[30] 19 世纪 70 年代初，卡特科夫是第一个揭露国家银行悄悄发行纸卢布的记者。那时，他称这些行为是非法的，并且认为过多的纸币是俄国的主要弊病。但在 1878 年之后，他称纸币的富足是上帝的恩赐[31]。

卡特科夫向来是一位民族主义者，但直到柏林会议，他的世界观都是民族主义和经济自由主义的结合。19 世纪 50 和 60 年代，他是一位忠实的自由贸易支持者，但在 1878 年之后，他的民族主义倾向最极端的费希特式"封闭国家"学说。他对俄国依赖外资以及西方货币政策原则进行的新型、极端民族主义批判，是对俄罗斯帝国的自我认知及其在国际金融体系中的低下地位二者之间的矛盾的一种反应。讽刺的是，卡特科夫继承了罗伊特恩将世界分为两个阵营的想法——债权国家和债务国家，但他却得出了与罗伊特恩相反的结论。正如他所说，按照西方的标准，俄国卢布与奥斯曼帝国的国库券大致相当。[32] 卡特科夫认为这种比较是一种侮辱，他不能忍受其他国家将俄国财政与埃及或奥斯曼的财政等量齐观。[33] 被俄国击败的敌人——奥斯曼帝国——体现了西方在财政和政治上的统治。1875—1876 年，奥斯曼帝国（债务）违约并战败，其后，奥斯曼帝国政府被迫放弃了部分财政主权，由奥斯曼公共债务管理局（Ottoman public Debt Administration，其中有西方国家代表）接管帝国外债。[34] 1881 年，奥斯曼帝国转向了"跛脚"的金本位制，支付了对债务国的欠款。

　　战后的经济民族主义认为，首先，最重要的是拒绝用统一的金融和制度标准来评估经济偿还能力和运行状况。部长委员会主席瓦卢耶夫怀疑纸币的数量在卢布的国际价值波动中扮演的角色，以及它是否会对国内市场产生任何影响。如果"西方"理论认为行不通，那么只是因为它们不适用于俄国，俄国是一个"在空间、通信工具、习惯和道德条件均不同于西方的国家……俄国注定要采用纸币货币制度。"[35] 比空间和文化更为重要的是俄国专制统治的本质："一国的财政体系应与该国的特色和政治组织相适应。"[36] 这是 1880 年瓦卢耶夫的话，与卡拉姆津 70 年前的言辞惊人地相似。然而，19 世纪 80 年代初的时代背景已截然不同。政治经济学已发展出自己的学术领域，俄国经济学家自认为是欧洲学术共同体的一员。用经济学家考夫曼的话来说，通过宣称俄国的独特性，民族主义者发动了一场"反科学"的战争。俄国孤立主义的支持者认为对抗来自两大阵营：一方是"经济学家"，另一方则是由记者和保守派政治家所组成的"实干家"。[37] 作为一门学科，政治经济学的专业化程度加深与有关经济问题的"通俗"写作这两大趋势并驾齐驱。这使得一个吊诡的现象出现，即关于财政问题的主流观点是由一小撮保守派政治记者所奠定。

这场辩论在报纸、通俗文学和小说界广泛展开，其核心是国家尊严、爱国主义以及俄国与西方的关系的问题。国家货币的地位是否与帝国声誉相关？通过否认卢布的国际地位的重要性，民族主义者颠倒了威望的观念，使其具有自我指认性。也许米哈伊尔·萨尔特科夫-谢德林（Mikhail Saltykov-Shchedrin）的短剧《穿裤子的男孩和不穿裤子的男孩之间的对话》（*Conversation between a Boy in Pants and a Boy without Pants*），最能说明参照自定义标准的做法是如何扭曲自我评估的。穿裤子的男孩代表德国，是秩序的典型理想，他与代表俄国的半裸对话者讨论着纸币的好处。前者说，如果他拿一张纸币去银行，作为交换，他会得到"真正的钱"——黄金或白银；而后者则自豪地宣称他发明了一种"债券"，"兑换部门会在持有人脸上捶上一拳头！"在萨尔特科夫-谢德林的讽刺中，这位俄国男孩代表着俄国政治体制的独创性、对其人民蔑视以及令他人尴尬却又令自身倍感骄傲的特质。

官僚法治

在政治修辞中，理论与实践的对立通常体现在自由派与保守派的争议中。然而，就货币政策而言，经济自由主义的边界日渐模糊。如果说在 19 世纪 60 年代，金本位制无疑与政治自由主义相关联，附带明确的政治和经济改革，那么在 19 世纪 80 年代，货币与政治改革之间的关系就变得更加复杂。保守派批判货币改革计划，他们将货币改革与限制专权相关联，事实上这有点夸大其词。

1879—1881 年，尽管亚历山大二世政府加强政治控制并进行反革命镇压，但政府也考虑了一些温和的改革计划，包括引入代议制立法机构，即所谓的"米哈伊尔·洛里斯-梅利科夫宪法"（Constitution of Mikhail Loris-Melikov）。俄土战争后的官僚主义改革并不是受革新精神或现代化的驱动，而是旨在确保行政秩序和改善治理。改革计划包含多项政策，诸如逐渐恢复战前的货币政策。1880 年 12 月底，财政大臣亚历山大·阿巴扎（Alexander Abaza）敦促财政委员会批准了一项皇家法令，该法令由亚历山大二世于 1881 年 1 月 1 日签署。法令明确表示，战时发行的纸卢布是国家财政部从国家银行借来的"借款"，并要求财政部在 8 年内偿还这笔金额为 4 亿卢布的债务。[38] 当然，国家银行仍然隶属于财政部，并不是一个自治的公共机构。正如卡特科夫讽刺地评论，财政部支付银行的债务相当于把钱"从一个口袋放到另一个口袋里。"[39] 然而，承认纸卢布的发行是一种"债务"这是重要的。更为重要的则是法令规定禁止发行新的纸币，并要求建立"财政部与银行之间更为公正的关系"[40]。由于传闻将进行宪政改革，整个气氛变得紧张。在这种氛围下，当时的人们将 1881 年 1 月 1 日通过的法律视为一部较为克制的财政宪法。虽然瓦卢耶夫并不赞同该法律，但认为该法律"不是旨在从理论上将货币撤出流通，而是间接地对专制政府对支出的管理加以限制。"[41] 因此，有限制地发行纸币和对政府财政举措的问责被视为亚历山大二世晚期政府宪政政策在金融领域的应对措施。这一改革由内政大臣洛里斯-梅利科夫推进，并得到财政部大臣阿巴扎的大力支持。直到 1891 年，1881 年 1 月 1 日生效的法律仍然是主要的意识形态和法律限制，帮助政府抵制印刷纸币的诱惑。随后的部长们将这部法律视为对财政缩紧和改善财政状况的承诺。这是一种金融官僚契约，是政府施加的一种自我限制。

亚历山大二世于 1881 年 3 月被暗杀，政权从温和改革主义转向保守主义，因而对货币政策产生了强烈的间接影响。亚历山大三世统治风格的改变体现在一些小的细节上，比如印在纸币正面、刻有沙皇头衔首字母字体的变更：亚历山大二世时期卢布上卷曲花哨的拉丁文 *A*，被加粗且方正的西里尔字母 A 所取代。[42] 曾由保守派记者和公共政治家所信奉的民族主义正成为政府新的意识形态，而在亚历山大二世被暗杀前所流传的宪政改革理念则被彻底摒弃。倡导政治改革的主要人物洛里斯-梅利科夫被革职，这意味着阿巴扎也将引咎辞职。[43] 新沙皇在 1881 年 4 月 29 日的宣誓中宣告了专制制度的不可侵犯和宪政计划的破产，引发了卢布汇率的下降，随后阿巴扎辞职。而任阿巴扎副手的尼古拉·本格（Nikolai Bunge）并非政府宪政派，因而得到亚历山大三世的信任，由此保住职位。

因此，基辅大学政治经济学教授、卡特科夫的前盟友本格，于 1880 年被任命为副财政大臣，他曾是 19 世纪 50、60 年代改革团队的一名年轻专家[44]。在此之前，俄国从未提名大学教授担任此级别的职务，这被视为对"科学"和"理论"，而非"实践"的选择。与此同时，由于本格缺乏行政经验，他在政治博弈中手足无措。《莫斯科公报》就本格的任命发表系列文章，其中卡特科夫揭示了新的（副）财政大臣反国家的自由计划，"与宣称在俄国建立'法律秩序'（立宪主义）的理论相一致"。[45] 事实上，卡特科夫明显夸大了本格的激进程度。尽管将恢复整顿俄国货币视为其首要任务，本格知道这将是一个漫长的过程，涉及经济各个领域的一系列改革。他还认为国家应该保留最重要的职能，包括信贷和货币体系。他的立场与卡特科夫等人的区别在于对国家职能的看法的差异：本格认为国家是一个超阶级的政治和管理系统，而对于他的保守派对手来说，国家机构是沙皇手中的工具，沙皇根据专制统治的逻辑，对税收负担以及帝国的利润予以分配。

本格的主要资本是沙皇的个人喜好和大力支持。然而，正因如此，他得与另一个更具政治影响力的记者弗拉基米尔·梅谢尔斯基（Vladimir Meshcherskii）进行竞争，梅谢尔斯基对经济了解不多，且在政治上愤世嫉俗。在俄国的国有报纸《公民》（The Citizen）上，梅谢尔斯基对卡特科夫的社论做出回应，有时扭曲其观点甚至添油加醋。除了公开表达意见，梅谢尔斯基还享有与沙皇单独通信的特权，他的信件以一种更为亲密和直接的方式表达了他的观点。鉴于亚历山大三世不希望涉及金融事务，梅谢尔斯基在信件中却集中讨论金融主题，这一点委实较为反常[46]。在他对本格和财政部的持续攻击中，梅谢尔斯基强调了三个主要观点。首先，他描述了本格对西方金融理论的痴迷及其对工业和农业实际需求的忽视（正如梅谢尔斯基给沙皇的信中所写的，本格从来就不是一位"俄国大臣，而只是一位政治经济学教授"）。[47]其次，他将本格的财政政策称作旨在打击贵族地主的政策。最后，梅谢尔斯基指出财政部的财政节制政策及其拒绝印刷纸币的行为不符合俄国的地缘政治利益，这总体上与专制统治的原则不兼容。19世纪80年代中期的阿富汗危机或1885年的潘杰德事件（Panjdeh incident）使得俄国差点与英国爆发冲突，而所谓的保加利亚危机则破坏了俄国与德国和奥地利的关系，甚至到处弥漫着"全欧战争"的恐惧。战争的幽灵无疑增强了俄国的民族主义立场。[48]利用亚历山大三世的民族主义情感，沙皇的亲信试图说服沙皇，由于财政部限制沙皇动用印钞机的能力，故而限制了他保护俄国国家利益的能力。财政部"将迫使俄国放弃行动，这可能危害俄国君主的尊严。当整个俄国都期待从沙皇那获得完全的行动自由的时候，他自己的话语、政策却将他牢牢缚住。"梅谢尔斯基在给沙皇的信中甚至否认本格是个自由派，将财政部描述为"极端激进派的大本营"，是"俄国君主制的终极敌人"，他们的目标是迫使政府"实施宪政"。[49]"俄国的财政政策与整个政府的政策相矛盾，财政政策由宪政派和无政府派制定，明目张胆地破坏专制统治的基础，"梅谢尔斯基在给沙皇的信中写道。"这阻碍了其他部门增强权威、根除自由主义激情的努力"。[50]梅谢尔斯基对沙皇朴素且直白的表述与卡特科夫的论调一致，财政部"不是外部，而是政府内部的反对派"。[51]

在任期的五年里，本格一直是卡特科夫与梅谢尔斯基攻击的对象，直到他们成功将本格赶下台，并将他们自己的门徒伊万·维什涅格拉茨基（Ivan Vyshnegradskii）扶持上位。由新闻记者和少数几位朝臣在货币相关的公共话语中发挥如此重要的作用，这种政治生态即便在专制政权中也颇为不同寻常。在辞去副财政大臣职务的几年后，本格这样评价俄国政治体制的特点："在俄国，并不存在西欧意义上的政党。有不同阵营的观点，特别是归属不同阵营的报纸在最近几年里崭露头角，它们成为这些阵营情绪的代言人[52]。"事实上，卡特科夫的《莫斯科公报》和梅谢尔斯基的《公民》所表达的对重大财政问题的看法，可被视为特定政治阵营的意见，这些阵营以更为直接的方式影响着政府的政策。用历史学家鲍里斯·阿纳尼奇（Boris Anan'ich）和拉斐尔·加涅林（Raphail Ganelin）的话来说，"卡特科夫对亚历山大三世以及19世纪80年代政府政策的影响如此之大，以致在官僚圈子中，《莫斯科公报》的编辑及其阵营被视为与合法政府相并存的第二政府。"[53]在专制统治下，沙皇个人的青睐是最主要的政治资本，选择何种金融政策常常取决于利益攸关方说服沙皇的能力。

在持续受到媒体攻击的情况下，本格提出了一系列金融措施，延续了罗伊特恩的正常化政策，从长远来看，这些政策为大规模的货币改革奠定了基础。尽管本格坚信俄国迟早会采用金本位制，但改革的方式尚不清晰。在 19 世纪 80 年代，没人能说出俄国的主要货币单位是什么。俄国官方仍遵循银本位制：合同和交易只涉及虚构的银卢布，并以国家债券支付，而金币则被视为商品。俄国以金币偿还早期以银币结算的贷款，因此能将国际金融信誉置于财政利益甚至法律条款之上。然而，在俄国，金币仍然是一种钱币珍品 [54]。俄国的货币体系实际上是以纸币为基准的：俄国法律仍然执行"强制汇率"，1 卢布纸币等于 1 卢布银币，或者 1 卢布等于 3 戈比金币，但没人愿意按照这样的汇率以黄金支付。为解决这一异常现象，罗伊特恩曾尝试允许在商业交易中以市场汇率使用黄金，从而为将金币留在国内创造条件。他在俄土战争爆发前一个月所提出的建议，显然不合时宜并被无情拒绝 [55]。1882 年 12 月，本格恢复了罗伊特恩的战前提案，允许在私人交易和财政支付中使用黄金，但第二次在俄经济中将黄金合法化的尝试也失败了。这一提案被财政委员会批准却被国务会议否决 [56]。

罗伊特恩和本格尝试改变国内对黄金及其地位的态度，均未取得显著成效。一些措施，诸如采用黄金支付关税甚至引起了强烈的抵制。1880 年，阿尔汉格尔斯克的一名海关官员报告称，由于俄国商人找不到黄金来支付关税，商品被滞留在仓库并产生了额外费用 [57]。应海关的要求，国家银行开始向其地方分支机构运送金币，并按照股票交易价格出售，以便进口商可以购买金币并支付关税。[58] 黄金流向各个方向的速度显著加快，而地区分支机构则被要求向银行总部报告半英制币（half-imperials）的销售情况：国家通过银行和海关注入黄金，同时增加了从私人银行、金矿工和外国供应商的黄金购买量。[59] 这并不意味着更多的黄金出现在公共财政中；事实上，相同的黄金只是在多个国家机构之间流通。换言之，这项措施收效甚微。1885 年，财政部采取了另外一个重要的步骤来改变人们对黄金的看法：黄金不再是一种宝贵但原始的金属，而是一种真正的货币。新的货币法改变了俄国半英制币的含金量，由于与拉丁货币联盟的金币相比具有稍高的含金量，因此曾被大规模出口到欧洲并被熔化。新法律采纳了欧洲较低的标准，同时增强了金币在政治上的重要性。新的半英制币价值 5 卢布，而 10 卢布金币则采用了沙皇的肖像图案，与旧币正面上的大数字和背面上的双头鹰形成鲜明的对比。亚历山大三世选择了一种新型设计，金币带有凸起的肖像和用古俄文字体书写的沙皇称号；同样的设计也被应用于银币。[60] 如果说旧币更薄、更大、不太美观但更易辨识，那么新币则代表着真正的"国家纪念碑"，使得"即便是俄国最为偏远的人们也能看到他们心爱的君王"。[61] 据本格向国务会议提交的备忘录，改变货币的图案是沙皇颁布新货币法的主要原因[62]。如果确实如此，那么本格成功地利用了亚历山大三世的虚荣心，偷偷地进行了一项重大的货币改革，使俄国得以更为接近以金本位为基准的欧洲。

俄国所严重依赖的国际金融趋势以及财政部的金融政策毫无疑问地表明俄国应该走向黄金本位，但俄国何时以及如何采用金本位制仍然并不清晰。政府是否应该通过回收多余的卢布纸币并积累黄金的方式来努力提高卢布纸币的价格，使其与黄金等值？或者是否应该放弃这些努力，将汇率稳定在某个基准，使卢布纸币贬值，像先前坎克林让纸币贬值一样。政府回收纸币并停止发行纸币的政策表明，它更倾向于第一个选项，即恢复卢布纸币的原始价值。然而，1881 年实施的法律（关于国库向国家银行偿还战时因发行卢布纸币而欠下的债务）并没有按原计划进行。国库在归还 4 亿卢布的欠款后，继续转移资金。然而，这笔款项中只有 8700 万卢布纸币被烧毁，其余金额被结算到银行的账户上。国家银行每天在院子里烧毁卢布的形象被保守派媒体大肆渲染。事实证明，回收已经发行的卢布纸币不过是个幻想。阿巴扎机智地评论道，纸币就像倒入葡萄酒中的水，无法提取[63]。本格与其意见一致。如果说 1881 年回收纸币旨在消除战时发行的卢布纸币的负面影响，1885 年卢布汇率的下跌则已成定局。根据新的汇率，卢布的价格已进行调整，因此，减少卢布纸币的数量不能再提高其价值[64]。国库偿还战争债务以及在花园大街上焚烧纸币都不再具有财政意义，仅作为象征表明政府在年度国家预算中对维持财政稳定的承诺。性情暴躁的瓦卢耶夫在他的日记中提到，1883 年获批了 7.88 亿卢布的国家预算并出现赤字，只是因为向银行支付了 5000 万卢布，如果不支付这笔款项，将会有超过 2700 百万卢布的财政盈余[65]。因预算赤字而导致的声誉损失是否比履行义务带来的名声更为重要？没人能确定。但由于已宣布要支付战时因发行卢布纸币而带来的债务，政府决定履行义务[66]。

贵族卢布

反对政府货币复苏政策的并不限于少数有影响力的新闻记者和民族主义政治家。本格非常清楚，"实践"与"科学"、自给自足与国际主义、纸币和黄金的意识形态之间的冲突，揭示了日益加剧的政治和社会分歧。卡特科夫和梅谢尔斯基的社论都表达了俄国贵族地主以及莫斯科商人和生产者对过去二十年里"反国家主义"金融政策的不满。本格认识到，卢布纸币的观念形态代表的不仅仅是无知的反动分子的咆哮，它是出于经济利益的有意识的选择，认识到这点是非常重要的。他的评估不同于考夫曼的观点，考夫曼将卡特科夫的支持者视为贪婪的商业社会的"渣滓"，他们在纸币膨胀的经济中蓬勃发展[67]。用本格的话说，反对恢复卢布汇率的人——国内生产商、商人和房产拥有者——从价格上升和货币的充裕中获益。此外，卢布汇率下跌和物价上涨损害了国家官员、雇员以及金融家的利益，他们对货币改革感兴趣。本格承认这两种立场是不可调和的，他坚定的站在改革支持者这一边。他警告称，货币改革不会毫无"牺牲"，政府的任务是确保改革的负担由各个阶层较为平等地承受[68]。在这个意义上，本格在国家层面的跨阶级愿景与复兴贵族地主阶级的官方意识形态相矛盾。这一意识形态在保守新闻界中重新获得了力量，并为地方政府、信贷和财政改革提出了许多想法。因此，如果早期的民族主义经济学家曾将通胀的纸币描述为"人民卢布"，那么在1880年代，不可兑换的国家债券开始与贵族及其利益相关联。最明显的是，贵族要求政府的货币政策必须考虑到他们的利益，这一主张在涉及贵族的国家土地抵押银行的辩论中得以体现。

土地信贷与货币政策之间的联系始于第一批纸币出现的时代。国家对贵族地主的信贷政策导致纸币贬值且持续对之产生显著影响[69]。叶卡捷琳娜二世在1786年发行纸币，与此同时，新的贷款银行（Zaemnyi bank）开张，其中大部分纸币都贷给了地主。截至1859年，60%的贵族地产——拥有700多万农奴的4.4万个贵族庄园——已经抵押给国有银行[70]。随着1859年国库银行被取缔、1861年解放农奴，地主们不再能以低价获得国家信贷。政府对创建私人股份合作抵押银行和抵押协会的行为进行制裁，与贵族的预想不同，政府并未干涉他们的信贷活动。

即便在这个早期阶段，由于卢布汇率不稳定和证券市场不安全，国家不再向贵族提供信贷引发了贵族的担忧[71]。政府并未满足贵族的要求，并未开设新的国有银行或发行以贵族土地而非黄金做担保的特殊"土地债券"（land bonds）[72]。然而，另一个给新成立的土地抵押款协会引入资金的方式是吸引外国投资者。为了进入欧洲证券市场，信贷款协会能够发行以金卢布标价的"金属债券"（metal bonds），并规定其票面价格与外国货币的兑换额。俄国法律禁止用金属货币进行交易，但政府愿为此破例，允许发行"金属"债券。这些债券可以在外国证券交易所交易；它们更容易积累资金，但借款人必须用金卢布偿还债务。[73] 在该方案下，由一群最富有的贵族地主于 1866 年创建的俄国最大的抵押组织——互助土地信贷社（the Society of Mutual Land Credit）——发行了"金属"形式的证券并获得"黄金银行"（the Gold bank）的绰号。[74] 该团体在整个帝国范围内活跃，并与其他几个土地信贷社团和银行一起，为越来越多的借款人提供服务。

俄土战争后卢布的暴跌使得社团的 7500 多名借款人处于破产的边缘。半英制币的市场价上涨到 8 卢布 30 戈比，利率从 7% 上涨到 8.9%。因此，战后"黄金银行"的借款人欠款的情况比以前多一倍。互助土地信贷社请求援助，希望政府收购它并将其转变为新的国家信贷机构。本格拒绝了这个请求，声称政府不打算干预私人银行体系，并且只能"引导它朝着公共利益前进"。[75]

互助土地信贷社的故事说明政府发行纸币系统可能面临的潜在问题，即政府必须对货币贬值负责。关于寻求政府援助的论点各不相同，有时互相矛盾；例如，喀山分会的代表强调了世袭贵族的优点和成就，这些成就受到政府的保护，同时也有人强调政府的失职，不仅让卢布贬值而且还未能让他们的资产免于贬值。[76] 那些"硬通货"的借贷人认为，国家而非抽象的市场应为他们的资本和卢布贬值负责。由于卢布是由国家发行的货币，因此国家必须承担卢布贬值的成本。国家应该对卢布贬值以及受此影响的"硬通货"借贷人的命运负责，最具有可证实性的证据就是每张卢布钞票上印刷的承诺：可用纸币兑换黄金。奔萨省的贵族元帅弗拉基米尔·奥霍特尼科夫（Vladimir Okhotnikov），在《公民》杂志上发表的一系列文章中指出，政府必须解散互助土地信贷社并建立一个新的国家贵族土地银行，以票面价值为1卢布的金币兑换1卢布纸币。换而言之，政府必须承担贵族债务总额中黄金和纸币之间的差额。这项操作将花费政府约1亿卢布，可以通过国内贷款筹集。针对社会不公的控诉——"为什么农民要为贵族的债务买单？"——奥霍特尼科夫认为，财政公平是一个迷思。农民过去一直都在为其从未享受过的铁路等公共设施买单。他进一步表示，土地所有权和贵族制度难道不是像铁路、堡垒和其他建设一样重要吗？土地所有权和贵族地位同其他制度一样重要，支持和协助贵族是国家的责任。[77]奥霍特尼科夫运用了一种颠倒的逻辑，提出贵族而非卢布代表着值得做出牺牲的"共同利益"。在19世纪80年代关于贵族信贷问题的大多数出版物中，一个重要的主题是补偿19世纪60年代的改革（包括废除农奴制）使贵族所遭到的损失。奥霍特尼科夫将他希望从国家获得的财政援助描述为对贵族的"解放"，他给出的理由是1861年改革中贵族所做出的牺牲及他们财产权所受到的侵犯。[78]

尽管战争导致卢布纸币不稳定，卢布纸币的不稳定又导致互助土地信贷社的问题，但民族主义记者经常利用互助土地信贷社借款人的故事来反对金本位制，支持将土地作为卢布纸币的抵押物。梅谢尔斯基向沙皇提出将国家资助的贵族土地信贷与"（基于）土地的货币"替代部分卢布纸币相结合的想法。[79]因此，"土地卢布"（land ruble）的概念既与特定的经济愿景有关，又与一项优先考虑贵族利益的财政政策有关。贵族债务人渴望出现一个新的国有土地银行，来提供较低的利率贷款，实际上这将意味着回到解放前的时代，但贷款以土地而非农民的灵魂作为抵押。

本格参与了19世纪50年代末至60年代初的信贷改革，他并不希望废除现有的私人信贷机构并将土地信贷交给政府。他强调，为地主创造可负担的信贷不应"以加重社会其他阶级的负担为代价"。[80] 相反，他建议创建一个新的国家土地银行，与私人银行一起运作并且满足贵族和农民的需要。在这场斗争中，他失败了：他提倡建立全领域的土地银行，以商业利润获取资金来源而非依赖政府补贴。该提议未被通过。他只能接受为贵族建立专门的特权银行，与农民土地银行分开存在。民众仅将设立贵族国家土地银行视为一种政治措施，而非与信贷和经济相关。[81] 该银行于 1885 年 4 月 21 日宣布成立，正值叶卡捷琳娜二世颁布的贵族宪章（Charter to the nobility）一百周年纪念日，宣言模仿了女皇赞赏第一阶层"对皇冠和祖国的服务"的修辞。该宣言明确表示，政府放弃了 19 世纪 50 年代末至 60 年代初导致贵族困窘的政策，承诺奖励贵族为解放农奴所付出的"牺牲"。

新银行只向世袭贵族提供贷款，条件要比为农民提供贷款的国家土地银行有利得多。[82] 1890 年，贵族国家土地银行接管了互助土地信贷社，该社的 5% 金属债券已在 1887 年转换为 4.5% 以"政府信誉抵押"的债券。[83] 在本格最初的计划中，国家土地银行不应要求政府提供财政支持。但是，俄国贵族土地银行（the Russian Land Bank for Nobility）获得了国家银行的补贴。[84] 这些补贴类似于叶卡捷琳娜二世在 1786 年给予贵族贷款银行（the Noble Loan Bank）的补贴，立即增加了卢布纸币的流通量。1886 年 1 月至 3 月，流通纸币从 9.07 亿卢布稳步下降至 8.78 亿卢布；1886 年 4 月至 11 月，流通纸币的数量升至 9.46 亿卢布。正如《法律评论》（Juridical Review）的编者亚历山大·丘普罗夫（Alexander Chuprov）所说，"俄国贵族土地银行的开张导致了这一急剧转变的出现"。[85]

伴随着俄国贵族土地银行的制度化，波兰银行最终在 1885 年关闭。这个巧合带有一定的讽刺意味，波兰银行的商业组织代表着有序的农业和商业信贷。与俄国贵族土地银行不同，波兰银行发放贷款用于改善土地，例如购买机器、材料和肥料。因此，波兰银行的纸币代表着"优质"纸币，与生产而非消费密切相关[86]。事实上，尽管波兰银行的倒闭并不全是本格的责任，其命运在 1870 年已成定局，但这一结果的确是在本格担任副财政大臣期间，由他间接促成的，反映出他对当时不断增强的民族主义和保守主义统治精神的顺从。

19 世纪 80 年代初的保守民族主义者主张的金融政策包含一系列主张：纵容贵族、转嫁帝国扩张的成本以及消除以商业利益为基础的信贷机构。这些主张似乎没有任何的经济理性。但是，对于任何训练有素的经济学家来说，这些主张毫无逻辑，但从政治角度来看则截然相反。这种意识形态囊括了一种以专制主义为主导的愿景，该远景以贵族制度与民族主义集中化相结合为基础。民族主义的"实践者"与他们的学术圈对手观点迥异且相互难以理解。这解释了为何有关货币和信用的激烈辩论会产生令人困惑的效果。在《经济学刊》(*Economic Journal*) 1886 年发表的一篇社论文章中，改革派政治家与反动官僚之间的冲突被描述为"前所未有的辩论"，引发了公众对财政事务的兴趣。[87] 这场论争既非纯粹文字上的，亦非完全学术性的，最终以本格在 1886 年 12 月的辞职而告终[88]。卡特科夫和梅谢尔斯基成功地推翻了沙皇的财政大臣，将他的政策描绘成反贵族、反专制主义和宪政的，尽管本格本人并没有宣扬这些观念。这种"宪政"论点是保守派修辞中致命的政治武器。本格回应了对不忠诚的指控，辩称他从未写过一行有关宪法的东西；他以及他前任的目标是要证明有序的财政管理可以在"专制君主制"政体下实现，而不仅是在宪政规则下[89]。但这并不重要。当财政政策的任何元素都可以轻松地转化为政治改革的语言时，人们无须说出"宪法"这个词就会被视为是立宪主义者。

本格并没有撒谎，尽管他否认了反国家主义政策的指控。他的核心观点是增加国家在经济发展中的作用，这与他实行金本位制的愿景并不矛盾。随着保守主义变得越发激进，俄国自由派也向右偏移并接受了以国家为中心的思想。正如本格在他关于1886年国家年度预算的备忘录中所写的那样："国家不能坐视国民经济的发展而不予理会。如果连西方国家在国民经济中的影响和参与度都逐渐增加，那么在俄国，政府的参与将更为重要。没有政府的倡议，很多事情都无法实现；而没有政府的监督，可能会变得有害。"[90]在卡特科夫和梅谢尔斯基的长期运作下，维什涅格拉茨基成为新任财政大臣。奇怪的是，他的计划与本格的政策并不是那么对立。在卡特科夫于1887年去世后，维什涅格拉茨基重新制定了其前任启动的财政措施计划。财政部继续偿还国家银行的债务，并避免发行新的纸币，而国家银行则继续积累黄金并为未来的改革做准备。[91]

商人的卢布

当维什涅格拉茨基被任命为财政大臣时，他宣称恢复卢布纸币全部的金属价值不仅是不可能的，而且是"不可取的"。这一决定基于两个关键因素：俄国已经使用这个汇率太长时间，而且所有价格和信贷关系都已经适应了现有的汇率。因此，维什涅格拉茨基的计划将黄金和纸币之间的关系稳定在标准汇率上，即1.5纸卢布等于1金卢布。[92]如果没有黄金地位的正常化，这种稳定就是不可能的。因为没有人能够想象两个在法律上不平等的单位之间能够建立平衡的关系。因此，改革的战略看上去像是先将黄金作为合法支付方式，随后让卢布贬值。此外，政府实施了严格的紧缩政策，并加大了对黄金的积累力度。维什涅格拉茨基的改革侧重于抑制进口、鼓励粮食出口，即使这意味着牺牲国内消费者的利益。财政部还成功地进行了外债的转换，减少以金制货币支付年度账款，并在市场条件允许的情况下在欧洲购买黄金。在维什涅格拉茨基的任期内，俄国的黄金储备从 2.815 亿卢布增加到 5.81 亿卢布。[93] 一些不友好的德国报纸将俄国对黄金资源的狂热积累解释为战前准备。[94] 事实上，俄国政府有着不同的计划。不幸的是，对维什涅格拉茨基而言，尽管他的经济措施为采用金本位奠定了基础，但他在政治上遇到了挑战。他既未获得沙皇的完全信任，也没有在宫廷获得政治支持。很大程度上正是由于这个原因，他最重要的措施未被批准：使黄金在商业交易中合法化。在这个问题上，维什涅格拉茨基面临的强烈反对来自商业精英代表，而非新闻记者、朝臣或不满的贵族。

如果说贵族地主反对引入金本位制尚可理解，那么俄国资产阶级抵制在交易中引入金本位就令人颇为困惑。在欧洲和美洲，转向金本位通常会受到农业精英的抵制，他们更喜欢复本位制（bimetallism）的灵活性。在民粹主义者的批评和地主的攻击中，金币似乎成为商业和工业利益的象征，即资产阶级的货币。然而，在俄国，金本位制改革的主要支持者是帝国官僚机构（或者说其经济部门）和经济学家。俄国中产阶级（除一小部分倾向于西方的商业精英外）反对财政部的倡议。

1888 年，维什涅格拉茨基第三次提出允许在国内商业交易和政府支付中使用黄金的想法，明确提出这一措施是在为恢复纸卢布兑换金卢布做准备，而以其他方式解决卢布问题是不可能的。没有金本位，俄国就没有财政未来，拒绝他的提议只会推迟改革。通过展示国家银行账户中资金流动的数据，维什涅格拉茨基向政府和沙皇秘密展示资本严重短缺的问题，只有外国资本的涌入才能解决这一问题。[95] 俄国工业需要黄金和外国资本；然而，外国投资者不愿意投资，因为他们无法指望以稳定的货币取得收入。黄金交易的合法化可以解决这个问题。

尽管维什涅格拉茨基的举措规模庞大且意义非凡，但他希望秘密进行。然而，有人将他的计划泄露给了媒体。1888年2月4日，《证券交易所公报》（*Stock Exchange Bulletin*）引用了财政大臣秘密计划的内容，宣布即将在交易中使用金卢布。[96] 正如财政大臣向沙皇抱怨的那样，"通过我不知道的渠道，这个对国家至关重要的问题被公之于众，引发了巨大的骚动，这使我十分沮丧"。[97] 这一消息被曲解后重新发布在欧洲报纸上，引起了交易所的混乱。两天后，卢布纸币的汇率下跌到52.6金戈比。[98] 与此同时，莫斯科证券交易所委员会要求财政部与商界代表讨论此事。

财政部此前曾与商业精英的代表进行过磋商。莫斯科证券交易所委员会（Moscow Stock Exchange Committee）主席尼古拉·奈焦诺夫（Nikolai Naidenov）在他的回忆录中描述了他在1860—1870年参与的一系列委员会，为制定汇票、破产、商事法庭、劳工法律等相关法律做准备，或许其中最重要的是关税法。[99] 尽管一些部长级官员最初对这些"愚昧的商人"持有偏见，但在19世纪60和70年代，罗伊特恩积极征求商人的意见，政府与商界的关系像奈焦诺夫所形容的那样，是"有利的"。[100] 然而，罗伊特恩和本格都没有邀请商人和银行家讨论货币改革计划；货币问题一直被视为政府的事务。奈焦诺夫以坚决反对该改革而闻名。卡特科夫在反对本格的财政措施的文章中将奈焦诺夫称为国家商业精英代表。因此，维什涅格拉茨基并不想局限于与莫斯科精英讨论黄金问题，并试图邀请其他证券交易所委员会的代表参加讨论来中和莫斯科人的反对意见，这些代表可能更赞成改革。但这没有帮助。在有几个地区证券交易所委员会代表参加的会议上，除两位例外，所有参与讨论的代表都反对引入金本位和其他旨在稳定卢布汇率的措施。该会议揭示了俄国商业精英几乎一致反对引入金本位的态度。

1888 年 3 月会议召开时，卢布纸币的价值已经降到了历史最低点，仅为 50 个金戈比，短短几天内下跌了 10%。[101] 令人震惊的是，莫斯科证券交易委员会的代表仍然坚称卢布汇率对俄国国民经济毫无意义，汇率并未反映卢布的真实价值。他们避免讨论可能导致卢布下跌的经济过程，而是几乎逐字逐句地重复了卡特科夫的社论，甚至提出 19 世纪初期金融保守主义的论点。"人民卢布"的概念再次被提出，因为人们信任政府，并且相信由整个帝国财富支持的卢布纸币的价值。伊万·阿拉富佐夫（Ivan Alafuzov）是一位拥有庞大工业帝国、专门从事纺织和皮革生产的企业主，他声称不仅农民，甚至 80% 的商人从未听说过汇率，他们根据卢布的购买力来判断卢布的价值。政府应该隐藏卢布纸币兑换黄金的想法，因为这可能会动摇人们对纸币的信仰。[102] 来自敖德萨的银行家叶夫根尼·舒尔茨（Evgenii Shultz）也附和道："让人们意识不到卢布的贬值并没有什么不对，因为卢布的汇率并不等同于其真实价值。"[103] 康拉德·班扎（Konrad Banza）是莫斯科-德国（Moscow–German）贸易巨头 Wogau & Co. 的合伙人，该公司的产品远销国内外，他问道："谁需要金卢布呢？"[104] 麦克斯·拉索（Max Rathauz）是基辅的一名律师和银行家，他回答道："只要我们能够用纸卢布修建铁路，我们就不需要金卢布。"[105] 阿拉富佐夫依靠军事订单积累财富，他宣称只有国家才必须保留黄金储备以备战时之需。[106] 阿拉富佐夫和其他人显然误将外汇基金当作政府根据需要可以使用的安全准备金。

支持通过黄金交易合法化来稳定卢布汇率建议的人寥寥无几，其中一位是阿夫拉姆·扎克（Avraam Zak），他是一位银行家同时也是犹太社区的积极领袖。作为圣彼得堡贴现与信贷银行（St. Petersburg Bank for Discount and Credit）的董事长，扎克代表着圣彼得堡证券交易所（the St. Peterburg Stock Exchange），根据新安排，该交易使用黄金规定当前交易汇率。圣彼得堡证券交易所的章程将该交易所设立为一个由委员会主持的自治机构，委员会由一名主席和80名成员选举产生。每周两次，由财政大臣选择并任命的首席经纪人向部里提交汇率公告[107]。汇率报价的程序并没有严格规定：基于"现有习惯"，规定汇率应该代表一天内最低和最高报价之间的均值。[108] 然而，当汇率特别波动时，它可以由"利益攸关者"进行谈判以确定。[109] 缺乏严格的规则使这一做法易受到各种外部因素的影响。[110] 因此，圣彼得堡的小部分有权势的银行家，包括扎克在内，在确定卢布的地位方面发挥了关键的作用。

19世纪80年代，与财政部相比，证券交易所相对较为自治。扎克和圣彼得堡贴现与信贷银行代表俄国政府参与了多项金融业务，包括安排国家贷款。[111] 扎克的银行还从国家银行的黄金业务中获利。1881年，国家银行不得不出售一定数量的黄金以减缓汇率的下跌速度，扎克等其他银行家购买了这些黄金并出售获利。[112] 对财政部的官员来说，奈焦诺夫并不陌生，他不满于圣彼得堡证券交易所的独裁统治，这对抵制黄金合法化起到了一定的作用。俄国其他企业组织的商业精英团体也对圣彼得堡证券交易所在"以俄国国际贸易关系为基础，确定汇率成本——卢布纸币汇率——"方面扮演的角色表示不满。[113] 俄国工业与贸易促进协会（the Society for the Advancement of Russian Industry and Trade）的请愿强调了圣彼得堡联合股份委员会（St. Peterburg joint-stock Committee）主要由非俄裔构成，据称该委员会主要由犹太和德国银行家和商人组成。

俄国商业精英在国家和地区方面存在很深的分歧，其中一项分歧体现在工业专业化、公司组织的特点以及收入结构方面。[114] 老莫斯科纺织业生产者和商人以及主要面向贴现业务的银行，与圣彼得堡的国际金融家形成鲜明对比，后者主要通过与资金和证券的交易赚取利润。[115] 地区和国家的差异转化为商业利益，差异最终体现在商人对于黄金在俄国金融中的地位的看法中。除了扎克，另一个支持维什涅格拉茨基建议的主要人物是伊凡·布洛赫（Ivan Bloch）。布洛赫是一位铁路大亨、代表华沙证券交易所委员会（the Warsaw Stock Exchange）的银行家，同时也是俄国大臣理事会的咨询专家，他发表了许多关于俄国金融的学术和统计学作品，包括于1882年出版的权威著作《19世纪的俄国财政》(*The Finances of Russia in the Nineteenth Century*)。[116] 扎克和布洛赫代表着俄国首都和西部省份以及国际化的德国–犹太–波兰的商业精英，努力促进帝国与西方之间的金融和解。相比之下，莫斯科的精英对外资的到来并不热情。奈焦诺夫指出："如果外国资本家来到俄国，这对我们并无益处。"他们的到来将带来俄国商业精英所一直希望避免的竞争。[117]

布洛赫对于政府立场的辩护也反映出传统自由主义的观点。他反复引用莫尔德维诺夫早在19世纪初的论点，将政府维护国家货币稳定性的责任视为"衡量一切的标准"。[118] 另一个自由主义的言辞工具是颠倒保守派伪民粹主义关于"人民卢布"的论述。正如布洛赫所解释的那样，普通民众比任何人都容易受到卢布汇率不稳定的影响，这影响着国内物价并允许掠夺性商人和投机者控制谷物市场。因此，不采取某些措施是不道德的，因为存在着"一大群受苦但无法理解受苦原因的人"[119]。此外，不可能向人民隐瞒卢布的贬值："总会有启蒙者存在"。[120] 然而，货币不稳定的社会影响不仅限于底层人民。在他的同行——商人和银行家——面前，布洛赫宣称，如果国家货币不稳定，一个国家就无法培养成熟的商人阶层。行动和合同都面临更高的风险，只有投机者才敢冒险进入商业领域，而"最好的人"则远离它[121]。因此，用布洛赫的话说，卢布获得了重要的社会维度，解释了俄国农村贫困以及中产阶级缺失的问题。布洛赫还是在辩论中第一个提出新论点的人，他退出常规话语辩论中的恶性循环，将卢布的汇率与人民福祉的重要衡量标准相关联，即儿童死亡率与工人报酬低和营养不良有关[122]。

布洛赫没有解释儿童死亡率如何与卢布汇率相关，但他的演讲之所以引人注目是因为他使用了数字，而其他人则采用了非定量的政治与意识形态论证。在评估贸易、农业和工业发展的问题上，俄国关于卢布问题的讨论有一个显著特点，即忽视数据。作家和演说家、专业人士和业余爱好者都在反复解释同一组数据——货币发行量、商品和黄金的进出口以及汇率。卢布和货币系统存在于一个与经济无关但意识形态色彩浓厚的世界中。"人民卢布"的概念无法获得任何实证支持也缺乏实质内容。布洛赫试图将货币稳定性与儿童死亡率联系起来使得反黄金的论证站不住脚。

布洛赫和扎克支持黄金的观点遭到了地方商业精英的强烈反对。面对商界对提议的坚决反对，维什涅格拉茨基悄然放弃了这个旨在促进俄国过渡到金本位制的重要举措。随后，维什涅格拉茨基的计划也失败了。本格未能阻止以牺牲国家货币为代价、为贵族牟利的银行的建立，这些都凸显出卢布问题主要是政治和社会问题这一现实。黄金问题的极度政治化这一现象并非为俄国所独有。为了强力推行货币改革，政策制定者不得不在两个不可调和的选择之间做出决定，最终优先考虑一个要求维稳疲软货币和支持孤立主义的团体的利益，而不是另一个致力于推行国际标准的团体，因为后者限制了国家支持国内生产者的能力。正如政治学家杰弗里·弗里登（Jeffrey Frieden）所说，政策制定者"必须决定社会中哪些群体将受益，比如消费者、债务人、国际投资者、制造商和农民，哪些则会因实际汇率而受损。对于这两组选择，没有'明显''正确'的决定"。[123]

俄国情况的特殊之处在于，对稳定的卢布感兴趣的群体非常小，仅限于行政官僚、经济学家以及圣彼得堡和西部省份的一小部分有影响力的银行家。本格最初打算采取一项有利于国际化商业精英的政策。他起初计划宣布政府致力于遵守国际货币政策原则并颁布特殊的社会政策，将城市受教育阶层的利益置于贵族和地方精英（主要是纺织品生产者）的利益之上。然而，亚历山大三世时期的政治现实限制了这一计划的实施。因此，本格的财政政策将财政国际主义与偏向地主阶层而非其他社会群体的经济政策相结合。维什涅格拉茨基接管财政部后，他宣布将其政策重新定位为严格的保护主义，同时实施财政紧缩政策。与罗伊特恩和本格一样，他相信吸引外资到俄国会带来好处，这就意味着需要重组金融体系[124]。商业精英对贸易政策的改变和实施保护主义措施表示欢迎，但他们强烈反对货币改进措施，他们的反对使黄金交易合法化的可能性破灭了。对他们来说，黄金是纸币和商品之间交换链条中不必要的中介。与政府对黄金去商品化的提议不同，他们提出将黄金去货币化和商品化。

政府不得不在两个不可调和的目标之间谨慎选择。一方面，保护俄国经济免受弱货币的负面影响；另一方面，保留民族主义议程。在维什涅格拉茨基担任部长期间，俄国的黄金储备增加了75%，在 1897 年转向金本位制的前 9 年里，50% 以上的、日后成为货币改革主要支柱的黄金基金就是在这段时间内获得的[125]。在尝试增加贵金属储备的过程中，即使在奥匈帝国需求增加（因为奥匈帝国也准备转向金本位制）导致黄金价格飙升时，俄国也在购买黄金[126]。令人惊讶的是，俄国能在不诉诸外债的情况下进行这些购买。购买黄金的资金只能来自预算盈余，因此维什涅格拉茨基集中精力提高俄国财政体系的盈利能力，包括提高间接税收和刺激粮食出口。1888 年至 1891 年，由于一系列丰收，国家收入超过了支出，同时出口几乎超过进口的近一半。这两种现象在俄国财政史上几乎是史无前例的[127]。与此同时，俄国政府不仅逐渐增加收取金币税款的速度，而且还刺激国内黄金的生产。总之，这些措施大大增加了黄金库存[128]。

1891 年的灾难性饥荒造成了数十万人死亡，这是维什涅格拉茨基以国内需求为代价、刺激粮食出口这一政策的悲惨后果，但这场巨大的危机并未能促使政府转向金本位制。1892 年 10 月，沙俄政府自豪地向欧洲媒体宣布，国家银行和国库的黄金总额达到 6.045 亿金卢布，相当于 20 亿法郎，这远远超出法国银行和英格兰银行的存款之和[129]。这一消息在布鲁塞尔的货币会议举行时发布，震惊了欧洲的经济学家和金融家[130]。违背金本位制原则的黄金积累，体现出俄国金融、政治和社会政策间的内在矛盾。

卢布：一部政治史（1769—1924）

第三部分　黄金改革

—

Part 3

第六章 维特的"过山车"

经济学家们通常将古典时期（1880—1914 年）的金本位制比作"大漩涡"。英国、法国、美国、德国是"漩涡"的中心地带。这些国家经济发达，最忠实于金本位制。黄金俱乐部的欠发达国家成员，如巴西、哥伦比亚、阿根廷和智利，政治动荡、投资短缺，主要靠以出口咖啡、橡胶、硝酸盐和铜这些原材料过活。坚持金本位制经常会让他们捉襟见肘，他们时不时抛弃金本位制，成为"不可兑换政体"（regime of inconvertibility）。意大利、西班牙与奥匈帝国的经济要好很多，但却由于种种原因，他们并不完全认同金本位制，执行得也不彻底。一些西欧和北欧的国家，包括丹麦、挪威、瑞典、比利时、荷兰与瑞士，属于执行金本位制的较发达国家群体的外围。还有日本——一个资源匮乏的后起之秀，坚决实行这个标准。正如"大漩涡"隐喻所示，一国越接近理想国家内核，它就越有可能执行金本位制度。那些处于边缘的国家很难坚持金本位制，就是坚持也需付出更高成本。继续实行金本位制的好处有时并不明确，但抛弃金本位制的损失似乎很惊人。[1]经济史学家已细致研究了那些影响复本位制或不可兑换纸币（inconvertible paper money）过渡到金本位制的因素。虽然早期加入金本位制国家的动机并不同于后来者，但推动国家执行金本位制的经济因素（货币交易成本高昂、白银价格波动、工业化等）却被认为是最重要的。若是说在 1880 年之前，服从金本位制是一个选择题，那么 1880 年后就变成了必答题。每个希望参与全球产业和国际资本市场的国家都必须坚持金本位制。经济学家也承认"历史偶然性"的重要性，它打破了国家经济几乎自然转向金本位制的神话。[2]

作为最后加入金本位制的欧洲大国，俄国或许证实了经济决定论的模式。虽然俄国精英们普遍反对，但俄国的货币体系最终还是走向金本位制。也应该看到，这种决定论有令人迷惑的地方：俄国黄金改革的历史表明，俄国并不是简单被吸入金本位制漩涡中的。政治和意识形态因素在俄国决定采取金本位制的过程中发挥了决定性作用。俄国并非梦游般进入这一体系的，其转型进程既不容易也不顺畅。

即便金本位时代的神话被戳穿，在经济学文献和普通人的想象中，"传统的"金本位制往往蕴含着谨慎和理性，而其替代者通常是非理性的。金本位制似乎是一种整体性的意识形态，它主张金融紧缩、自我约束、自由主义及国际合作。然而，仔细观察19世纪欧洲的思想和政治景观就会发现，经济理性的标准及其承载的政治标准是多变的。19世纪90年代俄国的金融政策，尤其是采用金本位制之前的几年中就显露一种现象：支持通货膨胀主义理论、稳定卢布汇率的政策与类似于约翰·劳那般臭名昭著、甚嚣尘上的计划融为一体。这种看似不可能的混合旨在寻找一种稳定货币的保守制度，以替代金本位制。推动这一混合体落地的正是因1897年黄金改革而被载入史册的财政大臣维特。维特最初的金融理性构想无视货币稳定与紧缩之间的关系，从而违背了货币经济的"科学"标准。维特曾是西南铁路私营公司（Private Southern Railroad）的高级经理，也是极端保守主义民族主义组织"圣团"（Holy squad）的成员。他不同于前面两位教授–财政大臣（本格和维什涅格拉茨基），因在政治经济学的关键理论问题无所建树而招致嘲笑。维特1892年至1895年的财政政策代表了一种将经济民族主义合理化的尝试，试图将梅谢尔斯基和卡特科夫的大幻想变为经济现实，同时继续执行本格和维什涅格拉茨基的政策，推动卢布走强。当这些努力都失败之后，维特彻底放弃了通货膨胀主义，只保留了其观点的政治经济内核。这种政策和观念"过山车"式的变化令人震惊，以至于应者寥寥，连以前的朋友都离他远去。维特在变化过程中表现出了对专制、帝国和民族主义的绝对忠诚。俄国向金本位转型并非命中注定，这一转变的政治环境也远非历史偶然。事实上，情况恰恰相反，实行金本位制恰恰是偶然；而增强国家经济实力，管理货币来扩张帝国的政治目标才是实质。

确实，经济因素也很重要。俄国外债规模庞大，还债成本不断攀升，同时也要借入更多资金、吸引外国投资，俄国需要稳定本国货币。然而，在维特等俄国民族主义者的想象中，金本位制并不是实现稳定的唯一途径，稳定也不仅被视为一个经济目标。从 1892 到 1895 年，维特成功地控制了卢布的汇率，防止了卢布的剧烈波动，同时还试图用新发行的西伯利亚卢布（Siberian rubles）为帝国项目提供资金。在 1895 到 1897 年，他试图实行金本位制，但他追求的目标没变，那就是继续将货币体系置于政府的强力控制之下。维特发明了"轧空头"（bear squeeze）技术，用来防止用卢布在欧洲市场上从事投机活动，很好地体现了他对货币监管的态度。维特体系中另一不变因素是经济民族主义和帝国主义。俄国对货币制度的看法违背了早期金本位制倡导合作的中心思想，即部分让渡货币主权。恰恰相反，维特的金卢布是帝国扩张的工具，也是支撑民族主义、保护主义和帝国主义经济体系的核心。正如本章所示，1897 年以后实施的金本位制是混乱不堪的时代推行改革的产物，理解那个时代也就理解了俄国人如何思考货币与权力的关系。

压上卢布作赌注

经济民族主义是意识形态的显著例子，形式多变但实质大同。19世纪70年代末至80年代初，卡特科夫的社论明确表示，爱国主义意味着对卢布在欧洲的地位漠不关心；而在80年代末期，至少在政治机构中，这种观点就完全改变。卢布的信用逐渐被视为民族自豪感和国家权力的象征，它的脆弱性成为民族主义者密切关注的问题。1886年，沙皇亚历山大三世的"灰衣主教"，至圣治理会议（Synod）总检察长康斯坦丁·波别多诺斯采夫（Konstantin Pobedonostsev）给沙皇写信将卢布汇率视为"对俄国至关重要的问题"，称（如今的）卢布汇率给国家带来"灾难""羞愧"与"耻辱"。即便塞尔维亚和罗马尼亚这样的"小国"，或是"财政状况混乱糟糕"的奥匈帝国也没有经历过如此痛苦和令人抓狂的下跌。波别多诺斯采夫将卢布汇率的波动归咎于外部干预——柏林的股票市场投机，得到了"我们国家的银行家施蒂格利茨及后来的扎克公司（Zak and Co.）"的支持。[3] 讽刺的是，扎克是俄国精英中少数几个支持在黄金基础之上稳定卢布的代表。显然，波别多诺斯采夫和扎克对卢布贬值的原因，以及采取何种措施补救以稳定货币的看法完全不同。可以肯定的是，卢布贬值增加了俄国偿还外债的成本，外债成本从1866年的17亿卢布攀升到1886年45亿卢布。

卢布汇率为什么难以稳定？一些经济学家将卢布汇率波动归咎于"国家内部"的因素。[4] 但多数人认为这是俄国敌人狡猾阴谋的产物，是1886—1887年柏林交易所俄国货币和证券交易投机的牺牲品。事实上，一系列措施最终导致了所谓的《伦巴第禁令》（Lombardverbot）——德国政府禁收俄国证券作为帝国银行贷款的抵押品，引发俄国债券价格下跌及卢布汇率的贬值。[5] 结果，尽管柏林证券交易所的卢布投机活动并非俾斯麦政府有意策划，但在俄国看来，这是德国发起的经济战的一部分。实际上，这件事的背景并没有那么政治化，甚至可以说平淡无奇。卢布投机和其他种类的期货股票投机并无差别。购买货币的期货合同通常要在交易几个月之后结算，这时，买方要么支付合同规定的全部金额，要么只支付签订合同与结算时的价差，后者更为常见。在两个日期之间，买方和卖方都在试图利用各种手段，例如媒体、谣言或其他非经济因素，改变货币的价格。此外，证券赌徒们参与的更复杂的投机组合中，卢布理所当然是其中之一。大多数交易都是虚构的，不涉及现金，因此投机规模可以达到非常可观的数字。根据《柏林交易所信使报》（*Berliner Börsen-Courier*）披露的数据，仅在一天内卢布就"卖出了"1500万。[6] 由于某些交易以实物支付进行，合约一方原则上也可以要求全部现金支付，所以，在投机交易的每月结算日，人们会将卢布纸币装入袋子里越境运到柏林。俄国银行家在这些交易中发挥至关重要的作用，一些是向柏林客户提供现金的代理人，另一些人就是直接的交易者。[7]

卢布逐渐成为俄国乃至欧洲投机者最喜欢的产品，这很正常。纸币也是商品，当然会受到各种交易与合约的影响。正如经济学家弗拉西·苏杰伊金（Vlasii Sudeikin）所说："证券交易所投机的一般规则是用最不稳定的证券进行赌博，因为在汇率波动中获胜的机会更多。我们的卢布属于最具波动潜力的类别。"[8] 然而，在俄国，证券交易所投机被视为不正常的经济现象。以其备忘录获得高官普遍关注保守的公众人物尼古拉·诺沃谢利斯基（Nikolai Novoselskii）特别强调，投机中止了与卢布纸币相关的"经济上的供求规律"。[9] 讽刺的是，经济民族主义者却开始鼓吹自由市场。在他们看来，自由市场并不包括股票交易。证券交易所逐渐被视为金融体系的异常现象，而非必要元素。

在对投机行为的夸张描述中，俄国作家想象"满满一火车纸币从俄国运往柏林，只是为了降低卢布汇率"。[10]卢布汇率的波动并不总是支持这种想象，但是公众总是指责德国股票经纪人和投机者。俄国与德国的紧张关系导致了公众对柏林证券交易所疑神疑鬼。1888年2月，3名邮差被指控从运往柏林的一批货物中偷走了价值12万卢布的贵重物品，在辩护律师尼古拉·舒宾斯基（Nikolai Shubinskii）称赞这一盗窃行为是对卢布投机的报复后，莫斯科法院的陪审团宣布他们无罪释放。自由派媒体对律师的"雄辩"感到震惊和愤怒；保守派则对又一次无罪释放表示愤慨。波别多诺斯采夫借此机会提醒亚历山大三世，他打算"限制陪审团"，与此同时指出"柏林确实处于股票投机的中心，从我们人民中掠夺金钱"。[11]可以说，在19世纪80年代的俄国的舆论中，柏林与卢布纸币豪赌联系在一起，而圣彼得堡证券交易所则被视为柏林证券交易所的代理机构。[12]梅谢尔斯基几年前曾否认国际汇率的重要性，在给沙皇写的一封信中指出，投机行为等同于"对俄国的经济战"，是"对陛下和我们的卢布开展卑劣侮辱"。[13]

19世纪70年代末俄国财政部首次采取反投机措施，但直到19世纪80年代中期，问题才得以系统地解决。采取的措施既有象征意义，也有实际意义。1885年，圣彼得堡证券交易所要求必须用俄文而不是法文公布报价；1887年，报价格式改为用卢布显示外币价格，而不是卢布的外币价格。正如一本汇率手册的编辑所说，这些微改革"将卢布……变成了衡量外国货币的标准"。[14]除其他手段外，挫败敌人对俄国信贷和货币的"阴谋"是俄国公共媒体核心事务。财政部派往柏林和维也纳的"密探"负责"影响德国新闻界"，方法是印发宣传单、先发制人的预先防止谣言扩散，并将有关俄国财政状况的有利信息直接披露给银行和证券交易所。[15]更重要的是，俄国政府试图阻止私人利用卢布汇率波动牟利却将自己卷入了证券交易所的豪赌，秘密买卖卢布。[16] 政府试图以自身手段来击败投机者，却未能有力稳定国家货币。此外，维什涅格拉茨基自己增加黄金储备的政策导致卢布汇率出现巨大波动，而他本来想防止这种情况发生。大规模用卢布购买黄金不仅导致了黄金和卢布价格双向波动，还使得卢布纸币在欧洲市场上大量流通。[17]

1892 年 7 月，维什涅格拉茨基失去了他的财政大臣职位。他最亲近的助手、副大臣维特利用他上司健康不佳的契机上位。[18] 维特进入体制有不同于本格和维什涅格拉茨基学术背景：他曾经是一家私营铁路公司的经理。19 世纪 80 年代，维特参加了支持君主的反革命组织"神圣小组"，并经常为卡特科夫的《莫斯科公报》撰写文章。他在政治上是坚定的民族主义者，与财政部的技术官僚形成鲜明对比。他也不相信"自由主义官僚"集团，以完全不同的方式处理投机问题。1893 年 1 月，维特发起一个计划，以"加强国家对证券交易所的控制"，随后发布公告禁止卢布投机活动。[19] 根据他的计划，政府对商界的内部运作进行控制，以规范交易商进入证券交易所的程序，并通过检查经纪公司的账目以观察交易实质。维特史无前例地宣称，财政部有权审计私人公司的账簿，这侵犯了金融隐私权，打破了私人金融组织和银行的内部惯例。[20] 即使是官僚集团，也对维特的反投机运动的严酷程度感到震惊。国务秘书亚历山大·波洛夫佐夫（Alexander Polovtsov）批评了这种"官僚无限度干预私人企业的原则"及扼杀积极性、阻碍经济增长的"可怕的官僚监视"，将这一政策称为"国家社会主义"（state socialism）。在他看来，维特的做法甚至比"某些人"（大概是革命者）的社会主义实践更危险。[21]

讽刺的是，为了证明这一史无前例的政策是合理的，维特将政府有权控制金融活动维护卢布汇率稳定同警察局为公共利益而查阅私人信件相提并论。事实上，其他旨在防止投机卢布汇率的措施也明显属于治安管理范畴，例如对卢布纸币出口征收关税的目的是控制纸币的跨境流动。关税本身微不足道，没有任何财政意义（总金额的 0.01%），但它能显现纸币的外流活动。[22] 此外，它还使未来所有购买俄国货币的合同，即使不是完全不可能，也是有很大风险的。因为政府知道柏林有多少现金形式的卢布可以用于终止交易。[23] 这个计划只有一个问题：纸币通常通过邮件跨境转移，而根据俄国于 1891 年签署的《万国邮政公约》(the Universal Postal Convention) 规定，寄件人不必声明货值。将卢布纳入关税征税范围改变了它们的地位：应纳税的货物不能以信封形式寄送，寄件人被迫公开通过邮局汇款。[24] 然而，为了彻底禁止在信件中邮寄钱款，财政部发布了一份秘密指示，要求邮局检查信封并报告所有寄送卢布的信件信息，包括寄件人姓名、金额和目的地。当华沙邮局的负责人以侵犯通信隐私为由拒绝遵守这一明显非法的要求时，维特指示他以"非官方"方式获取这些信息。[25] 另外，携带货币的旅客也被告知要报告带到国外的金额。[26]

维特发起的反投机运动最重要的阶段发生在 1894 年秋天，当时巴黎和柏林的股票交易商利用亚历山大三世生命垂危的消息来打压卢布。维特下令他的代理人购买欧洲市场上可得到的所有卢布现金，并且在结算时，政府指示买家要求全额支付，而不是只支付合同立约与结算时价格之间的差额。由于禁止出口卢布纸币，投机者无法获得足够的现金来兑现他们的长期合同。无奈之下，他们恳求财政大臣以更高的价格向他们出售必要数量的卢布。这件事之后，利用俄国货币在证券交易所进行的投机交易就永久停止了。柏林证券交易所大厅里原先专门提供给从事卢布交易经纪人的广阔区域一度空空如也，令投资者们感到困惑，并引发了一些问题。[27] 维特因发明"轧空头"技术而声名鹊起，这是一种通过控制和操纵商品价格来垄断市场的技术。这个术语反映了他的残酷、胁迫和操纵手段。[28]

维特将反对投机行为视为他个人的"十字军东征"。正如波洛夫佐夫所言："他对投机行为感到愤怒。"[29]最终，他的政策被证明是相当成功的，几个月下来，卢布汇率的波动大幅度减少。这场运动最突出、最重要的成果之一就是增强了他的个人权威，帮助他赢得了新沙皇尼古拉二世的支持，也淘汰了他的政治对手和竞争者。维特成为俄国卢布的"大救星"，他因帮助俄国卢布免受金融掠食者侵害而闻名。维特反投机运动的最后阶段与前财政大臣及国务会议经济部门的负责人阿巴扎有关，后者是1881年1月1日金融伪宪法的创作者。据维特回忆，在他1892年被任命为财政大臣后不久，他就收到了敖德萨银行家亚历山大·拉法洛维奇（Alexander Raffalovich）的大额贷款请求，这笔巨额欠款是他为客户阿巴扎办事欠下的。1890年8月，财政大臣维什涅格拉茨基与阿巴扎讨论了政府通过出售黄金来抑制卢布飙升的策略。整个行动应保密进行，黄金购买以小额分期进行，并与定期出售卢布纸币交替进行，以隐藏政府意图并逐渐降低汇率。[30]阿巴扎热情地支持该财政大臣，当政府开始出售黄金时，他要求银行家拉法洛维奇代表他进行同样的操作。拉法洛维奇对阿巴扎的指示感到困惑，因为这与证券交易的趋势相悖，阿巴扎向他透露了内情。卢布汇率持续上升了几个月后开始下降。拉法洛维奇相信阿巴扎并按照这种思路进行投机，但他无法容忍暂时的损失。他陷入恐慌并不断改变策略，最终破产了，而阿巴扎则以200万英镑的价格卖出黄金，从汇率差额中赚取了约70万卢布的利润。[31]

事件发展可能与维特呈递给沙皇的报告和备忘录中描述的不一样。拉法洛维奇关于投机行为的证词是维特针对阿巴扎的主要证据，维特据此围绕一份文件构建了整个案件。[32]在致亚历山大三世的忏悔信中，阿巴扎承认了自己的错误，但同时表示他的收益被夸大了。很可能维特夸大了这一丑闻以摆脱阿巴扎的影响，因为作为国务会议经济部负责人，阿巴扎有否决任命新财政大臣提议的权力。最终，阿巴扎不得不辞职，为维特的崛起腾出了道路。这场运动的重要性在于暴露了公众对卢布纸币的新态度。俄国官僚将卢布视为资产、商品和象征性的"公共产品"。对维特来说，卢布也是他获得政治权力的手段，因为他的政治投机助他进入政界高层。这场运动另一个长期影响是，维特对投机的抨击宣传了一种新的金融市场观，浮现出国家对金融企业家的新态度。19世纪50年代俄国证券交易热潮首次出现可以被经济学家视为俄国"正常化"的标志，而维特却将投机视为一种偏差，因此遵循了民族主义者论调，即投机是阻碍市场机制正常运行的因素。

俄国的银行家们并不同意这一说法。1893年2月，财政部首次发起对投机分子的进攻，由此确立了国家银行对外国汇票销售交易的垄断地位。圣彼得堡国际商业银行（St. Peterburg International Commercial Bank）董事、维特最亲密的顾问阿道夫·罗特施泰因（Adolph Rothstein）写了一份措辞严厉的备忘录表达不满，质疑维特将汇率波动归因于套汇和投机之类暂时性或表面因素的观点。罗特施泰因写道："实质上，所有波动都符合现实，并反映了主要的经济和政治趋势。"维特调控汇率的政策旨在用行政手段替代"巨大的"市场力量，其实就是让财政部垄断对卢布汇率的调控。"一个机构或一个人独自控制汇率？……公众舆论和实在的商人又能发挥什么作用呢？"在正常情况下，汇率波动可以理解为市场的任性调整，但在新体制下，"由国家银行来调节汇率水平"，所有的波动都会归因于财政大臣的任性而为。所有微小的波动都可被视为国家行为。[33] 通过权威机构确定汇率的政策可能会带来不少类似"失去自由市场"和信用紊乱等问题。[34] 这项措施再次将"承担私人银行活动总体结果的道义责任强加到财政大臣身上",这种责任与现实肯定是不相称的。[35]

罗特施泰因的批评对维特的行动没有影响。即便 1885 年以后,维特已经放弃他的早期想法并开始为过渡到金本位制做好准备,他依旧将不规范的金融市场视为病态。在一份有关金卢布改革的重要公开声明中,维特批评了有关汇率波动的错误观点,这种观点认为汇率波动是一种"自然"和"不可避免"的经济现象,不能也不应该加以调控。[36] 维特以保护卢布的名义采取多种措施扩大了国家在证券领域的权力。国务会议援引保护"银行业务自由"的原则不允许关停私人银行,维特难以将俄国私有银行置于政府管辖之下。[37] 但他的努力标志着政府的方向发生重大转变,并在 1881 年之后逐渐显露出来。尽管反对派一直在强调稳定的货币是自由宪政的基础,但这一点已不再重要,政府推动的货币改革不再与商业和信贷自由的原则挂钩。

帝国卢布

维特遏制投机的努力是与他主导的"臭名昭著"的融资项目同时进行的。这一融资项目旨在通过发行所谓的不受数量限制的西伯利亚卢布纸币为西伯利亚铁路筹措资本。[38] 一个人怎么能接受这两种相互矛盾的政策可以完全共存的思路?既维持卢布稳定,又推动货币供应量无限制增加?历史学家通常评价维特在理论上过于幼稚,对货币政策一无所知,这跟维特与民族主义记者过从甚密,以及副财政大臣阿菲诺根·安东诺维奇(Afinogen Antonovich)教授与他的影响有关。虽然这些解释都很有力,但还需关注到一个重要因素:维特从 1892 到 1894 年的计划与其发起的反投机运动有同样的理论根源。两者都延伸了经济民族主义思想，即将国家确保货币稳定的理念同将卢布作为一种治理手段的理念相融合。维特不仅试图将乌托邦式的保守议程插入实用主义的注解，而且还为民族主义的货币观念增添了新的内容。他最令人震惊和臭名昭著的创新之一就是发明了"帝国卢布"（imperial ruble）这一概念。

　　同维特的许多其他新观念一样，增卢布发行量实现帝国扩张的思想并不新鲜。19世纪60年代之后，俄国民族主义者尝试寻找支持金卢布的新方法，其中最普遍就是土地与铁路。19世纪70年代到80年代，在俄国扩张到中亚之后，卢布开始被视为进一步推动帝国经济扩张的手段，从而保证了纸币的价值，维护了帝国主义的潜在收益。在俄国民族主义作家的想象中一些观念始终占据主导地位：逆转阿姆河的流向，修建连接俄中亚草原和波罗的海的运河，开发俄国北部地区、借西伯利亚大河鄂毕河和叶尼塞河或西伯利亚大铁路推动西伯利亚与欧洲和俄国其他地区的一体化。[39] 这些工程将榨取更多纸币并以俄式方法修复俄货币体系，同最残酷的殖民计划联系在一起。帝国的想象力提供了货物"通过水路从印度运往莫斯科"的画面，沙漠"被水淹没"，里海地区富饶之地居住着俄国移民及俄国北部渔民，而不是土库曼的游牧民族。支持这些工程的拥护者雅科夫·扬克维奇（Yakov Yankevich）写道："政府花的纸币越多，得到的金银就越多。"[40] 另一位支持帝国扩张的狂热分子、著名汉学家、圣彼得堡大学东方学系主任瓦西里·瓦西里耶夫（Vasilii Vasiliev）呼吁政府印更多的钞票，为移民运动提供资金。他认为，只有拥有造币能力的国家才能为从事大型工程和黄金开采的数百万人提供工作岗位，从而加快发展，振兴沙漠。[41] 所有这些工程都基于这样一个理念，即卢布纸币如果用于"生产目的"，就能产生效益。这些工程的实现不仅可以使俄国摆脱对国际资本市场的依赖，还可以促使俄国摆脱对进口商品的依赖，因为棉花和丝绸等进口的商品可以在当地生产，从而可以积累黄金和偿还外债。[42] 右翼新闻媒体热衷于报道这些内容。谢尔盖·沙拉波夫（Serguei Sharapov）就通过民族主义报纸《俄国事业》（*Russkoe Delo*）宣传为修建西伯利亚铁路印制钞票的计划，并通过"虚构资本"理论解释这一现象，即通过对国家公共项目的投资将虚构货币转化为实际价值。[43]

基辅大学教授安东诺维奇做了学术上的"粉饰"。在他的专著《纸币体系理论》（*The Theory of the Paper Monetary System*）一书中，安东诺维奇将纸币分为为满足消费需求（包括军事需求）而发行的"劣质"纸币和为国家建设目标发行的纸币，例如农业和铁路建设的改善项目。安东诺维奇扭曲了自由货币学说中由私营银行履行发行商业交易担保票据职能的原则，声称国家发行的生产性纸币并不比欧洲信贷机构的纸币差。[44] 事实上，如果货币管理得当，会比通过私人银行发行的汇票要好得多，因为"私人利益难与公共利益相比"。"国家作为共同利益的代表和法人……有权也有责任根据国家共同福祉和后代子孙的需要管理私人利益。"[45] 因此，安东诺维奇得出结论，国家可以通过而且应该借助直接或间接的干预、关税、信贷，以及最重要的是，由国家印制的纸币资助国有企业（铁路），来强制推行并固化生产性经济行为的特定模式。[46]

维特曾是一家私营铁路公司的总经理，信奉斯拉夫主义，也是极端保守主义君主主义阵营的一员。生产性货币的概念对维特很有吸引力。他刚上任财政部就提出了一个颇受欢迎的想法——修建横贯西伯利亚的大铁路。[47]19 世纪 60 年代以来，人们一直在讨论修建横跨西伯利亚通往远东的公路的计划，但政府缺乏财力实施这些项目。由于亚历山大三世的吝啬，1891 年重启的项目可能永远停留在纸面上。[48] 维特计划利用"西伯利亚卢布"为铁路建设提供资金，似乎是一个相对容易的解决方案。拟议中的 1.5 亿西伯利亚卢布与普通卢布毫无差别。民族主义者曾建议用铁路代替黄金作为纸币抵押品，维特也建议将其中一条铁路线为新型纸币做抵押担保。为了证明增加纸币流通量合理性，维特提到了边境地区的持续发展，即南亚、高加索和中亚的工业和商业发展增加了对货币的需求。货币需求取决于领土和人口的思想是"帝国卢布"意识形态的关键要素。[49] 与此同时，维特在 1892 年的备忘录《论修建西伯利亚大铁路的方法》(*On the Means of Constructing the Great Siberian Railroad*) 中大量引用安东诺维奇的纸币理论，引用其"流动中的纸卢布由……人民的生产劳动决定"的观点。[50]1893 年，安东诺维奇被任命为副财政大臣，维特聘请民族主义者作家兼记者沙拉波夫在名为"俄国货币体系的基础"(The Foundations of the Russian Monetary System) 的系列文章中普及了西伯利亚卢布的概念。[51]

经济学家和官僚们对维特的举措感到困惑和恐惧，脑海中浮现出非常多的相似景象。本格问道："如果法国银行的 130 万法郎债券是以巴拿马运河的生产性工具为担保，那么法国的信贷系统会怎样？"[52] 西伯利亚货币似乎是维特的怪异幻想，他不理解行政秩序的精神，无视金融管理的既定惯例。令维特感到沮丧的是，1881 年 1 月 1 日的法律对印钞机制进行了限制，从 1881 年到 1892 年，没有多发行过一张不以黄金为锚定物的额外卢布纸币。[53] 他对自己的财力受到如此限制感到厌烦，他基于正式理由提出了一项建议，废除了 1881 年的法律。[54] 对于一个刚进入官场不久的商人来说，政府在 1881 年承担的荣誉和义务意义不大，而把黄金锁定在储备基金里毫无意义。他使用了"生产性卢布"(Productive ruble) 的概念，将他的金融实用主义与官僚及空想经济学家法律主义并列起来。他还列举了其他欧洲发行银行的例子。在他看来，这些银行享有更大的金融自由。维特指出，"事实上，我们的国家银行完全被剥夺了发行权"。[55]

维特计划增加纸币数量，并将货币政策原则从金融紧缩政策转为宽松的货币政策，最终提出了国家银行的改革方案。这一方案建议将银行与国库合并，并赋予了银行几乎不受控制的权利，在现有卢布之外可以发行新钞。[56]这些新钞是银行客户在汇票的担保下获得的，用于弥补纸币的短缺问题，增加了货币体系的"弹性"。[57]这一措施假定银行对财政部的依赖不断上升，阻碍货币发行的各类障碍已被扫除。从这个意义上看，未来的银行是个奇特的混合体。它类似欧洲的中央银行，但同这些银行不同的是，俄国家银行不在股东或议会的监督下运作，可以说不受任何公共控制。正如改革方案中所提到的，"俄国人不需要关注西方理论家提出的对政府部门的行动加以控制的不切实际的观念，这就等同于散播谣言，旨在降低民众对从事国家治理的最重要机构的不信任感。"[58]维特、安东诺维奇的银行改革计划认为国家和社会是一回事，不可分割、不可分隔，这种做法强化了同货币、经济和信贷相关的特定观念体系。维特处理投机活动的方法以及他对于商业和证券交易所的政策推动了国家对市场的渗透控制，国家银行改革方案则延续了这一趋势。

帝国元老级官员阿纳托利·库洛姆津（Anatolii Kulomzin）发现，维特的"畸形"计划吓坏了"官僚群体"。[59]改革计划确实与维特的前任们拟定的原则背道而驰，这些原则由前财政大臣罗伊特恩首创，这些原则逐渐渗透到帝国治理的方方面面。[60]他们曾尝试将国家银行与财政部分开，将两者的账户分开，并让政府（财政部）为卢布债务买单。而维特（或安东诺维奇）建议将两个机构合并。按照斯佩兰斯基的说法，各个部门的大臣试图邀请商业巨头进入银行管理层解决银行活动缺少股东监督的问题。在维特看来，这是"烦人"的障碍及多余的程序。邀请证券交易所成员和外宾检查国家银行黄金含量的庄严仪式看似有些怪异，甚至是过时的，但在本格和拉曼斯基看来，这些仪式具有非常重要的象征意义。更令其不快的是，维特建议从银行章程中取消用纸币兑换黄金的义务。尽管银行自 1863 年以来一直未能履行这一义务，但这仍表明政府做出了坚持恢复卢布可兑换性的承诺。但维特的政策破坏了这一承诺，可能会损害银行的金融声誉，并暗示"我们的政府已经放弃了恢复货币体系的任何尝试"。然而维特对这种象征主义的说法并不在意。

维特的转变

改革国家银行的"畸形"计划并未按原计划实现。1893 年，维特突然放弃了将赋予国家银行发行特别纸币的权利的最初想法。到同年年底，他似乎已经放弃了最初的通货膨胀主义计划。[61] 然而，维特计划的内容并没有全部消失。1894 年 6 月 6 日颁布的新银行章程设想了一种基于行政集权的货币制度，国家银行直接由财政大臣领导。1895 年初，维特进一步推翻了之前的政策，宣布政府将重新推行以采用金本位制为目标的政策。

库洛姆津将维特的转变所产生的积极影响归功于本格的"教育"及 J.E. 霍恩的《约翰·劳：金融史的尝试》（*John Law: ein finanzgeschichtlicher Versuch*）的俄文版的发行——由伊万·希波夫（Ivan Shipov）翻译。而本格不仅推荐希波夫担任财政部信贷处副处长，还为该书俄文版撰写了一篇序言。在序言中，他不点名描绘了维特在分析约翰·劳（John Law）的经济泡沫时提出增加"生产性货币"的计划。本格讥讽约翰·劳的观点，即流通中的纸币可以刺激作为纸币抵押品的商品和资源的生产。这样的政策只会促进国家的发展，因此约翰·劳是亨利·乔治（Henry George）式社会主义先驱，而约翰·劳的法国皇家银行（Royal Bank of France）与普鲁东的人民银行（La Banque du Peuple）的相似之处在于，它们以任何劳动成果为担保发行债券，这暗含了安东诺维奇关于国家银行改革思想。因此，本格认为维特的计划不仅会使金融体系膨胀，还会影响国家的性质及其与私人资本的关系。尽管维特的国家干预政策经常会引起联想，但将约翰·劳与社会主义思想相提并论有些牵强。波洛夫佐夫早些时候曾私下斥责过国家社会主义，这是反对通货膨胀主义改革路线的一个有力论据。另一个论据是约翰·劳的殖民计划最终失败，在本格看来，这就回应了维特的西伯利亚事业。[62]

由本格作序的俄文版《约翰·劳：金融史的尝试》由维特的私人图书馆收藏。[63]不过，一本书对于突然改变财政大臣的观念能起到如此决定性的作用，不是那么可信。同时代的人在评论维特的转变时，提到了他的直觉、机智、惊人的政治灵活性、官僚主义主导一切的思想作风产生的影响，以及他在管理帝国财政上不断增长的阅历。其他重要的因素还包括国家银行改革的失败（突然中断），维特最信赖的支持者之一亚历山大三世的去世。安东诺维奇失宠很快辞去了财政大臣职务，维特开始用年轻的技术官僚填补空缺，其中包括希波夫。[64]1895年3月5日，尼古拉二世以维特的名义签署了一份关于"加强黄金兑换基金"的法令，该基金增加了9800万卢布，基金总数从2.77亿卢布增至3.75亿卢布。[65]与此同时，维特重新启动了黄金交易合法化的计划，这是继罗伊顿、本格和维什涅格拉茨基失败之后，寻求立法机构批准的第四次尝试。

维特从唯名论（nominalism）向货币主义和金本位思想的转变可能显得惊人而不自然。这无疑让他昔日的朋友感到沮丧，如梅谢尔斯基，他们仍然认为维特是共济会（Freemason）阴谋的牺牲品。在给维特的一封信中，梅谢尔斯基对财政大臣性格的急剧变化——"灵魂异变"——表示遗憾，"您真诚的朋友们悲痛地承认，您已经变得面目全非；（您身上的）圣火正在熄灭，您不听劝告，总是忙忙碌碌……在您身上到处都能看到欺骗。曾几何时，您对国家银行的事业充满兴趣将其视为俄国复兴的关键，而现在呢？"梅谢尔斯基预言，改革最终会失败，维特的财政大臣也做不下去了。即使他成功转成了金本位制，他最终也会失败。"金本位制会折磨你，它会让你不断焦虑，它会变成你的阿喀琉斯之踵，它会成为你的精神牢笼，你的创造力牢笼；它会让你远离一切生活问题，它只会让你更接近……黄金大亨、银行、犹太人和共济会；违背你的意愿，它会让你更容易受到地缘政治威胁；对你而言，黄金问题会变得比俄国外交政策问题更重要，对黄金外流的恐惧会让你的品行魅力和人格瘫痪。"[66]

另一位由昔日好友变为对手的沙拉波夫也认为，维特从民族主义到货币主义的转变表明他完全丧失了独立性。"黄金货币不是维特的发明，它是以现成的形式交给他的，就像把乐谱交给歌手一样，这不是秘密。"沙拉波夫还坦白了"吸引"他到维特身边那些爱与恨："在爱他、珍惜他的同时，我也准备恨他，恨他浪费了赋予他的那些力量。"维特在货币改革之外的其他领域突然出现了政治逆转："看，他是怎么折腾的！一天他支持（农民）公社，一天又反对它；一天（他）……支持地方自治，一天又反对它。有一天，他扩大信贷，梦想着通过新的国家银行为整个俄国做很多好事，然后他又为了货币而粉碎了这家银行。"[67]然而，也许正是因为缺乏"意识形态"内核，才让沙拉波夫和其他人充满希望。他和其他人认为，总有一天维特可能会回过头来，在民族主义和经济通货膨胀的基础上重新提出国家银行改革的想法，并驱散黄金的幽灵。

　　沙拉波夫和梅谢尔斯基把维特的突然转变理解为软弱的表现是错误的。恰恰相反，只有对自己的控制力如此自信的人才会承认自己过去的错误。卡特科夫之前也经历过类似的转变，尽管方向相反，但他的权力丝毫未减。维特显然对自己早期的想法感到有些尴尬，并将其归咎于不良因素的影响和缺乏经验。[68] 对维特过去支持通货膨胀主义的斥责多年来一直困扰着他，因此他必须强调自己的政策与前任财政大臣的政策之间的连续性，并将自己任职的头两年说成是短暂的中场休息。例如，他提到了维什涅格拉茨基的"1887 年计划"（plan of 1887），该计划曾经描绘了俄国向金本位制过渡的路线图，他甚至提到了一份重要的手稿，其中阐述了他（维什涅格拉茨基）对此事的看法。他在国务会议上宣布，"实现 1887 年制定的计划是我的使命。"[69] 没有人知道维特所遵循的是哪份手稿（或者说是否存在这份手稿）重要的是，维特在推动金本位制改革时遵循了特定的剧本：这减轻了他的个人负担，最重要的是他可以把金本位改革说成是亚历山大三世统治时期的遗产。这一遗产对于说服年轻的尼古拉二世相信维特的新理论尤为重要。看来官僚集团中改革的反对者对政策连续性提出了质疑，绝非巧合。

　　维特的新老对手们没有注意到的是，尽管他从通货膨胀主义转向了金本位制，但维特关于货币和银行业的核心思想却没有改变。他的金本位概念建立在国家居于货币体系中的中心地位以及货币是帝国扩张工具的这些原则之上。1897 年的黄金改革后，国家银行仍由财政大臣控制，而以黄金为基础的货币的发行不是取决于市场的需求，而是取决于财政大臣的自由裁量权和黄金储备的规模。维特从纸币到黄金的转变并没有影响他对实用民族主义的承诺，也没有影响他对金融稳定需要国家权威的看法。从政治内核来看，维特的稳定观复制了尼古拉一世的官方民族主义和保守民族主义者的思想，他们将卢布的命运与君主权力和国家统一的神圣性联系在一起。在他看来，稳定意味着排除市场的影响，国家控制力增强。

黄金之路

在俄国货币改革的大背景下，国际金融界的情绪是必须要关注的。1893 年，英国政府决定暂停印度自主铸造银币，这使得银价下跌了 20%。俄国货币中的白银价格跌到 50 金戈比，这一数字低于纸卢布的价值（1894 年为 66 金戈比）。[70] 依然与白银挂钩的俄国货币体系，突然就失去了支点。这一年，俄国政府仿效其他国家暂停了自由铸造银币；造币厂停止接收生产商的白银供应，并禁止进口白银。[71] 但当时的俄国仍然实行银本位制，一些"白银至上"论者建议，俄国与其采用新的金本位制，不如恢复银卢布。1895 年，当货币稀缺成为重大挑战时，俄政府在严格保密的前提下从伦敦购买了一批价值 300 万英镑的白银，并委托法国巴黎银行（The French Monnaie de Paris）铸造银卢布。在选择外国造币厂的原因时，维特只提到，圣彼得堡造币厂（st. Pelerturg Mint）由于正在铸造金币而无暇分身，但是也许还有其他原因。[72]

虽然多数西方国家已将其货币与黄金挂钩，金本位制却不是其唯一的选择。尽管困难重重，1894 年至 1895 年，复本位制度想法得到意料之外的欢迎。各国曾召开了三次国际会议试图达成国际协议（1868 年、1878 年与 1892 年）未果后，1895 年 2 月，英国议会考虑召开另一次国际货币会议，讨论白银的前景。德国国会通过了类似的决议，鼓励政府考虑用白银贬值刺激德国经济。在美国，白银之争成为政治辩论的焦点，时任总统候选人的威廉·詹宁-布莱恩（William Jennings Bryan）代表了复本位制支持者的利益。或许最重要的是，法国作为俄国在欧洲最主要的金融伙伴之一，也试图呼吁俄国政府转向复本位制，即稳定货币并恢复金银的可兑换性。尽管法国事实上已经转而采用金本位制，但它仍然是欧洲拥有白银货币最多的国家之一，法国国内不同立场的政治家和经济学家都在为恢复本位制而奔走呼号。[73] 1896年尼古拉二世访问巴黎期间，时任总理（议会主席）的朱尔·梅利纳（Jules Méline）向沙皇提出了考虑复本位制改革的建议，并随后通过其驻圣彼得堡大使提交了一份计划或备忘录。[74]

法国财政部代表阿蒂尔·拉法洛维奇（Arthur Raffalovich）的报告对梅利纳总理的提议进行了详细的分析。[75] 梅利纳的论点重复了复本位制主义者的标准说辞：金本位制的推广已使黄金的供应量减少了一半，最终将导致黄金资源的稀缺和枯竭、物价的下降及欧洲与远东国家关系的"逆转"。后金本位制危机对俄国这个农业国的打击比其他国家更大，甚至会导致"哀鸿遍野"。[76] 在阿蒂尔·拉法洛维奇看来，这些说法都有问题。俄国黄金并没有枯竭的迹象；农产品价格下降是因为市场的巨大发展，铁路、运河和其他交通基础设施的建设，以及其他同白银下跌无关的因素。梅利纳总理兼任农业部部长，经常谈及法国农村人对存储白银有执念。而在俄国，"为了帮助负债累累的地主并减轻农民的赋税，国家已经做出了重大牺牲。"[77] 阿蒂尔·拉法洛维奇将梅利纳说服俄国采用复本位制解释为欧洲白银开辟一条通路，依靠俄国防止白银价格持续下跌。而复本位制的支持者兼革命分子的布莱恩，在美国大选失利后，再也没办法在美国推行复本位制。但在"拥有辽阔领土和1.2亿居民"的俄国向金本位制过渡将"再次重创支持复本位制的国际舆论环境"。[78] 对重建"银本位制"感兴趣的国家数量不断缩小。拥有30亿法郎白银的法国非常担心成为"世界白银的容器"，希望其他国家来帮助它减轻这一负担。[79]
俄国并没有发挥作用。[80]

维特很可能并不需要阿蒂尔·拉法洛维奇向他说明引入复本
位制的风险。[81] 对俄国及后来国际参与者来说，选择黄金就等同
于选择地缘政治的方向。黄金同"西方"及文明联系在一起，白
银则是东方的象征，而复本位似乎是过去时代的遗物。正如研
究维特的传记作家亚历山大·古里耶夫① 所说："如果恢复使用白
银，我们就会加入中国、日本、暹罗、波斯、墨西哥、秘鲁等国
的行列。然而，我们不需要加入这些国家，而是要加入已经采用
黄金本位制的西欧文明国家。"[82] 白银的命运早已注定。白银不仅
不再作为交易货币来使用，也不再作为首饰和其他商品的材料使
用。银饰品是"低俗"的象征：比起银链和银表，人们更喜欢简
单的钢链，或者更好的黑绳或蓝钢手表。其他种类的首饰也是如
此：人人都想要金饰，没有什么能阻挡人们对金饰的热情。1896
年帕维尔·米古林说，在上好的酒店里甚至很难找到一把银勺
子。银的地位很快让位于白铜、镍银合金和铝。1896 年在有关黄
金改革的争论中，官方赞助出版的艺术史学家尼科季姆·孔达科
夫（Nikodim Kondakov）《俄国宝藏》（Russian Treasure Troves）一
书，首次对中世纪早期的俄国和拜占庭的宝藏进行收集调查。该
书彰显了非凡的学术成就，采用金色镀铬板装饰，极尽奢华，同
时还传达重要的政治信息，即早期俄国是以黄金为纽带联系东西
方文明的。[83]

---

① 本处及后文中的古里耶夫均指德米特里·古里耶夫之子亚历山大·古里
耶夫。——编者注

卢布：一部政治史（1769—1924）

第七章　专制标准

　　作为一种研究方法的经济史学，往往没有代入感。经济史的主角通常是市场、国家、政府、生产者、银行和（经济）共同体。但经济史的关键转折却是由个体行动所推动的——如制定违背领主意图的法律、大臣或廷臣们推动的改革、肆无忌惮的投资者犯下的错误或欺诈行为等。与之相反，金融领域的政治历史则倾向于高估历史人物的作用，特别是这些人物据称拥有无可争议的领导力和卓越的改革能力。维特无疑属于后者。在他的政治生涯中，他将自己塑造成"俄国卢布救世主"和"俄国工业化之父"。[1]金币改革被称为"维特改革"（Witte's reform），新金币则被戏称为"维特的孩子"（Witte-kinder）或是"玛蒂多雷"（Matildore）（以他妻子玛蒂尔达的名字命名）。维特明确地将 1897 年货币改革视为自己"最伟大的成就"，推动了俄国经济转型并开启了工业化进程。在他撰写的备忘录和三卷本的回忆录中，维特描绘了一幅整体的、完美精密的系统。该系统以金卢布为核心，涵盖了从铁路到银行的所有推动经济发展的关键基础设施。历史学家投入大量精力研究维特的作品，从中揭开事实和谎言、论断与童话，以及批评改革本身各类证词的真伪。[2]

　　与维特改革的胜利叙事不同，他的"系统"充满了矛盾。表面上有利于资产阶级的金融政策却是对资产阶级利益的严重侵害，致使其政策响应者寥寥，甚至遭遇抵制。发布支持私营企业家精神的宣言与他公开表露出对私营企业不信任形成了鲜明对比。他所秉持的民族主义意识形态积极鼓励外国投资。[3] 维特承认制度的重要性，也相信技术官僚的专业精神，但他却雇用亲朋好友担任财政部的要职，并将整个帝国的货币体系当作私人企业来运营。[4] 同时代人和历史学家长期以来一直被他的"伟大"和无与伦比的智慧所吸引，然而维特作为政治家和官僚的缺点却暴露无遗。他在经济事务上令人震惊的无知也备受关注。[5] 维特的金本位制改革完美诠释了其政策中的矛盾实质。大多数学者承认这项改革是必要的，也是将俄国及时带入工业化时代的举措。但它同时也是现代历史上最不受欢迎的改革之一，是在普遍不满和广泛抵制的情况下进行的。然而，除"公众的无知""惰性"和对改革高成本的焦虑以外，造成这种不满的原因仍不清楚。

讲述他为卢布而进行的英勇斗争是维特政治策略的重要组成部分。本章认为，金本位制改革的准备工作始于维特与《新时代》(*Novoe Vremia*) 编辑阿列克谢·苏沃林 (Alexei Suvorin) 之间的定期会议和几近每天的信件往来。他试图推动媒体持续刊登对他的正面报道。维特关于（自己）与反对派和保守派斗争的故事掩盖了他压制反对声音的真实目的，也淡化了他推动金本位制所采取的策略和政治手腕。尽管维特有一支训练有素的官员和学者团队撰写官方备忘录和报告给人以紧迫、积极、完全正确和进步的印象，但现实情况却是大相径庭。冗长的分析性备忘录和报告只是为了解释通过了一些由沙皇和部长们自行解释的简练、模糊、操作性强的法案。因此，作为"加速俄国欧洲化的工具"的改革方案与表现出"最不欧洲化的专制主张"的改革实施措施之间经常出现矛盾，可以解释为言辞与手段的差异，而不是所谓进步实质与反动形式的差异。[6]

本章讲述了改革是如何进行的，从维特试图控制新闻界到他操纵立法程序的过程。在很多方面，这些技巧都类似于维特在

1894 年对德国投机者采取"轧空头"的策略。当然，维特改革并不是第一个或唯一一个用不光彩的政治手段推动金本位制转型的例子。在法国，1873 年改革源于决策者们对暂停银币发行所产生的后果的错误估计和误导性判断。[7] 在美国，白银的去货币化是悄悄进入国会的，在 1873 年《铸币法案》（the Coinage Act）中几乎是神不知鬼不觉地通过，直到该法案产生后果——金币被指定为唯一的法定货币，随即导致白银价格波动——变得显而易见。[8] 但俄国的情况却很特别。像 1893 年至 1894 年实施白银标准改革一样，1897 年的改革代表着专制国家、沙皇及大臣的利益，并违背了大多数精英的意愿。最终形成的专制标准却成为世界其他国家从未出现过的模式。

贬值还是正常化？

19 世纪 90 年代，黄金的概念风靡一时。但没有人明白金本位制在实践中意味着什么。金卢布只是简单取代纸币吗？这该如何实施？1895 年 2 月，维特获得财政委员会的批准，将 1.16 亿金卢布（相当于 1.73 亿纸卢布）从国库转入国家银行，成为储备基金。这看似无害的举动却引发意想不到的反应。1895 年 3 月，《柏林日报》（Berliner Börsen-Zeitung）在得知黄金储备增加的消息后预言，财政部将通过固定 1 金卢布 = 0.67 卢布纸币的汇率来实行金本位制。俄国颇具影响力的《新时代》迅速转载了这一消息，并指出即将到来的"贬值"将导致"我们所有财经事务陷入可怕的动荡"。[9] 文章标题为"67 戈比取代 100 戈比"，似乎是一种损失和贫困的预言，就好像政府通过引入金本位制要从每人持有的每张卢布中拿走 33 戈比。这篇文章引起了轰动。维特在改革前几个月所做努力主要集中解决媒体消极报道带来的问题，并试图形成一个对金本位制持欢迎态度的舆论环境。

当时的报纸杂志的编辑都是俄国统治集团中除皇室和官僚阶层以外政治机构的关键人物，因此，整顿报纸是维特的首要任务。在推进改革过程中，他遇到了《新时代》的反对。这是一份极受欢迎且在商界享有盛誉的报纸，其主编是俄国新闻界的知名人物苏沃林。他是一位煽动性强的编辑、温和的保守派，包括维特在内的许多人都认为他将成为卡特科夫的接班人。维特的政治生涯是从为卡特科夫的《莫斯科公报》撰写文章开始的，并目睹了本格在保守派媒体压力下倒台，因此他不遗余力地与媒体建立关系并试图控制舆论。根据两人未被公布的大量通信显示，维特与苏沃林之间存在利益关系，尽管两个人彼此都不喜欢或信任对方。苏沃林经常出入财政大臣官邸，在那里他可以获得机密信息和新闻，而维特则看重并利用苏沃林的才华和影响力。[10] 当1895 年《新时代》突然抨击维特的改革时，这可能使这位财政大臣感到惊讶。苏沃林评论中出现的"贬值"一词引发了有关卢布未来走向令人不快的辩论。经济学家瓦西里·列别杰夫（Vasilii Lebedev）回忆说："贬值这个奇怪的词像一个不祥的幽灵出现在公众面前。很少有人理解这个词的含义。难道它来自拉丁语 valva（门）？"列别杰夫不无嘲讽地猜测道："那么，devalvatio 的意思就是取下门上铰链。"这个词在法语中并不存在，只有德语中的Devaluation 和 Devaluierung 与之对应。因此，"贬值"的意思是"将纸币的价值同跌到底的贵金属价值固定起来"。[11]

贬值似乎是维特和苏沃林长时间讨论的话题，因为维特嘲笑苏沃林对它关注太多了。他邀请苏沃林过来聊一些"比贬值更有趣的事情"，并指出"有一位先生将这个词理解为我（维特）要求解雇圣彼得堡市政府和警察局局长瓦尔将军（Wahl）的职务"（在俄语中，贬值被读作 de-val'vatsiia）。[12] 然而，苏沃林的特别关注并不是在开玩笑。为了化解负面影响，维特要求这个记者给他一个机会就"67 戈比"这篇吓人的文章写一封回信，以解释即将发生转变的本质。

这封"致编辑的信"标题是"黄金还是白银？"，署名是字母 V（维特）。信中提醒作者，俄国仍然实行银本位制。但作为卢布纸币的衡量标准，银卢布的价值已经低于纸卢布。因此，以金本位来衡量卢布的价值在法律上不能被视为贬值。他在总结未来的改革计划解释说，卢布纸币的价值将保持不变，而金卢布将贬值三分之一。[13]苏沃林在维特的回信旁发表了一则声明：他（苏沃林）不同意这个观点，并要求公开未来的改革计划。[14]"引入新货币单位是一个重大的国家问题，必须从各个角度——包括国家、公众和私人层面——进行全面讨论；这是涉及国家各部门各利益团体的共同事业。"[15]两天后，苏沃林在社论中表达了自己的观点，批评财政大臣维特对如此重大的改革秘而不宣。与其他金融问题不同，"贬值是国家大事"，需要与俄国人民、大小利益集团进行讨论。文章发表后，维特急忙安抚编辑。"我们根本不是在讨论贬值。坦率地讲，我甚至不明白你所指的贬值是什么意思。"然而，维特的目标并不是让苏沃林改变立场，而是为他今后的宣传发明了一个新词，这一正确的词语是"货币流通正常化"（the normalization of monetary circulation）。[16]

可接受的用语范围还包括"稳定"和"固定汇率"。显然，其他报纸也收到了类似的指示。其中有几家报刊还试图说服读者，使其相信金本位制是一个无害的过渡，并不意味着贬值。但苏沃林并不买账。[17]贬值之所以重要，是因为它意味着国家拒绝履行其金融义务。"贬值始于政府拒绝以相同价格接受纸卢布、银卢布和金卢布……或者政府以高于卢布名义价值的比例接受金属货币而不是纸卢布时，贬值就开始了。"因此，在现有汇率下用黄金进行公开交易并得到国家保护似乎是公开贬值的开始。苏沃林在他所有的社论中都扮演了"大多数人"的角色——他们不熟悉金融理论，但受到金融决策和改革的影响。出版物的主要主题是开放性，要求公众参与讨论。他将货币改革的意义与1861年的农奴改革相提并论，并强调"解放农奴只直接影响到一部分农民和庄园主。黄金的流动和贬值……直接影响到所有俄国人，无一例外"。[18]

苏沃林将他的报纸视为不同观点的人自由发表意见的论坛。在1895年3月和4月，几乎每天都有关于贬值和金本位制合法化的文章。除了一些明显真实的来信，比如一位"退休教授"建议引入新货币单位或俄国最忠实的复本位主义者列夫·拉法洛维奇（Lev Raffalovich）等人写给编辑部的来信外，[19] 苏沃林还刊登了维特提供的文章，比如圣彼得堡国际商业银行行长、维特在货币问题上重要顾问罗特施泰因的文章。[20] 通过激发民众关注，苏沃林几乎成功地阻止了国务会议通过黄金交易合法化的法案。[21] 然而，当国务会议依然批准该法案时，苏沃林以某种嘲讽的口吻祝贺财政大臣，"我希望贬值就像解雇瓦尔将军一样，并且该过程就像邀请君士坦丁大公加入财政委员会一样……但我很高兴成为你坦诚的对手，而你也没有把我劫持为人质。就如同我也很高兴在其他问题上成为你的忠实盟友一样。"[22]

尊严游戏

通过立法支持以实际汇率进行黄金交易是改革的准备措施，目的是使金卢布成为法定货币，并改变发行货币的规则。维特试图对改革的细节保密，但他必须获得国务会议的批准和沙皇的同意才能推进改革。政府中没有人熟悉维特计划在国务会议总结的内容。为了隐藏改革的具体内容，维特要求苏沃林在演讲稿发表之前不要写关于货币改革的文章。[23] 他们似乎达成了协议：苏沃林等待收到维特的演讲稿并率先发表，而《新时代》对金融问题保持沉默。[24]

维特在国务会议上的讲话言辞犀利，像一枚重磅炸弹，一开始就对俄国的货币制度进行尖锐的批评。"在这里纸币作为货币广泛流通，不断提醒人们国家财政疲软的事实。"它们（纸币）"只是凭强力或政府权力发挥作用，就好像公共权力被铸造成货币并投入流通一样，尽管这违背了货币的本质，贬低了货币的尊严"。维特甚至避免称俄国卢布纸币为"钱"，而是将其描述为俄国过去的不幸和贫穷带来的"可悲"遗产。对货币尊严的强调本应凸显出俄国日益崛起的经济实力与糟糕的货币体系状态之间日益扩大的差距。针对"一小撮人"为资金"受损"而"大声辩护"，将俄国人民对卢布纸币的依恋解释为爱国主义，维特称这种利用民众信任和爱国情感的说法是"荒谬的"和"不合适的"。爱国主义不能掩盖民众因糟糕的财政状况而蒙受损失的真实情况，也无法确保国内价格不受本国货币外部估值的影响。此外，滥用爱国主义可能会带来政治风险。"我们国家的大多数人民都怀着谦卑的心态忍受所有打击，因为，感谢上帝，他们还没有学会如何指责和批评政府。"最后一句话表明，"谦卑"并不等同于爱国主义，并且在没有任何预警的情况下，人们的耐心可能会被耗尽。[25] 演讲提出了货币改革的必要性，以保护政权稳定。

维特的演讲最后简要概述了即将进行的改革遵循的原则。这位财政大臣小心翼翼地避免使用"贬值"一词，并暗示本次改革旨在将卢布纸币的汇率固定在现有水平上，并避免对现有纸币外观进行任何改动。所有的变化只涉及金币，而"大多数人对金币并不熟悉"。也就是说，卢布纸币的价值保持不变，而金币将被新近贬值的 10 卢布硬币取代。这次改革要以一种无人察觉的方式进行：以往用卢布纸币表示的价格、工资、成本和估算都将保持不变。看起来，纸卢布价值未变，而金卢布却已经贬值了。这实际上并不重要，因为很少有人使用金币。维特的贬值与坎克林在 1839 年推行的较为直接的纸币贬值有所不同，因为它被硬币的贬值掩盖住了。

这篇演讲可能给国务会议成员留下了非常深刻的印象，特别是其中豪言壮语让维护现状显得面目可憎。然而，几个月以来，除国务会议之外无人知晓维特的改革计划。沉默的堤坝在 1896 年 3 月 15 日被冲垮，当时苏沃林在《新时代》发表了一篇文章，对货币改革计划进行了阐释。这篇文章由维特的助手古里耶夫撰写。文章指出，财政部在设计改革方案时就考虑到，改革对日常商业、信贷和其他经济关系的影响几乎不可察觉。最重要的创新是开放交易所，这意味着每个人都可以携带纸卢布，并无限制地兑换金子。发行纸卢布的新规则要求国家银行将不再应财政部的要求印钱，纸卢布的价值必须有一半由金库支持，而 1896 年黄金储备为 7.5 亿卢布。如果纸卢布的金额超过 10 亿，则所有多余钞票必须以 1∶1 比例由黄金支持。关于改革的制度安排几乎只字未提。改革的意义和规模与其法律和政治安排之间存在明显矛盾之处。

改革公告缓解了"折磨人的紧张感"，结束了"谣言和猜测、恐惧和焦虑"。[26]《新时代》的文章发表后的第二天，圣彼得堡扎巴尔坎斯基大街自由主义经济学会（Free Economic Society）的大礼堂人满为患。该社团每月都举办公开讲座和会议，但在这次关于货币改革的活动中，大礼堂已经容纳不下所有观众——将军和军官、参议员、教授、退休官僚、银行家、学生（男性和女性）以及记者。[27]据《证券交易所公报》报道，"首都弥漫着货币改的气氛。在学术团体和私人聚会上，到处都有人谈论这个问题；每个人都在关注这个问题，甚至连女士们也不例外。"[28] 财政部试图引导并监控这场公众运动，但这场辩论很快就失去了控制。

正如维特自己承认的那样，"所有有思想的俄国人都反对这次改革。"[29] 这项改革看起来与许多人预期不同，但每个人对理想计划都有不同的看法。改革看起来既艰巨又简单。古里耶夫在《新时代》上的一系列文章加强了这种印象。古里耶夫强调这项改革是"在文化上和政治上具有巨大政治意义的一步"。从文化上讲，它代表着俄国有机会"融入世界文化，却没有加入世界货币经济是不可能的"。"现代文化传播不再通过十字军和传教士，而是通过人们的经济利益推动的。"[30] 古里耶夫强调货币是"文化交流"的手段，这与这一时期在俄国流行的国际通用语言（沃拉普克语和世界语）及采用格里历（Gregorian Calendar）①的想法相呼应。由于俄国坚持使用儒略历（Julian Calendar），始终比欧洲"晚"12天。古里耶夫认为，俄国在金融上的无能为力被"写"在了每一张不可兑换的卢布纸币上，就像现代金融界的"世界语"一样广为人知。这是国家的耻辱，使俄国落后于许多发展程度较低、地缘政治较小的国家。

在与金钱相关的论述中，有关落后和怨恨的表达被用来支持不同甚至相互矛盾的观点。若是按照古里耶夫（和维特）说法，俄国因为纸币本位制而不得不表现得像个"乖宝宝"一样听从外国人居高临下的赞美以获得贷款，这是非常丢人的。民族主义者却认为，采用西方游戏规则很羞耻。在关于另一场荣辱辩论中，财政部关于金融稳定和福祉的主张与改革的主要原则（货币贬值）并不相符。将纸币与黄金的比率固定为 1∶1.5 并不是唯一实

---

① 格里历，俗称公历。——编者注

现金本位的方式；还有另一种选择就是以等价物重新兑换黄金，正如 1862 年至 1863 年曾尝试过但未成功那样。不满维特隐性贬值的民众想知道，为什么政府夸耀其黄金储备，却不愿意恢复卢布的全部价值。在关于卢布贬值的辩论中，贫困、尊严和法律问题再次成为焦点。

在 19 世纪 30 年代和 60 年代初，国家突然被描绘成像人一样拥有社会属性，如荣誉和声誉。一位改革的批评者写到"贬值，无论是直接贬值还是间接贬值（即金卢布贬值），实质上就是商人们所说的'打破卢布'（就像是破产）"。"人们只有在经济完全崩溃的情况下，而不是在金融和经济快速增长的时候，才用这种方法。"[31] 将货币贬值类比为商人破产的观点非常流行，"任何贬值都是隐性盗窃。一名向债权人只偿还一半债务的商人，即使他自己的声誉没有受损，也会被视为破产。"[32] 尊严论后来非常知名并广为传播，政府很难无视它的存在。维特的政敌之一伊利亚·齐翁（Ilya Cyon）写道，贬值是"欺诈性破产"，因为"没有什么使其不可避免"。当然，他也提到了商业信用准则。[33]

改革的支持者以经济理性和常识作为回应。在俄国，"没有人相信卢布上承诺的将纸币兑换成黄金的铭文"。[34] 换句话说，豪言壮语毫无意义，因为卢布已经很长时间不能兑换黄金了。新一代已经对卢布的可兑换性没有任何记忆，如果没有人被剥夺或欺骗，那么就不会有人感到耻辱。古里耶夫利用《新时代》传达了财政部的想法，并反对使用尊严、荣誉和不公正等概念。固定（现行）汇率既不会给政府带来任何荣誉，而贬值也并未造成任何耻辱。政府的"荣誉"仅在于按照符合公共利益的要求行事。商人和房东的"荣誉"与国家权力的"荣誉"属于不同维度。实际上，政府可以找到用于平价交换的额外 3 亿卢布，但这会变成"人民的灾难"。"获得'商人荣誉'很容易，但我们不想要它。

因为这对政府来说是巨大的耻辱并将置人民于水深火热。这就是为什么我们听到那些关于'俄国的荣誉需要花费3亿多卢布'的激情演讲会感到可笑。"[35]

反对货币贬值的观点林林总总，这项改革受到了左右两派的批评。讽刺的是，民族主义者找到了一个新的理由来攻击金本位制和外汇自由兑换。他们之前完全否定了黄金的意义，现在提出了一个新的愿景：将7.5亿卢布的黄金储备起来作为国家宝藏，成为国家的掌上明珠，不能在外汇兑换中浪费掉，并且必须为子孙后代保留下来。[36]这意味着纸币必须独立于黄金基金而存在；否则，只要国家银行开设兑换处，黄金就会落入投机者和外国人手中并流失掉。[37]金本位制被描绘成外国人的阴险发明，他们试图"一经推行金本位制就从我们这里骗走黄金！"[38]某个"俄国省份"的代表惊叹道，"天哪！我们的黄金基金，让我们付出了如此巨大的牺牲！在东方局势的复杂时刻，这个基金已经为我们提供了真正伟大的服务，是我们行动自由的真正卫士，是对敌人的威胁，是在苦难中值得信赖的朋友！"[39]沙拉波夫更直接地表达了这个想法："恢复外汇兑换有可能清空我们的黄金储备，而黄金储备在战争中保护俄国；换句话说，这是对俄国政治主权的间接侵犯。"[40]

有人认为俄国无法在国内"保留"黄金，储备很快耗尽并最终停止交易兑换。这种想法非常普遍。改革的支持者用雄辩的理论和统计数字来证明，黄金不可能"流向国外"，也不可能在兑换业务开始后耗尽。相反，他们声称黄金应该是来回流动的，国家中央银行如果需要补充资金，可以利用贴现政策吸引黄金流入。古里耶夫试图尝试灌输这样一个观念：不存在"英国、法国、俄国的黄金"，只有整个文明国家的黄金。[41]在自由主义经济学会议上发言时，古里耶夫抗议了在俄国话语中戏剧性地将货币

"拟人化"："我们经常听到'证券消失了''黄金被拿走了''卢布贬值了'等表达方式，但实际上没有这样的事情存在，一切都是基于经济因素：人们看到利润就做某件事情；他们看不到利润就不做"。[42]作为抽象物品的钱没有民族或社会阶层之分，没有感情，哪有什么荣誉或尊严。

然而，事实证明，俄国公众更抗拒这种去民族主义化的"货币中立"观念。沙拉波夫甚至提议创建两种货币：一种用于国内业务（纸卢布），另一种用于国际业务（金本位货币），两种货币不应使用相同名称。[43]货币还与阶级、财产和职业紧密相连：纸卢布被视为农业阶级和农民的财产，而黄金则与交易所和金融家联系在一起。金币的推行给人留下了"贵族"改革的印象；农民很可能会避免使用黄金，而是把它保存在黏土罐里。[44]关于未来改革的对话经常唤起关于"俄国真汉子"的陈词滥调：他们对沙皇"蓝票"（blue ticket）的热爱，以及对据称由 1∶1.5 汇率自由兑换改革引发的迷信恐惧（即 1000 个戈比等于 666 戈比）。[45]然而，财政部不会放弃既定目标并屈服于人民的旧习惯。正如我们所看到的，在改革实施后，政府加强了金币的投放和小面额纸币的收回政策。

黄金、银行和宪法

维特的改革计划赋予国家银行发行纸币的主要职能。1894 年在维特戏谑批判通货膨胀主义思想时，国家银行按照安东诺维奇设计的原则进行了重组，货币改革并没有对银行的结构和职能进行任何新的改变。因此，货币发行的制度安排与改革的意识形态之间存在内在的紧张关系。维特在一份提交给国务会议但未见诸报端的立法提案中，强调了国家银行为国库发行的现有卢布纸币，与"专为支持作为信贷机构的国家银行的商业运营"而发行的新钞在（法律）地位与功能上的区别。自由主义经济理论认为，纸币的主要衡量标准在于银行发行的纸币数量与对货币的商业需求之间的紧密联系。因此，黄金储备应起辅助作用，而汇票和短期证券才是货币发行的主要支柱。

如果维特打算遵循这个原则，他就必须重新考虑国家银行的整体组织模式。然而，1894 年的新银行法案并没有扩大能支持卢布纸币的短期信贷业务，而是更多地将各种流动性差、难以出售的资产（包括粮仓里的谷物和农业机械）作为抵押品，提供长期信贷。[46] 鉴于国家银行的活动集中在农业领域，新发行的卢布非常像保守派报刊上所称的"面包卢布"。维特承认了这一事实，并在财政委员会会议上表示，"卢布纸币将完全由黄金而不是票据持有量来支持"，[47] 同时放弃了纸币发行与银行商业活动协调一致的既定目标。尽管维特设想国家银行在未来是平衡商业需求和货币供应的机制，但由于其信贷政策和组织方式的特殊性，国家银行无法发挥这一作用。一些经济学家甚至否认改革后的新卢布具有纸币的地位，称其为"黄金证书"（gold certificate）或"国库券"，因为改革未能在信贷经济和货币之间建立联系。[48]

在设计改革方案时，维特的学术顾问经常提到英国 1844 年的《比尔条例》（Robert Peel Bank Act of 1844），将其作为稳定发行系统的范例。该法案要求纸币必须 100% 由黄金支持兑换，是两种主义在学术、政治领域相持不下的结果。一种强调金属储备的首要地位（货币学派），另一种偏爱汇票（银行原理）。到 19 世纪末，完全依赖金属储备的体系不足之处变得显而易见。这项条例使大量金融货币无法流动，同时也不允许货币体系灵活调整。每当经济发展需要改变比率时，政府就暂停该条例的执行。[49] 遵循《比尔条例》的德国制定了法定比率，并辅以"自我行动"（selfacting）补充，允许在没有政府的干预下自动调节货币数量；超过设定限额发行的纸币需缴纳特别税。[50] 在法国，没有法律规定黄金与纸币的比率；只要纸币仍可兑换，该体系就依然有效。而在俄国，坚持金本位制与财政纪律息息相关。《比尔条例》也是出于对纸币的恐惧而被制定出来的，因此被视为良好的模仿对象，它在控制超额纸币发行及稳定秩序方面发挥了一定作用。然而在英国，快速发展的无现金支付等清算服务弥补了这项条例所造成的类似于黄金无法移动的经济短板。而在俄国，无现金支付的交易量微不足道，这使得其经济体系完全依赖黄金储备。

国家银行组织结构对金本位改革的价值与目标的影响还体现在另一方面。安东诺维奇和维特最初对国家银行改革的构想，是建立在中央集权和银行嵌入国家行政体系基础之上的。这次改革加强了国家银行在其所有活动领域对财政大臣的依赖。尽管维特可能后悔听从安东诺维奇关于银行信贷政策观点，但仍然坚信将国家银行置于财政部保护伞之下，并维护政府在印钞或铸币方面的垄断地位。因此，金本位制的核心思想之一，即发行银行的独立及政府退出货币日常的赢利活动在俄国并未付诸实践。新系统在体制和政治上的创新被简化为国家银行不按财政部需求印钞。这让许多专家感到意外，并将未能采取这一措施理解为政府缺乏对于遵守货币发行规则的承诺。[51] "我们都知道国家银行只是财政部的下属机构"，亚历山大·扎尔舒平（Alexander Zalshupin）在自由主义经济学会上说道。"各个国家信用与货币体系都基于信用，但在俄国，只要国家银行仍然是国库的左口袋，就无法建立起信用"。[52] 圣彼得堡大学大学经济学教授瓦西里·亚罗茨基（Vasilii Yarotskii）表示，货币的性质确实保持不变：国家债券仍将是"国家"信用票据，而不是纸币，因为"整个业务仍然掌握在财政部手中，而国家银行只是财政部一个辅助机构或某个部门。"[53] 从俄国的货币政策的历史来看，政府恪守不超额印钞承诺的希望渺茫。也许最明显的证据是，俄国货币政策的波动必须通过法律规范来控制，这可以从维特本人过去对民族主义和通货膨胀主义的承诺中看出来。在自由主义经济学会的一次会议上，沙拉波夫朗读了维特为伊万·阿克萨科夫（Ivan Aksakov）的极端斯拉夫主义狂热报纸《俄国报》（Rus'）撰写的一篇未公开发表的文章，当时维特正痴迷于通货膨胀主义。民族主义者引用维特的话作为西方货币理论流行趋势转瞬即逝的重要论据。[54] 彼得·斯特鲁韦（Petr Struve）试图从另一个角度解释维特为何改变立场，称之为"经济发展辩证法"。[55] 但正如斯特鲁韦所描述的那样，人们担心从"极端西化"转向"顽固斯拉夫主义"的情况会再次出现。

货币发行和控制系统从设计之初就将权力全部集中于财政大臣之手。来自基辅的经济学家兼记者德米特里·皮赫诺（Dmitrii Pikhno）是极少数公开支持维特计划的大学教授。他私底下写信给维特，就缺少对于货币发行程序的制度性监管进行批评，这似乎是该货币体系中"最薄弱的"部分："当然，您个人为恢复贵金属制度方面付出了积极努力，即使在不时出现财政拮据的情况下，也不会想到杀死自己的'孩子'。对下一任财政大臣来说，有序的货币流动可能会诱惑其使用这种资源。届时他会与您持相同的观点吗？……过去发生的一切都印证了这些担忧。"[56]

政府在货币经济中的主导地位得以保留并非源于疏忽，也不是上一个时代遗留下来的问题。维特有意通过改革让财政大臣控制货币发行。尽管他对通货膨胀主义的信念减弱了，但他对行政权力应在经济活动中占有核心地位的观点却加强了。针对将国家银行转变为股份公司的流行观点，古里耶夫将贪婪追求利润的私人公司与无所不包、不偏不倚的国家进行对比："国家作为一个永恒存在的机构，可以而且必须着眼于未来，并有时会为了未来牺牲现在。"[57] 国家凌驾于阶级和狭隘的党派利益之上，其权力不应受到某个公司或某个群体利益的限制。中央银行的独立性是虚幻的，是自由主义的幻想。"无论是私有银行还是国有银行，政府想让它做什么，它就会做什么；政府只会根据具体情况做出社会需要它做的事。从这个意义上说，它是什么样的政府完全无关紧要。"最后一句话提到了人们普遍关注的问题，即君主制国家不可能存在稳定的货币体系。古里耶夫特别强调这一观点的谬误，因为它解释了"有关我们金本位制未来的悲观论调缘何产生"。[58] 不论是共和制还是君主制，政府必须对货币发行拥有至高无上的权威。

然而，一次失言揭示了古里耶夫观点的前后矛盾之处。古里耶夫在反对将"权力分立"作为"保护货币经济利益免受国库侵犯"的手段时指出，维特的前任官员都没有故意滥用媒体来为自己的政策做宣传："宣战取决于财政部吗？""毫无疑问，如果财政大臣的意见足够坚定……除了 1812 年的卫国战争，我们就不会卷入任何战争。"[59] 通过提出这个问题（并回答），古里耶夫或许无意中指出了俄国货币混乱的真正根源：专制。在专制国家中，与拥有总理和议会的宪政体制不同，没有人能站在君主和他的大臣之间，所以最后决定权掌握在沙皇手中。古里耶夫试图淡化改革的政治意义，但并不成功。这反映了人们对专制政府维持金本位制度的能力的普遍焦虑和怀疑。维特的官僚式金本位模式，即国家银行由财政大臣全权控制，违背了这一货币制度背后的政治要求。在公众想象中，金本位制仍然与立宪主义联系在一起，因为私有银行被视为议会的金融原型。人们普遍相信，只有得到独立于政府之外的政治机构的支持，金本位制才能保持稳定。苏沃林敏锐地察觉到了公众情绪，并向维特传达了将卢布命运与宪法联系在一起的流行观点。从他的解读来看，公开对话表达了对专制主义能否维护新（金）本位制的疑虑：

人们最担心的是，新卢布的汇率不会持续稳定。而且欧洲人不会完全信任我们，因为我们不是立宪国家……他们还说金本位制打开了通往宪法的大门。现在已经不是坎克林时代了，现在每个人都有自己的看法，都或多或少地感到不满。因为在过去的 50 年里，专制政府不得不进行 2 次货币贬值，这证明其无法进行有效治理。因此，新卢布汇率的微小波动必然会引发混乱。[60]

维特当然意识到改革的成败对专制形象的潜在影响。因此，与 1862 年让亚历山大二世宣布恢复兑换并随后宣布暂停的行动不同，维特建议沙皇以诏书的形式启动改革，这种形式适合意义不大的法律。[61] 维特有意识地将向金本位制过渡和恢复兑换的政治意义降到最低。此外，改革整体方案应该用一个简短的诏书来传达，其余的具体部分显然可以通过一系列行政法令来规范。这种模式违背了将卢布命运与君主权威联系起来的传统。皮赫诺在给维特的信中写道："你们想贬低改革的重要性。但这可取吗？通过君主诏书颁布的改革计划具有某种技术性质，并可能不会被广大公众所理解。"也许正是维特想要做到这一点，让改革在无形中实施。[62]

相反，维特的操弄却产生了相反的效果：所有人都注意到，一方面是俄国要进行西化和现代化的豪言壮语，另一方面则是企图将货币问题去政治化，两者矛盾重重。1896 年 3 月 15 日，古里耶夫在《新时代》上发表文章宣布改革。他代表财政大臣维特直言不讳地宣称，改革"并不涉及宪政问题"，但却将其描述为向西方迈进的一大步。[63] 然而，在 19 世纪末的俄国，这种君主式的西化——彼得大帝式的改革——似乎已经不可能实现。即使是维特雇来捍卫金本位制的记者和专家也无法始终保持规定好的非政治化论点。在自由主义经济学会招募来为金本位制辩护的发言人中，瓦西里·卡斯帕罗夫（Vasilii Kasperov）将改革描述为"解放性"的一步，并强调在纸币本位制国家，政府控制货币的流向、规模和价值。在金本位制下，市场与个体之间没有任何隔阂，个体可以将自己的经济活动与全球经济进程进行协调。因此，正如卡斯帕罗夫所观察的那样，"人民可以告诉政府：你们负责外交政策和行政管理、颁布法律、征收税款等事务吧，但请给我们计算经济资源的可能性"；"金银本位、价值尺度的不变性是人民经济自由的基础之一，也是公民权利之一"。[64]

维特的保守派反对者也在很大程度上依赖金本位制与现有政治秩序不兼容的论点。最著名的是沙拉波夫在他的书《纸卢布》（*The Paper Ruble*）提出了"绝对货币"（absolute currency）的概念。该概念认为价值尺度不应调整为某种物质单位，即黄金。抽象货币或绝对货币的理念基于古老的保守解释模式：纸卢布的内在价值和购买力基于人们对一个强大的、独立的专制政权的货币管理体系的信任。[65]"道德"，即支撑俄国货币体系的"爱和信任"，与西方模式并列。在西方模式，交易所的大人物从政府手中夺取赚钱的权力，并将其交给股份制银行。因此，在保守派的批评中，金本位制依旧与立宪主义联系在一起。

关于卢布金本位制的辩论揭示了各种观点，从捍卫金本位制并将其作为公民权利和人民主权的象征，到将不可兑换的卢布视为专制统治的支柱，不一而足。维特试图限制公开辩论并将改革简化为技术性问题，这引起广泛不满。苏沃林要求就卢布问题进行公开讨论，同时强调这不一定意味着要进行议会式辩论。然而，议会制的幽灵依然存在。自由主义经济学学会上的会议和辩论类似于"议会，虽然没有利益代表，但有代表……趋势"。[66]

最后一句话凸显了俄国转向金本位制的另一个独特之处。如果说在欧洲国家，采用金本位制是在议会经过长时间辩论之后才实现的，那么在俄国，讨论仅限于学术团体和报纸。19 世纪90 年代，金本位制和复本位制支持者之间的争论在欧洲和美国继续进行：1894 年，在伦敦召开了国际复本位主义者国际大会，而英国（1892 年）或德国国际复本位联盟（Deutscher Verein für internationale Dopplelwäh-rung）等国家组织则在宣传复本位主义思想，[67] 但是在俄国并没有类似的情况。斯特鲁韦对此感到惊讶，并表示"我们地主阶级中没有任何支持复本位主义或银本位的运动"。[68]（作为对苏沃林抱怨没人咨询过贵族相关问题的回应，有人反驳说十个受过良好教育的贵族中竟然没有一个能参与关于货币问题的讨论。）[69] 俄国贵族地主政治上并不成熟，无法发起对改革的抗争。而在奥地利和美国，这些土地贵族的抗争确实是极其猛烈的。地主阶级对金本位标准的强烈反对是改革最严重的障碍。少数代表土地贵族立场的作者认为该改革将毁掉俄国的农业出口，但农业部迅速回应了这些担忧，并提供了统计数据，表明出口商从卢布疲软中获得的收益被大大高估了。[70] 实业家和证券交易委员会的委员们也未能在改革公告与实行之间的几个月里自发组织起来并就黄金标准发声。正如霍夫施泰特（Hofschtetter）所说，这项改革"使我们措手不及。社会显示出自身在面临复杂问题时毫无准备，并不知道如何应对改革"。[71] 各种理论和相互矛盾的观点让每个人都感到困惑，不知道改革到底会带来什么。

唯一组织起来抵制改革的是圣彼得堡大学的金融法教授们：列昂尼德·霍茨基（Leonid Khodskii）——同时也是自由主义经济学会第三系主任、瓦西里·列别杰夫、瓦西里·亚罗茨基（Vasilii Yarotskii）、安德烈·伊萨耶夫（Andrei Isaev）等。这些经济学家的著作体现了经济领域正在兴起的一股思潮，这股潮流逐渐取代了自由主义经济学的主导地位，并随后被称为"民粹主义"和"反垄断主义"。其中有几位经济学家因参与政治活动被沙皇的警察起诉,尽管这些左翼的激进程度不同,但他们都对资本主义的社会和道德问题,以及农业工业化和农业经济发展感兴趣。[72] 与美国的"反垄断"政治团体不同,俄国的民粹主义经济学家并不认为复本位主义是一种选择。霍茨基承认,"波动频繁的纸币"加重了农民家庭承受的政府税收和军费开支负担。[73] 原则上,他赞成货币改革和坚持金本位制的想法。[74] 然而,维特的改革忽视了农村经济发展的需求。谈到这项改革时,霍茨基和许多其他批评家一样,不禁要问,既然政府成功地征收了这么多黄金,为什么还要继续加税,而不利用资金改善公共教育并提高农民的识字率呢?一个富裕国家的政府必须把人民利益置于地缘政治利益和财政声望之上。

在自由主义经济学会的会议上,霍茨基的讲话引发了一场讨论,即一个国家是否必须先达到一定的经济福祉水平才能向金本位制过渡,或者改革本身是否就是改善经济的一种手段。霍茨基的观点非常悲观:19世纪90年代,俄国没有赤字的预算表明其在财政管理方面比较成功,而并不说明其出现了经济增长,俄国仍然太穷,以至于无法进行金本位制改革。"贫穷"论点不能被忽视。代表财政部的卡斯帕罗夫回应称,没有改革就不会有经济崛起。[75] 同样《证券交易所公报》提到了金卢布改革和农奴解放之间的相似之处:在废除农奴制度之前培养农民的公民意识是毫无用处的,试图提振经济而不消除其发展的主要障碍也是愚蠢的做法。[76] 因此,金本位制讨论重新唤起了一个古老问题:俄国穷吗?如何使无赤字预算中吸引人眼球的数字与俄国人的贫苦和困难,或与农民税款拖欠统计数据相协调?是财政优先于经济和生产,还是反过来?专家用政治经济学的语言表达了这一两难境地,并将国民经济与人民的经济福祉区分开来。[77] 霍茨基认为,财政收入增加并不一定反应普通人收入水平的上升，但他认为必须将其视为"国家经济活动有效性的重要标准"。[78] 国家只代表整个国民经济体系的一部分，如果人民生活在贫困中，就不可能有富裕的国家。金本位制改革没有考虑到人民福祉这一因素，因此不能接受其现有形式。[79]

在关于改革的激辩中，霍茨基和"教授反对派"所代表的民粹主义趋势仍然处于边缘地位。在这种情况下，俄国关于货币的辩论与1896年美国总统大选前夕同时展开的辩论大相径庭。在美国，复本位主义的支持者代表着反垄断的民粹主义传统，并主张通过"政府对（国家）金融体系进行监管"推动经济和政治权利平等。白银与国家和公共利益相关，而黄金则象征着私人资本主义公司和国际金融机构的统治。金本位制拥护者认为，复本位主义者的民粹主义是对私有产权的威胁，而批评以黄金为基础的现行货币体系的人声称，货币应该成为社会和政治调节工具，而不仅是市场工具。[80] 而俄国的社会和政治格局几乎完全相反：资本家要么漠不关心，要么与学术界的经济学家和少数民粹派一起反对金本位制，而政府则在推动实行由国家主导的金本位制。

总之，关于改革的短暂而激烈的辩论涉及法律问题、人民和国家之间的关系问题、尊严和义务问题，以及宪政、贫困和文化等方面的问题。因此，与会者模仿苏沃林将1861年农奴解放与金本位改革进行比较，凸显了改革规模与公众参与改革进程之间的不平衡。涉及向金本位制过渡的秘密和政治阴谋看起来令人震惊，就好像公布专家委员会的项目、备忘录和材料，甚至向报纸通报委员会会议的日期和时间等传统突然被抛弃了一样。[81] 人们不仅仅要求公开辩论，其中一位参与者还建议政府进行"调查"，即向有关改革的问题发放问卷，并听取不同的意见。就俄国卢布问题进行"调查"的想法很快得到了广泛支持。[82] 就俄国卢布问题编制"调查表"的想法很快就流行起来，它不仅要求让不同利益集团和地区的代表有发言的机会，还可以收集和公布有关俄国财政状况的金融信息。

披露俄国财政信息的要求表明，维特驯服新闻界的政策适得其反。财政部操纵国内外媒体的方法早已众所周知：官方报纸的报道——例如财政部的喉舌《金融先锋》（*Herald of Finances*），以及受雇于政府的所谓"独立"记者对俄国经济繁荣充满信心，都会招致人们的怀疑。众所周知，当俄国债券出现在国际市场（尤其是在法国市场）时，维特不遗余力地争取欧洲媒体的好评，这已经不是什么秘密了。[83] 在维特的努力下，大多数大型报刊——《证券交易所公报》、《新闻与证券交易所公报》（*the News and Stock Exchange Gazette*）、《圣彼得堡公报》、《基辅里安宁报》（*Kievlianin*）等支持改革，但面临对金卢布日益增长的反对声音，他们不得不给反对派留出版面。在这些报业巨头之中，只有苏沃林站在坚定的反对派立场上。维特通过定期会面和通信，尽一切努力减少苏沃林机智的批评所造成的伤害。因此，维特把最棘手的任务交给明显厌恶金本位制改革的苏沃林，并与他分享最有价值的信息。这似乎有些奇怪，因为苏沃林毫不掩饰他对金本位制改革的反感。

尊敬的阿列克谢·谢尔盖耶维奇，所有法国报纸都说，据称我禁止俄国报纸讨论关于金本位制的法律。您知道这是谎言，我从来没有做过这样的事，也不打算这样做。这个谎言是由彼得堡的电报编造的……请在你们的报纸上驳斥这些虚构之词。[84]

这篇简单的笔记揭示了财政大臣维特对媒体的负面态度和关于改革的众多谣言感到困扰。其中最令人震惊的插曲是维特在

1896 年 3 月 24 日写给苏沃林的一封谦逊的八页信件。维特询问是否有机会引导他的读者避免……对改革产生错误的看法？他列举了报刊上出现的各种斥责和谣言——准备仓促、暗箱操作，以及不听从所谓"教授"的意见（他们都反对改革）。然而，他尽可能对这些含沙射影的说辞做出回应，并指示苏沃林显然应该以他全部的"真诚和才华"向读者传达他（维特）的本意。最后，维特要求这位媒体人对有关他本人对沙皇的态度最令人不安的谣言做出回应：

　　如果你打算自己写，请注意不要用以下卑劣的手段。说财政大臣好坏都没问题，但为什么要含沙射影呢？然而，这就是他们正在使用的武器：俄国的敌人向他（即沙皇）灌输了（关于改革的）思想，认为他（维特）想利用沙皇年轻懵懂，毁掉沙皇的货币，并用银行货币取而代之——他自己已投靠了犹太银行家。[85]

　　鉴于这次通信的亲密方式，维特或许期望苏沃林对他和改革持支持态度。更何况正如维特所说，他正在为 4 月底国务会议关于改革的重要讨论做准备。然而，4 月 10 日，《新时代》刊登了苏沃林自己的社论，表达了一种普遍存在的不安和困惑。"告诉我，为什么货币改革不受欢迎？"没有人知道改革到底出了什么问题，但许多人或"本能地"或"下意识地"感觉到，在这次改革中，"每个人都会损失一些东西"。即使每一次大规模的改革都要有所牺牲，但在这次，人们甚至不知道他们的牺牲是为了什么。苏沃林再次比较了解放农奴和金本位制改革，他强调两者在规模上的区别。然而，"解放农奴是一项思想上的、深刻的意识形态改革。它涉及自由"。那些因解放农奴而失去某些东西的人至少还有"道德慰藉"。相比之下，货币改革"没有人文关怀，并且其政治意义难以捉摸。"这就是为什么即使那些支持贬值并愿意承担过渡成本的人也公开反对维特的改革：因为他们不知道改革将如何安排和推进。苏沃林最后要求公布所有关于该改革项目以及在财政委员会内部讨论的相关材料。[86]

在这篇社论发表四天后，苏沃林被召到内政大臣伊万·戈列梅金（Ivan Goremykin）的办公室。戈列梅金既管理警察，也监管新闻舆论。正如苏沃林在日记中所说："维特提出了申诉。"[87] 然而，戈列梅金解释说给苏沃林以警告有更重要的原因。

上周四，国王陛下告诉我，他已经受够了这些关于贬值的闲言碎语。如果他站在我的立场上，他一定会采取措施来对付这些评论。但是我没有采取任何行动，让他们说吧。只要批评是有道理的，我允许各种形式的批评。但是像你写这样的文章，我不能容忍。因为它可以把任何事情变得可笑。[88]

值得注意的是，苏沃林的这篇文章并没有直接批评改革，而是谈到了一些更微妙的问题：改革在意识形态上的踌躇不定。如果他（维特）能更加公开并真诚地向公众发表讲话，他就能赢得更多的盟友。这激起了戈列梅金的愤怒。有趣的是，这篇文章并没有破坏苏沃林和维特的关系。他在 5 月 1 日再次拜访了维特。维特告诉他，沙皇已经阅读了自由主义经济学会的辩论摘要，并要求内政大臣结束经济暴政。[89] 学会主席彼得·海登伯爵（Count Petr Geiden）收到了一份备忘录，上面抨击了由学生、年轻女性和非学会成员参加的有关改革的"示威游行"和"低俗"的公开讨论。[90] 面对所有的批评，无论来自左派还是右派，都得被压制。

因此，沙皇对货币贬值谈判的评论导致了辩论的终止。这场辩论只持续了四周。维特对公众舆论的执迷，表现在为新闻报道花费成千上万卢布，并向专家支持报酬以获得他们的积极评价。但他明显忽视了改革所引起的民情。正如经验丰富的政府官僚弗拉基米尔·古尔科（Vladimir Gurko）所指出的那样，维特在"公共舆论"和"公众活动"之间做出了重要区分。后者意味着公众自主代表自己采取行动的能力。"对维特来说，公共舆论并不在于其自身，而在于它能指明应采取何种行动方针；不在于它是公共生活要素，而在于它是实现自己明确目标的一种手段。"因此，维特比之前或之后的任何一位大臣都更"清楚新闻界对公共舆论的巨大影响，并努力与新闻界名人和代表保持良好关系，采取各种策略达到这个目标"。另外，如果新闻界的意见不符合他的计划，他也会毫不犹豫地进行封杀。[91]

金本位制改革正是如此：维特不顾公众的抵制进行了改革。反对改革的人当然知道，他们的抗议无济于事，维特肯定会推动改革通过。面对政府时，民众会产生一种宿命感和无力感，这种政治上的不安几乎成了俄国的民族性格。知名作家和评论家康斯坦丁·斯坦纽科维奇（Konstantin Staniukovich）在其虚构的"外国人"与某位"俄国朋友"的对话中描述了"改革不可避免"已成为共识：

> 那么，这个计划大概会破产吧？舆论和大多数经济学家都反对：
> ——作为回应，一个俄国绅士睁大眼睛看着我说："为什么不能呢？……我们必须感激我们能够公开讨论这个问题，从而让公众有所准备。但可以换一种方式来做。
> ——怎么说？
> ——像这样，老爷。在美好的一天，宣布已经做出的决定即可。
> ——这些俄国人真是非常奇怪！"[92]

货币政变

在推进改革过程中，维特走的是一条早已为人所熟知的官僚谈判之路。财政委员会和国务会议都要求维特在进行货币改革之前详细阐述国家银行的改革、国家银行与财政部的分离，以及将国库资金与银行商业资金解绑等问题，然后再进行货币改革。[93]在国务会议中，那些坚持要保护国家"尊严"的人也反对这项改革，还有那些理论上认为黄金标准有益但俄国尚未准备好的人也反对改革。国务会议投票决定推迟对该项目的进一步讨论——在庆祝尼古拉二世加冕纪念日结束后再讨论。[94]然而，维特清楚地意识到，在任何情况下，国务会议都不会投票赞成该计划。戈列梅金向苏沃林保证改革不会通过，暗示沙皇在此事上给以支持。[95]与戈列梅金的预测相反，维特在争夺沙皇注意力和支持方面取得了胜利。他最狡猾的策略是将改革分成几个较容易悄悄进行的阶段：首先是贬值，然后是货币发行法案和自由兑换，以便合法地将卢布纳入金本位制。他没有与议会中蛊惑民心的政客缠斗，而是说服沙皇召集由沙皇担任主席的财政委员会，并讨论铸造含金量与现有硬币相同、但面额不同的新硬币这一小问题。维特建议只需重新铸造 5 卢布和 10 卢布两种金币，并赋予它们新面额：7 卢布 50 戈比和 15 卢布。然而，批准新设计的金币意味着原则上批准了贬值措施；沙皇同意主持会议事实上也使整个改革合法化。国务会议主席和沙皇尼古拉二世的叔祖父、大公米哈伊尔·尼古拉耶维奇（Mikhail Nikolaevich）在财政委员会会议上宣布，作为掌权者的沙皇，"可以基于财政大臣备忘录解决任何问题及签署任何法令。"确实，尼古拉二世回应说，他在"会议之前就已经下定决心"，随后补充道，"财政大臣建议的措施已得到我父亲的批准，我只是决定将其付诸实践。"[96]这就注定了"卢布的命运"。[97]波洛夫佐夫在他的日记中描述了这次会议，并对这一历史事件添加了一幅有趣的插图。委员会讨论稿提议并促成了铸造印有沙皇头像的新硬币，似乎由于金币的面值（5卢布）与金币"真实价值"（7卢比50戈比）之间存在差异，沙皇的名声遭到了损害。事实上会议上根本没人这么说，波洛夫佐夫坚持要从会议记录中删除这句话，并评论到，"奴性必须有其限度"。[98]具有讽刺意味的是，他认为篡改会议记录是违法的，但却认为绕过立法院进行重大改革（立法院反对）是合理的。

从事实和法律上看，关于新硬币的法令使得继续讨论贬值变得多余。正如维特向苏沃林夸耀的那样："如果在法令颁布之前，他（维特）一直在期待国务会议能仁慈一点；那么在法令颁布之后，国务会议将期待他（维特）能仁慈一些"。维特将这一法令视为他个人的胜利而欢庆，而苏沃林则认为这是他的失败。"这就是贬值，无论你写些什么都无济于事……但，失败了真的很耻辱。"[99]确实，在改革过程中，所有参与者无论是支持者还是反对者，都将俄国卢布视为政治角逐中的主要战利品。

新货币法通过之后，改革尚未完成。改革的主要部分——描述基于黄金铸币的新秩序，还有待讨论和批准。1897年2月，国务会议再次开会讨论改革计划，但实际上只听到了维特的自夸之辞。维特拒绝了国务会议关于重新考虑财政大臣在国家银行及货币发行过程中的地位的请求。弗拉基米尔·韦尔霍夫斯基（Vladimir Verkhovskii）提出将货币发行权委托给国家银行进行管理，"这意味着将货币发行业务交由命运摆布，并给予财政大臣专制之权。"维特回应说，将国家银行从财政部分离出来"有损国家权威"。[100]根据维特的说法，卢布和改革的命运系于他个人责任之上。"我一直在告诉陛下，我不仅在正常时期，甚至在紧张的政治局势下都愿意承担维持固定汇率的责任……但是，在国家银行脱离财政部的情况下，谁来对汇率稳定负责呢？"[101] 国务会议最后又推迟了进一步的辩论和决定。这正是维特想要达到的效果。

在未解决货币问题的国务院委员会会议结束，财政部向欧洲媒体发出了一封电报，宣布"国务会议……已经批准了与财政大臣观点相同的委员们的意见。因此，1月3日法令已确认，财政大臣的货币改革已牢牢地确立下来，并且不可撤销"。[102] 这只是一个谎言，事实证明记者也知道这一点。埃德蒙德·泰里（Edmond Théry）是复本位制的支持者，也是颇具影响力的《欧洲经济学家》（L'Economiste Européen）的编辑。他引用了财政大臣的电报，指责维特发动了"货币政变"（le coup d'état monétaire）。这个词捕捉到了维特行为的违宪之处，并解构了新秩序的整体意义。一个"持久"的货币秩序假设沙皇的诏书应该反映拥有立法权的国务会议的决定，这将赋予诏书"法律效力"。泰里写道："从道德的角度来看，政府的所有金融行为都必须是无可指责的。看起来维特先生想引诱尼古拉二世从事一项对俄国信用非常危险的不正当生意。"[103]

尽管维特在贬值法令方面取得了成功，但他要在未经国务会议批准的情况下通过另一项关键的货币发行法似乎是不可能的。[104] 然而，不同于在民众的要求下（由国务委员会）讨论并通过实施货币发行法律的立法形式，这种重要法律也要以皇家诏书的形式出现，由维特向沙皇提交个人报告后颁布。[105] 这份有半页篇幅的诏书就像贬值法案那样言辞简练，但其内容令人担忧。诏书规定，银行不得为国库印制钞票，已发行的6亿卢布至少有一半由黄金储备担保；至于印制超过这一限额的卢布纸币，则必须按照1∶1的比例与金卢布相对应。[106]1897年8月29日的法案将俄国货币纳入金本位制，但这只是一项例行的官僚指令，甚至没有公开宣传。官方报纸《财政、工业和贸易先驱报》（Herald of

Finances, Industry and Trade）在诏书发布后两周发表的一篇关于国家银行结算表格变更的文章中简单了提到了这一点。[107]

1897 年的俄国货币发行法被认为是欧洲最严格的法案之一，因为它要求在俄国发行纸币需要比其他国家更高的黄金担保，旨在弥补俄国债权人眼中政治保证和法律规定的不足。（俄国）货币发行法最引人注目的内容是，尽管存在实质性、有形的制度限制，但它将货币发行的全部控制权授予财政大臣。财政部内部起草的货币发行规则直接宣布，"纸币发放和收回的总指挥权属于财政大臣，他向（国家）银行下达有关指示"。这一条款之所以从最终版本中消失，是因为它以更详细和官僚化的形式重申了别处早已阐述过的原则。[108] 因此，关于金本位制改革的立法反映了改革的实施方式，财政大臣的"独裁"是沙皇个人权威的体现，正是沙皇的个人权威使改革成为可能。

因此，维特的金本位制改革的构想与用于调节政府及其干预市场和国民经济的手段的"本位制"概念相去甚远。它根植于专制主义政治体系中，未能限制沙皇和大臣操纵干预国家货币系统的权力。俄国的金本位制标准在改革后几乎立即显示出政治脆弱性。第一个迹象就是 1898 年至 1892 年的金融危机。当时国家银行应沙皇的要求向工业企业和私人银行提供大笔长期贷款，其中很大一部分贷款就被称为"法外贷款"或"根据最高（即沙皇）命令"发放的贷款，其中很大一部分从未偿还，这些损失危及国家银行作为货币发行机构的信用和金卢布的可靠性。[109]

为什么这些贷款被认为对金卢布构成威胁？[110] 金本位制改革后，国家银行合并了商业和"公共"账户；因此，作为独立实体存在的交易所黄金基金在国家银行的资本中销户。因此，沙皇向他的宠臣发放补贴直接侵犯了支撑卢布的黄金储备的可靠性。即使是彼得·萨布罗夫（Petr Saburov）这样的政府官员也认为，"保证卢布纸币可兑换性的黄金储备是我们金本位制的基础，应该被拿出来成为一支不可侵犯的基金，以便每个人都能根据公开资产负债表确定其安全性"。[111] 萨布罗夫预言，如果不加保护，经济危机或政治动荡会耗尽黄金储备。维特援引"实际需求"优先于理论的原则，愤怒地拒绝了萨布罗夫的建议。他还以国家银行客户的隐私权为由，抵制了国家审计长对国家银行发行活动进行审计的企图，因为从纸面上看，客户的资本与黄金储备并未分开。然而，事实是维特经常违反财经保密纪律。[112] 结果是，对黄金储备和卢布有直接影响的银行业务不对百姓公开，甚至是其他机构也无法染指，银行的资产基本上由大臣和沙皇支配。[113]1902 年维特离开财政部之后，这一制度在其继任者的领导下继续运行。根据维特的讲述，当 1905 年的俄国处于政治危机和破产的边缘时，财政大臣希波夫拒绝了沙皇要求国家银行向弗拉基米尔·斯卡隆（Vladimir Skalon）将军提供 200 万卢布的请求。然而，尼古拉二世只是简单地告诉大臣执行命令，贷款就发放了。正如维特所推断的那样，这一事件毁掉了希波夫的政治生涯。在任职几个月后，希波夫再难为国家效力了。[114]

正如国家银行非法贷款的故事表明的那样，新货币体系缺乏最关键的元素：机构韧性和去个人化。它的稳定性依赖财政大臣和沙皇的善意。它在起源和原则上都是"维特的体系"，维特似乎并不关心在他卸任后该体系将如何运行。一位观察家指出，"不可否认，维特开放黄金交易是令人鼓舞的，他以此实现了权势熏天的罗伊特恩、学术卓越的本格及思想伟大的维什涅格拉茨基都难以企及的功业"。[115] 讽刺地是，维特对黄金的痴迷与对货币体系持久性的漠不关心混搭在一起，好像他并不希望这个体系能持续下去。

第八章 实行金本位制

驱逐纸币

"关于金本位必须使用黄金的诸多言论，纯属无稽之谈。如果将金本位理解为使用黄金作货币，即把黄金作为主要的，或作为总体上相当重要的交换媒介，那么世界上没有任何一个国家能够做到。" 1913 年，30 岁的凯恩斯出版了他的第一本货币学著作。在这本书中，凯恩斯讽刺性地批判了欧洲政策的制定者（尤其是德国人）妄图效仿英国建立自己的金本位货币体系，却不懂个中真义。"事实上，他们看中的是英国人口袋里的主权金币，而非桌子上的支票簿。"英国体系的"粗浅面"吸引着欧洲人，令后者模仿起英国的形式而非内在。[1] 凯恩斯自负地预言他们的所有尝试都注定失败，因为英国的金本位体系无法复制。各国，尤其欧洲的债务国，不得不放弃发行金币。比起盲目模仿英国的体系，凯恩斯更推崇"金汇兑本位制"（gold-exchange standard）。这一体系只需各国持有更少的黄金储备，且储备的黄金通常以国外货币或汇票的形式用于国际兑换。以日本为例，在俄国维特改革后不久，日本就采用了上述金本位制。[2] 此外，还有一类无须金币的金本位制度，如奥匈帝国在 1892 年转向金本位，但一直未开放黄金的兑换。

对维特而言，推行金本位既是个人荣誉，也事关俄国的国际声望。他理所当然地希望发展一流的金本位制度，而非一种衍生制度。[3] 因此，所有俄国人——从农民到小商贩再到艺术家——都必须在口袋里揣着硬币，而非纸质票据。他对纸质品厌倦至深，以至于当货币面值太低，无法使用黄金铸造时，他宁愿扩大银币的流通。[4] 随着白银与黄金用于不同面额的货币，银卢布得以再次流行，与金币一起进入了俄国老百姓的口袋。唯一的问题是，俄国本土没有银矿，为了发行银卢布，他需要用黄金购买国外的白银。[5] 这看起来不怎么合乎逻辑，而维特的许多创新都经不住理性的检验。

这种现象有什么问题呢？维特试图将英国的金本位模式强加在俄国经济之上，而后者的社会情况与英国全然不同。总之，以俄国大众之贫穷，要实现维特的计划可谓困难重重。曾经匮乏的硬币现在要强行推广到群众中，而他们中的大多数人不是四十几年没有摸过黄金，就是从来就没见过。自 1895 年黄金交易合法化后，硬币的引入很快开始了。1895 年 9 月 20 日以后，无论在地方还是中央的业务办公室，国家银行的客户在申请贷款和汇票兑现时，或者简单从常用账户中取钱时，都会收到金币。拿着这些金币，他们可以在同一个业务室的不同柜台兑换成纸质卢布。按照支行经理的及时反馈，一些客户在初次尝试后就走开了，另一些客户则显然被卢布的这一突然变化吓到了。[6] 在规定施行的第二天，基辅支行用金币支付了 33,100 卢布，其中的 32,715 卢布立即在隔壁柜台兑换成了纸卢布。9 月 22 日，有一位客人取出了 177,230 卢布的黄金，但他只拿走了 70 卢布，其余的又存了回去。[7] 邮寄、广发传单、在车站和社区张贴海报，所有这些试图让人们相信黄金交易安全可靠的尝试都没有什么效果。[8] 10 月，私人银行被迫加入推广黄金货币的行动中，削减纸卢布的流通。中央办公室停止运送纸币到其他支行，迫使支行人员在处理收进的票据业务时，让他们的客户接受黄金硬币或黄金存款证明。[9]

由于当时正值丰收和谷物交易的季节，推行这项崭新措施不可避免地在民众中引起了紧张和焦虑的情绪。11月，顿河罗斯托夫支行的行长报告称："我们的行为已经触碰客户对黄金接受度的极限，我们不应该跨出这道线。"[10]

维特将金本位的运作浅显地理解为黄金货币的流通。正如《证券交易所公报》所言，政府希望教会民众"遗忘已久的金币语言。"[11]甚至，富人存在保险箱里的金币都算不上什么。按照财政部和国家银行的指示，黄金"只有在不富裕的群体中流通起来，它才算一种支付工具。"[12]国家银行通过它的网络注入黄金，试图让经济活动中这些金属多起来。维特的支持者报告称："财政部大臣是在对纸币开战"，而且并非是"没有胜算：纸币从过去占据的位置上退下，让位于在流通中崭露头脚的白银和黄金。"[13]

1897年5月，国家银行开始回收小面额的纸币（1卢布、3卢布和5卢布），为银币和金币腾出空间。一份备忘录这样记载："没有这个真空，金属货币的流通将无法持续。"流通中的小面额纸币经过汇总后规模庞大：1897年，1卢布、3卢布、5卢布和10卢布的纸币总计达5.48亿卢布，占流通总额的51.2%，其中最小面额的1卢布和3卢布的纸币约占40%。[14]这是典型的"民间货币"（people's money），是地方经济和贸易的主要工具。地方上的国家银行机构和财政部门收到指示，25卢布以下的支付必须严格使用硬币，而超过这个金额的所有支付只能使用钞票。社会富裕阶层的成员们苦恼硬币越来越多。制造商们当即有所反应，生产出专门用于替代或扩充钱包的硬币盒。[15]但这对较贫穷的人是一个冲击。年轻工人每月的工资为20卢布，只要两个或四个金币就能支付；更熟练的工人工资可能达到100卢布，但他们仍然只能用以硬币形式发到手里的小额卢布支付日常开支。[16]同时，财政部批准了大面额卢布纸币的发行（50 卢布、100 卢布和 500 卢布）。因此，整个货币流通的社会体系发生了逆转："小人物"主要使用银币和金币，而富人拥有使用纸币的特权，包括新发行的最高面额的卢布（100 卢布和 500 卢布）。[17]

面值 7 卢布 50 戈比的金币，1897 年

这些硬币只在 1897 年铸造，恰在卢布贬值后。它们相当于亚历山大三世时期铸造的 5 卢布金币。私人收藏。

10 卢布面值的金币，1902 年

私人收藏。

500 卢布面值的卢布纸币，1898 年

新的 500 卢布钞票的设计师在未经马克·安托科利斯基（Mark Antokolskii）同意的情况下使用了后者创作的彼得大帝雕塑像。1900 年，安托科利斯基要求财政部给他"四张印着自己作品的复制品"，让他用于还债。该部不理解这个请求，并答复说它不能向他发送票据的复制品（RGIA，f.560，op.22.d.219）。
资料来源：《俄国卢布：历史上的里程碑》，俄国国家银行，虚拟博物馆。

在准备推行硬币的同时，财政部预料到了民众的抵制。撤回最受欢迎的纸币来推行小额货（硬）币是一项"自讨麻烦"的措施，尤其在支付"工人、士兵和军官的工资"方面，当"大笔的钱装在马车上，沿着最糟糕的道路运输"，不可避免地造成了"痛苦的印象"。[18]1897 年 6 月，奥伦堡省的布古鲁斯兰地区行政部门恳求国家银行恢复供应小面额纸币。因为转移货币主要依靠当地邮政服务，而当相同金额的钱款以银币的方式支付时，他们无法运送和交付多数低级别军官的工资。科斯特罗马州新麻布工厂的一位负责人报告说，工厂的采购员跋涉数英里[①]前往村庄集市和农场从农民那里购买生麻，大部分交易只有几卢布，以 1 卢布和 3 卢布的纸币支付。采购员携带的金额高达 10,000 卢布，使

---

① 1 英里 =1.609344 千米。——编者注

用银卢布后装钱的袋子重达 35 磅以上，使货币运输成为一场噩梦。来自工厂、军营、金矿和铁路等地提供小面额纸币的请求也被国家银行拒绝，国家银行坚持推行金属货币流通政策。[19]

对新货币的不满在各处广泛传播，不仅仅是在农民和工人中。正如其中一个分支机构的主任说的那样，城市居民也不喜欢金属铸币，据称是因为欧式服装没有大口袋无法收纳硬币。管理者建议为银行的客户提供小帆布袋来携带硬币。[20] 最终，硬币的分布取决于众多因素，其中最重要的是财富水平。1899 年，面对中央办公室强制推行银币和金币的指示，国家银行一家地方分支机构的主任通过的他的观察回应道："让金属货币达到与小面额纸币一样的饱和度是不可想象的。"[21] 金币的传播速度比银币更快，国家银行继续撤回和销毁卢布纸币。从 1897 年到 10 月，流通中的卢布纸币总额从超过 10 亿卢布降至 5.4 亿卢布（低于发行法规定的水平），而金币和银币的价值分别达到了 6.684 亿卢布和 1.455 亿卢布。因此，正如财政部所报告的："现实超出了预期"，"去年所有努力的目标——引入金币——已经实现。"[22] 然而，具有讽刺意味的是，当财政部停止强制民众接受金币并鼓励人们使用纸币的秘密指令泄露给新闻媒体后，就引发了混乱，因为许多人将其视为银行金币储备不足的信号。[23] 这就是新系统的悖论，它突然制造了新的危险和焦虑。

引入金币和银币需要重新启动整个货币发行和流通系统，面临几乎不可逾越的障碍。此外，政府不得不创造一套保证黄金供应的机制。俄国的主要矿山位于西伯利亚偏远的永久冻土地区，且与普遍的认知相反，金矿开采仍然是小生产者而不是大企业家。国家垄断了黄金购买，非法的黄金开采和交易受到严厉打击。改革后，政府决定放弃其垄断权，最终引入了"自由的金币流通"。1898 年，政府允许免税进口外国的采矿工具、机器和化学材料，并取消了某些税费和限制，从而降低了黄金开采者的成本。[24]

　　物流问题也很复杂。这涉及将金币供应给金库、办公室以及国家银行的区域和地方分支机构。很快，人们发现邮政系统无法承担国内数亿卢布黄金的转移任务。[25]1896 年 9 月，政府推出了通过邮政和电报局进行的无现金转账。这使得任何人都可以通过帝国范围内的数百个城镇和村庄的任何一家邮局汇款，而无须将硬币或纸币装在信封中寄送。[26]这种新的货币转移方式，特别是电报的使用，加速了货币的流通，这是减少纸币需求的关键方法之一。然而，这种新的金融网络不能解决现金分配问题。1899 年特殊设立的"分发中心"，有助于将金币的流动最小化，将其集中在需求和供应较大的地区，但运输问题依然严峻。[27]人们想象中装有银币和金币的包裹会被装进密封的货车中，货车外层覆盖着铁皮，再链接到普通的客运列车上。但现实中，金子经常被装在木制马车中，车门和车壁摇摇晃晃，车轮歪歪扭扭。列车经常会延误，列车卸下车钩后就被放置在路边无人照管。安全始终是一个问题，尤其是当不配合的铁路工人将车辆拉到侧轨时。有一次，三名手无寸铁的出纳员被留在一辆价值 300 万卢布的车辆旁边看守。[28]改革后的头几年，金币在全国甚至在市场上流通都是一种引起轰动的新鲜事。1899 年 8 月，《圣彼得堡报》（*St. Petersburg Newspaper*）通知读者，金币运输车已经启程前往顿河畔罗斯托夫的布祖卢克，甚至指出了随行的出纳员数量。泄露信息给媒体的行为直接导致官方出台规定禁止发布有关金币运输车的新闻。[29]然而，即使没有报纸报道，关于金币运输的传言仍然迅速传播开来。正如装饰着红旗的马车通常会配有特别的护卫，装有金币的火车车厢通常会有官方封印和同行的宪兵。[30]当局无法决定如何是好。要么为了更安全增加安全措施，但金币也变得更醒目，要么为了保密使用客运列车运输金币，从而避免引起注意。[31] 国家银行行长谢尔盖·季马舍夫（Serguei Timashev）曾在街上注意到一辆装满大号帆布袋的敞篷马车，周围跟着四名骑手。显然，金属卢布更重，更占空间，也更难储存和转移。从物流角度来看，这一改革看起来更像是回归到中世纪经济，硬币储存在皮袋、存放点和地下室中，而不是过渡到现代的货币体系。与此同时，正如经济学家米古林所评论的那样，黄金的丰富"赋予了这一改革特殊的光彩和宣传效果。"[32]

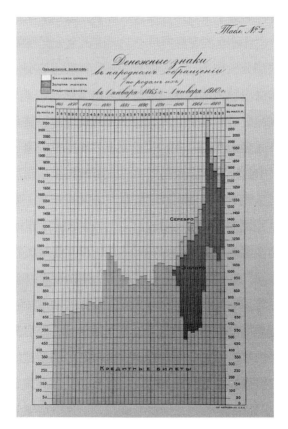

货币的基础结构

请注意，19 世纪 90 年代末至 20 世纪 20 年代初，金币数量急剧增加（深灰色），卢布纸币数量减少（底部的浅灰色）。

资料来源：*Gosudarstvennyi bank: kratkiii ocherk deiatel' nosti za 1860-1910 gody*. St. Petersburg, 1910。

货币改革后爆发的危机加剧了俄国耀眼的黄金与贫困的百姓之间的对比。1899 年，世界经济再次受到一场相对温和的危机冲击，这次危机由布尔战争（Boer War）引起。在欧洲，危机的负面影响在 1901 年大多已经结束，但俄国经济在那之后经历了一次影响深远的衰退，直到 1902 年才开始复苏。因此，货币改革为当时的辩论赋予了独特的论调，米古林称之为"黄金之战"。最近的改革也影响了维特和政府对这些事件的看法，一切都是通过黄金储备的视角来看待的。只要国家银行的金库中有足够的黄金，事情似乎就没那么糟糕，因为黄金的数量依然被看作财富的指标。1899 年 9 月，维特向尼古拉斯二世汇报说，"目前，俄国可能是黄金储备与（纸质）货币流通量比例最大的国家"，价值 9.834 亿卢布的黄金远远超过了发行法案所规定 3 亿卢布的要求。[33] 在维特的解释中，当前的危机不过是道德败坏的新闻记者和危言耸听的人散布"谣言"所产生的幻觉。[34] 直到 1899 年 11 月，维特也只是建议与媒体合作以创造有利的公众舆论。财政委员会向沙皇报告说，对严重危机的幻觉是某些个人制造的，他们把个人的困境投射到了国家经济状况上。[35]

恰在此时，俄国农村地区遭受了一系列歉收，加剧了谷物价格的下跌。地主和金融家们都将"货币短缺"怪罪到金本位制改革头上。实际上是纸卢布的消失，及其在困难时期（对货币）旺盛的需求，造成了"现金短缺"的结果。最终，财政部不得不承认，危机的根本原因并非先前所声称的股票交易赌徒的轻率行为，而是由于经济领域长期存在的问题，尤其是在农业上。俄国农业是整个国家经济的基础，尽管国家财政的面貌得到刷新，但农业生产仍然保持着古老和落后的状态。因此，一系列的歉收表明俄国根本没能生产足够的农产品用于交换，而这正是经济（发展）所需要的。[36] 这种情况再次引发了对优先级的思考：是要货币稳定，还是要改善经济。换句话说，危机让人们想起货币内嵌在由一系列经济关系构成的复杂体系中，而这是维特所忽视的，他将国家财政置于其他经济领域之上。19世纪80年代，俄国农业经济从国内市场转向出口市场，这让引入金本位制成为可能。维特也因此将金本位制改革的成功归功于俄国农民。俄国经济陷入了一个恶性循环：金本位制的维护需要出口的稳定，而这反过来困扰了农民并使农村的经济环境恶化。该改革还扭曲了衡量经济福祉的原则。维特通过黄金储备的状况来判断经济健康程度。随后的两场战争（日俄战争和第一次世界大战）证明，政府的财政表现、黄金储备规模，甚至汇率，都不能反映国家的富裕或贫困。

俄国危机之深是不是金本位制改革的结果？很难说。为了获取黄金而不断增加俄国（农产品）出口导致了谷物价格的下跌，但同时，铁路的发展和全球市场的重组也对全球范围内谷物价格的下跌有影响。维特试图说服公众，金本位制实际上缓解了危机的影响。他要求苏沃林在《新时代》的文章中特别强调一点："天知道如果改革没有完成，现在的资本市场会发生什么情况——汇率会崩溃，贴现率会上升到8%~12%"。[37] 维特声称，货币政策和全球市场趋势都不会影响农业。他在写给沙皇的报告中写道，农业"处于自然经济状态，很少受到谷物市场的波动影响"。[38] 他将农业危机描述为一个意外，是连续三年不利的气候对各省的影响所致。但他也开始意识到，货币稳定不能脱离经济的稳定，他不赞成维什涅格拉茨基为了出口和积累黄金而进行的"饥饿"政策。[39] 在默认这一事实的情况下，维特在卸任财政大臣一职前不久的1902年，成立了一个特别委员会"调查农业的需求"，并邀请了49个省份的代表发表对俄国农业的看法。

货币问题预计不会出现在委员会的议程中，但沙拉波夫的干预改变了计划。作为维特一直以来的对手，沙拉波夫决定利用这个机会，让农业部门的代表们发表对金卢布的看法。他向每个省的委员会成员抄送了他给维特的公开信，在信中他批评了金本位改革。尽管沙拉波夫独特的风格和激进的措辞并没有对他产生好的影响，许多代表拒绝讨论他的信，但一些省级委员做出了回应。他们大多表示，越来越确信农民和地主被迫为金本位改革承担了不成比例的高昂成本。[40]扩大出口但保留对工业产品征收保护性关税的政策，加重了农村的财政负担。除农产品以外一切都"价格高昂"的抱怨随处可见，货币短缺被提及的次数同样多，而汇率稳定的好处几乎无人提起。看起来，这个改革产生了与坎克林改革类似的效果。当时的情况违反了人们的常识和经济逻辑，生活成本"高了 3.5 倍"，物价飞涨，而人们习惯于使用旧单位计算。[41]同样，与维特预期相反，改革议题引起了讨论，人们普遍感觉卢布已经不再是原来的卢布了。与会者表示："我们必须多卖 1.5 倍的产品才能得到同样的钱。"[42]

大多数发言者在将 1898 年至 1901 年的危机与改革本身联系起来时显得犹豫不决，但他们承认，政府的总体财政政策，即优先发展工业和铁路建设，并以国内消费为代价刺激粮食出口，对农业不利。1896 年改革前的辩论中曾明确地萦绕着一种不确定的情绪，恰如现在一样。地主和农民抱怨既"缺钱"也无法获得贷款，而维特和其他人则回应说"银行里遍地是钱，但是这些钱没有流向商业领域"。金本位创造了资本可及性，但由于生产率低下，农业无法从改革中受益，投资者的资金流向了其他地方。[43]人们抱怨现金的消失，这不仅导致了替代性货币（surrogate money）的再次出现，也让物物交换的活动再次出现。[44]与此相反，委员会中身兼专家和代表两项身份的人则坚持，在改革后，流通现金的人均金额从 9.63 卢布增加到 11.17 卢布。[45]沙拉波夫的支持者要求政府重新考虑货币问题，恢复白银，甚至恢复纸币制度；

如果政府做不到，他们要求政府按照卢布贬值的比例，即 1.5 倍来降低抵押债务。[46]

关于维特的金本位制改革的经济和社会影响，历史学家和经济学家存在分歧。改革的批评者警告不要过分强调这次改革对经济增长规模的影响。他们将 19 世纪末 20 世纪初经济指标的上升归因于其他因素。[47]他们还指出，改革的成本巨大，使俄国人尤其是农民，承担了俄国外债快速增长所导致的税赋。历史学家西奥多·冯·劳埃（Theodore von Laue）指出："俄国农民可以更正当地抱怨，比美国农民更正当地抱怨，即他们为了银行家和工业家的利益以及他们国家的声誉而被钉在金币的十字架上。"然而，冯·劳埃也总结道，"金本位的巨额成本也是俄国落后的代价"，维特对此不负任何责任。[48]其他学者认为，俄国"别无选择，只能采用金本位，以便从世界贸易和扩大的投资中受益"。[49]金本位以及由此带来的稳定的卢布汇率改善了其全球声誉，并为外国投资提供了有利条件。以至于如奥尔加·克里斯普（Olga Crisp）所说："在 1898 年这一年，外国资本投资的金额超过了 1851 年至 1892 年的整个时期。"[50]这也许是真的，尽管研究这一时期加入金本位的其他国家的历史学家不能确定，是货币改革刺激了经济增长，还是全球工业增长使金本位的维持成为可能。

俄国的金本位改革常常与经济和金融领域的重大变革联系在一起，包括货币稳定、外国投资增长和外债增加。然而，这些变化直到 1897 年之后才变得明显。对俄国人民的日常生活而言，改革的影响一直是显著和直接的。最大的变化是低面额纸卢布消失了，被硬币所取代。对于在日常生活中使用远远低于 10 卢布面额的大多数人口来说，这意味着货币几乎完全金属化。强行推行金卢布并漠视它对农村人民的影响的做法十分残酷，给人留下的印象是，国家以牺牲普通百姓的利益来追求收益。改革的政治和社会后果则是间接且不明确的。农民在 20 世纪初的骚乱，可以部分归因于维特强制推行的工业化政策和农村经济的"货币化"政策吗？是维特在实业家中的不受欢迎，以及未能说服实业家们支持他的事业，导致了他政治上的失败吗？无论如何，俄国国内对这次改革的负面看法与西方的热烈接受形成鲜明对比。对于俄国，正如对其他地方一样，金本位起到了"正式认可"的作用，吸引了投资。它也是帝国不可或缺的属性，而俄国想要适应这一角色。[51]

　　社会与金卢布最终和解的原因之一是明显没有其他选择。维特政策的批评者没有提出替代性的货币制度方案，改革前的纸币制度似乎已经不合时宜，每个人都认同需要改进。自由派和民主党人对维特制度的批判只涉及其方法和时机，而不是改革的必要性。自引入金卢布以来，反金本位制的阵营主要吸引了名声不佳的右翼政治家。他们观点的精髓取自广为流传的《锡安长老议定书》(*Protocols of the Elders of Zion*)。这部充满阴谋论的反犹主义小册子最早于 1903 年在俄国出版，此时正值反对派对维特及其财政改革进行激烈攻击。敏锐的读者应该能够在所谓的犹太共济会阴谋中识别出与维特政策相关的内容。尽管《锡安长老议定书》的相当一部分内容，包括与金融、预算和贷款有关的大部分章节，都是剽窃莫里斯·朱利（Maurice Joly）的《马基雅维利与孟德斯鸠在地狱中的对话》(*The Dialogue in Hell between Machiavelli and Montesquieu*)，但关于货币的所有段落都是原创的。其中声称，货币改革是一个阴谋的结果，旨在将国民经济中的黄金输送到犹太人手中，然后用以劳动力为计量标准的纸币替代"真正的"货币。[52] 因此，金本位的崇拜与宪政、累进所得税以及共济会的建立联系在一起。不用说，这一观点即使在潜在的同情者看来也显得粗糙和可笑，这一理论漏洞之大甚是达到了荒唐的程度，难以助力反金本位制运动的成功。随着时间的推移，金本位成为既定事实，只有反动的激进分子才敢呼吁废除它。

银本位制中的金卢布

由于国家货币是一种影响远超政府法令或行政命令的治理工具，所以 19 世纪的所有货币改革都旨在完善这一工具并扩大卢布的影响力。俄国国内货币体系的不平衡经常妨碍卢布区的扩大，例如开展与波兰的货币一体化并对其财政自主权进行清算。同样，正如维特所言，金本位的引入消除了与芬兰财政一体化的"唯一"障碍，芬兰在 1876 年已转向金本位。1898 年，维特获得了尼古拉斯二世的全权委托准备统一货币单位，但该项目直到 1903 年 12 月一直被官僚机构的低效所困。[53]1905 年至 1906 年，在政治革命和对芬兰宪政自治权有所争议的背景之下，芬兰和俄国的货币统一问题被再次提及。

在东方，货币改革和一体化的进程则是另一番景象。在中亚和远东地区，这些俄国试图扩大其经济和政治影响力的地方，是以白银货币为基础的世界。俄国当局认为当地的货币体制属实低劣。因此，比起当地货币，布哈拉和满洲（Bukhara and Manchuria）的居民会更喜欢"更优质"货币。正如改革的宣传家所言，金本位是西方文明的标志，而白银则带有东方的落后属性。将边缘地区纳入卢布区域是俄国的文明使命的重要组成部分，与传播俄语一样重要。然而，对于这种用遥远的俄国首都的黄金储备做担保的纸币，当地人无法欣赏它的好处。俄国当局为这项事业付出了高昂的代价。他们凭借政治优势为该项事业博取合法性，因此必须维持俄国在该地区的象征性存在。结果，卢布仍然是一种边缘化且不受欢迎的货币，再次说明金本位的运行要么依靠社会共识和市场，要么基于政治统领。如果这些要素都不存在，金本位就难以运行。

在刚开始征服中亚之时，俄国就试图淘汰当地的货币。他们回收当地的钱币［如浩罕汗国的银币浩罕（kokan），以及希瓦和布哈拉汗国的腾格（tenga）］并重新铸造。按照不断增长的卢布汇率回收当地货币的行为，给俄国国库带来了巨额损失，却收效甚微。银币不断地从邻近的希瓦和布哈拉汗国涌入俄国，因为当地的统治者享有自由铸币权。如此一来，如财政部所言，俄国在中亚领地上的货币一体化事业，只有在将这两个半自治的汗国纳入俄国货币系统后才能实现。[54] 在这两者中，希瓦更依赖俄罗斯帝国。无论从政治还是财政的角度看，它与俄国的统一似乎并不成问题。[55] 然而，在自治程度更高的布哈拉，俄国的境遇由埃米尔 ① 在当地的权威决定。俄国在那里的货币改革经验表明，有时政治威压并不足以改变经济实践和偏好。在布哈拉，俄国政府面临着一个无法从"理性"经济行为的角度解释的现象：尽管本地货币失去了价值，但人们更喜欢本地货币，而不是更好和更"贵"的卢布。布哈拉的腾格由纯银制成。直到 19 世纪 80 年代末期，布哈拉一直从中国进口银锭（俄语中称"sycee"或 iamb，对应中文的"元宝"）。1888 年，俄国完成了横穿里海的铁路建设。随后欧洲白银开始大量流入中亚。到 19 世纪 90 年代初，来自俄国和那些已经实行金本位制的欧洲国家的白银，几乎完全取代了中国的银锭。[56] 传闻称，埃米尔的私人宝库与国库没有分开，他从与卢布与腾格的兑换投机中获利。[57] 与此同时，改革后的布哈拉，其经济更易受到全球货币趋势的影响。1893 年，由于印度停止铸造银币，欧洲白银价格下跌，布哈拉的腾格开始相对俄国卢

① 伊斯兰国家首领的称号。——编者注

布贬值。布哈拉和俄国许多商人面临破产。俄国政府决定干预，建议埃米尔赛义德·阿卜杜拉—阿赫德·汗（Said Abd al-Ahad Khan）至少暂时停止铸造银币。埃米尔勉强同意，并要求俄国政府对这些安排保密。[58]

在接下来的几年里，维特的财政部继续与顽固的埃米尔以及作势保护埃米尔的权力与利益的俄国外交部进行谈判。谈判双方之间存在一个尴尬的事实：腾格的"危机"是由俄国铁路和俄国商人和货币的到来引起的。同时，这一危机只影响与俄国打交道的商人：腾格相对俄国卢布纸币贬值，但在本国以及与中亚各地的其他白银货币相比，其价值保持稳定。俄国的兼并行为使布哈拉的贸易路线向北转，因为中央地区的几家纺织业巨头坚定地进驻那里，购买那里的棉花，并从莫斯科运送银币和其他商品。1895 年，布哈拉和希瓦并入帝国的海关体系。因此，布哈拉的经济变得依赖俄国，但帝国与受保护的国家之间的经济和政治联系还不够够强大，无法用一种货币去替代另一种货币。

卢布和腾格必须共存，它们的相互关系也在不断变化。地方上有人在利用并试图促使卢布价格出现波动。曾在俄国接受过教育的埃米尔欣赏欧洲的生活方式。他经常前往俄国首都旅行，用卢布支付开销。[59] 例如，据 1895 年 5 月的报告，他召集了"12名最富有的商人，要求他们以固定汇率提供给他 50 万卢布以换取腾格"，其中 10 万卢布立即交付，其余的 40 万卢布必须在1895 年 11 月之前交付。这样的操作立即提高了市场上卢布的价格，为处在棉花交易旺季的商人带来损失。正如布哈拉分行行长报告的那样，埃米尔的要求可能与前往高加索温泉胜地疗养的计划，以及 1895 年新宫殿的筹建有关。[60] 埃米尔的任意妄为也许代表了市场上最不可预测和最令人不安的情况，但俄国当局认为投机行为是一种非市场因素，必须通过行政或政治手段予以消除。1896

年春天，也就是棉花采购活动前夕，卢布相对腾格贬值，俄国商人请求政府将卢布汇率固定下来。商人和俄国官员解释说，卢布的升跌与当地的银行家（sarraf）和埃米尔本人的投机操作有关。然而，当地商人回应说，卢布贬值是因为中亚对卢布的商业需求低且当地的腾格短缺。按他们的解释，银行家们无法随心所欲地调节汇率，因为"汇率是由巴扎（bazar，市场）本身确定的"。[61]

卢布纸币价值的稳定性和金本位的推行使俄国当局坚信，俄国货币基于坚实的物质基础具有无可挑剔的优越性。俄国当局和商人用莫斯科的银价减去欧洲白银的进口税计算腾格对卢布的汇率。然而，布哈拉人则有不同看法。对他们来说，银币的价值不取决于白银的实际价值，而取决于其他政治、经济和社会因素，如信任、便利性和购买能力。换句话说，正是当地市场决定了腾格和卢布的相对地位。尽管俄国当局和布哈拉政府一起施加行政和政治压力，但卢布在 1897 年 9 月再次贬值，凸显了金本位在西方货币经济领域之外无关紧要。[62]俄国商人抱怨卢布在布哈拉贬值导致巨大损失。[63]国家银行布哈拉分行的管理人员只能袖手旁观："（国家）银行无法与埃米尔争斗，因为它的储备中没有腾格。"埃米尔通过释放或扣押腾格来控制市场，俄国当局甚至无法估算埃米尔手里银币的实际数量。[64]

稳定腾格（或卢布）地位的各种计划对布哈拉政府的强制程度有所不同。其中有一种计划是发行一种新硬币，这种硬币将代替两种货币：一种是带有埃米尔肖像并刻有俄语和塔吉克语两种文字的俄式腾格，其材质接近俄国 20 戈比的硬币。[65]法国在突尼斯铸造了类似的硬币。另一种是波兰会议王国刻有双语的兹罗提。然而，该计划最终搁浅。因为它偏离了俄国人的最终理念——逐渐将布哈拉融入帝国货币领域，并"同化我们的中亚省份"。[66]此外，双语硬币让人联想到中世纪罗斯公国被蒙古可汗占领时期。当时俄国硬币上带有蒙古可汗托克塔米什（Tokhtamysh）的蒙古语名字，这意味着俄国大公的从属地位。[67] 在俄国官员的东方主义想象中，铸币权和主权之间的联系在亚洲比在西方更为直接和紧密。有两种做法可以体现穆斯林统治者的至高权力：在星期五的公共祷告仪式和日常流通的硬币之上留下名字。因此，根据俄国官员的说法，发行双语铭文的硬币可能会给人留下埃米尔有权发行俄国货币的印象。反之亦然，剥夺埃米尔的铸币特权将意味着他丧失主权。

财政部主张实行最激进的解决方案。为了成功控制当地的货币体系并逐渐用卢布替代腾格，俄国政府必须从埃米尔那里购买库存的全部银腾格，迫使他永久放弃自己的铸币特权，并以固定汇率兑换俄国的卢布。[68] 在某种意义上，这个操作类似于在俄国各省强制注入金币，通过人为创造纸币的短缺使金币卢布传播开来。另一类似之处在于，维特认为埃米尔的权威完全依赖俄国的支持，因此他将改革解释为一项"纯粹"的金融措施。外交部和俄国在当地的政府机构则反对剥夺埃米尔的"最重要的权威属性"并征用他的私人财产。[69] 削弱埃米尔的权威将夺走"在布哈拉政府的积极支持下执行各种措施的可能性，并给了埃米尔借口，他以大权旁落为由拒绝履行俄国人的请求。"[70] 正如中亚总督弗列夫斯基（Vrevskii）所观察到的那样，纵使埃米尔放弃铸币权，也不能保证布哈拉汗国的人民会容忍俄国强制推行卢布，因为卢布在该国的存在非常有限。[71]

与埃米尔的谈判一直拖延到 1901 年才达成协议。谈判期间埃米尔一直想知道他本人能从中获得什么。[72] 俄国政府接管了埃米尔库存的所有银币，这些银币经由古布哈拉运往新布哈拉的国家银行办公室，后者距离俄国当局的总部只有 8 英里。1901 年 9 月 1 日，国家银行以 1 腾格 =15 戈比的固定汇率开启了货币兑换。[73] 俄国政府强调兑换的成本很高，这是为了稳定腾格的汇率而做出的"牺牲"。当局强调，腾格的"成本"不过 10 到 11 戈比，而政府正在以 15 戈比的价格购买它。[74]

这笨拙而不便的兑换操作，凸显了俄国在该地区财政系统中的边缘化。除了星期日，每天早上都有 3 名银行职员和 6 名武装骑手驾驶着两驾马车，从新布哈拉的国家银行办公室出发，携带总价 6 万到 8 万的卢布纸币和 10 袋总重超过 900 千克的腾格前往布哈拉老城。这里是该国的主要巴扎（市场）。马车在城市的狭窄街道中穿行，常常遇到拉着破旧木轮车的骆驼、驴子和马匹而堵塞数小时。骑手们全程保护银行的流动出纳员。有几次，出纳员还遭受了因谣言而起的暴力袭击，例如埃米尔已经把布哈拉卖给了俄国沙皇的谣言。每天下午 3 点，载着钱的马车驶回新布哈拉，以便第二天早上重复这段旅程。[75] 回收的银币在火焰中重新熔造，在这道熔化重铸的程序中人们发现，用卢布换回来的腾格，接近四分之一是假币或掺假的银币。[76]

国家银行在新布哈拉的分行

资料来源：*Gosudarstvennyi bank: kratkiiiocherk deiatel'nosti za 1860-1910 gody.* St. Petersburg, 1910。

尽管从文件上看，俄国已经控制了布哈拉的货币体系，但实际兑换情况表明，俄国金融实力仍然有限。一方面，例如，意大利经济学家洛里尼（Lorini），作为维特金融改革的崇拜者，盛赞将中亚领土纳入卢布区域的行为。他认为这是一项真正的突破，跳过货币体系演化的几个阶段，并将"在货币制度方面近乎野蛮之地……融入几乎完美的信贷体系。""这是一次真正的征服，俄国卢布做到了完胜"，这场胜利渗透并深入该地区，直至"波斯和中国的核心地带"。[77] 然而，另一方面，旅行者们观察到，在改革多年后，布哈拉继续使用其硬币："只有在商人需要进行俄国贸易时，他们才购买……100 和 500 卢布的钞票，并将其转移到欧洲的俄国银行。"[78] 因此，洛里尼的结论——沙皇在俄国铁路和卢布的帮助下，建立起对世界四分之一土地的权力——只是一个夸张的说法。事实上，流通中的腾格数量逐渐减少，更多是因为铸币在减少，造成了货币短短，但这种货币真空并没有被卢布填补，而是被其他白银货币填补，如波斯的基兰（qiran）。[79] 在首都之外，卢布纸币通常折价使用，甚至根本不被接受。[80] 国家银行的官员解释道，在当前的行政和政治体制下，依靠最原始的道路和通信手段，卢布的流通效果难以想象。[81] 一份来自布哈拉的报告建议，如果政府想要推广卢布，就必须"放弃不干涉布哈拉内部问题的政策"。[82] 不然，所有的努力都是徒劳。

也许提及政治因素只是为了掩盖卢布在中亚地区有限的经济实力。不仅在半自治的布哈拉，甚至在俄国沙皇拥有完全主权下的领土上，卢布的存在都是边缘化的，在跨里海省更是如此。在颁布限制波斯基兰流通的禁令后，那里的政府很快就撤销了这条禁令，因为这对贸易产生了不利影响。[83] 银基兰既可以兑换成卢比又可以兑换其他货币，而相比之下以黄金为基础的卢布可兑换性很差。正如一份报告所示，"如果一个商人拿了卢布，他都不知道该怎么处理它。"[84] 最终，当局不得不承认，为了维持商业活动，至少是为了保住在阿富汗和波斯的经济活动，它必须允许当地货币的流通。[85]

卢布在满洲

银币和银锭穿越欧亚大陆各个方向的复杂路线，揭示了一个关于帝国成败的有趣故事。俄国向中亚扩张带来了正转向金本位制的欧洲国家的白银，大量欧洲白银在中亚被铸造成腾格和其他硬币。然后，俄国国家银行开始用卢布兑换腾格，获得了一大批银币。1904 年，布哈拉的银币最终被装上火车送往圣彼得堡。皇家铸币厂将它们熔化成银锭后，迅速发往远东。财政部要求位于布哈拉的国家银行分行加快收集滕格的工作，以便铸币厂能够连续工作。1904 年 11 月至 1907 年 12 月，圣彼得堡铸币厂收到了近 1600 腾格的硬币，价值 230 万卢布。[86] 因此，这些大概率来自东方殖民地的欧洲银币，可能多次往返整个大陆，反映着货币改革中时而前进时而后撤的节奏。

为什么对自身的金本位货币体系如此自豪的俄国需要这么多白银，这些银锭去了哪里？满洲——这是俄国努力推行卢布的另一个地区。在 19 世纪 90 年代，俄国的帝国野心开始从土耳其斯坦总督区和其他俄国在中亚的受保护国向东扩展。维特提出了在东亚加强俄国的存在，并通过修建一条穿越满洲的缩短版的西伯利亚铁路（1897 年）以及租借辽东半岛（1898 年）完成对中国北部经济渗透的构想。在用什么货币支付铁路建设材料和劳工工资的常见问题背后，还存在一系列政治和经济问题。中国的货币体系建立在白银之上——以银锭（元宝）的形式流通，银锭状似杯子，或鞋子（俄国人一般这么想），每个重 4.5 磅。每位商人都携带口袋秤以根据需要测量和切割银块。政府没有货币铸造的垄断权，多家私人造币厂和机构，包括华俄道胜银行（Russo-Chinese Bank），都生产自己的银锭。[87] 在几个省份和港口城市，墨西哥铸造的美式银元（piastres）与银块一同流通；在南部，香港和上海发行的英国"银元"，开始挤压中国本土货币。铜钱是圆形带有中间方形孔的硬币，可以穿成一串串的，通常用于小额市场交易，在19世纪90年代开始消失。[88]

为了弥补货币短缺，1890年，省级当局开始自己铸造与墨西哥银元等值的银币，并允许用其支付税款。[89] 在满洲，所谓的吉林元（俄语中称为"Girin"），由吉林省的总督自1896年至1897年开始铸造，并迅速流通起来。在沙皇的许可下，另一家铸币厂于1896年在满洲的行政中心沈阳（盛京）开设。[90] 目睹中国银币发展的华俄道胜银行代表提议铸造与墨西哥和省级银元等值的特制俄-中银元，带有双语铭文。然而，中东铁路管理部门更愿意依赖当地的银元，并怀疑新的俄-中银元能否在一个民众非常保守，当局会采取一切手段阻止新货币传播的国家与当地银元竞争。[91]

俄国政府不愿接受按照墨西哥元的标准铸造的银元，虽然它方便使用，但在他们看来是一种财政和政治上不划算的支付手段，这种不愿接受上述银元的态度基于两个假设。第一个假设是货币代表权威，因此有必要排除与卢布竞争的货币；第二个假设是应该由金属价值定义货币的交易价值和购买能力。官员们认为，依赖当地流通的银元会加强中国统治者的权威而削弱俄国在当地的利益，因为按照墨西哥元标准制作的银元成本为98戈比，而其银质价值仅相当于92~93戈比。然而，更熟悉当地经济状况的铁路工程师并不赞同这个观点。他们声称，卢布在中国的价值仅仅在于它可以兑换成当地的银元。这些银元的含银量比其名义价值少10%，但这并不重要。对于那些用它们来支付税款和购买商品的人来说，银元比卢布更值钱，尽管卢布在理论上更具优势。"所有旨在证明持有含银量比其名义价值少 10% 的银元不划算的计算，都没有任何意义"，因为铁路购买银元不是为了熔化它们，而是专门为了和居民签订合同时使用它们。这里的居民不接受其他货币。[92] "黄金比白银更好"的观点不起作用，因此，卢布的价值不是根据其兑换"劣质"银元的能力来评估的。

这种情况在义和团运动后发生了巨大变化。这导致了俄国对满洲事实上的占领。1900 年 7 月 21 日，尼古拉斯二世签署了一项法令，规定满洲所有合同和付款必须以较低面额的纸卢布和银戈比进行，这些货币可以随时在华俄道胜银行的兑换处兑换成当地的银元。[93] 吉林铸币厂停止了生产，但与政府期望的纸卢布能够取代当地银元并迅速传播到整个地区的情况相反，居民争相把他们的纸卢布兑换为银元，使得卢布的汇率下跌。对银元的需求如此巨大，以至于在哈尔滨找不到一枚银元。1900 年 12 月，俄国政府终止了强制推行卢布的规定，允许使用银元签订合同，吉林铸币厂在中东铁路管理局的帮助下恢复了生产。[94] 卢布仍然是铁路上的主要支付工具，而铁路的三个分支现在在俄国的版图上。简而言之，卢布成为铁路货币。

英国记者伯特伦·伦诺克斯·辛普森（Bertram Lenox Simpson）以笔名帕特南·威尔（Putnam Weale）发文调侃"远行卢布的失败"。俄国"用相当幼稚的手段扼杀满洲银元"，推行"著名的卢布纸币……其上印有无所不能的沙皇的肖像，象征着俄国在各处的胜利……终究是白费力气"。尽管俄国政府向满洲注入了数百万卢布，但卢布并未流通下去："满洲人一旦拿到了卢布，就会立刻将其兑换成比纯粹的纸价值略高的东西。"人们不信任卢布，因为他们没有使用纸币的习惯，那些用黄金或银行储备支撑纸币价值的观念，对他们而言也无关紧要，"中国人非常喜欢有形的东西"，帕特南·威尔总结道。事实上，除了火车和车站之外，看似无所不在的卢布并没有得到信任："事实证明，它注定要过着铁路上的沉闷生活，就像在满洲的其他俄国事物一样。"[95]

帕特南·威尔这种略带轻蔑的评价，更多地反映出在满洲经济竞争之激烈，而非俄国为何失败。事实上，企图在东方白银之地实现金融主导地位的其他国家，正密切关注着俄国在布哈拉和满洲的经历，以从中吸取教训。在俄国努力推行卢布的同时，美国国际交易委员会（US Commission on International Exchange）则考虑在使用白银的国家——中国、墨西哥、巴拿马和菲律宾——引入金汇兑制度。俄国在满洲的失败经验一定程度上影响了"美国对华计划"的制定。该计划由杰里迈亚·詹克斯（Jeremiah Jenks）制定，他创建了一种全新的统一货币，在全中国范围内流通。它保留了白银在经济中的主要作用，但将白银的价值与某个金本位单位相对固定。黄金是"不适合"中国经济现状的金属，不应在流通中承担重要作用，且黄金储备应该由欧洲的专家和官员控制。[96] 因此，比起俄国人在中国推行外国银行发行的以黄金为基础的钞票的做法，美国委员会设想了一种较为温和的控制中国金融的方式。换言之，（在美国的做法中）白银起到了以黄金为基础的钞票的作用，其与黄金的比率通过国际协议来确定。

该计划有个重要前提，那就是要获得其他国家的准许，以防止在中国创建一个新的货币体系的行为引发"国际嫉妒"。委员会援引美国和其他帝国主义国家在规范殖民地货币体系方面的努力（如美国在菲律宾、英国在海峡地带、法国在印度支那），主张在"东方国家"建立"统一的白银对黄金的比率"的好处，并声称自己是"世界强国的代表"，包括俄国，"普遍接受了美国委员会的提议，认为它是可取以及可行的。"[97] 俄国国家银行似乎对委员会的询问做出了积极的回应。[98] 然而，在向沙皇陈述美国的倡议时，维特对此给出了相当消极的评价。维特指出，在西方帝国的某些"亚洲"殖民地中，白银依旧作为货币在流通，可能这些国家对这种协议感兴趣。"俄国对……这个方案不感兴趣，因为俄国的所有亚洲领土在货币流通方面都已与帝国统一。"[99] 即使维特所指的是俄国与中亚的金融关系，也言过其实了。在维特做完报告几个月后，俄国在满洲和辽东遭遇巨大金融危机，以黄金为基础的卢布相对当地白银货币贬值。无论如何，美国在中国的货币改革计划注定要失败，关于银金平价的国际协议也是如此。参与竞争的帝国，无论英国、日本、俄国还是美国，每个都试图将自身对未来货币体系的设想强加给中国，就算他们各自控制的"势力范围"是如此狭小。

俄国货币的不稳定状态在 1904 年 2 月日俄战争爆发后随即突显，卢布对中国银元的汇率下跌了 25%。政府陷入恐慌，因为战争给俄国以黄金为基础的货币构成了威胁。如果这种威胁通过开放的边界渗透进来，可能危及俄国整体的贵金属储备。前政府官员和记者康斯坦丁·戈罗文（Konstantin Golovin）建议将俄国远东地区（面积为 300 万平方千米）转变为特殊金融区，完全用白银取代黄金，暂停黄金汇兑。这将需要将所有可用的银币集中在一个地区，并从美国额外购买价值 1 亿卢布的银条（将白银量增加 30%），因为美国"有大量白银"。新任财政大臣弗拉基米尔·科科夫佐夫（Vladimir Kokovtsov）拒绝了这一提议，认为这与"帝国的尊严"、以黄金为基础的经济原则以及"货币流通的整个政策不相容，而这项政策旨在将帝国与其边疆地区统一"。[100] 事实上，针对黄金流失，政府采取的紧急措施是在贝加尔湖以东创建一个特殊区域。在这个区域内，由于几年来的货币禁令成功实施，流通中的货币只有最低面额的纸卢布（1、5 和 10 卢布）。[101] 黄金没有耗尽，但政府遇到了一个全新的问题。为了维持在满洲的"黄金"卢布的价值，政府必须确保其可以兑换成白银，而俄国当局根本没有白银。讽刺的是，俄国通过 19 世纪的努力企图建立的贵金属储备，再次出现了问题。在熔化了圣彼得堡铸币厂几乎所有白银后，政府不得不重新购买欧洲的白银，并将布哈拉的白银腾格从圣彼得堡运到满洲。[102]

卢布相对于中国银元的贬值，既尴尬又令人沮丧。正如官方对战争历史解释，"卢布不稳定并且对外部事件极度敏感的原因在于……它没有得到充足的白银支持。因为我们在满洲拥有的白银储备……实际上无法与市场上投放的纸币价值相匹配。"[103] 因此，贵金属储备再次出现问题。这一次，缺少的不是黄金，而是白银。因为缺少欧洲的白银，华俄道胜银行已经用尽白银储备并停止了兑换。满洲的军事指挥部要求政府从首都派送 640 吨白银，但政府拒绝了这一请求，并解释说，如果俄国试图大量购买如此数量的白银，白银在世界市场上的价格将飙升。政府继续解释道，排除"恶人"散步的谣言，卢布的贬值是由于白银的缺乏，而非缺乏权威和军事力量。1904 年 4 月 6 日，《哈尔滨日报》（*Harbin Herald*）发表了一篇令人瞩目的文章，面向对货币理论不熟悉的普通百姓，试图向读者解释所谓纸币"成本低于银币"的谣言都是骗人的谎言。卢布不像中国私人银行和办事处印制的那些纸币："在俄国，国家在发行纸卢布时，会在其他国家的高级官员和各国资本的银行家在场的情况下，投放等额的白银和黄金。他们会数一数银行中有多少黄金……这就是为什么在俄国的钞票上印着这句话：俄国国家将不受限制地将（其发行的）纸币兑换成金币……因此，俄国纸卢布不会贬值。纸卢布和银卢布是一样的东西。"[104]

因此，在面对一个无论是货币体系，还是对价值符号的理解都全然不同的国家时，俄国当局再次采用了与俄国金本位本质相同的哲学。当汉堡的白银运到满洲，哈尔滨的华俄道胜银行开始用这些高价白银兑换卢布时，卢布汇率开始缓慢回升，[105]直到战争结束后才完全恢复。俄国为这场战争消耗25亿卢布，失去了领土，以及辽东半岛的租赁权和中东铁路的一条支线，还引发了政治危机。战争的实际成本，包括国内外借款和利息的成本，比统计高出三倍。[106]

透过当今历史学家的描述可知，国际金本位制度并非一个单一的无缝领域，而是一种多层结构，由几种子系统组合而成。在传统的金本位制度之下是由"金汇兑"国家构成的一层结构。这些国家在各自的经济支配领域也建立起另一层货币制度。[107]俄国的金本位制度也演变为一个多层结构，包括以黄金为基础的核心地区，具有不同背景和地位的边疆地区，半独立的国家和受保护国，最后，还有"势力范围"，如满洲。俄国试图在满洲强制推行金卢布作为法定货币（而不引入黄金）的努力遵循了类似的程序，以此阻止与之竞争的货币的流通。然而，俄国最终在远东的地缘政治、军事斗争和金融竞争中失败，日元成为该地区的主要货币。[108]

俄国的金本位改革，以及随后在亚洲强制使用卢布的故事证明，金本位制不仅仅是一套用于调节国内货币流通和国际汇兑的金融规则和实践。金本位制是一种治理方式，一种兼顾社会和领土维度的控制及管理体系。在殖民地引入卢布时，俄国政府遇到的问题与障碍，与在此建立文化和经济统治时的遭遇相同。俄国无法让这一体系在中亚和满洲运作。这一事实表明，俄国在很大程度上优先考虑货币政策的政治意义和影响，而忽视他们认为是次要事项的经济和文化因素。追溯维特早年的政策和他对将纸卢布作为帝国扩张手段的迷恋，可以发现他多年来是如此一致。在19世纪90年代初，维特按照民族主义者的模式打算用通货膨胀的货币建设西伯利亚大铁路。几年后，他又采用同一条铁路驱动了以黄金为基础的卢布的流通。最终，俄国的帝国野心导致了俄日战争，随后的革命几乎摧毁了这一黄金货币。因此，俄国的金本位制不仅是专制的，也是帝国主义的。

从经济角度来看，俄国过渡到金本位制的经验与其他国家并没有太大的不同，但它代表了一个无限君主制国家转向金本位制的独特案例。两个因素影响了改革的内容和实施方式——"帝国因素"和"专制因素"。金本位制在俄国的引入肯定对政府和沙皇的铸币权施加了限制：不同于1881年的官僚协议，1897年的发行法首次公开承诺了这一点。[109] 然而，在没有任何管控机制的情况下，它成了一种由俄国政府自己规定、自己履行的承诺，并且仅面向外国债权人和投资者，并不面向本国社会。正如后续的发展所示，政府更看重国际信誉而不是国内信誉。因此，对金本位制的内部批评和对其实施方法的普遍不满并不重要。金本位制是一种"为了出口"的外向型金融政策模式。

从政治角度看，这一改革加强了国家在金融和经济领域的作用。俄国的金本位制本应激活某些市场机制，如投资的流入，但同时它却对市场经济的其他重要机构，如银行和股票交易所，实行了严格的国家控制。1900年，由维特的亲戚领导的财政部信贷总务处接管了股票交易所的主要职能，即证券和货币的报价，以及对公司进入股票市场的规定。[110] 如俄国经济学家所言，当"强权主义改革者……触及证券市场"时，股票交易失去了自主性。

正如他们所指出的，"维特是俄国专制政权的骨肉。他不理解，也没有意愿去唤起公民的积极性以及经济自由的力量。"[111]

俄国是特例吗？"标准"的概念暗示着统一性和普遍性，然而，自 1860 年到 1910 年，每个采用金本位的国家都以自己的方式加入了这一进程。尽管主要的经济规范相似，但这些转变并非发生在单一的政治背景中。一些做法更偏向民主或共识，而另一些更偏向威权。根据国家在其中的介入程度的差异，不同的机制由此诞生。正如著名经济学家米尔顿·弗里德曼（Milton Friedman）在 1961 年论证的，即使制度的核心观念可能是相同的，但具体安排的差异会产生非常不同的模式。在"真正的金本位"制度下，经济中流通的是金币，但国家不干预货币监管；"伪金本位制"则假定由国家掌控货币制度并设定汇率。[112] 俄国的情况最接近于后者，因为由国家持有和管理的国家银行对货币制度进行了过多的干预。因此，改革的制度和政治结果表明，在影响金本位制可持续性的因素中，国家政权的性质起着最重要的作用。[113]

第
三
部
分

黄
金
改
革

第四部分　卢布、战争与革命

—

Part 4

第九章　黄金综合征

亨伯特的保险库

我走在一条长长的宽阔走廊上，天花板很高，光线从我头顶的某处穿过。

在这走廊的左右及深处，是拴着金属铰链的数道门。门不是实心的，而是铁制栅栏。我透过附近一扇门的格栅望去，看见一个大厅，厅里有许多柜子靠墙竖立。地板上散落着成堆的灰色袋子。

不，不是这边。这是银子。我们去找黄金，一个声音在我身后响起。只听左边有钥匙插入锁头的响声，锁栓缓慢转动，一枚带有帝国鹰徽的封条掉落在瓷砖地板上。封条破裂，门打开了。

我跨过门槛，置身一个宏伟、宽敞而又高大的厅堂中。五到六尺高的架子贴着墙壁摆放。所有的架子都被填满了，一排排整整齐齐。借着暮色望去，像是摆满了镶着金边的厚书。

有人悄悄摸了一个看不见的按钮，突然间悬挂在拱形天花板上的电灯闪了闪，发出了光芒。

灯光被神秘的架子一一反射，整个大厅闪耀着金色的光芒。[1]

这个酷似"阿里巴巴与四十大盗"的故事，刊登在1905年3月中旬《圣彼得堡报》（*St. Petersburg Newspaper*）的版面上。彼时的圣彼得堡被革命的动荡所笼罩，俄国军队在与日本的战斗中节节败退。这家报纸的记者是被邀请去参观国家银行的金库的几位记者之一。这座由石头和混凝土建造的金库引得各家报纸争相报道，对金库的描述五花八门。大多数记者选择了童话般的叙述方式。这也在所难免，因为这些金砖和硬币堆，完全是字面意义上的，由黄金制成的"砖块"和成堆的硬币。

国家银行存款中保存的黄金来自世界各地。一道栅栏分开了俄国的硬币和来自德国、西班牙、英国、比利时、智利和芬兰的硬币。

"你们想看哪个国家的黄金？"纸币和黄金储备部主任谢尔盖·加恩（Serguei D. Gan）问道。

"日本的，我们看看日本的。"几个人答道……

"我拿起一个袋子，打开它，将里面的东西倾倒在桌子上。日本的金币，与我们的 10 卢布硬币相似但更薄，装饰精美，令人惊叹。"[2]

随后，黄金经过清点重新装入无缝的皮袋中。人们对日本黄金的兴趣，不仅是想领略东方的异域风情，更多是因为俄国正在与这个陌生的敌人作战，而许多人还不清楚这场战争爆发的原因。

日俄战争从 1904 年 1 月持续到 1905 年 8 月。这是引入金本位制后的第一场冲突。无论对金本位制的支持者还是反对者，这都是对新体系可持续性的一次考验。在尼古拉斯二世签署俄国金本位制改革的法令后仅几个月，日本也实行了金本位制度。日本利用从 1895 年甲午战争中获得的赔款来建立黄金储备。[3]1897 年3 月，日本通过了新货币法。自 1897 年 10 月 1 日起，日元可兑换成黄金。[4]发动战争是证明 1897 年俄国金本位改革合理性的重

国家银行黄金储藏室

资料来源：*Gosudarstvennyi bank: kratkiii ocherk deiatel'nosti za 1860-1910 gody.* St. Petersburg, 1910。

要因素。此前的俄土战争使俄国的财政陷入困境，这一不幸的经历也支持了战争经济学的学说信仰。该学说认为，只有借助大规模的黄金储备和健康的货币体系才能取得胜利。无论是特别军事储备基金、税收还是贷款，都无法在便利性方面与通过货币流通的迅速扩张相竞争。人们相信，在战争结束后，扩张后的货币流通可以迅速收缩，回到原来的规模。[5] 1900 年，维特向沙皇报告说，凭借黄金改革"俄国从未像现在这样为一场大型的全欧战争做足准备。"如果有必要，俄国可以在不动摇其货币体系的情况下，发行多达 10 亿卢布的纸币，一旦战争结束，它将轻松恢复到正常状态。[6]

黄金储备的规模无疑吸引了所有人的注意。当战争开始时，所有专家都宣称，在财政和经济上，俄国比日本准备得更充分。反映俄国和日本货币经济状况的统计数字似乎无可挑剔：俄国国家银行的黄金储备覆盖了其纸币流通量的 150%，而日本只有 50%；在俄国，流通中的货币有 60% 是金属，而在日本，金币只占货币总量的 35%。[7] 根据法国记者拉斐尔-乔治·利维（Raphael-Georges Lévy）的说法，1904 年 2 月，日本的大藏省要求每个拥有金币或珠宝的人将其交给国家银行。天皇和皇后卖掉宫中的旧珠宝以示榜样，其他高官和官员也纷纷效仿。在爱国运动期间，日本举国上下筹集的黄金经熔化后作为抵押品送往美国。紧接着，美国用这些黄金从法国手中买下巴拿马运河。这些金锭来到巴黎的同时，俄国开始发行战争债券，使得部分日本黄金存进了俄国的国库。[8] 这个关于黄金的环球之旅可能只是一种幻想，但它具有很强的启示意义。

正如利维和其他人的观察，俄国凭借庞大的黄金储备无须担心任何事情，而日本则发现自己陷入了非常危险的财务境地。在俄国，黄金储备实际高达 9.058 亿卢布，不仅足以覆盖 6.08 亿卢布的纸币，还有相当大一笔余款。然而，政府也意识到，纸币流通的可扩充量无法用简单的算术得出。财政大臣科科夫佐夫估计"合理"的扩大限额仅为 2 亿卢布。[9] 1904 年 3 月，战争的潜在成本预估达到 7 亿 ~8 亿卢布（实际上超过了这个数字的 3 倍）。到 1904 年底，国家银行已经额外发行了 2.7 亿卢布的纸币。在第一笔战争贷款的帮助下，国库的黄金储备略有增加，部分平衡了储备黄金和流通货币的比例。

一些专家建议，政府不应该继续维护黄金的可兑换性，而应暂停兑换，待战争结束后再恢复。这是所有欧洲主要国家的常见做法。[10] 然而，前任及现任的财政大臣（维特和科科夫佐夫）都拒绝了这一计划。他们宣称保持可兑换性是"财政管理的首要和最重要的任务"。科科夫佐夫认为，"暂停可兑换性将对国家的福祉产生最为严重和令人遗憾的后果"。（货币的）可兑换性事关国家的信誉，一旦停止，将导致巨大的损失。[11] 维特赞同这一观点："有人认为，暂停兑换，存放在银行仓库中的黄金会保持不变；而继续兑换，由于对黄金的需求增加，仓库中的黄金会流失。当黄金储备耗尽时，暂停兑换将不可避免。这一观点无疑是错误的。"[12]

在战争引发金融困境之时，英国、法国和其他国家都曾采取过暂停汇兑政策，但俄国的情况有所不同。考虑到俄国的外债规模，暂停汇兑可能会增加其维护成本，并造成卢布贬值。黄金可能通过其他渠道流失，例如，偿还外债以及进口商品。因此，财政部的策略是从国外借入黄金，将其放入汇兑基金，并印刷与储备的黄金数量相当的纸币以支付战争费用。[13] 俄国当局再三强调，借来的钱并不直接支付战争开销，它仅仅用于将黄金储备安全地维持在适当的规模。为了维持黄金储备及其可兑换性，俄国进一步增加已经相当可观的外债。财政大臣坚持认为"在任何情况下，贷款所付出的代价都无法与暂停兑换造成的后果相提并论。"[14] 为了给战争筹集额外资金，1904 年 4 月俄国政府开始与法国就贷款问题举行谈判。与此同时，日本也开始从美国和英国借贷。俄国获得第一笔（共三笔）战时贷款的条件要比日本要优惠得多，然而不同于日本，俄国在欧洲货币市场上已非新人，相比此前的借贷，俄国这次的贷款成本要高出许多。[15] 而日本贷款则是一个巨大的突破，引发了轰动。很快，日本的第二笔贷款随之而来，紧接日本又完成了两笔条件极为优惠的贷款。1904 年至 1905 年，日本借贷取得了巨大的成功。这并非得益于日本黄金储备的规模，而是由于日本军队的胜利。[16] 同样，俄国在 1904 年至 1905 年的借款遭遇表明，筹集贷款的能力与一国的军事成败、政治动荡以及改革势头之间相互关联。[17]1905 年 1 月，俄国爆发的革命运动和社会动荡在全国范围内以可怕的速度蔓延，进一步危及已经摇摇欲坠的俄国财政。俄国的债权人变得谨慎起来，开始怀疑欧洲最大规模的黄金储备是否能够拯救这个国家，使其免于破产和崩溃。

为了维护政府的信誉，俄国财政部和国家银行如实公布了财政预算和货币流通的统计数据。然而，正如伦敦《泰晤士报》的一位记者所观察到的那样，"商界几乎无一例外地不信任它们。"[18]1905 年 3 月中旬，《泰晤士报》接连刊登了记者卢西恩·沃尔夫（Lucien Wolf）以"俄国是否有偿付能力？"为题撰写的两篇文章。沃尔夫利用官方出版物中的数据证明，俄国只有依靠国外的贷款才能平衡预算。[19]俄国的贸易收支处于不活跃状态，她的外债巨大，而资产价值，如国有铁路，则被高估了。"多年来，俄国一直在透支国家财富……她的外债实际上是以本国人民的饥饿为代价支付的，"沃尔夫的文字点明了俄国财富的幻觉与革命动荡之间的联系。

就如今的情况来看，俄国正径直地走向破产。她的全国资产负债表使她年复一年陷入更深的债务。国家所欠外债已经超过了她的人民所能承受的限度，而她几乎没有任何东西来支撑这些债务。她的黄金储备就是一个庞大的亨伯特保险库，其中吹嘘的数百万都是受骗者不知不觉地借给她的，并进一步用于欺骗他们自己。[20]

除了最后一句话，沃尔夫的文章并不涉及黄金储备的问题，主要是揭示俄国的预算报告和改善经济的承诺的欺骗性。正如他所说，"事实是……这些数字并非它们看起来的样子。"然而，文章的核心主张远比简单呼吁停止为俄国继续提供贷款更为复杂，也更具雄心壮志。沃尔夫提议，外国投资者可以利用贷款来推动俄国实行改革："如果现有体制，无论是政治上还是经济上，不发生根本性变革，那么距离灾难降临就不远了。只要军队还忠于官僚机构，受苦的民众就难有作为，但武力在国际货币市场上却无能为力。"因此，投资者们可以利用俄国迫切需要资金的情况，迫使"沙皇及其顾问……采取根本性措施来整顿内部事务。在国际和平的情况下，其国内经过一段时间的政治改革，以及严格的财政紧缩政策，国家资产负债表将会大有不同。"[21]

鉴于杰出记者亨利·诺曼爵士（Sir Henry Norman）早先已经注意到的"金融领域的声誉对俄国意义非凡"，[22] 且俄国政府试图在欧洲获得进一步贷款，沃尔夫的文章无法不得到回应。然而，科科夫佐夫的反应既迅速又空泛。在写给《泰晤士报》编辑的信中，这位俄国财政大臣主要回应了将黄金储备与亨伯特保险库相提并论的观点。沃尔夫的文章引用了特雷莎·亨伯特（Thérèse Humbert）的丑闻。这是一名法国骗子，凭借一位神秘的美国恩人所谓的遗产到处办抵押贷款。二十年来，亨伯特和她的家人通过不断借贷来偿还他们之前的债务，当欺诈的行为最终真相大白，人们发现传说中的亨伯特保险库子虚乌有。借用这种典故听起来非常让人恼火，因为它暗示了政府的政策就是借用外债填补黄金储备，然后以黄金作为抵押品再次借贷。然而，这并非沃尔夫文章的要点。科科夫佐夫在回应沃尔夫的文章时，完全忽略了后者提出的俄国所面临的"难题"，要解此题需要"解释许多重要问题"。[23] 科科夫佐夫只是简单地邀请《泰晤士报》的代表"来圣彼得堡亲自查看并核实储存在国家银行地下室中的黄金储备"。[24]

财政大臣的回应使情况变得更糟。这一回应表明俄国对信贷机制的理解极为原始，好像信贷完全基于黄金储备的规模，而沃尔夫已经指出，要提高信誉，俄国必须开始进行宪政改革。其他报纸的反应说明，大家都理解了沃尔夫的意图，除了科科夫佐夫，他对沃尔夫文章的解读表明政府将黄金视为宪政安排的替代品。[25] 列宁在当时是被流放的俄国社会民主党的布尔什维克派领袖，也身兼短命的布尔什维克期刊《前进》（*Onward*）的编辑，他评论说："科科夫佐夫先生并不理解这个机智而刻薄的玩笑的意义，他的电报成了全世界的笑话。"他指出英国的资产阶级嘲笑这位愚蠢的财政大臣，开始替他思考这个并不复杂的事情。[26] 英国人不信任俄国政府，不是因为他们不相信俄国的黄金储备，而是因为俄国没有法定的代议机构可以保证它储存完好。

《泰晤士报》拒绝了科科夫佐夫参观银行的邀请并解释说，沃尔夫的文章并没有质疑黄金储备的存在，只是陈述了它不能体现俄国的财富和信誉。[27] 因此，尴尬的财政大臣延长了发给其他外国报纸和新闻机构记者的邀请。科科夫佐夫还指示银行总裁季马舍夫邀请一些"值得关注"的俄国报纸的代表。[28] 然而，由于"报人总是撒谎和混淆一切"，季马舍夫除了提供一张表格，上面标明国库和银行的主要存款处、分支和国外机构的黄金数量，还要告知储备黄金的总数为13亿卢布。[29]

季马舍夫并不热衷于请人参观黄金储备。他认为邀请太多记者会将被视为政府因缺乏自信而感到焦虑的信号。他还建议不要公开国库账户中的黄金总数，因为这不属于国家银行。"不要展示我们所有（黄金）储备，以便让人察觉其正在减少。"[30] 这种有限的宣传制造了一个尴尬的瞬间。当其中一位参观者看到了壮观的黄金堆时，他问这些黄金是否仅用作卢布纸币的抵押品，还是可以用于国家的需求。纸币和黄金储备部主任加恩以"超出了他的专业领域"为借口回避了这个问题。自由派报纸《俄国报》则抓住了机会再次提问：10亿卢布的黄金是否很多？如果它只是纸卢布的抵押品，放着不动，那看起来像是一笔财富。相反，如果政府将其另作他用，那么这些黄金可能会很快就会被挥霍掉。从本质上讲，这个问题重复了沃尔夫的观点，即已经用作纸卢布抵押品的黄金不能作为对外贷款信誉的保证。

围绕沃尔夫文章的争论持续了几个月。财政部一直在发布关于储存在国家银行的黄金的价值、地下室石墙和铁门的坚固程度以及保护它的卫兵人数的报告，好像这些可以影响陷入战火中的国家的信誉一样。[31] 辩论平息后，德国帝国统计办公室的官员鲁道夫·马丁（Rudolf Martin）立即对俄国的金融体系进行了毁灭性和侮辱性的批评。马丁的畅销书《俄国和日本的未来》（*The Future of Russia and Japan*）问世，此时正值 1905 年夏末，日俄两国的代表在朴次茅斯会晤并就和平协议进行谈判。书中提出"俄国已经破产，不可能挽救"。[32] 这本书揭露了黄金卢布改革的本质，认为它是一个巧妙的伎俩：黄金的光辉分散了俄国的债权人对俄国金融不稳定和贫困的注意力。马丁赞扬维特的机智和他的"金融手段"，让外界产生了俄国依旧拥有偿付能力的幻觉，尽管当时俄国正被战争、新的借款和正在发生的革命将俄国推向金融崩溃的边缘。[33] "俄国政府说，我用黄金支付；俄国居民说，我们用黄金支付一切。"银行、国库和人们口袋里虚幻的黄金财富愚弄了债权人和债务人自己。这本书比较了革命前的法国和革命中的俄国，并将维特与路易十六时期的财政大臣雅克·内克尔（Jacques Necker）相提并论，给予这位俄国财政大臣额外的赞誉，称他是一个狡猾的政治家和金融家。马丁的书被翻译并广受欢迎。[34] 当局禁止将马丁的书引进俄国，并组织了一场运动，以消除马丁在欧洲新闻界的影响力。俄国政府为记者和通讯员提供了统计数据和文章模板，以驳斥马丁的种种暗示。[35] 证明马丁在数字上犯了错误并不难，然而，其中的核心观点早已是老生常谈：黄金的光辉掩盖了一堆未经解决的经济问题，其中最重要的是俄国极低的经济生产率。马丁不过是用最引人注目、充满争议及投机取巧的方式诠释了这个简单的道理。

针对俄国财政的信息战暴露了维特改革所创建的体系的脆弱性。过分强调黄金储备则表明俄国在其他非物质担保上的可持续性存在弱点。[36] 一位《俄国报》的记者，在随其他记者一同参观过国家银行宝库后，略带酸楚地点明了其中的矛盾。俄国国家银行拥有最庞大的黄金储备，然而其黄金货币的稳定性却无法得到欧洲金融家们的信任，甚至"这种不信任是有些偏执的。"例如，德国帝国银行（German Reichsbank）的黄金储备数量相比于其发行的纸币数量微不足道，但没有人曾怀疑过其信誉。"我们的黄金可以远远覆盖所发行的纸币，然而我们的黄金货币却总是受到质疑……这种不信任来自何处？"这一回应再次让人想起了一些老毛病，例如国家银行缺乏独立性以及它的活动的非法性。与半私营的帝国银行不同，俄国国家银行完全属于国家，尤其是在国外，被等同于"财政大臣的个人办公厅"。这意味着财政大臣的权力高于负责监管银行活动的法律的权威。这种情况必须逆转。"少一点黄金，多一点合法性"，是改善俄国金融地位的秘诀。[37]

黄金泄漏

俄国财政部极力证明其黄金储备规模宏大，这种努力显得它十分天真，因为储备确实在减少，这是无法隐藏的。在战争的前六个月里，黄金储备损失了 1.04 亿卢布，但随后通过向巴黎贷款又增加了 2.82 亿卢布，黄金总量甚至高于战前水平。[38] 政府不得不限制用黄金兑付，并鼓励国家银行的客户使用小面额的卢布纸币，这种纸币自黄金改革开始以来就再也没有在流通中出现过。在解释国家银行货币政策变化时，财政大臣将限制通过银行办公室兑换黄金的行为描述为"引入了完全自由的货币循环，黄金不再强加给任何人"。[39] 数年来，国家回收小面额纸钞，并强制推广黄金的使用。现在纸卢布再次出现，这被视为政府对社会"愿望和习惯"的回应，但几乎没有人相信这种突如其来的仁慈。"最好的货币流通（政策）会迎合公众口味和需求，"[40]财政大臣曾在递交给沙皇的1905年国家预算的报告草案中如是说。此外，政府愿意支持这种"公众态度，是基于其对金本位稳定性的信念。"[41]

到1905年，情况发生了巨大变化。1904年1月，流通中的纸币总额为5.784亿卢布；1905年1月，增至8.537亿卢布；1906年1月，达到12.057亿卢布。与此同时，从1904年1月到1905年1月，由于从外国借款，国家银行的黄金储备从9.03亿卢布增至10.294亿卢布；1906年1月，下降至9.197亿卢布。因此，纸币对黄金的比率从1.56下降到0.76。[42]若在其他国家和其他情况下，这个比率可能不是问题。然而，俄国需要顾虑其在国际市场上的国债数量，不能坐视货币的可信度下降。与此同时，正如国家银行行长季马舍夫所观察到的，黄金正从所有可能的方向泄漏出去。持有俄国债券的人试图出售他们的资产，换来硬通货，每个人都更喜欢黄金而不是纸卢布。在1905年的最后几个月，特别是标志着俄国过渡到君主立宪制的宣言于1905年10月17日发表之后，人们争相提取他们在储蓄账户中的存款，要求用黄金支付，并将几年前还很不屑的硬币储存起来。银行报告中说："每天早上都会有数千名感到不安和威胁的民众成群出现在几家金融机构门前。"[43]只有不断发生的抢劫事件才能阻止焦虑的公众追逐黄金。同时，由于国家运输系统崩溃，银行通常无法将货币交付到其省级办事处，汇兑业务从而被限制在首府城市。[44]尽管货币兑换黄金受到了限制，但从10月20日到12月8日，超过2.4亿卢布被兑换成外币，有时甚至一天就兑出200万卢布。[45]圣彼得堡一位知名律师尼古拉·塔加恩采夫（Nikolai Tagantsev）在1905年11月的日记中写道："可以这样做的人（包括大公在内）

都带着钱离开了这个国家。仅在一个月内已有数千万卢布转移到
国外。"[46]

官僚带着黄金逃离国家的讽刺漫画

一个农民在边境线告诉他们人可以离开，但黄金得留下来。
资料来源：*Voron*. 1905, no. 1。

金融恐慌在 1905 年 12 月 2 日达到了顶峰，当时五个社会主

义组织发布了所谓的《金融宣言》(*Financial Manifesto*)，继续鼓励人们从银行中取出黄金，并呼吁民众要求所有由国家负担的工资和合同款以黄金支付，以此加速君主制的崩溃。因此，激进的革命家形成了与政府相同的逻辑，将政权的生命与金本位的存续联系在一起，后者"相较于国家债务和贸易需求已经毫无价值"。《金融宣言》显然由列昂·托洛茨基(Leon Trotsky)起草。他几乎逐字逐句地重复了沃尔夫在《泰晤士报》中提出的观点，以及列宁对它的总结。它将俄国即将到来的财政崩溃与种种现象联系在一起，诸如政府的不负责任、政府在借钱偿还以前的债、国家预算的弄虚作假以及拖延召开代表大会。这些做法皆因"害怕公众掌握控制，从而将政府财政破产一事昭告整个世界"。一些敢于发布《金融宣言》的报纸立即被政府关闭。

革命渗透到印钞机制的核心。1905 年 10 月，国家纸币发行部的工人举行罢工，危及了新的卢布纸币的供应。这次罢工出乎意料，因为该工厂的新管理层刚刚在 19 世纪 90 年代末将其改造成了一个按照最先进的劳工组织原则经营的示范企业。工厂设施包括图书馆、餐厅、儿童托儿所、技术学校、宿舍、医院、儿童夏令营、铜管乐队、教堂合唱团、茶楼和剧院。工人们的工资相对较高，还能从工厂的利润中获得分红。[47]然而，城市里印刷工人的罢工浪潮依旧席卷了国家纸币发行部，政府继而陷入既没有纸币也没有金属货币的危险中。一份报告表示，"如果真到了政府完全转向只用纸币流通之时，危险将加剧"。[48]当维特在 1903 年私自下令将工人罢工的领导者米哈伊尔·乌沙科夫(Mikhail Ushakov)被派到国家纸币发行部后，严峻的局势再度恶化。[49]乌沙科夫是由政治警察(Okhranka)领导的一个臭名昭著的工人组织的成员。正如国家纸币发行部的一位经理所证明的那样，乌沙科夫依赖"上级的保护"，基本上脱产了，开始在工人中搞宣传。

他将工人们聚集在洗手间、走廊和壁橱里。1905 年 4 月，他因多次不去上班而被解雇。但在 1905 年 11 月 11 日，管理层应罢工者要求，被迫重新雇用他，并赔偿了他被解雇期间的全部薪资。[50]维特在他的回忆录中声称，在革命期间，乌沙科夫没有支持"无政府主义者"，也就是苏维埃（工人代表委员会）——而是留在工人运动的保守派一边。[51] 也许维特是想利用乌沙科夫来挫败造币厂内的叛乱，但情况失控了[52]。从国家银行的角度看，这看起来太过戏剧化。负责纸卢布的部门的主任加恩敦促季马舍夫将与机器无关的所有关键操作从国家纸币发行部转移到国家银行，雇用被认为不太容易受到宣传影响的女性，并宣布国家纸币发行部的罢工非法。[53] 国家银行也受到了革命的影响。银行办事处和货币的运输受到革命者"没收"行动的多番影响，管理层不得不雇用 100 名武装士兵来保护银行的金库。[54]

国家银行卢布纸币部门的女性员工

资料来源：*Gosudarstvenny bank: kratkiii ocherk deiatel' nosti za 1860-1910 gody.* St. Petersburg, 1910。

用以支撑纸卢布的黄金储备量在 1905 年 12 月达到了最低点，当时革命运动在莫斯科达到高潮，爆发了武装起义。财政委员会在 12 月召开的多次会议上讨论了保护黄金储备的措施，特别是"是否继续维持卢布纸币和黄金之间的兑换"，但未能达成有力的决定，最终等来了平息叛乱的措施。此外，根据科科夫佐夫的回忆，几乎不可能确定国家银行分支机构和地区一级财政部门的黄金存量，因为铁路和邮政的罢工使得金融信息的收集机制陷入瘫痪。[55]

一些政府成员认为，暂停兑换可以帮忙保住剩下的黄金。[56]然而，1905 年 12 月政府面临的选择是政治性的，而不是财政性的。对于保守派，暂停卢布兑换付出的"道德成本"和不能向革命势力屈服的姿态都远比财政问题重要。然而，金卢布问题的政治因素并不仅仅涉及抵制革命宣传的压力问题。在一份未发表（可能未传播）的备忘录中，考夫曼教授指出，尽管黄金货币是"违背公众的意愿"引入的，但人们已经习惯了它，将其视为自己的基本权利："现在，拥有黄金的权利是最为广泛接受的概念之一。每个人都意识到这个拥有黄金的权利，都坚定地持有它，并坚决主张其不可侵犯性。"革命无疑加剧了金卢布具有国家宝藏地位的意识的增长；因此，"如果政府屈服于指控，毁坏这个宝藏，将引发批评和谴责，这只会助长敌人的威风"。[57]暂停黄金兑换有可能加剧政治危机。

为应对最坏的情况，伊万·希波夫接替科科夫佐夫成为新任财政大臣，在 1905 年 10 月宪政改革和新政府成立后（由俄国首任总理维特领导），准备暂停兑换的计划。在考虑如何宣布暂停最合适时，希波夫回忆起政府上一次采取这一措施是在克里米亚战争期间。那时，暂停兑换是通过一系列财政大臣命令实施的，没有进行公开宣布。"在现在的情况下，这种方式几乎无法采用，因为情况已经完全改变了。"[58] 因此，希波夫起草了一项皇家法令，宣布临时暂停兑换，并由尼古拉斯二世签署。法令的最初版本中有一句话，后来被明智地删除了。值得注意的是，这句话解释了暂停兑换的必要性，因为有必要"完全保持国家履行其外债方面所承担的所有义务"。[59] 因此，与欧洲观察家（从马丁开始）的预测相反，即使面临巨大的革命动荡，政府也更担心外债的破产，而不是违反国内义务。看来政府并没有考虑像考夫曼在备忘录中强调的人们对黄金的"权利"这一观点。

暂停兑换令从未颁布和推行。1907 年年底，尼古拉斯二世销毁了签署的副本。政府也没有批准它，而是公布了一项新的发行法案。[60] 该法案将黄金和纸币之间的比例更改为不太严格的 1∶2，允许进入流通的纸卢布最多达到 14 亿。[61] 幸运的是，前财政大臣科科夫佐夫从巴黎带回了 1 亿卢布的预付款贷款的消息。与此同时，俄国军队和警察镇压了主要的革命叛乱浪潮。1906 年年初，税款和回款开始缓慢流入，情况逐渐好转。俄国以政治上支持法国在非洲的进军为代价，确保国外贷款在 1906 年 4 月成功发行，在外国黄金和武力的帮助下卢布得以被挽救。[62] 从 1904 到 1906 年，俄国总计在国外借款 10.92 亿卢布。这一数额超过了俄国国家银行所有黄金的价值，根据维特的说法，这是历史上最大的国际贷款。[63] 其中，只有很小一部分（1600 万）实际交付给了俄国；大部分用于外汇支付（例如贷款和汇票），并存入了外国银行的俄国国库账户。[64]

俄国货币的革命危机还产生了一个意外的后果。它挫败了与芬兰货币实现一体化的计划，该计划在 1897 年改革后启动，旨在将俄国国家银行的活动扩展到芬兰。尽管在赫尔辛基开设分行的相关声明强调了国家在机构事务上的中立性，但分行的活动预期具有"政治重要性"。[65] 俄国国家银行在赫尔辛基的分支机

构应该完全独立于芬兰当局，代表芬兰国库的对立面。1905 年 8
月，赫尔辛基支行在俄国革命运动高涨和芬兰自治运动崛起的背
景下开业。1906 年 2 月，分行主任尼古拉·维科夫斯基（Nikolai
Vykovskii）就建议终止分行的运营。维科夫斯基过去曾在其他几
个省级分行任职，现在突然成为芬兰自治权的捍卫者，大力批评
帝国政策旨在将芬兰"变得像卡卢加省"。维科夫斯基的报告力
劝俄国国家银行撤离芬兰。最终，在革命期间芬兰重新获得了
自治和宪政权利。通过观察民众情绪，维科夫斯基指出，芬兰人
认为无论是俄国国家银行在赫尔辛基设立的分行，还是强行推广
的俄国货币政策，都同样损害到芬兰的信用和货币制度。按照维
科夫斯基的说法，人们的不满是可以理解的。因为芬兰银行"接
受芬兰人民代表的指导和监督，而俄国国家银行是典型的官僚机
构，它的活动则不受人民代表的控制。"

　　在芬兰的俄国财政总部主任表示，俄国必须效仿芬兰，宣布
公民自由以及个人权利和财产不可侵犯："当俄国人最终获得行使
宪法权利的能力时，芬兰人将无须担心。"因此，俄国国家银行
的活动扩展到芬兰，以及俄国和芬兰大公国之间的金融体系融合
的先决条件是俄国的政治和金融改革，包括按照芬兰银行的模式
改革国家银行。维科夫斯基总结道："如果（俄国）国家银行不受
财政部的支配，（俄国）国家银行的活动由国家杜马来监管，那将
对我们的机构大有好处。芬兰对这样一个独立的信贷机构将更加
信任。"[66]

　　赫尔辛基的俄国国家银行分行的确在开业后的十二个月内关
闭，但主要是由于财务问题而非政治问题。该分行仅为俄国人提
供服务，财务状况糟糕，没有产生任何收入，造成了巨大的亏
损。此外，当卢布停止兑换时，人们开始大规模将资金转移到芬
兰，然后将其兑换成芬兰马克。通过芬兰马克的可兑换性获取外

币，然后将外币在俄国境内以更高的价格卖出。[67]换句话说，俄国国家银行的分行与其说是俄国对芬兰施加影响力的机构，不如说是俄国黄金大规模流失的源头。政府担心卢布兑换芬兰马克的行为可能导致汇率下降，危及帝国货币的声誉。在芬兰的分行最终被关闭，货币统一计划被永久搁置。

洪水过后

1905 年的金融危机突然间暴露了 1897 年所创建的金本位制度在政治、结构和经济层面的所有矛盾。因为从外国借款，黄金储备的数量比没有大幅减少，但卢布纸币的数量急剧增加，破坏了平衡。俄国 1897 年发行法案规定了黄金和纸币的最高比例，但没有具体规定发行纸币的数量。法案规定，印刷的纸卢布总额不能比对应的黄金数量多 3 亿卢布以上。这使得政府可以增印纸币，同时必须将国库（或者更确切地说是外国账户）填满借来的黄金。1904 年至 1905 年，政府参照黄金储备的规模继续增印纸卢布，而当储备开始减少时，局势超出了政府的控制范围。

因此，政府设定并公开宣布了信用额度和财务合法性的标准，但难以遵守。值得注意的是，当科科夫佐夫在 1905 年 12 月访问欧洲各国的首都，寻求黄金以维护货币兑换体系时，他的请求引发了困惑。法国政府首脑、财政部前部长莫里斯·鲁维埃（Maurice Rouvier）表示，"法国不会像俄国这般行事，在宣战的当天法国就会暂停兑换。"部长的保险柜总是放有一份已经签署但没写日期的暂停令。德国皇帝威廉（Emperor Wilhelm）也表达了他的惊讶，俄国"在面临诸多问题时，居然如此关心货币制度"。[68]对卢布与黄金之间可兑换性的执着造成了必然的恶性流通，这是一种特殊的黄金综合征。在向俄国提供贷款的外国投资者眼中，这是俄国信誉的一个条件，但维持可兑换性需要额外的贷款，并产生了新的债务。这种情况在金融史上并不罕见：在拿破仑战争期间也存在类似的悖论，当时金融实力强大的英国放弃了金本位，大量借贷并产生通货膨胀，而金融实力较弱的法国则遵循更正统的政策。[69] 俄国这个金本位世界的新成员甚至无法暂时性地退出，必须忠实地遵守黄金标准。

然而，在采取措施应对危机的背景下，还存在另一个问题。财政委员会和财政部关于黄金数量的报告经常提到，黄金总量中有多少"属于"国家银行，多少属于国库。例如，在 12 月中旬，国家银行持有总计 10.76 亿卢布黄金储备中的 10 亿，这意味着国库仅拥有 7600 万卢布。[70] 与此同时，财政大臣列出了各种有关黄金的国家尚未履行的义务（例如偿还外国债务或国库的短期债务），因此可以得出结论，国家银行的资金将用于支付这些费用。因此，《俄国报》的记者在参观国家银行存款后提出"地库中储存的是谁的黄金"的问题并不是无端之言，而记者方面，则不出所料，没有得到答案。季马舍夫也承认："与西方相比，我们的发行法很严格，但这种比较是不合适的。"绝大部分的黄金（从理论上讲，用于担保卢布纸币的可兑换性）都"捆绑"了偿还外债的义务。"不可能将'被捆绑'的黄金（也就是用于偿付欠款的黄金）与保证卢布纸币发行的黄金分开。"[71] 由于政府优先考虑了"绝对不可能不履行"的那些外债义务而非对国内的承诺，所以黄金储备的多少取决于政府的贷款活动。[72]

国家银行和国库之间没有分立的情况与改革之前的原则明显不符。该原则曾多次颁布，例如在 18 世纪末斯佩兰斯基的改革期间，或在 1881 年的官僚式伪财政宪法中。1881 宪法规定国库必须偿还国家银行所发行的卢布纸币的"债务"。这一原则体现在国家银行的结算中。国家银行资产负债表中的特殊部分显示了两个图表："借方"图表，包括黄金和国库对发行卢布纸币的债务；"贷方"图表，包括卢布纸币的流通金额。1897年，国库（通过卢布贬值的方式）正式偿还了其全部债务后，这种分离被取消了。国家银行的结算将与国家卢布纸币相关的各种资产和债、银行的商业业务以及银行与国库的业务合并。甚至在这个时刻，萨布罗夫还警告维特不要合并账户，这将使国家债券（纸卢布）失去了安全的抵押担保，但维特对他的警告置之不理。1905年12月，官僚通信中再次出现了"保留一定不可触碰的黄金储备的想法——类似于1897年恢复兑换前存在的那种储备"。[73] 有人（很可能是萨布罗夫）建议从剩余的9.41亿卢布中拨出4亿卢布用于建立"不可触碰"的储备，并恢复纸卢布交易的单独账户。但这一建议没有进一步推进。

因此，从制度的角度来看，1897年的金本位制被证明比之前的1881年模式更脆弱和不稳定，后者建立在尽职尽责的官僚共识和账户分立上。在1895年至1896年改革的批评者指出，维特的制度并没有改变政府支配黄金储备的权力。如果金本位制度在其他地方限制了官僚机构的权力，那么在俄国，情况正好相反。黄金储备的积累和金本位的采用并没有提高俄国货币的可信度。经济学家米古林在1906年写道："俄国卢布的可信度可能已经不可挽回地丧失了。"尽管俄国卢布具有黄金的"内涵"，但它与其他以黄金为基础的货币并不等同。

米古林曾多次强调，在不同场合也有人提到：信任不是建立在有形的抵押品上，而是建立在制度和规则上。国家始终拥有对货币系统的主权，这一权力应受法律的规范，并通过建立独立发行银行来限制。"中央银行的独立性是由人民代表控制的议会来保障的，而政府以自身肩负着维护其行动合法性的责任为由来确保（国家）银行章程的不可触碰性和不可侵犯性。"[74] 米古林的文章和 1906 出版的小册子主张建立一个由国家资本资助但独立于行政权力的俄国中央自治国家银行（Russian Central Autonomous State Bank）。耐人寻味的是，1905 年夏季和 1906 年再次传出谣言，称外国投资者和俄国政府正在进行谈判，讨论将国家银行改制为股份制机构。[75] 财政部否认了这一谣言，但国家银行改革的想法在广泛传播。1906 年，俄国的中央政府机构和立法体系经历了彻底的宪政改革，国家银行章程和官僚组织的陈旧性更加突出。人们普遍期望俄国政府将从信贷领域退出。[76]

1906 年宪政改革后，俄国第一个由选举产生的立法机构——国家杜马成立，国家银行依赖财政部的情况出现了变化。不允许私人资本参与国家发行银行的建设姑且还可以用国内资本的极度稀缺来解释，但拒绝国家杜马对国家银行活动的公共控制，看起来是不可解释的。由于国家杜马在财政领域的权力极度有限，它无法控制纸币发行和黄金储备并不令人惊讶。国家杜马可以对国家预算进行投票，但是国家开支中约 40% 的部分（与军队、海军和皇室有关的所有事项）被豁免不受杜马监督。[77] 此外，政府可以利用立法漏洞，在预算投票以及所有其他立法事项上绕过国家杜马。理论上，应该由国家杜马批准国家贷款；然而，这一安排并没有使财政部的活动更加透明。1906 年至 1914 年，俄国没有签署任何新的国家外债协议，国家杜马没有介入信贷领域的任何借口。结果，国家杜马一直没有参与货币政策的制定。在一个离奇且毫无意义的左倾行动方针被执行后，第二届国家杜马议员中大多数社会主义者要求增加纸币流通量，并将 5 卢布和 10 卢布的硬币重新铸造成零钱。在此之前，国家杜马在货币政策领域没有提出任何立法提案，直到第一次世界大战爆发。[78]

1906 年至 1907 年，关于"财政宪法"的公开辩论与关于政治权利和俄国第一个议会的特权的辩论同时进行。立宪民主派认为，国家杜马对"国家中央发行机构的最高级别的控制"将比国家银行的私有化提供更好的合法性保证。[79] 只有这种制度改革才能将俄国国家纸币变成真正的"银行钞票"。立宪民主派成员列昂尼德·亚斯诺波利斯基（Leonid Yasnopolskii），同时也是金融法教授和第一届国家杜马的成员，根据他的说法，"财政宪法，类似于政治宪法……在于剥夺政府的无限发行权"，并将政府铸币权与国会中"国家财政利益的代表权"对立起来。[80] 亚斯诺波利斯基总结道，财政宪法比政治宪法更有可能成功实现，因为它代表了"俄国社会广泛群体"的利益，而在其他问题上，通常以党派利益为标志。[81] 利用金融法治来进行政治变革的想法，呼应了早期的经济自由主义。

具有讽刺意味的是，正是在立宪民主派提出要求制定财政宪法的同时，前任改革者维特也出人意料地提出了让国家银行摆脱财政部控制的建议。当时，他已是一名退休的改革者，忙于应付他的继任者提出的各种批评，并尝试重返政坛。从法国获得关键贷款之后，赶在 1906 年 4 月第一届国家杜马开幕前夕，保守派的伊凡·戈列米金（Ivan Goremykin）取代了维特成为总理。曾经创造了俄国新政治秩序的无所不能的财政大臣维特失去了重返政府的最后机会。维特前总理的财政大臣希波夫辞职，科科夫佐夫再次接任金融管理的领导职务。在 1907 年年初，当革命逐渐平息，国家财政首次显示出复苏的迹象时，维特发起了关于当前货币流通处于"异常"状态的讨论。在他看来，这个状态充斥着纸币（卢布纸币和国库债券）。的确，1906 年纸卢布流通量没有缩减，尽管纸币与黄金之间的关键失衡点早已过去（两者配比曾是 11.94 亿纸卢布对 11.83 亿黄金）。维特指责了财政部和国家银行的货币政策，包括纵容政府发行纸卢布的同时保留黄金储备，但又未将基金投放到流通中，他甚至指责科科夫佐夫秘密筹备了暂停兑换的计划。[82] 维特的备忘录的核心观点是指责财政部"征用"国家银行的黄金以满足政府的需求：

让国家银行的黄金一直用作卢布纸币的抵押品，同时也可以满足财政部的需要（例如，用于其国际支付），是不可能的。否则，人们将不得不承认，为了信守对国际的承诺，财政部可以占用涅夫斯基（Nevsky）大街上的建筑物或任何可以轻松方便地占用的财产。支付债务时，财政部只能使用国家预算中指定的款项，任何其他财产，无论是私人的还是公共的，都不可以用于这一目的。

维特一边指责科科夫佐夫的欺诈政策，一边坚定地认为国家银行的黄金是"公共财产"，仅能用作卢布纸币的抵押品，并且将财政部的行为与"征用国家银行的黄金"相提并论。[83] 混淆"国家"和"公共"黄金的做法从何而来呢？根据维特的说法，它起源于财政部对国家银行及其黄金储备的行政权力。"如果国家银行能够独立建立，独立于任何部门……它将能够保护自己的黄金。"[84] 十年前维特曾反对任何试图让银行摆脱财政部门控制的尝试，现在突然开始提倡截然相反的方法。换句话说，他批评了他自己创造的体制。在第二份备忘录中，维特坦率地承认了自己的错误：

国家银行被剥夺了独立性。不可否认，银行组织架构中最大的缺陷，也揭露了我在 1897 年主持货币改革期间犯的一个严重错误。在保留国家银行作为国家机构的同时，我应该使其摆脱财政部的控制，不仅要将其置于所有相关部门（最高行政权力）的监管下，还要将其置于立法权力的监督之下。

如果当时采取了这种措施，国家银行就不会在 1905 年年底陷入如此危急的境地，几乎被迫暂停兑换。[85]

1895 年，维特从通货膨胀主义转向严格的货币主义，这只是显示他在货币政策上的观点飘忽不定的众多例子之一。尽管维特在 1907 年的态度转变在规模和重要性上不如 1895 年那么大，但它再一次表明维特和其他官僚对货币政策的认识是如此多变。他所提到的"公共"黄金的说法也违背了维特在 1905 年 10 月起草的君主立宪原则。作为一名忠诚的君主主义者和民族主义者，他于 1905 年转投宪政原则旗下；1906 年他下台后，他在新的宪法体系下急于为自己找到一个位置。维特在 1907 年的倡议可以用他与代理财政大臣科科夫佐夫的争斗来解释。关于让国家银行摆脱财政部管理的建议表明，维特试图为国务会议赢得监督国家银行的特权，而他正是国务会议的成员。公平地说，尽管他提出的国家银行自治的主张暴露了他个人争权夺利的企图，但也显示了他试图使国家银行的地位适应新的政治条件。[86]

维特的声明没有产生重大结果。[87] 国家银行继续在其旧的行政和法律基础上运作，而国家银行存款中的黄金归谁以及谁在支配它的问题也悬而未决。事实上，尽管君主制的政治制度在革命后发生了转变，但政府仍将国家银行的黄金视为自己的黄金。专制的金本位制在宪政国家中继续存在。

第十章 战争与金卢布的终结

法夫纳的黄金

1914 年，犹太复国主义领袖、《俄国导报》（*Russkie vedomosti*）记者弗拉基米尔·扎博京斯基（Vladimir Jabotinsky）写道："要从伦敦到安特卫普，就必须获得各种各样的货币——不同国家的黄金、纸币和白银。"扎博京斯基感觉自己像是一位从欧洲前往印度的 18 世纪旅行者，抱怨必须携带各种五花八门的硬币，这些硬币"挂在我的马甲下面的麂皮袋里，拉扯着我的脖子。"[1]作曲家谢尔盖·普罗科菲耶夫（Sergei Prokofiev），俄国音乐界的新星，描述了一段更加艰难的旅程。在前往罗马的途中，他的同伴，俄国驻意大利领事阿列克谢耶夫（Alekseev），携带两箱密封的黄金登上了一列火车，这些黄金是为"可怜的塞尔维亚人"（俄国的盟友）准备的。"领事不得不一次又一次地亲自搬运这些箱子，这让人联想到法夫纳龙守护的黄金宝藏，因此他错过了在火车站停靠时休息的机会。"在那个时代，瓦格纳的比喻在音乐界变得愈加普及，这并非无缘无故。[2]黄金，作为有形的财富，引起了与古代或前现代世界的共鸣。正如一家俄国报纸所指出的那样："似乎人类已经回到中世纪，政府的一切努力都集中在积累贵金属。"[3]"如果有人现在问我战争期间在北欧旅行的主要印象是什么，我不得不说，文明突然消失了，这是我的主要印象。"扎博京斯基反思道。

随着灾难性战争的爆发，"文明"也突然消失了，其中包括国际货币经济的公共物品。19世纪的改革在金本位制的基础上普遍化了货币循环规则，消除了货币材质和国别之间的重要区别。俄国充分融入了这一进程，并受益于部分暂停货币的特殊性。1910年，俄国经济学家帕维尔·根泽尔（Pavel Genzel）提出，欧洲国家应进一步现代化，将其货币调整为一个单一单位——"黄金克"（golden gram），并根据这一国际标准来表示货币的价值。银行将接受不同货币的支付，任何人都可以在英格兰、法国或意大利的银行将纸卢布兑换为黄金，反之亦然。[4] 在第一次世界大战爆发前夕，资本的国际化已经发展到了让根泽尔认为不可思议的地步。战争消除了这些变革的影响，恢复了金属与纸币之间的等级差异，强调了货币的国家和政治特性。其中最奇特的变化是黄金的变化，在战争爆发时开始了疯狂的流动。国家、银行和个人都在收集、储藏、分享和交换金币和金条。黄金被装在袋子和盒子里，装上火车和横越海洋的船只。对金本位的重要性的执着，在战前已逐渐从一个严格的准则逐渐演变为财务状况良好的象征，这带来了一种经济上的非理性感。一些经济学家提醒公众，这种思潮本应被视为金本位经济的精髓，但其他人开始怀疑"黄金崇拜"的合理性。

争夺黄金的迹象早在1911年就已经出现，首先是摩洛哥危机，紧接着是巴尔干战争引发了广泛的焦虑。德国开始购买黄金。同年，俄国的一部分黄金储备从圣彼得堡被转移至莫斯科的克里姆林宫。为此，不得不对皇宫的厨房进行部分改造，这个区域通常用于为皇室驻留莫斯科时烘焙甜点和蛋糕。经过将近一年的准备，在绝对保密的情况下，于1911年3月31日和4月1日搬迁，每列火车共有十节车厢，总共有51.2万吨黄金，由国家银行的主任和一支国家警卫队陪同。[5] 当第一次世界大战爆发时，其余的黄金储备被搬迁到东部，并储存在国家银行喀山分行的新建金库中，配备了最先进的报警系统。自从 19 世纪 50 年代末以来，国家银行圣彼得堡分行的储藏室第一次空出来。

1914 年初，俄国国家银行的黄金储备是欧洲最大的。科科夫佐夫——从 1906 年担任财政大臣直到 1914 年 1 月——继续执行积累黄金的政策，这一任务得到了农业丰收和工业增长的支持。然而，1913 年达达尼尔海峡的关闭扰乱了俄国的谷物贸易，剥夺其主要的黄金来源（农产品出口占俄国黄金收入来源的约 80%），国家银行开始积极在国外购买黄金。1914 年 4 月，俄国在伦敦市场上吸收了大量来自南非的黄金，而西方媒体争相报道俄国异常积极地参与"国际黄金争夺"这一不寻常的行为。俄国积极购买黄金的行为与德国持平，激起了欧洲各国对黄金的激烈竞争。[6]"俄国一直是竞争中最强有力的竞标者，并为其黄金支付了前所未有的价格，而人们并不清楚俄国这样做的原因。"《华尔街日报》（*Wall Street Journal*）评论道。分析师们觉得俄国"不顾成本地获取黄金"令人困惑且"神秘"，这似乎既预示着俄国在为战争做准备，也说明其受到了俄国官僚主义"民族主义学派"的影响，这一学派坚持将黄金储备集中在国内。[7]黄金从世界各地涌入俄国国家银行的金库——南非、俄国在西伯利亚的金矿，当然还有美国。金条被装上火车，横跨大约 2500 英里从太平洋海岸到纽约市的分行，然后是包装和进一步的运输——在当时，黄金被包装得比玻璃器皿更加小心，以减少不必要的磨损，并装上开往欧洲的轮船。当几乎没有金条剩下时，人们就将价值 5 万美元的金币装在五加仑的漆桶中，然后沿着同样的路线穿越大西洋。[8]仅仅几个月后，这些黄金将以更大的数量流回美国。

俄国战前积累黄金的政策与德国和法国的政策相一致，但也反映了 19 世纪末制定的金本位政策所塑造的金融稳定的愿景。

这一政策的发起人维特在去世前一直担任财政委员会主席，并将黄金货币定义为"我们财政-军事准备的最重要基础"。[9] 在任何时刻，黄金储备的数量对于国家至关重要，它决定了俄国及其他国家战时金融政策的基本原则和政策偏向。随着各国不断努力调整税收以适应战时经济需求，所有的交战国都竞相争夺黄金，进而在国内外筹集贷款，最终导致了中央银行的黄金资源积累规模空前。尽管战争期间黄金的世界产量大幅下降，但政府拥有的黄金数量大大增加。俄国是欧洲唯一的黄金开采国，也是唯一一个黄金储备缓慢但稳步减少的欧洲国家——无论是从黄金的绝对数额还是黄金与纸币的比率上来看。1914年，俄国的黄金储备是欧洲最大的，覆盖了流通中的纸币101.8%。[10] 到1917年9月1日，纸币数量增加了9.5倍，从16亿增加到153亿，而黄金储备减少，覆盖率从101.8%降至8.4%。[11] 相比之下，德国的纸币数量增加了3.2倍；它的黄金储备增加了一倍，但覆盖率从52.5%降至26.8%。在英国，唯一一个没有完全暂停纸币兑换的国家，纸币数量增加了4.5倍。在法国，纸币流通量增加了3.3倍，而黄金覆盖率从71.3%降至26.6%。从以黄金为基础的经济角度来看，俄国参战是一场财政灾难。

俄国、盟军和黄金交易

1914年7月23日，部长委员会暂停卢布兑换黄金。财政大臣彼得·巴尔克（Petr Bark）后来解释说，如果不这样做，储备金"几天内就会被洗劫一空"。[12] 暂停兑换的决定意味着对战争空前规模的认可。[13] 通过暂停兑换，政府只关闭了几个阀门中的一个，黄金储备的流失仍在继续。1914年11月，一项新的法律禁止出口面额500卢布以上的金币和铂金。事实证明，要规避这项措施太容易了，只要把金币打成首饰、盒子和其他小饰品，就可以不受限制地出口。但是，与用于购买外国军火和物资的黄金外流相比，旅行者和走私者口袋里的黄金就相形见绌了。战争爆发后，俄国国内经济无法满足国防需要，陆军部立即要求提供巨额黄金或等值外币，用于支付进口军需品和军工资源。1915 年，巴尔克在杜马财政委员会会议上发言时，公布了"为了支付俄国的订单而外流到国外的巨额资金"：战争第一年，政府不得不花费超过 10 亿卢布用于进口，而 1910 年仅为 1900 万卢布。[14] 正如美国报纸在 1914 年 10 月报道的那样，俄国正在购买"从针头到机车的一切物品"。[15] 巴尔克试图减少对黄金和外汇的需求，这导致了他与主管战争的大臣苏霍姆利诺夫之间激烈的争论，双方相互指责对方不爱国[16]。战争再次揭示了以黄金为基础的金融的光鲜外表与工业发展之间的巨大差距：一个出口粮食、进口机器和技术的国家成了军事敌对行动所引发的淘金游戏的人质。

问题不仅仅局限于黄金或外汇的短缺。战争关闭了国家间无形的金融边界，破坏了国际无现金支付工具。法国暂停从银行账户提取存款和转账行为，这影响了俄国的国外资金，英国银行也拒绝为俄国的证券进行支付。许多购买美国军火的交易没有达成，因为俄国政府提供的国库券，正如报道所说，"在许多情况下被当地银行机构拒绝"。[17]外汇赤字和资金转移机制的恢复只能通过外国借款来解决。第一枪打响后不久，俄国财政大臣就开始与协约国就支付国外军事订单的财政援助问题进行谈判。

正如研究第一次世界大战期间俄国与英国和法国金融关系的历史学家所指出的那样，协约国试图让俄国继续对抗同盟国，因此用信贷支持俄国财政[18]。然而，他们也希望确保债务得到偿还。俄国在与作为协约国英国的银行家的谈判经常因为将黄金作为实物抵押发往英国或北美来换取外汇信贷的问题而遭遇阻碍。

当 1914 年秋天第一次出现运输黄金的问题时，俄国财政大臣巴尔克称这种安排不公平，并提到在战争期间输送如此大量的黄金是不安全的。将一种货币作为另一种货的抵押物的做法也有些奇怪和令人不快，因为黄金是一种"货币化商品"，俄国可以用黄金兑换它所需要的任何货币。[19] 更重要的是，送往协约国的黄金是从支撑卢布纸币信誉的国家银行储备中提取的；因此，每一次以黄金换取贷款的行动都会削弱卢布的地位。最终，俄国政府不得不屈服于协约国的要求。正如亚历山大·克里沃舍因（Alexander Krivoshein）在会议上所说："虽然失去黄金很棘手，但如果保留黄金却没有军需品，情况会更糟。"[20]

1914 年 10 月，俄国送出了第一批黄金，价值 7530 万卢布（约合 800 万英镑），以换取 1200 万英镑的贷款。在夜幕的掩护下，这批黄金在白海的阿尔汉格尔斯克附近被装上一艘英国巡洋舰。尽管采取了一切预防措施，这艘英国运输船还是被德国潜艇发现并遭到攻击，但幸运地抵达了目的地利物浦。[21] 这次事件之后，俄国黄金今后的所有运输路线都绕了一个弯：先用火车运到海参崴，再从那里用日本船只运到温哥华。俄国的黄金随后充实了英格兰银行在渥太华的储备。然后，这些黄金被运往美国，用于支付协约国的订单。1915 年 1 月底（旧历）或 2 月初（新历），协约国财政部长在巴黎举行会议时再次提出了黄金运输问题。英国财政大臣戴维·劳合·乔治（David Lloyd George）建议建立一个共同的黄金基金，如果英格兰银行的黄金储备损失超过 1000 万英镑并跌至 8000 万英镑以下，黄金储备分别为 1.5 亿英镑和 1.68 亿英镑的俄国和法国应向该基金捐款。[22] 法国抵制用黄金换取信贷的原则。[23] 巴尔克还反对劳合·乔治关于将"所有三家发行银行的黄金储备视为某种共同财产"的想法。[24]

巴尔克反对将协约国中央银行的黄金资源集中起来的言论表

达了将黄金视为"国宝"的新态度的实质。俄国在这方面并非独一无二。[25] 法国政府和法国央行奉行类似的黄金紧缩政策，同时大肆利用金融民族主义的言论。英国的经济学家和政治家，包括财政部的年轻雇员凯恩斯（他参与了协约国之间的金融谈判并起草了英国的提案），批评欧洲伙伴们对黄金储备规模的执着，"一旦中止了货币支付，黄金储备的重要性就微不足道了"。"只有英国人意识到黄金储备的主要用途是使用。"[26] 不过，凯恩斯很清楚，俄国之所以不愿送出黄金，是因为国内政治问题和俄国社会对黄金储备规模的敏感性。"俄国当局如此强烈地抵制黄金出口，似乎主要考虑的是他们公布的每周收益。我认为他们之所以夸大这些（公示）的重要性，很可能是因为受到了关于黄金储备问题的错误观念的影响。"1915 年 1 月，当协约国财政部正在讨论信贷安排时，凯恩斯写道：国家银行每周公布的余额显示黄金持有量减少，这在战时也许是过于透明了。[27] 尽管向协约国运送黄金是保密的，但这些行动不可能不被注意到，俄国报纸关于黄金储备缩水的报道引起了公众的骚动。[28] 正如凯恩斯所指出的，在与俄国谈判时，必须考虑到"一些心理因素"，即俄国当局及其批评者对储备问题的特殊态度。巴尔克的批评者攻击他"不是因为货币膨胀，而是因为任何削弱储备的行为"。[29]

巴尔克在苛刻的协约国、顽固的杜马和焦虑的君主之间周旋，处境十分尴尬。在试图向沙皇保证黄金调度不会影响卢布的同时，巴尔克更直接地反对财政委员会的"拜金主义"："不能为了抽象的原则而推迟购买炮弹和步枪。"[30] 然而，巴尔克面向报纸和媒体发表的声明却采取了不同的基调。俄国社会对储备金的规模仍然过于敏感，因此，财政大臣在与彼得格勒和莫斯科各大报纸的代表透露同一贷款安排的细节时宣称："我们国家银行的黄金储备仍未动用。俄国只可能借给英国微不足道的黄金。"这一说法的措辞表明，借方是英国而不是俄国。在宣布不会有黄金离开俄国的同时，巴尔克还补充说，运往英国的黄金将作为支撑卢布纸币的黄金储备的一部分计入国家银行的余额。[31]那么，俄国到底有没有运送黄金？谁是借款人，谁是债权人？

从俄国债权人的角度来看，黄金是一种抵押品，当然不是对英国的贷款。正如凯恩斯所解释的，"我们需要黄金以备不时之需。"[32]这两者之间的区别非常重要：如果黄金是一种抵押品，那么索要黄金就暴露了俄国在债权人眼中的低信用度。如果是贷款，那么运输黄金则是英国需要黄金的结果。这两个原因可能都在安排中起了作用。俄国并不是主导信贷交易条件的一方，国家银行和财政部拥有的黄金数量，如果兑换成外币，并不足以支付所有的军需品。但最重要的是，政府不可能只付得起这些黄金，因为黄金储备的减少会使卢布进一步贬值。因此，黄金的运输代表着信贷成本，而信贷成本又反映了俄国在协约国眼中的金融和政治信誉。就英国政府而言，它既要应对国内舆论，又要应对那些坚持要求增加英格兰银行黄金储备和对英国盟国采取更严格政策的批评者。

激烈的卢布争夺战

俄国的金融外交与其国内政治纠缠不清。财政部在努力筹集资金用于支付国外军事订单的同时，还必须管理俄国日益动荡的国内货币体系。宣战后，国家纸币发行部的印刷机立即开始加速工作。[33]货币供应量的急剧增长发生在战争开始的头几个月，尤其是在 1914 年 7 月 23 日国家控制的伏特加销售暂停之后，这一措施夺走了国家约四分之一的正常收入。1914 年的最后几个月，俄国的国家预算出现了 5.19 亿卢布的亏损，这表明"常规"财政收入从 1913 年的 34.17 亿卢布减少到 28.98 亿卢布。贷款帮助引进了额外的资金，但在"一战"的头几个月（7 月至 12 月），俄国的支出超过了它在日俄战争中的花费，1914 年的预算出现了11.89 亿卢布的赤字。[34] 大臣会议暂停兑换的同一决议还批准发行 12 亿卢布的纸币，将黄金储备未覆盖的纸币从 3 亿卢布增加到 15 亿卢布。[35] 政府以短期国库券为抵押向国家银行借钱以满足其需要，因此，国家财政部欠国家银行的钱，原则上必须支付利息。[36] 在战争的头几个月，俄国每天花费 1170 万卢布。简单计算一下，1914 年 7 月批准发行的 12 亿卢布额外纸币只能维持几个月。俄国纸币泛滥，但现金却一直短缺。

很大一部分的超发纸币被消费者吸收。通常用于出口的产品仍留在市场上，而无法获得信贷增加了对现金的需求。[37] 1915 年初春，卢布现金的数量开始对市场造成压力，导致物价上涨。[38] 如果说通货膨胀的影响是滞后的，那么外汇的短缺则立即显现出来。依赖外国供应机器和材料的实业家以及外国商品进口商抱怨购买外汇非常困难。在公众看来，卢布汇率下跌和外汇赤字，不仅诱发了投机行为，还加剧了通货膨胀，这些问题都与政府的政策，或更确切地说，与政府缺乏有效政策密切相关。1914 年 10 月，莫斯科证券交易委员会主席格里戈里·克列斯托夫尼科夫（Grigorii Krestovnikov）曾警告政府，卢布贬值给俄国带来了"巨大损失"。[39] 克列斯托夫尼科夫的报告是实业家不满政府不干预政策的几个信号之一，他在报告中要求政府采取强有力的措施以支持卢布汇率。

值得关注的是实业家对强势卢布和金本位的倡导。正如我们所见，在 19 世纪 80 年代和 90 年代，俄国商界反对引入金币。然而，在金本位改革几年后，商界并不希望回到金本位之前的时代。1915 年 4 月，证券交易和农业代表大会通过了一系列关于保护"不可侵犯的"黄金储备和保持卢布汇率稳定的决议。[40] 大会表达了实业家对向英国运送 7500 万卢布黄金的不满，并强调了未来对此类行动的"禁止"，同时提出了保持纸卢布发行量与黄金储备之间平衡的必要性，且该比例不应低于 1∶3。自由派经济学家米哈伊尔·弗里德曼（Mikhail Fridman）在评论大会决议时，将其称为"一个象征性的、令人欣慰的事实"，展现了"俄国商人"抵制回归纸币经济的坚定立场。[41]

同时，大会的决议也揭示了俄国实业家对金本位机制的独特理解，而这种理解在某种程度上是由俄国货币体系的创建者所塑造的。商人们希望政府在欧洲发行特别贷款，并以固定价格将筹集的外汇提供给私人企业，从而帮助企业家们应对货币兑换危机。[42] 这种大胆要求廉价资金的行为，反映了资本家们期望国家减轻通货膨胀负面影响的心态。同样，俄国主要的商业组织——工业与贸易代表大会理事会，指责政府对卢布汇率的"冷漠"态度。理事会宣称："国家权力必须介入卢布汇率的确定过程，果断采取措施，消除导致汇率下跌的所有因素，并加强阻止这一趋势的力量。"[43] 理事会敦促政府增加黄金产量，回收流通中的黄金，禁止奢侈品进口，限制旅游，调节出口，并发行外债。有趣的是，俄国商界领袖并不欢迎国家在生产和经营领域日益增加的干预。在俄国实业家的构想中，"经济自由"与国家对货币的调控是完全兼容的。他们在主张"解放经济个性"和反对"官僚警察国家"的扩张时，认为国家新的主要职责在于设计和实施"国家经济计划的总体规划。"[44] 因此，国家的角色是确保纸币的稳定性和可兑换性，同时避免介入企业的经营领域。一些企业抵制规划和"监管"，而另一些企业则直接要求援助。例如，黄金开采业突然变成了国家最重要的行业，政府将注意力转向了生产者的需求。战争动员带走了相当一部分人力，由于这个原因和其他因素，黄金产量下降了三分之一。然而，即使是这些黄金也没有留在国内。为了鼓励生产商将黄金运送到国家储备室，1915 年 11 月，政府对黄金实行了 45% 的特别"溢价"。[45] 尽管如此，私人买家和投机者提供的黄金价格始终比国家规定的价格高出很多，即使加上溢价也是如此。[46] 政府急于增加黄金流入量，曾考虑废除 1901 年货币改革后建立的自由黄金市场，即强制所有生产商向国家交付黄金。最终，政府决定不实行国家垄断，因为它担心这会激起非法贸易并减少黄金开采量。相反，当局试图通过减税、免除俄国矿山工人的兵役和开通特别信贷额度来加快生产。[47] 与战前禁止中国移民入境的政策截然相反，政府允许金矿招募中国工人。[48] 经济学家警告说，以增加金矿开采来解决财政问题是一种误导，但政府认为没有其他方法可以从内部补充储备。[49]

实业家们在战时要求政府干预和调节卢布汇率，这往往透露出强烈的民族主义情绪。关于中国黄金走私犯和德国走私犯的谣言甚嚣尘上。对于极端民族主义记者和政客来说，卢布再次成为国家主权和帝国威望的象征。民族主义者对卢布与英镑比价的波动深恶痛绝，但他们对俄国货币相对于芬兰马克的贬值尤为敏感，认为这是一种差辱。[50] 卢布贬值的原因很简单：俄国从芬兰订购商品，导致对芬兰马克的需求不断增长，而芬兰对俄国货币的需求却一直很低。财政委员会认为，由于卢布汇率的波动是贸易不平衡（尽管不正常）的自然结果，因此，使用行政手段来固定卢布汇率并不是一个好主意。相反，财政委员会计划从芬兰贷款，向俄国政府提供芬兰货币。[51] 民族主义报刊对这一建议大为恼火，指责当局对卢布在芬兰的命运漠不关心。[52] 在他们看来，与其可耻地从自己的边境地区借钱，政府还不如责成芬兰银行增加芬兰马克的发行量，并将这些资金交给俄国当局。[53] 政府还必须"通过军事当局的法令确定汇率"，并最终彻底消除芬兰货币的独立性。[54]

拯救金卢布的想法将不同政治信仰的人们团结在了一起。金卢布逐渐被视为俄国专制主权的堡垒，同时也是经济自由和立宪主义的象征。[55]然而，对金本位制看似一致的支持却掩盖了不同的态度和观点。尽管维特在去世前不久发表的关于"卢布脱离黄金"的声明对大多数经济学家和政治家来说听起来像是一场噩梦，但他们中很少有人会想象战争结束后金本位制会保持不变。《俄国报》在1915年1月初写道："战争头几个月的经历会对货币理论产生影响"，这为多个国家在战后放弃金本位制提供了可能性。许多作家和政治家批评政府不把目光放在保护黄金储备上，似乎这本身就是目的："他们建立了黄金储备，而国家最迫切的需求却得不到满足。"[56]俄国社会习惯于将黄金储备的规模与经济繁荣相提并论，但战争表明，这种看法是一种误解："事实证明，我们没有铁路，没有水路，没有装备精良的港口，没有贸易舰队，但却有通过增加外债买来的辉煌预算。"[57]科洛米采夫（Kolomiitsev）教授写道，政府曲解了黄金储备的重要性，他认为黄金储备的规模是一个"功能参数"，有助于平衡货币市场。[58]

随着战争的持续，人们对金本位制的合理性产生了更多怀疑。1916年11月，《证券交易公报》写道："战后，很有可能所有主要国家都会摒弃战争期间暂停的黄金兑换做法"，这表明各国可能会发明新的、更好的货币支持手段。[59]最终，卢布的命运取决于俄国的总体经济状况，而经济状况又是其军事成就的投影。俄国在西部和东部的胜利将推动货币制度的发展：乌克兰经济学家米哈伊尔·图甘-巴拉诺夫斯基（Mikhail Tugan-Baranovskii）写道："沙尔格勒（君士坦丁堡）将比任何黄金储备都能更好地支持我们的纸币。"[60]图甘-巴拉诺夫斯基成为战前金本位制度最激烈的批评者，他将金本位描述为欧洲金融文明的"偶像破灭"。

在预测战后金融发展时，他设想出现一种新模式，这种模式与现有原则的主要区别在于国家参与金融监管的程度。[61]

经济学家们对金本位制的幻想日益破灭，这如何能与捍卫金卢布的愿望相协调？可以肯定的是，关于金本位制有两种不同的思维模式，一种是经济思维，另一种是政治思维。在经济上，维特版本的金本位制已经过时，需要改进。值得注意的是，即便米古林和图甘–巴拉诺夫斯基对 1897 年货币制度提出了最激烈的批评，他们也没有要求取消金本位制。1915 年至 1916 年，俄国经济学家和欧洲的经济学家一样，除改革前的纸币专制制度（auto-cratic system of paper money）外，还没有看到黄金的替代品，而纸币专制制度却与专断、神秘和腐败联系在一起。在俄国，金本位制通常仍被视为国家滥用印钞特权的解毒剂，而不是一种能带来新的金融实践和可能性的制度。同样，俄国社会将宪政视为一种旨在限制专制的制度，而宪法在促成保护（人民）权利和制衡权力的复杂机制方面的作用则是次要的。《1906 年基本法》(1906 Fundamental Laws）中的宪政安排被认为是不够完善、限制太多，对议会也表现得相当不宽容，但社会和政治家们仍急切地希望保留这些微不足道的革命成果，并保护它们不受最高权力和行政权力的侵犯。同样，当政府试图规避《维特的货币法案》中规定的条件时，自由主义反对派也会诉诸维特版本的法律。例如，1897 年政府在未修改法律的情况下提高了向市场投放黄金的上限。自由派政治家和经济学家也认为，政府对黄金储备的无节制操纵危及卢布未来的战后恢复。正如莱昂·彼得拉日茨基（Leon Petrarzitsky）在国家杜马会议上所宣称的，"卢布纸币的可兑换性是一部金融宪法。"[62] 保卫金卢布等同于保护杜马在战时和战后有限的财政和政治特权空间。

政府的反对者也积极利用"拯救卢布"的理念来达到自己的

政治和金融动员目的。例如，著名的国内贷款公共宣传活动。[63]
经济学家强调金融机制的政治维度，敦促政府从过度发放纸币转
向信贷。谢尔盖·普罗科波维奇（Serguei Prokopovich）写道，当
政府过度发行纸币时，就"违背人民的意愿，以胁迫的方式从人
民的经济活动中拿走了它所需要的物质资源"。因此，发钞与信
贷的区别在于，前者没有征求人民的同意，不尊重个人的选择。
虽然公民可以考虑不购买国家证券，甚至不纳税，但他们不能拒
绝接受国家印制的纸币来购买他们生产的商品。与纸币相反，正
如米哈伊尔·弗里德曼所解释的，"贷款是人民的事业，就像这场
战争已经成为人民的战争一样。贷款带来的成功能使国家免于因
纸币泛滥而破产，摆脱外国势力的枷锁"。[64]

　　一场支持贷款的公众运动阐明了国家货币作为共同财产的
地位，应该在贷款的帮助下得到保护。米哈伊尔·别尔纳茨基
（Mikhail Bernatskii）赞同 19 世纪早期自由主义者莫尔德维诺夫的
观点（"卢布是每个人的财产"），强调了信贷业务在保持俄国货
币稳定方面的作用："信贷业务越不成功，对俄国货币体系的破坏
就越严重，俄国卢布就越容易贬值。"[65]参与公共贷款运动的理由
不仅是帮助战壕里的士兵这一崇高目标，而且是为了保护"用大
量劳动和重大牺牲"建立起来的黄金储备。[66]一则贷款广告以大
字体印在《俄国报》的版面上，直截了当地做出如下声明："公民
们，通过参与贷款，你们既能防止货币贬值，又能阻止通货膨胀
恶化。"[67]经济学家、公众人物和政治家们在鼓励公民购买债券的
同时，还倡导自觉的经济行为，呼吁理性和爱国的消费行为。国
内贷款与1916年引入的所得税一起，逐渐被视为与公民权理念
以及战争背景下的民主爱国主义相一致的典型的宪法参与性金融
工具。[68]在公共贷款运动和税收改革的公众运动中，国家货币逐
渐被视为国家的财产和人民主权的体现。

政府一方面要求杜马和媒体支持它在农民和城市中产阶级中普及贷款的努力，另一方面也越来越担心这些活动的后果，担心自由派会试图偷偷传播他们的政治理念。诚然，自由派政治家认为，金融公民教育是政治动员的重要组成部分，并将购买贷款债券与投票相提并论。他们向普通民众灌输卢布作为共同利益的观念，旨在为国防事业和自由改革吸引支持者。看到政府无力解决财政问题，自由派抓住机会，将拯救卢布的事业掌握在自己手中。在媒体支持国内贷款的同时，社会团体也发起了反对奢侈和不爱国消费的运动，号召每个人，尤其是妇女，为公益事业节约开支。[69]

金融后方

当俄国军队在战场上或在欧洲和高加索地区与敌人作战时，另一场战争正在国内展开：政府与民选杜马之间为控制黄金储备而展开的战争。随着战争的爆发，所有欧洲国家——协约国和同盟国——的议会都经历了特权的大幅削减和财政权力的集中化。历史学家休·斯特拉坎（Hew Strachan）注意到，在战争财政问题上，法国这个"坚定的共和制国家"竟然可以"轻而易举地放弃议会控制（财政）的原则"。法国议会自愿将通过法令筹集资金的权力委托给了行政部门。[70]此外，"奥地利在 1914 年至 1916年甚至没有征求过议会的意见"，而德国国会则被剥夺了对财政政策的监督权。[71]限制或取消议会控制是为了确保金融机构能够有效、迅速地满足战时的经济需求。在这种背景下，俄国金融管理部门要求代议机构不干涉的主张虽然可能不合法，但至少并不显得特别有冒犯性。然而，与欧洲的立法机构相比，俄国的代议机构在 1914 年之前从未接触过金融政策问题，战争为杜马提供了参与货币政策讨论的独特机会。

俄国代议制机构从一开始就只在预算和财政领域享有有限的特权。和平时期看似恼人的限制在战争爆发后演变成一个重大的政治问题，当时的国家预算被分成两个非常不平等的部分。国家杜马可以审议预算中最微小的一部分，即与民政管理有关的部分，而国家用于战争的巨额开支仍由政府全权控制。然而，从法律上讲，财政部大臣无法单独改变1897年制定的确立纸币发行标准的法律。发行超过法定限额3亿卢布的纸币需要立法批准，而没有国家杜马的批准就无法获得立法批准。由于不愿征得杜马的同意，政府经常诉诸臭名昭著的《基本法》第87条，该条允许政府规避宪法规定，在不受杜马干涉的情况下执行货币政策，而1914年之前的俄国政府一直贯彻这样的条例。[72] 杜马则急于利用法律修正案听证会的机会讨论政府的整体货币政策。卢布贬值问题演变成政治合作以及政府与社会的关系的问题。令人惊讶的是，政府与议会在维护卢布和黄金储备的策略方向上是一致的，但有关税收、贷款批准、暂停或恢复货币兑换以及货币发行的具体实施方案却成为双方的争执焦点。

巴尔克不愿与杜马打交道并非偶然，这也不仅仅基于他个人的偏好。政府最初不遵守宪法规定可以从其对芬兰大公国的黄金储备的处理中看出。战争并没有对芬兰的货币或黄金储备产生直接影响，在宣战后的头几个月，芬兰的货币体系甚至比以前更好。然而，在卢布暂停兑换和俄国黄金储备撤离后，俄国总理戈列米金非常直率地要求芬兰大公国政府采取类似措施（他给总督泽恩的电文草稿甚至要求将芬兰的黄金储备转移到俄国内地或伏尔加河沿岸省份）。[73] 芬兰当局并不反对暂停兑换的想法，因为这似乎是不可避免的，但议会的代表们坚持认为，这一决定应由芬兰议会做出，因为议会控制着芬兰银行和储备金。与此相反，行政参议院的大多数议员和总督反对"芬兰立宪主义者"扩大议会权力的企图,并声称应由(芬兰)参议院和总督的行政决定来暂停外汇兑换。然而,当这场争论的消息传到彼得格勒时,帝国大臣会议决定,芬兰黄金的保存与芬兰无关,(芬兰)参议院、总督以及议会都不能审议此事。因此,1915 年 1 月,大臣会议决定,根据《瑞典 1772 年宪法》(The Swedish law of 1772),君主拥有单方面的权力,该法律赋予瑞典国王在战争情况下的特殊特权。尽管这一法律作为先例,看似粗略甚至荒谬,但尼古拉二世还是于 1915 年 3 月 29 日和 4 月 11 日签署了停止芬兰马克兑换黄金的法律。[74]

芬兰黄金的故事表明,帝国当局认为货币问题是王室的特权。正如巴尔克在 1915 年断言的那样,"在俄国,发行权属于国家造币厂特权的范畴,类似于铸造硬币"。尽管国家银行拥有对货币的发行权,但"最高权力机构拥有对货币专有的、不可转让的权力"。[75] 尽管如此,为了允许国家银行印制比 1897 年法律所允许的更多的卢布,政府不得不通过立法对其进行正式修改。1915 年 7 月,巴尔克自战争开始以来首次向国家杜马提出申请,要求批准发行 12 亿卢布。当时,政府已将未被黄金覆盖的纸卢布流通量从最初的 3 亿增至 25 亿。[76] 毫无意外,财政大臣的要求导致了一场关于战争期间货币制度的政治原则的激烈辩论。国家杜马质问巴尔克,为什么他在决定俄国货币的命运时忽视了人民代表的意见。没有人质疑向流通领域发行更多纸卢布的必要性,因为国家可支配的现金短缺似乎是显而易见的。辩论的主要议题是在各种政治力量的适当参与下妥善管理货币政策。[77]

俄国国家杜马理所当然地认为,巴尔克的行为是对立法机关权威的公然蔑视。[78] 对于杜马的政治家们来说,这是一个原则问题:"国家不怕做出大的牺牲,只要告诉我们牺牲会是什么样的"。[79] 他们想知道政府未来可能需要印制的货币的最大限度。立宪民主党人、杜马金融问题主要发言人之一安德烈·申加廖夫（Andrey Shingarev）问道："你们知道发钞的最高限额是多少吗，还是说根本没有限额？"他还建议政府承诺永远不会将卢布现金的黄金覆盖率降至30%以下。但对巴尔克来说，这些呼吁毫无意义："我能告诉你一年之内我能在俄国开展哪些信贷业务吗？这是不可想象的，没有一位财政大臣能告诉你这一点。"[80] 他还捍卫政府在必要时增加纸币供应量的权利，并拒绝做出任何有约束力的决策。[81] 巴尔克做出的唯一一让步是承诺在政府下一次计划增加纸币发行量时征求杜马的意见。1915年8月，杜马批准了增发，但巴尔克并没有遵守诺言。当时，财政部已经开始了与协约国的新一轮谈判，要求获得特别信贷"以支持俄国的货币体系"。因此，巴尔克没有与杜马打交道，也没有寻求杜马授权发行卢布纸币，而是在国外购买了额外的信贷，用来代替黄金作为纸币的锚定物。以可兑换货币贷款支持卢布现金的发行，使巴尔克得以在未经国家杜马批准的情况下扩大卢布纸币的发行量。[82]

新一轮的贷款计划看起来有些不寻常，甚至可以说是欺诈性的。俄国承诺提供4亿卢布（约合4000万英镑）的黄金，用于支付协约国在美国的订单。英国为购买军需品开出了3亿英镑的信贷额度，并额外提供了2亿英镑的特别贷款"保证我们的发行权"，即支持俄国的卢布信贷。[83] 这部分贷款是记账上的虚构，因为它假定没有资金流动，只是有条件地分配了俄国账户上的资金。[84] 在这一虚拟基础上，相对于银行金库中的金块，巴尔克希望批准发行新的卢布纸币。[85] 即使凯恩斯能"想出"一种组合，让虚拟黄金替代真实黄金，并对这一行动保密，精明的俄国记者和报纸读者也不会没有注意到这一点。[86] 严格来说，这一行动也是非法的。货币法既不允许用虚拟黄金，也不允许用俄国抵押（或"借出"）并运往国外的黄金来代替实物黄金作为储备的一部分。[87]反对派经济学家将这些黄金从国家银行的余额中剔除，尽管国家银行继续将这些抵押黄金算作自己的黄金。因此，政府和经济学家对俄国金融状况，特别是卢布的黄金覆盖率的统计数据大相径庭。[88]虽然官方数字看起来或多或少让人感到乐观，但经济学家的估算并不包括海外信贷额度或用作抵押物的黄金，因此得出的结论是，俄国的货币体系"几乎完全以纸币为基础"。[89]事实上，到 1917 年 3 月 1 日，虚拟的"海外黄金储备"（21.41亿卢布）比国家银行的实际黄金储备（14.76 亿卢布）多出了三分之一。这一差距是巨大的，尤其是相对于流通中的卢布纸币（99.75 亿卢布）而言：有国外黄金时，覆盖率超过 36%；而没有国外黄金时，黄金覆盖率不到 15%。

巴尔克的外国贷款策略并没有解决与杜马达成共识的问题。1916 年 2 月，巴尔克不得不再次向国家杜马请求批准增加 20 亿卢布纸币的流通量。这一次，巴尔克要求杜马给他一张空白支票，让他在必要时自行决定改变纸币投放限额。巴尔克解释说，这种模式可以让政府在不修改法律的情况下增减纸币流通量，因为频繁修改法律会对公众舆论产生不利影响。事实上，战争爆发时，巴尔克在法国的同行也享有议会赋予后者的类似特权。然而，在俄国，杜马直到战争开始才获得对增发货币的法律控制权，并且不愿放弃这一权力。此外，杜马的财政权力曾被漠视，这让它感到羞辱，因此它不能默许巴尔克的要求。杜马委员会不仅反对政府拥有"无限制发行卢布纸币的权利"，还提出了一项法案"规定支持卢布纸币的黄金储备的最低规模"。在提案中，委员会指定 15 亿卢布的黄金储备为"不可触碰"的基金，即不得将其用于军事需求或境外支付。[90]换句话说，杜马代表声称黄金储备属于他们所代表的人民，而不是政府。

巴尔克非常愤怒。"不可触碰"原则可能会危及俄国向协约国运送黄金的承诺。在国家杜马会议讨论该法案的前一天，正在伦敦参加另一轮贷款谈判的巴尔克给彼得格勒发了一封电报，要求委员会负责这一问题的发言人申加廖夫放弃这一条款，因为它可能会给盟国留下非常不好的印象。他写道，如果杜马通过了这项法律，就必须想方设法阻止国务院批准这项法律。如果不能保证这一点，就必须要求国务会议主席不要将其列入议程。[91] 而杜马还是通过了该法案，只是对其进行了微调，将"不可触碰"基金从 15 亿降至 14 亿，这也反映了俄国当时实际的黄金储备规模。[92] 1916 年 6 月 17 日，在对法案表决三天后，杜马因夏季休会而解散，本应审议"黄金储备不可侵犯法"的国务会议成员也都返回家乡。[93] 1916 年 8 月 29 日，政府再次回到了对第 87 条法律条文的讨论中，并批准发行 20 亿卢布的纸币。[94] 同年 9 月，政府又批准了一项与英国的协议，承诺俄国将把价值 2000 万英镑的黄金运往英国。[95]

虽然巴尔克拒绝了杜马提出的保护剩余黄金不至于完全消失的要求，但他向英方表示，将俄国的黄金储备降至 10 亿卢布以下是"不被允许的"。[96] 值得一提的是，杜马在财政问题上的主要反对派发言人申加廖夫在黄金储备问题上与巴尔克的立场一致。在 1916 年 4 月到 6 月的欧洲之行中，他会见了英国财政大臣雷金纳德·麦肯纳（Reginald McKenna）和法国财政部部长亚历山大·里博（Alexandre Ribot），并对英国提出的对于黄金的要求表示困惑，因为这破坏了货币体系的稳定性，引起了公众的不满。[97] 因此，杜马决定保护剩余的 14 亿黄金不受协约国或本国政府的影响，这既是为了表明杜马对于保护卢布的承诺，也是为了使协约国贪得无厌的要求非法化。这也是试图从政府手中夺取对国家黄金的象征性（控制）权力。然而，我们不能将杜马试图建立对货币发行的控制权这一事件简单地理解为出于功利目的对卢布问题加以利用，旨在提高杜马的重要性。自由派认为，战争是政府和反对派能够合作并且应当合作的时刻。弗拉基米尔·热列兹诺夫（Vladimir Zheleznov）写道："国家和政府在帮助受伤士兵时，要依靠大规模动员公众组织；在财政组织问题上，他们应该寻求公众分子的积极参与。"[98] 热列兹诺夫则写道："在制定财政政策时寻求公众参与，这与同时开展的工业动员和饥饿救济运动的口号不谋而合。"与上述倡议一样，杜马和财政部未能找到中间立场。国家与社会之间严重缺乏信任，直接或间接地影响了卢布的命运。

收获黄金

国家与公众在货币和战争问题上的互动并不局限于杜马的辩论。每一次金融改革或措施都会影响到人们的日常经济活动，而政府通常很少关注自身行动的影响。战争改变了这种关系，使国家比以前更加依赖民众。由于政府必须通过国内贷款来寻求资金，因此它在征收更多税收的同时，也依赖人民的爱国主义精神。这种互动关系中最显著、最新颖的方面是政府试图从民众那里榨取黄金。俄国社会对维特强制推行的黄金政策即使没有敌意，也没有热情，俄国经济从未达到英国或法国那样的黄金饱和度。战争一夜之间改变了民众对黄金的态度。战争初期的恐慌立即影响了黄金的供应：不久前还被视为笨拙和不受欢迎的金币成了最抢手的商品。当纸币卢布变得不可兑换时，让人们交出黄金的唯一办法就是激发他们的爱国热情。

在制定提取黄金的措施时，俄国将目光投向了西方。统计数据显示，当时所有的中央银行都增加了黄金储备，粗略计算一下，流入银行的黄金大都来自人们的口袋和密室，因为累积的黄金总量远远高于金矿的年产量。[99] 德国组织了为战争目的募集黄金的运动，鼓励人们将珠宝、黄金甚至白银制品熔化成金（银）条，这使得帝国银行的储备增加了 10 亿马克，从 1914 年 7 月的 15.28 亿马克增加到 1915 年 7 月的 24.55 亿马克。[100] 俄国官员报告称，德国收集黄金的爱国运动甚至吸引了小学生的参与。他们以惊讶和羡慕的口吻提到，这些学生将金币交给老师后可以获得某些"特权"。对于士兵来说，捐赠金币的奖励包括免费乘坐飞机和获得额外假期，最终，根据俄国黄金收集委员会的报告，德国政府规定私人拥有的所有金币都必须加盖印章，未加盖印章的金币不得流通。[101] 俄国和其他地方对这一运动的反应不一。[102] 俄裔犹太作家兼记者列夫·帕森科夫（Lev Pasynkov）用"青铜病"来形容德国对收集黄金的痴迷。帕森科夫认为，这种病耗尽了人们的生命力，是一种罕见的疾病，会使病人憔悴的身体变成红色，并带有青铜的底色。将金属注入经济的血管，就像青铜病将人的身体变成僵硬易碎的雕像一样，使国家的机体瘫痪。[103]

德国并非唯一一个从其国民手中榨取黄金的大国。法国也采取了类似的策略，尽管手段上没有那么强制，但也在"为法国而战，为胜利而战"的旗帜下动员征集黄金资源。当法国为征集黄金开设特别办事处时，巴尔克也向财政委员会提出了类似的建议。然而，这些措施并不能保证取得类似的结果，尤其是俄国迟迟没有加入黄金收缴运动，而且相当一部分黄金已经被藏匿或带走。[104] 为了响应法国的黄金收缴行动，巴尔克建议杜马发起一场收缴黄金的运动，收缴任何数量或形式的黄金，包括珠宝。在强烈的爱国热情驱使下，杜马计划果断采取行动。一些杜马成员建议全面没收私人和组织的黄金制品。在这场辩论中，人们唯一担心的不是这一措施的合法性，而是担心在爱国热潮中可能被"压成条块"的文物和艺术品的命运。许多拥有者，无论是个人还是修道院，往往无法鉴别他们所持物品的真正价值，如历史上珍贵的金质勋章或教堂的金制器皿。为了防止这些珍稀物品遭受损失，并劝人们不轻易出售"祖传珠宝"，杜马委员会提议，应该对这些具有艺术或特殊情感价值的物品进行拍照和登记，并在国家银行进行安全保管。同时承诺在战后返还，但在战时，它们的重量将临时计入战争期间的黄金储备。[105]

临时黄金储备的想法完美地说明了战时的俄国对黄金储备规模的痴迷是多么荒谬。这些黄金是有条件地从其所有者手中拿走的，不能用于支付军需品或国家债务，只能改善国家银行资产负债表的外观。收集和储存个人黄金可能会带来更多问题，而不是好处。因此，"临时基金"项目在实施过程中消失了。取而代之的是，1915 年 8 月，国家杜马向俄国民众发出呼吁，要求通过出售或捐赠金币、奖章、器皿和物品来"充实国家银行黄金储备"。[106]申加廖夫在杜马会议上宣布："女士们、先生们，你们有不需要的戒指、手镯、耳环和黄金首饰，你们也有很多黄金小饰品。把这些无用的奢侈品都交给国家是你们需要承担的爱国义务。"各大报纸转载了国家杜马呼吁捐赠黄金以补充国家银行的储备。尼古拉二世以身作则，捐出了八块金块和一小袋约 2 磅重、价值 1200 卢布的砂金。沙皇的黄金被熔化成 3 块金条，放置在国家银行一个带玻璃窗的特殊橡木箱中。[107]

黄金开始源源不断地流入。正在撰写《彼得大帝传》（*Peter the Great's Biography*）的历史学家米哈伊尔·博戈斯洛夫斯基（Mikhail Bogoslovskii）是响应这一请求的爱国公民之一。他带着三枚金币来到银行，"用这笔捐款增加国家黄金储备"。[108]受一些名人捐献金饰的启发，公众纷纷慷慨解囊，捐出他们的结婚戒指、勋章和其他珍贵物品，而报纸则报道了这些普通民众展现的强烈的爱国热情。一位经营大型养马场的业主捐赠了他的马在赛场上荣获的 18 枚金牌。彼尔姆的主教则号召那些因学业成绩出众而得到金牌的女性为战争的需要捐出这些奖牌。[109] 有人建议将黄金婚戒换成刻有"为了祖国"或"1915"字样的金属戒指，从而将爱国情感与婚姻和爱情的情感相提并论。还有人建议为捐赠者颁发特别的链子和奖章，上面写着"一定要赢！"的座右铭〔民族主义者米哈伊尔·缅希科夫（Mikhail Menshikov）一篇著名文章的标题〕，或发行特别的"爱国"卢布，表明这些纸币已兑换成黄金。[110] 报纸上刊登了捐赠者的姓名及其感人的信件。[111] 首都最富有的教区之一——喀山大教堂的神职人员请求允许捐赠他们的遗物。有传言说，教堂和修道院被要求整理他们的金银教堂用具清单，不过"修道院黄金"的法律地位不明确，这暂时阻止了收缴行为。[112]

在鼓励民众捐献黄金的行动中，政府提出了创新性的激励方案。国家银行鼓励其员工动员客户用金币付款，并提供他们设法获得的金额的 2% 作为奖励。他们还被严格要求"不得让黄金重新进入流通"。[113] 铁路公司提供无须排队购买火车票的服务，在灾难性的交通危机情况下，这是一项重要的特权。毫无意外，这些措施和类似的其他措施引发了投机和行贿，非但没有巩固卢布的地位，反而加深了"有用"的黄金货币和不太有用的卢布纸币之间的裂痕[114]。收缴黄金的行为往往接近经济上的非理性。捐赠给国家银行的一些物品，包括古钱币藏品，其市场价值远远高于其中所含黄金的价值，因此将它们熔化成金条是毫无意义的。[115] 无论如何，这场爱国运动的效果非常有限。从 1915 年 8 月 10 日运动开始到 1917 年 3 月 8 日运动结束，国家银行共收到 655,768 卢布的黄金，其中包括 145,319 卢布的捐赠和 510,449 卢布的平价兑换。[116] 别尔纳茨基称这一结果"十分可悲"，并批评俄国人在这种时刻展现出的短视，没有意识到支持国家货币的重要性。[117]
除了为银行筹集黄金的手段，政府还采取了多种措施来控制黄金
的使用和流通，如禁止用黄金制作假牙（受伤士兵和军官的手术
除外）、限制黄金奖章的生产。俄国政府在 1916 年 10 月下令使
用廉价金属制造最高军事奖章——圣乔治十字勋章（事实证明，
仅在 1915 年，军事奖章和其他奖章的生产就消耗了 117 普特，
相当于 1.8 吨黄金）。与其他情况一样，爱国主义也是为了弥补授
勋所带来的物质利益的不足。[118] 然而，少数公民的爱国主义在其
他大多数人厉行节俭的情况下未免相形见绌，尤其是在号召征集
黄金的同时还颁布了一系列禁令，包括禁止出口金币等。根据官
方数据，珠宝商使用的黄金数量在战争期间增加了两倍。[119] 人们
为了保护自己的积蓄，将其变成可以携带出国的黄金制品。针对
把黄金变成饰品外流到海外的情况，海关官员接到命令，只允许
那些"有一定社会地位且在旅途中使用黄金不会让人产生怀疑"
的人携带黄金制品过境。也就是说，贵族可以佩戴黄金首饰，但
地位较低的人可能看起来像走私犯。[120]

　　尽管政府希望用卢布纸币换取黄金，但他们对金币和纸币等
值的决心似乎有些天真。唯一对公众的经济现实做出的让步是允
许用黄金兑换外汇。然而，政府直截了当地拒绝了用卢布纸币按市
场汇率（即超出名义价值）兑换黄金的建议，因为这意味着正式承
认金卢布和纸卢布之间的差距。出于同样的原因，国家银行也放弃
了用黄金征收关税（1877 至 1899 年为增加黄金持有量而采用的做
法）或为金币存款支付更高的利息的想法。[121] 国家银行组织了一次
购买抵押在典当行和信贷办公室的黄金制品的活动，但其他买家几
乎总是比国家银行的官员出价更高，因为后者被要求坚守固定价
格。[122] 政府似乎没有注意到，黄金已经不再是等同于卢布纸币的支
付手段，而是变成了一种商品，"金卢布"一词也就名不副实了。

人们把金币带到当铺，当铺里出现了"成堆的黄金"。[123]

　　黄金收缴运动的基础是假定私人拥有大量黄金，包括硬币和黄金制品。有关俄国民众大量囤积黄金的传说在俄国国内外广泛传播。"据说俄国有数以万计的囤金者，"《华盛顿邮报》写道："俄国人在地下或家中地窖里埋藏了难以估量的黄金。"[124] 西方评论家特别强调了东正教会神话般的巨额财富。在他们的想象中，"俄国神圣的黄金储备"是"几乎取之不尽、用之不竭的财富囤积"，而只有对俄国隐藏资源完全无知的人才会相信俄国是贫穷的。[125] 此外，俄国官员和记者还在继续宣传这一观点。"寺院黄金被列为俄国尚未开发的'天然财富'之一，象征着隐藏的储备或错失的机会。俄国修道院和古老大教堂中的珠宝和黄金价值不详。俄国有数百座富饶的修道院，其财富不为人知。根据一些估测，仅基辅的佩乔尔斯克修道院就有价值超过 1 亿卢布的财富存放在其精心守护的金库中。"彼得格勒的《金融报》(*Finansovaia Gazeta*) 编辑约瑟夫·达林达 (Joseph Dalinda) 在一次采访中宣称，这些报道的目的是打破俄国金融市场不稳定的传言。[126]

　　与此同时，有关黄金储备持有量的公开数据以及黄金流通量显示，即使在黄金收缴的高峰期，该国的黄金货币仍然很少。《环球报》(*The Globe*) 写道："黄金总持有量最大的国家，如俄国，人均持有量也最小。"数据显示，在人均积累方面，俄国（5.93 美元）落后于美国（19.48 美元）、英国（16.10 美元）、法国（30.30 美元）、德国（13.30 美元），甚至奥匈帝国（5.96 美元），与维特用黄金使经济饱和的政策形成鲜明对比的是，奥匈帝国引入了金本位制，但并没有使其以黄金为锚定物的纸币可以兑换黄金。在其他国家，人们口袋里和钱包里的闲置黄金超过了中央银行的持有量；而在俄国，情况恰恰相反：国家银行的黄金持有量是流通中黄金数量的 3 倍。[127]

根据巴尔克的说法，1897 年改革后，俄国国家银行放出了大约 4.55 亿卢布的黄金。甚至有大约 40 亿法郎，即接近 10 亿卢布的金币流入了法国这个"体量相对较小的国家"。在发起公开征收黄金运动后的一个月内，法国银行就征收到了 2.77 亿法郎；相比之下，在 1915 年的前六个月，俄国国家银行只购买到（即"兑换外币"）400 万卢布。[128] 显而易见，政府榨取民间黄金储备的行为只能使其获得上层和中产阶级中极少数人拥有的金戒指、奖章和鼻烟盒。正如别尔纳茨基所总结的那样，由于人们对黄金收缴运动的"反应不令人满意"，"在战争期间银行黄金储备的任何增长都完全源于俄国金矿目前的产量。"[129]

黄金收缴运动的失败，仅仅是因为人民的贫穷和缺乏爱国主义吗？要想了解失败的原因，就必须研究这场运动的背景。就在杜马保民官[①] 申加廖夫向公众发起黄金收缴运动的当天，就有人冲进国家银行的办公室，要求将他们的卢布纸币兑换成银币甚至铜币，而不是黄金。1915 年 8 月，"零钱饥荒"，即自战争开始以来就很明显的小额零钱短缺，已经发展成了一场真正的危机，而来自被德军占领的西部省份的难民涌入又加剧了这一危机。[130] 商店无法为顾客提供找零，而顾客又没有硬币支付马车夫、电车售票员和小商贩的费用。在这种情况下，顾客有时会和店主耍心眼，先点小馅饼，吃完后再提供一张大面额的钞票支付。[131] 在哈尔科夫的阿克日托夫自助餐厅，服务员会要求顾客在点餐前出示零钱，而那些没有面额小于 1 卢布的货币的顾客则会饿着肚子离开。从彼得格勒、日托米尔、罗斯托夫，到基辅、里加，"小额零钱的饥饿感"在四处蔓延。[132] 8 月 17 日，彼得格勒的国家银行总

---

① 保民官，古罗马时期为保障平民阶层的权益而设立的一种官职。——编者注

行被迫限制硬币兑换，此举几乎引发了一场暴乱，而主要的灾难则发生在不同街区的市场上。当妇女们来买食物时却发现大多数商店都关门，她们冲进商店，把货物扔在地上。一些愤怒的家庭主妇甚至殴打了店主。[133] 彼得格勒的"女性顾客暴乱"持续了两天。警察在市场上巡逻，彼得格勒军政府发布命令，禁止囤积零钱和对其进行投机，而财政部则试图解释说，囤积仅具有象征性的银币或铜币毫无意义，因为金属的价格远低于硬币的面值。

圣彼得堡造币厂厂长无法为突然激增的需求找到合理的解释，他将 8 月 17 日至 18 日发生的事件描述为"狂欢"，而克列别克男爵（Baron Klebeck）则认为，"某种集体情绪在彼得格勒广大民众中蔓延开来。"巴尔克则更进一步，将人们的行为描述为"精神病"。为了支持这一评价，《证券交易公报》采访了俄国著名精神病学家弗拉基米尔·别赫捷列夫（Vladimir Bekhterev）。别赫捷列夫也认为，在敏感时期，"公众很容易受到各种在平时不太可能发生的过激行为的影响"，他支持巴尔克将事件诊断为"群体性精神病"。或许这是一种精神错乱，但具有讽刺意味的是，它影响的正是应该捐献黄金的公众，而报纸上的捐赠呼吁与关于囤积罚款以及拒绝给顾客找零的小贩被迫害的信息同时出现。[134] 除此之外，有关造币厂夜以继日工作的报道与当局的宣传口径不符。国家银行收到了来自州长、地方银行和铁路公司的大量投诉，还收到了因工厂缺钱而未领到工资的工人即将发生暴乱的警告。尽管如此，当局仍然对这些投诉置之不理。[135] 政府倾向于认为"零钱饥荒"是由谣言引起的，或者指责轻信的农民将硬币藏于地下。[136] 奇怪的是，在努力满足对于金属几乎无穷无尽的需求的同时，财政部却没有考虑到这种"四处蔓延的精神病"的真正原因：通货膨胀增加了纸币的数量。高面额纸币（25 ~ 500 卢布）的流入量增长了 229%，而低面额纸币的流入量只增长了 51.6%，导致了不平衡。[137] 此外，公众对小额零钱的焦虑暴露出他们对政府的不信任。正如普罗科波维奇所指出的那样，当卢布汇率为黄金价值的 75% 时，囤积象征性的银币毫无意义，但如果卢布跌至战前黄金价值的 25%，那么囤积银币就变得明智了。[138] 小额零钱骚乱的起因不仅是硬币短缺，还有持续不断的卢布即将突然贬值的传言。在这个焦虑和恐惧的时刻，国家银行宣布愿意接受黄金作为捐赠或捐款，按照战前的名义汇率"换取卢布纸币"。[139]

尽管政府仍然否认存在造成零钱短缺的问题，但在 1915 年 9 月，政府被迫采取非常措施来缓解赤字。政府没有发行银币和铜币，而是发行了一种新的"纸币"：印有沙皇肖像的邮票，这种邮票最初是在 1913 年为庆祝罗曼诺夫王朝统治俄国三百周年而设计的。之所以做出这一奇怪的选择，是因为国家纸币发行部有足够的模板和设备，而这些机器自 1913 年以来就一直闲置着。[140] 设计中唯一的调整是在邮票上印有一句话，表明邮票可以与硬币一起流通。邮票的价值从 1 戈比到 20 戈比不等，邮票的发行是强制性的。政府向人们保证，这项措施只是暂时的；11 岁的女孩柳芭·斯卢切夫斯卡娅（Liuba Sluchevskaia）将一枚邮票粘在她的日记本上，并写道："现在我们有了这样的邮票，而不是银币。这些邮票只能用一段时间（一个月）。"[141] 然而，在整个战争和革命时期，货币邮票的生产仍在继续。[142] 邮票使用的不便是显而易见的，但政府抵制重新发行大小和形式类似卢布纸币的"纸质零钱"的想法，因为在公众眼中，这将消除正常面额的卢布纸币与"无黄金锚定"的小额纸质零钱之间的区别。[143] 尽管暂停了兑换，各种金属货币也完全消失了，但政府仍然坚信，通过定期修改发行法，可以继续维持卢布的金本位制。[144]

与政府的期望背道而驰的是，邮票的发行本应缓解硬币的不足并安抚愤怒的民众，但却引发了更多的不满。人们不明白是否还能用邮票寄信，也不明白为什么其他没有沙皇头像的邮票不能作为货币的替代品。邮票对农民粗糙的手来说太小太薄，他们不得不用火柴盒来保存邮票；马车夫没有钱包，通常把硬币放在口袋里，他们不接受邮票；卖鱼的小贩抱怨说，薄薄的邮票拿在手里又湿又脏。[145] 与纸卢布不同的是，邮票是单面的，因此要看清邮票的面值，必须将印有面值的一面翻过来。报纸开玩笑说，邮票不但不能流通（在俄语中，"邮票"一词的字面意思是"行走"），反而有飞走的趋势。人们在用邮票付款时最好屏住呼吸，因为在买报纸或支付电车费用时，一阵风就能把邮票吹走 [146]。这样的双关语层出不穷，当然，"邮票"的单词"玛卡"（marka），与德语"马克"（mark）发音完全相同这一巧合，也让民族主义者们认为是国家造币厂的工程师们合谋发行了"马克"，而这些工程师也恰巧取的都是外国名字。[147] 作为回应，《新时代》刊登了一篇文章，毫不掩饰地问道："谁制造了我们的纸卢布？"《新时代》同时列出了那些名字听起来像德国人的国家造币厂雇员的名单。巴尔克非常愤怒："我们在用卢布纸币打仗。他们已经破坏了公众对卢布的信任了吗？！下一步他们要干什么？如果他们制造暴动要捣毁造币厂怎么办？这会意味着战争结束吗？这篇所谓的文章是敌人写的吗？国家纸币发行部是保证战争能继续维持下去的唯一机制。" [148]

国家造币厂是俄国的主要印钞厂，但它当然不是战争期间纸币的唯一来源。当时盛行伪造货币，而且这些廉价邮票也很容易被伪造或仿造。根据 N.I. 卡尔达科夫（N. I. Kardakov）的说法，德国当局曾散发过与原版邮票相同的邮票，但上面的题词却模仿了原版邮票上的题词。它们写的不是"与硬币一起流通"，而是"与统治者的掠夺和欺骗行为一起流通"或"与银币的破产一起流通"。[149] 事实上，随着邮票的发行，硬币完全消失了。柳芭·斯

1915 年的 10 戈比邮票

私人收藏。

卢切夫斯卡娅在她的日记页面上粘上一枚纸质邮票后的第 10 个月，她写道："现在我们已经发展到这样的地步，如果人们发现一枚银币，就会把它当作金币一样保存起来，因为这是一种稀罕物！"[150] 随着"纸质零钱"替代品的发行，国家银行停止用纸卢布兑换银币和铜币。[151]

总而言之，即使是出于经济目的，邮票试验也发展成了一场政治灾难。印有沙皇肖像的代币的荣耀被玷污，遭到投诉，并被公众怀疑出自德国人之手。邮票的不受欢迎立即反映在公众对沙皇的态度上，似乎皇室叛国的传言还不足以让君主制荡然无存。[152]邮票的发行对卢布汇率的影响更为不利。正如别尔纳茨基所指出的那样："毫无疑问，这些邮票的出现及其给公众留下的负面印象在心理上促使卢布进一步贬值"。[153]邮票的发行成为战时政府最不受欢迎的措施之一，深刻展现出了当时的政治危机，甚至被用于反对派的革命宣传。1917年，传单印刷商制作出印有尼古拉二世头像的邮票，上面印有一项具有革命象征性的弗里吉亚帽或尼古拉斯退位声明的摘录。[154]

为了平息人们对硬币消失和邮票涌入的不满，政府试图寻找替罪羊，将俄国卢布贬值和金属货币消失的责任归咎于他们。1916年1月，警察局发布了一份臭名昭著的通告，宣称犹太人利用硬币短缺的情况为自己牟利。

他们的目标是煽动俄国群众、引发普遍不满情绪，并在帝国的军队和大型工业和工厂中进行恶意宣传。由于流通中硬币出现短缺，犹太人试图让人们对俄国货币产生不信任，使货币贬值，从而迫使银行存款人从国家信用机构和储蓄银行中提取储蓄，并囤积金属硬币，宣称这是唯一保值的货币。至于邮票的发行，犹太人一直坚持散布谣言，声称俄国政府将破产，甚至没有金属来铸造硬币。与此同时，犹太代理商在各地以异常高的价格收购银币和铜币。[155]

这份通告以保密的方式发给了所有省长和警察当局"以供参考"。正如警察局副局长康斯坦丁·卡法福夫（Konstantin Kafafov）后来解释的那样，通告全文是根据"可靠消息"从最高统帅部总部送达警察局的，警察局本身对"消息"的性质及其来源一无所知。[156] 尽管有保密条款，但该通告的内容还是被公开了，在新闻界以及杜马自由派和社会主义派议员中引起轰动。通告的发布被理所当然地认定为一种挑衅，并与 1916 年初发生的大屠杀联系在一起。正如帕维尔·米柳可夫（Paul Miliukov）在杜马演讲中所说，政府把犹太人"放在复仇的人群面前"：宣称"这是有罪的人，抓住他们，给他们点颜色看看，别来烦我们"。[157] 申加廖夫附和了米柳可夫的话，他提醒杜马说，政府指责犹太人造成了物价上涨和货币问题，而这至少部分是由杜马自己批准的货币溢价政策造成的。[158] 犹太议员和新闻界敦促杜马认真对待这一事件。但反对派进步集团成员在策略上存在内部分歧，并且在政治上不便将犹太人问题置于杜马议程首要地位，让政府轻而易举地过关，仅发表了一篇态度温和的质询演说，但在卡法福夫做出解释后又被撤销。[159]

这份反犹通函的故事在许多方面都引人注目。作为战争期间一个关键的反犹插曲，这份通告揭示了货币和金属问题的另一个重要层面："犹太黄金"的传统反犹含义在这里被白银和铜所取代。犹太人经常被指控囤积黄金并将其卖给德国人。在其中一起案件中，布哈拉著名的犹太棉花贸易商和实业家尼古拉·波捷利亚霍夫（Nikolai Poteliakhov）被捕，只因为他的公司持有几千卢布的金币，据称这些金币是从莫斯科带来并打算卖给德国人的。[160] 犹太人当然不是民族主义攻击的唯一目标。芬兰人被指控使俄国卢布贬值，而中国的黄金走私者也被宣布为卢布的敌人，成为卢布贬值的替罪羊。[161] 国际上争夺黄金资源的"黄金民族主义"与帝国主义、金融民族主义相辅相成。此外，政府还指责俄国农民囤积居奇，迫使政府增加卢布的印钞量，使本国货币贬值。政府的声明中有一种难以言表的嘲讽成分，即农民过去花钱喝酒，因此间接地向国家缴纳了税费，但在禁酒令颁布后，他们却把钱藏了起来。正如政府通告所称，国内贷款的目的是榨取狡诈的农民"闲置的数十亿卢布"。[162] 这种关于"内部敌人"的言论渗透了人们的思维方式，营造出一种不信任和充满敌意的氛围。

那么，政府的政策是否完全失败了呢？在财政方面，巴尔克和他的部委或多或少遵循了一套标准的战争经济学原则，这些原则依赖几种金融工具的结合：税收、信贷监管、贷款和发放货币。交战国相互借鉴金融模式和决策，这导致欧洲的主要参战国的政策惊人的一致。[163] 虽然俄国的表现不如德国和法国，但俄国的财政困难并非直接源于巴尔克的失策或错误。相反，这种结果反映出俄国在过去几十年中建立的金融组织和经济发展的特殊性。政府的批评者认为，这一体系的最大缺陷在于：第一，缺乏经济规划；第二，虚构的良好预算和国家银行的充足储备，与贫困和不发达经济现状之间存在着明显的差距。战争带来了对反映国家经济和社会状况的金融手段的失望。显然，国家预算和国家银行余额等过于直观的金融统计数据具有欺骗性，实际上掩盖了国家实际经济能力的真相。因此，经过战争人们发现，政府将国家财政置于国民经济之上的政策前提是错误的。1916 年，经济学家博戈佩洛夫（Bogopelov）在反思战争时写道，战争的准备程度显然不应该从国家财政的角度来衡量："直到现在（即第一次世界大战），人们还在谈论财政战略准备，并倾向于高估中世纪箴言的重要性，即战争需要钱、钱和更多的钱。战后，他们才会去从国民经济的角度来评价军事准备程度。"[164]

1915 年的历史就以表明，战争不会因为财政资源的耗尽而结束。协约国之间的信贷关系似乎提供了无穷无尽的财政支持，尽管有时微不足道。战争的负担是巨大的，但与其他交战国的军队相比，俄国投入的人力更多，投入的金钱却比其他协约国成员少得多。这意味着战争对经济的影响更多的是结构性的而不是财政性的，更多的是长期的而不是直接的。在战争的最初两年（1914和1915年），俄国的工业产值略有增长，但在1916年，国民收入开始急剧下降，1917年比战前水平下降了近20%。农业生产明显萎缩，造成粮食供应问题。然而，正如历史学家安德烈·马尔克维奇（Andrei Markevich）和马克·哈里森（Mark Harrison）所说，俄国国内生产总值的下降幅度低于欧洲大国的平均水平（俄国为17%，而除希腊和英国之外的欧洲国家的平均水平为23%）。[165] 当然，由于俄国战前的人均国内生产总值是欧洲最低的国家之一，这种下降对贫困人口的冲击尤为严重。战争对消费的影响十分直接且负面，由于军事需求吞噬了大部分产值，生活水平急剧降低。[166]

如果说很难对政府的财政和经济政策做出定论，那么毫无疑问，在政治和意识形态方面，政府对财政问题的处理导致了全面的倒退。将黄金运往国外、卢布汇率下跌以及为解决资金短缺问题而开展的构思拙劣的运动，导致了政府权威的消亡以及政府与社会关系的恶化。战争最明显的影响之一是，它将民众和各种政治力量（包括杜马）卷入了金钱政治。贷款和收缴黄金的公共运动旨在动员农民和城市居民支持国家货币，自由派报纸和政治家告诉读者卢布是公共产品，它的命运关系到每个人的福祉。尽管这些运动并不总能达到目的，但人们可以看到金融决策对他们生活的直接影响。尽管财政大臣巴尔克继续坚持垄断俄国的黄金和金融资源，但对国家货币的关注已不再是政府的特权阶级和责任。在持续的战争和经济瓦解的背景下，不断发展的大规模金融政治导致了新政府无法应对的意料之外的严重后果。

纸上共和国的阶级之争

1917年3月8日，帝国崩溃后掌权的临时政府财政部部长——来自基辅的 30 岁制糖业巨头米哈伊尔·捷列先科（Mikhail Tereshchenko）突然造访了国家造币厂。该造币厂自 2 月 27 日以来一直在罢工，这危及货币供应。[167] 然而，捷列先科的举动却不合常规。据《俄国报》报道，捷列先科突然出现在工人中间，"引起了轰动"。部长发表了"热情洋溢的讲话"，要求工人们恢复工作，这对"军队的利益"至关重要。[168] 捷列先科是第一位来访国家纸币发行部的部长，甚至如政治家瓦西里·舒利金（Vasilii Shulgch）所言，是第一位访问罢工工厂的部长。这一事件发生在临时政府成立第一周的末尾，充分说明了新政府的目标和优先事项；与此相反，捷列先科在部里任职的三个月时间里，却没有接见过主管国库的领导。[169]

捷列先科与工人的不寻常接触具有双重象征意义。舒利金在《基辅连音》（Kievlianin）上发表社论专门讨论了这一事件，他乐观地指出，新部长展示了"权力部门与民众之间的新型关系"，并指出"工人手中握有连接我们生活与印钞机的神经"。[170] 在随后的几个月里，工人们进一步证明了这一说法，强调了劳动与货币之间前所未有的联系。因此，国家对工人操作印钞机的意愿实质性依赖具有政治意义。《新时代》刊登了一则简短的公告，暗示在恢复印制卢布纸币之前，国家纸币发行部的工人们曾向工人代表苏维埃执行委员会提出，询问他们是否应该回来工作。[171] 一周后，政府投票决定为国家纸币发行部的工人增加 50% 的工资以及其他福利。[172] 货币工厂成为临时政府短暂统治国家经济和金融的象征，人们对它的印象主要是表示纸币数量的指数曲线。

在 1917 年 2 月的末尾及 3 月初，从专制政权的废墟中崛起的政治体制，其性质难以用单一的词语来定义。临时政府由之前的反对派政治家、工业代表（例如捷列先科）以及杜马代表组成。由于担心缺乏来自下层的民众支持，临时政府不愿掌握实权，但却肩负着全部的立法和行政权。一方面，临时委员会（3月2日成立临时政府的革命机关）似乎要么没有能力接管国家银行、造币厂和国家货币局，要么是根本不关心，或者是忘记了这件事。另一方面，彼得格勒士兵和工人代表委员会（彼得格勒苏维埃）没有正式权力，但得到了工人和士兵的支持，对社会混乱和经济衰败不承担任何政治责任。这样的一个机构下达了将财政权移交给新政权的唯一命令。彼得格勒苏维埃以一种有点自相矛盾的姿态，指示杜马临时委员会（它对该委员会没有任何权力）采取措施保护国家银行、国家货币局、国家造币厂和国库。[173] 常识告诉我们，政治上的二元对立和不确定性不利于金融稳定；当这种对立与长期战争的重压以及革命后的管理混乱相结合时，金融危机几乎是必然的。在这种情况下管理财政是一场负和博弈，但政府无力解决金融危机既有其无法控制的客观原因，也有主观原因，即政府一连串错误的财政决策，或者更常见的是其优柔寡断和无所作为。

临时政府对财政的管理最令人不安的地方或许就是，它几乎立即放弃了金本位原则。自由派和社会主义者曾批评沙皇政权滥用货币发行特权和违反金融宪法，但他们表现出的自制力甚至不如被他们推翻的俄罗斯帝国。帝国政府必须正式提请杜马批准扩大纸币发行量，而当它偶尔未能这样做时，就会招致议会的严厉谴责。1917年2月之后，杜马不复存在。用亚历山大·古奇科夫（Alexander Guchkov）的话说，临时政府"悬在空中，上不着天，下不着地"，给人一种"夺权或冒名顶替"的印象[174]。在没有任何权力控制机构的情况下，临时政府控制了国家银行（改革国家银行的承诺没有兑现），拥有了将数十亿卢布投入流通的权力。临时政府成立的第一天，就投票决定增加20亿卢布的货币发行量，这表明国家急需现金。在成立最初的8个月里，临时政府对货币法进行了 5 次修订，发行的纸币数量几乎与帝国政府在战争爆发后的 30 多个月里发行的纸币数量相当。[175] 临时政府的工作人员从 750 人增加到 8000 人。正如社会主义政府的部长马特维·斯科别列夫（Matvei Skobelev）所证实的那样，国家纸币发行部是唯一一家没有参加罢工运动的企业，也是唯一一家提高了生产率的工厂；这并不奇怪，因为国家纸币发行部的工人因其"工作的特殊性"而享有特权地位。[176] 政府认为，没有足够的现金比用正在贬值的卢布让货币体系出现通货膨胀更危险。俄罗斯帝国最后一任财政大臣别尔纳茨基的一段话尤其引人深思。在解释政府为何在 1917 年 8 月恢复发行臭名昭著的克伦纸币（"kerenki"，即用未裁切的领事邮票模板印制的国库券）时，别尔纳茨基指出，如果政府不这样做，"十月革命就会变成九月革命"。[177]

纸币的大量涌现确实不是一项有计划的措施，而是表明政府无力应对危机，也无法通过贷款和税收增加收入。1917 年 3 月下旬宣布的自由贷款政策是政府财政恢复计划的核心要素。这项计划的风险非常高，政府将这一新的金融措施作为一种革命公民和爱国主义行为大力推广。政府招募艺术家和音乐家为贷款进行宣传，在 8 月的"贷款节"期间，装饰一新的汽车载着管弦乐队驶遍了各个城市。[178] 尽管做出了这些努力，贷款的结果还是喜忧参半。通过贷款，政府获得了 30 亿卢布，但依旧无法阻止进一步的货币扩张，也未能从流通中提取过多的卢布现金。[179] 申加廖夫在捷列先科之后被任命为新的财政部部长，他将贷款失败的原因归咎于工人和士兵代表会议，因为该会议在拖延了五周之后才勉强、含糊地批准了贷款。[180] 事实上，被战争折磨得疲惫不堪的民众根本无法响应国家的牺牲号召。

贷款的失败表明政府在所有的财政努力中都需要寻求左翼的支持，但同时又要与实业家保持和平的关系。彼得格勒工人和士兵代表会议的代表，以及其他公共组织、合作社和农民协会的成员，应邀参加了一个委员会，以制订财政计划。[181] 1917 年 5 月成立的由"社会主义者"和"资本家"组成的新联合政府也被期望更加关注对于"民主"的诉求。彼得格勒工人士兵代表会议经济委员会通过了一项计划，要求政府采取更积极的"计划"经济调控政策。在金融领域，委员会要求对银行实行严格控制，并针对富裕阶层推出"强制贷款"。[182] 事实上，1917 年 5 月中旬，政府承认正在考虑从民众中"抽取资金的严厉措施"。[183] 6 月 12 日，财政部部长申加廖夫宣布大幅提高所得税和战时利润税，并对超过 10,000 卢布的收入一次性征税，他的这一举动赢得了改信社会主义者的美誉：下一次征税总额可达收入的 90%。

税制改革是一个激进但考虑不周的举措。俄国政府从 1916 年才开始征收所得税，但当时的社会还不习惯遵循自估税额的原则。[184] 由于正常征收的税款只占征收额的 50% 至 70%，因此期望人们遵守新秩序是不现实的。[185] 计算不准确可能导致对企业利润的双重征税，有时甚至会超过其实际收入，而在战争头两年已经积累了大量财富的企业则不会受到这项措施的影响。不出所料，税制改革受到了广泛的反对，面对银行和工业界的强烈反感，此项改革很快被部分废除。然而，虽然增税对财政影响不大，却在言论和政治上引起了巨大反响。[186] 除此之外，这项改革标志着政府对透明度和问责的追求。[187] 理想情况下，所得税本应培养公民意识，但在经济危机的紧张气氛中，它却导致了个人之间以及相互竞争的社会阶层和政党之间的相互攻讦和指责。社会民主党人揭露了资本家用来逃税的多个漏洞，而自由派在对向资本家征收高额所得税的要求做出回应时提醒他们，俄国一直缺乏资本，国库只有通过榨取"人民的钱包"才能一直对社会施压。[188] 值得注意的是，无论左翼还是右翼，他们都认为税务体系的不足在于国家的衰退和权威的缺失。

因此，临时政府的金融政策深深地卷入了阶级之间的政治斗争。俄国卢布一直带有各种社会色彩，但在革命间歇期的政治气候下，政府为维护国家货币所做的一切努力都是从相互冲突的阶级利益的角度来衡量和评估的。由于这些尝试失败了，卢布继续下跌，政党和政客们将货币的崩溃归咎于他们的对手，并指责政府无法平衡阶级利益。左翼政党批评政府未能从富裕阶层那里榨取资源，而自由派则指责政府将微薄的财政资源浪费在加薪、放纵工人消费和助长通货膨胀上。在这些相互指责中，卢布被说成是资本家的不负责任或工人的贪婪的牺牲品。

"革命对国家财政造成了双重打击：人们更加懂得如何去维护加薪的权利，却未能增加对于行使纳税义务的责任感，"财政部部长申加廖夫哀叹道："人人都要求加薪。"[189] 在他看来，财政困难的主要根源是劳动力成本的增加。"新革命政权的成本远高于旧秩序的。"一个月后，申加廖夫在内阁中的继任者涅克拉索夫（Nekrasov）宣称，"俄国历史上没有任何一个时期，没有任何一个沙皇政府像革命中的俄国政府这样挥霍无度；没有任何一个政府像革命中的俄国政府这样慷慨解囊"。[190] 涅克拉索夫说，工人们以忘恩负义的方式回报政府的慷慨，他们索要越来越多的钱，却没有提高劳动生产率。部长略有保留地间接承认了规划中出现的偶然失误，但责任的重担落在了不纳税但希望生活得更好的民众身上。涅克拉索夫的言论反映了实业家的主流思想，他们与帕维尔·里亚布申斯基（Pavel Riabushinskii）一样，对群众的"掠夺性的渴望"感到愤怒。[191]《俄国导报》将"纸币泛滥"解释成为满足工人阶级的过度需求而导致的开支增长所致："如果说革命前战争开支的增长与利润的增长有关，那么现在开支的增长则与工资的增长有关。"[192]

这些说法似乎都有数字为证。国家财政部部长加夫里尔·杰缅季耶夫（Gavriil Dementiev）声称，包括军费在内的开支之所以急剧增加，是因为所有行业和职业的工资都同时提高了。工人和邮递员举行罢工，有可能使本已停滞不前的经济彻底瘫痪；教师和铁路工人、办事员和仆人也要求加薪。杰缅季耶夫指出，铁道部的支出预算一下子从 28.18 亿卢布增加到了 33.30 亿卢布，这表明工资上涨导致支出大幅增加。[193] 与此同时，一个负责重新审议铁路工资的特别委员会透露，95% 的铁路工人的月工资不足 100 卢布，根本无法维持生计。[194] 在这里以及其他情况下，政府和实业家使用的大量有关数字的描述手法旨在将金融危机的责任从政府和精英身上转移到"民主"头上。1917 年 7 月，杰缅季耶夫将金融混乱和卢布贬值完全归咎于劳动群众日益增长的需求，并宣布"1917 年的（国家）预算不存在"，而 1918 年的预算似乎也无法完成。[195]

　　在谈及为应征入伍的士兵的新生儿提供的津贴时，杰缅季耶夫列举了一个最令人震惊的数字。他认为，这项措施可能会使国库每年用于士兵家属津贴的支出从 30 亿卢布增加到 110 亿卢布，这与 260 亿卢布的军费预算总额相比，实在是高得离谱。[196] 杰缅季耶夫引用的这些数字没有经过核实，也没有附带其他信息，后来被作为证明工人和士兵贪婪的证据多次重复出现。值得注意的是，这些参考文献从未提及一个在战壕中战斗而无法养家糊口的士兵的家庭从国家那里获得了多少补助，也没有提及津贴是如何与不断上涨的生活费用相对应的。从绝对数字上看，用于购买口粮的津贴确实在增加，但这并不是因为士兵的妻子们贪得无厌。以现金支付的津贴是根据当地的农产品成本按比例计算的；因此，津贴的增长既反映了通货膨胀的影响，也反映了应征士兵及其家属人数的增加。例如，在彼得格勒，每月的口粮津贴上升到

15 卢布，而全国其他地区平均为 8 卢布。[197] 到 1917 年 9 月，俄国总共征召了近 1500 万士兵，占总人口的 8%，领取口粮津贴的人（即士兵家属）增加到 3650 万。[198] 与其他国家相比，俄国在弹药上的花费要少得多，这是以人力来弥补其在技术和物质上的相对劣势。正如普罗科波维奇所说："我们，一个贫穷的国家，不是用资本，而是用人力来参与这场战争。"[199] 1914 年，士兵家属的月津贴低至 4 卢布，因此，在人力方面的支出相对较低。然而，随着军队的壮大，维持数百万士兵的成本也随之增加。正如历史学家尼尔·弗格森（Niall Ferguson）所指出的，在第一次世界大战时期，俄国"并不像苏联在第二次世界大战中那样拥有大量物资、公司或人员，而需要支付一切用于战争的费用"。[200] 革命强化了私有产权和服兵役应得报酬的概念。换言之，国家巨额开支的唯一直接原因就是战争。

在十月革命爆发前的几个月里，自由派和无产阶级的政客和报纸都在为卢布大打口水仗，争论哪个阶级应对国家货币的贬值负有责任。官方报告、部长和官员的公开讲话中频繁提到未经证实的工人工资数字，这些数字后来在多个回忆录中反复出现，以解释临时政府的财政困境。似乎，士兵的妻子、洗衣女工、"没有技能的普通婴孩"以及医院的护士，都对俄国民主和制度的消亡起到了推波助澜的作用。[201] 舒利金不清楚"满足铁路工人的需求"需要花费多少钱——是 40 亿还是 60 亿，但他坚信，"付给铁路职工 60 亿卢布纸币会让我们的卢布贬值得更严重。"因此，工人被指控要对物价上涨和商品短缺负责。舒利金指出，很快就会没有东西吃了，因为农民不会为贬值的卢布出售商品。[202] 另一个千篇一律的指责是针对"握紧拳头"持有卢布现金的"狡诈群众"的，这使国家纸币发行部的工人（大多是"社会上高雅的"受过教育的妇女）在彼得格勒的货币工厂夜以继日地印制数百万卢布新钞。[203]

舒利金、杰缅季耶夫和其他指责工人阶级的人都没有试图把工资的实际增长同食品价格的增长、私人利润的增长和国家银行的发钞活动进行比较。这种分析会揭示，货币扩张——即国家货币局增发钞票以及它所产生的通货膨胀——的增长比例数倍于工资的增长。[204]对革命时期莫斯科和彼得格勒工厂工人的研究证实，物价上涨吞噬了工资增长带来的好处。[205]到 1917 年 10 月，根据彼得格勒生活费用增长情况调整后的实际工资占 1917 年 1 月水平的 40%~90%，而 1917 年 1 月的水平已经大大低于战前水平。工人们认为二月革命的主要成果——生活条件的改善——正逐渐消失，挫折感和政治幻灭感也随之增加。[206]在这种背景下，指责工人造成了通货膨胀和卢布贬值可能听起来不仅不公平，而且令人反感。因此，统计数据以及其呈现方法起到了重要作用，这些数字可以有不同的解读方式。正如社会民主党孟什维克代表尼古拉·苏哈诺夫（Nikolai Shukhanov）所回忆的那样，部长们对战争代价的哀叹"帮助（工人代表和士兵代表）委员会在战争与和平的问题上赢得了士兵群众的支持"。[207]因为战争在俄国并不受社会的欢迎，但每天却有超过 5000 万卢布被投入战争中，因此俄国政府被视为造成财政困境的主要原因。

孟什维克在工人工资问题上的立场与政府中自由派部长们的声明如出一辙。联合政府中的社会主义成员以劳动力成本高昂作为通货膨胀的主要原因，为国家更大程度地干预经济提供了理由。劳动部部长、孟什维克派的斯科别列夫在向第一次全俄工人代表和士兵代表会议的与会者解释计划调节的含义时承认，调控不仅要考虑"生产"（即资本家），还要考虑"人口中个别阶级的利益和要求。"斯科别列夫认为，要求增加工资的罢工运动"使国家权力机关失去了调节工人阶级的福利，以及协调该阶级与其他民主群体的诉求的可能性，只有国家权力机关才能根据国家目前所能支配的物质财富来确定不同社会阶层经济改善的限度"。[208] 另一位社会主义政府部长阿列克谢·佩舍霍诺夫（Alexei Peshekhonov）附和斯科别列夫，断言恢复经济的主要问题在于劳动群众的顽固不化。佩舍霍诺夫本人也是彼得格勒工人和士兵代表委员会的成员，他坚定地认为，"群众"，即工人和士兵，应该"理解、领悟和感受到"他们需要做好"牺牲"的准备，不能只想着"改善"生活现状，也不能只期望"均衡、公平地"分配现有财富。换句话说，政府希望工人们退缩，让工资问题在国家层面得到解决。否则，正如社会主义政府的部长们所认为的那样，工资的增长会加速纸币的流入，所有改善的希望都会因通货膨胀而破灭。

列宁以嘲讽的口吻回应了孟什维克要求采取和解政策的呼声。有趣的是，他在苏维埃代表大会上提出的主要要求，如果不结合卢布争夺战的背景来考虑，可能会显得过于简单和温和。列宁坚持要求强制公布企业的战时利润信息，"那些闻所未闻的利润高达 500%~800%"，并要求公众查阅信贷和工业机构的财务报告。[209] 这一举动不仅是为了把对工人造成严重打击的金融危机的全部责任转嫁给资产阶级，而且也是为了证明资本家是通过在财务保密面纱下隐藏利润来逃避纳税的。布尔什维克完全沉浸在关于卢布下跌原因的争论中，他们依靠的是金融统计数据。布尔什维克《真理报》（*Pravda*）的文章对股份公司报告中晦涩难懂的数字进行了剖析，说明了实业家们如何在战争期间将资本翻了一番甚至两番。[210] 与工人们微薄的工资相比，实业家在这场不受欢迎的战争中赚取的数十亿卢布显得十分惊人。拒绝支持临时政府的社会民主党激进派的立场很明确：金融混乱和经济衰退的根源完全在于"资本家的掠夺"。因此，在这一看似微不足道的要求背后，是对生产、信贷和商业的实际控制以及对战时利润的征用。

就俄国货币的政治史而言，革命间歇期围绕卢布展开的言论战有什么意义和后果？第一，这些争论强化了货币的阶级特征。指定"卢布敌人"的做法可以追溯到 18 世纪末。战争期间，卢布贬值被归咎于少数族裔（犹太人、芬兰人、德国人、中国人）；二月革命后，卢布贬值被归咎于社会群体（工人、农民或实业家）。[211] 几个月后，在夺取政权后，布尔什维克领导人又重拾同样的说辞，将战时共产主义财政危机的责任转嫁到农民身上。布尔什维克利用指责农民囤积货币、压低卢布汇率的老调为征粮政策辩护。

这一进程的第二个必然结果是国家在金融领域的角色发生了进一步转变。二月革命后，关于金本位制和黄金储备的争论逐渐消退。1917 年 7 月向英国运送黄金以履行革命前的承诺的事件几乎鲜为人知。[212] 尽管过去政府的主要职责被视为调控货币供应和管理黄金储备，但现在它已扩展到一些之前未被视为国家责任的领域，例如工资监管。国家对经济的干预在战争期间逐步增加，君主制瓦解后则急剧增加。政府对大多数商品的价格进行管制，并宣布全国所有谷物都是国家财产；政府将皮革国有化，并考虑引入其他几种国家垄断。[213] 这些措施都没有直接影响到劳资关系。革命和随后的货币危机爆发后，实业家和工人阶级的代言人呼吁政府介入并调节工资。因此，虽然 1917 年关于工资、价格和卢布命运的争议在理论上可能显得不够成熟，但它揭示了以前由于过度关注黄金储备而被忽略的货币政策方面的一些问题。[214] 二月革命后的金融危机突然让公众注意到，劳动政策与税收、价格管理和信贷一样，对货币调节政策有着直接的影响。换句话说，它展现了货币与社会的紧密联系。

这一发现的政治后果是多方面的。工人、农民和实业家通过他们的代表发言，要求政府关注经济活动的新领域。每个人都在谈论中央集权和价格控制、对生产和分配的监管、对人民收入和支出的控制。所有这些变化都要求建立一个新的国家机器，并增强政府的权威，而革命后的国家行政机构已荡然无存，政府也正在悲惨地失去其政治支持和合法性。[215] 当社会主义政府的部长伊拉克利·采列捷利（Iraklii Tsereteli）在工人代表和士兵代表会议上遗憾表示：在这种情况下，没有一个政府能够控制住经济危机，也没有一个政党敢于在混乱中主动夺取政权时。而此时列宁大声疾呼，他的政党，也就是布尔什维克，会做到这一点。[216]

临时政府的金融政策标志着旧自由主义和帝国金本位时代的终结。1917 年的危机使人们认识到，俄国的金本位制是旧政治体制的产物。它代表了一种官僚自我限制的手段，也使俄国能够在国际货币市场上发挥作用，同时保持帝国金融空间的集中完整性。旧的国家凋零了，官僚和自由派政治家倡导的财政宪法原则也凋零了。前俄罗斯帝国的部分地区分裂了出去，努力创建自己的货币体系，金卢布失去了象征帝国主权完整的作用。金本位制的这种转变并非俄国独有。随着金本位制失去其神圣不可侵犯的地位，人们不再将金融福祉与国家黄金储备的规模联系在一起，所有交战国都出现了类似的发展轨迹。[217] 基于黄金、自我调节形成的理想市场体系已经消失，因为人们期望政府通过调节货币汇率波动对生活水平产生的影响来承担金融危机的负面影响。

俄国似乎比其他国家更早面临战争的后果。欧洲对金本位制的幻灭直到战后几年才显现出来。然而，在俄国，专制制度的垮台、生活水平的大幅下降，当然还有纸币的大幅扩张，使金本位制的旧理念在 1917 年就已过时。具有讽刺意味的是，图甘-巴拉诺夫斯基曾在 1916 年的文章中预言了这一发展，认为战后的俄国将掌握货币机制的调控权 [218]，但在 1917 年俄国分崩离析时，新政府被证明无法履行图甘–巴拉诺夫斯基为其设定的角色。当人们的注意力从黄金储备转移到如何通过其他手段来调节价格、信贷、工资和就业，进而保障物质福利时，却没有有效的政治力量或机构能够做到这一点。

第十一章　一场未发生的革命

　　帝国卢布的故事在何时结束呢？是在 1917 年 3 月 2 日尼古拉二世签署退位书时，还是在 1917 年 10 月 25 日临时政府倒台时，抑或是在 1914 年 7 月 23 日卢布脱离金本位制时？不过，这些日期看起来并不比其他日期更准确。即便旧国家已不复存在，各地的双头鹰被红旗取代，国家货币局的奥尔洛夫印钞机仍继续在彼得格勒印制带有沙皇标识的帝国国家银行纸币。在十月革命后的几年里，苏维埃的经济继续依靠革命前的卢布运行，不过其政治象征意义今非昔比。沿用旧卢布的做法不仅暴露出资源的缺乏，以及无关紧要的制度惯性或心理依恋，更取决于长期存在的几项关键的国家组织原则，并且着眼于列宁的政治接管计划。1917—1922 年，俄国经历了一场严重的金融危机，只有魏玛德国的严峻形势与之相比更加令人绝望。不久，苏维埃俄国出现了（同魏玛德国一样）令人惊讶的复苏，许多观察家和亲历者称之为战前货币秩序的恢复。在许多方面，革命带来了既有模式的重复或变形（即模式发生了变化，但没有消亡）。而沙皇俄国和苏联之间的相似之处在某种程度上被后者大胆的金融实验抵消了。不过，研究卢布的连续性对于卢布政治史有什么价值呢？

　　也许关于转型最有趣的问题是：为什么货币在俄国一直是纯粹的国家工具（这与其他国家不同），以及为什么它能在旧的国家毁灭后幸存下来。金钱是帝国组织中不可分割的一部分，是专制主权（也曾短暂而模糊地作为共和主权）的象征。最令人惊讶的是，与马克思的预测相反，货币也成了苏维埃政权的支柱。俄国旧有货币制度中以国家为中心的特性，特别适用于新政权，而且方便立即拨款。列宁计划参考既有模板建立新国家的信用货币体系，改造某些因素，再升级其他因素。尽管（人们对于货币体制）有各种革命论调，但是，革命前夕和整个"过渡"时期货币领域的改革计划仍然保守得令人惊讶。[1]尽管财产和市场的关系在形式上发生了结构性变化，但是，货币领域的革命并未发生。

19世纪制定的依靠货币政策进行治理的趋势，在新政权下有过之而无不及。与此同时，革命政府聘请的经济学专家继续试图削弱国家集权，并引入（提升）财政合法性的因素，即使这看起来完全没有希望。财政委员会和国家（人民）银行里留用了少数训练有素的官员，他们保留了货币组织的几项关键基本原则，尽管有一些变化。因此，尽管政客们多次在代表大会和会议的讲台上发表大胆的宣言，并且无休止地争论未来无货币社会，国家官僚们依然以旧的方式管理财政。

战时共产主义当然是一个停顿期，在这个短暂时期里货币脱离国家的控制。无数种货币替代品——商品、印花票据、面包——发挥的作用超越卢布，政府曾认真考虑废除卢布。当时的卢布面临两种前景：通过国有化将卢布作为管理工业的主要工具（这是卢布过去不具备的特性）；卢布也被视为阶级斗争的武器——从政权的敌人（富农或农民）那里榨取财富的方式。与直觉相反，这两个方案均假设卢布将逐渐消失，但都未能实现这一目标。政府非但没有摆脱货币，反而让货币脱离管控。在货币混乱和贬值的时期，货币出现了多种新的形式。"卢布空间"分裂成多个维度：领土维度（分裂成数百种地区货币）、功能维度（国有化经济的"工业卢布"和黑市卢布）、物质维度（克伦纸币、罗曼诺夫券、奔萨券以及其他种类国家印制的、不同面值的货币）、社会维度（农民卢布和工人卢布）和政治维度。卢布失去其主导地位意味着存在严重的货币混乱，以及国家对此无能为力。与此同时，战前的帝国卢布，或者更确切地说是其理念，被证明是非常有韧性的。帝国卢布甚至出现在最令人困惑的金融项目"劳动货币"中，并且不受国家掌控继续在货币计量和黑市交易中使用。卢布也是与在从前属于俄罗斯帝国的领土上生活的居民开展贸易的宝贵资源，因此，为内战后恢复苏维埃卢布的主导地位奠定了基础。

接管

尽管俄国和欧洲马克思主义者完全不确定社会主义制度下货币的未来，列宁却对他的革命后金融组织计划有着惊人的信心。1917 年十月革命前夕，由于人们对布尔什维克是否有能力"守住权力"存在怀疑，列宁勾画出了未来国家组织的轮廓。他的方案出奇的简单：工人、士兵和农民代表委员会以及旧的沙皇银行体系共同组建社会主义国家机构。因此，银行是帝国制度中唯一未被触及的因素，被社会主义国家全盘接受。国家机器的其余部分不得不被无情地摧毁，但"没有大银行，社会主义就不可能实现，我们从资本主义那里获得的大银行是实现社会主义所需的国家机器"。因此，布尔什维克的任务仅仅是"砍掉这个本就已经很优秀的机构被资本主义腐蚀的部分，并使其变得更大、更民主、更包容。量变引起质变。一个尽可能庞大的国家银行，在每个地区、每个工厂都设有分支机构——这已经是 90% 的社会主义机构。"[2]

列宁关于银行代替国家机器的论述写于 1917 年初秋，与 19 世纪初的自由主义乌托邦有着惊人的相似之处。亚历山大一世时代的著名自由主义者莫尔德维诺夫也曾设想，自治银行网络从内部改造未来社会，自治银行控制经济和政治生活的方方面面，并从根本上取代帝国官僚机构。列宁不太可能读过莫尔德维诺夫的著作。列宁关于大银行的思想受到亨利·德·圣西蒙（Henride Saint-Simon）等欧洲社会主义者以及马克思主义经济学家鲁道夫·希尔法亭（Rudolf Hilferding）和亚历山大·帕尔武斯（AlexanderParvus）的启发，他们主张在向社会主义过渡期间使用银行。[3] 几十年来自由派一直试图将国家银行从政府监管中拯救出来，保守派则主张对俄国银行体系进一步集权，两派的争论无疑对列宁也有影响。正如列宁所说，银行体系"在资本主义制度内不完全是政府性的"，当布尔什维克"接管银行，再用法令将其瞬间发动起来"，银行将在我们社会主义制度内是政府性的。[4] 此外，尽管列宁并没有完全理解银行（的运作机制），但俄国信贷和货币体系拥有超级集权的国有和国营银行的特点，使得接管银行容易得多。通过夺取银行，布尔什维克不仅希望同时获得国家的核算和控制机制，而且还希望接管生产和分配机制。第一个关键步骤包括实现对货币流动的控制，所有银行必须合并为一个中央金融机构。列宁设想上述措施就像革命民主国家支持下的"统一核算"一样简单，是一种不会影响私有产权，甚至银行及其员工结构的技术性操作。[5] 革命政府只不过是接管现有的信贷机构。

接收国家银行和接管货币工厂国家货币局是列宁在 1917 年 10 月 25 日面临的首要任务。但是，原定的突袭变成了长期围攻。直到 1917 年 11 月 17 日，布尔什维克政府才部分控制银行及其资源，新政府人民委员会终于从国家银行获得了第一批 500 万卢布。革命政府在没有货币的情况下生存了三个多星期，以至于实际上没有现金为其政府机构购买纸张和墨水。[6] 需要说明，在最初的日子里，政府需要的是纸币，而不是黄金。当时有一则轶事，"一大块黄金"被送到斯莫尔尼宫（政府大楼），却并被遗忘在地板上，直到把列宁给绊倒了，虽然这很可能是个段子，但这表明，贬值的纸币突然变得比黄金更受欢迎。[7] 无论如何，彼得格勒国家银行储备的主要是卢布纸币，因为黄金储备已被转移到莫斯科和喀山。

在临时政府被暴力推翻之后，在接管国家银行过程中遇到问题可能会令革命者感到费解。革命者希望他们的金融行为看起来既合法又符合金融规则，因此，革命者与银行管理部门进行了长期的谈判，并且竭力驳斥有关非法抢劫的指控。在冗长乏味的拉锯期间，斯莫尔尼宫发给银行的命令反映出新政权经常在（动用武力）强迫金融机构就范和试图维护革命政府官僚体系合法性之间摇摆不定。俄历 1917 年 10 月 30 日，也就是革命后五天，列宁下令在银行"以人民委员会的名义开设资金往来账户"，以便人民委员会向立宪会议报告其支出情况。一周后，列宁命令国家银行通过向政府经常账户存款的方式，"在征收行动期间向人民委员会拨款 1000 万卢布"，并再次承诺向制宪会议报告。[8] 当这些行动都没有取得成果时，政府采取了其他方法。正如许多回忆录作者所描述的那样，其中一次尝试以非常令人尴尬的结局告终：当政府代表在武装部队和军乐队的陪同下，唱着振奋人心的歌曲接近大楼时，他们吃了闭门羹。[9] 至于谁应该得到这笔钱也存在分歧。财政人民委员维亚切斯拉夫·缅任斯基（Viacheslav Menzhinski）指派部队指挥官穆拉维约夫（Muraviev）中校接收这笔钱，但是穆拉维约夫认为这是缅任斯基的任务。无论如何，他们谁都没有授权提款的文件，除了一份用打字机写下的某种要求，而且还没有签名。[10] 国家银行行长希波夫和银行董事会拒绝放弃任何资金，因为"根据国家银行章程，国家银行的资金不能用于满足政府需求"。[11]

接管国家银行的拙劣表现对布尔什维克的声誉造成重大损失。看起来，所有将银行转变为经济治理机构的圣西门式推论均以粗暴的洗劫告终，而革命领导者没有理解国库和银行的区别。[12]也许最令人不快的意外是士兵和工人对该事件的回应。谢苗诺夫斯基家族的银行警卫队对抗政府接管银行，并宣布图谋掠夺"人民财产"是非法行为。在收到有人试图强占国家银行的消息后，国家货币局工厂委员会投票通过一项决议"反对某些人暴力接管人民的钱……他们平白无故地自封为权威。"[13]显然，在同情其他社会主义政党的士兵和工人中，布尔什维克的影响力很弱，"人民用劳动、汗水和鲜血赚来的钱"被掠夺的言论，并没有增加布尔什维克的声望。[14]

与此同时，国家银行继续根据军队、其他机构和个人的要求付款，但在制宪会议或者新立法机关苏维埃代表大会中央执行委员会（VTsIK）批准承认布尔什维克政府前，国家银行拒绝承认布尔什维克政府的法律地位。[15]可以说，从十月革命到最终被布尔什维克政府完全接收的几周内，国家银行享有前所未有的自主权。最终，在法律手续或多或少完成后，政府解雇了希波夫，任命了一位新的临时银行董事，并获得了银行金库的钥匙。然而，没有人知道如何从技术上执行提款命令。[16]1917年11月17日，为满足苏维埃政府的需要，银行以一种简单的方式完成第一次拨款：布尔什维克用一份法令副本从银行金库置换了500万卢布。苏维埃人民委员会的法令批准，将一种特殊的记账方法（"用授权提款的文件代替资金"）作为临时措施。[17]借来的500万卢布被装进两个袋子，用一辆汽车运到斯莫尔尼宫，放置在一个衣柜里，成为苏维埃的首个"国库"。[18]两天后，官方报纸《真理报》公布了一份详细的"法案"，规定钱袋里的具体成分（纸币的数量和面额）以及验收报告，使这一革命但也因此非法的征用现金行为符合法律。[19] 一个革命政府以非暴力方式实现财政过渡，这种妄想是自相矛盾的，甚至让同时代的人感到困惑。达维德·梁赞诺夫（David Riazanov）疑惑为什么政府要与国家银行谈判，而非直接要求从前政府的国库账户里提款。格里戈里·索科利尼科夫（Grigorii Sokol'nikov）认为，布尔什维克很在意历史教科书如何记载这一事件："对于从旧有金融体系中获得'富克斯'（Fuchs）（即意外之财）且不敢向国家银行提出进一步要求的无产阶级国家，历史会有什么评价呢？"索科利尼科夫为苏维埃政府的策略辩护，称其"根据国家银行的规则，但以革命性的方式"[20] 获取第一笔资金。更可能的是，布尔什维克不愿在端着枪拿走钥匙和金钱的做法，表明他们希望完好无损地保护金融机构，同时也可以借此掩盖他们不懂金融的事实。1917 年 11、12 月间，曾担任国家银行行长数周的尼古拉·奥辛斯基（Nikolai Osinskii）表示，没有一个革命者对"整体上的银行业技术或俄国国家的银行技术"有哪怕一丁点的了解。[21] 奥辛斯基记录了他在国家银行最初几天经历："我们手中拥有庞大的机器，但我们根本不熟悉其运作方式。应该以什么方式做事情，东西都在哪里，业务机构有哪些主要的部门——这一切对我们来说都是未知的。当我们走入国家银行巨大的走廊时，就像进入了一片原始森林。"[22]

1917 年 11 月，政府与私人银行达成协议，私人银行同意继续为企业和机构提供服务，使企业能够向工人支付工资。然而，在私人银行重新开业 8 天后，政府撕毁协议，宣布将所有私人信贷机构国有化。与同国家银行进行漫长而乏味地拉锯战不同，1917 年 12 月 13 日接管私人信贷机构是迅速而暴力的。全副武装的水兵逮捕了一批银行行长，并从银行金库和现金办公室拿走了钥匙。上述决定来自高层；就连财政部人民委员部（Narkomfin）

和最高国民经济委员会（VSNKh）的核心专家也"震惊"于这一毫无准备的荒唐行为。[23] 私人银行转变为国家银行的分支机构；私人银行账户上的资金被转给国家银行，人民委员所要做的仅是修改原有银行入口处的标志牌。[24] 政府承诺私人账户中的资金不受侵犯，但限制每周只能提取 250 卢布的资金。与预期相反，银行国有化只会加剧货币供应危机。当脱离现金的资金转移被终止后，对现金的需求立即增加。[25] 由于所有业务都陷入瘫痪，各大银行变成了存放贵重物品、账簿的无意义的建筑物，而国家银行负责管理所有国有和非国有企业的工厂和机构的付款、转账和存款，尽管国家银行大多数雇员仍在罢工。[26]

国家银行员工的罢工一直持续到 1918 年 3 月，破坏了列宁完全接管旧金融机构并让其为新国家服务的计划。[27] 布尔什维克金融家必须从零开始创建一个新体系——将旧的金融技术与新的政治原则结合起来。诚然，上述任务被大大简化了，因为在政治和经济混乱的情况下，金融管理本质上被简化为两项功能：印钞和发钞。[28] 幸运的是，在革命当天上午，同样被接管的国家货币局管理层与当局合作。[29] 在革命后的前九周里（俄历 1917 年 10 月 25 日至 1917 年 12 月），布尔什维克政府印制了 65.44 亿卢布纸币，即每月印刷 29.08 亿卢布，超过了临时政府臭名昭著的高额货币发行量（约每月 11.6 亿卢布）。[30] 在遭遇战争、政治危机，以及国家金融机制遭到破坏导致经济耗竭的情况下，印钞是国家收入的唯一来源。国家货币局夜以继日地使用所有可用的母版印制卢布，用货币替代品——国家证券、贷款凭证和与卢布纸币同等流通的配给券——弥补纸币的匮乏。

对货币的需求在革命后几乎立即增多，仿佛货币终将消亡的论断是笑话。恶性通货膨胀只是部分由货币超发和卢布贬值造成的。物价上涨速度快于印刷卢布的速度，反映出严重的商品短缺，而商品短缺本身就是战争和工业崩溃的结果。与此同时，国家预算不成比例的增长显示出一个悖论：处于废墟中的国家却比以前消耗了更多的钱。国家开支的大头是支付国家雇员的工资。虽然丧失了前帝国的边疆地区，但是，到 1919 年新生的苏维埃国家的官员比革命前多了三倍。[31] 临时政府前财政部副部长弗里德曼写道："政府试图取代私营经济，承担了越来越多庞大的任务，为了实现这些任务，政府必须雇用大量员工。"社会主义工程的成本是难以想象的。要钱的声音随处可闻。格里戈里·索科利尼科夫在 1918 年初承认，"对金钱的极度渴求是显而易见的"。"行政机构如狼似虎，不仅疯狂攫取卢布纸币，还在吞食金融'口粮'的任何替代货币。"[32] 由于急需资金，地区和地方当局印制本地货币。尽管无法终止货币的无序状态，政府仍试图规范这一过程，或者至少积极跟踪新型货币替代品的动向。[33]

因此，与坚定的革命者的预期相反，在革命后的头几个月里，消灭货币是不可能的。列宁认为，"在从资本主义社会向社会主义社会过渡的过程中，绝对不可能在短时间内取消货币"。他没有舍弃货币经济，而是强调在国有银行的帮助下垄断和控制货币的生产和分配。列宁称这项政策是"从人民的口袋中掏钱"。[34] 随着由"消费合作社"和公社分配商品，"全部货币符号集中在国家银行及其分支机构"的做法不仅能够控制经济生产，而且将控制消费，并将消灭资本主义势力的残余。[35] 尽管强制征收现金的计划尚未完全实施，但是，苏维埃政权已采取其他措施将财政资源集中到国家银行。1918 年 1 月，政府确立国家垄断黄金交易，并且禁止持有价值 1 万卢布以上的任何形式的黄金。在没收和刑事起诉的威胁下，黄金的拥有者被要求将黄金制品交给国家银行及其分支。[36]

金融革命并不意味着货币的消灭或者货币来源和性质的改

变。革命者接管了造币机构并扩大规模，人为地扩充国家金融机构。国家银行因此变成了一个庞大的、绝对集中的、整合所有金融资源的仓库，覆盖个人、合作社、集体和政府的金融资源。国家（人民）银行也成为全部国有化工业部门唯一的集中资金来源。1917 年 12 月，新任命的国家银行人民委员格奥尔基·皮亚塔科夫（Georgii Piatakov）在《真理报》上发表文章生动地描述了"人民银行"的未来模式，其分支机构网络"覆盖全俄"，是"庞大的公共经济集中核算中心和公共生产的监管者"。所有企业，"所有公共生产参与者都有义务在人民银行开设经常账户；因此，所有交易都将通过（人民）银行并在（人民）银行的协助下进行。"国家（人民）银行将通过无现金交易向企业提供信贷，这将是"虚拟的"但却是有用的方式，因为它将显示经济的"持续新陈代谢"。在这一前景中，国民经济就像一个巨大的家庭或者一个人体组织，银行将血液从一个器官泵送到另一个器官。[37]

皮亚塔科夫规划的一些内容已付诸实践。首先，国家银行更名为人民银行。更重要的是，1918 年 1 月，皮亚塔科夫迫使国家委员会颁布了一项法令，将所有企业的信贷集中到国家（人民）银行的中央贴现和贷款委员会，从负责经济计划和国有化工业管理的主要机构最高国民经济委员会手中夺取了经济融资权。[38] 这是一项重要的政治举措：社会主义贴现和贷款委员会本应成为国家银行帝国委员会的继承者，也是为工业和贸易提供信贷的关键机构，只是涉及的人员有所不同。贴现和贷款委员会不应该资助企业，而应该根据企业的信誉来发放资金——这两个操作具有不同的含义。在这个问题上反对皮亚塔科夫的奥辛斯基指出，银行根据对企业信誉的评估决定是否向企业提供资金，而最高国民经济委员会则评估企业对社会主义经济的"经济重要性"。皮亚塔科夫的理论注重协调资金流动及根据需要和经济效益进行合理分配。[39]尽管皮亚塔科夫的观点被贴上"资本主义"的标签，但在当时占据上风，国家（人民）银行被授权掌控所有滋养社会主义经济和剩余私营企业的资金流。国家（人民）银行本应发行信贷，所有国家机构和国有工厂都必须将其资金存入其账户，机构间的支付可以在无现金的情况下通过资金转移的方式实现。目前还不清楚这一制度是否真的按预期付诸实践，但是，它代表这一时期融合商业主义和国家控制元素的一种特殊的经济思维模式。[40]从1918年春天开始，关于卢布及其未来的几种不同愿景同时出现。直到1918年初秋，这段时期因各种涉及金融的观点百家争鸣而被人们铭记。

古科夫斯基的插曲

俄国革命历史学家试图理解1917—1918年秋冬季第一次"英勇突击"后的事情，他们经常使用那些试图解释"过渡时期经济"如何真正运作的主要文本。可悲的是，这些文本没有提供清晰的图景，因为现实是复杂的、多方面的。1918年春夏，多个专家委员会、政治团体和政府机构同时提出了几项关于银行和货币体系安排的计划。在列宁打着"国家资本主义"的旗号准许金融领域的革命暂时退却期间，各种观点表明该政权并不确定经济前景。[41]第一波工业和金融国有化渐近尾声，但是夺取货币、黄金和资源没有带来繁荣。摆脱混乱的想法走到了两个极端：要么坚持革命模式，要么退后一步。许多折中的解决方案处于中间立场。

不同经济和金融方案的支持者之间存在的分歧通常被理解为牵涉布尔什维克党的左翼或右翼。财政人民委员伊西多尔·古科夫斯基（Isidor Gukovskii）于1918年3月接替缅任斯基，并一直担任该职务直至同年8月，他经常被描述为右翼。[42]古科夫斯基反对金融政策中的革命过激做法——鉴于苏维埃即将采取这种政策。他认为正常的货币体系应该以黄金为基础，而且由于苏维埃发行的卢布承诺可兑换，政府应该开始储蓄黄金，而不是把黄金送给西方。[43]古科夫斯基毫不掩饰地批评笨拙的银行国有化政策（尽管他认为这是不可逆转的）。[44]他在 1918 年 4 月中旬的全俄中央执行委员会会议上发表讲话时承认，国有化在没有建立新的信用体系的情况下摧毁了现有的信用体系，并带来了很大的危害。[45]批评银行国有化无疑招致了左派的攻击，古科夫斯基的观点立即被视为资产阶级观点。在印钞机日夜运转的情况下，任何人提及预算紧缩政策都会被指控为反革命式倒退。[46]事实上，古科夫斯基建议通过降低工人的工资和工资、开征税收和遵守预算纪律来减少开支。1918 年上半年的预算在 6 月才得以追溯批准，1918 年下半年的预算在 11 月被批准。两份预算都有巨大的赤字（支出总额为 460 亿卢布，收入总额只有 150 亿卢布），但是，编制预算的行为本身就是积极的事情。[47]在走向正常化的步骤中最重要的是引入"国家统一核算制度"，即将所有政府支出汇总到人民银行和财政部。[48]

在货币政策和银行组织问题上，古科夫斯基不同意列宁的观点。在呼吁推行工业国有化政策要适度之际，列宁在金融问题上仍然是强硬派。列宁关于货币改革的最初计划是原始而激进的。他想让所有公民申报自己拥有多少钱，然后将一定数量的旧有货币兑换成新的苏联货币，超出限额的剩余资金将被没收。[49]古科夫斯基强烈反对这一计划，因为它与财政人民委员部提出的货币流通正常化，以及恢复人民对国家（人民）银行体系信任的趋势相矛盾。[50]（国家）强制力不能代替信誉，也不能把人民的钱吸引到国家（人民）银行。废止俄国革命前的贷款，限制从银行账户提取资金以及其他金融虚无主义措施都体现了国有化原则，已经给人民对苏维埃金融机构的态度带来负面影响。[51]

古科夫斯基也不像列宁那样对利维坦银行的想法着迷。古科夫斯基"关于银行政策的论文"（1918 年 4 月）首先声明"银行机构改革的目的不是进行垄断，而是实现国有化"，并谴责信贷和印钞过度集中的趋势。[52] 为了回应古可夫斯基的计划，列宁起草了自己的"提纲"，宣称在社会主义国家，银行应该转变为"全国社会主义经济的统一核算和调节机构"。这意味着银行应该作为内部管理者，而不是经济主体的外部金融经纪人。古科夫斯基不能认同。在他看来，社会主义银行应该像资本主义经济中的银行一样发挥作用，即作为信贷机构而不是金融管理机构。[53] 古科夫斯基对货币危机的看法是激进的，因为他否认社会主义教条，在金融上又是保守的（因为他想坚持旧原则）。

古科夫斯基的计划听起来像是"右派"的纲领吗？有可能。然而，将古科夫斯基的政策解释为右派纲领是不准确的，有两方面原因。首先，与"左派共产主义者"不同，没有人把自己定位为"右派"，这是一个贬义词。"国家资本主义"政策引发了人们对于无产阶级专政与资本主义金融某些要素共存的思考。[54] 其次，更重要的是，当时金融领域的许多决策都依据无党派专家的意见，这些专家追求金融正常化和保持控制货币流动的务实目标。在早期的苏维埃国家，金融政策往往是由几种趋势催生的。虽然重大问题仍然由政治高层讨论，但是，金融机构办公室里的普通官员和专家做出了虽然微小却很重要政策调整，并不总是与主流政治路线保持一致。有时，这些调整发挥的作用比人民委员的政治宣言更重要，而后者往往没有被落实。

邀请专家就财政人民委员部的政策向他提供建议成为古科夫斯基的招牌。古科夫斯基在 1917 年担任彼得格勒党组织的财务主管前，曾在巴库市政府担任会计师多年，后来担任一家私营石油公司的经理。事实上，自布尔什维克党成立以来，他一直是该党的党员。古科夫斯基的职责包括发布金融措施计划，但金融法令的关键条目（关于税收、货币投放等）是由副人民委员、莫斯科大学金融法教授德米特里·博戈列波夫（Dmitrii Bogolepov）起草的。[55] 这是一种常见的组合：党派人物担任机构负责人的政治角色，学术专家隐藏于幕后。[56] 也许这次合作中最有趣和最引人注目的插曲是邀请多位经济学家、经理和近期被国有化的私人银行的董事，在 1918 年 4~5 月参与由事实上的人民银行董事亚历山大·斯蓬德（Alexander Spunde）担任主席的特别委员会的工作。关于改革苏维埃信贷体系的方法，专家提出信贷政策基于两个"不可侵犯"的原则：其一，重新赢得"公众的信任"；其二，发行货币的职能要与为国有化经济部门提供资金的职能分离——这很重要。换句话说，同一家银行不应该既负责印钞，又负责在国有企业和机构间分配钞票。[57]

这种分离原则并不符合列宁的超级银行构想，也没有完全付诸实践。然而，人民银行的专家和财政人民委员部成功实施了一些变革，旨在重建央行与政府的关系并调控新货币泛滥的情形。当印钞在 1918 年成为国家收入的主要来源时，上述目标就像共产主义即将到来一样难以捉摸。尽管如此，专家还是敦促政府朝这个方向（调控新货币泛滥）采取措施，以使大量进入流通领域的现金合法化。[58] 这怎么可能呢？战前的帝国政府可以在 1897 年法律规定的限额内对卢布纸币的发行进行调控，然而战时政权通过修改 1897 年的法律允许发行的纸卢布超过限额。这一战时政策的附带说明保留了该政策表面上的合法性：将因为政府需要而发行的卢布登记为财政部对人民银行的欠款，并以财政部短期债券为担保，利率为 5%。因此，国库应该向银行支付债务利息。可以说，在国家（人民）银行屈服于布尔什维克政府之后，这种

"例行公事"的做法可能被解释为毫无意义，但是人民银行的员工和专家坚持遵守旧的规则。根据专家的报告，对于超出法定限额印制的全部货币，苏维埃政府仍是人民银行的债务人。因此，人民银行要求政府发行债券作为革命后印钞的抵押物，或者至少公开承认苏维埃政府对人民银行的负债。[59]

抛开所有金融技术细节不谈，问题的核心不仅仅是财务记账问题，甚至不仅仅是国家（人民）银行与政府的关系的问题，而是政府印发的钞票是否有信誉、政府是否会对其负责，以及政府对于履行俄罗斯帝国和资产阶级临时政府之前承担的义务是什么态度。尽管帝国政府不愿意赋予国家银行自主权，但是，俄国经济学家仍将国家银行视为整个国家（即包括人民）的代理人，而财政部则仅代表政府。值得注意的是，这种对银行（即人民）和财政部（即政府）两者关系的看法在革命政府接管金融体系后得以保留。

人民银行和财政人民委员部的专家认为，因为社会主义国家有货币，就必须遵守货币经济的一般规律。这意味着，除承认其对国家（人民）银行的债务外，苏联政府还必须修改1897年的印钞法，并使卢布纸币的发行合法化。[60]根据专家的建议，财政人民委员部要求根据"先前"（即革命前）立法的规范，批准"延长国家（人民）银行拥有印钞特权的期限"，以发行335亿卢布。通过上述做法，政府确认继承旧政权的责任。也就是说，同一个政府，在废除整个《法典》和否认所有国外和大多数国内贷款后，却承认对革命前后发行的海量卢布纸币负有责任。1918年10月，苏维埃人民委员会批准了印钞法，并批准在人民银行开设一个名为"国库借贷"的账户，利率为5%。[61]具有讽刺意味的是，政府因担心影响自身形象而犹豫是否要颁布发行货币的法令，但是，《消息报》在1918年12月最终发布法令时，其编辑犯了一个错误，将获准的数字乘以 1000（报纸公布为 33.5 万亿卢布）。[62]

　　在这种情况下，数字并不重要，责任则更重要。财政人民委员部在 1919 年国家预算报告的序言中解释了财政部借债对纸币的意义，将其与由黄金作支撑的资本主义货币进行了比较。"在苏维埃俄国，国家信贷依赖开采国内巨量自然资源的不竭能力，这将构成所有纸币发行的广泛且不可动摇的基础……（这一基础）比黄金崇拜更加坚实可靠，迄今为止，黄金崇拜一直被视为货币发行和流通的唯一调节原则。"[63] 这段话的重点不应是拒绝金本位，而是将纸币视为以国家社会主义财产作为担保的"债务"。财政部对国家银行负债的理念对于 19 世纪的保守派来说是个危险信号，他们在其中看到了典型的西方自由主义政治经济学的影子。几个月后，1919 年货币政策的方向发生变化，新任财政人民委员尼古拉·克列斯京斯基（Nikolai Krestinskii）试图使自己和他的机构与上述理念划清界限。他将有关财政部欠人民银行债务的法律描述为"罪恶的"，是对"二元论"旧原则的致敬，即政府与财务独立的银行分离开来的原则，而这样做就需要弥补政府义务的法律"漏洞"。[64]

　　纸币带来的财政部债务还有一个问题。1917 年俄罗斯帝国的解体，带来了在（原来）俄罗斯帝国腹地及其周边地区之间分配资产（包括黄金储备）和债务的问题。[65] 苏联政府坚持认为，前俄罗斯帝国最大、最富有的领地乌克兰必须分担一部分由卢布纸币带来的财政部债务。乌克兰中央拉达的政策由象征性的金融分离主义和维护与俄罗斯的经济完整性的尝试构成。例如，将国家银行基辅分行更名为乌克兰国家银行（Derzhavnyi），同时保持其章程和结构不变，或者引入在名义上相当于卢布的国家货币——库邦（karbovanets）。[66] 1918 年 4 月 22 日至 2 月 5 日，由卡尔·拉狄克（Karl Radek）主持的俄罗斯委员会开会讨论解决由乌克兰分离造成的经济和金融后果的原则，委员会决定，即使与乌克兰中央拉达政府不可能建立"军事和政治联盟"，苏维埃俄国和乌克兰应该努力维护共同的经济空间，包括关税同盟、统一的铁路和通信，以及十分重要的共同货币。与此同时，各国将分割资产和债务。[67] 几天后，乌克兰拉达政府垮台了。乌克兰新政府由帕夫洛·斯科罗帕斯基（Pavlo Skoropadskyi）领导，与新政府代表的谈判一直持续到 1918 年春夏。与此同时，人们逐渐意识到，最初维持两国间金融联系的想法只是一种幻想。俄国当局担忧地看着乌克兰渐行渐远。1918 年 7 月，财政人民委员部的专家们认为，既然乌克兰拥有新的主权货币是不可避免的，那么必须努力延缓或尝试影响其变革进程，确保乌克兰新货币单位将与卢布而不是德国马克挂钩。甚至讨论中还提出了建立"类似于拉丁联盟"的俄国–乌克兰货币联盟的设想。无论如何，专家们担心乌克兰的货币分离主义可能对俄国货币产生"致命后果"，将"海量俄国卢布"投入国外市场，并破坏卢布的汇率。[68]

由于债务与财产分离原则存在争议，帝国继承问题的谈判陷入了困境。俄国有意将其大部分债务转移给乌克兰，包括卢布纸币债务，同时索要俄国在产业工厂和其他不动产等财富中的份额。[69] 乌克兰在同意承担俄国五分之一的债务（包括卢布债务）的同时，宣称在包括"北方森林"和矿藏在内的俄国自然财富中乌克兰也有一份，其价值不仅可以抵消乌克兰的债务，还可以让俄国欠乌克兰的债。[70] 关于帝国解体的财政后果的争论引发了一系列理论和政治问题，包括乌克兰被俄罗斯吞并的历史问题（是联合还是吞并）、乌克兰解放的性质（为什么乌克兰像过去的农奴在解放时付出代价那样需要赎买自由），以及国家权力在国家与资源的关系中的本质（对于界定国家什么更重要，是领土，还是公民？）。[71] 谈判还重新定义了包括纸币债务在内的国家债务与作为债务抵押物的国家财富之间的关系。为了限制乌克兰索要前帝国资产，苏维埃委员会成员建议重新考虑（纸币上）"全部国家财富"的措辞——曾印在帝国卢布纸币上，然后又以稍微改写的方式重新出现在苏维埃纸币上。正如委员会认为的，国家财富不仅应包括国家财产，"更重要的是，还应包括全体国民的劳动力及其支付能力"。[72] 这种国家对纸币负有的责任的新观念有一些自相矛盾的地方：债权人，即人民，同时是债务的主体和客体，他们纳税和创造的价值在发行纸币的过程中被抵押。

100 库班币，乌克兰人民共和国，1917 年

由史密森学会、美国国家历史博物馆工作与工业部提供。

　　事关债务和财产的谈判未能达成积极的解决方案，乌克兰失去独立地位后，债务清偿问题已经过时。然而，这是早期苏维埃金融政策史的一个重要插曲。尽管苏维埃政权在 1918 年 1 月宣布废除债务，苏维埃金融管理部门仍将帝国债务（包括发行卢布纸币的负债）计算在新国家的债务中。[73]

　　因此，尽管仍存在经济混乱和贫困，苏维埃金融管理部门表现出的金融虚无主义看起来比其成立的第一年少得多。人民银行和财政人民委员部的"老派专家"反对金融体系中最剧烈的变化。1918年春夏不确定的政治环境也导致当局的金融政策重回恢复（使用）卢布和金融机制正常化的方向。古科夫斯基和他的顾问的立场被认为属于中间派——左派共产主义者（最突出的是拉林和布哈林）将古科夫斯基的政策视为背叛革命，并坚持立即消除货币，而自由主义经济学家在1918年3月仍认为有可能劝导政府回归以私人贸易-产业为导向的货币政策。[74] 自由主义者显然受到国有化暂停的鼓舞，希望私营产业和信贷能够与布尔什维克国家和经济并行存在。但是，他们的愿望没有机会实现。至于左翼激进派，尽管列宁与古科夫斯基存在分歧，但是列宁还是支持财政人民委员，以制衡左翼反对派，后者代表了更大的政治威胁。古科夫斯基的政策并不完全符合列宁将"国家资本主义"作为资本主义和社会主义之间的过渡阶段的理念。在定义这种奇怪的混合体时，列宁强调了"国家"以及国有经济机构对私人资本主义经济残余的改造作用。古科夫斯基似乎强调了国家经济的资本主义特征（例如信贷、以黄金为基础的货币）。左翼共产主义者否认这两个要素，警告国家权力过度集中、资本主义复辟和社会主义变革延迟的风险。短暂的国家资本主义政策被终止也注定了古科夫斯基下台。到了夏末，他的政治地位变得岌岌可危，饱受欺凌和忽视，最终在1918年8月辞职。[75] 在古科夫斯基离职后不久，博戈列波夫也离开了财政人民委员部，继续其学术生涯。

那时，内战已经全面爆发，在前线传来的消息的映衬下，恢复财政的计划听起来有些异想天开。有两个事实足以说明1918年夏天的政治和经济状况。首先，1918年2~3月从彼得格勒撤至奔萨（在彼得格勒东南800多英里）的国家货币局，到6月几乎落入捷克斯洛伐克军团手中。列宁，通过他的私人秘书尼古拉·戈尔布诺夫（Nikolai Gorbunov）与派遣队高层讨论了破坏印钞机泵和母版的可能性，以免被敌人夺去。[76] 如果发生这种情况，政府将在很长一段时间内几乎不可能印制任何货币，这很可能导致政治和经济上的全面崩溃。然而，主要的危险来自内部。[77] 苏维埃政权发现当地民兵企图控制造币厂并与潜在的新势力谈判。当地居民——工人和农民——并不友好。当苏维埃政权下令印币厂向西迁往莫斯科时，造币厂的工作人员试图阻止火车前进，要求预付三个月的工资（托洛茨基下令满足他们的要求）。[78] 最终，造币厂及其装备成功转移。然而，在国家唯一的印钞企业遭到反布尔什维克势力和不满的工人围攻的混乱背景下，任何有关货币正常化的讨论都显得荒谬。更重要的是，两个月后，布尔什维克失去了大部分俄国剩余的黄金储备，这些黄金储备被转移到喀山，交给了科穆奇（意为立宪会议成员委员会）人民军。布尔什维克疏散委员会只抢出了 100 箱黄金，价值 600 万卢布；失去了超过 100 万磅黄金（相当于超过 6.45 亿卢布），1920 年 3 月追回一部分。[79] 黄金储备被运往萨马拉、乌法，最后运往西伯利亚，成为高尔察克海军上将在鄂木斯克的反革命政府金库。[80] 苏维埃共和国遭到围困，其政府仅控制着俄国原有领土的一小部分。内战事实上否定了重建财政的计划。

利维坦银行的兴衰

面对如此激烈的历史革命变局，经历过革命的人们常常忍不住反思和解读最近发生的事件。1920 年 6 月，来自财政人民委员部的专家智库——经济研究所——的一群经济学家开会讨论苏维埃货币政策的"历史"。他们分析了 1917 年 10 月以来财政领域的迅速变化，讨论了苏维埃政府何时、如何以及为什么从 1918 年妥协性的财政恢复政策迅速转向为彻底破坏货币体系的政策。

这种突变的原因是意识形态层面的、政治层面的、经济层面的还是个人层面的？一方面，正如谢苗·福克纳（Semyon Fal'kner）所解释的那样，意识形态很重要。直到 1918 年中，温和的政策一直得到政府的全力支持，但随后事态开始变化："一个知名群体正在推动财政人民委员部削弱货币在俄国经济中的作用。"然而，最具决定性的是经济因素，也就是工业国有化在 1918 年 6 月后全速启动："最高国民经济委员会工业管理机构对资金的需求超过了可用资源的数量——这种对资金的无休止需求促使人们消除货币在俄国的作用，进而向无货币支付系统过渡。"总而言之，正如福克纳和其他人认同的，经济需求与财政状况之间的不平衡引发了从早期具有妥协性质的国家资本主义财政政策向无货币经济政策的飞跃。[81] 这一转变的意义比看上去更为复杂，而且对于如何实现这一转变人们并没有达成一致意见。

经济学家认为，1919—1920 年卢布的命运取决于选择工业国有化的融资方式。为什么会这样呢？工业国有化立即增加了对现金的需求：私营、非国有工厂不需要国家支持，理论上这些企业可以纳税，而国有企业，即国家化的企业，领取国家工资，带来的收入很少或没有收入，消耗了大量资金。国有化创造了新的社会义务（向工人支付工资）并产生了庞大的官僚机构，其中包括苏维埃国民经济委员会、多个人民委员部和其他工业管理机构。结果，国有化加快了货币发行的速度。货币的大量发行最终失控，引发了通货膨胀并产生彻底摆脱货币的想法。与此同时，由于对工业部门进行调控和投资开始被视为几乎等同于治理国家，不同的机构开始在这一过程中抢夺主导权：一个是人民银行（和财政人民委员部），试图在金融和经济治理中扮演核心角色；另一个是最高国民经济委员会，它希望建立对所有行政机构的控制权，甚至渴求获得立法权。[82] 具有讽刺意味的是，这场货币流动控制权竞争的参与者都声称，他们的终极目标是消灭货币。

原则上，这两个机构之间的紧张关系可以被简化为平淡无奇的政府内部冲突，但官场内斗从侧面反映了当时的经济情况及其与政治和金融的真实关系。在俄罗斯帝国，财政部扩大了自身对国家经济及其他领域的影响力。[83]1905 年创建的工业和贸易部发挥着次要甚至辅助的作用。换句话说，印钞是一种管理以私营经济为主的帝国经济的方式。革命后的工业国有化扭转了这一次序。在社会主义经济中，国家既是主要生产者，又是主要消费者。因此，金融作为促进交换流通的机构的作用正在消失。[84] 正如财政人民委员部的周刊《财政人民委员部新闻》(*News of the People's Commissariat of Finance*)第一期的开篇文章所承认的那样，财政人民委员部的雇员正在走向自我毁灭。

尽管经常宣称未来不再有财政，财政人民委员部的新任主席克列斯京斯基和他的下属并不认为这会很快发生。在走向无货币经济的过渡时期，金融管理部门，特别是人民银行，尽管运作方式发生了变化，但仍应保持其核心地位。[85] 因此，财政人民委员部和人民银行赞成通过将所有国家支付内部化，并将所有交易以无现金形式集中在人民银行内的方式逐步过渡到无货币体系。[86]这一愿景在某种程度上与列宁最初的"利维坦银行"构想相符，即银行是控制经济和社会所有领域的巨型结构。[87]

这一切似乎合乎逻辑，假如一切都属于国家，那么机构和企业就可以轻松绕过使用现金的流程。1919 年 1 月，苏维埃人民委员会颁布法令，在国家机构和国有企业之间引入了新的无现金的财政处理体系。[88] 在这个体系中，没有什么特别新的内容，甚至没有特别社会主义的内容。其实，在战前的资本主义国家中，经济主体之间的交易也很少使用现金。[89] 然而，苏维埃宣传人员将其视为迈向社会主义无货币未来的重要一步。在新的交易体系中，人民银行成为唯一分配资金并执行财政计划的机构。[90] 银行不再是一个纯粹意义上的信贷机构，变成了一个巨大的"社会主义经济的结算机构，是整个经济体系中庞大的中央记账部门"。

银行的转型需要对其组织进行重大变革。正如列宁在 1918 年所计划的那样，人民银行吸收了几乎所有其他金融机构。首先，人民银行与主要掌控分配外汇的信贷总务处以及国家货币局的行政部门合并。接下来，中央国库与人民银行合并并转变为后者的预算部。1919 年 6 月，一个"为国有工业和国民经济运营提供融资"的新部门成立。[91] 这使人民银行能够监督发钞流程的所有阶段：印钞、预算规划、分配、支出和收款。人民银行拥有广泛的分支机构网络，覆盖经济和行政活动的各个方面，旨在充当财政权力的工具，也可能成为政治权力的工具。[92]

将造币（印刷）和分配货币的职能合并起来，违背了 1918 年银行专家所倡导的理论原则，但与人民银行在经济中所扮演的新角色相契合。1919 年 5 月，政府通过了一项法律，允许人民银行"在国民经济实际需要的限度内"发行货币，也就是说，没有限制。[93] 该法律标志着与 1918 年政策的又一次重大背离。人民银行声称其在金融业发挥关键作用，它也为金融业提供资金。即使是这种职能合并违反政治经济学的所有原则，但有意思的是，这也不失为一种旧学说的复兴，即认为银行应发行与国民经济需求相对应的数量的纸币（在市场经济中，这种需要通过贴现操作来实现）。与这一学说相背离的一点体现在财政运作的完全内部化：人民银行和国有企业代表一个巨型公司，这与信贷机构、交易者和生产者相互作用的自由市场空间形成鲜明对比。尽管如此，财政管理部门仍然发现有可能证明金融集中化是稳定货币的必要条件，并且他们认为人民银行应该管理所有国家资源的结算工作，包括财政资源和物质资源。

有关人民银行组织结构的新理论基础体现了旧的"资产阶级"原则与新学说的有趣结合。人民银行的作用是确保纸卢布的发行量不超过国家财富的总量，而国家财富是发行量的"物质抵押品"。为此，人民银行计划编制国家全部财富的全面的财务和物质"资产负债表"，不仅以卢布计价，还以外币计价。[94] 在这个提议中，早期苏维埃政权对计数和计算的狂热达到了极点。然而，将国家财富作为其纸币的抵押品的想法，无疑表明将纸币视为国家以其财富作为担保而发行的信用债务的思维具有韧性。

在工厂、产品和资源国有化之后，国家领土规模急剧扩大，对国家财富进行计算即使不是完全不切实际的计划，也是一项艰巨的任务。然而，值得注意的是，人民银行称其作用是维持货币与经济的平衡。保证货币信誉的想法也被融入了 1919 年印制的苏维埃"结算纸币"设计中，这是苏维埃国家最初的纸币。具有讽刺意味的是，"由国家的全部财富保证"的语句出现在 1919 年苏维埃卢布上，复刻了 1843 年尼古拉一世时期卢布上的语句。[95]
这句话也以怪诞的形式重新出现在当地银行和机构发行的地区货币和替代货币上。例如，中亚七河地区的苏维埃政府利用存放在国家银行韦尔尼（今阿拉木图）分行的鸦片来支持发行货币。有人可能会说，无产阶级国家可以轻易地忽视这一细节。该主张建立在这样一个假设之上：鉴于苏维埃国家的资源是不可赎买的，对苏维埃货币的信任不应该由毫无意义的承诺来支撑。[96] 理论上，国家可以出售什么，又能卖给谁呢？尽管理论和政治存在差异，苏维埃货币还是采用了"资产阶级"的货币流通原则。

新改组的人民银行起到的作用，集财政治理和控制国有化工业、金融于一身，但是并没有得到一致的欢迎。虽然在皮亚塔科夫看来，消灭货币与人民银行在经济中的存在感日益增长相关联，其他人则认为人民银行将是无用之物。一封写给《经济生活报》（*Life of Economy*）的信对皮亚塔科夫概述金融业银行体系的报告做出了回应，预言道："当社会主义秩序建成的那一刻，人民银行将消亡。"俄国正在走向无货币经济，而人民银行的角色似乎是多余的。苏联管理者认为，通过银行进行的交易造成了不必要的循环。例如，一家工厂如果需要生产用的金属，那就必须申请购买金属的资金，再"去银行付款"，然后将收据带到苏维埃国民经济委员会系统中的另一个单位，而不仅仅是免费接收金属。即使支付过程是无现金的，这种为生产国有商品所需的国家资源付款的做法似乎过于冗繁。"如果预算显示需要金属或燃料，那么苏维埃国民经济委员会应该供应金属或燃料。"[97] 无现金支付系统并没有消除金钱的使用。尽管这些交易不涉及现金，但它们仍然代表货币交易，即转移卢布，而不是转移成吨的钢铁或煤炭。[98]

苏联统治者认为，人民银行试图通过其结算系统控制资金分配是令人烦恼和落后的。最高国民经济委员会主席团成员弗拉斯·丘巴尔（Vlas Chubar）观察到人民银行不敢提供工厂非常需要的铸铁，因为工厂没有付款，或者人民银行因为工厂账户上的某种债务而推迟放款。"因为没有支付运费，铁路不放行货物，因为客户——国家机构——没有付款，工厂拒绝发货，这类案例有多个。"丘巴尔认为，这些情况表明人民银行坚持旧的"私营资本主义方法"，需要对这些方法进行"中和"，也就是说，国有企业应该能够根据其需要获得资金和货物，而不是依据财务收入和业绩。[99]

尝试消除受控金融交易体系的尝试，既暴露了人们对无法创造全新事物的普遍挫败感，也显示出旧式法律和经济活动的复苏，即便包了一层苏维埃秩序的外衣。旧有资产阶级经济规则的持续存在表现在合同关系的语言中，涉及对服务和商品收取费用、签订合同以及对履行合同的争议。"债务""收入""利润"

等旧概念的存续，意味着仍存在着使用货币单位表达的自主意志和利益，这些旧概念需要与金融机构一起消失，以便为脱离人民银行调节、直接管理国有经济腾出空间。[100]

还有一种替代解决方案：建立一个并行的国有经济管理结构，并消除其对人民银行和财政人民委员部的依赖。最高国民经济委员会的领导层接受了这个想法。早在1918年9月，最高国民经济委员会的负责人雷科夫（Rykov）就将工业特别银行视为融资问题的"理想解决方案"——建立一个"类似于财政人民委员部，但专注于国家工业和经济生活"的组织。[101]1919年，最高国民经济委员会讨论了为工业部门引入特殊货币的计划，该货币将与已经贬值的卢布同时存在，并确保工业免受通货膨胀的不利影响。进一步讲，最高国民经济委员会的特殊银行和特殊货币方案无疑将人民银行降级为辅助机构的水平。[102]最高国民经济委员会的领导层凭借着其持续膨胀的行政机构推动了中央集权计划，创建了一个巨大的平行机构来管理工业，当然也被用来处理财政问题。[103]

因此，人民银行在转型为财政上层建筑后，就已经注定过时。[104]一份未签署的名为"关于金融政策"的文件直言不讳地指责财政机构的领导层推迟了向无货币经济和物资预算的过渡。该文件的作者表示，财政管理部门"人为地夸大了货币的作用，增加了货币的流通，并且抑制消灭货币的趋势。"财政和控制机构在金融业中发挥了过大的作用，却忽视了"经济计划的本质"，反而优先考虑金融目标。[105]纠正这一体系的唯一方法是废除以银行为基础的融资和结算模式，取而代之的是，所有企业都应该直接从国库获得资金，并将其产品免费提供给其他企业或国家机构。

1920年1月19日的政府法令最终废除了人民银行。与国家收入和支出有关的职能移交给了财政人民委员部下属的"预算结算管理局"。涉及工业财务管理的一切职能都转给最高国民经济委员会的对应部门[106]。稍后苏维埃俄国黄金储备保护者的角色被委托给国家贵金属及宝石储备库，这个新机构储藏从私人所有者那里没收的贵重物品。

人民银行的废除如何影响卢布的命运？人民银行的消失是苏维埃经济管理中的重大变化，因为废除人民银行旨在改变整个金融经济秩序。从其他国家机构直接获取商品做法催生出一种物资"供应"体系，工资则被实物支付所取代。[107]然而，正如我们将看到的，工业企业之间无货币交换的梦想并没有实现。"实物"操作的比重仍然相对较小，而废除人民银行将带来无货币未来的说法只是空头支票。财政人民委员部解释说，向物资预算和无货币经济的过渡是不可行的，因为一个简单的事实是，本应代替货币流通的物质资源根本不存在。俄国生产者仅能够提供战前产能的 10%~30%，没有生产足够的商品来满足工业企业之间的需求和工人的需要："国家无法向劳动者提供与其劳动付出等值的实物回报，所以（迄今为止）国家必须以其他等价物（或币种）来支付劳动报酬，这将使劳动者有机会在自由市场上购买国家未能提供给劳动者的商品。"上述语句来自财政人民委员部某位人士写的文件。[108]这种对经济状况和管理方法的诚实评估听起来像是反对派的观点，所以几乎从未发布或流传。无论如何，废除人民银行是一项政治决定，旨在彰显消灭货币这一决定的严肃性。废除人民银行的意义不仅限于工业领域。废除人民银行的法令还废除了在财政部和人民银行之间建立"债务"关系的法律，从而免除了政府因发行超过法定限额的纸币而承担的债务。国家不再对其公民负责，也不对投入流通的数十亿卢布承担任何责任。[109]

兼并人民银行预示着苏维埃国家将发生更大的变化，也预示着货币和金融的作用及其与苏联经济的关系即将发生巨大转变。

未来的共产主义秩序被想象为按照计划分配商品的机关网络，而激进的左翼共产主义者在 1918 年的大胆幻想正在成为现实：货币正在失去其在社会中的功能和作用。索科利尼科夫在 1922 年谈到这一时期时写道："人民银行未能捍卫其'首席会计师'的地位，因为会计工作已变成对'自然资源'和'物资'进行记账。银行即将灭亡。他们埋葬了银行，由于意识是由存在决定的，众所周知的理论被装进棺材，并钉上了恰如其分的意识形态钉子。"[110] 其他管理国家金融的机构的作用也在下降，无论是在地方，还是在中央，金融机构的官员经常受到党政机关的欺凌。正如索科利尼科夫在 1922 年所说，在战时共产主义时期，"财政人民委员部……接近九成的成员被清算"。[111]

社会主义货币与结算问题

从纸面上看，一切可能看起来都很简单：工厂在当局的集中领导下运转，不用金钱来交换物资。但是，在实践中，物资的分配比基于货币交易的常规交换需要更多的精力、人力和资源。值得注意的是，尽管在某些领域货币交易被取消了，但政府需要找到其他衡量资源的机制。换句话说，仍然需要货币，尽管是一种新的、不同的货币。关于新型社会主义货币的大多数建议都指向利用人类劳动（俄国唯一的丰富资源）来衡量物品和资源的价值。

历史学家经常将苏维埃的"劳动力货币"方案，视为异乎寻常的社会主义和乌托邦主义的表现。然而，这些方案透露出苏维埃早期关于货币和计划经济运行思想的几个重要特征。它们表明苏维埃经济学家和管理者极其关注计量和结算，并且表明社会主义货币本质上并不是非常社会主义的，实际上代表了名义货币的更新迭代。大多数方案源于这样一种理念，即社会主义经济不能放弃价值观念，不能"离开任何估价而存续"。[112] 经济学家、最早的计划经济理论家之一斯坦尼斯拉夫·斯特鲁米林（Stanislav Strumilin）在寻找资产阶级形式货币的替代品时，建议用"特雷德"（tred）取代旧卢布，该单位相当于"第一个（即基础）专业类别的一名工人生产的、100% 达成计划标准的商品价值"。"特雷德"旨在评估工人和工业单位的生产力以及"商品"（物品和服务）的"社会价值"；另一个单位"多夫"（dov）相当于 2000 卡路里的食物，用来衡量生产者的需求。[113] 有趣的是，斯特鲁米林承认，使用较小的单位对基于劳动力的价值进行更精确的估价在技术上是不可行的，例如，对每小时工作量的估价，这源于一个很简单的事实：当时钟表对于俄国人仍然是稀有品。

斯特鲁米林的"劳动单位"与许多其他与之类似此的方案一样，均是"创建一种新的交换体系而不是货币体系"。[114] 然而，严格来说，这一体系背离了马克思最初关于消灭交换的论断。在一个没有分工的社会里，不可能存在"我的"和"你的"劳动的区别，每个人都可以量力而行，按需索取。此外，马克思的乌托邦假定了一种难以想象的劳动自由，不受严格的资本主义专业化的限制。相比之下，斯特鲁米林的这种模式只能在"战时共产主义"期间制造的"劳动力动员"条件下发挥作用：工人作为农奴被束缚在工作场所。因此，物品的劳动价值实际上源于无产阶级的强制劳动，却被国家转化为货币单位。

为什么这个理论不够革命？斯特鲁米林的理论改变了金本位货币的理念，在没有显著改变其含义的情况下取代了关注重点。在"资产阶级"货币理论中，赋予货币单位价值的不是黄金的固有价值，而是用于生产黄金的人力和物力资源。换句话说，黄金代表着劳动力和资源的价值，有助于比较各种商品的市场价值。斯特鲁米林的概念只是从上述理论中剔除了黄金，保留了代表价值和交换的逻辑。换句话说，劳动力货币是一种妥协，为资本主义货币秩序提供了一个糟糕的替代方案。经济学家扎哈里·卡策内伦包姆（Zakharii Katsenelenbaum）不同意这样的妥协：苏维埃国家要么坚持并恢复旧制度，要么完全消灭货币。虽然他显然更喜欢第一种选择，但他认为，如果社会主义成为现实，社会主义社会将放弃任何"价值尺度"。取而代之的是，需要制定更加巧妙、更加复杂的非货币生产控制机制。[115] 同样，以农民经济研究著称的年轻经济学家亚历山大·恰亚诺夫（Alexander Chaianov）指出，劳动力货币"只是改变了代表经济现象的外在形式"，而没有触及资本主义经济和结算的主要要素。[116] 尽管斯特鲁米林的特雷德在外表上激进，但看起来更像是重新命名的旧货币，而不是在本质上消除或转变货币。在描述一个"特雷德"的大约价值时，斯特鲁米林提到，它几乎相当于战前的一个金卢布。[117] 因此，新的货币秩序不会改变计算价格的机制和其他主要经济标准。恰亚诺夫呼吁进行更彻底的变革，即向没有价值单位的结算过渡。根据这一逻辑，与关注个人和企业生产能力的劳动力货币不同，经济主体只需要以适当的单位（吨、小时、英里等）记录和控制支出自身的资源——物质（物品）和劳动力。[118] 对盈利能力和经济效益的评估将上升到全国各个产业和省份的层次，其盈余显示在相似经济情况下不同单位的相对产能。

换句话说，恰亚诺夫主张用实物代替货币，而不是另一种版本的国家生产单位。尽管恰亚诺夫的计划更加马克思主义，但并未得到认真考虑，而斯特鲁米林的方案获得了国家委员会的批准，成为国家法令的草案。无论如何，当恰亚诺夫和斯特鲁米林激烈争论社会主义货币的理论问题时，向"实物核算"（恰亚诺夫的方式）的自发过渡已经开始。[119] 由于卢布不再被认为是可靠的（如果同一匹马在1月价值30,000卢布，但在12月价值

300,000 卢布，那么我们可以用资产负债表做什么呢？），会计师们转而采取了更稳健的替代方案。[120]经济学家突然全神贯注于发展"仓库管理"，记录钢材、纺织品、椅子、钉子和其他物品的数额变动。在这方面最引人注目的是彼得格勒的 Chrezuchet（字面意思是"特殊的结算"）经验：彼得格勒的会计师放弃传统的记账，转而采用他们新开发的"主体和功能卡片"模型。[121] 但是，即使在以物品和易货贸易为基础的经济中，货币的幽灵也没有消失。人们在用物品交换其他商品时仍然要依据货物间的相对价值，这些相对价值通常以战前金卢布或粮食袋等常用单位表示。通过避开国家强加的单位和结算实践，经济主体避开了国家权力的范围。

阶级战争的机关枪

战时共产主义的悖论之一是，尽管财政、经济和政治权力极端集中，国家却逐渐丧失控制经济的能力。当政府正在寻找实现无货币未来的方法时，货币却从政府手中溜走，并成为独立的存在，或者更确切地说，成为多种形式的存在。

造成上述情形的主要原因是货币发行量大幅增加。苏维埃政府在 1918 年发行了 337 亿卢布，1919 年发行了 1644 亿卢布，1920 年快速发行了 9436 亿卢布，1921 年前 6 个月发行了 11,786 亿卢布。这些数字不包括地方层面的各种货币发行量。从 1918 年 7 月 1 日到 1921 年 1 月 1 日，货币总量从 432.6 亿卢布增加到 11,685.97 亿卢布。[122] 随着纸卢布数量呈指数级增长，发行这些纸币的国家似乎无法抑制这种纸币数量的增长或遏制卢布贬值。[123] 事实上，"卢布价值"的表达方式已成为用词不当，因为卢布变成了一个非常模糊的类别，其中包括数十种不同类型的货币。物质等价物以及多种替代债券、票据和马克，破坏了国家对货币生产的垄断，挑战了政府的主权并破坏了国家的财政完整性。替代票据就像冒名顶替者，声称其有卢布身份或假装是卢布的分身。正如经济学家列昂尼德·尤罗夫斯基（Leonid Iurovskii）观察到的，问题甚至不在于各种货币符号的数量惊人（超过 2000 个），而在于出现并存的货币发行系统，这些系统保留相同名称，却各自拥有不同的汇率，无论是在政治关系上还是在经济关系上都变成了卢布的"外汇"。[124] 地区和地方货币还出现了"海外卢布"现象——俄国货币在原有的边境地区流通，但政府无法对其进行监管。不过，这还不是问题的全部。甚至中央当局发行的卢布也以不同的价值流通。首先，无现金卢布的价值（用于国家内部交易）不等于真实卢布的价值，真实卢布指的是在自由市场上用于购买（商品）的现金。其次，即使是实体卢布，价格也有所不同。最重要的通货是罗曼诺夫纸币（romanovki），即二月革命前沙皇政府发行的卢布纸币（布尔什维克政府继续秘密印刷这些卢布，持续到 1922 年）。[125] 罗曼诺夫纸币的价值还取决于面额：大面额纸币的价格比苏维埃卢布面值高出一千倍，它们充当储蓄工具，也就是说，它们替代了已经消失的金币的角色。接下来是临时政府的克伦纸币和杜马卢布（dumskie），它们经常在日常交易中使用，而苏维埃卢布和结算纸币处于卢布等级的底部。[126]1920年 6 月，总参谋部的动员局抱怨无法为军队采购马匹，因为他们被迫使用苏维埃货币，无法与使用沙皇卢布和临时政府卢布付款的其他组织和机构竞争，这些货币"比苏维埃共和国的货币贵几倍"。食品采购机构还请求提供克伦纸币，因为用新卢布买不到任何东西。[127]

　　（苏维埃俄国）经济学家将货币放行量的急剧增加描述为事先计划好的，并将俄国货币的灾难性贬值描绘成一种自然现象，甚至是积极现象。在这一范式框架下，经济学家福克纳创造出

"发行经济"（emissionnoe khoziaistvo）一词，并通过将法国大革命时期的指券与俄国卢布做比较来解释其机制。发行经济的基础是国家垄断货币发行，且必须在所有私人和公共交易中严格执行。国家将（货币）发行量而非税收转化为主要收入来源，并用其"换取真正的财富"。因此，在以税收为基础的体系中，政府通过收取货币来获取收入，而在发行经济中，政府则通过无限量地发行货币来维持生计，这不可避免地导致货币贬值。[128] 然而，在福克纳看来，贬值只是对豁免（免税）商品价值的正常"补偿"机制。福克纳认为，评估发行经济稳定性的依据，不是汇率的稳定性，而是"贬值率的稳定性"，这意味着货币价值必须以一定的一致速度下跌。[129] 政府的任务是维持贬值的稳定性，定期指定某种货币为计算单位，控制价格，并确保国家垄断货币发行。

福克纳分析了法国大革命时期发行指券的经验及其失败的原因，并得出结论，只有当政府放松垄断或允许金属货币与纸币一起流通时，货币系统才会崩溃。只要政府坚持强制使用纸币并禁止流通硬币，其货币将持续提供稳定的收入。[130] 因此，福克纳的发行经济理论，尽管其结论颇具争议，且充满离奇的乐观主义，但表达了一种新的思维方式：将货币视为无产阶级国家的政治武器，为国家强制力和集权辩护。（货币）发行逐渐被视为"提取"财富的正常方式，成为税收的革命性替代方案和金融国有化的一种形式。[131]

布尔什维克经济学家叶夫根尼·普列奥布拉任斯基（Evgenii Preobrazhenskii）将这一思想发展成为更加连贯的政治概念。他的著作《无产阶级专政时代的纸币》（*Money in the Epoch of Proletarian Dictatorship*）以称赞印钞机而著称，"财政人民委员部的机关枪"，"向资产阶级政权开火……通过转变货币流通的规律……成为具有毁灭性的武器和革命资金的来源"。在阐述革命货币的概念时，普列奥布拉任斯基甚至声称，每个无产阶级掌权的国家都必须诉诸印刷机。[132] 人们可能想知道苏维埃国家试图利用卢布纸币攫取什么样的财富，谁是货币发行所针对的阶级敌人。普列奥布拉任斯基解释说，发行货币是一种税收形式，最初针对的是那些囤积货币的人，即商人和农民。这也是从农村获取真正价值——粮食和农产品的一种手段。然而，正是在这一点上，也就是在食品供应的采购上，卢布被证明是一种无效的"榨取"手段。卢布贬值得越厉害，农村生产者就越不愿意将粮仓里剩下的东西卖给国家。卢布的未来开始与面包这一至关重要的问题绑定，也同更普遍的苏维埃无产阶级国家与农民之间的社会和经济关系联系在一起。

卢布汇率的波动及其负面后果通常归咎于某一阶级、社会团体的经济行为。第一次世界大战期间，农民成为政府为军队和城市采购粮食时针对的目标。在固定价格的试验结束后，沙皇政府转而开始征用粮食，随后实施粮食垄断。[133] 人们普遍认为农民囤积货币，迫使国家增加货币发行量，他们又藏匿粮食，从而将城市人口推向饥饿的边缘。革命下的粮食供应危机加剧了对农民的偏见。1917 年 12 月，拉林明确地将农民与工人之间的关系描述为"事实上的农民专政，即使这是无产阶级专政的一种形式"。无产阶级在所有方面都屈服于农民的要求，农民却忘恩负义地继续囤积货币和粮食。[134]

一种解决粮食供应问题的方法是向农民提供他们认为有价值的东西，例如制成品。1918 年春天，政府引入了制度化的易货贸易制度：食品供应人民委员部征收了一定比例的制成品（例如纺织品、鞋、火柴、肥皂、农具），再用这些商品交换食品。[135] 通过自愿乃至非自愿交换方式采购粮食的战略从未完全实现，因为粮食采购小组在 1918 年春夏期间征粮时所依据的"剩余"的定义过于随意。而且，从 1919 年 1 月开始，粮食采购小组转而采取更加残酷的武装征粮方式。

因此，粮食征用政策改变了卢布的政治意义。农民的粮食不是白拿的。然而，他们并没有用粮食换得制成品，而是得到了按照固定的粮食价格支付的贬值卢布，固定价格比粮食的市场价格低很多倍，并且不根据通货膨胀率按比例调整。列宁嘲讽地将卢布称为"农民向无产阶级国家贷款的凭证"，由此承认交换的不公平。进行这种不公平"贷款"的理论依据之一是人们普遍认为农民应对货币符号的"泛滥"负责。正如拉林所宣称的，沙皇政府、临时政府和苏维埃政府印制的 2300 亿卢布中的四分之三消失在农民的口袋和储藏室里，他们没有纳税，也没有为国家做出任何贡献，不过，拉林没有解释其数据来源。在拉林看来，农民对通货膨胀感兴趣，而工人则需要稳定的物价，因为工人的工资涨幅赶不上物价的增长速度。拉林看到了"国家预算归零"的唯一解决办法，那就是取消货币。[136]

与此同时，征用粮食违背了货币发行理论，刺激了通货膨胀率，损害了政府从货币发行中获得收入的能力。[137] 普列奥布拉任斯基抱怨说，食品供应人民委员部开始与财政人民委员部竞争"夺取实际价值"，发行货币的盈利能力直线下降。[138] 尽管无法按照预期交付足够多的征用粮，食品供应人民委员部还是降低了卢布的购买力，而这就需要进一步发行更多的卢布，导致政府从中发行货币中获得的收入减少。这场危机的唯一解决办法似乎就是取消货币。事实上，城乡关系的破裂常常被认为是向无货币经济转型的主要论据。

在对工业国有化及其对卢布的未来的影响，以及农村政策的发展进行讨论并将两者进行比较后就会发现，消除货币的想法都源于政府事实上没有能力监管交换过程。在工业领域，国有化后随之扩张的结算和交换系统陷入停滞，政府也无法构建城市与产粮村庄之间的关系。在某种程度上，宣布向实物交换过渡旨在对已经脱离掌控的经济进程宣示权威。讽刺的是，在涉及国家的交易中取消卢布后，政府却将卢布推入了影子市场交易的范围内，丧失了控制货币经济的能力。

政府在 1919—1920 年采取的几项措施似乎是有道理的：逐步取消对国家服务（邮件、电话、电报服务、交通）的收费，随后扩大了对工人和国家雇员的实物支付。许多与无货币社会意识形态一致的决定，实际上是出于必要或方便而做出的。例如，工业国有化之后，国家机构间的免费邮政信件比例从 33%（1915年）增长到 90%，而剩下的 10% 信件仅能带来微薄的收入，所以收钱没有意义（政府宣称希望通过鼓励人们写信来提高识字率）。[139] 在莫斯科和彼得格勒，从 1920 年 12 月到 1921 年 1 月取消了住房和公用事业费用时，扩大"免费"服务范围的一系列法律数量到达顶峰。这些决定往往是依据减少纸币数量的愿望而做出的，消除经常超出回报的收费成本，减轻工人和国家雇员的财务压力。[140]

工资归零也是对食品短缺、劳动力短缺和工人生产力大幅下降的自然反映。[141] 所有这些因素都导致了劳动义务的引入以及将工人与工作场所绑定。进行实物分配而非发放工资的做法，意味着（国家）分配劳动力的制度取代了自由雇佣制，因为在消除物质资本自由市场的同时，劳动力自由市场也被视为非法。战时共产主义最具欺骗性的特征之一是，它看起来像是一个连贯的体系，其中所有主要要素（货币、工业、食品和劳动力）都紧密相连。工业国有化带来了货币的废除、粮食配给和劳动力的国有化。这最终会引发无序状态的出现：生产的衰退导致财政崩溃和人力资本危机。

阻止这场灾难的是市场经济的最后残余"黑市",即非法商品市场,政府在废除货币的同时试图消灭黑市,但没有成功。卢布在黑市不受国家控制,仍然拥有稳固的地位。统治国家的无产阶级能够生存下来要归功于从事秘密交易的"投机者",也就是农民和其他"小商贩",他们将装在袋子甚至手提箱里的面包运往饥荒城市的市场。[142]实物工资固然缓解了赤字和长期饥饿问题,但无法满足工人的所有需求,他们仍然花费90%的现金工资在黑市上购买东西。当时,自由贸易的关键作用并未得到人们的理解。相反,苏维埃经济学家认为,市场以及劳动力问题是向无货币经济过渡的主要障碍,他们主张立即彻底实现工资清零。

正如一位当代经济学家所观察到的,由于这些剩余的现金支付"消耗了国家预算中的数十亿卢布,破坏了无货币流通体系,因此该体系的实际意义大大降低了"。[143]然而,诉诸自由市场的不仅仅是工人。无法或不愿意从其他国有企业采购材料和物资的国有工厂,也不得不求助于市场。具有讽刺意味的是,向私人生产商采购材料的国有企业包括有国家造币厂,因为国有承包商无法为其提供印刷纸币所需的材料。[144]工厂之间的无现金交易系统产生的金额预计占工厂1919年收入的一半,占工厂支出的三分之一,在1920年甚至更多,但实际上该系统的普及却停滞不前。财政人民委员部在对其进行解释时抛出了材料稀缺等"客观"原因,以及承包商不可克服的固执、"小资产阶级"更喜欢现金而不是金融交易等心理方面的主观原因。[145]而工厂经理抱怨存在两种购买商品的方式——通过国家系统的无现金交易和市场上的现金交易,进而带来了两种不同的卢布。如果无现金支付的虚拟卢布不等于市场的实际卢布,应该依据哪种卢布来计算苏维埃企业的预算呢?[146]

因此,尽管当局发表了乐观的声明,苏维埃的战时无货币交换体系还远未建成。相反，它只是增加了货币的发行量，在混乱的现有苏维埃货币体系中增加了实物交换的机制。政治家尽职尽责地重复着无金钱社会的口号。然而，政治宣言并不总是符合实际政策。1919 年 4 月，列宁在接受西方记者采访时，据说列宁宣称自己"蓄意破坏货币"，以消"灭资本主义精神"——凯恩斯在他名著《和平的经济后果》（*The Economic Consequences of the Peace*）中借用了这个短语。[147] 但在 1919 年 12 月，当拉林试图将对取消货币的讨论纳入第七次苏维埃代表大会的议程时，列宁打断了他。消除货币既不可能，事实上也不可取。

历史学家一直在争论关于消除货币的言论是否只是说说而已，本就没有打算付诸行动。大多数历史学家声称，取消对国家服务付费和工资清零是被迫的选择，这是由卢布几乎完全贬值以及减少纸币流入市场的愿望所决定的。[148] 其他人认为这些步骤是在认真尝试建立有关分配和供应的计划经济体系，如果政府解决了小农经济问题并使城乡之间的交易正常化，这种体系就会发挥作用。[149] 也许争论的主要问题根本就错了。布尔什维克是否尝试过实现无货币经济都无关紧要，重要的是，尽管共产党领导人和经济学家做出了很多努力，但他们的政策和对未来秩序的愿景仍然停留在货币经济范式里。[150] 虽然经济学家和实践者试图寻找新的价值尺度来取代严重贬值的货币，但他们没有注意到劳动力、代币和物品等新的等价物只是其他版本的货币。

1920 年，卢布的未来仍不明朗。1920 年 4 月，政府就社会主义制度下是否应该存在货币的问题咨询经济研究所的专家。米哈伊尔·弗里德曼在讨论开始时保证"执政圈子还没有就这个问题做出最终的决定"。[151] 经济研究所的专家出于理性和自由意志几乎一致发言赞成保留卢布。支持卢布的论点在这一场辩论中占据上风。热列兹诺夫认为，货币的存在与社会关系的形式或废除私人经济交易无关。货币是表达社会需求的唯一"语言",是连接个人与集体的机制,形成"个人自由与社会组织之间的妥协"。热列兹诺夫引用了陀思妥耶夫斯基在《死屋手记》(*House of the Dead*)中关于货币的名言,即西伯利亚囚牢(ostrog)中囚犯的"货币自由"帮助人们在绝望的环境中维护个人自由。热列兹诺夫总结道:"当然,人们可以想象这样一个社会,在这个社会中出于某种原因人们甚至企图根除革命前俄国当局留给劳改犯的最后一点自由。"但是,即使在这样的社会中也存在自身经济利益的观念,而为了自身经济利益,社会也需要货币。[152]

怀念沙皇卢布

热列兹诺夫对自由的强调呼应了亚里士多德的货币观,即货币是编织成社会的经纬线——这是几代俄国自由主义者所宣扬的观点。然而,陀思妥耶夫斯基对货币的颂歌也可以用不同的方式解释:陀思妥耶夫斯基的观点指出了货币的韧性,尽管有禁令和限制,货币几乎可以在任何情况下、任何集体中重新出现。国内战争期间俄国国家金融体系的解体并不意味着货币的消失。相反,货币脱离政府掌控,国家无法再控制货币流通过程或从中获得财政收益;正如普列奥布拉任斯基所说,卢布已经变成了"坏消息"。对这种情况最尖锐的描述可以在阿尔卡季·阿韦尔琴科(Arkadii Averchenko)的著作中找到。在他那怪诞的《德罗马杰洛夫家族的崩溃》(*The Crash of the Dromaderov Family*),每个家庭都在制造货币,丈夫和妻子决定发行量,孩子们在纸上印上他们家族的标志。[153] 如果货币是主权的象征,那么战时共产主义的货币无序状态就意味着国家权力的解体和主权被侵蚀。

因此,政府在 1921 年春天再次转变路线并推出"新经济政策"时，几乎没有打算完全接受自由主义金融原则——给社会以自由并由政府承担财政上的义务。在新经济政策旗帜下恢复使用卢布的做法，着眼于恢复经济生产力（十月革命后的生产力只相当于战前的 13%）和增加国家收入，以及重建在革命和内战期间瓦解的帝国货币区。苏维埃政府还试图将卢布重新纳入国家的控制范围。繁荣的市场和相对自由的国内贸易成为新经济政策的象征，但不应忽视这样一个事实：这些现象只是重建国家、财政和国有化经济政策的手段和副产品。

货币改革的进程并不突然。通过谨慎地取消一项又一项对货币兑换的限制和禁令，并恢复使用货币支付商品和国家服务，政府正在走出战争期间萎缩的经济关系结构，着手恢复农村和城市之间的经济联系。税收取代臭名昭著的粮食征收，公民可以保留任意数量的货币，而不用担心多余的货币被没收。公民还被要求支付公共交通和住房的费用。税收的引入（和重新引入）使政府能够增加税收在国家收入中的份额。工厂获准使用现金购买国家机构网络之外的产品，尽管国有企业之间的支付仍然是虚拟的，但（国家）分配逐渐被贸易和交易所取代。货币交易的恢复和市场的复苏并没有立即让卢布全面复苏，通货膨胀继续以惊人的速度加剧，导致卢布无法使用。[154] 个人和企业使用各种等价物代替卢布，从而进行令人困惑和不相称的"等价交换"。例如，两条方巾相当于一磅黄油，一磅肥皂相当于两磅小米，一双男士靴子相当于一车干草，三把女式梳子相当于四普特干草。[155]

如果个体贸易者可以用几磅黄油或几块面包进行交易，政府就必须找到一个更稳定和通用的单位。也许最令人震惊的是，1922 年的国家预算不是以苏联货币计算，而是以沙皇时期的金卢布计算的，1921 年 11 月 1 金卢布被认为相当于 6 万苏维埃卢布（到1922 年 3 月，1 金卢布兑苏维埃卢布的汇率已升至 20 万）。[156] 据称，战前和战后货币之间的比率是通过计算主要商品的价格指数确定的，尽管战前的价格反映出的经济、社会现实及社会需求与战后不同。[157] 几个月后，使用帝国卢布计算交易额的做法被废除。虽然使用帝国卢布作为苏维埃结算系统中的临时虚拟单位的财务意义仍然值得怀疑和争论，但使用帝国卢布的做法所反映的意识形态内涵非常重要。将黄金货币作为衡量商品价值的理想形式的维特模式重新崭露头角，或者正如普列奥布拉任斯基所描述的那样，对沙皇时代金卢布的怀念，使新经济政策更加符合"历史传统"，并促使人们将 1921—1924 年的财政改革与 19 世纪八九十年代的改革经验联系在一起。包括俄罗斯帝国时代的财政大臣库特勒、其他前政府官员以及众多银行家在内的"老"专家被邀请参与改革的准备工作，他们满腔热情地起草了建立金本位的方案。重建金本位的象征意义非凡，尽管 1921 年 2 月 4 日的货币改革结束了实体帝国卢布的故事（从 1922 年开始，罗曼诺夫货币和克伦纸币逐渐被兑换并退出流通），帝国金卢布在新货币体系上刻下了深深的痕迹。

金本位制的理想在贫困和危机中的复兴似乎令人惊讶。第一次世界大战是世界金融发展的关键节点，战后人们发现金本位可能不是一种理想的货币机制，特别是对于那些在财政上比较脆弱的国家。维持金本位制的代价极其高昂，而脱离金本位制的欧洲列强并没有急于回归金本位：英国于 1925 年恢复金本位制，法国于 1928 年恢复金本位制。为什么遭受战争破坏最严重的国家苏维埃俄国首先采取行动恢复了金本位（尽管是以一种非常奇特的形式）？一种解释是俄国人有一种妄念，非常渴望能够（迅速）恢复战前的繁荣。这种错觉并非俄国独有。在 20 世纪 20 年代初的欧洲，黄金并不是光明和未知未来的象征，而是寄托了人们对过去稳定、和平岁月的怀念。[158] 第二种解释是，苏维埃政权恢复金本位与维特推行改革的出发点类似，但前者面临的处境比后者更糟糕。列宁和维特一样，认为金本位制是进入经济文明国家俱乐部的门票。革命前的俄国政府曾利用其黄金储备规模作为其信誉的论据，以弥补对政府信任的缺乏。[159]1922 年和 1897 年一样，俄国需要外国贷款以及与世界各国正常的经济关系，而恢复黄金储备是实现这两者的关键条件。然而，1895 年当维特开始准备改革时，他手上有前任积累的大量黄金可供其支配。相比之下，1922 年俄国的黄金储备几乎消失了，其中包括 1920 年从高尔察克政权那里夺回的 4.09 亿卢布的黄金。在 1918—1920 年，俄国的储备减少了 4.07 亿金卢布，1921 年又减少了 3.21 亿金卢布，1922 年政府支出了 1.34 亿金卢布，而在 1921—1922 年政府只收入 3400 万金卢布。[160] 布尔什维克政府用黄金购买煤炭、棉花、金属、农业和工业机械、飞机和食品，还资助欧洲的左翼政党和组织。[161]1922 年 2 月，格里戈里·索柯里尼柯夫（Grigorii Sokolnikov）向列宁报告说，政府拥有价值 2.179 亿卢布的黄金，以及价值 3350 万卢布的白银、铂金和外币等贵重物品；然而，国家已承诺向海外支付的资金约合 1.44 亿卢布，其中包括价值 1.15 亿的黄金。[162] 为了满足对黄金的需求，列宁在 1922 年 3 月敦促政府加紧掠夺东正教教堂的金库，希望积累"数亿（甚至可能是数十亿）金卢布"，帮助俄国在 1922 年热那亚会议期间捍卫自己的立场。[163] 几个世纪以来一直受到东正教信徒崇敬的宗教圣物被熔化成金砖，纳入苏维埃俄国不断增长的黄金储备中，作为俄国偿付能力的象征。[164]

热那亚会议在 1922 年春天召开，会议目的是讨论战后重建问题，包括俄国债务和新的货币秩序问题。列宁指示苏维埃外交官代表团主张恢复金本位货币。列宁还指示他们研究凯恩斯的《和平的经济后果》。事实上，据英国媒体报道，代表团团长乔治·奇切林（Georgii Chicherin）正在认真阅读凯恩斯的著作。[165]出于高兴和好奇，凯恩斯于1922年4月13日同奇切林会面，4月15日，他在《曼彻斯特卫报》（*Manchester Guardian*）上发表文章宣称"俄国金融凤凰可能将在卢布的灰烬中涅槃重生"。[166]凯恩斯根据奇切林和普列奥布拉任斯基提供的材料撰写了《布尔什维克的金融体系》(*Financial System of the Bolsheviks*）一文，他称赞苏维埃政府努力平衡预算，并称其货币改革计划"令人敬畏"。[167]热那亚会议建议所有国家回归金本位，但没有解决"俄国债务问题"。俄国拒绝按照强加的条款承认其债务，也未能为其货币改革获得贷款。然而，形势正在逆转，以黄金为基础的金融稳定在这一过程中发挥了重要作用。金融声誉和信誉是改革最重要的方面之一。列宁引用俄国谚语"与狼为伴，必须学会如何嚎叫"，最恰当地表达了忍受金本位的理由。列宁要求苏维埃公民容忍黄金，直到社会主义来临，届时苏维埃人民会将所有这些黄金重新铸造成街上的马桶。[168]与此同时，如果苏联想与资本主义世界进行贸易，就必须接受运作良好的金融规则。

俄国毫不犹豫地决定采用黄金作为其货币体系的基础，但没有人知道如何做。[169]苏维埃俄国此次货币改革在许多方面与1890年的情况类似：一群坚持教条主义的学院派专家详细阐述了体现自由货币组织的关键原则的改革设计。这项创建苏维埃俄国金本位货币体系的提议规定黄金交易将合法化，国家设立一家独立的股份制银行发行货币。与这种设想不同，财政人民委员部的负责人克列斯京斯基认为上述银行不应该是一个独立的机构，而应该成为人民财政委员部下属的银行部。[170]最终方案代表了两种观点的妥协：1921年10月重建的国家银行作为主要信贷机构被置于财政人民委员部的完全控制之下，而银行的资本来自财政人民委员部的拨款。1922年，该银行获得一种新货币切尔文的发行权，其价值相当于战前的 10 个金卢布，并以 25% 面值的黄金作为背书。切尔文没有明确规定的、以卢布计价的面值。因为切尔文的价值用黄金重量来表示，这为调节切尔文相对于苏维埃卢布纸币和外汇的地位提供了可能性。[171] 两年来，被草率地命名为"苏维埃币"（sovznaki）的旧卢布与稳定的切尔文一起流通，凸显了金本位货币的优势。[172] 以切尔文逐渐普及和苏维埃币进一步消亡为标志的"平行流通"过渡制度，可能代表了改革中最独特和最原始的部分。1924 年，原有的苏维埃币不复存在。相反，国库开始发行面值 1、3 和 5 "金卢布"的辅助性国库券和小额银币零钱，受到人们的热烈欢迎。因此，改革带来了两种货币：以金卢布为名义和国家财产为背书的"国库券"，名为切尔文的以黄金为支撑的"纸币"。[173] 这种区别毫无意义，几乎没有人能够理解，一直持续到 1991 年。人们很快就忘记了切尔文最初的"黄金"起源，这个词成为 10 卢布钞票的代称。[174]

货币改革是应对金融危机的激进做法，在很多方面都是非常独特和有效的。正如经济研究所专家所承认的那样，经济极度贫困在一定程度上降低了将混乱的战时共产主义货币体系改造为更稳定的货币体系的难度。[175]1922 年 3 月，流通中的全部货币有数万亿卢布，但（实际价值）仅相当于战前的 3000 万金卢布左右，而战前的全部货币价值超过 20 亿金卢布。按照战前的标准，黄金储备的规模足以赎回这一规模的货币，并用黄金支持发行新货币。有趣的是，凯恩斯指出，"在某些方面，如此彻底的崩溃会对俄国有所帮助，因为旧的货币已经被消灭了，俄国没有人会为了恢复到战前的货币价值而徒劳地推迟货币贬值"。换句话说，由于苏维埃政府彻底废除了国家对大量贬值的卢布所负有的债务，因此，苏维埃国家可以从头开始，这是其他欧洲国家无法做到的。[176]

切尔文钞票，1922 年

私人收藏。

　　这次改革重建了俄国十月革命前的金本位制，但与 19 世纪的其他模式截然不同，那么这次改革是以什么方式进行的呢？[177]苏维埃制度和帝国制度的特点无疑都是国家处于中心地位。尽管宣称信贷体系自由化，并允许建立地方私人及合作信贷机构，但苏维埃国家银行仍然保持着其支配地位，并在某种意义上保持了对市场的垄断。[178]国家银行经营信贷业务，同时充当政府的主要出纳员和会计，处理有关国家预算和资金分配的所有业务。1921年，专家们希望国家银行远离货币发行业务，并在国家银行之外设立一家新的、独立的私人银行负责发行货币——因为同一个机构不能既发行货币，又为政府提供资金并为国有企业提供贷款。[179]然而，随着切尔文的推出，国家银行的发展方向与专家的设想相悖。正如经济研究所的列夫·埃利亚松（Lev Eliasson）所言："国家银行继承了其前身的原罪，即国家属性。旧的国家银行（即帝国国家银行）不是发行货币的银行，就像在欧洲通行的情况那样。"事实上，（现在的）国家银行代表了"国家的货币发行部门"。

然而，新的国家银行享有的自主权较小，与财政人民委员部的发行活动重叠。[180] 国家银行行长阿伦·沙伊曼（Aaron Sheinman）也对国家银行的从属地位感到不满，并将财政人民委员部的施压称为对这个新创建系统的主要威胁。正如沙伊曼所言，财政人民委员部倾向于将国家银行和国库变成它的"钱袋子"。[181]

因此，如果像许多顽固的自由主义经济学家所相信的那样，十月革命前的金卢布在严格意义上不能被称为纸币（因为国家银行是中央政府的一个分支机构），那么苏维埃的切尔文就更不配被称为纸币了。沙伊曼抱怨说，"我们银行的货币发行……具有国库发行货币的特征"，无论是在形式上，还是在目的上；它缺乏银行活动所特有的"贷款"特征，因为，在大多数情况下向国有企业提供的长期贷款其实是"补贴"而不是真正意义上的"贷款"。[182] 这意味着，在现有货币体系下将国家银行和国库加以区分没有什么实际意义，因为两者都是政府控制的机构，并且发挥着同类的作用。[183] 切尔文被认为是比国库券更好的纸币，它在交易市场使用，并且看起来代表着有形的黄金。然而，正如尤罗夫斯基所说，切尔文的价值是"被制造出来的"，是在贬值的苏维埃币的基础上发展起来的。在苏维埃币退出后，包括财政人民委员部、国家银行和国家政治保安总局（OGPU）在内的政府部门继续投入大量精力和资本来维持其切尔文的利率和声誉。[184]

切尔文和国库券都不能兑换成黄金，尽管政府承诺"根据政府法令"可以用切尔文兑换黄金，但该法令从未得到执行。显然，政府甚至没有计划开设切尔文的交易机构。索柯里尼柯夫解释说："我们已经将作为支付手段的黄金从国内流通中剔除。黄金不再流通。这是我们的金融政策的任务之一，为此我们曾无情地斗争。"因此，"如果某个伊万诺夫来到国家银行，拿出一张钱币并说我们必须将它兑换成黄金"，他将一无所获，因为"我们不必这样做"。相反，伊万诺夫可以去证券交易所购买黄金，因为伊万诺夫很可能是一个走私犯或反革命分子，他想买"一个带有沙皇肖像的小金杯"。[185] 换句话说，苏维埃公民不需要黄金，也没有理由要求兑换黄金。然而，现实与这种理想不同：在 20 世纪 20 年代中期，由国家控制的证券交易所向个人出售的黄金量稳步增长。此外，1925—1926 年国家银行铸造并向民众出售了价值 2510 万卢布的沙皇金币，以维持切尔文的地位。这些硬币仅作为商品出售，可用于储蓄，但不能流通。[186] 苏维埃政府显然是在利用尼古拉二世金币的受欢迎程度来提高其新货币的汇率。

与此同时，政府在国内和国际上采取了积极的黄金储备战略。这一战略的关键要素是出口谷物和原材料（木材、石油），并且随着欧洲整体经济的好转，这一战略可能实现。[187] 索柯里尼柯夫得到了大多数政治局成员的支持，他坚信货币改革的成功取决于废除政府对外贸的垄断。然而，列宁否决了他的建议，国家保留了对进出口业务的完全垄断。[188]

因此，苏维埃俄国的第一种硬通货是在非常特殊的条件下出现的：除了对外贸易，政府控制所有外汇业务并调整国内贸易，而银行没有能力使用常用的手段影响货币流通。上述条件赋予政府无限的权力来操纵切尔文汇率，并使其不受货币购买能力的限制。[189] 苏联政府牢牢掌握着货币管制的所有机制和杠杆。尽管政府强调其货币的"黄金性"，但切尔文是计划经济下金本位制中一种异常的，甚至是自相矛盾的表现形式。经济学家维克托·诺沃日洛夫（Victor Novozhilov）在 1928 年解释道："苏联货币体系不是，也从来不是纯粹意义上的黄金货币。此外，'经典'单本位制的本质特征，即自我调节，从自由主义的角度来看被认为是一种优点，但并不符合苏维埃的组织原则。因此，在我们的条件下，金本位货币很难存在。"[190]

货币改革也是苏联的新生结构中金融集权的强力手段——苏联是通过兼并俄罗斯帝国前边境地区而在 1922 年建立的准联邦国家。苏维埃俄国早在 1918—1919 年就首次尝试统一货币，但这些努力在战争结束前大多徒劳。最显著的特例是乌克兰被纳入卢布区。1918 年，盖特曼（Hetmanate）政权曾采取多项措施试图将卢布从乌克兰货币体系中剔除。[191] 然而，乌克兰货币体系完全独立的计划遇到了难以克服的困难，主要是无法设计和发行足够数量的纸币。[192] 在盖特曼政权垮台后，新政府即执政内阁在德国委托印刷新的格里夫纳纸币，但乌克兰政府被苏维埃红军击败，乌克兰货币体系的独立计划就此结束了。[193]

1920 年，苏维埃政府废除了白军（反布尔什维克）政府的货币。同年，它颁布法令将突厥斯坦地区的突厥磅（turkbon）兑换成苏维埃货币。[194] 然而，进一步集权需要政治行动，最重要的是使货币正常化。[195] 随着新经济政策的开始，卢布在苏维埃俄国腹地和边境地区的地位急剧下降，而人们在贸易中越来越多地使用银币、金币、外汇和地区货币。1922 年，虽然已经考虑在外高加索引入卢布，但政府不得不推迟改革，因为卢布相对于当地货币的价值大幅贬值（俄国卢布的价格仅是格鲁吉亚卢布的二十分之一）。[196] 莫斯科必须认识到，"迫使外高加索诸共和国分担俄国卢布贬值的代价……将是完全毫无意义的，并且在许多方面这样做不仅对外高加索，而且对俄罗斯苏维埃联邦社会主义共和国也有害"。[197] 凭借作为区域商业中心的自由港巴统和发行可自由兑换的货币的独立发行银行，格鲁吉亚和在经济上紧密依赖格鲁吉亚的两个外高加索共和国完全具备财政可持续性。因此，苏维埃政府没有强制引入卢布，而是选择了几个过渡步骤：在格鲁吉亚货币的基础上统一亚美尼亚、格鲁吉亚和阿塞拜疆的货币，最重要的是，废除其金融自主权。[198] 金融自主权的废除动摇了外高加索货币和俄国卢布之间的平衡，而引入切尔文成为对前者的致命一击。1924 年 1 月，切尔文消耗了 4.65 亿外高加索卢布，1924 年 4 月，外高加索货币终止发行。[199] 远东地区也出现了类似的情况，日元基本上成为该地区的主要货币，人们更喜欢沙皇时期的货币和各种硬币，而不是贬值的苏维埃货币。在禁止使用日元的同时，切尔文开始渗透到远东地区的经济中，1924 年 2 月，金卢布被宣布为远东的主要货币单位。[200]

那么，苏联的金卢布是什么，或者说它代表着什么？金本位制在历史上演变为一种特殊的混合体——一种依赖私人经济力量和国际合作的公共机制。金本位制代表了一种承诺机制，间接迫使发行货币的机构维持合理的货币政策，保护经济免受政府过度需求现金的影响。当然，货币政策的实践往往与理想有所不同：中央银行享有不同程度的独立性、受到不同程度的国家干预，中央银行有时依靠严格的议会控制来增强资金的国家属性，以及填补管理层中的股东空位。然而，金本位背后的政治制度的关键要素是宪政、政治代表性和财政政策的透明度，而黄金储备的规模则起着次要的作用。1897 年的俄国金本位制是在不同的条件下出现的：巨大的黄金储备弥补了宪法的不足，并成为政府在财政上（即便不在政治上）履行其义务的额外保障。毫无疑问，战后的金本位制不同于其最初的形式，并允许国家进行更大程度的干预。[201] 与欧洲的战前制度安排相比，看上去是政府过度干预的操作依照战前俄国的标准却是一种常态。[202] 苏维埃政府努力推广"苏联金卢布"（切尔文）并积聚大量黄金，旨在显示国家的威严，提高国家的信誉。这种对黄金储备规模的痴迷后来演变成一种真正的狂热。[203]

苏联版的硬通货是维特以国家为中心的金本位的过渡变体，不可能通过公共控制来强制实现纸币与其锚定物之间的平衡，而且其依赖的法律基础非常脆弱。[204] 因此，它继承了战前模式的许多弱点。如果维特推行金本位制是为自己赢得不朽名声，或者至少是为了保障他能无限期担任财政大臣，那么切尔文的命运就取决于财政人民委员部委员索柯里尼柯夫承受其他人民委员和计划经济机构发起攻击的能力（这就难怪切尔文在索柯里尼柯夫离职后不久就开始消亡了）[205] 这与改革的主要设计者弗拉基米尔·塔尔诺夫斯基（Vladimir Tarnovskii）等经济学家的想法相去甚远，这些经济学家认为，只有发行货币的银行独立于政府，才能实现货币体系的稳定。[206] 自由主义理想仍然停留在乌托邦梦想的境界，因为新经济政策与自由主义无关。

后记　花不掉的卢布

　　阿卡迪和鲍里斯·斯特鲁加茨基兄弟（Arkady and Boris Strugatsky）的科幻小说《消失的星期天》（*Monday Starts on Saturday*），以年轻的计算机工程师亚历山大·普里瓦洛夫（Alexander Privalov）的故事开头。有一天，普里瓦洛夫开着自己的老式日古利轿车漫无目的地旅行，发现自己来到了一个名叫索洛维茨的小镇。普里瓦洛夫一到这里，奇怪的事情就开始发生了：他周围的世界看起来很现代，但却充满了来自俄罗斯民间故事的物品——飞毯、魔法桌布，还有一座属于芭芭雅嘎的鸡脚怪屋。但最令人吃惊的是他发现了一枚不同寻常的 5 戈比硬币。它看起来和普通的 5 角硬币（piatak）没什么两样，但有一个细节例外：在"1961 年 5 戈比"的字样中，"6"被一个浅浅的凹痕抹掉了。每当普里瓦洛夫用这枚硬币买一份报纸、一杯汽水或一盒火柴后，他就会在牛仔裤口袋里再次发现这枚硬币。普里瓦洛夫百思不得其解，决定做一个"实验"，并得出以下结论：

　　我们面对的是一个所谓的"不变的"5 角硬币（nerazmennyi piatak）。我对"不变"这一情况本身并不感兴趣。最让我震惊的是物体发生超空间位移的可能性。我非常清楚，硬币从卖方回到买方的神秘转移，显然是科幻小说爱好者见怪不怪的"瞬移"……未来的可能性令人眼花缭乱。[1]

　　普里瓦洛夫的得意并没有持续多久。一个精明的售货员当场向警方报了案，普里瓦洛夫随即被捕。警方的通报指出，公民普里瓦洛夫"持有并不当使用了一枚国家标准 718–62 型花不掉的 5 戈比铸币模版"。换句话说，他口袋里的东西不是魔术道具，而是苏联工程技术的产物。普里瓦洛夫因其无知和不诚实而受到斥责，他必须赔偿国家的损失，并将"花不掉的 5 戈比铸币模版交给值班警官"。

斯特鲁加茨基兄弟看似诙谐的小故事却让苏联读者想起了 1961 年的货币改革，人们可以从中解读出对俄罗斯货币荒诞性的强调。在故事中，苏联发明了一种可以通过魔法或"超空间位移"进行自我复制的造币方式，并为其注册了专利。硬币"花不掉"（或不可兑换性）这一特质中隐含着讽刺意味：众所周知，苏联卢布与外国货币之间有一个官方固定的永久汇率，但卢布既不能兑换美元，也不能兑换法郎或其他任何外币。不可兑换的苏联卢布被戏称为"木头"，因为它具有无法转换成西方货币价值的独特的本土特质。

与斯特鲁加茨基兄弟描绘的苏联现代化的其他"奇迹"一样，5 戈比硬币在民间传说中也有一个原型：俄罗斯传统童话中的"花不掉的卢布"。要想获得"花不掉的卢布"，必须用浸过树脂的绳子拴住一只黑猫，然后在市场上出售；其他故事则建议将 1 卢布纸币放在澡堂里，用它擦拭黑猫，并在教堂礼拜时念咒语。大多数情况下都会用到猫，但有时也会用到鹅。无论以何种形式出现，这些故事都流露出大众对富裕和免于劳苦的生活的梦想，而这些梦想在 1917 年大革命前后对于许多劳动人民来说仍然是遥不可及的。毫不奇怪，平民主义者开始从阶级角度使用"花不掉的卢布"这一隐喻：对于富裕阶级来说，"花不掉的卢布"意味着继承的遗产或在政府部门的高薪工作，而农民则靠几亩薄田勉强维生，同时梦想着获得更有保障的收入来源。

尽管意义不同，但"花不掉的卢布"——现实的卢布（苏联和帝国时期的）及其魔法对应物——都有一个共同点：它们诞生时的神秘性。在童话故事中，"花不掉的卢布"来自魔鬼，而在斯特鲁加茨基以怪诞形式描绘的俄罗斯帝国和苏联经济生活中，国家扮演着魔术师的角色。卢布的起源必须保密，公众不得而知。卢布的不可兑换性体现了它的本土性和不可变通性，尽管它违背了货币的主要目的：促进经济交换。货币要发挥其经济媒介的作用，就不能是无限的，也不能自我复制——这是俄罗斯金融业长期以来明显缺乏的品质。也许正是因为这种特殊性，卢布成为民间传说、故事、小说和戏剧中的常见角色。

解密苏联卢布

许多西方专家和观察人士对俄罗斯货币的奇特之处着迷不已——这是一个失去了"货币性"的矛盾体。[2] 苏联货币违背了金融的基本原则，但它仍在继续运作，严格来说，苏联经济仍然是一种"货币经济"。尽管卢布的许多特征与其前身帝国货币的特征相似（虽然是以一种过度膨胀的形式存在），但苏联货币的作用不同于所有已知的西方模式。1926 年，在维持卢布币值日益困难和黄金储备规模不断下降的情况下，政府拉下了金融铁幕；它禁止黄金和外国货币的自由兑换，并禁止汇出苏联纸币。1928 年，新经济政策的短暂缓和期结束了，以努力维持货币稳定为特征的经济治理中的"金融专政"（Dictatorship of Finance）时期也随之结束。[3] 财政人民委员部和国家银行的政治作用明显下降［这两个机构几乎所有的领导人和高层管理人员，包括瓦莱里安·奥博林斯基（V. Obolenskii）、格奥尔基·皮亚塔科夫（G. Piatakov）、尼古拉·克雷斯廷斯基（N. Krestinskii）、格里戈里·索柯里尼柯夫、尼古拉·布留哈诺夫（N. Briukhanov）、格里戈里·格林科（G. Grinko）、弗拉斯·丘巴尔、列昂尼德·尤罗夫斯基（L. Yurovskii）等人，都在 1937—1938 年的"大清洗"中被逮捕并处决]。20 世纪 30 年代初所谓的信贷改革，使卢布重新成为命令型计划经济的附属工具。[4] 国家银行根据商品生产计划自动向国有企业账户转账，而计划本身就是政治局政治决策的产物。苏维埃企业之间的资本交换是无现金的，这就把货币体系分割成了两个互不相连的回路：工业经济中的虚拟卢布无法兑换成人们领取工资和购买消费品所需的实体卢布。[5] 产品价格以及经济领域的所有金融需求，包括现金量，都是由上级决定的。正如经济学家艾尔弗雷德·佐伯曼（Alfred Zauberman）雄辩地指出的那样："在生产领域，卢布不再是购买力转移的工具，而成为效率控制的指标单位。在消费领域，在一个几乎完全依靠工薪收入生活的无阶级社会中，卢布只能充当一种通用的'配给卡'。"[6] 然而，在实践中，这一制度并未按其原先的设计运行，其实施过程中的混乱引发了整个非正规次级经济系统的出现，其中包括辅币、充斥贿赂和黑市交易的反常市场机制以及假性商业信贷。[7]

卢布经济意义的消失是否意味着货币在国家和社会中不再发挥核心作用？恰恰相反，经济表面上的非货币化只是加剧了货币的政治化，强化了货币作为治理手段的作用。俄罗斯帝国政府在经济领域也拥有压倒性的影响力：它垄断着货币的发行，并解除了公众对货币政策的主导权。然而，帝国政府并没有取代或接纳市场。换句话说，除了官僚，民众并不能直接从国家机构手中得到货币，同时他们把钱花在了国家机构无法提供的服务上。相比之下，除少数例外，苏联政府既是全国唯一的雇主，也是商品和服务的主要提供者。国有企业和机构以工资形式发给职工的卢布又被国家收回，用于购买这些商品和服务以及支付各类税费。因此，货币体现了苏联政府与其公民之间最重要的政治和财政联系，表达了国家对个体的普遍要求。

例如，1947 年的货币改革旨在收回第二次世界大战期间多发行的数十亿卢布。这次改革让人想起列宁时代早期的苏维埃货币没收思想（这一思想即使在战时共产主义时期也显得过于激进）。1947 年改革以 10∶1 的比率将旧纸币收回并兑换成新纸币，但并未相应地重新计算工资和物价。[8] 设计掠夺性的兑换率和兑换条件达到了如下目的：改革掠夺了数百万人的储蓄，使政府（因国内公债贬值）摆脱了财政负担，并使其有了发行新纸币的余地。政府在宣布改革时公开宣称，这是国民为国家福祉所必须做出的"最后一次牺牲"，仿佛战争期间从苏联人民身上榨取的税收还不够沉重[9]。苏联经济学家讨论了改善信贷机制和转变发行机制的其他方法，但所有这些想法都被宣布为"不受欢迎"。[10]1947 年的货币兑换是一项政治改革，它把卢布当作阶级斗争的武器，尽管阶级敌人并不明确；它是一种权力的展示，也是加强对民众控制的一种方式。为了让民众尝到甜头，政府将换发货币与取消配给制结合起来，随后又对消费品进行了一系列降价，从而部分缩小了战前与战后生活成本之间的差距。[11] 苏联政府本想改善公民福祉，但储蓄贬值和降低中央规定的商品价格的政策代表了苏联式繁荣概念的要义。人民的福祉由国家决定而非个人的选择。

外交和国际贸易是卢布作为政治性实体存在的另一个维度。1944 年《布雷顿森林协议》签订后，美元取代黄金成为国际货币体系的主要支柱，但 1947 年的改革也成为切断卢布与美元联系的借口。1950 年 2 月，苏联推出了新的金本位制，明显独立于黄金与美元的比率：自 1937 年以来一直与美元挂钩的苏联卢布转而与黄金挂钩，而美元对卢布的价值降低了 32.5%。[12] 欧洲的战后金融重建历时数年，大多数币种直到 20 世纪 50 年代中期才恢复可完全兑换。因此，苏联重拾金本位思想纯粹是为了把卢布变成一种新的世界货币而进行的宣传造势。正如一位苏联经济学家所宣称的："将卢布置于金本位，意味着卢布是世界上唯一的高含金量的硬通货"[13]。

　　尽管卢布与黄金挂钩，但与美元和其他竞争者不同的是，不可兑换的卢布仍然与世界市场隔绝。1952 年，著名儿童文学作家、苏联国歌的词作者谢尔盖·米哈尔科夫用诗歌虚构了"卢布和美元"之间的对话。卢布承认美元可以到处旅行，但无论走到哪里，它都会带来"贫穷和死亡"。与美元相比，卢布不晓世事，但它是"人民的钱"。然而，这种堪比 19 世纪保守理论的金融民族主义并不符合经济和政治现实。与列宁一样，斯大林对黄金情有独钟，但并不是因为黄金纯粹的象征意义。相反，对于一个技术和工业落后的国家来说，黄金和外汇是为工业发展采购机器、设备和资源的手段。[14] 正因此，苏联人通过各种手段——出口、征用、向苏联公民和外国人出售奢侈品和紧俏商品——执着地计算和积累黄色金属和可兑换外汇。苏联淘金热的主要负担落在了古拉格集中营的囚犯身上，他们在东西伯利亚金矿非人的条件下工作并死去。黄金储备的规模和价值是国家机密，除了斯大林及其少数几个亲信，没有人知道其确切规模。[15] 具有讽刺意味的是，西方专家和情报机构也对苏联黄金情有独钟，并密切关注苏联黄金开采业的产出。对于苏联政府可能使卢布完全可兑换为黄金并拖垮美元的担忧甚嚣尘上。正如一位作者所言，可兑换卢布可能成为"货币中的人造卫星"[16]。这些关于苏联黄金的神话为苏联货币披上了神秘且异域的面纱。

　　但是，现实远为平庸且复杂。创造一种类似于费希特式"锁闭的商业国"货币的永续的社会主义货币的想法并不可行。苏联需要进入国际市场，但正如经济学家富兰克林·霍尔兹曼（Franklyn Holzman）所指出的那样，对金卢布的过高估价导致了一种自相矛盾的局面，即苏联出口商品的价格远低于内销价格。外强中干的卢布的声望是以巨大的名义损失为代价的，试图扩大对外贸易的国家不得不调整其货币在整个国际货币体系中的地位。[17]同时，让卢布相对于外币贬值而不引起公众尴尬似乎也是不可能的。[18]为解决这一问题，政府于1960年5月宣布将所有面值的卢布纸币的外汇比率一律定为10：1，斯特鲁加茨基兄弟所说的花不掉（不可兑换）的5戈比硬币故事就暗指此事。1961年的改革是一项技术性措施，掩盖了纠正卢布与美元比率的企图；改革后，1美元的汇率价格为90戈比，而非原定的40戈比。[19]与此同时，指定卢布的含金量从0.22187克增至0.987412克，似乎高于1897年维特金本位改革后的水平。尽管改革使卢布贬值，但卢布的价值和重量却似乎增加了，而且苏联媒体报道称，卢布的变化是对美元的胜利，而美元正处于自由落体状态。[20]有悖直觉的是，苏联政府在宣布美元贬值的同时，却大幅提高了对持有外币行为的惩罚力度。1961年7月，在赫鲁晓夫的推动下，俄罗斯联邦最高法院重新审理了三名男子被控利用外币和金币进行投机的案件。这三名囚犯仅因用一种货币换取其他货币而被定罪，并被处以死刑。[21]

苏联对待货币态度的核心要义在于，政治意识形态压倒了经济理性和人民的利益。即使是经济上务实的决定，如调整汇率，最终也不能改变或挑战更高的政治目标。个人权利从未被视为苏联货币政策的核心重点，而关于人民富裕的公开声明也愚弄不了任何人。从招致不幸的1947年改革到1991年苏联政权的垮台，社会上时常会出现关于货币改革的谣言，人们急忙清空（或填补）银行存款，或匆忙跑到商店，试图在货币贬值或停止流通之前将卢布兑换成地毯、钢琴、珠宝、靴子或大衣。著名作家科尔涅伊·丘科夫斯基（Kornei Chukovsky）在观察1953年6月的另一次"货币恐慌"时讽刺道："如果人民如此害怕受到诈骗，那么他们对政府的信任该有多强！"[22] 1960年5月宣布的面额调整计划也遭到质疑。有人在日记中这样写道："政府从不做慈善，这其中一定有诈"。[23]金融政策的突然变化加剧了人们根深蒂固的不信任。1956年，赫鲁晓夫中止了广受赞誉的年度降价政策，1962年，政府宣布肉类、奶制品和鸡蛋价格上涨30%~35%。伴随着无声的、逐渐蔓延的不满情绪，这次价格的突然上涨引发了新切尔卡斯克事件，随后发生的流血冲突、审判和处决造成了数十人死亡。

1947年和1961年的所谓货币改革并没有带来经济结构的改善，这清楚地表明，苏联的货币首先是一种政治机制，是治理、宣传和冷战外交的工具。它的性质和存在是以苏维埃政权的稳定为前提的。因此，当苏联政权的基本要素在20世纪80年代末开始动摇时，苏联货币秩序的原则也开始瓦解。米哈伊尔·戈尔巴乔夫的政治自由化尝试与石油价格下跌引发的经济危机叠加，而考虑不周的经济改革又加剧了经济危机。在自由化承诺的鼓动之下，人们开始要求国家对货币政策承担责任，并将其作为公共事业进行管理。

由于放松了对人力和资本流动的控制，并允许一些私有经济活动，20世纪80年代末的情况与19世纪50年代末苏维埃俄国在克里米亚大溃败后开始向西方开放的大改革（the Great Reforms）初期略有相似。两场改革都是自上而下发起的，且无论是在金融方面还是在道义方面，卢布的恢复都成为改革的象征。1987年6月，在苏共中央委员会全会上，戈尔巴乔夫提出了"加强和提高卢布声誉"的问题，党的领导层接受了苏联货币可兑换的理念。卢布可兑换起初似乎是在不对苏联旧体制进行大刀阔斧改革的情况下改造旧体制的一剂良方，是在社会主义制度中加入一些市场元素的修复手段。[24] 持怀疑态度的专家则断言，卢布可兑换不应该是一种补救措施，而应该是结构性改革的结果——这要求解散指令行政系统和计划经济。[25] 经济学家呼吁"将货币关系从行政限制中解放出来"，并确保国家银行的独立性。[26] 与此同时，全国纸币泛滥成灾，旧的生产和分配制度分崩离析，商品从商店中消失。卢布的购买力急剧下降，与战时共产主义的灾难如出一辙。企业摆脱了许多义务和控制，转向实物和外币交易。苏联卢布实际上变得无法兑换，因为它甚至无法用来购买最基本的生活必需品——食品、衣物和药品。人们开始给中央报纸和共产党组织写信，要求国家进行干预。[27] "为什么政府不能宣布我们的卢布可以兑换呢？"伊尔库茨克的一位养老金领取者问道。[28] 正如一位记者所观察到的，"可兑换"一词"引起了人民的兴奋，很多人认为它是我们经济的灵丹妙药。"对很多人来说，它仅仅代表着商品的可获得性，与之对比鲜明的则是无法兑换的卢布——花不出去，也买不到任何东西。[29]

1989 年 8 月，苏联科学院经济研究所宣布举办一场旨在寻找恢复卢布可兑换性最佳方案的竞赛。竞赛吸引了来自 23 个国家的 600 名参赛者，评选委员会成员包括诺贝尔经济学奖得主瓦西里·列昂季耶夫（Wassily Leontief）和研究苏联经济的美国专家、乔治·布什总统的顾问埃德·休伊特（Ed A. Hewett）。[30] 1921—1924 年的货币改革中建立平行货币（parallel Currencies）并逐步取消旧卢布的做法，经常被竞赛参与者当作成功恢复卢布可兑换性的范例。竞赛评委会最终认定，20 世纪 20 年代初的平行货币模式在 90 年代行不通，但将卢布与黄金挂钩的想法，或者说重新引入切尔文作为完全可兑换的货币的可行替代方案却大受欢迎。与此同时，苏联的黄金储备在不断减少。据改革小组组长、经济学家伊戈尔·盖达尔（Egor Gaidar）称，1989 至 1991 年，政府售出 1000 多吨黄金，黄金储备规模下降到 300 吨以下 [31]。黄金外流产生了关于"党的黄金"的神话，据称这些黄金被运走并存放在党内高官在西方银行的秘密账户。

20 世纪 80 年代末至 90 年代初的改革通常被视为与过去的彻底决裂。然而，苏联后期和后苏联时代早期变革的新颖性，使俄罗斯货币史和政治史的重要特征更加凸显。例如，帝国政府和早期苏维埃政府曾多次试图在不改变经济制度和政治基础的情况下修复货币体系，结果却适得其反。同样，苏联后期政府在没有改革指令行政系统的关键要素（如价格形成原则）的情况下，为加强卢布所做的努力也付诸东流。[32] 俄罗斯金融史的另一个长期存在的特点是，人民总是要承担货币改革的成本。20 世纪 90 年代初的改革派政府并没有改变这一做法。1991 年 1 月，在苏联解体前几个月，政府废除了最大面额的纸币（公民有 3 天时间兑换有限数量的纸币，但国家却竭尽全力制造障碍）。成千上万将微薄积蓄存放在家中的苏联公民成了这一过河拆桥、背信弃义和侮辱性措施的受害者，据称这一措施针对的是"帮派分子"，但却影响到了所有人。1993 年，苏联已经解体，俄罗斯联邦政府面对从前加盟共和国大量涌入的卢布，决定将 1961 至 1992 年发行的所有苏联纸币兑换成新的俄罗斯货币。这种具有没收性质的兑换让人想起了 1947 年的改革，它再次使人们的储蓄化为乌有。正如时任总理维克多·切尔诺梅尔金（Victor Chernomyrdin）油腔滑调地承认："我们想要最好的，但结果还是老样子"。切尔诺梅尔金的这句话广为流传，意味着政府政策始终将国家利益置于贫困人口需求之上的旧模式依旧存在。

苏联卢布是计划经济的一个要素，也是帝国统治和中央集权的象征，它的消亡加速了苏联的解体。这种经济系统的缺陷是如此之大，以至于早在苏联正式消亡之前，它在经济上就已注定要失败。1991年苏联解体后，新独立国家纷纷推出自己的国家货币来庆祝重获主权。[33] 脱离卢布不仅意味着新的国家摆脱了压迫，并使其国民经济免受卢布危机的影响，而且还象征着它们向新的货币政策和机构组织原则（如中央银行的独立性）的过渡。1992年年初，俄罗斯新政府摧毁了指令性计划经济的最后支柱，允许自由市场决定商品的价格。从1992年到1994年，通货膨胀率从2250%降至224%，政府走上了金融重建之路。[34] 俄罗斯正在慢慢恢复其对货币体系的控制。

卢布从未完全可兑换，但声誉相对良好，在高天然气和石油价格的支撑下，它于世纪之交成为建立另一个帝国的工具。它担负着两次车臣战争、对格鲁吉亚的袭击以及吞并克里米亚和乌克兰东部的高昂成本。2022年年初，当俄罗斯军队攻入乌克兰时，俄罗斯货币被禁止进入外国银行和证券交易所，并被剥夺了可兑换的权利。不可兑换的卢布再次成为俄罗斯专制和独裁的象征。

卢布过去两个世纪的历史看似独具一格。尽管卢布有其独特之处，它却以最尖锐、最集中的形式反映了货币历史发展中的共同问题，凸显了货币在其他经济体中常被淡化的特质。一些特定政治体制和金融政策持续平行存在，表明货币体制、治理体系和政体模式之间的依赖程度。卢布的故事表明，货币并不仅反映现有的（或想象中的）社会和政治秩序，而是创造了这种秩序；它不是政治现实的衍生品，而是任何政治制度不可分割的组成部分，无论它是专制的、民主的或自由的。

政府使用卢布作为统治和压迫的手段，但不容忽视的是，俄罗斯也一直存在关于货币自主权、宪政和民主的观点和思想。在这些论述中，纸币不仅是获取商品或服务的一种手段，而且是公民身份的代表和权利授予的证明。欧洲哲学家远较俄罗斯思想家更早发现公民身份与货币之间的联系，但由于俄罗斯有限的公民权利及动荡不休的货币状况，这种联系似乎比在其他国家更为明显。因此，任何关于卢布的讨论都不应仅停留于在货币层面。就像传说故事中"花不掉的卢布"一样，它对许多人来说有着截然不同的意义，但却在人们的文化和经济想象中存在了几个世纪。现实生活中各色人等对俄罗斯货币的讨论也从未停止。本书试图还原这些故事、方案和愿景，并展示俄罗斯人如何在货币范畴内思考的同时，感知他们的过去、现在和未来。换句话说，卢布的历史是一部用货币语言书写的俄罗斯国家史。

附录

1769—1839 年卢布纸币：发行量和汇率

年份	卢布纸币 发行量	卢布纸币 赎回量	流通纸币总值 （卢布纸币）	银卢布与纸卢 布的比价
1769	2,619,975		2,619,975	1.01
1770	3,758,799		6,378,675	1.01
1771	4,291,325		10,670,000	1.02
1772	3,378,225		14,048,225	1.03
1773	3,796,500		17,855,725	1.02
1774	2,155,275		20,000,000	1.00
1775	1,500,000		21,500,000	1.01
1776	2,000,000		23,500,000	1.01
1777			23,500,000	1.01
1778			23,500,000	1.01
1779	500,000		24,000,000	1.01
1780	500,000		24,500,000	1.01
1781	5,500,500		30,000,000	1.01
1782	7,000,000		37,000,000	1.01
1783	3,101,100		40,101,100	1.01
1784	2,414,750		42,515,850	1.01
1785	2,794,575		45,310,425	1.02
1786	862,525		46,172,950	1.02
1787	53,827,050		100,000,000	1.03
1788			100,000,000	1.08

年份	卢布纸币发行量	卢布纸币赎回量	流通纸币总值（卢布纸币）	银卢布与纸卢布的比价
1789			100,000,000	1.09
1790	7,000,000		107,000,000	1.15
1791	6,000,000		113,000,000	1.23
1792	3,000,000		116,000,000	1.26
1793	4,000,000		120,000,000	1.35
1794	30,000,000		150,000,000	1.41
1795			150,000,000	1.46
1796	7,703,640		157,703,640	1.42
1797	53,595,600	628,785	210,670,455	1.26
1798		88,850	210,581,605	1.37
1799		581,605	210,000,000	1.51
1800	2,689,335		212,689,335	1.53
1801	8,799,000		221,488,335	1.51
1802	8,976,090		230,464,425	1.38
1803	19,555,755	20,180	250,000,000	1.25
1804	10,658,550		260,658,550	1.26
1805	31,540,560		292,199,110	1.30
1806	27,040,850		319,239,960	1.34
1807	63,089,545		382,329,505	1.49
1808	95,039,075		477.368,580	1.87
1809	55,832,720		533,201,300	2.25
1810	46,172,580		579.373,880	3.24
1811	7,020,520	5,000,000	581,395,400	3.94
1812	64,500,000		645,894,400	3.88
1813	103,440,000		749,334,400	3.97
1814	48,791,500		798,125,900	3.96
1815	30,197,800	2,500,000	825,823,700	4.21

年份	卢布纸币发行量	卢布纸币赎回量	流通纸币总值（卢布纸币）	银卢布与纸卢布的比价
1816	5,600,000		831,423,700	4.04
1817	4,576,300		836,000,000	3.84
1818		38,023,875	797,976,125	3.79
1819	1,578,500	80,229,030	719,325,595	3.72
1820	1,461,055	35,614,105	685,172,545	3.74
1821		37,242,410	651,685,100	3.78
1822		44,968,230	606,776,870	3.75
1823		10,940,560	595,776,310	3.73
1824			595,776,310	3.74
1825			595,776,310	3.72
1826			595,776,310	3.72
1827			595,776,310	3.73
1828			595,776,310	3.71
1829			595.776,310	3.69
1830			595,776,310	3.69
1831			595,776,310	3.72
1832			595,776,310	3.66
1833			595,776,310	3.61
1834			595,776,310	3.59
1835			595,776,310	3.58
1836			595.776,310	3.57
1837			595,776,310	3.55
1838			595,776,310	3.54
1839			595,776,310	3.50

资料来源：A.E. Denisov, Bumazhnye denezhnye znaki Rossii, t.i, Moskva: Numizmaticheskaia literatura, 2002, 32,35,38.

"银本位"改革后的货币体系

年份	纸币流通量（百万银卢布）	存款量（百万银卢布）	贷款量（百万银卢布）	总量	黄金储备（百万银卢布）	纸卢布与银卢布的比价
1840	170.22	24.17	—	194.39	24.17	1.0145
1841	170.22	36.95	—	207.17	36.95	1.0044
1842	170.22	43.79	—	214.01	43.79	0.9783
1843	160.67	31.49	30.30	222.47	35.92	0.9748
1844	93.08	17.81	121.80	232.62	59.40	0.9890
1845	55.12	8.59	189.42	253.12	86.81	0.9846
1846	34.92	4.38	226.17	265.47	101.29	0.9922
1847	18.85	1.94	289.58	310.37	117.90	0.9868
1848	4.32	0.28	306.63	311.24	117.08	0.9520
1849	1.62	—	300.32	301.94	107.33	0.9617
1850	0.62	—	301.58	302.20	108.23	0.9925
1851	0.41	—	303.80	304.21	111.32	0.9837
1852	—	—	311.28	311.28	123.71	0.9949
1853	—	—	333.44	333.44	131.48	1.0400
1854	—	—	356.34	356.34	123.17	0.9426
1855	—	—	511.10	511.10	138.00	0.9344
1856	—	—	689.20	689.20	146.60	0.9826
1857	—	—	735.30	735.30	141.50	0.9595
1858	—	—	644.60	644.60	110.80	0.9330
1859	—	—	638.20	638.20	97.70	0.9113
1860	—	—	713.00	713.00	92.90	0.9265

资料来源：I.I. Kaufman, *Statisticheskii vremennik Rossiiskoi Imperii*. Ser.5, vyp.15. *Statistika gosudarstvennykh finansov Rossii v 1862–1884 godakh*. St, Petersburg, 1886, pp. 46–47.

1860—1910 年纸卢布的发行、金属储备和财政部欠国家银行的债务

年份 （1月1 日起）	流通中的 纸卢布（百万 银卢布）	国家银行 储备 （黄金）	国家银行 储备 （白银）	国家财政部 对国家银行 的债务	纸卢布与 "金属卢布" 的比价
1861	712.976	81.743	52.100	602.80	0.8724
1862	713.596	71.888	52.662	609.80	0.9012
1863	691.104	81.540	43.323	583.90	0.9483
1864	636.526	64.851	31.425	559.39	0.8355
1865	664.075	71.557	13.306	572.40	0.8165
1866	661.565	78.091	10.751	567.20	0.7602
1867	697.244	78.264	15.650	566.30	0.8456
1868	674.914	89.896	19.699	594.10	0.8420
1869	702.806	188.618	29.348	530.80	0.7943
1870	694.388	201.163	21.658	513.40	0.7729
1871	694.098	205.211	8.190	506.50	0.8338
1872	752.034	236.213	6.380	511.20	0.8490
1873	748.301	285.287	10.239	474.60	0.8400
1874	773.989	296.018	25.285	480.66	0.8699
1875	763.936	309.603	31.995	468.04	0.8612
1876	751.639	310.122	30.728	467.37	0.8091
1877	766.881	186.528	29.012	561.60	0.6745
1878	1014.422	203.764	18.806	805.70	0.6366
1879	1152.511	229.857	11.996	959.10	0.6309
1880	1129.922	276.110	4.739	815.30	0.6537
1881	1085.051	298.408	2.507	839.90	0.6572
1882	1028.114	271.432	2.696	795.98	0.6302
1883	973.182	264.420	2.514	752.48	0.6180
1884	959.279	298.382	2.910	695.88	0.6316

年份 （1月1 日起）	流通中的 纸卢布（百万 银卢布）	国家银行 储备 （黄金）	国家银行 储备 （白银）	国家财政部 对国家银行 的债务	纸卢布与 "金属卢布" 的比价
1885	899.761	303.374	3.949	694.38	0.6330
1886	906.655	366.524	6.196	674.03	0.5890
1887	941.024	381.967	7.268	669.93	0.5570
1888	971.181	389.894	7.366	654.32	0.5950
1889	973.145	429.170	6.136	585.85	0.6590
1890	928.426	475.185	6.192	575.63	0.7260
1891	907.416	575.794	7.099	583.38	0.6680
1892	1054.805	642.158	6.217	569.81	0.6200
1893	1074.081	851.838	6.290	453.35	0.6530
1894	1071.868	894.841	5.442	322.83	0.66
1895	1047.681	911.563	6.708	320.11	0.66
1896	1055.305	963.780	8.306	246.15	0.66
1897	1067.901	1095.471	16.821	197.64	1*
1898	901.026	1184,614	39.550	175.00	—
1899	661.839	1007.979	46.622	100.00	—
1900	491.163	843.035	57.073	50.00	—
1901	554.979	737.394	64.889	—	—
1902	542.409	709.452	72.739	—	—
1903	553.547	769.166	72.271	—	—
1904	578.433	906.060	76.028	—	—
1905	853.713	1031,567	79.854	—	—
1906	1207.485	926.500	32.891	—	—
1907	1194.556	1190.614	47.062	—	—
1908	1154.705	1169.117	54.437	—	—
1909	1087.134	1220.056	69.545	—	—
1910	1173.785	1414.592	70.355	—	—

*1987年货币改革：金卢布成为法定货币。

资料来源：columns 1–5 – *Gosudarstvennyi Bank. Kratkii ocherk deiatelnosti za 1860–1910 gg.* St. Petersburg, 1910, pp. 138–139; column 6 - Denisov, Bumazhnye den'gi, t.3, 10,14,17.

卢布：一部政治史（1769—1924）

卢布纸币的发行、黄金储备和国家银行的发行权

年份 （1月1日起）	国内外黄金储备 （百万卢布）	发行贷款 （百万卢布）	国家银行的发行权 （1月1日起，百万 卢布）
1911	1450	1234	516
1912	1436	1326	410
1913	1556	1495	361
1914	1695	1664	330
1915	1733	2946	285
1916	2260	5616	143
1917	3617	9103	1,013

资料来源：*Gosudarstvennyi Bank*, Otchet. Za 1910, p. Ⅶ , za 1912, p. Ⅵ , za 1916, p. 9.

1917—1923年纸币月发行量（改革前货币，所有种类和面额，单位：百万卢布）

年份	1917	1918	1919	1920	1921	1922	1923
1月	348.7	1913.3	4200.3	35,216.1	130,232.0	12,238,965.00	633,677,519.33
2月	431.8	1455.8	3822.9	32,831.7	189,394.0	18,756,143.20	607,389,981.24
3月	1123.6	2956.3	5836.1	47,599.3	198,460.6	32,645,722.70	1,246,161,174.38
4月	476.0	4290.6	5864.5	47,044.4	230,568.3	48,328,256.40	1,594,142,568.02
5月	738.5	2477.2	11,429.9	62,962.2	205,040.5	84,243,130.20	974,422,268.09
6月	874.8	2968.5	8550.8	61,146.9	224,871.8	106,198,658.80	1,981,104,524.48
7月	1080.0	2683.0	11,319.3	68,888.0	460,932.6	154,843,557.80	3,424,195,960.99
8月	1286.6	2279.1	13,857.8	70,641.8	702,577.5	221,348,047.60	4,399,814,476.72
9月	1954.4	2851.5	21,993.7	93,811.9	1,018,753.7	155,345,142.39	12,898,315,593.84
10月	1999.5	2700.2	21,907.3	117,608.3	1,950,285.2	244,002,600.90	39,190,451,298.64
11月	5717.6	3074.9	22,343.5	132,870.8	3,365,481.8	383,729,848.99	46,720,269,657.07
12月	2355.2	3955.6	32,562.9	172,960.3	7,694,037.2	515,245,147.67	109,972,964,537.87
总计	18,386.7	33,676.0	163,689.0	943,581.7	16,370,635.2	1,976,925,221.65	223,642,909,560.67

资料来源：Nashe denezhnoe obrashchenie. Shornik materialov po istorii denezhnogo obrashcheniia, 1914—1924, edited by L.N. Yurovskii. Moskva: Fin izd–vo NKF SSSR, 1926, 152.

主要中央银行的黄金储备（单位：吨）

年份	俄罗斯	英国	法国	德国	美国	意大利
1870	160	161	217	—	107	30.8
1875	230	154	337	43	87	26
1880	195	170	242	81	208	22
1885	195	141	344	99	371	142
1890	312	166	370	186	442	133
1895	695	305	460	252	169	132
1900	661	198	544	211	602	115
1905	654	199	836	267	1149	285
1910	954	223	952	240	1660	350
1913	1233	248	1030	437	2293	355
1915	1250	585	1457	876	2568	397
1920	—	864	1622	391	3679	307
1925	141	1045	1201	432	5998	498
1930	375	1080	3160	794	6358	420
1935	7456	1464	3907	56	8998	240

资料来源：Timothy Green, *Central Bank Gold Reserves: An Historical Perspective since 1845* (London: World Gold Council, 1999).

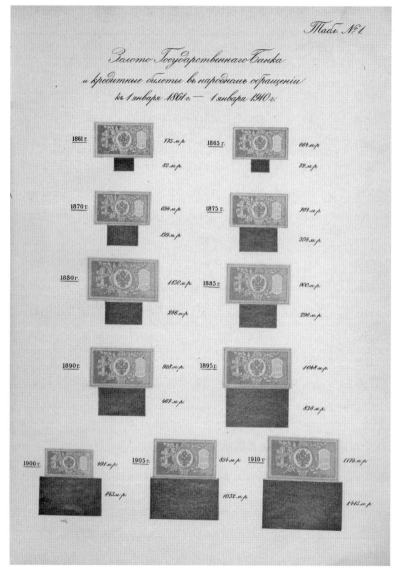

流通中的卢布纸币数量与国家银行黄金储备规模之间的比率

资料来源：*Gosudarstvennyi bank: kratkiii ocherk deiatel'nosti za 1860-1910 gody.* St. Petersburg, 1910.

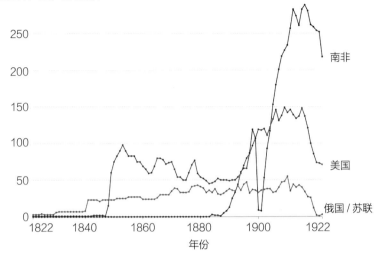

黄金年产量，以吨计算

1822—1922 年黄金年产量

注释

绪论

1. 将货币当作人来描绘的冒险故事，是 18 世纪欧洲文学的一种流行体裁。Rebecca L. Spang, "Money, Art, and Representation: The Look and Sound of Money," in A Cultural History of Money in the Age of Enlightenment, edited by Christine Desan (London: Bloomsbury Academic, 2021), 121.

2. Nigel Dodd, *The Social Life of Money* (Princeton: Princeton University Press, 2016), ix. 费利克斯·马丁在他的书名中也使用了金钱的传记这一隐喻，不过他并没有赋予其相同含义。参见：Felix Martin, Money: *The Unauthorised Biography* (London: Bodley Head, 2013).

3. 薇薇安娜·泽利泽（Viviana Zelizer）首先对金钱的可替代性提出质疑，指出了金钱的各种社会、文化和性别内涵。参见：Viviana A. Zelizer, *The Social Meaning of Money* (New York: Basic Books, 1994); *Money Talks: Explaining How Money Really Works*, edited by Nina Bandelj, Frederick F. Wherry and Viviana A. Zelizer (Princeton: Princeton University Press, 2017); *A Cultural History of Money,* general editor Bill Maurer (London: Bloomsbury Academic, 2019).

4. Ian Hacking, "Making Up People," in *Reconstructing individualism,* edited by P. Heller, M. Sosna, and D. Wellbery (Stanford, CA: Stanford University Press, 1986), 222–236.

5. 关于货币研究的宪法路径，参见：Christine Desan, "The Constitutional Approach to Money," in *Money Talks: Explaining How Money Really Works,* edited by Nina Bandelj, Frederick F. Wherry, and Viviana A. Zelizer (Princeton: Princeton University Press, 2017), 110; Christine Desan, *Making Money: Coin, Currency, and the Coming of Capitalism* (Oxford: Oxford University Press, 2014); Stefan Eich, *The Currency of Politics: The Political Theory of Money from Aristotle to Keynes* (Princeton: Princeton University Press, 2022). 此外，扬尼·科特索尼斯提出了财政制度反映并促成政治变革的类似论点，参见：*States of Obligation: Taxes and Citizenship in the Russian Empire and Early Soviet Republic* (Toronto: University of Toronto Press, 2014).

6. John Maynard Keynes, "Indian Currency and Finance [1913]," in *The Collected Writings of John Maynard Keynes*, vol. 1 (Cambridge: Cambridge University Press, 1978), 11,14, 21.

7. Eich, *The Currency of Politics,* 7.

8. 核心观点参见：Desan, *Making Money,* 38; David Graber, *Debt: The First 5,000 Years* (Brooklyn, NY: Melville House, 2010). 同时，关于货币起源的争论与关于财产起源的讨论息息相关。卡罗尔·罗斯指出，现代财产并不是自然形成的，而是由国家从上而下强加的。参见：Carol M Rose, "Property as the Keystone Right?" Notre Dame Law Review 71, pp. *Notre Dame Law Review* 71, no. 3 (1996).

9. 米歇尔·福柯曾对政治经济学和语言学的认识论基础进行过著名的比较。"事实上，在 17、18 世纪，货币、价格、价值、流通和市场等概念并没有被视为朦胧的未来，而是被视为严格而普遍的认识论安排的一部分……财产分析之于政治经济学，就如同一般语法之于语言学，自然史之于生物学"。参见：*The Order of Things: An Archaeology of the Human Sciences* (New York: Routledge, 2002), 182.

10. Karl Mannheim, "Conservative Thought," *From Karl Mannheim,* with an introduction and edited by K. H. Wolff (New York: Oxford University Press, 1971).

11. James C. Scott, *Weapons of the Weak: Everyday Forms of Peasant Resistance* (New Haven, CT: Yale University Press, 1985).

第一章

1. 对此的详细描述参见 A. E. Denisov, *Bumazhnye denezhnye znaki Rossii, 1769–1917* (Moskva: Numizmaticheskaia literature), 2002, ch.1, 54–55.

2. 他的短语（俄语：Любовью к отчести действуют к пользе оного）在语言上的笨拙表明，它可能是从其他语言借用和翻译过来的。虽然我找不到出处，但这句话在拉丁语中的发音 "amor patriae illae prodest" 可能表明了它的来源。也有可能是作者发明了这个罗马短语，并将其翻译成俄语。非常感谢叶莲娜·巴拉兹（Yelena Baraz）帮助我解读这个短语。

3. Jacob Emery, "Species of Legitimacy: The Rhetoric of Succession around Russian Coins," *Slavic Review* 75, no.1 (Spring 2016): 2–3, 15–21.

4. 在 I. G. 斯帕斯基和 A. S. 梅利尼科娃看来，改革的原因之一是吞并乌克兰以及让莫斯科的货币体系与波兰标准保持一致的必要性。A. S. Melnikova, *Russkie monety on Ivana Groznogo do Petra Pervogo* (Moskva: Finansy i Statistika, 1989), 199.

5. A. I. Iukht, *Russkie den'gi ot Petra Velikogo do Aleksandra I* (Moskva: Finansy i Statistika, 1994), 16. 正如尤赫特所证明的，1698—1711 年，在北方战争的第一阶段也是最激烈的阶段，政府铸造了 2080 万卢布的银币，并在这次行动中赚取了 610 万卢布，占硬币总价值的 29.3%。1711 年后，银币净利润小幅下降至 26.2% (Iukht, *Russkie den'gi ot Petra,* 21–22).

6. P. A. Shtorkh, "Materialy dlia istorii denezhnykh znakov v Rossii," Zhurnal Ministerstva Narodnogo Prosveshcheniia, ch. 137, no. 3, 1868, 781.

7. 谢尔巴托夫于 1720 年 3 月（即约翰·劳所建构的体系崩溃之前的两个月）完

成其对约翰·劳的论文的翻译并将译本寄给了彼得一世。俄文译本（*Den'gi i kupechestvo.Rassuzhdeno s predlogami k prisovokupleniu v narod deneg chrez gospodina Ivana Liuausa, nyne upravitelia korolevskomu banku v Parizhe*）从未发表。约翰·劳所付出的努力和他所建构的体系的崩溃产生的影响后来由于在法国的俄国特工的报道而广为人知。关于约翰·劳论著的翻译，参见：T. D. Korkina, "Traktat Dzhona Lo 'Den'gii kupechestvo': Istoriia russkogo perevoda 1720 i tekstologicheskii analiz spiskov," *Acta Linguistica Petropolitana. Trudy instituta lingvisticheskikh issledovanii,* 2020, vol. 16.3. 关于约翰·劳的观念在俄国的反响，参见：D. N. Kopelev, "Dzon Lo, frantsuzskie kolonial'nye proekty epokhi Regentstva i Petr Velikii," in *Prirodnoe i kul'turnoe nasledie: mezhdistsiplinarnye issledovaniia, sokhranenie i razvitie* (St. Petersburg: RGPU im.A.I.Gertsena, 2017); S. M. Troitskii, "'Sistema' Dzhona Lo i ee russkie posledovateli," in *Franko-Russkie ekonomicheskie sviaz,* edited by Fernand Braudel (Moskva, Paris: Nauka, 1970). 康斯坦丁·阿尔谢涅夫感叹说，要是约翰·劳来俄国，彼得一世肯定会比奥尔良公爵更能有成效地运用他的想法。K. Arseniev, "Istoriko–statisticheskoe obozrenie monetnogo dela v Rossii," *Zapiski Russkogo Geograficheskogo Obshchestva,* kn.1–2, 1846, 68.

8. Ivan Pososhkov, *The Book of Poverty and Wealth,* edited and translated by A. P. Vlasto and L.R. Lewitter (Stanford, CA: Stanford University Press, 1987), 376. 波索什科夫于1726 年 2 月在狱中去世。

9. A. V. 布格罗夫认为铜银行（the Cooper Bank，1758—1763 年）是纸币银行的前身。A. V. Bugrov, *Kazennye Banki v Rossii 1754-1860* (Moskva: Tsentralnyi Bank RF, 2017), 129.

10. Georgii Mikhailovich [Romanov], *Monety tsarstvovania imperatritsy Ekateriny II,* vol. 1 (St. Petersburg, 1894), VI. 在 17 世纪的瑞典也存在类似的模式。所谓的铜钞代表着"纸币的核心"，它"随后为法定货币体系的早期实验铺平了道路"。Nils Herger, "An Empirical Assessment of the Swedish Bullionist Controversy," *Scandinavian Journal of Economics* 122, no. 3, 2020, 911–936. A.V. 布格罗夫强调了瑞典模式对于纸币和银行早期项目的重要性：Bugrov, *Kazennye banki v Rossii,* 68, 72, 133–134.

11. Iukht, *Russkie den'gi,* 254.

12. PSZ 1, vol.18, December 29, 1768, no. 13219.

13. 为了寻找新的铜币储存地，舒瓦洛夫邀请建筑师参观圣彼得堡政要的宫殿。建筑师们表示，只有基里尔·拉祖莫夫斯基的宫殿（阿尼奇科夫宫）的储藏室够大，可以放一部分铜币。(Andreiu Shuvalovu ot arkhitektorov Ivana Gerarda i Aleksandra Vista, November 14, 1774. RGADA, f.19, op.1, d. 419, ch.1, ch.2, 271).

14. Andrei Shuvalov, *Zapiska k dokladu* (1783), RGADA, f.19, op.1, d.419, ch.3, 123.

15. Untitled memo [1772], RGADA, f.19, op.1, d.419, ch.1, 67ob–68; 关于这同一主题的文章，参见："O ostanovlenii otpuska assignatsii v kazennye mesta" (1773)— RGADA, f.19, op.1, d.419, ch.1, 70 ob.

16. P. P. Migulin, *Russkii gosudarstvennyi kredit,* vol. 1, Khar'kiv, 1899, 2, 4.

17. The Nakaz of Catherine the Great (The Macartney–Dukes text), in *The Nakaz of Catherine the Great. Collected Texts*, edited by William E. Butler and Vladimir Tomsinov (Clark, NJ: Lawbook Exchange, 2009), 485.

18. Uchrezhdenia Sanktpeterburgskomu i Moskovskomu bankam dlia vymena gosudarstvennykh assignatsii. PSZ 1, vol. 18, no. 13219. December 29, 1768.

19. *AGS*, Tom1, *Sovet v tsarstvovanie imperatritsy Ekateriny II*, St. Petersburg, 1869, 516–517, May 27, May 31, June 7, 1770. 辩论还涉及一个方面：舒瓦洛夫建议应该允许纸币银行接受存款、提供信贷、贴现期票，并在银行及其分支机构之间转移资本。换言之，发行纸币必须与国内外的信贷发行和商业活动挂钩——这一愿景将俄国纸币比作欧洲银行的货币。

"Mnenie o uchrezhennykh bankakh dlia vymena gosudarstvennykh assignatsii," RGADA, f.19, op.1. 419, 53–65 ob.

20. Thomas Kaiser, "Money, Despotism, and Public Opinion in Early Eighteenth–century France: John Law and the Debate on Royal Credit," *Journal of Modern History* 63 (March 1991): 5.

21. 19 世纪初，好几位俄国自由派经济学家写了一些关于约翰·劳的理论和实验的文章，并将约翰·劳的美好计划的失败归咎于王室权威（米哈伊尔·奥尔洛夫写了彼得一世的"天才"和"伟大"，彼得一世依旧笃信约翰·劳的想法，即便在约翰·劳倒台后仍与他继续通信）。"Iz neizdannogo sochineniia Mikhaila Fedorovicha Orlova (ob uchrezhedenii vol'nogo banka v Moskve)," *Russkii Arkhiv*, 1874, kn.1, no.6, 1578–79.

22. David Bien, "Old Regime Origins of Democratic Liberty," in *The French Idea of Freedom: The Old Regime and the Declaration of Rights of 1789* (Stanford, CA: Stanford University Press, 1994), 23–71.

23. P. G. M. Dickson, *The Financial Revolution: A Study in the Development of Public Credit* (London: Macmillan, 1967). 约翰·布鲁尔支持迪克森的说法，同时也强调税收和行政机构发展的作用。John Brewer, *The Sinews of Power: War, Money, and the English State, 1688-1783* (Cambridge: Cambridge University Press, 1983). 诺斯和温加斯特将"宪法与承诺"之间的依赖性进行了理论化处理，参见 Douglass North and Barry Weingast, "Constitutions and Commitment: The Evolution of Institutions Governing Public Choice in 17th–century England, " *Journal of Economic History* 49, no. 4 (1989): 803–832. 关于这一理念的发展，参见：David Stasavage, *Public Debt and the Birth of the Democratic State, France and Great Britain, 1688-1789* (Cambridge: Cambridge University Press, 2003).

24. Peter Bernholz, "Political Parties and Paper Money Inflation in Sweden during the 18th Century," *Kyklos* 54 (2001), fasc.2/3, 207–212; Herger, "An Empirical Assessment of the Swedish Bullionist Controversy." 赫尔格强调关于通货膨胀问题的政治辩论"陷入了自由时代（1720—1772）"，当时"议会而非君主制处于政治权力的中心"。在哈布斯堡王朝，三级会议变成"封建国家的主要金融家"。参见：William D. Godsy, *The Sinews of Habsburg Power: Lower Austria in a Fiscal-Military State*

(Oxford: Oxford University Press, 2018), 25.

25. Reglament Sankt–Peterburgskomu i Moskovskomu bankam dlia vymena gosudarstvennykh assignatsii. RGADA, f.19, op.1, d.419 ch.3, 346–347.

26. Shuvalov, undated letter to Alexander Bezborodko, RGADA, f.19, op.1, d.421, ch.2., Zapiski ot grafa Andreia Petrovicha Shuvalova po Assignatsionnomu Banku," 1786, 201.

27. Charles–Louis de Secondat baron de Montesquieu, *The Spirit of Laws*. Cambridge Texts in the History of Political Thought (Cambridge: Cambridge University Press, 1989), bk. 22, ch. 2, 399.

28. Montesquieu referred to Elizabeth's prosecution of Jews, Montesquieu, *The Spirit of Laws*. bk. 22, ch.14, 416–417.

29. N. Grigorovich, *Kantzler Kniaz' Aleksandr Andreevich Bezborodko v sviazi s sobytiiami ego vremeni*, t.1 (St .Petersburg, 1879), 87.

30. A. Shuvalov, "Zapiska k dokladu," 1783, RGADA, f.19, op.1, d.419, ch.3. 122 ob.

31. 舒瓦洛夫用俄语书写他的备忘录，他使用了"avoir un compte au banque"这个表达方式，他可能是从著名的《百科全书》（*L'Encyclopedie*）中汲取的灵感。关于"banque"的文章解释了这个术语的含义。参见：*L'Encyclopedie ou Dictionnaire raisonné des sciences, des arts et des métiers,* vol .2, p. 60, accessed via *Édition Numérique Collaborative et Critique de l'Encyclopédie ou Dictionnaire raisonné des sciences, des arts et des métiers (1751-1772)*, http:// enc cre.acade mie-scien ces.fr/ encyc lope die/ .

32. 这最后一项建议可能是受到阿姆斯特丹银行的启发，该银行发行了弗罗林，也可能是受到商业交易中广泛使用的或英格兰银行的钞票的启发。阿姆斯特丹银行与俄国的纸币银行相似，保留了大量硬币作为纸币的抵押品。参见：Stephen Quinn and William Roberds, "A Policy Framework for the Bank of Amsterdam, 1736–1791," *Journal of Economic History* 79, no. 3 (September 2019).

33. 关于这一改革计划的更多细节，参见：V. V. Morozan, *Istoriia bankovskogo dela v Rossii, vtoraia polovina XVIII— pervaia polovina XIX veka* (St. Petersburg: Kriga, 2004), 76–84.

34. AGS, t.1, 546.

35. 关于这一方面改革的细节，参见：Boris Ananich et al., *Kredit i banki v Rossii do nachala XX veka. Sankt-Peterburg i Moskva* (St.Petersburg: Izd–vo S.–Peterburgskogo universiteta, 2005), 93–99. 值得注意的是，尽管做出声明，但城市并未获得应有的资金；相反，财政部花了 600 多万卢布用于城市弥补国家预算的缺口。参见：P. A. Nikolskii, *Bumazhnye den'gi v Rossii*, Kazan', 1892, 177.

36. A. Viazemskii, "Mnenie o proekte Andreia Petrovicha Shuvalova po povodu uchrezhdeniia novogo zaemnogo banka, ob uvelichenii chisla gosudarstvennykh assignatsii i o platezhe gosudarstvennogo dolga v bankovye kontory," May 29 1786, OR RNB, F.484, op.1, d. 47, 4–7ob.

37. A. Shuvalov, Zapiska k vsepoddanneishemu dokladu [1789] RGADA, f.19, op.1, d.421, ch.8, 320.

38. 《百科全书》中路易·德·若古（Louis de Jaucourt）论货币的文章是围绕着让·布瓦扎尔和约翰·洛克的论战而展开的，他们声称货币的价值源于"公共权威"。相反，若古指出，金钱的价值要么取决于其价值，要么取决于"商业环境"。(Le chevalier de Jaucourt, "Monnaie," *L'Enclyclopedie*, vol. 10 (1765), 644). 关于这方面的辩论，也可参见：Thomas Luckett, "Imaginary Currency and Real Guillotines: The Intellectual Origins of the Financial Terror in France," *Historical Reflections/ Réflexions Historique* 31, no. 1 (Spring 2005): 119–122. *Mnenie ob uchrezhdennykh bankakh dlia vymena gosudarstvennoi assignatsii* (1769) refers to the *L'Encyclopedie* article (*RGADA*, f.19, op.1, d.419, ch.1, 65). 在瑞典，早在 19 世纪初著名的金银通货主义者辩论之前就已有类似的争论，参见：Robert Eagly, "Monetary Policy and Politics in mid–Eighteenth Century Sweden," *Journal of Economic History* 29, no. 4 (December 1969): 739–757.

39. *Proekt pozemelnogo imushchestvennogo banka* (b.m., b.g.) 8. L. V. Khodskii, *Pozemel'nyi kredit v Rossii i otnoshenie ego k krestianskomu zemlevladeniiu* (Moskva, 1882), 73. 在 V. V. 莫罗桑看来，纸币银行向贵族土地银行交付了 500 万卢布，参见：Morozan, *Istoriia bankovskogo dela v Rossii, vtoraia polovina XVIII— pervaia polovina XIX v.*, 36.

40. N. Grigorovich, *Kantzler Kniaz' Aleksandr Andreevich Bezborodko v sviazi s sobytiiami ego vremeni*, t.1 (St. Petersburg, 1879), 169.

41. PSZ 1, vol.22, No.16407, June 28, 1786.

42. Vlasii Sudeikin, *Operatsii Gosudarstvennogo banka* (St. Petersburg, 1888), 55.

43. Zapiska o trebuemykh na budushchii 1791 gold mednykh den'gakh. *RGADA*, f.19, op.1, d.421 ch.9, 114ob.

44. Arcadius Kahan, *The Plow, the Hammer, and the Knout. An Economic History of Eighteenth-century Russia* (Chicago: University of Chicago Press, 1985), 337. 就国家收支而言，参见："Gosudarstvennye dokhody i rashkhody v tsarstvovanie Ekateriny II ," *Sbornik RIO*, vol. V, VI, 1870.

45. "Chem bolee verit' obshchestvu, tem bolee doverie ego priobretaetsia. Dobroe delo i blagie namereniia ne trebuut zaves." *AGS*, t.1, 551.

46. Sekretnoe mnenie grafa Bezborodko otnositelno nuzhd gosudarstvennykh v den'gakh. 1794; a letter to A. A. Bezborodko in RGADA, f.19, op.1, d.47, 3, 18.

47. Ivan Novikov, *Kliuch k vykladkam kursov ili nyne izobretennyi samyi kratchaishii sposob verno vykladyvat' aglinskoi i gollandskoi kurs* (Mosvka, 1794), 1.

48. N. N. Firsov, *Pravitel'stvo i obshchestvo v ikh otnosheniiakh k vneshnei torgovle Rossii v tsarstvovaniie imperatritsy Ekateriny II*, Kazan', 1902, 103.

49. Firsov, *Pravitel'stvo i obshchestvo*, 115.

50. Arcadius Kahan, "The Costs of 'Westernization' in Russia: The Gentry and the Economy in the Eighteenth Century," *Slavic Review* 25. no. 1 (March 1966): 40–66.

51. Firsov, *Pravitel'stvo i obshchestvo*, 129.

52. Firsov, *Pravitel'stvo i obshchestvo*, 139.

53. N. K. Brzheskii. *Gosudarstvennye dolgi Rossii* (St. Petersburg, 1884), tables 3, 4.

54. 这些纸币几乎占预计铜币贬值净利润的一半：凯瑟琳死后，保罗立即暂停了她未付诸实施的铜币贬值计划，参见：*AGS*, t.2, Tsarstvovanie Imperatora Pavla, St. Petersburg, 1888, 28; Iukht, *Russkie den'gi*, 223.

55. AGS, t.2, December 4, 1796, 30.

56. I. I. Kaufman, *Iz istorii bumazhnykh deneg v Rossii* (St. Petersburg, 1909), 19.

57. David Graeber, *The Debt: The First 5,000 years* (Brooklyn: Melville House, 2011), 339.

58. "Kopiia s podlinnoi ruki kantslera kniazia Bezborodko," *RGADA*, f.19, op.1, d.173, l.1ob.

59. Michael Kwass, *Privilege and the Politics of Taxations in Eighteenth-century France* (Cambridge: Cambridge University Press, 2000), 12.

第二章

1. I. S. Shikanova, "Novye materialy o denezhnykh znakakh Rossiisko–Amerikanskoi Kompanii," in *Rossiia + Amerika = 200. K iubileiu Rossiisko-Amerikanskoi kompanii, 1799-1999* (Moskva: Gos. Ist. Muzei, 1999), 51; *Russkaia Amerika v "zapiskakh" Kirilla Khlebnikova: Novo-Arkhangel'sk* (Moskva: Nauka, 1985), 240–243.

2. 关于俄国美洲公司的俄国经济剥削和劳工征召制度，参见：A. V. Grinev, *Aliaska pod krylom dvuglavogo orla (rossiiskaia kolonizatsiia Novogo Sveta v kontekste otechestvennoi i mirovoi istori*, (Moskva: Akademia, 2016), 193–197; Sonja Luehrmann, "Russian Colonialism and the Asiatic Mode of Production: (Post–)Soviet Ethnography Goes to Alaska," *Slavic Review* 64, no. 4 (Winter 2005): 851–871.

3. N. S. Mordvinov, "Proekt Trudopooshchritelnogo Banka," *Arkhiv Grafov Mordvinovykh*, vol. 3, 148. 有趣的是，莫尔德维诺夫基于劳动的货币思想早于英国的合作运动思想，甚至早于罗伯特·欧文的劳动笔记中的设想。关于欧文的劳动笔记，参见 Mary Poovey, *Genres of the Credit Economy: Mediating Value in Eighteenth-and Nineteenth-Century Britain* (Chicago: University of Chicago Press, 2008), 210–211.

4. Michael Speransky, "O korennykh zakonakh gosudarstva," in M. M. Speranskii, *Izbrannoe* (Moskva: ROSSPEN, 2010), 195.

5. Fedor Virst, *Rassuzhdeniia o nekotorykh predmetakh zakonodatelstva i upravleniia finansami i kommertsiei Rossiiskoi Imperii* (St. Petersburg: Imperatorskaia tip, 1807), 41. Fedor Virst（又名 Ferdinand Würst）系在俄国工作的德国经济学家，他撰写了当时关于俄国财政最为全面的一篇论文（这是他 1805 年出版的德文著作的扩充版）。关于 Würst 的影响力，参见：Ludwig Heinrich v. Jacob, *Denkwurdigkeiten aus meinem Leben* (Halle an der Saale: Universitätsverlag Halle–Wittenberg, UVHW, 2011).

6. E. I. Lamanskii, *Istoricheskii ocherk denezhnogo obrashcheniia v Rossii* (St. Petersburg, 1854), 149, 151.

注释

7. V. I. Semevskii, "Padenie Speranskogo," *Otechestvennaia voina i russkoe obshchestvo*, vol. 2 (Moskva, 1911), 232. 俄国每年的军费开支从 1804 年的 4100 万卢布增长到 1812 年的 1.6 亿卢布及 1815 年的 2.78 亿卢布。*Ministerstvo Finansov, 1802-1902* (St. Petersburg, 1902), 616–617, 620–621.

8. 用一个随机的例子即可说明双重价值的经济现实：1807 年向省邮局发出的指示表明，当有人将金卢布或银卢布寄给收件人而没有说明金、银卢布兑现纸币的汇率时，那么，如果钱币丢失或凭空消失，则邮局将以铜币或纸币的形式支付所投保的金额（也就是说，原始价值的三分之一或四分之一）。但是，如果汇款人指明了汇率，她将收到原始金额的硬通货或根据指明的汇率收到纸币。风险成本与保险预付款的成本相当：在第一种情况下，可以以纸币的形式支付，而在第二种情况下则根据汇率以白银或黄金或纸币的形式支付保险费。*Instruktsiia gubernskomy pochtmeisteru* (St. Petersburg, 1807), 16.

9. Alexei Vasiliev (1802–1807), Fedor Golubtsov (1807–1810), and Dmitrii Guryev (1810–1823).

10. M. M. Speranskii, "Proekt ulozheniia gosudarstvennykh zakonov v Rossiiskoi Imperii," "Kratkoe nachertanie gosudarstvennogo obrazovania," "Obshchee obozrenie vsekh obrazovanii i raspredelenie ikh po vremenam," all in M.M. Speranskii, *Izbrannoe* (Moskva, ROSSPEN, 2010).

11. 历史学家常常将斯佩兰斯基的计划割裂成两个部分来看待：一方面对斯佩兰斯基立宪主义的分析很少包括他的货币改革计划，另一方面对他的货币思想的评估则忽略了斯佩兰斯基倡议的政治意义。在这两种情况下，斯佩兰斯基计划的重要组成部分却被忽视，而他建议中的激进主义并未得到充分的理解。也就不奇怪，在对斯佩兰斯基改良主义的评价上没有达成共识。将斯佩兰斯基计划的两个要素结合在一起，才能凸显这次转变的真正意义。参见：Marc Raeff for an assessment of Speransky as a conservative reformer (Marc Raeff, *Michael Speransky: A Statesman of Russia* [The Hague: M. Nijhoff, 1969]); 大卫·克里斯蒂安和约翰·古丁批评了雷夫的观点，并强调了自由主义在斯佩兰斯基思想中的核心地位。见：David Christian, "The Political Ideals of Michael Speransky," *Slavonic and East European Review* 54, no. 2 (April 1976): 192–213; John Gooding, "The Liberalism of Michael Speransky," *Slavonic and East European Review* 64, no. 3 (July 1986): 401–424.

12. 正如斯佩兰斯基所指出的，政府除了作为银行的一个投资者，不应与银行有任何关系。M. M. Speransky, "Plan finansov," *Sbornik Imperatorskogo Russkogo Istoricheskogo Obshchestva*, vol. 45 (St. Petersburg, 1885), 63–67.

13. Nikolai Turgenev's 1810 dissertation, "Rassuzhdenie o bankakh i o bumazhnykh den'gakh kak sledstvii osnovaniia sikh pervykh, 1810 [On banks and paper money, as the consequence of the foundation of the former.]— OR IRLI RAN (Pushkinskii Dom), f.309, d.2061, 25, 27, 33. 另请参见他关于税收理论的论文，其中包括该论文的大量摘录。N. I. Turgenev, *Opyt teorii nalogov* (St. Petersburg, 1818), 344. 有趣的是，政府随意介入金融事务造成伤害的一个例子是"好（约翰）法"的故事。屠格涅夫免除一项法律制度的罪责，该制度一直深受民众信任，直到 1719 年皇室

"没收"银行并将其收归皇室。

14. See his "Obshchee obozrenie vsekh preobrazovanii i raspredelenie ikh po vremenam" ("General Overview of All Reforms and Their Chronological Layout"), in M.M. Speransky, *Izbrannoe* (Moskva: ROSSPEN, 2010), 376–381.

15. A. V. Predtechenskii, *Ocherki obshchestvenno-politicheskoi istorii Rossii v pervoi chetverti XIX veka* (Moskva, Leningrad: Izd–vo Akademii Nauk SSSR, 1957), 258–259.

16. Simon Sherratt, *Credit and Power: The Paradox at the Heart of the British National Debt* (Abingdon, Oxfordshire; Routledge, 2021), 19–53.

17. Jean–Marie Thiveaud, "1814: La Banque de France au défi de son indépendance. La question cruciale de la confiance," *Revue d'économie financière* 22 (Automne 1992): 233–248.

18. 莫尔德维诺夫强调他遵循英格兰银行的模式。虽然他的项目类似于英格兰银行的私人资本原则，但它从来都是完全原创的。"Vnutrennii dolg i Volnyi Rossiiskii Bank" (September 1809), *Arkhiv Grafov Mordvinovykh*, vol. 3 (St. Petersburg, 1903), 647–648.

19. "Vnutrennii dolg i Vol'nyi Rossiiskii Bank," 662–663.

20. "Vnutrennii dolg i Vol'nyi Rossiiskii Bank," 662–663.

21. 1816年，沙皇批准公布莫尔德维诺夫的计划。See A. A. Arakcheev's letter to Mordvinov: RGIA, *f*.994, op.2, d.238, l.1.

22. "Izlishestvo bumazhnoi monety," *Arkhiv Grafov Mordvinovykh*, vol.4 (St. Petersburg, 1903), 633.

23. 雅各布斯是斯佩兰斯基团队的成员，他对莫尔德维诺夫在金融领域的专业素养嗤之以鼻："莫尔德维诺夫海军上将对经济和金融一无所知，却还敢对此高谈阔论。"参见：Jacob, *Denkwurdigkeiten aus meinem Leben*, 221.

24. 雅各布提到亚历山大一世已阅读他关于纸币的著作，并批准了《财务计划》(the Financial Plan)。例如，作为他参与这项工作的奖励，雅各布获得安妮二级勋章和一枚璀璨的戒指。参见：Jacob, *Denkwurdigkeiten aus meinem Leben*, 224.

25. PSZ 1, vol. 31, no. 24064. 金属货币应以牺牲纸币为代价逐渐传播。为此，财政部建议宣布可自由开采银矿和金矿。任何人都可以将白银或黄金带到国家实验室或铸币厂，随后获得相应的硬币数量或眼睁睁看着他们的白银或黄金被熔化、被铸造。这些措施鼓励了金属的生产，而财政部则受益于以"产品"（即黄金或白银）支付的采矿税。由于整体产量非常低，从"免费"卖家那里获得黄金和白银并未带来立竿见影的效果。然而，由于1812年建立的自由采矿制度，19世纪20年代在西伯利亚发现丰富的金矿后，黄金成倍地涌入。参见："O merakh k ispolneniiu Vysochaishego manifesta o monetnoi sisteme," *RGIA*, f.1152, op.1, 1810, d.114, ll.55–60. AGS, vol. 4, *Tsarstvovanie imperatora Aleksandra I.* (St. Petersburg, 1881), 632–634; PSZ 1 32, no. 25119 (May 28, 1812). "O predostavlenii prava vsem rossiiskim poddannym otyskivat' i razrabatyvat' zolotye i serebrianye rudy, s platezhom v kaznu podati."

26. "Zapiska Rumiantseva ob istreblenii assignatsii dlia vosstanovleniia kredita," RGADA,

f.19, op.1, d.64, 2.

27. PSZ 1, vol. 31, No .24244; PSZ 1, vol. 31, no. 24116.

28. Rebecca Spang, *Stuff and Money in the Time of the French Revolution* (Cambridge, MA: Harvard University Press, 2015), 71.

29. 也有可能斯佩兰斯基指望后来白银银行项目的实施以及两种平行货币的引入：一种是由独立的私人银行发行并以黄金储备和汇票为后盾的纸币，另一种则是由政府发行并以税收或国有财产为后盾的纸币。关于这两个货币类型的分析，参见斯佩兰斯基的顾问弗里德里希·维尔斯特（F. G. Virst）的著作。F. G. Virst, *Ob uchrezhdenii Assignatsionnogo i Zaemnogo banka dlia spospeshestvovaniia narodnomu bogatstvu, izdano st.sovetnikom i redaktorom po kommertsii v Komissii sostavleniia zakonov F.G. Virstom* (St. Petersburg, 1808), 14, and *Rassuzhdenie o nekotorykh predmetakh zakonodatelstva i upravleniia finansami i kommertsiei Rossiiskoi imperii*, (St. Petersburg, 1807), 370.

30. M. M. Speransky, "Plan finansov," in *Sbornik Imperatorskogo Russkogo Istoricheskogo Obshchestva*, vol. 45 (St. Petersburg, 1885), 59.

31. Speransky, "Plan finansov," 38.

32. "Mnenie admirala Mordvinova o vrednykh posledstviiakh dlia kazny i chastnykh imushchestv ot oshibochnykh mer upravleniia gosudarstvennym kaznacheistvom," *Chtenia v Imperatorskom Obshchestve Istorii i Drevnostei Rossiiskikh* (Moskva, 1859), kn.4, 60.

33. Speransky, "O dukhe pravitelstva," in *Izbrannoe*, 297, 201. See also the Manifesto of February 2, 1810, expressing this idea. PSZ 1, vol. 31, no. 24116.

34. P. P. Migulin, *Russkii Gosudarstvennyi Kredit*, vol. 1 (Khar'kiv, 1899), 47. 1809—1810 年，税收收入从 5200 万卢布增加到 8200 万卢布，但最重要的是盐税的增加，从 800 万卢布提高到 1400 万卢布。由于 1810 年保护主义关税的引入和禁运制度的结束，国家海关收入也有所增加：从 1809 年的 800 万卢布增加到 1810 年的 1100 万卢布、1811 年的 1500 万卢布、1802 年的 1900 万卢布和 1813 年的 3100 万卢布。参见：*Ministerstvo Finansov, 1802-1902* (St. Petersburg, 1902), 616.

35. Speransky, "Plan finansov," 40–41; N. I. Turgenev, *Opyt teorii nalogov* (St. Petersburg, 1818), 312.

36. Elena Korchmina, "Peer Pressure: The Puzzle of Aristocrats' Tax Compliance in Early Nineteenth–century Moscow," *Economic History Review*, October 20, 2021, 10, 1–22.

37. On Guryev's resistance, see Jacob, *Denkwurdigkeiten aus meinem Leben*, 224.

38. Alexei Vasiliev, Zapiska o znachenii assignatsii v denezhnoi sisteme Rossii, OR RNB, f.484, d.22, l.3–1.4.

39. 一个小细节表明了《回忆录》（*Memoir*）这一部分内容的收件人是谁。作为一本体现自由主义趋势的书，卡拉姆津选择了约翰·格奥尔格·布什的作品。亚历山大一世显然读过布什的作品。1795 年，他的导师、瑞士共和国的弗雷德里克-塞萨尔·德拉哈佩向他推荐了布什关于货币和银行的论文。（亚历山大一世和弗雷德里克-塞扎尔·拉加尔普：pisõma, dokumenty[Moskva:ROSSPEN,

2014]161）。除其他外，Busch 的 Abhandlung von dem Geldumlauf 在《国家美术馆和手工业美术馆》(*Imperator Aleksandr I i Frederik-Sezar Lagarp: pis'ma, dokumenty*)（1780 年）中主张纸币可兑换。(*Imperator Aleksandr I i Frederik-Sezar Lagarp: pis'ma, dokumenty* [Moskva: ROSSPEN, 2014], 161)。此外，布什的书《基于国家经济和行动的货币流通》(*Abhandlung von dem Geldumlauf in anhaltender Rücksicht auf die Staatswirtschaft und Handlung*)（1780 年）主张纸币的可兑换性。参见：Keith Tribe, "'Staatswirtschaft,' 'Staatswissenschaft,' and 'Nationaloekonomie': German Economic Discourse in the Time of Goethe," in *Goethe and Money: The Writer and Modern Economics*, edited by Vera Hierholzer and Sandra Richter (Frankfurt: Freies Deutsches Hochstift, 2012), 96.

40. 卡拉姆津关于罗斯存在皮币的假说源于皮币的名称 "kuny"（从 *kunitsa* 到 marten），"mordki"（从 *morda* 到 muzzle），bely（从 *belki* 到 squirrels）。关于皮币问题的详细分析，参见：N. P. Bauer, *Istoriia drevnerusskikh denezhnykh system, IX v.-1535* (Moskva: Russkoe Slovo, 2014), 6–20; V. L. Yanin, *Denezhno-vesovye sistemy domongol'skoi Rusi i ocherki istorii denezhnoi sistemy srednevekovogo Novgoroda* (Moskva: Yazyki slavianskikh kul'tur, 2009), 20–26。亚宁认为，硬币和毛皮（而不是皮革货币）是平行流通的。

41. N. M. Karamzin, *Istoria gosudarstva rossiiskogo*, 4th ed. (first edition—1816–17) (St. Petersburg, 1834), vol. 5, 387. 具有讽刺意味的是，卡拉姆津是唯一一个声称在亚历山大修道院看到过皮币的人（Karamzin, *Istoria*, vol. 1, endnotes, 143）。很多作者都引用了卡拉姆津的说法。然而，当卡赞斯基参观修道院时，他却找不到卡拉姆津所提及的装着皮币的袋子，参见：P. S. Kazanskii, "Dopolneniia k issledovaniiu o drevnei russkoi monetnoi sisteme," in *Zapiski Imperatorskogo Arkheologicheskogo Obshchestva*, vol.6 (St. Petersburg, 1853), 486.

42. N. M. Karamzin, *Karamzin's Memoir on Ancient and Modern Russia: A Translation and Analysis*, edited by Richard Pipes (Ann Arbor: University of Michigan Press, 2005), 171.

43. 斯佩兰斯基密切关注拿破仑修复法国货币体系的政策：他的助手沃斯特将法国银行的章程（1800 年）翻译成俄语并收入他关于货币的富有争论性的小册子中。小册子以一个反问句结尾："当我们的货币价值发生如此激烈的波动时，难道我们不希望拥有一个类似的银行？"参见：F. G. Virst [Wurst], *Ob uchrezhdenii Assignatsionnogo i Zaemnogo banka dlia spospeshestvovaniia narodnomu bogatstvu, s prisovokupleniem statutov Frantsuzskogo banka* (St. Petersburg: Imperatorskaia Akademiia Nauk, 1808), 55

44. Karamzin, *Karamzin's Memoir*, 172.

45. Karamzin, *Karamzin's Memoir*, 174.

46. Cara Camcastle, *More Moderate Side of Joseph de Maistre: Views on Political Liberty and Political Economy* (Montreal: McGill–Queen University Press, 2005), 93.

47. Camcastle, *More Moderate Side of Joseph de Maistre*, 99.

48. J. G. Fichte, *The Closed Commercial State*, trans. Anthony Curtis Adler (Albany: State University of New York Press, 2012), 173. 关于费希特的货币政治哲学，参见：Stefan

Eich, *The Political Theory of Money from Aristotle to Keynes* (Princeton: Princeton University Press, 2022), 93–102.

49. Fichte, *The Closed Commercial State*, 174.

50. Fichte, *The Closed Commercial State*, 180.

51. 在理查德·格雷看来，这种货币观违背了启蒙运动的符号学理论。"在符号学理论中，能指和所指之间存在着牢固的、凭经验可以理解的关系"，"物质应该保证硬币的名义价值，用金或银本身的稳定性来抗衡符号的波动。"参见：Richard T. Gray, "Economic Romanticism: Monetary Nationalism in Johann Fichte and Adam M ü ller," in *Money Matters: Economics and the German Cultural Imagination, 1770–1850* (Seattle: University of Washington Press, 2008), 89.

52. 格雷认为《封闭的商业国家》介于费希特早期关于认识论的著作《全部知识学的基础》（*On the Concept of the Science of Knowledge*）（1794 年）和他后来著名的《对德意志民族的演讲》（*Addresses to the German Nation*）（1808 年）之间。这本书将费希特的超验哲学、货币理论和政治民族主义有机联系在一起。

53. 关于约翰·洛克著作中语言认识论与货币理论之间的关系，参见 Eich, *The Currency of Politics*, 63–67。关于欧洲思想中货币理论和货币语言的共同认识论基础，参见：Michel Foucault, *The Order of Things. An Archaeology of the Human Sciences* (New York: Routledge, 2002), ch.6.

54. 关于亚历山大·希什科夫和他的圈子，参见：Mark Altshuller, *Beseda liubitelei russkogo slova. U istokov russkogo slavianofilstva* (Moskva: NLO, 2007).

55. Y. Lotman and B. Uspenskii, "Spory o iazyke nachala XIX veka kak fakt russkoi kul'tury," in *Istoriia i tipologiia russkoi kul'tury* (St. Petersburg: Iskusstvo–SPb, 2002), 450. 也可参见：B. A. Uspenskii, "Yazykovaia programma karamzinistov: zapadnoevropeiskie istoki," in *Vokrug Trediakovskogo. Trudy po istorii russkogo iazyka i russkoi kul'tury* (Moskva: Indrik, 2008), 23–79.

56. 引自 V. M. Zhivov, *Yazyk i kul'tura v Rossii XVIII veka* (Moskva: Shkola "Iazyki russkoi kul'tury," 1996), 442. "O bogatstve iazyka," in N. M. Karamzin, *Izbrannye sochineniia v dvukh tomakh*. T.2 (Moskva: Khudozh. lit–ra, 1964), 142.

57. Gray, "Economic Romanticism," 99.

58. 亚当·穆勒关于货币的主要论文《新货币理论的尝试》（*Versuche einer neuen Theorie des Geldes*）发表于 1816 年，因此他不太可能影响到卡拉姆津。

59. Mordvinov, "O bankakh na serebrianom osnovanii" (March 1812) *Arkhiv Grafov Mordvinovykh*, vol.4, p. 611–618, RGIA, f.1152 (Soed. Dep. Zakonov v Gos Ekonomii), op.1, 1812, d.44. 报纸对西部省份的粮食价格以银卢布的形式列出，而在其他省份，则以纸币的形式列出。参见："Vedomost' o prodazhnykh tsenakh na khleb," *Severnaia Pochta*, May 4, 1812.

60. "O rasshirenii kruga obrashcheniia assignatsii," RGIA, f.1152 (Obshchee sobranie), op.1, 1812, d.2; "Ob ustanovlenii kursa assignatsii na serebro" f.1152, op.1, 1812, d.21.

61. 1814—1815 年，他反对波兰单独发行的货币，参见："Vsepoddanneishii doklad ministra finansov Gurieva," November 8, 1814, g. RGIA, f.560, op.10, d. 69, 7–9ob.;

"Voprosy, po kotorym nado dogovorit'sia s Tsarstvom Polskim, chtoby perenesti liniu tamozhen na vneshnie granitsy Tsarstva," *Vneshniaia Politika Rossii XIX i nachala XX veka. Sbornik dokumentov*, ser.2, vol.1, 415–416.

62. V. I. Semevskii, "Padenie Speranskogo," *Otechestvennaia voina i russkoe obshchestvo*, vol. 2, 232, 245.

63. Jacob, *Denkwurdigkeiten aus meinem Leben*, 220.

64. 根据 M.A. 巴克莱·德·托利将军给沙皇的报告（1815 年），1812—1813 年的军事行动花费为 1.57 亿卢布。这笔款项显然不包括战后重建的巨大开销及偿还战争期间所欠的债务。K. V. Sivkov, "Finansy Rossii posle voin s Napoleonom," *Otechestvennaia Voina i Russkoe Obshchestvo*, vol. 7, 125. 其他的估计数字比这个数字高出 4 倍，高达 6.5 亿卢布。详情参见：Sivkov, "Finansy Rossii posle voin s Napoleonom," 127.

65. "Reskript Aleksandra I poslu v Londone Kh.A. Livenu," 20 ianvaria 1813, *Vneshniaia Politika Rossii XIX i nachala XX veka. Sbornik dokumentov*, ser.1, vol.7, 36–37. 也可参见："Sekretnyi ofitsialnye svedemiia o polozhenii nashikh finansov v 1813 i ob izyskanii sredstv k prodolzheniiu voennykh deistvii v chuzhikh kraiakh," *Sbornik istoricheskikh materialov izvlechennykh iz Arkhiva sobstvennoi EIV kantseliarii*, Vyp.1 (St. Petersburg, 1876), 45–91; "Zapiska ministra finansov o gosudarstvennykh dokhodakh i raskhodakh na 1814 g ot 31 oktiabria 1813 g," *Sbornik istoricheskikh materialov izvlechennykh iz Arkhiva sobstvennoi EIV kantseliarii*, Vyp.3 (St. Petersburg, 1890), 330.

66. 更多内容参见：Liudmila Marnei, *D. A. Guryev i finansovaia politika Rossii v nachale XIX veka* (Moskva: Indrik, 2009), 194–195; *Vneshniaia Politika Rossii XIX i nachala XX veka. Sbornik dokumentov*, ser.1, vol.7, 23, 296, 579, 784. 这并不是联邦资金的唯一项目。亚历山大·布格罗夫描述了尼古拉·诺沃西利采夫撰写的欧洲货币体系（金融和商业体系）中的早期项目。该项目设想在整个欧洲发行海关接受支付的纸币。参见：A.V. Bugrov, *Kazennye banki v Rossii, 1754–1860* (Moskva: Tsentralnyi Bank RF, 2017), 347–353.

67. 娜杰日达·杜罗娃讲述了一个令人心碎的故事：尽管她的钱包里有硬币，但她却给了一个可怜的乞丐一张纸币。她无法原谅自己的抠门，因为她知道乞丐无法兑换这张纸币。后来她发现有两枚硬币不小心被包在了那张无用的纸币里。参见：Nadezhda Durova, *The Cavalry Maiden: Journals of a Russian Officer in the Napoleonic Wars*, translation, introduction, and notes by Mary Fleming Zirin (Bloomington: Indiana University Press, 1988, 195–196.

68. AVPRI, f.133, op.468, 1814, d.5283, 7–15, 24–34.

69. 参见 1813 年 6 月的报告草稿。正如报告所述，1813 年 6 月，军队再次没有收到 1 月份到期的 1800 万卢布的工资（RGVIA，f.103，op.208a，d.31 sv.28163）。作为回应，古里耶夫建议，为了保持纸币的兑换率，士兵当时应得到一半的工资，剩下的工资则在他们返回俄国时支付，这样就可以保证他们在国内消费。Guryev to Barklay De Tolly, June 24, 1813 (RGVIA, f.103, op.208a, d.31 sv.28, 196). 参见：RGVIA, f.103, op.208a, d.31 sv.28。其他请求则是向国外转移资金来为俄国军队服务。

70. AVPRI, F.133, op.468, 1814, d.5283, 7–15, 24–34.

71. *Zhizn' i voennye deianiia general-feldmarshala svetleishego kniazia Mikhaila Larionovich Golenishcheva-Kutuzova Smolenskogo* (St. Petersburg, 1813–14), 91.

72. "Zapad na Severe. September 1813. Dnevniki N.I. Turgeneva," *Arkhiv bratiev Turgenevykh* (St. Petersburg, 1911), t.2, 259 (emphasis in the original).

73. Alexander Pushkin, *Eugene Onegin*, trans. Stanley Mitchell (London: Penguin Classics, 2008), 10.

74. 在质疑西方货币理论的前提的同时，屠格涅夫在政治上继续信奉自由主义思想。他计划发行"辅助纸币"来补偿因战致贫的人们，这一计划表明所有的金融问题均源于一个错误的假设，即金钱"是政府手中的工具"，因此该由国家的不动产来进行担保。然而，事实上，纸币是"流通的手段"，它"完全取决于大众经济而非政府的财富"。参见："Zapad na Severe. September 1813. Dnevniki N.I. Turgeneva," 259.

75. "国家不过就是构成它的个人，这些个人和国家绝对是一回事。因此，就像我在说我在偿还我的债务。"参见："O finansakh voobshche. Iz bumag grafa Andreia Kirillovicha Razumovskogo," RGADA, f.19, op.1, d.433, ll.10–13.

76. "Vsepoddanneishii doklad ob okonchanii i rezultatakh raboty Komiteta dlia rassmotreniia plana d'Ivernois ob umensheniii gosudarstvennykh assignatsii," OR RNB, f.484, op.1, d.106, L.4–10. 这是由瑞士经济学家弗朗西斯·迪韦尔努瓦提出的一个计划。为了修复俄国纸币的财务状况，该项目建议将流通中 60% 的纸币转换为 5% 利息的国家贷款，同时将剩余的 40% 纸币贬值。关于此项目的更多信息，参见：Marnei, *D.A. Guryev*, 161–164.

77. Marnei, *D. A. Guryev*, 161–164.

78. "Zapiska grafa V. P. Kochubeiia o polozhenii Imperii i o merakh k prekrashcheniiu besporiadkov i vvedenii luchshego ustroistva v raznye otrasli, pravitelstvo sostavliaiushchie, December 1814," in *Bumagi Komiteta uchrezhdennogo vysochaishim reskriptom 6 dekabria 1826 goda. Sbornik IRIO*, vol. 90 (St. Petersburg, 1894).

79. 关于农民落后的言论，参见 Yanni Kotsonis, *Making Peasants Backward: Agricultural Cooperatives and the Agrarian Question in Russia, 1861-1914* (Houndmills, UK: Macmillan, 1999).

80. Kaufman, *Bumazhnye den'gi Avstrii*, 13.

81. "Vsepoddanneishchii doklad," March 20, 1818. RGIA, f.583, op.4, d. 219, 153–157.

82. 根据当时的汇率，政府将纸币兑换成白银。尽管政府未作声张，但事实上已承认卢布的贬值。Kaufman, *Bumazhnye den'gi Avstrii*, 13; M. I. Bogolepov, *Bumazhnye den'gi* (Petrograd, 1922), 79.

83. N. I. Turgenev, *Rossiia i russkie* (Moskva: OGI, 2001), 324. 屠格涅夫解释道，政府行为的荒谬性是其固执且不愿听取专家意见的结果，他甚至在政府的集体协商机构中对这些措施进行了讨论。"媒体不能表达公共舆论。如果沙皇仍忠于成立该机构的初衷，如果沙皇允许委员会履行其主要职责并对大臣的计划进行严格审查，那么国务会议本可以阻止沙皇。"但遗憾的是这一切均未发生：古里耶夫直接向沙皇提交了他的货币计划，但委员会只有在沙皇批准后才能对法律进行表决。

84. M. I. Tugan-Baranovskii, *Bumazhnye den'gi i metall* (Petrograd, 1917), 94.

85. N. P. Demidov, *O bumazhnykh den'gakh* (St. Petersburg, 1829), 28.

86. P. A. Viazemskii, *Zapisnye knizhki (1813-1848)* (Moskva: Akademiia nauk, 1963), 26–27; first publication— "Moskovskii telegraf," ch.12, 1826, otd.2. 39–41.

87. Viazemskii, *Zapisnye knizhki*, 26–27; emphasis in the original.

88. 后来，维亚泽姆斯基在财政部任职，并于19世纪三四十年代担任信贷银行的董事。关于他的文学作品、政治观点和官僚生涯，参见：P. V. Alulshin, *P.A. Viazemskii, Vlast' i obshchestvo v doreformennoi Rossi* (Moskva: Pamiatniki istoricheskoi mysli, 2001).

89. 关于金钱和语言，参见：Marc Shell, *The Economy of Literature* (Baltimore: Johns Hopkins University Press, 1978); Eich, *The Currency of Politics*, 63–67.

第三章

1. On the early production of platinum, see P. G. Sobolevskii, *Izvestie o platinovom proizvodstve v Rossii* (St. Petersburg, 1834).

2. A.S-ii, "Alexander von Humboldt v Rossii i poslednie ego trudy," *Vestnik Evropy*. 6 (1871): 6.

3. E. Kankrin's letter to A.Humboldt, August 15, 1827, *Perepiska Aleksandra Gumbol'dta s uchenymi i gosudarstvennymi deiateliami Rossii* (Moskva, Izd-vo Akademii nauk SSSR, 1962), 38–39.

4. A. Humboldt's letter to E. Kankrin, November 19, 1827, *Perepiska Aleksandra Gumbol'dta*, 47.

5. A. Humboldt's letter to E. Kankrin, November 19, 1827, *Perepiska Aleksandra Gumbol'dta*, 48.

6. PSZ 2, vol. 3, no. 1987; the decree issued on July 26, 1829, prescribed accepting platinum coins on the same conditions as silver and gold; vol. 4 no. 3038

7. Kankrin's letter to Humboldt, *Perepiska Aleksandra Gumbol'dta*, 63, 65.

8. O sravnitelnoi tsene platiny s inostrannoi, i o sdelannykh rasporiazheniiakh otnosiltelno vvoza onoi iz-za granitsy i o ne prieme ee na Monetnyi Dvor. *RGIA*, f. 37, op. 2, d.112.

9. Gosudarstvennyi Sovet, *O vosstanovlenii chekanki platinovoi monety* (St. Petersburg, 1861), 2.

10. 洪堡于1838年写信给坎克林，要求他解释"大部分铂金的消失原因（看来你花了大约800普特的铂金？）"。Humboldt's letter to Kankrin, *Perepiska Aleksandra Gumboldta, 137*.

11. "Vnutrennie izvestiia," *Kommercheskaia gazeta*, May 7, 1846, no. 53, 209.

12. 另一次尝试引入铂金币是在 19 世纪 50 年代末，当时货币改革再次陷入紧急状态，而该国缺乏白银和黄金。当时，《铂金币发行法》已制定并经国务会议批准，但从未付诸实施。"O prodazhe platiny," RGIA, f.583, op.4, d.258; Gosudarstvennyi Sovet, *O vosstanovlenii chekanki platinovoi monety* (St. Petersburg, 1861).

13. On Kankrin's cameralism, see Chris Monday, "Kameralizm kak istochnik nauchnogo apparata Kankrina," in E. F. Kankrin, *Mirovoe bogatstvo i natsionalnaia ekonomika* (Moskva: Delo, 2018), 59–81.

14. Georg Cankrin, *Weltreichtum, Nationalreichtum und Staatswirtschaft; oder, Versuch neuer ansichten der politischen Oekonomie* (München: K. Thienemann, 1821), 68–69.

15. 坎克林的备忘录是对德米特里·古里耶夫被解职后不久提交的新货币改革计划的回应。令人惊讶的是，古里耶夫 1823 年的计划几乎一字不差地复制了斯佩兰斯基早期（1810—1812）计划的想法。它建议逐步用可兑换成白银的硬币和纸币取代指定货币，并由新成立的俄国国家银行发行，银本位制是新计划的核心，旨在拉近俄国与那些"硬币的代表性标志保持其不可改变的价值"的国家的距离。Gur'ev, "Ob okonchatelnykh merakh Finansivogo plana 1817" (August 14, 1823), *RGIA*, f.560, op.22, d.24, 56–124. See also L. P. Marnei, *D.A. Guryev i finansovaia politika Rossii v nachale XIX veka* (Moskva: Indrik, 2009), 173–180. 坎克林的备忘录揭穿了古里耶夫的提议，并批评了他减少分配数量的政策。参见财务委员会备忘录：*RGIA*, f.560, op.22, d.24, L.24–45. 该备忘录由坎克林、阿列克谢·库拉金王子和阿列克谢·阿拉克切耶夫伯爵签署。

16. E. F. Kankrin, "O budushchei kreditnoi sisteme, osoblivo o assignatsiiakh," December 16, 1823, RGIA, f.560, op.22, d.24, l. 13

17. E. F. Kankrin, "O budushchei kreditnoi sisteme, osoblivo o assignatsiiakh," December 16, 1823, RGIA, f.560, op.22, d.24, 14–18 ob. 乌兹是一种钢合金，其配方曾失传，后来又被重新发现。显然，我们在这里可以看到坎克林父亲的影响，他是一名采矿工程师。

18. 坎克林和乌瓦罗夫的立场之间的联系可能并非偶然：1820 年代初期，作为一名年轻的官僚，乌瓦罗夫"使自己成为坎克林家族的朋友"，甚至可能将他的职业发展归功于财政大臣。S. S. Uvarov, *Izbrannye trudy* (Moksva: ROSSPEN, 2010), 15. 乌瓦罗夫与坎克林一样对 18 世纪末和 19 世纪初的"政治经济"即自由主义趋势持怀疑态度。参见他的文章 "O narodonaselenii," in his *Izbrannye Trudy*, 287–293.

19. "在古代俄国的各个省份，允许流通的皮币的存在，意味着在这样一个时期和这样一种情况下，人类的思想既不能产生，甚至不能设想这种文明集体和公民组织的成果。" "O kozhanykh dengakh," in M. T. Kachenovskii, *Dva rassuzhdeniia o kozhanykh dengakh i o Russkoi Pravde* (Moskva: Universitetskaia tipografiia, 1849), 20. See Kachenovskii's other works on leather money: "Nechto dlia drevnei numizmatiki," *Vestnik Evropy* 91, no. 1 (1817): 44–51; "O bel'iikh lobkakh i kun'ikh mordkakh,"

Vestnik Evropy 160, no. 13 (1828): 17–48; "O *Notes to pages 72-73* 392 392 kozhanykh den'gakh," *Uchenye zapiski Moskovskogo universiteta*, ch. 8, c. 333–370; ch. 8, c. 3–34; "O starinnykh nazvaniiakh v Rossii deneg metallicheskikh v smysle khodiachei monety," *Vestnik Evropy*, 1827, ch. 154, nos.14–16; ch. 155, no.18, 20; ch. 156, nos. 21–23.

20. 有关皮币的其他观点，请参见 [Stanislav de Chodoire, baron], *Obozreniie russkikh deneg i inostrannykh monet upotrebliavshchikhsia v Rossii s drevnikh vremen. Sochinenie Barona Stanislava de Shoduara* (St. Petersburg: EZGB, 1837), part 1, p. 7; S. M. Soloviev, *Istoriia Rossii s drevneishikh vremen*, vol. 1 (3) (St. Petersburg: Obshchestvennaia Polza, 1894; 1st ed. 1854), 716; V. N. Leshkov, *Russkii narod i gosudarstvo. Istoriia russogo obshchestvennogo prava do XVIII veka* (Moskva: Universitetskaia tipografiia, 1858), 176–177. 关于皮币的争论有一个有趣的延续：海因里希·斯托希（Heinrich Storch）在其 1815 年出版的著名的《政治经济学教程》中，将俄国皮币解释为一种古代信用货币的例子，这种货币的出现早于其他法定货币——铜币和纸币。1859 年，卡尔·马克思在《政治经济学批判》中引用了斯托尔希的论述，将俄国皮币视为早期法定货币的一个独特案例，也是纸币的前身："俄国提供了一个自然演变的价值符号的鲜明例子。在俄国，当兽皮和毛皮充当货币时，由于这种易腐烂、笨重的材料与其作为流通媒介的功能之间的矛盾，人们习惯于用小块的印花皮革替代兽皮和毛皮，这些皮革就成了以兽皮和毛皮支付的汇票"。Karl Marx, *Contribution to the Critique of Political Economy*, https:// www.marxi sts.org/ archive/ marx/ works/ downl oad/ Marx_ Contribution_ to_ the_ Critique_ of_ Political_ Economy.pdf. I. G. Spasskii, "Ocherki po istorii russkoi numizmatiki," *Trudy Gosudarstvennogo Istoricheskogo Muzeia*, vyp. 25 (Numizmaticheskii sbornik, ch.1 (Moskva, 1955), 104–105.

21. 关于认识论辩论的更详细分析，参见 Ekaterina Pravilova, "Truth, Facts, and Authenticity in Russian Imperial Jurisprudence and Historiography," *Kritika: Explorations in Russian and Eurasian History* 21, no. 1 (Winter 2020): 7–39

22. Georg Cankrin, *Weltreichtum, Nationalreichtum und Staatswirtschaft; oder, Versuch neuer ansichten der politischen Oekonomie* (München, K. Thienemann, 1821), 217. A recent Russian edition: E. F. Kankrin, *Mirovoe bogatstvo i natsionalnaia ekonomika* (Moskva: Delo, 2018), 287.

23. E. F. Kankrin, *Graf Kankrin i ego ocherki politicheskoi ekonomii i finansii* (St. Petersburg, 1894), 124. 原版：Georg Cankrin, *Die Oekonomie der menschlichen Gesellschaften und das Finanzwesen. Von einem ehemaligen Finanzminister* (Stuttgart: E. Schweizerbart, 1845), 146. See also in S. Ya. Borovoi, *Kredit i banki Rossii* (Moskva: Gosfinizdat, 1958), 163.

24. 关于坎克林对工业信贷想法的态度，参见 Walter M. Pintner, "Government and Industry during the Ministry of Count Kankrin, 1823–1844," *Slavic Review* 23, no. 1 (March 1964): 45–62.*Notes to pages 74-76* 393

25. "O vypuske IV razriadov (serii) biletov Gosudarstvennogo Kaznacheistva," RGIA, f.1152,

op.2, 1834, d.1, 7; 例如，参见财政委员会批准为阿列克谢・埃尔莫洛夫在波斯的战役提供贷款: RGIA, f.565, op.2, d.162, l.199–200.

26. "O vypuske IV razriadov (serii) biletov Gosudarstvennogo Kaznacheistva," RGIA, f.1152, op.2, 1834, d.1, 8. 1833 年 10 月，贷款银行（Zaemnyi）和商业银行共持有约 2660 万卢布，而存款信托银行（sokhrannye kazny）的存款总额不超过 1500 万卢布。

27. 坎克林向国务会议报告说，在莫斯科，外国硬币比俄国硬币多四倍。V. T. Sudeikin, *Vosstanovlenie v Rossii metallicheskogo obrashcheniia (1839-1843). Istoricheskii ocherk* (Moskva, 1891), 24.

28. Sudeikin, *Vosstanovlenie v Rossii*, 21, 22; Kaufman, *Iz istorii bumazhnykh deneg v Rossii.* St.Petersburg, 1909, 58–64.

29. 考夫曼提到，他在信贷总务处的档案中发现了一个巨大的文件夹，里面装满了关于这个问题的信件: "The prohibition to accept in state revenues payments in silver and gold coins." Kaufman, *Iz istorii*, 48.

30. "Poet–igrok, o Beverlei–Goratsii, Proigryval ty kuchki assigtatsii, i serebro, nasledie ottsov." A. S. Pushkin, "Poet–Igrok, o Beverlei–Goratsii," A. S. Pushkin, *Polnoe Sobranie Sochinenii v 16 tomakh* (Moskva, Leningrad: Izd–vo AN SSSR, 1949), t.3, kn.2, 155

31. N. V. Gogol, "Mertvye Dushi," tom pervyi, in *Polnoe sobranie sochinenii* v 14 tomakh (Moskva, Leningrad, Izd–vo AN SSSR, 1951), v. 6, 136.

32. N. V. Gogol, "Nos," in *Polnoe sobranie sochinenii v 14 tomakh* (Moskva, Leningrad, Izd–vo AN SSSR, 1951), v. 3, 63. 普希金是果戈理小说《现代人》的编辑，只有在他亲自向审查员阿・列・克雷洛夫提出请求后，果戈理才得以保留这个片段，而牺牲了其他片段。*Polnoe sobranie sochinenii v 14 tomakh* (Moskva, Leningrad, Izd–vo AN SSSR, 1951), v. 3, 654.

33. N. V. Gogol, "Portret," in *Polnoe sobranie sochinenii* v 14 tomakh (Moskva, Leningrad, Izd–vo AN SSSR, 1951), v. 3, 110. 普希金的作品的出版商还提出将诗人写有诗句的"小树叶"换成"一沓钞票"。 A. S. Pushkin, "Razgovor knigoprodavtsa s poetom," in *Polnoe sobranie sochinenii v 16 tomakh* (Moskva, Leningrad: Izd–vo AN SSSR, 1949 t.3, kn.1, 1947, 324.

34. Jillian Porter, *Economies of Feeling: Russian Literature under Nicholas I* (Evanston, IL: Northwestern University Press, 2017; Russell Scott Valentino, "What's a Person Worth: Character and Commerce in Dostoevskii's Double," *American Contributions to the 13th International Congress of Slavists, Ljubljana, August 2003*, edited by Robert Maguire and Alan Timberlake, vol. 2, 203–212 (Slavica Publishers: Bloomington, 2003.

35. Gogol, "Zapisnaia knizhka," *Polnoe sobranie sochinenii v 14 tomakh* (Moskva, Leningrad, Izd–vo AN SSSR, 1951), v. 7, 354

36. E. P. Pertsov, *Iskusstvo brat' vziatki: rukopis naidennaia v bumagakh Tiazhalkina, umershego tituliarnogo sovetnika* [*The art of bribe taking. Manuscript found in the papers of Tiazhalkin, a deceased titular councilor*] (St. Petersburg, 1830), 29–31.*Notes to pages 76-79 394 394*

37. Astolphe Marquis de Custine, *Rossiia v 1839 godu (osnovnoi tom)* (St. Petersburg: Kriga, 2008), 564

38. "Vekselnye i denezhnye kursy na 3 ianvaria," *Kommercheskaia gazeta*, 5 ianvaria 1839, 8.

39. R. I. Sementkovskii, *E. F. Kankrin: Ego zhizn' i gosudarstvennaia deiatelnost'* (St. Petersburg, 1893), 73.

40. 更多的解释，请参见 P. A. Ostroukhov, "Iz istorii denezhnogo obrashcheniia (Prostonarodnye lazhi i torgovlia den'gami na Nizhegorodskoi iarmarke)," *Zapiski Russkogo nauchno-issledovatelskogo ob'edineniia v Prage*. Tom XI (XVI) (Praha, 1941),

41. "Vnutrennie izvestiia," *Kommercheskaia gazeta*, January 3, 1839, no.1, 2.

42. "Moskva. 2 ianvaria," *Kommercheskaia gazeta,* January 26, 1839, no.11. P. Veretennikov, "Razlichie poniatii o denezhnom lazhe," *Kommercheskaia gazeta*, May 23, 1839, no.61, 258.

43. 请参阅纸币上包含拉兹的预算计算示例：Akinf Zhukov, *Nachal'nye osnovaniia russkogo sel'skogo khoziastva* (Moskva, 1837), 239–244.

44. "Vnutrennie izvestiia. St. Petersburg, 29 marta," *Kommercheskaia gazeta*, March 29, 1839, nos. 37–38, 145; also in RGIA, f.651, op.1, d.238, 3; "Vnutrennie izvestiia. St. Petersburg, 10 aprelia," *Kommercheskaia gazeta*, April 11, 1839, no. 43, 165.

45. 参见参加活动的商家名单：*Kommercheskaia gazeta*, April 13, 1829, no. 44; April 18, 1839, no. 46; April 22, 1839, no .48; April 25, 1839, no. 49; April 27, 1839, no. 50; April 29, 1839, no. 51; May 6, 1839, no. 54; May 16, 1839, no. 58. 关于禁止在制成品展览中使用拉兹，请参见 "Ob'iavlenie ot Ministerstva Finansov," *Kommercheskaia gazeta*, April 1, 1839, no. 39.

46. 莫罗佐夫在《农业报》上发表了一篇批评拉兹的文章，随后被《商业报》转载，他称硬币卢布是"想象出来的、任意的单位"。P. Morozov, "O lazhe na den'gi, suchchestvuiushchem vo vnutrennikh guberniiakh Rossii," *Kommercheskaia gazeta*, March 21, 1839, no.34, 133.

47. K. I. Fisher, *Zapiski senatora* (Moskva: Zakharov, 2008), 135. 政府试图禁止重复计算的做法，但结果可想而知。关于禁止的详细内容，参见 Zhurnal Komiteta finansov, September 28 1834, OR RNB, f.484, d.81.

48. Sudeikin, *Vosstanovlenie v Rossii*, 49.

49. PSZ 2, vol. 14, no. 12497.

50. 正如坎克林的传记作者所说，大多数人并没有注意到这方面的操作：如果说在19世纪头10年和20年代，国家货币的下跌还显得不正常的话，那么到19世纪30年代和40年代，"人们对此习以为常，承认国库破产不会让任何人感到震惊"。Sementkovskii, *E. F. Kankrin*, 76.

51. V .A. Kokorev, *Ekonomicheskie provaly* (Moskva: Kontseptual, 2013) (initial publication 1887). 1839 年 7 月 2 日，尼古拉一世的女儿玛丽亚嫁给了马克西米利安·赫尔佐格·冯·洛伊赫滕贝格。*Notes to pages 79-83 395 395*

52. "Zapiski grafa Aleksandra Ivanovicha Ribopiera," *Russkii Arkhiv*, 1877, kn.2, vyp.5, 11.

53. Astolphe Marquis de Custine, *Rossiia v 1839 godu (osnovnoi tom)*, 564–565.

54. A. V. Nikitenko, *Dnevnik*, vol. 1, 213, cited by Vera Milchina, Alexander Ospovat, *Kommentarii k knige Astolfa de Kustina "Rossiia v 1839 godu"* (St. Petersburg: Kriga, 2008), 935–936.

55. Sementkovskii, *E. F. Kankrin*, 78.

56. 尼古拉·莫尔德维诺夫、阿列克谢·格雷格上将和彼得·基谢廖夫也提交了改革计划，这些计划在激进性、意识形态和彻底性方面各不相同。

57. 历史学家认为，坎克林的计划是根据斯佩兰斯基在 19 世纪 30 年代撰写的 "货币流通" 备忘录中提出的建议制定的。A. V. Bugrov, *Kazennye banki v Rossii, 1754-1860* (Moskva: Tsentralnyi Bank RF, 2017), 246; Dubianskii, "E.A. Kankrin—zhizn' i deiatelnost'," in E. F. Kankrin, *Mirovoe bogatstvo i natsionalnaia ekonomika* (Moskva: Delo, 2018, 38). 斯佩兰斯基重复了他过去的想法，即新的纸币取代后去的货币，但他没有具体说明银行改革的制度安排。(M. M. Speransky, *Zapiska o monetnom obrashchenii grafa Speranskogo s zamechaniiami grafa Kankrin*a [St. Petersburg, 1895]). 坎克林只沿用了斯佩兰斯基计划的轮廓，包括存单的中间阶段，但他拒绝了引入纸币的想法。他还利用斯佩兰斯基的道德权威来推动他的计划。

58. 595,776,310 rubles assignat equaled 170,221,802 rubles in silver. "Proekt predstavleniia v Gosudarstvennyi Sovet ob obmene assignatsii" (January 1843), RGIA, f.560, op.22, d.108, ll.3–4.

59. 坎克林计划从国家债务委员会的储备金中提取 650 万美元，并从国库银行（即从银行客户的存款账户）或军事基金借入 400 万美元。

60. Nicholas I's memo: RGIA, f.560, op.22, d.108, ll.12–14.

61. A. Chernyshev's memo: RGIA, f.560, op.22, d.108, l.45

62. RGIA, f.560, op.22, d.101, ll. 134; 276 (on speculation).

63. 德鲁斯基–鲁贝斯基提到一普特金属铸造的铜币数量的变化（从 16 卢布、24 卢布到 36 卢布，然后回到 16 卢布）。所有这些变化都是逐渐发生的，这表明政府也可以改变银卢布的重量和凭证的价值，因为存款凭证没有标明其白银含量。

64. RGIA, f.560, op.22, d.101, l.132.

65. RGIA, f.560, op.22, d.101, l.69 ob (request for personal audience), l.73. December 1839.

66. "Osnovnoi Ustav Pol'skogo Banka," January 17(29) 1828 (parallel texts in Russian and Polish), *Sbornik administrativnykh postanovlenii Tsarstva Polskogo. Vedomstvo Finansov. Tom X. Polskii Bank* (Warsaw: Tip Goldmana, 1867).*Notes to pages 83-88* 396

67. Henryk Radziszewski, *Bank Polski* (Poznan: Ostoja, 1919), 18. 在尼古拉一世统治期间，众议院只召开过四次会议，因此，银行的特许状是由沙皇下令颁发的。

68. RGIA, f.560, op.22, d.101, ll.115, 116.

69. "Delo sekretnogo komiteta sobiravshegosia v ianvare, fevrale i marte 1841 goda v vysochaishem prisutstvii," RGIA, f. 560, op. 22, d. 547, l. 2–3.

70. "Delo sekretnogo komiteta sobiravshegosia v ianvare, fevrale i marte 1841 goda v vysochaishem prisutstvii," RGIA, f. 560, op. 22, d. 547, l.19.

71. 1840 年 9 月，《商报》发表了一篇关于波兰银行的文章（转载自另一版本《科涅克图书馆》），与该报的惯常内容大相径庭，这可能并非巧合。 "Polskii Bank,"
Kommercheskaia gazeta, September 3, 1840, no.106, 424–425; September 5, 1840,
no.107, 428–429.

72. M. A. Korf, "Nikolai I v soveshchatelnykh sobraniiakh," *Sbornik IRIO*, 98 (1896):147.

73. 例如，海军部长亚历山大·希什科夫写道，建立发行银行是加强卢布信誉的唯
一途径，因为政府根本没有足够的手段来建立足以维持纸质卢布信誉（价值）
的基金。即使没有人怀疑政府的信誉，人们也可能会质疑政府的偿付能力。因
此，"只有在能够吸引私人资金的特别银行这样的帮手的帮助下"，该行动才有
可能取得成功。希什科夫和德鲁斯基-鲁贝斯基提到了"其他欧洲国家的例子，
其中所有享有信誉的国家纸币都由银行信贷背书"。 RGIA, f.560, op.22, d. 108,
ll.173–176

74. M. A. Korf, "Nikolai I v soveshchatelnykh sobraniiakh," *Sbornik IRIO*, 98 (1896): 186.

75. RGIA, f.560, op.2 2, d. 547, l. 19.

76. 除此之外，财政部还应从国防基金中拨款 700 万卢布。

77. RGIA, f.560, op. 22, d. 108, l.33 ob.

78. Sementkovskii, *E. F. Kankrin*, 206.

79. See PSZ 1, vol. 31, February 2, 1810, no. 24116; PSZ 1, vol. 34, April 16, 1817, no.
26791.

80. Korf, "Nikolai I v soveshchatelnykh sobraniiakh," 196, 198, 203. Alfred Schmidt, *Das
russische Geldwesen 1823-1844* quoted in I. N. Bozherianov, *Graf Egor Frantsevich
Kankrin, ego zhizn', literaturnye trudy i dvadtsatiletniaia deiatel'nost' upravlenia
Ministerstvom Finansov* (St. Petersburg, 1897), 193. in refs

81. Sudeikin, *Vosstanovleniie metallicheskogo obrashcheniia v Rossii*, 58, 60.

82. "Ustav Ekspeditsii Gosudarstvennykh Kreditnykh Biletov," PSZ 2, vol. 18, June 1, 1843,
no.16904.

83. Sementkovskii, *E. F. Kankrin*, 78. 存储库的建设进度很快：尼古拉一世下令于 1843
年开工，1844 年 12 月竣工。*Notes to pages 88-90 397 397*

84. "Vnutrennie izvestiia. St. Petersburg, Dekabria 4," *Kommercheskaia gazeta*,
December 5, 1844, no. 144, 573; "Vnutrennie izvestiia. St. Petersburg, Dekabria 15,"
Kommercheskaia gazeta, December 16, 1844, no.149, 593–594.

85. I. I. Kaufman, "Zolotoi rubl' v Rossii i emissionnaia operatsiia Gosudarstvennogo
Banka," TsGIA SPB, f.2098, op.1, d.58, l.61.

86. 考夫曼称俄国的保护区理念是"本土的，而不是从任何地方借来的"。 Kaufman,
"Zolotoi rubl' v Rossii i emissionnaia operatsiia Gosudarstvennogo Banka," TsGIA SPB,
f.2098, op.1, d.58, l.28.

87. "Angliiskii Bank," *Kommercheskaia gazeta*, June 3, 1844, no. 65, 258–259.

88. Walter Bagehot, *Lombard Street. A Description of the Money Market* (London, 1882),
23, 35

89. 尽管当地人知道假币的来源，但它仍然在当时继续流通。当局对假币的制造
者、文盲农民马约罗夫（Mayorov）的聪明才智感到非常震惊，他们没有用苦役

来惩罚他，而是把他送到叶卡捷琳堡的宝石工厂工作。O delateliakh fal'shivykh assignatsii v Bogorodskom uezde, GARF, 109, 4 eksp, op. 185, 1845, d. 107, ll.3 ob, 62–63 ob., 104, 136.

90. P. P. Migulin, *Nasha bankovaia politika* (Kharkiv, 1914), 50.

91. S. F. Khrolenok, *Zolotopromyshlennost' Sibiri (1832-1917): Istoriko-ekonomicheskii ocherk* (Irkutsk: Izd–vo Irkutskogo universiteta, 1999), 27. See also V. V. Danilevskii, *Russkoe zoloto. Istoriia otkrytiia i dobychi do serediny XIX v* (Moskva: Gos nauchno-tekhn. Izd–vo, 1959).

92. 国家认为私人企业家开采的黄金是国家自己的。例如，金矿开采的新规定要求黄金开采商打击私人金矿的盗窃行为。从"盗窃者"手中没收的黄金被国家没收，但国家没有对矿主给予补偿。O sostavlenii postanovlenii o pokhititeliakh zolota, a takzhe pravil o prieme zolota ot volnoprinositelei na Monetnyi Dvor," RGIA, f.37, op.2, d.59.

93. Khrolenok, *Zolotopromyshlennost' Sibiri*, 43–44. 1849 年，采矿税再次被重新审议：新的灵活税率从黄金产量的 5% 到 35% 不等，取决于企业的盈利能力。Khrolenok, *Zolotopromyshlennost' Sibiri*, 45.

94. "Otchet ministra finansov za desiat' let, 1823–1833," RGIA, f.560, op.22, d.70, l.271–273. "O prieme v kaznu serebrianoi i platinovoi monety na vsiakuiu summu," PSZ 2, vol.6, no.4241. 直到 1833 年，政府才响应人民的要求，允许他们将金币带入国家机关。

95. L. N. Yasnopolskii, "Gosudarstvennyi Bank," in *Voprosy gosudarstvennogo khoziaistva i buidzhetnogo prava* (St. Petersburg, 1907), 237. For budgetary statistics, see I. I. Kaufman, *Statistika gosudarstvennykh finansov v 1862-1884 godakh. Statisticheskii vremennik Rossiiskoi Imperii* (St. Petersburg, 1886), 39.

96. RGIA，f.563，op.2，d.21，L.9. "国债"（bilety Gosudarstvennogo Kaznacheistva，或 "serii"）每张面值 250 卢布，利率 4.32%，可在 4 年内赎回。1831 年至 1847 年，政府发行了 1 亿卢布的"系列"国债。因此，坎克林的国债最初是作为"欧洲战争爆发时"的一种特殊资源，后来变成了"不良"货币（然后是卢布纸币）的永久替代品，并成为为战争、铁路建设和战争筹集资金的手段，同时国债继续发行直至 1917 年。RGIA, f.1152, op.2, 1834, d.1, l.8–10; see also f.563, op.2, d.62. 正如坎克林的数据显示，政府在 1852 年至 1884 年积极使用这些债券，它在 1890 年数量大幅减少，并在 1905—1906 年日俄战争和革命危机期间恢复了"系列"国债的大规模发放。参见 Kaufman's memo to the State Bank's Council (1907), TsGIA SPb, F.2098, op.1, d.57, ll. 2–3.

97. 从 207,490,954 卢布增加到 462,269,415 卢布。这一数额包括在国家债务登记簿上登记的债务（以前的贷款）、国家信贷机构的贷款、国库债券和新的外国贷款。P. P. Migulin, *Gosudarstvennyi Kredit*, vol.1, 126.

98. RGIA, f.37, op.18, d.92, ll.9ob–10ob.

99. "O prieme assignatsii Pol'skogo banka," RGIA, f.562, op.2, d.63. ll.1–8.

100. "O priniatii mer k vosstanovleniiu doveriia k gosudarstvennym kreditnym biletam po

zapadnym guberniiam," RGIA, F.565, op.13, d.849, ll.17, 21–22, 36ob.

101. "Zapiska o finansovykh oborotakh Tsartstva Polskogo i raschetakh onogo s Kaznacheistvom Imperii, sostavlena sov Starynkevichem," RGIA, f.869, op.1, d.611, l.87 ob.

102. "Zapiska o finansovykh oborotakh Tsartstva Polskogo," RGIA, f.869, op.1, d.611, ll.85–86.

103. RGIA, f.583, op.4, d.252, l.141, 151; f.583, op.4, d.258, ll.35–361.

104. RGIA, f.583, op.2, d. 262, ll.47–55.

105. 参见关于将剩余的 900 万卢布从彼得保罗要塞保管处转移到卢布债券发行处的报告。August 14, 1854, RGIA, f.583, op.4, d.252, l.277.

106. O rassmotrenii v Komitete finansov voprosa o vyvoze zolotoi monety za granitsu. 26 fevralia 1854, RGIA, f.583, op.4, d. 252, ll. 109–110, 138.

107. RGIA, f.565, op.4, d.14000, ll. 56–56ob.

108. Vsepoddanneishii doklad, October 18, 1857, RGIA, f.583, op.4, d.258.

109. P.A. Nikolski, *Bumazhnye den'gi v Rossii* (Kazan', 1892), 329

110. Zapiska komissii dlia obsuzheniia mer k luchshemu ustroistvu bankovoi i denezhnoi sistemy, RGIA, f.940, op.1, d.14, l.37; "O merakh uluchshenia bankovoi i denezhnoi sistemy," 9 Iulia 1859, RGIA, f.563, op.1, d.9, 19–19ob.

111. RGIA, F.583, op.4, d. 242, l.277.

112. I. I. Kaufman, "Zolotoi rubl' i emissionnaia operatsiia Gosudarstvennogo Banka," TsGIA SPB, f.2098, op.1, d.58, ll.17–18.*Notes to pages 94-102* 399 39.

113. 由于没有官方声明，后来学术界对可兑换性的"终结"展开了争论。Spravka o vremeni priostanovleniia razmena kreditnykh biletov na zvonkuiu monetu. RGIA, f.583 op.3, d.1017, 3.

114. 参见关于向国家纸币发行部派遣警力的报告：RGIA, f.579, op.1, d.1411. O prisylke politsii k vorotam Ekspeditsii (kreditnykh biletov) po sluchaiu stecheniia publiki. 另见克尼亚热维奇关于"人群冲进国家纸币发行部索要黄金"的报告：RGIA, f.583, op.4, d.262, l.73.

第四章

1. "Storm in the Baltic," *The Times,* October 9, 1860; "The Late Gales in the North," *Morning Chronicle,* October 5, 1860.

2. American Banknote Company to Knyazhevich, St. Petersburg, December 18, 1860, TsGIA SPb, f.1458, op.2, d.426, l.69.

3. Ministerstvo Finansov –Upravliaiushchemu tipograficheskim otdeleniem EZGB Vinbergu, December 6, 1859, TsGIA SPb, f.1458, op.2, d.426, l.3.

4. A. A. Bogdanov, *Den'gi, kotorykh ne bylo. Iz istorii proektirovaniia bumazhnykh deneg v Rossii* (St. Petersburg: Goznak, 2020), 37.

5. O predlozhenii upolmomochennogo amerikanskoi kompanii Bankovskie bilety Guddelia izgotovliat' kreditnye bilety usovershenstvovannym sidrograficheskim sposobom, June 3, 1859, RGIA, f.583, op.4, d.263, ll.44–47. 关于这一合作，另见 A. V. Alyokhov, "Amerika–Rossiia: kreditnye bilety 1866 goda," *Numizmaticheskii almanakh* 1 (2001): 2.

6. Alyokhov, "Amerika," no. 1, 35.

7. Reutern–Upravliaiushchemu EZGB, September 13, 1863, TsGIA SPb, f.1458, op.2, d.426, 140. 另请参阅肖像画（博物馆和收藏馆中的绘画）的来源 TsGIA SPb, f.1458, op.2, d.426, l.142 ob.

8. "O zamene nyneshnikh kreditnykh biletov," RGIA, f.563, op.2, d.172, l.9ob–10ob.

9. "O novom ustroistve EZGB, December 9, 1860," RGIA, f.1152, op.5, 1860g., d.414, l.14–15, 18, 20.

10. 1849 年，财政委员会投票决定拒绝提供黄金贷款，因为在银本位制度下接受黄金会带来不便。Komitet finansov, "Po predlozheniiu bankirov v Berline Mendelsona i Syna otkryt' zaem na zolotuiu valiutu," September 16, 1849; *Izvlechenie iz podlinnykh del Komiteta finansov* (St. Petersburg, 1895); RGIA, pechatnaia zapiska 1155, 3.

11. 这种提议之一见：Yu. Gagemeister, "O zamene serebrianogo rublia zolotym," January 20, 1859, RGIA, f.560. op.2. d.111.

12. Nikolai Printz, *Podgotovitelye mery k vosstanovleniiu zvonkoi monety* (St. Petersburg, 1887), 7–10; VU mnenie Gos soveta 27 fevralia 1861 ... ob otmene zapreshcheniia na vyvoz za granitsu kreditnykh biletov, PSZ 2, vol. 36, no.36699.

13. G. Kamenskii, "Ponizhenie kursa na London na S.Peterburgskoi birzhe," *Vestnik Promyshlennosti* (1859): 1, 2.

14. Jonathan Levy, *Ages of American Capitalism. A History of the United States* (New York: Random House, 2021), xiv–xv.

15. "Obozrenie promyshlennosti i torglovli," *Vestnik promyshlennosti,* (1858): 237.

16. M. N. Katkov, *Sobranie peredovykh statei Moskovskikh Vedomostei* (hereafter—SPS) za 1864 (Moskva 1897), 396 (no.142, June 26 1864)

17. SPS za 1864, 538 (no. 194, September 3, 1864).

18. 官方声明称，这一行动始于 1857 年。然而，通过卢布转账提高汇率的首次尝试是在 1854 年 3 月。参见财政大臣 1854 年 3 月 12 日的报告 RGIA, f.583, op.4, d.252.

19. Yu. A. Gagemeister, *Znachenie denezhnykh znakov v Rossii* (Moskva, 1864), 54.

20. "O razmennom kapitale," October 18, 1857, RGIA, f.583, op.4, d.258.

21. I. V. [Ivan Vernadsky], "Veksel'nyi kurs i torgovyi balans," *Ekonomicheskii Ukazatel'* 16 (April 16–28, 1860): 289–291; *SPS* za 1863, 692 (no. 254, November 20, 1863).x

22. RGIA, f.563, op.2, d.134, l.30.

23. Igor Khristoforov, unpublished paper. 赫里斯托福罗夫描述了两类界定财政政策的专家：老一代学者和官僚的代表人物，如路德维希·坚戈博尔斯基、格里戈里·涅伯利辛和经济学家尤里·加格迈斯特，以及一批年轻的经济学家，其中包括未来的财政大臣米哈伊尔·罗伊特恩、尼古拉·米柳京、叶夫根尼·拉曼斯基、弗拉基米尔·别佐布拉佐夫、尼古拉·本格和费奥多尔·特尔纳。

24. V-skii, "Politiko-ekonomicheskoe znachenie nekotorykh obshchestvennykh faktov. Schetnaia edinitsa," *Ekonomicheskii Ukazatel' 26* (1858): 582–583.

25. F. G. Terner, *Vospominania zhizni* (St. Petersburg, 1910), 164.

26. Yu. A. Gagemeister, *O kredite* (St. Petersburg, 1858), 116.

27. V. Dubenskii, *Chto takoe den'gi?* (Moskva, 1859), 9, 27.

28. E. Lamanskii, "Gosudarsvtennye chetyrekhprotsentnye, nepreryvnodokhodnye bilety (29 marta 1859)," *Ekonomicheskii Ukazatel'* (1859): 322.

29. Lamanskii, "Gosudarsvtennye chetyrekhprotsentnye," 322.

30. Memoires sur nos finances présentée à S. M. L'Empereur et envoyée à Nice au Grand Duc Constantine par le conseiller privé Tęgoborski en Fevrier 1857, RGIA, f.1044, op.1, d.148 l.11, 13.

31. Steven Hoch, "The Banking Crisis, Peasant Reform, and Economic Development in Russia, 1857–1861," *American Historical Review 96*, no. 3 (June 1991): 795–820.

32. Alfred Rieber, *The Imperial Russian Project. Autocratic Politics, Economic Development, and Social Fragmentation* (Toronto: University of Toronto Press, 2017, 190–191.

33. O merakh uluchsheniia bankovskoi i denezhnoi sistemy, July 10, 1859, RGIA, f.563, op.1, d.9, 3ob.–4.

34. Zapiska Guryeva, *RGIA*, f.940, op.1, d.13, l.1–14.

35. E. I. Lamanskii, "Vklady v bankakh ili bilety nepreryvnogo dokhoda?" Russkii Vestnik 20 (1859): 232.

36. Zapiska komissii dlia obsuzhdeniia mer k luchshemu ustroistvu bankovoi i denezhnoi sistemy, RGIA, f.940, op.1, d.14, l.4

37. E. I. Lamanskii, "Gosudarsvtennye chetyrekhprotsentnye, nepreryvnodokhodnye bilety," *Ekonomicheskii Ukazatel'* (1859): 324.

38. E. I. Lamanskii, *Vospominania 1840-1890* (Penza: Zemstvo, 1995), 50–52.

39. "O reforme Kommercheskogo banka," RGIA, f. 940, op.1, d.14, ll.48–55.

40. S. V. Pakhman, *O zadachakh predstoiashchei reformy aktsionernogo zakonodatelstva* (Kharkov, 1861), 24, 25.

41. Pakhman, *O zadachakh predstoiashchei reformy,* 147.

42. Zakliuchenie ministra finansov, RGIA, f. 940, op.1, d.14, ll. 59–60. P. P. Migulin, *Nasha bankovaia politika,* 70.

43. Zhurnaly Soveta Gosudarstvennogo Banka ob osnovaniiakh preobrazovaniia Gosudarstvennogo Banka, RGIA, f.587, op.60, d.20, ll. 4–5.

44. The State Bank's Charter of May 31, 1860, PSZ 2, vols. 3 5, no. 35847.

45. *Kredit i banki v Rossii do nachala XX veka. Sankt-Peterburg i Moskva.* (St.Petersburg: Izd-vo S.–Peterburgskogo universiteta, 2005), 199.

46. Lamanskii, *Vospominania,* 75.

47. I. I. Kaufman, *Kreditnye bilety, ikh upadok i vosstanovlenie* (St.Petersburg, 1888), 144; Lamanskii, *Vospominania,* 56.

注
释

437

48. Kaufman, *Iz istorii bumazhnykh deneg v Rossii*. (St.Petersburg, 1909), 168.

49. V. G. Chernukha, *Vnutrenniaia politika tsarizma s serediny 50-kh do nachala 80-kh gg. XIX v.* (Leningrad: Izd–vo AN SSSR, 1978), 25.

50. Chernukha, *Vnutrenniaia politika tsarizma*, 34.

51. RGIA, f.563, op.2, d.155, l. 43–45 ob., May 5, 1862.

52. "Russkii gosudarstvennyi dolg," *Russkii Vestnik*, 20 (1860): 203.

53. "O zakliuchenii zaima na 15 millionov funtov sterlingov" April 14, 1862, RGIA, f.563, op.2, d.155.

54. "Ob otpuske na Sankt–Peterburgskii Monetnyi Dvor zolotykh slitkov, dostavlennykh ot Rotshilda," RGIA, f.587, op.43, d.38 a .

55. A. A. Golovachev, *Desiat' let reform, 1861-1871* (St. Petersburg, 1872), 38.

56. Lamanskii, Vospominania, 79.

57. *SPS* za 1863, 651 (no. 240, November 4, 1863).

58. Komitet finansov, "O zamene nyneshnikh obraztsov gosudarstvennykh kreditnykh biletov novymi," September 5, 1863, in *Izvlechenie iz podlinnykh del Komiteta finansov* (St. Petersburg, 1895), RGIA, p.z.1155, 7.

59. 1839—1843 年改革后，面额 5 卢布的半英制金币兑换 5 卢布 15 戈比纸币。

60. P. Migulin, *Regulirovanie bumazhnoi valiuty v Rossii* (Kharkov, 1896), 13.

61. Kaufman, "Zoloti rubl' v Rossii," TsGIA SPb, f.2098, op.1, d.58, l.20.

62. V. P. Bezobrazov, "O nekotorykh iavleniiakh denezhnogo obrashcheniia v Rossii," *Russkii Vestnik*, November 1863, 376–416

63. A. A. Golovachev, "Ob'asnenie po povodu otvetov na voprosy ob operatsiiakh Gosudarstvennogo Banka," *Vestnik Evropy 2* (March 1874): 373; Migulin, *Regulirovanie*, 1.3.

64. Abram Zak to Dmitrii Solskii, RGIA, f.694, op.2, d.84, l.3.

65. Abram Zak to Dmitrii Solskii, RGIA, f.694, op.2, d.84, l.3.

66. A. A. Golovachev, *Desiat' let reform, 1861-1871* (St. Petersburg, 1872), 15.

67. Golovachev, *Desiat' let reform*, 22.

68. "O sozhzhenii kreditnykh biletov," RGIA, f.583, op.4, d.260, 225–228.

69. I. I. Kaufman, *Iz istorii bumazhnykh deneg v Rossii* (St. Petersburg, 1909), 179.

70. M. Kh. Reitern, "Zapiska, predstavlennaia vel.kniaziu Konstantinu Nukolaevichu d.st.s. Reiternomv1857 godu," *RekaVremen,knigapiataia.Gosudar', gosudarstvo, gosudarstvennaia sluzhba* (Moskva: Ellis Lak, 1996), 182.

71. Pavel Lizunov, "Regulirovanie denezhnogo obrashcheniia," 175; Terner, *Vospominaniia zhizni*, 206.

72. Lamanskii, *Vospominania*, 71.

73. Gagemeister, *Znacheniie denezhnykh znakov v Rossii*, 6.

74. Gagemeister, *Znacheniie denezhnykh znakov v Rossii*, 6.

75. Reutern, [O merakh po uluchsheniu finansovogo i ekonomicheskogo polozhenia gosudarstva], 154.

76. AVPRI,F.133,op.469,d.48,L.52

77. "Memoires sur nor finances presentee a S. M. L'Empereur et envoyeé a Nice au Grand Duc Constantine par le conseiller prive Tęgoborski en Fevrier 1857," RGIA, f.1044, op.1, d. 148, l.8ob–9.

78. SPS za 1869, 597 (no. 203, September 17, 1869); SPS za 1870, 61–62 (no. 21, January 26, 1870).

79. Pavel Lizunov, "Neudachnoe nachalo "novoi ery" russkikh finansov," in Stranitsy russkoi istorii. *Problemy, sobytiia, liudi. Sbornik statei v chest' B.V. Ananicha* (St. Petersburg, 2003),100–106.

80. Terner, *Vospominania zhizni,* 186.

81. Terner, *Vospominania zhizni,* 203.

82. *Moskovskie Vedomosti* on May 23, 1863, no.111.

83. *SPS* za 1863 (no. 240, 241, November 4, November 5, 1863).

84. 1863 年 11 月 11 日瓦卢耶夫致卡特科夫的信：OR RGB, f.120, papka 19, no.1, l.11.

85. 1863 年 12 月 26 日瓦卢耶夫致卡特科夫的信：OR RGB, f.120, papka 19, no.1, l.14.

86. Louis Wolowski, "Les finances de la Russie," *Revue de deux mondes* no.2 (1864): 431–452.

87. Nikolai Ogarev, *Finansovye spory* (London: Truebner, 1864).

88. Wolowski, *Les finances de la Russie* (1864).

89. *SPS* za 1864, 167 (no. 64, March 19, 1864); *Birzhevye Vedomosti,* November 5, 1863; *Birzhevye Vedomosti,* November 26, 1863.

90. *SPS* za 1864, 506 (no. 182, August 18, 1864).

91. *Birzhevye Vedomosti,* November 30, 1863.

92. Editorial, *Sankt-Peterburgskie Vedomosti,* September 18, 1865. no. 243.

93. "Svoboda bankov i zolotaia valiuta," *Birzhevye Vedomosti.* 1865, no.174.

94. Editorial, *Severnaia Pochta,* September 16, 1865, no.199.

95. Editorial, *Sankt-Peterburgskie Vedomosti,* September 18, 1865.

96. *SPS* za 1865, 597 (no. 208, September 23, 1865).

97. "Svoboda bankov i zolotaia valiuta," *Birzhevye Vedomosti,* 1865, no.174.

98. "Vysochaishee postanovlenie on 8 noiabria 1865 goda o metallicheskoi monete kak edistvenno zakonno deistvitelnoi v Finlandii," in *Materialy po voprosu o denezhnom obrashchenii v Velikom Kniazhestve Finlandskom* (St. Petersburg: Gos tipografiia, 1900), 26–27.

99. "Vysochaishee postanovlenie on 8 noiabria 1865 goda o metallicheskoi monete kak edistvenno zakonno deistvitelnoi v Finlandii," in Materialy po voprosu o denezhnom obrashchenii v Velikom Kniazhestve Finlandskom (St. Petersburg: Gos tipografiia, 1900), 26–27.

100. Ob ob'iavlenii serebrianoi monety edinstvennym platezhnym sredstvom v Finlandii. Committee of Finance, 19 dekabria 1864, RGIA, f.563, op.1, d.14, 12–140b.

101. Vysochaishee postanovlenie ot 9 dekabria 1867 goda kasatel'no upravleniia i zavedvaniia Finliandskim bankom. RGIA f.563, op.1, d.14, 34–39.

102. Khronika, Vnutrennee obozrenie. *Vestnik Evropy* 2 (March 1874): 337, 357.

注释

103. K. A. Skal'kovskii, *Nashi gosudarstvennye i obshchestvennye deiateli* (St. Petersburg, 1891), 531.

104. *SPS* za 1867, 314–319 (no.134, June 19, 1867).

105. *SPS* za 1869, 58–60 (no. 19, January 23, 1869), See also *SPS* za 1867, 698 (no. 254, November 18, 1867; no. 268, December 7, 1867).

106. Thomas C. Owen, "The Moscow Merchants and the Public Press," 1858–1868, *Jahrbücher für Geschichte Osteuropas,* vol. 23 (1975), h.1, 26–38.

107. V. A. Kokorev, *Ekonomicheskie provaly po vospomianiia s 1837 goda* (Moskva, 2002), 73, 127.

108. Kokorev, *Ekonomicheskie provaly,* 77.

109. "Obozrenie promyshlennosti i torgovli," *Vestnik Promyshlennosti,* April, 1861.

110. I. Shill, *O kreditnykh biletakh* (St. Petersburg: Tipografia Bezobrazova, 1866), 26.

111. A. Shipov, *O sredstvakh k ustraneniiu nashikh ekonomicheskikh i finansovyckh zatrudnenii* (St. Petersburg, 1866). 23–25.

112. I. Shil, "O kreditnykh biletakh," *Torgovyi sbornik,* April 30 1866, no. 18, 147.

113. M. Stepanov, *Vnutrennii gosudarstvennyi kredit* (St. Petersburg, 1866), 6, 43.

114. V. A. Panaev, "Dengi–tovar" [1861], in *Finansovye i ekonomicheskie voprosy* (St. Petersburg, 1878), 113.

115. M. P. Pogodin, "K N.N." [December 1856], *Utro. Literaturnyi i politicheskii sbornik* (Moskva, 1866).

116. Pogodin, "Zapiska dlia razvlechenia A. M. v doroge" [September 1861], *Utro. Literaturnyi i politicheskii sbornik* (Moskva, 1866), 282.

117. Pogodin, "K M.M." [April 1862], *Utro. Literaturnyi i politicheskii sbornik* (Moskva, 1866), 287–288.

118. Pogodin, "Pismo k Kobdenu," *Utro. Literaturnyi i politicheskii sbornik* (Moskva, 1866), 288–289.

119. N. P., "Novoe osnovanie denezhnoi sistemy," *Torgovyi Sbornik,* no. 34, August 21, 1865.

120. Thomas C. Owen, *Dilemmas of Russian Capitalism: Fedor Chizhov and Corporate Enterprise in the Railroad Age* (Cambridge, MA: Harvard University Press, 2005), 95, 98.

121. GARF, f.109, op.154, 3 eksp, 1869, d.92, ll.100–101.

122. GARF, f.95, op.1, d.329.

123. Raport adjutanta namestnika v Tsarstve Polskom Goldmana, GARF, f.109,op.40,1865, d.23, ch.21, l.38–38ob.

124. GARF, f.109, op.154, 3 eksp, 1869, d.92; f.109, op.152, 3 eksp, 1867, d.138; f.109, op.40, 1865, d.23, ch.21, 16–16 ob; O fabrike falshivykh kreditnykh biletov okrytoi v oktiabre 1867 g v derevne Sent–Andresse bliz Gavra. f.95, op.1, d. 417, 3–6ob; f.95. op.1, d.329.

125. Agenturnye doneseniia, GARF, f.109, op.3a, d.2918, l.9; f.109, op.3a, d. 2920, l.19, 22–23.

126. RGIA, f.560, op.12, d. 476, ll.32–34.

127. GARF, f.109, op.42, 1 eksp, d.12, ch.12, l. 52, 78.

128. Zapiska nachalnika Sankt–Peterburgskoi sysknoi politsii, "Po delu o poddelyvateliakh i sbytchikakh falshivykh biletov kreditnykh i gos. Kaznacheistva," RGIA, 1282, op.2, d.70, l. 9.

129. Nachalnik Moskovskogo gubernskogo zhandarmskogo upravleniia, November 6, 1868. RGIA, 1282, op.2, d.70, l.52.

130. General–major Sem–ii, report.—RGIA, 1282, op.2, d.70, l. 61–62; GARF, f.109, op.223/85,d.33, l.169.

131. Zapiska nachalnika Sankt–Peterburgskoi sysknoi politsii, "Po delu o poddelyvateliakh i sbytchikakh falshivykh biletov kreditnykh i gos. Kaznacheistva," RGIA, 1282, op.2, d.70.

132. Putilin's report: RGIA, f.560, op.33, d.299, ll.105–108.

133. GARF, f.109, op.42, 1 eksp, d.12, ch.12, l. 98.

134. RGIA, f.560, op.33, d.299, l.103.

135. RGIA, f.583, op.4, d.276, ll.179, 205–206, and GARF, f.109, op.43, 1 eksp, 1868, d.15, ch.12.

136. *Sudebnyi Vestnik, 1868, n. 44-47; Po povodu protsessa o pokhishchenii kreditnoi bumagi iz Ekspeditsii Zagotovleniia Gosudarstvennykh Bumag* (brochure) in GARF, f.109, op.43, 1 eksp, 1868, d.15; Kantseliariia po sekretnoi chasti Ministerstva finansov—Ministerstvo Vnutrennikh Del, January 30, 1866, RGIA, f.560, op.33, d.260, ll. 9–10.

137. Kopiia s otosheniia Kostromskogo gubernatora Rudzekevicha v Ministerstvo Vnutrennikh Del, March 30, 1864, RGIA, f.560, op.33, d.225, ll. 2–3.

138. Komissiia o merakh protiv delatelei i perevoditelei falshivykh kreditnykh biletov, RGIA, f.560, op.12, d.476, ll.14–18.

139. "O zaderzhanii na st. Verzhbolovo dvorianki Josefiny Dobrovolskoi s falshivymi kreditnymi biletami, i o proizvodstve sledstviia," RGIA, f.560, op.33, d.339; "Zapiska o vvoze v Rossiiu falshivykh kreditnykh biletov polskimi zhenshchinami," August 1, 1872, GARF, f.678, op.1, d.641.

140. "Po otnosheniiu Varshavsogo gen–gubernatora i prokurora Varshavskoi sudebnoi palaty o priniatii mer k povsemestmomu presledovaniiu poddelyvatelei i perevoditelei russkikh gosudarstvennykh bumag za granitsei," RGIA, f.560, op.33, d.403; "Po perepiske s Kalishskim gubernatorom," RGIA, f.560, op.33, d.423. see also: RGIA, f.560, op.33., d. 424, d. 425.

141. Komissiia o merakh protiv delatelei i perevoditelei falshivykh kreditnykh biletov, RGIA, f.560, op.12, d.476, ll.29–29ob, 44 ob.

142. O vospreshchenii chastnym litsam i obshchestvam vypuska denezhnykh znakov, RGIA, f.1149, op,7, 1868, d.57, l.49.

143. O vospreshchenii chastnym litsam i obshchestvam vypuska denezhnykh znakov, RGIA, f.1149, op,7, 1868, d.57, l.70.

144. O vospreshchenii chastnym litsam i obshchestvam vypuska denezhnykh znakov, RGIA,

f.1405, op.65, d.3521, 6–7, 30 ob.

145. O vospreshchenii chastnym litsam i obshchestvam vypuska denezhnykh znakov, RGIA, f.1149, op.7, 1868, d.57, l. 32.

146. O vospreshchenii chastnym litsam i obshchestvam vypuska denezhnykh znakov, RGIA, f.1405, op.65, d.3521, 6–7, l.25; F.1149, op.7, 1868, d.57, ll.99,100.

147. L. I. Zakharova, Yu.T. Trifankov, V. V. Dziuban, and N. G. Fedkin, S.I. Mal'tsov: Sotsialnaia initsiativa v promyshlennom regione vo vtoroi polovine XIX veka (Briansk: BGTU, 2014), 113; A. A. Bauer, "*Mal'tsovskie denezhnye surrogaty,*" *in S .I. Mal'tsov i istoriia razvitiia maltsovskogo promyshlennogo raoina* (Briansk: BGTU, 1998), 62–68.

148. A. A. Makushev, *Predprinimatelskaia deiatelnost' Maltsovykh vo vtoroi polovine XVII-nachale XX veka: industrial'noe nasledie* (Saransk: Mordovskoe knizhnoe izd–vo, 2006).

149. Ob uchrezhdenii Komissii dlia rassledovanii poddelki i rasprostraneniia falshivykh kreditnykh biletov, 1867, RGIA, f. 1282, op.2, d.70, l.2–3.

第五章

1. V. A. Shishanov, ""Kostry iz assignatsii" ili pervye meropriiatiia Pavla I v otnoshenii bumazhnykh deneg," in *Dengi v rossiiskoi istorii. Sbornik materialov*, edited by Andrei Bogdanov (St. Petersburg: Goznak, 2019), 152.

2. RGIA, f.583, op.4, d. 293, l. 393.

3. Ob izmenenii sposoba unichtozheniia braka kreditnykh biletov i drugikh bumag, TsGIA SPb, f.1458, op.2, d. 627.

4. O sposobe pogasheniia kreditnykh biletov, RGIA, 587, op.33, d.353, 18, 22–27. 1914 年批准建造一座新建筑，用化学方法来处理老旧或有缺陷的信用票据（与法国银行使用的技术相似），但这座建筑最终并未完工。Ob iz'atii vetkhikh kreditnykh biletov, RGIA, f.587, op.43, d.808.

5. M. V. Khodiakov, "Iz'atie iz denezhnogo obrashcheniia i unichtozhenie kreditnykh biletov v Sankt–Peterburge v nachale XX veka," *Trudy Istoricheskogo fakulteta Sankt-Peterburgskogo universiteta* (St. Petersburg, 2010), 295–305.

6. On crying babushkas: V. A. Lebedev, *Bumazhnye den'gi* (St. Petersburg, 1889), 62.

7. "Zapiska M. Kh. Reuterna, predstavlennaia E.I.V. v Livadii 3–go oktiabria 1876 g," in M. Kh. Reutern, edited by A. N. Kulomzin and V .G. Reutern–Nolkeln, 166 (St. Petersburg, 1910).

8. "Prebyvanie M.Kh. Reuterna v Livadii v Oktiabre 1876 g," in M.Kh. Reutern, edited by A. N. Kulomzin and V. G. Reutern–Nolkeln, 159 (St. Petersburg, 1910).

9. "O vzimanii tamozhennykh poshlin zolotom," RGIA, f.564, op.2, d.232, l.2.

10. RGIA, f.563, op.2, d.233, l.5ob, April 1877.

11. Sevket Pamuk, *A Monetary History of the Ottoman Empire* (New York: Cambridge University Press, 2000), 214–215; Roderic H. Davison, "The First Ottoman Experiment with Paper Money," in *Essays in Ottoman and Turkish History, 1774-1923* (Austin: University of Texas Press, 1990), 60–72. 关于奥斯曼帝国的破产及其相对富裕人口的状况，有一些有趣的讨论，可参见 "Zametka po povodu nastoiashchei voiny," Slovo, January 1878, 84. 俄国很多报纸对奥斯曼帝国的财政政策及其破产进行了讨论，可参见，"Finansovyi krizis v Turtsii," in *Gertsogovinskoe vosstanie i vostochnyi vopros* (St. Petersburg, 1876), 59–63; "Politicheskaia i obshchestvennaia khronika," Delo, no.1, 1876, 104–130; "Inostrannoe obozrenie. Turetskie finansy," Vestnik Evropy, September, 1875, 388–392; A. Felkner, *Slavianskaia bor'ba. Istoricheskii ocherk vosstaniia balkanskikh slavian* (St. Petersburg, 1877), 53–61.

12. Anatole Leroy–Beaulieu, "L'empire des tsars et les russes: III. Les finances. II. Les dépenses, la dette et le papier–monnaie," *Revue de Deux Mondes,* January 1877, 153.

13. RGIA, f.563, op.2, d.233, l.6ob. 财政委员会对战争的财政前景持悲观态度，参见：RGIA, f.563, op.2, d.233, l.15 ob.

14. M.Kh. Reutern, edited by A. N. Kulomzin and V. G. Reutern–Nolkeln, 17.

15. *Gosudarstvennyi Bank. Kratkii ocherk deiatelnosti za 1860-1910 g.* St. Petersburg, 1910. 138–139. 财政委员会提供的数据有些许差异：1875 年价值 2.29 亿卢布的黄金（与 1867 年 5900 万卢布相比），等于 1875 年流通的 7.97 亿卢布纸币（与 1867 年 6.52 亿卢布相比）。时间和计算方法的差异可能会导致数字的差异（比如，黄金储备是否包括以黄金为担保的债券，是否应被计算为政府因发行大量纸币而欠下的短期债务等）

16. I. I. Kaufman, Zolotoi rubl' v Rossii, TsGIA SPB, f.2098, op.1, d.58, 45.

17. A. E. Denisov, "Gosudarstvennye bumazhnye denezhnye znaki 1840–1896," 108–109, in *Bumazhnue denezhnye znaki Rossii, 1769-1917* (Moskva: Numizmaticheskaia literatura, 2003).

18. 据新法规定，关税可以以各种"金融"证券（如外债债券和国债委员会发行的债券）、已采用金本位制的外国国家的货币、造币厂为生产者开具收据，以及黄金的形式进行征收。付款人还可以以任何"金融"证券或货币换取"关税证明"，但仅限于在圣彼得堡的国家银行办公室办理。只有在这个中央办公室里，商人能将外国汇票交给特别委员会（类似于贴现委员会）审查，然后委员会决定是否接受它们获得关税证明。1877 年，关税共计带来了 1590 万卢布的黄金。RGIA, f.583, op.4, d.287, 488.

19. D. A. Obolenskii, *Zapiski kniazia Dmitriia Aleksandrovicha Obolenskogo, 1855-1879* (St. Petersburg: Nestor–Istoriia, 2005), 407.

20. 《声音》上刊登的相关争论，参见："Vnutrennee obozrenie. 1 Avgusta 1877," *Vestnik Evropy,* 741.

21. A. N. Engelgard, Iz derevni. 12 pisem, 1872–1887 (St. Petersburg: Nauka, 1999), 218. (Pis'mo shestoe. First publication—*Otechestvennye Zapiski,* 1878, no.3).

22. I. Kaufman, *Statistika gosudarstvennykh finansov Rossii v 1862-84 godakh.*

Statisticheskii vremennik Rossiiskoi Imperii (St. Petersburg, 1886), 17.

23. 据 SPS za 1878, 486. (no.284, November 6, 1878）中引用的国家银行报告。

24. 关于战争的财政影响，详见 V. L. Stepanov, "Tsena pobedy: Russko–Turetskaia voina i ekonomika Rossii," *Rossiiskaia Istoriia* 6 (2015): 99–119. A. I. Bukovetskii, "Svobodnaia nalichnost' i zolotoi zapas, *Monopolii i inostrannyi capital v Rossii* (Leningrad: Izd–vo AN SSSR, 1962), 366. 25.

25. "Exchange," *Encyclopedia Britannica,* vol. 8 (Chicago, 1895), 794

26. "Exchange," *Encyclopedia Britannica,* vol. 8 (Chicago, 1895), 794.

27. *Golos,* no. 255, 1879; Kievlianin no.127, 1879.

28. SPS za 1878, 28 (no.12 B, January 12, 1878); SPS 1878, 535 (no. 305, November 29, 1878).

29. SPS za 1878, 518–20, 535, 537 (November 18, 1878, no. 2 95; November 29, 1878, no. 305).

30. SPS za 1878 (November 29, 1878, no. 305), 537.

31. 他声称财政部没有用这笔钱 SPS za 1880, 51–52（January 25, 1880, no. 25).

32. Kaime—temporary state notes issued in 1876 and retired in 1880. SPS za 1879, 578 (November 9, 1879, no. 287).

33. SPS za 1879, 29, (January 15, 1879, no.13).

34. 奥斯曼公共债务管理委员会 (ODPA）包括来自法国、德国、奥匈帝国、意大利及荷兰的代表。关于该机构在奥斯曼帝国经济边缘化中所起的作用，参见 Murat Birdal, *The Political Economy of Ottoman Public Debt: Insolvency and European Financial Control in the Late Nineteenth Century* (London: I. B. Tauris, 2010)*;* Christopher Clay, *Gold for the Sultan: Western Bankers and Ottoman Finance 1856-1881: A Contribution to Ottoman and to International Financial History* (London: I. B. Tauris, 2000).

35. B. M. [P. A. Valuev,] *Ekonomicheskie i finansovye zametki* (St. Petersburg, 1881) (originally published in *Otgoloski,* 1880), 169–170

36. B. M. [P. A. Valuev], *Ekonomicheskie i finansovye zametki,* 173.

37. Kaufman, "Bumazhno–denezhnye," 358. N. Ya. Danilevskii, "Neskolko mysli po povodu nizkogo kursa nashikh bumazhnykh deneg i nekotorykh drugikh ekonomicheskikh iavlenii i voprosov," in *O nizkom kurse nashikh deneg* (St. Petersburg, 1885), 1. Originally published in *Russkii Vestnik,* 1882, no. 8.

38. "Ob uplate dolga Gosudarstvennogo Kaznacheistva Gosudarstvennomu Banku," RGIA, f.563, op.2, d.244. 维特声称他见过本格（阿巴扎的副大臣）手写的法令草稿 "Protokoly zasedanii Soedinennykh Departamentov Gosudarstvennoi Ekonomii, Zakonov i Grazhdanskikh i Dukhovnykh Del po delu ob ispravlenii denezhnogo obrashcheniia," RGIA, f.1152, op.12, 1897, d.78a, ll.778–779

39. SPS za 1881, 21（January 9, 1881, no.10). 卡特科夫的报纸指控财政部，称其将偿还债务的负担转嫁给了俄国人民，并指出国库因没有还款资金而需要额外的国内贷款，参见 Bunge's memo: "Ob uplate dolga Gosudarstvennogo Kaznacheistva

Gosudarstvennomu Banku," RGIA, f.563, op.2, d.244, L.9ob.

40. *PSZ* III, vol.1, January 1, 1881, no.61730.

41. P.A. Valuev, *Dnevnik, 1877-1884*, (Petrograd, 1919), 136. 大臣委员会召开会议同意法令颁布后，生成了一份记录。

42. S predstavleniem novykh risunkov gosudarstvennykh kreditnykh biletov 1,3,5,10 i 100 rub dostoinstva, RGIA, f.583, op.4, d. 292, ll.41–42.

43. 卡特科夫将卢布贬值解释为对由革命分子策动的犹太人暴动的一种反应。SPS za 1881, 235 (May 15 1881, no. 134).

44. 他的第一位上司是塞缪尔·格里格（Samuel Greig），后于 1880 年 10 月由阿巴扎接替。关于本格的职业轨迹，参见 V. L. Stepanov, N.Kh. *Bunge: Sud'ba reformatora* (Moskva: ROSSPEN, 1998), 110–127.

45. SPS za 1881, 311 (June 30, 1881, no.180), 卡特科夫的报纸报道了一则谣言，称国家银行已经完成改革，回收 3.8 亿卢布并通过外国贷款恢复黄金兑换。SPS za 1880, 384 (July 14, 1880, no. 194); SPS za 1880, 477 (September 1880, no.253), 事实上，本格认为俄国经济的现状不允许进行这样的改革。N. Kh. Bunge, "Zametka o nastoiashchem polozhenii nashei denezhnoi sistemy i sredstvakh k ee uluchsheniiu," *Sbornik gosudarstvennykh znanii* 8 (1880): 87–127. 本格在他 1878 年出版的小册子中提到了国家银行的改革，此时距离他被任命为财政大臣只有两年，但到 1880 年和 1881 年，他改变了想法。参见 N. Kh. Bunge, *O vosstanovlenii postoiannoi denezhnoi edinitsy v Rossii* (Kyiv, 1878), 60–61.

46. 在登基五天后，沙皇命令财政大臣阿巴扎"简化"他的备忘录。E. A. Peretz, *Dnevnik* (Moskva: Gos.izd–vo, 1927), 29–30.

47. V. P. Meshcherskii, Pis'ma k imperatoru Aleksandru III, 1881–1894 (Moskva: NLO, 2018), 302, April 17, 1886. 梅谢尔斯基经常在他的信中添加丰富的轶事，这些轶事可能是真实的也可能是虚构的人物间的对话。例如，当某位名叫库兹涅佐夫的茶叶商被问及如何改善经济状况时，他回答道："提升农业、改善贵族土地所有权的条件、支持俄国的工厂并慷慨地发行卢布纸币。这是我们的内部事务而非外部事务。"（Meshcherskii, Pisma，88，November 25, 1884）。

48. Meshcherskii, *Pis'ma*, 57, 61, 142, April 23,1885.

49. Meshcherskii, *Pisma*, 234–235, 244, 363.

50. Meshcherskii, *Pis'ma*, 303, April 17, 1886.

51. B. V. Ananich and R. Sh. Ganelin, "I.A. Vyshnegradskii i S.Yu. Witte— korrespondenty *Moscovskikh vedomostei*," *Problemy obschestvennoi mysli i ehkonomicheskaya politika Rossii XIX-XX vekov: Sbornik statei* (Leningrad: Nauka, 1972), S. 13–20, 14

52. George E. Snow and N. Kh. Bunge, "The Years 1881–1894 in Russia: A Memorandum Found in the Papers of N. Kh. Bunge. A Translation and Commentary," *Transactions of the American Philosophical Society*, New Series 71, no. 6 (1981): 47

53. Ananich and Ganelin, "I.A. Vyshnegradskii i S.Yu," 12. 1882 年，传言称卡特科夫曾被授予国务会议相关职位但被他拒绝；为了羞辱立法机构，卡特科夫否认这一传闻，称这是对他的赞美，但这是假消息。

54. Komitet finansov, "O somneniiakh, vozbuzhdaiushchikhsia po povodu valiuty nekotorykh nashikh zaimov," *Izvlechenie iz podlinnykh del Komiteta finansov* (St. Petersburg, 1895), RGIA, Library, pechatnaia zapiska no. 1155, 9.

55. Po voprosu o dozvolenii sovershat' sdelki na zoloto, RGIA, f.563, op.2, d.235.

56. RGIA, f.563, op.2, d.250, ll.15–15ob. 有关本格的提议，详见，the Committee of Finance's minutes, and Nebolsin's memo in *Materialy po denezhnoi reforme 1895-1897. Pod red. A. I. Bukovetskogo. Vyp.*1 (Petrograd: In–t Ekonomicheskikh Issledovani,i 1922), 49–88. 有关相关举措及其反对意见的讨论，参见 A. A. Polovtsov, *Dnevnik gosudarstvennogo sekretaria*, v.1 (Moskva: Nauka, 1966), 70; [Staryi professor], *Zamechatel'naia epokha v istorii russkikh finansov* (St. Petersburg, 1895), 16.

57. Delo o prodazhe zolota v Arkhangelskoi, Odesskoi, Onezhskoi, Rostovskoi i Khar'kovskoi kontorakh, RGIA, f.588, op.3, d.545, l. 1–2.

58. 罗斯托夫（Rostov）分部有相似的请求，参见 RGIA, f.588, op.3, d.545, l. 513–515, 575. 投机商和代理人使用金币和"黄金"证券收取高额费用，而国家银行的办事处只在圣彼得堡证券交易对半英制金币规定的汇率上额外加收 1~2 戈比的费用（直到 1885 年，半英制金币上还刻着"5 卢布"的字样，而其官方法定价值为 5 卢布 15 戈比，证券交易所的价值波动在 8 卢布 20 戈比左右）。

59. 国家银行圣彼得堡分行收藏的众多文件可参见：RGIA, f.588, op.3. 1887 年，财政部被要求为海关部门提供黄金。进口商受邀用纸卢布购买黄金，但如果要支付关税，他们必须用相同的金币支付关税。因此，"黄金关税"作为一种用于交换的资产被存放在当地的报关办公室。

60. "O predstavlenii slepkov portretov Ego Imperatorskogo Velichestva gravirovannykh medalierami Alekseevym, Grilikhesom, Shteimanov i dr dlia rublei novogo obraztsa," September 23, 1885. In Georgii Mikhailovich, vel kn. *Russkie monety 1881-1890* (St. Petersburg, 1891), 42.

61. Georgii Mikhailovich, vel kn. *Russkie monety 1881-1890,* vol. 2.

62. Ministerstvo finansov, Proekt Monetnogo ustava, September 20, 1885, in Georgii Mikhailovich, vel kn. *Russkie monety 1881-1890,* vol. 2., 34.

63. P.P. Migulin, *Reforma denezhnogo obrashcheniia v Rossii i promyshlennyi krizis, 1893-1902* (Kharkiv, 1902) 6, 9.

64. 本格多次建议停止向国家银行支付国库债务。1881 年到 1885 年，国库向银行总计支付 2.5 亿卢布：1.5 亿卢布以现金的形式，1 亿卢布以国家证券的形式。关于国库债务的支付，参见 RGIA, f.563, op.2, d. 256; f.563, op.2, d.259, f.563, op.2, d.265.

65. Valuev, *Dnevnik,* 1877–1884, 216.

66. 未履行承诺所带来的负面影响，参见 I .I. Kaufman, *Serebrianyi rubl' ot ego vozniknoveniia do kontsa XIX veka* (St. Petersburg, 1910), 227.

67. Kaufman, "Bumazhno–denezhnyeproektyiekstraordinarnyefinansy," *Sbornik gosudarstvennykh znanii,* t.7 (St. Petersburg, 1879), 347–348. See Katkov's response to Kaufman's essay: SPS za 1879, 384 (July 28, 1879, no. 193).

68. N. Kh. Bunge, *Zametka o nastoiashchem polozhenii nashei denezhnoi sistemy i sredstvakh k ee uluchsheniiu* (St. Petersburg, 1880), 90–91.

69. L. V. Khodskii, *Pozemel'nyi kredit v Rossii i otnoshenie ego k krestianskomu zemlevladeniiu* (Moskva, 1882), 73.

70. N. Eroshsevskii, *K voprosu o pozemel'nom kredite* (Odessa, 1881), 21; N. A. Proskuriakova, *Zemel'nye banki Rossiiskioi Imperii* (Moskva: ROSSPEN, 2002), 57.

71. P. A. Shtorkh, *O nyneshnem sostoianii pozemel'nogo kredita v Rossii. Sistema zakladnykh listo* (St. Petersburg, 1867).

72. *Ob osnovnom pozemel'nom kredite* (St. Petersburg, 1865) (Originally— Aktsioner, 1860, no.15.); similar plan—I. Shill', *Predpolozheniia ob uchrezhdenii russkogo gosudarstvennogo ili zemskogo zaemnogo banka* (St. Petersburg, 1861), *Prenia v Moskovskom gubernskom zemskom sobranii po voprosu o pozemel'nykh bankakh* (Moskva, 1866), "Obzor voprosov podvergavshikhsia rassmotreniu v Moskovskom ocherednom gubernskom zemskov sobranii," *Sovremennaia letopis'* no. 5 (1868): 14.

73. 为了协助土地银行获得信贷，政府批准设立俄国中央土地银行（Russian Central Land Bank），专门用于购买地方土地银行的"纸质"债券和发行"黄金"债券，并获得政府的担保。人们常常将对卢布贬值的担忧和被外国资本家奴役视为主要障碍。

74. P. M–ev, *Zolotoi bank i ego sud'ba. Episod iz istorii nashego pozemel'nogo kredita* (St. Petersburg, 1890).

75. *Doklad soedinennogo prisutstviia pravleniia i finansovo-organizatsionnoi komissii obshchemu sobraniiu chlenov Obshchestva Vzaimnogo Pozelemnogo Kredita 26 ianvaria 1886 goda O merakh k oblegcheniiu polozheniia zaemshchikov Obshchestva po metallichesskim ikh zaimam* [1886].

76. Selskii zhitel', "K predstoiashchemu obshchemu sobraniiu Obshchestva Vzaimnogo Pozemel'nogo Kredita," *Moskovskie Vedomosti,* February 6, 1888.

77. V. Okhotnikov, *Finansovye Besedy (Grazhdanin, 1885-1886)* (St. Petersburg, 1887), 116–117. Originally Grazhdanin, February 16, 1886.

78. Okhotnikov, *Finansovye Besedy.*

79. 梅谢尔斯基将一封据称是写给《公民》编辑的虚构信呈给沙皇：署名为"聪明的俄国人"的人写道，要成立一个国家信贷银行，该银行有权发行高面额（100、1000 和 10,000 卢布）利息票据以及以土地财产为担保的贷款。由这些"以不动产做担保""总额约为 2 亿卢布"的国家票据最终代替 100 卢布面值的国家债券（Meshcherskii, Pis'ma, 121–124, December 27, 1884）。替代西方金本位制的各种想法详见 V. A. Belinskii, Chto takoe bumazhnye den'gi i myslim li finansovyi krizis v Rossii (Kharkiv, 1877); [Anonymous], Proekt pozemel'nogo imushchestvennogo banka (b.m., b.g.)

80. Ministerstvo finansov, Ob uchrezhdenii Gosudarstvennogo Zemel'nogo Banka, February 22, 1885, 98, RGIA, f.1152, op.10, 1885, d.281.

81. I. V. Andriyashev, *K voprosu o gosudarstvenom pozemel'nom kredite v Rossii (Po*

povodu Dvorianskogo banka) (Kiev, 1885), 7.

82. D. I. Richter, *Gosudarstvennye zemel'nye banki v Rossii i ikh dal'neishaia sudba* (Petrograd, 1917), 4.

83. RGIA, f.626, op.1, d.110, Perepiska Pravlenia Banka s Obshchestvom vzaimnogo pozelemnogo kredita i russkimi i inostrannymi bankami i bankirskimi domami ob uchastii ikh v konversii 5% zakladnykh listov. 1887.

84. Stepanov, N. Kh. Bunge, 188–191.

85. A. I. Chuprov, "Russkaia ekonomicheskaia zhizn' v 1886 godu," *Iuridicheskii Vestnik* 24 (1887): 310. 法国报纸《经济学人》（Economiste）中也有类似的声明，详见：Quoted in I. Kolesov, *Pochemu sem' let mirnogo vremeni ne prinesli nikakogo uluchsheniia v nashikh finansakh* (St. Petersburg, 1887), 116. 科列索夫（Kolesov）指责贵族的国家土地银行占据了国家银行的资源，从而导致国家银行在 1888 年发行了额外的卢布纸币。I. Kolesov, "Neudavshaiasia kreditnaia operatsiia," *Ekonomicheskii zhurnal* 10 (1888): 59. N. Kh. Vessel' 也指出贵族的国家土地银行的信贷政策对信贷卢布发行产生的影响：N. Kh. Vessel', *Otchego Gosudarstvennyi Bank ne uprochil kreditnoi denezhnoi sistemy i kak ee uprochit?* (St. Peterbusrg, 1893), 11, 12.

86. A. V. Bugrov, "Gosudarstvennyi bank Rossiiiskoi imperii: iz istorii melioratsionnogo kredita," *Den'gi i Kredi 1* (2014): 63–68.

87. "Nebyvalaia polemika," *Ekonomicheskii Zhurnal 8* (1886) .

88. Anan'ich and Ganelin, "I. A. Vyshnegradskii i S.Yu. Vitte" ; Stepanov, *Bunge,* 227–240;

89. 在一本由主教会议代理检察长斯米尔诺夫（Smirnov）编写的小册子中，本格被指控攻击专制制度。该小册子由极端保守的主教会议检察长康斯坦丁·波别多诺斯采夫的支持发布，仅供一小群朝臣和皇帝阅读。N. P. Smirnov, *Sovremennoe sostoianie nashikh finansov, prichiny upadka ikh i sredstva k uluchsheniiu nashego gosudarstvennogo khoziaistva* (St. Petersburg, 1885).（然而，波别多诺斯采夫否认了该册子所描写的他所发挥的作用）。Pobedonostsev—Alexander Ⅲ, January 25, 1886.—*Pis'ma Pobedonostseva k Aleksandru III,* vol .2 [Moscow: Tsentrarkhiv, 1926], 96–99). 本格的回应可参见：N. Kh. Bunge, *Zamechania ministra finansov na zapisku tainogo sovetnika Smirnova ozaglavlennuiu Sovremennoe sostoianie nashikh finansov, prichiny upadka ikh i sredstva k uluchsheniiu nashego gosudarstvennogo khoziaistva* (St. Petersburg, 1886); 关于他对立宪主义的反驳，参见 p. 71。

90. *Vsepoddanneishii doklad ministra finansov po gosudarstvennoi rospisi dokhodov i raskhodov na 1886 g* (St. Petersburg, 1887), 15.

91. 1887 年，交易基金增加了 4000 万金卢布。"Predstavlenie ministra finansov d.t.s. Vyshnegradskogo ot 12 ianvaria 1888 g.," *Materialy po denezhnoi reforme 1895-97 gg.* (Petrograd: NKF, In–t Ekonomicheskikh Issledovanii, 1922), 94.

92. Izvlechenie iz Zhurnala Komiteta Finansov 28 iunia 1887 i.—RGIA, biblioteka. PZ n.1146.

93. Olga Crisp, "Russian Financial Policy and the Gold Standard at the End of the Nineteenth Century," *Economic History Review*, new series, 6, no. 2 (1953): 162–164. 作为比较：本格设法增加了 1.25 亿卢布的黄金储备。Kaufman, Serebrianyi Rubl', 233.

94. B. C. Endelman, *Le monometallisme-or en Russie: histoire de la réforme monétaire et de la circulation fiduciaire russe depuis 1897: étude historique et économique* (Berne: Impr. A. Tanner, 1917), 106

95. "Predstavlenie ministra finansov," 94–95.

96. 《莫斯科公报》急于为维什涅格拉茨基开脱，将其政策描述为前任财政大臣的遗产，因为维什涅格拉茨基受到《莫斯科公报》的已故编辑，同时也是该报所有者的提携，参见：*Moskovskie Vedomosti*, February 7, 1888. 还可参见 *Birzhevye Vedomosti*, February 11, 1888; "Tretia popytka," *Novoe Vremia*, February 8, 1888.

97. Vyshnegradskii's memo to the tsar, February 12, 1888,, RGIA, f.583, op.4, d.298, l. 11.

98. "Rubl'—171!" *Birzhevye Vedomosti*, February 9, 1888.（这个标题提到 100 卢布等于 171 德国马克的汇率，而该年的平均汇率约为 220 马克）。

99. N. A. Naidenov, *Vospomimaniia o vidennom, slyshannom i ispytannom* (Moskva: Izd. dom Tonchu, 2007), 166, 186, 188, 241.

100. Naidenov, *Vospomimaniia o vidennom*, 252.

101. Vladimir Bezobrazov, "Voprosy dnia. Nashi bumazhnye dengi," *Nabliudatel'* 3 (1888): 362.

102. [Ministerstvo Finansov. Osobennaia kantseliariia po kreditnoi chasti], *O vosstanovlenii obrashcheniia zvonkoi monety*. 1888 [b.g., b.m.] 103, 137. 类似的声明，亚历山大·拉特科夫–罗日诺夫（Ratkov–Rozhnov）："简单的民众不懂什么是汇率" [Ministerstvo Finansov], *O vosstanovlenii*, 84.

103. [Ministerstvo Finansov], *O vosstanovlenii obrashcheniia zvonkoi monety*, 152. Similar statement—Ratkov–Rozhnov, [Ministerstvo Finansov], *O vosstanovlenii obrashcheniia zvonkoi monety*, 115, 153.

104. [Ministerstvo Finansov], *O vosstanovlenii obrashcheniia zvonkoi monety*, 122. On Wogau and Co, see Yu. A. Petrov, "Nemetskie predprinimateli v dorevoliutsionnoi Moskve: torgovyi dom "Vogau i Ko," *Ekonomicheskaia Istoriia, Ezhegodnik 2000* (Moskva: ROSSPEN, 2001).

105. [Ministerstvo Finansov], *O vosstanovlenii obrashcheniia zvonkoi monety,* 97.

106. [Ministerstvo Finansov], *O vosstanovlenii obrashcheniia zvonkoi monety,* 137. Similar argument—I. N. Shcherbakov, *O vosstanovlenii obrashcheniia zvonkoi monety,* 103.

107. V. P. Kardashev, "Fondovye birzhi v Rossii," *Bankovaia Entsiklopediia. T.2. Birzha. Istoriia i sovremennaia organizatsiia fondovykh birzh* (St. Petersburg, 1916), 191.

108. "O sposobe vychisleniia srednego kursa," in F. F. Kolaiko, *Spravochnaia kniga S.-Peterburgskogo birzhevogo kupechestva* (St. Petersburg, 1889), 104.

109. V. Sudeikin, *Birzha i birzhevye operatsii* (St. Petersburg, 1892), 20.

110. Sudeikin, *Birzha i birzhevye operatsii,* 21

111. *Kredit i banki v Rossii do nachala XX veka. Sankt-Peterburg i Moskva,* (St.Petersburg: Izd–vo S.–Peterburgskogo universiteta, 2005), 273.

112. *Kredit i banki v Rossii,* 348.

113. P. V. Lizunov, *Sankt-Peterburgskaia birzha i rossiiskii rynok tsennykh bumag* (St. Petersburg: Blitz, 2004), 240.

114. 关于俄国商业精英在全国、各地及信仰上的划分，参见 Alfred Rieber, *Merchants and Entrepreneurs in Imperial Russia* (Chapel Hill: University of North Carolina Press, 1982)

115. *Kredit i banki v Rossii,* 339.

116. V. I. Kovalevskii, "Vospominaniia," *Russkoe proshloe 2* (1991): 32.

117. [Ministerstvo Finansov], *O vosstanovlenii obrashcheniia zvonkoi monety,* 135.

118. [Ministerstvo Finansov], *O vosstanovlenii obrashcheniia zvonkoi monety,* 111, 144.

119. [Ministerstvo Finansov], *O vosstanovlenii obrashcheniia zvonkoi monety,* 145.

120. [Ministerstvo Finansov], *O vosstanovlenii obrashcheniia zvonkoi monety,* 144.

121. [Ministerstvo Finansov], *O vosstanovlenii obrashcheniia zvonkoi monety,* 108

122. [Ministerstvo Finansov], *O vosstanovlenii obrashcheniia zvonkoi monety,* 143.

123. 马克·弗朗德罗警告不要过于简单地将阵营划分为支持黄金派和反对黄金派。他认为，19世纪60和70年代，法国关于金本位还是银本位的争论中，并不总是农业共同体与商业–银行间共同体的对立。事实上，法国银行家支持复本位制。Marc Flandreau, "The French Crime 1873: An Essay on the Emergence of the International Gold Standard, 1870–1880," *Journal of Economic History* 56, no. 4 (December 1996): 877.

124. L. E. Shepelev, Introduction to "21 dekabria 1886." Zapiska I. A. Vyshnegradskogo Aleksandru III, "Ob izmenenii finansovogo upravlenia," in *Sud'by Rossii. Doklady i zapiski gosudarstvennykh deiatelei imperatoram o problemakh ekonomicheskogo razvitiia strany* (St. Petersburg: Liki Rossii, 1999), 275.

125. P. Kh. Shvanebach, *Denezhnoe preobrazovanie i narodnoe khoziaistvo* (St. Petersburg, 1901), 4.

126. B. C. Endelman, *Le Monometallisme-Or en Russie: Histoire de la Reforme Monetaire et de la Circulation Fiduciaire Russe Depuis 1897: Etude Historique et Economique* (Berne: Impr. A. Tanner, 1917), 106–107

127. See numbers in P.Kh. Shvanebakh, *Denezhnoe preobrazovanie i narodnoe khoziaistvo* (St. Petersburg, 1901), 23.

128. For the analysis of the government's policy of building the stock of gold and numbers, see Endelman, *Le Monometallisme-Or en Russie,* 98–107

129. *Journal de St. Pétersbourg* 18, no. 30 (Octobre 1892): 1.

130. Eteocle Lorini, *La reforme monétaire de la Russie* (Paris: V. Giard & E. Briere, 1898), 78–79.

第六章

1. Michael D. Bordo and Anna J. Schwartz, "The Operation of the Specie Standard: Evidence for Core and Peripheral Countries, 1880–1990," in *Currency Convertibility: The Gold Standard and Beyond*, edited by Jorge Braga de Macedo, Barry Eichengreen, and Jaime Reis (New York: Routledge, 1996), 14,16. Barry Eichengreen and Marc Flandreau, "The Geography of the Gold Standard," in *Currency Convertibility: The Gold Standard and Beyond*, edited by Jorge Braga de Macedo, Barry Eichengreen, and Jaime Reis (New York: Routledge, 1996), 113–143. 关于金本位的侧面讨论，请参见 Pablo Martin Aceña and Jaime Rei, eds., *Monetary Standards in the Periphery: Paper, Silver, and Gold, 1854-1933* (New York: St. Martin's Press, 2000); Anders Ögren and Lars Fredrik Øksendal, eds., *The Gold Standard Peripheries: Monetary Policy, Adjustment and Flexibility in a Global Setting* (New York: Palgrave Macmillan, 2012).

2. 用于讨论一致模式和突发事件，参见 Barry Eichengreen and Marc Flandreau, "The Geography of the Gold Standard," and Angela Redish, "Comment," in Currency Convertibility: The Gold Standard and Beyond, edited by Jorge Braga de Macedo, Barry Eichengreen, and Jaime Reis (New York: Routledge, 1996), 147.

3. K. P. Pobedonostsev–Alexander III, December 3, 1886, *Pis'ma Pobedonostseva k Aleksandru III* (Moscow: Tsentrarkhiv, 1926), vol.2, 123.

4. 拉曼斯基指责国家银行扣留了从国库"债务"回款中收到的纸币— E. I. Lamanskii, *Sdelki na zolotuiu valiutu kak sredstvo k uluchsheniiu bumazhnogo denezhnogo obrashcheniia* (St. Petersburg, 1895).

5. George F. Kennan, *The Decline of Bismarck's European Order: Franco-Russian Relations, 1875-1890* (Princeton: Princeton University Press, 1980), 342–343.

6. N. Novoselskii, *Birzhevaia spekuliatsiia, naznachaiushchaia kurs nashego kreditnogo rublia* (St. Petersburg, 1885), 16.

7. Pavel Lizunov, "Birzhevaia spekuliatsiia na kurse kreditnogo rublia i mery protivodeistviia ei Ministerstva finansov," *Trudy Istoricheskogo fakulteta Sankt-Peterburgskogo universiteta* 5 (2011): 151.

8. Vlasii Sudeikin, *Birzha i birzhevye operatsii* (St.Petersburg, 1892), 86. IN REF

9. N. Novoselskii, *Birzhevaia spekuliatsiia, naznachaiushchaia kurs nashego kreditnogo rublia* (St. Petersburg, 1885), 6. in ref

10. Rostislav Sementkovskii, *Nash vekselnyi kurs (prichiny ego neustoichivosti)* (St. Petersburg, 1892), 11–12. . 谢缅特科夫斯基声称投机对汇率的影响被高估了。

11. K.P. Pobedonostsev— Alexander III, February 11, 1888. *Pis'ma Pobedonostseva*, vol.2, 173–174. 舒宾斯基后来以右翼政治家的身份出名。

12. 这一观点在更早的时候就已经表达了，参见 *Birzha i spekuliatsiia* (St. Petersburg, 1878), 49.

13. Quoted from Lizunov, "Birzhevaia spekuliatsiia na kurse kreditnogo rublia i mery

protivodeistviia ei Ministerstva finansov," 153–154.

14. S. M. Shekhter, *Novye tablitsy dlia opredeleniia veksel'nykh kursov na Angliiu, Frantsiiu, Belgiiu, Italiiu i Gollandiiu, a takzhe i kursov tamozhennykh kuponov (Odessa, 1889)*, ii. 圣彼得堡证券交易所还重新安排了在柏林证券交易所开业前的定期会议，以确定利率。这一姿态被认为是为了表明从德国的影响下解放出来。

15. 参见外交部和财政部与代理人（韦谢利茨基—博日达罗维奇）之间的往来信件。, GARF, f.543, op.1, d.294 and F.543, op.1, d.294(a). 财政部还资助了另一个版本：*Allgemeiner Reichs-Correspondenz.*

16. 1888 年，财政部在柏林和圣彼得堡市场上购买了 4000 万卢布，花费了 2200 万卢布的黄金。这次行动风险极大，维什涅格拉茨基与国家银行行长阿列克谢·齐姆森的通信传达了这位财政大臣的焦虑。出售过多的黄金来购买纸卢布可能会耗尽黄金储备，而暂停这一行动又会进一步降低卢布汇率，导致政府用黄金支付对外债务的数额大幅增加，RGIA, f.587, op.56, d. 696, O pokupke na Peterburgskoi i Berlinskoi birzhakh kreditnykh biletov i tratt, 19–21, 55–56; S. K. Lebedev, *S.-Peterburgskii Mezhdunarodnyi Kommercheskii Bank vo vtoroi polovine XIX veka: evropeiskie i russkie sviazi* (St. Petersburg: ROSSPEN, 2003), 173. 两年后，失业率开始急剧上升。卢布的快速增长和突然下跌一样有害：由于国内粮食价格无法迅速适应金币价格的下跌，卢布的上涨可能会剥夺俄国出口导向型农业的利润。政府被迫出售黄金，使纸卢布汇率从 0.75 黄金卢布降至 0.62 黄金卢布。

17. Shvanebakh, *Denezhnoe preobrazovanie i narodnoe khoziaistvo* (St. Petersburg, 1901), 50–51.

18. V. L. Stepanov, "I.A. Vyshnegradskii i Vitte. Partnery i konkurenty," *Rossiiskaia istoriia* 6 (2014): 39–60.

19. "Po voprosu o spekuliatsii s kreditnym rublem," January 8, 1893; "O vospreshchenii sdelok na raznost' po pokupke i prodazhe zolotoi valiuty, tratt, i t.p. tsennostei, napisannykh na zolotuiu valiutu," May 1, 1893; "O vremennykh merakh kusileniiu nadzora za birzhami," May 1, 1893, all inS. Iu. Vitte, *Sobranie sochinenii i dokumental'nykh materialov*, T.3, kn.1 (Moskva: Nauka, 2006).

20. O vremennykh merakh po usileniiu kontrolia za birzhami, RGIA, f.1405, op.542, 1893, d.90. See also Lizunov, "Birzhevaia spekuliatsiia na kurse kreditnogo rublia i mery protivodeistviia ei Ministerstva finansov," "Ob izmenenii pravil o nadzore za proizvodstvom kreditnymi uchrezhdeniami i drugimi bankirskimi zavedeniiami operatsii na zolotuiu valiutu," November 30, 1894, RGIA, f.1287, op. 9, d.3450, and Vitte, *Sobranie*, v.3., kn.1. See also Serguei Beliaev, "Politika S.Iu. Vitte v oblasti kredita i bankovskoi sistemy Rossii," in Vitte, *Sobranie*, vol. 3, kn.3, 47.

21. A. A. Polovtsov, *Dnevnik, 1893–1909* (St. Petersburg: Aleteia, 2014), 102, November 19, 1894.

22. "Po voprosu ob uchete vyvoza za granitsu kreditnykh biletov i privoza ikh ottuda v Imperiiu, a takzhe ob oblozhenii sikh biletov tamozhennoi poshlinoi," RGIA, f.563, op.2, d.324. On this campaign; see also Olga Dragan, "Gosudarstvennyi Bank i mery po

stabilizatsii kursa rublia nakanune denezhnoi reformy 1897 g," *in Rossiia i Mir v kontse XIX—pervoi polovine XX v. Sbornik k 85-letiiu Borisa Vasil'evicha Anan'icha* (St. Petersburg: Liki Rossii, 2017).

23.　"O Prodlenii deistvilia zakona ob oblozhenii kreditnykh biletov tamozhennoi poshlinoi," November 20,1893,RGIA,f.1152,op.11,1893,d.436.

24.　Po voprosu ob uchete vyvoza za granitsu kreditnykh biletov i privoza ikh ottuda v Imperiiu, a takzhe ob oblozhenii sikh biletov tamozhennoi poshlinoi, RGIA, f.563, op.2, d.324., 2–3.

25.　彼得·布罗克对报告空白部分的评论：RGIA，f.587，op.56，d.1628，l.31。与圣彼得堡贪婪的银行家投机本国货币的普遍看法相反，大多数因"非法"转账而被抓到的违规者都是中下层交易者。走私资金的没收率为25%，国家银行关闭了违规者的账户，经常将他们推向破产的边缘。

26.　除非法外，这些措施还对汇票的正常运作产生了负面影响，并限制了银行向俄国和欧洲客户提供信贷的能力——Lebedev, *S-Peterburgskii mezhdunarodnyi kommercheskii bank,* 175.

27.　Migulin, *Reforma denezhnogo obrashcheniia i krizis,* 43–44. N. Fan–Jung, "La réforme de la circulation monétaire en Russie," *Revue d'économie politique* 12, no.12 (1898): 956.

28.　国际金融教科书提到维特是"轧空头"的发明者，参见 Brendan Brown, *Money Hard and Soft: On the International Currency Market* (New York: Wiley, 1978), 114.

29.　"Na etoi spekuliatsii on sovsem pomeshalsia," A.A. Polovtsov, *Dnevnik, 1893-1909* (St. Petersburg: Aleteia, 2014), 105. (November 23, 1894).

30.　参见 the materials of the "confidential" investigation compiled by Witte, RGIA, f.583, op.5, d.145. 这份文件包括维什涅格拉茨基与阿巴扎的通信副本、拉法洛维奇的手写证词、拉法洛维奇书中的一些文件以及维特的报告。报道称，阿巴扎摧毁了所有的不动产。然而，令人震惊的是，档案中没有阿巴扎本人的证词或解释。

31.　维特在回忆录中讲述了这个故事。据维特回忆，当本格与沙皇讨论有关阿巴扎投机行为的报告时，他试图为他的前任开脱罪责，指出阿巴扎的行动与财政部抑制卢布突然上涨的政策相辅相成。如果情况恰恰相反，那就意味着阿巴扎的投机行为违背了国家利益（沙皇将这一解释视为笑话）。S.Yu. Vitte, *Vospominaniia,* v.1 (Moskva, Izdvo sotsinalno–ekon. lit-ry, 1960).

32.　根据弗拉基米尔·科瓦列夫斯基的说法，在学生时代，维特在敖德萨的拉法洛维奇家族担任家庭教师，因此与亚历山大·拉法洛维奇很熟。V. I. Kovalevskii, "Iz vospominanii o grafe Sergee Iliueviche Vitte" *Russkoe proshloe* 2 (1991): 82.

33.　RGIA, f.626, op.1, d.51, ll.9–11 (in French).

34.　正如罗斯坦所说，汇率的汇票业务本质上与其他信贷业务相关联，限制向欧洲转移资金（汇票）以打击投机者，会影响银行履行信贷承诺的能力。参见 Serguei Lebedev, *Sankt-Peterburgskii Mezhdunarodnyi Bank,* 175–178.

35.　RGIA, f.626, op.1, d.51, l.18.

36.　"Soobshchenie Ministerstva finansov o kurse kreditnogo rublia na 1896 god," *Birzhevye*

Vedomosti, December 13, 1895, front page.

37. Serguei Beliaev, "Politika S.Iu. Vitte v oblasti kredita i bankovskoi sistemy Rossii," in Vitte, Sobranie sochinenii, T. 3, kn.3, p. 50.

38. O. V. Dragan, *Reforma Gosudarstvennogo Banka: tseli, proekty, resultaty. Konets 80kh - vtoraia polovina 90kh gg. XIX veka.* Dissertatsia na soiskanie stepeni kand ist.nauk, (St. Petersburg: Sankt–Peterburgskii Institut Istorii RAN) 2008.

39. 参见亚历山大·格卢霍夫斯科伊的报告：*The Passage of the Amu-Darya's Waters along Its Old Riverbed to the Caspian Sea, and the Formation of a Non-stop Route from the Borders of Afghanistan via Amu-Darya, the Caspian Sea, Volga, and the Mariinskii Canal System to St. Petersburg and the Baltic Sea* (A. I. Glukhovskoi, Propusk vod r. Amu–Darii po staromu ee ruslu v Kaspiiskoe more i obrazovanie nepreryvnogo vodnogo Amu–Dariisko–Kaspiiskogo puti ot granits Afganistana po Amu–Darie, Kaspiiu, Volge, i Mariiskoi sisteme do Peterburga i Baltiiskogo moria (St. Petersburg, 1893)). 关于这些计划 Ekaterina Pravilova, "River of Empire: Geopolitics, Irrigation, and the Amu Darya in the Late 19th Century," in *Cahiers d'Asie Central* 17–18 (2009): 255–287. 关于纸币的使用：Ya. I. Yankevich, *O podniatii kursa kreditnogo rublia* (St. Petersburg, 1884).

40. Ya. I. Yankevich, *O podniatii kursa*; N. Ya. Danilevskii, "Neskolko myslei po povoduniizkogo kursa nashikh bumazhnykh deneg i nekotorykh drugikh ekonomicheskikh iavlenii i voprosov," in *O nizkom kurse nashikh deneg* (St. Petersburg, 1885), 76. Originally published in *Russkii vestnik,* 1882, no.8.

41. V. P. Vasiliev, *Assignatsii-den'gi* (St. Petersburg, 1887), esp. 26–33. 文章的早期版本见于 V. P. Vasiliev, *Tri voprosa* (1878) and as newspaper articles in *Grazhdanin* in 1877.

42. N. A. Shavrov, *Russkii put' v Zakavkazie* (St. Petersburg, 1883), 7,8, 27; N. A. Shavrov, "O referate barona A.V. Kaulbarsa," in *Materialy dlia razresheniia voprosa o povorote Amu-Darii v Kaspiiskoe more* (Tiflis, 1887), 6,7. (Same idea in Nikolai Notovich, *Gde doroga v Indiiu?* [Where is the route to India?] [Moskva, 1889], 32.) Shavrov's publications on the development of borderlands: *Put' v Tsentral'nuiu Aziiu po napravleniiu, ukazannomu Petrom Velikim* (St. Petersburg, 1871); *Proekt glavnoi linii Sibirskoi zheleznoi dorogi* (St. Petersburg, 1873); *O razvitii Severa Rossii* (St. Petersburg, 1884), and many others.

43. Editorial, *Russkoe Delo,* 1888, no.3.

44. A. Ya. Antonovich, *Teoriia bumazhno-denezhnogo obrashchenia i gosudarstvennye kreditnye bilety* (Kyiv, 1883), 102–3.

45. Antonovich, *Teoriia bumazhno-denezhnogo obrashchenia,* 251.

46. Antonovich, *Teoriia bumazhno-denezhnogo obrashchenia,* 256; Danilevskii, *Onizkom kurse nashikh deneg,* 174 .

47. 俄国铁路建设的财务问题，参见 A. P. Pogrebinskii, "Stroitelstvo zhelezhnykh dorog i finansovaia politika tsarisma (60–90 e gody XIX veka)," *Istoricheskie zapiski*

47 (1954): 149–180. 关于西伯利亚铁路的辩论，Steven Marks, *Road to Power: The Trans-Siberian Railroad and the Colonization of Asian Russia, 1850-1917* (Ithaca, NY: Cornell University Press, 1991), chs. 6–8.

48. A. N. Kulomzin, *Perezhitoe. Vospominaniia* (Moskva: ROSSPEN, 2016), 409.

49. Vsepoddanneiishii doklad ministra finansov, "O sposobakh sooruzheniia Velikogo Sibirskogo zheleznodorozhnogo puti," November 6, 1892, *RGIA*, f.560, op.27, d.6, l.23–24 ob.

50. Dragan, "Gosudarstvennyi bank." "O sposobakh sooruzheniia Velikogo Sibirskogo zheleznodorozhnogo puti," 25.

51. I. V. Lukoianov, "S.F. Sharapov i S.Yu.Vitte," *Otechestvennaia istoriia i istoricheskaia mysl' Rossii XIX— XX vekov* (St. Petersburg: Nestor–Istoriia, 2006), 338; Sharapov's articles: *Russkoe obozrenie 1893,* August, September, November, December. On Siberian money, see the November issue, 272–274. 维特和沙拉波夫分道扬镳后，维特从通胀主义急转直下到货币主义，沙拉波夫将他的文章修改成了一本批评维特政策的小册子，但删除了有关铁路货币的段落。

52. RGIA, f.694, op.2, d.67, l.10.

53. 1888 年和 1891 年，维什涅格拉茨基获得了沙皇的批准，可以临时发行卢布纸币，条件是每发行一卢布的新纸币，就必须在兑换基金中加入一卢布的黄金。这就需要邀请审计委员会成员、圣彼得堡证券交易所的代表和外宾，观看金锭和金币从国家银行的一个仓库转移到另一个仓库的过程。"O vremennom vypuske kreditnykh biletov na 75 millionov rublei," RGIA, f.563, op.10, d. 310. On the operation of transferring gold, see "O vremennom vypuske kreditnykh biletov pod obespechenie zolota naosnovanii vys. Ukaza 28 iiulia 1891 g.," RGIA, f.587, op.43, d. 242. 总共发行了 1.5 亿卢布，纸币与黄金的比率为 1：1。从原则上讲，维什涅格拉茨基的措施并不违反 1881 年法律，同时也使财政管理更加灵活．"O vremennom vypuske kreditnykh biletov na 75 millionov rublei," February–March 1892, RGIA, f.563, op.2, d.310.

54. 他建议再发行一次纸卢布，以黄金为后盾，现行汇率为 1：1.5，而不是 1：1。"O vypuske kreditnykh biletov (1893)," RGIA, f.563, op.2, d. 326, l.14.

55. "O vypuske kreditnykh biletov (1893)," RGIA, f.563, op.2, d. 326, l.32.

56. 关于 1894 年国家银行的改革，参见 Olga Dragan, "Reforma Gosudarstvennnogo Banka 1892–1894: evropeiskii opyt i rossiiskaia praktika," *Ekonomicheskaia istoriia. Ezhegodnik, 2005* (Moskva: ROSSPEN, 2005), 237–256, and O. V. Dragan, *Reforma Gosudarstvennnogo Banka: tseli, proekty, rezultaty.*

57. Zhurnaly Vysochaishe Uchrezhdennoi Komissii po peresmotru ustava Gosudarstvennogo Banka (January 1893), RGIA, pechatnaia zapiska no. 1481, ll. 11, 19.

58. "O neobkhodimosti i zadachakh reformy Gosudarstvennogo Banka," RGIA, pechatnaia zapiska no. 1481, 51.

59. Kulomzin, *Perezhitoe,* 490.

60. Dokladnaia zapiska N.Kh. Bunge, D.M. Sol'skomu o vypuske novykh kreditnykhbiletov, February 1893, RGIA, f.694, op.2, d. 67, ll. 2,3,8, 8ob.,12.

61. Olga Dragan, "Reforma Gosudarstvennnogo Banka 1892–1894," 251.

62. 参见本格撰写的序言（1894 年 6 月）：Dzh .Gorn, Zhon Lo. *Opyt issledovaniia po istorii finansov,* Per. Ivana Shipova (St. Petersburg, 1895), vols. 5, 6, 10, 14, 19–20.

63. 参 见 *Katalog knizhnogo sobraniia S.Yu.Vitte. Rekonstruktsiia,* in Vitte, *Sobranie sochinenii,* v.5, 7.

64. 请参阅安东诺维奇写给维特的一封可怜的信的副本，他在信中要求得到 20 万卢布的遣散费（而不是维特提出的 1 万卢布），并希望维特会让他安静地离开。"我变得一无是处不是我的错，但这就是生活本身，充满了无稽之谈和焦虑。我尽力而为，努力工作"。RGIA, f.1622, op.1, d. 397, l.1; 也可参见 *Kulomzin, Perezhitoe.* 490–491, 501.

65. *Vestnik finansov, promyshlennosti, i torglovl 10* (March 5, 1895): 569–570.

66. Meshcherskii to Witte, RGIA, f.1622, op.1, d.448, ll. 1–9.

67. Sharapov to Mikhail Mikhailovich [Andronnikov], RGIA, f.1622, op.1, d.487, 3ob., 4 ob.

68. Vitte, S.Yu. Vitte, *Vospominaniia,* vol.2 (Moskva, Izd–vo sotsinalno–ekon. lit–ry, 1960): 88.

69. Protokoly zasedanii Soedinennykh Departamentov Gosudarstvennoi Ekonomii, Zakonov i Grazhdanskikh i Dukhovnykh Del po delu ob ispravlenii denezhnogo obrashcheniia, RGIA, f.1152, op.12, 1897, d.78a, l.780.

70. O padenii tsen na serebro, July 6, 1893, RGIA, f.583, op.4, d.306, ll.1–3.

71. Zhurnal Komiteta finansov po voprosu, "Ob izmenenii sposoba rascheta kazny s serebropromushlennikami za dobyvaemoe imi serebro," April 4, 1894, Vitte, *Sobranie sochinenii,* t.3, kn.1, 361–364; O padenii tsen na serebro. July 6, 1893, RGIA, f.583, op.4, d.306 6 ll. 1–10; O priniatii nekotorykh mer vsledstvie obestseneniia serebra, RGIA, f.583, op.4, d.306, l. 30.

72. O pokupke za granitsei serebra i chekanke na inostrannykh monetnykh dvorakh rossiiskoi serebrianoi polnotsennoi monety, RGIA, f.583, op.4, d.308, ll.244–246. 自 1896 年起，英国开始制造铜币（最低面值）。RGIA, f.583, op.4, d.311, l.168.

73. 阿尔方斯·罗斯柴尔德也支持复本位制，在法国发行俄国债券。来自英国银行家家族的阿尔弗雷德·罗斯柴尔德是英格兰银行的董事，他是复本位的坚决反对者。参见他在 1892 年布鲁塞尔国际货币会议上的演讲。*Conférence Monétaire Internationale, 1892, Procès-verbaux* (Bruxelles, 1892). Witte also mentioned, among bimetallists who tried to convince Russia to choose this standard, President Emile Loubet: Vitte, *Vospominaniia,* vol.2, 90.

74. 我无法找到拉法洛维奇在其报告中提到的梅利纳的原始备忘录。"Quelques rémarque sur le problème monétaire par M. Méline," RGIA, f.560, op.22, d.285, l. 117. 另见出版商 Kirshbaum 在圣彼得堡印刷的两份备忘录，显然印数非常有限。除继承了帝国财政部学术委员会藏品的俄罗斯联邦财政部图书馆外，俄罗斯和其他地方的国家图书馆都没有这些备忘录的副本。

75. 经济学家兼记者拉法洛维奇长期以来一直参与货币政治的辩论。1892 年，他代表俄国出席了在布鲁塞尔举行的国际货币会议。乌鲁索夫亲王（Prince Urusov），这位出席会议的官方大使在这些问题上不称职，一直保持沉默。与乌鲁索夫亲王不同的是，拉夫法洛维奇在有关复金属的辩论中发挥了非常积极的作用，并捍卫了现状。*Conférence Monétaire Internationale, 1892* Procès-verbaux (Bruxelles, 1892). 自从政府的立场被宣布为中立后，拉夫法洛维奇以私人身份发表了讲话。

76. RGIA, f.560, op.22, d.285, ll.119, 125. 这份报告和拉夫法洛维奇的大部分信件一样，都是用法语写的。

77. RGIA, f.560, op.22, d.285, ll.119, 134.

78. RGIA, f.560, op.22, d.285, ll.119, 118.

79. RGIA, f.560, op.22, d.285, ll.119, 137.

80. RGIA, f.560, op.22, d.285, ll.119, 127.

81. 与欧洲形成鲜明对比的是，复本位制在俄国并不受欢迎。正如第七章所显示的，俄国的反对金本位制改革运动是在"无标准"的旗帜下进行的，而不是黄金和白银的双重标准或只支持白银。关于为复本位主义的辩护，请参见 L. A. Raffalovich, "Lazhna serebro i khlebnye tseny," *Sankt-Peterburskie Vedomosti*, November 25, 1896; L. A. Raffalovich, "Serebro," *Novoe Vremia*, March 27, 1895; L. A.Raffalovich, "Bimetallism i Evropa," *Birzhevye Vedomosti*, February 19, 1896; L. A. Raffalovich, "K voprosu ob osushchestvlenii zolotogo standarta v Rossii," *Birzhevye Vedomosti*, February 17, 1896; L. A. Raffalovich, *Serebrianaia agitatsiia* (St. Petersburg, 1897). I. P. Sokalskii, *Reforma na ocheredi* (Kharkov, 1895). 财政部在其官方周刊《金融导报》上发起声势浩大的反对国际复本位制的运动，但这看起来更像是对其选择的辩护，而不是对反对者的回应。

82. A. Guriev, *Reforma denezhnogo obrashcheniia*, ch.1, vyp.1(St. Petersburg, 1896), 278.

83. Nikodim Kondakov, *Russkie Klady. Issledovanie drevnostei velikokniazheskogo perioda* (St. Petersburg, 1896).

第七章

1. 关于叙事在塑造维特形象中的作用，参见 Francis W. Wcislo, *Tales of Imperial Russia: The Life and Times of Sergei Witte, 1849-1915* (Oxford: Oxford University Press, 2011).

2. 对维特回忆录的详细批判性分析，参见 B. V. Anan'ich and R. Sh. Ganelin, *S. Iu. Vitte— Memuarist* (St. Petersburg: SPbF IRI RAN, 1994).

3. I.F.Gindin, "S.Iu.Vittekak gosudarstvennyi deiatel'," *Serguei Iulievich Vittegosudarstvennyi deiatel', reformator, economist (k stopiatidesiteletiiu so dniarozhdeniia)* (Moskva: In-t Ekonomiki, 1999), 83–84.

4. 关于财政部人事研究，参见 B. V. Anan'ich and R. Sh. Ganelin, *Serguei Iulievich Vitte i ego vremia* (St. Petersburg: Dmitrii Bulanin, 1999).

5. N. A. Veliaminov, "Vstrechi i znakomstva," in S. Yu.Vitte (*Gosudarstvennye deiateli Rossii glazamisovremennikov*), edited by I. V. Lukoianov (St. Petersburg, 2018), 143–

144. 冯·拉耶（Von Laue）称维特为"从彼得到列宁的伟大继承人之一"。Theodore von Laue, *Sergei Witte and the Industrialization of Russia* (New York: Atheneum 1969), 36.

6. Laue, *Sergei Witte,* 144.

7. Marc Flandreau, "The French Crime of 1873: An Essay on the Emergence of the International Gold Standard, 1870–1880," *Journal of Economic History 56,* no.4 (December1996).

8. Milton Friedman, "The Crime of 1873," *Journal of Political Economy 98,* no. 6 (December, 1990): 1159–1194

9. "67 vmesto 100 rublei," *Novoe Vremia,* March 14, 1895.

10. 例如，1895 年 2 月，维特寻求苏沃林的协助，挫败了伊利亚·齐翁（Ilya Tsion，或正如他在法语中拼写的名字，Elie de Cyon）发起的运动。齐翁曾是俄国财政部驻巴黎代表，也是一本批评维特货币举措的小册子的作者。Elie de Cyon, *M. Witte et les Finances Russes d'apres des Documents Officiels et Inedits (Paris, 1895)* (Witte, letter to Suvorin, February 15, 1895, RGALI, f.459, op.1, d.719, 23–24).

11. V. A. Lebedev, "Reforma denezhnogo obrashcheniia," *Schetovodstvo,* 1896, n.10, 150.

12. RGALI, f.459, op.1, d.719. Witte to Suvorin, March 7, 1895. Wahl was dismissed in December 1895.

13. "Zoloto ili serebro?" (pis'mo v redaktsiiu) *Novoe Vremia,* March 16, 1895.

14. "Zoloto ili serebro?"

15. "Malen'kie pis'ma," *Novoe Vremia,* March 20, 1895, in A. V. Suvorin, *V ozhidaniiveka XX: malen'kie pis'ma 1889-1903 gg* (Moskva: Algoritm, 2005).

16. Witte to Suvorin, March 20, 1895, RGALI, f.459, op.1, d.719, l.30.

17. *Birzhevye vedomosti, Sankt-Peterburgskie vedomosti, Russkie vedomosti,* Moskovskievedomosti, 引自 M. V. Melenkov, "Sudba zolotogo rublia. Spory mezhdustoronnikami i protivnikami denezhnoi reformy S.Iu. Vitte, 1895–1897 gg," Novyiistoricheskii vestnik 23, no. 1 (2010): 14.

18. A. V. Suvorin, "Malen 'kie pis 'ma," March 31, 1895, *in V ozhidanii veka XX,* 495–497.

19. "Serebro. Pis'mo v redaktsiiu," *Novoe Vremia,* March 17, 1895.

20. Witte to Suvorin, RGALI, f.459, op.1, d.719, ll. 32–34.

21. 在几份反对黄金合法化的出版物中，见 L.Slonimskii 在《欧洲导报》上的文章：L.Z.Slonimskii, "Denezhnye nedoumenia", *Vestnik Evropy,* 1895 年 6 月；L.Z.Slonimskii, "Finansovye zadachi. Zoloto ili serebro," Ve s t n i k Evropy, 1895 年 7 月。1895 年 2 月，财政委员会批准了维特关于黄金合法化的提议，但当国务会议于 1895 年 4 月 6 日开会讨论这个问题时，委员会主席德米特里·索尔斯基注意到，"在财政委员会一致决定后，期刊和公众舆论中开始出现反对声音，委员会成员不应再认为自己受到（先前）意见的约束。"正如记录这一事件的亚历山大·波洛夫佐夫所说，索尔斯基的声明遭遇了"沉默"，国务会议批准了这项改革。A.A Polovtsov, *Dnevnik,*1893-1909,141；Predstavlenie 诉

Gosudarsvennyi Sovet, "O Prieme zolotoi monety po kursu vo vse kazennye platehi", 在 Vitte，Sobranie sochinenii，第 3 节。第 1 页，82–103；Zhurnal Soedinennykh Deparmamentov Gosudarsvennoi Ekonomii，Zakonov i Grazhdanskikh i Dukhovnykh Del Gosudartvennnogo Soveta，April 6,1895,in Material po denezhnoi reforme 1895–1897,36–39,97–102.

22. Suvorin to Witte, April 7, 1895, RGALI, f.459, op.1, d.185, 5. 康斯坦丁大公［更为人所知的是他的笔名 K.R.（Konstantin Romanov，康斯坦丁·罗曼诺夫）］是一位支持自由主义的作家兼学者。1895 年 3 月，他被任命为财政委员会委员。

23. Witte to Suvorin, December 17, 1895, RGALI, f.459, op.1, d.719, ll.52–53.

24. 1895 年 12 月 29 日，维特写信给苏沃林："我非常感谢你遵守我的要求，不让货币问题升级。"然而，部长没有兑现他早些时候的承诺，即允许《新时代》发表演讲。相反，他只让苏沃林阅读并使用演讲内容，而不能提及来源。Witte to Suvorin, RGALI, f.459, op.1, d.719, l.51.

25. "Rech, proiznesennaia ministrom finansov v Obshchem sobranii Gosudarstvennogo Sovera 28 dekabria 1895 goda," in Vitte, *Sobranie sochinenii,* vol. 3, pt. 1, 105–107.

26. G. N. A. [A. Guryev], "Po povodu denezhnoi reformy," *Novoe Vremia*, March 15,1896; *Denezhnaia reforma. Svod mnenii i otzyvov* (St. Petersburg, 1896), 1.

27. "V uchenom obshchestve," *Novoe Vremia*, March 21, 1896. 参见自由主义经济学会辩论手稿: *Reforma denezhnogo obrashcheniia v Rossii: Doklady i preniia v III Otdelenii Imperatorskogo Vol'nogo ekonomicheskogo obshchestva. Stenograficheskii otchet* (St. Petersburg, 1896).

28. *Birzhevye Vedomosti,* April 11, 1896.

29. Vitte, *Vospominaniia,* vol. 2, 93.

30. G. N. A. [A. Guryev], "Po povodu denezhnoi reformy," *Novoe Vremia*, March 15, 1896.

31. Zapiska N. P. Nepenina o denezhnoi reforme v Rossii, 17 iulia 1896, RGIA, f.1566, op.1, d.382b, l.1.

32. 斯坦尼斯拉夫·普罗珀回忆说，他在 1896 年与维特的谈话中使用了这个论点。Stanislav Propper, *Was nicht in die Zeitung kam. Erinnerungen des Chefredakteurs der "Birschewyja Wedomosti"* (Frankfurt am Main: Frankfurter Societäts–Dr., 1929), 222–224

33. I. F. Tsion, *Kuda vremenshchik Vitte vedet Rossiiu?* (Paris, 1896), 42, 45–46.

34. Nefinansist, "Spravedlivost' i deval'vatsiia," *Novosti i Birzhevaia Gazeta,* February 24, 1896.

35. G. N. A. [A. Guryev], "Po povodu denezhnoi reformy," Novoe Vremia, March 22, 1896. 维特和古里耶夫认为，提高卢布汇率将破坏价格和信贷稳定，并将极大地损害以纸卢布借款的债务人（包括国家财政部）的利益，使他们的债务增加 50%。维特还委托一群律师解释改革的"法律和道德基础"：专家委员会提出了一个令人信服的论点，解释为什么印在纸卢布上的短语并没有迫使政府以同等价格用纸卢布兑换黄金。专家们认为，政府和人民之间的关系，即卢布的持有者，属于公法范围，而不是民法范围。因此，用金属支付纸币的义务不应被解释为合同。"Zhurnal Komissii v.u. 6 oktiabria dlia razrabotki siuridicheskoi storony voprosa o tom, kakoi monetoi, soglasno deistvuiushchim zakonopolozheniiam, russkoe pravitelstvo obiazano oplachivat' gosudarstvennye kreditnye bilety, "Dekabr' 1895, Vitte, *Sobranie sochinenii*, t.3, kn.2., 172.

36. Sharapov in *Reforma denezhnogo obrashcheniia v Rossii: Doklady i preniia*, 81–82.

37. N. Polenov, "Po voprosu ob uderzhanii zapasov zolota," *Denezhnaia Reforma. Svod mnenii i otzyvov*, 54–55.

38. K. F. Golovin, "Nakanune denezhnoi reformy", *Denezhnaia Reforma. Svod mnenii i otzyvov*, 72.

39. F. Romer, "Provintsiia i denezhnaia reforma, 2," *Sankt-Peterburgskie vedomosti*, April 3, 1896.

40. *Denezhnaia reforma. Svod mnenii*, 301. Very similar to that: I. Bortkevich, *O denezhnoi reforme, proektiruemoi Ministerstvom Finansov* (St. Petersburg, 1896).

41. G. N. A. [A. Guryev], "Po povodu denezhnoi reform," *Novoe Vremia*, March 27, 1896.

42. *Reforma denezhnogo obrashcheniia v Rossi: Doklady i preniia*, 98.

43. S. F. Sharapov, "Bumazhnyi rubl'," in *Bumazhnyi rubl' i drugie raboty* (Moskva: Rodnaia strana, 2017), 39.

44. Golovin, "Eshche po povodu denezhnoi reformy," April 23, 1896. 在过渡时期，面额为 5 卢布、价值 7.5 卢布的旧金币与面额为 10 卢布、价值相同（10 卢布）的新硬币被认为是同时流通的。普通人对整个系统无法理解。"V zashchitu denezhnoi reformy," Sankt–Peterburgskievedomosti, April 16, 1896.

45. I. A. Saburov, letter to P. A. Saburov, October 1, 1896, RGIA, f.1044, op.1, d.430, l. 62; Suvorin, Malenkie pis'ma, Novoe Vremia, April 10, 1896, V ozhidanii veka XX, 560.

46. 在法国，汇票平均在 24 天内到期，在德国是 30 到 60 天，而在俄国是 180 天，最长期限为 12 个月，Ministerstvo finansov. *Ob ispravlenii denezhnogo obrashcheniia*. March 14, 1896, [no publication date or place], 72.

47. RGIA, f.356, op.2, d.357, l.7ob. 财政委员会的三名成员想知道改革是否应该包括对国家银行章程的另一次修订。维特回应说，他赞成改革，但要稍后再谈。RGIA, f.356, op.2, d.357, 7ob–8.

48. M. V. Bernatskii, *Russkii gosudarstvennyi bank kak uchrezhdenie emissionnoe* (St. Petersburg, 1912), 43, Stanislas Skarzynski, *Essai sur un Banque de Russie* (Paris: Guillaumin,1901), 54–55, 58; H. Saulgeot, *Deux types de banque d'Empire:* Allemagne, Russie (Paris, A. Rousseau, 1905), 131.

49. Skarzynski, *Essai sur une Banque de Russie*, 49.

50. Saulgeot, *Deux types de banque d'Empire*, 50.

51. *Reforma denezhnogo obrashcheniia v Rossii: Doklady i preniia*, 185; 霍茨基还建议"确保财政部控制前提下对国家银行进行根本性转变"。Reforma denezhnogo obrashcheniia v Rossii: Doklady i preniia , 54; editorial in Novosti i Birzhevaia Gazeta, February 18, 1896.

52. *Reforma denezhnogo obrashcheniia v Rossii: Doklady i preniia*, 74–75.

53. *Reforma denezhnogo obrashcheniia v Rossii: Doklady i preniia,* 85; "Samostoiatel'nost' emissionnogo banka," *Novosti i Birhzevaia Gazeta,* May 2, 1896.

54. *Reforma denezhnogo obrashcheniia v Rossii: Doklady i preniia,* 107.

55. *Reforma denezhnogo obrashcheniia v Rossii: Doklady i preniia ,* 213.

56. Pikhno–Witte, March 22 [1896?], RGIA, f.560, op.22, d.189, 46ob–47.

57. A. N. Guryev, *Reforma deleznhogo obrashcheiia,* Ch.2, vyp.1 (St. Petersburg,1896), 498.

58. Guryev, *Reforma deleznhogo obrashcheiia: Doklady i preniia,* v.2, vyp.1, 538, 539.

59. Guryev, *Reforma deleznhogo obrashcheiia: Doklady i preniia,* 535.

60. Suvorin to Witte, March 24, 1896, RGIA, f.560, op.22, d.189, ll. 49–50.

61. *Ob ispravlenii denezhnogo obrashcheniia,* 77.

62. Pikhno to Witte, March 22, 1896, RGIA, f.560, op.22, d.189, l.48.

63. G.N.A.[A. Guryev], "Po povodu nyneshnei reformy," *Novoe Vremia,* March 15, 1896.

64. *Reforma denezhnogo obrashcheniia v Rossii: Doklady i preniia,* 123, 229.

65. S. Sharapov, "*Bumazhnyi rubl','" in Bumazhnyi rubl' i drugie raboty,* 45.

66. Gofshteter, "Vopros o denezhoi reforme v Imperatorskom Volnom Ekonomicheskom Obshchestve," *Sankt-Peterburgskie Vedomosti,* April 9, 1896.

67. 关于这场运动，参见 I.P. Sokal'skii, *Reforma na ocheredi* (Kharkiv, 1895)

68. *Reforma denezhnogo obrashcheniia v Rossii: Doklady i preniia,* 212.

69. Suvorin, Malenkie pis'ma, November 16, 1899, *V ozhidanii veka XX,* 725.

70. 特别参见格奥尔基·布特米的演讲和文章集：G.V.Butmi, *K voprosu o denezhnoi reforme (soobrazenia sel'skogo khoziana)*（Odessa, 1897）；另见沙拉波夫在自由主义经济社会会议上的讲话：*Reforma denezhnogo obrashcheniia v Rossii:Doklady i preniia,*169。在外交部的重新调查中，绍斯塔克计算了卢布汇率下跌和上涨的影响，得出的结论是，尽管"廉价"卢布允许出口商在欧洲销售粮食并获得一定利润，但这些收益立即被抵消，因为俄国粮食的大量涌入通常会降低价格。P.A.Shostak, *K voprosu o vliianii kursa kreditnogo rublia na khlebnye tseny*（St. Petersburg, 1896）。

71. I. Hofshtetter, "Vopros o denezhnoi reforme v Imperatorskom Volnom Ekonomicheskom Obshchestve," *Sankt-Peterburgskie Vedomosti,* April 9, 1896.

72. A. I. Bukovetskii, "Kratkii obzor prepodavaniia finansovoi nauki i finansovogo prava v Peterburgskom (Petrogradskom) universitete v XIX— pervoi chetverti XX veka," Vestnik *Sankt-Peterburgskogo universiteta,* Ser. 5. Ekonomika, 1993, vyp. 1, 17–22; see also biographical essays about Khodskii and Yarotskii in O. Ansberg, Yu. Bazulin, S. Belozerov, et al., *Ocherki po istorii finansovoi nauki: Sankt-Peterburgskii universitet* (Moskva: Proekt, 2009), 443–478, 479–489.

73. *Reforma denezhnogo obrashcheniia v Rossii: Doklady i preniia,* 31.

74. 另见他的政治经济学的教科书中对安东诺维奇及"生产性货币"概念的批评：L. Khodskii, Osnovy gosudarstvennogo khoziaistva. Posobie po finansovoi nauke (St. Petersburg, 1894), 441.

注
释

461

75. *Reforma denezhnogo obrashcheniia v Rossii: Doklady i preniia,* 153.

76. Gamma, "Zolotoe obrashchenie," *Birzhevye vedomosti,* March 26, 1896.

77. 斯特鲁韦在自由主义经济协会的演讲，*Reforma denezhnogo obrashcheniia v Rossii: Doklady i preniia,* 35.

78. L. V. Khodskii, *Osnovy gosudarstvennogo khoziaistva. Posobie po finansovoi nauke* (St. Petersburg, 1891), 19

79. Reforma denezhnogo obrashcheniia v Rossii: Doklady i preniia, 150.

80. Gretchen Ritter, *Goldbugs and Greenbacks. The Antimonopoly Tradition and the Politics of Finance in America, 1865-1896* (Cambridge: Cambridge Unikversity Press, 1997), 2, 73, 152–207.

81. L. Z. Slonimskii, "Eshche o denezhnoi reforme," *Vestnik Evropy,* 1897, June, 781, 782.

82. *Reforma denezhnogo obrashcheniia v Rossii: Doklady i preniia,* 209, 241. 显然，法语术语指的是七月君主制时期出现在法国的"议员"。另一个在俄国政治中广泛使用的原型是英国议会的蓝皮书。

83. 《证券交易所公告》的编辑斯坦尼斯拉夫·普罗珀在回忆录中花了整整一章专门介绍了他在准备金本位改革期间与维特的互动以及他参与公众运动的情况。Stanislav Propper, *Was nicht in die Zeitung kam,* 222–224. According another memoirist, Propper owed to Witte the expansion of his edition. Ieronim Yasinskii, *Roman moei zhizni. Kniga vospominanii.* (Leningrad: Gos. izdatelstvo, 1926), 278.

84. Witte to Suvorin, RGALI, f.459, op.1, d.719, l.57.

85. RGALI, f.459, op.1, d.719, l.62ob.

86. Suvorin, Malen'kie pis'ma, April 10, 1896, *V ozhidanii XX veka,* 560–562.

87. A. S. Suvorin, *Dnevnik* (Moskva: Nezavisimaia Gazeta, 2000), 214.

88. Suvorin, Dnevnik, 215. According to Suvorin, Nicholas II read excerpts from the Free Economic Society's protocols. Suvorin, *Dnevnik,* 221.

89. Suvorin, *Dnevnik,* 221.

90. Geiden to A. S. Ermolov (minister of agriculture), January 17, 1897, RGIA, f.398, op.63, d. 2022.

91. RGIA, f.398, op.63, d. 2022, 65.

92. K. M. Staniukovich, "Pis'ma znatnogo inostrantsa," *Sobranie sochinenii,* vol.11 (1898), 440–441.

93. See "Soobrazheniia chlena Gosudarstvennogo Soveta D. G. Von Derviza po voprosu ob ispravlenii denezhnogo obrashcheniia," March 27, 1896, in Vitte, *Sobranie sochinenii,* v.3, kn.2.; P. Saburov, "O denezhnoi reforme," Vitte, *Sobranie sochinenii,* v.3, kn.2.

94. Vitte, Vospominaniia, v.2, 95–96.

95. Suvorin, *Dnevnik,* October 24, 1896, 262.

96. A. A. Polovtsov, *Dnevnik,* 190.

97. PSZ 3, vol. 17, no.13611, January 3, 1897.

98. A. A. Polovtsov, *Dnevnik,* 191.

99. Suvorin, *Dnevnik,* 276, January 5, 1897.

100. Protokol zasedaniia Soedinennykh Departamentom Gosudarstvennoi Ekonomii, Zakonov, Grazhdanskikh i Dukhovnykh Del February 27, 1897, in Vitte, *Sobranie sochinenii,* vol.3, kn.2. 453.

101. Vitte, *Sobranie sochinenii,* vol.3, kn.2., 457.

102. Copy of the telegram to the French government, April 5, 1897, RGIA, f.560, op.22, d.185, l.167.

103. "Finances Russes," in RGIA, f.560, op.22, d.185, l. 170; also reprinted in *L'Economiste Europeen,* RGIA, f.560, op.22, d.185, ll. 188–191. 泰里的文章被其他报纸转载, 引发了一场涉及大多数法国主要期刊的运动, 因此维特在法国的代理人拉法洛维奇建议请求法国政府停止转载。然而, 维特对这一要求并不十分担心：其他欧洲报纸称赞这一改革是俄国财政正常化的重要一步。RGIA, f.560, op.22, d.185, l.180, l. 176.

104. 弗拉基米尔·梅谢尔斯基天真地将国务会议从改革中退出解释为维特的撤退, 并赞扬了他对法律和法律的尊重, 1897 年 6 月 8 日— V. P. Meshcherskii, *Dnevnik kniazia V. P. Meshcherskogo za mai, iiun', iul', avgust 1897 g* (St. Petersburg, 1897), 70–72.

105. 该法令甚至没有经过财政委员会的审议就通过了（正式原因是委员会的大多数成员仍在休假）。Ob ustanovlenii soglasovannogo s Imennym Vysochaishim ukazom 3 ianvaria 1897 g tverdogo osnovaniia vypuska gosudarstvennykh kreditnykh biletov v obrashchenie, August 29, 1897, RGIA, f.583, op.4, d.310, l.101–107.

106. PSZ 3, vol. 17, 14504, August 29, 1897.

107. "Finansovaia khronika," *Vestnik finansov, promyshlennosti i torgovli.* September 14, 1897, 435.

108. Ob ustanovlenii pravil po vypusku i iz'iatiiu kreditnykh biletov pod obespechenie zolotom na osnovanii Vys. Ukaza 29 Avgusta 1897, RGIA, f.587, op.43, d.313, 13.

109. F. A. Iurgens, *Vospominaniia o Evgenii Ivanoviche Lamanskom v sviazi s deiatel'nostiu Gosudarstvennogo Banka* (St. Petersburg, 1901), 33–37. 国家银行的非法贷款自 19 世纪 70 年代以来就一直存在, 但这些贷款的总额在 1898 至 1902 年激增。截至 1900 年, 该银行已发放了 4000 万卢布的贷款；1901 年, 这一数字升至 6500 万卢布, 1902 年升至 1 亿卢布。L. N. Yasnopolskii, "Gosudarstvennyi Bank," *Voprosy gosudarsvennogo khoziaistva i buidzhetnogo prava* (St. Petersburg, 1907), 262. See also the report of State Controller that shows even higher sums of extra–legal credits: Zakliuchenie gos.kontrolera po otchetu Gos Banka za 1900, RGIA, f.588, op.5, d.10, l.24.

110. I. F. Gindin, "Neustavnye ssudy Gosudarstvennogo Banka i ekonomicheskaia politika tsarskogo pravitelstva," *Istoricheskie Zapiski* 35 (1950): 103; I. Kh. Ozerov, "Gosudarstvennyi bank i vneustavnye ssudy," *Russkoe Slovo* 22 (1906); Yasnopolskii, "Gosudarstvennyi Bank," 262.

111. Ob otchetakh Gosudarstvennogo Banka za 1894–1897 gg., RGIA, f.1044, op.1, d.221, l.16 ob.

112. 尽管这些贷款一直处于保密状态, 但国家审计总长还是设法从国家银行的账簿中查出了非法贷款的数量。他提请国务会议注意这些数字，要求将来由最高合议制国家机构考虑此类补贴。Zakliuchenie Gosudarstvennogo Kontrolera po otchetu Gosudarstvennogo Banka za 1900 g., RGIA, f.588, op.5, d.10, l. 24 ob. See Witte's response to the State Council's inquiry and the State Controller complaints in: Ob otchetakh Gosudarstvennogo Banka za 1894–1897 gg." RGIA, f.1044, op.1, d.221, 7–9ob. The rules of the revision of the State Bank emission activity by State Controller are in RGIA, f.587, op.33, d.368.

113. 变化在日常生活的微小细节和实践中是显而易见的——例如，银行的资产负债表被推迟公布了几个月，而这些资产负债表通常会及时送达涅瓦大街的公共图书馆。Iurgens, *Vospominania*, 46.

114. Vitte, *Vospominaniia*, vol. 3, 113–114.

115. Ivan Saburov to Petr Saburov, October 1, 1896, RGIA, f.1044, op.1, d.430, l. 61.

第八章

1. John Maynard Keynes, *Indian Currency and Finance* [1913] in *The Collected Writings of John Maynard Keynes,* vol.1 (Cambridge: Cambridge University Press, 1978, 21, 14, 11.

2. Mark Metzler, Lever of Empire: *The International Gold Standard and the Crisis of Liberalism in Prewar Japan* (Berkeley: University of California Press, 2006), 36.

3. 阿道夫·瓦格纳，凯德社会主义（Kathedersocialisten）主要代言人之一，曾在俄罗斯帝国教书，并撰写了有关改革俄国卢布的文章。他相信复本位制。在他为俄国过渡到金本位制度提供的专业意见中，他强调了使"大众，即所谓的'小人物'，农民等人"使用"真正的硬币"的重要性。"O proekte reformy dlia vosstanovleniia russkoi valiuty," otzyv d-ra Vagnera, October 25, 1896, in Vitte, *Sobranie sochinenii*, v.3, kn.2, 569, 571. 瓦格纳的服务收取了丰厚的报酬，见他与亚瑟·拉法洛维奇的通信：the Ministry of Finance's agent in France: RGIA, f.560, op.22, d.285, ll.83–101.

4. 维特建议，每人手头的银币不应超过 3 卢布，并且用银子支付的最大金额被限制在 50 卢布。参见 "Zapiska v Komitet finansov, 'Ob osnovaniiakh obrashcheniia vysokoprobnoi serebrianoi monety i o proizvodstve vsekh raschetov na rubli v 1/15 imperiala,' January 12 1898," in S. Iu. Vitte, *Sobranie sochinenii i documentalnykh materialov* (Moskva: Nauka, 2006). v.3, kn.1, 502–524.

5. P. P. Migulin, *Reforma denezhnogo obrashcheniia* (Kharkiv, 1902), 148.

6. RGIA, f.587, op.56, d.295, 87, 89.

7. See the report of the Kyiv branch in RGIA, f.587, op.56, d.295, l.92

8. Report of the Rostov on Don branch in RGIA, f.587, op.56, d.295, 109. See also RGIA, F.588, op.3, d. 539.

9.   RGIA, f.587, op.56, d.295. The State Bank's response to the report from Rostov-on-Don, ibid., l.99.

10. RGIA, f.587, op.56, d.295, l. 118

11. "Nakanune reformy," *Birzhevye vedomosti,* August 4, 1895.

12. Instruction to the heads of State Bank's branches, "O vypuske v obrashchenie zolotoi i serebrianoi monety," 11 iiulia 1895, RGIA, f.588, op.3, d.539, l.44.

13. Nefinansist, "Spravedlivost' i deval'vatsiia," *Novosti i Birzhevaia Gazeta,* February 24, 1896, no.54. 除对黄金的引入不满，人们还埋怨股票突然下跌：现金不足导致人们抛售债券和其他证券，从而降低了它们的价格。情况看起来如此糟糕，以至于财政部不得不向公众发表讲话，并解释说他们已经成为证券交易所的投机的受害者，由于他们的轻信，导致货币的纸质制度消失。"Bezdenezhie i spekuliatsiia," *Vestnik finansov,* October 8, 1895, no.41, ll.153–156.

14. O prekrashchenii vypuska v obrashchenie kreditnykh biletov rublevogo i trekhrublevogo dostoinstva i ob ikh zamene zvonkoi monetoi, RGIA, f.587, op.33, d.355, l.2; O sposobakh uregulirovaniia denezhnogo obrashcheniia, RGIA, f.587, op.33, d.356, l.18.

15. M .G. Nikolaev, "Koshelek 'na udachu,' K istorii odnogo iz novopriobretennykh eksponatov muzeino–ekspozitsionnogo fonda Banka Rossii," *Den'gi i Kredit,* 2017, no. 5, 73–77.

16. 1899 年，政府又一次改动了黄金货币制度，停止了 1897 年批准的 7.5 卢布和 15 卢布的金币的铸造，重新引入了面额为 5 卢布和 10 卢布的旧金币，但净含金量减少：这些新铸造的金币旨在替代 5 卢布和 10 卢布面额的纸币。

17. See the secret instruction of October 23, 1899, put together on the basis of this plan: RGIA, f.587, op.33, d.356, l.55; Ob usilenii vypuska v obrashchenie kreditnykh biletov krupnykh kupiur, RGIA, f.587, op.43, d.427, ll.7, 11. 这一政策在 1904 至 1905 年由日俄战争引发的金融危机期间发生了改变，当时国家银行恢复了 5 卢布、10 卢布，甚至 3 卢布纸币的印刷。

18. O neobkhodimosti vyrabotki plana deistvii, RGIA, f.587, op.33, d.356, ll.27, 29ob.

19. O prekrashchenii vypuska v obrashchenie kreditnykh biletov rublievogo i trekhrublevogo dostoinstva i ob ikh zamene zvonkoi monetoi, RGIA, f.587, op.33, d.355, ll.62–62ob, 64; O zamene v narodnom obrashchenii kreditnykh biletov melkikh dostoinstv bankovym serebrom, RGIA, f.587, op.56, d.598, ll.4 ob, 6, 9, 27, 29, 36, 65.

20. See instructions on the enforcement of the distribution of silver of October 2, 1899; April 19, 1900; and May 10, 1900: *Sbornik tsirkuliarov Ministerstva finansov kazennym palatam, kaznacheistvam i podatnym inspektoram za 1898-1901 gg.* (Kyiv, 1902), 4–77. 1896 至 1897 年间，国家银行要求其在欧洲的对应银行运送了大量银币，并委托其在欧洲生产银币。See RGIA, f.588, op.3. d.1851.

21. O meropriatiiakh po snabzheniiu naseleniia serebrom, October 1899, RGIA, f.587, op.33, d.358, ll.36, 174.

22. See the directive (tsirkuliar) of October 23, 1899, in RGIA, f.587, op.33, d.7.23. RGIA, f.587, op.33, d.7.

23. RGIA, f.587, op.33, d.7.

24. A. Aleksandrova, *Rasskazy o zolote* (St. Petersburg, 1900), 64; B. C. Endelman, *Monometallism-or en Russie* (Berne, 1917), 103–4.

25. Ob ustanovlenii perevozki kassami Ministerstva Finansov zolotoi i serebrianoi monety po zheleznym dorogam, RGIA, f.587, op.43, d.299.

26. *Instruktsiia dlia pochtovo-telegrafnykh i pochtovykh uchrezhdenii, opredeliaiushchaia poriadok i usloviia priema deneg dlia perevoda po pochte i po telegrafu (Kharkiv, 1896); Pochtovo-telegrafnaia statistika za 1899 god* (St. Petersburg, 1900), III.

27. Ob obrazovanii raspredelitenykh tsentrov po snabzheniiu bankovykh uchrezhdenii monetoi (1899), RGIA, f.587, op.33, d.359.

28. Po raznym voprosam voznikaiushchim pri otsylke zolotoi i serebrianoi monety v provintsialnye uchrezhdeniia Gos Banka i za granitsu, RGIA, f.588, op.2, d.41, ll.5, 6, 16, 21, 24, 53, 60.

29. RGIA, f.588, op.2, d.41, 64, 66. "Gruz zolota," *Sankt-Peterburgskaia Gazeta,* 1897, no.299.

30. 亚罗斯基教授提到，1896 年 3 月由于黄金的转移，涅瓦大街被关闭，这为对新货币铸造的猜测提供了理由。*Reforma denezhnago obrashcheniia v Rossii; doklady i preniia v III Otdelenii Imperatorskago Vol'nago ekonomicheskago obshchestva. Stenograficheskii otchet, 85.*

31. RGIA, f.588, op.2. d.41, ll.78ob.; RGIA, f.583, op.3, d.884.

32. Migulin, *Russkii gosudarstvennyi kredit,* vol.3, 1060. k

33. O vydache v ssudu Germanskomu Imperskomu Banku zolota na summu do 250 mill. marok, September 8, 1899, RGIA, f.583, op.4, d.312, ll.116–119. 根据米古林的记载，帝国银行的行长拒绝了这个提议。Migulin, *Reforma denezhnogo obrashcheniia,* 244. k

34. Zapiska sostavlennaia v Ministerstve finansov o sovremennom sostoianii denezhnogo rynka. November 11, 1899, RGIA, f.1044, op.1, d.214, ll.2–2ob, 5.

35. Proekt doklada Komiteta finansov Nikolaiu II, 1899, ibid, f.1044, op.1, d.213, l. 1 ob.–3.

36. Migulin, *Reforma denezhnogo obrashcheniia i krizis, ,* 253.

37. Witte to Suvorin, RGALI, f.459, op.1, d.719, l. 58.

38. Vsepoddanneiishii doklad ministra finansov o gosudarstvennoi rospisi dokhoddov i raskhodov na 1899, *Vestnik Finansov,* 1899, n.1, 7.

39. Vsepoddanneiishii doklad ministra finansov o gosudarstvennoi rospisi dokhoddov i raskhodov na 1900, *Vestnik Finansov,* 1900, n.1, 8.

40. 委员会和个别发言者关于货币问题的发言摘要见以下文件 D. I. Nikiforov, *Svod trudov mestnykh komitetov po 49 guberniam Evropeiskoi Rossii. Denezhnoe obrashchenie* (St. Petersburg, 1903).

41. *Trudy mestnykh komitetov o nyzhdakh selskokhoziastvennoi promyshlennosti.* Mogilevskaia guberniia, (St. Petersburg, 1903), 60.

42. *Trudy mestnykh komitetov o nyzhdakh selskokhoziastvennoi promyshlennosti.*

Tulskaia guberniia, 362; *Trudy mestnykh komitetov o nyzhdakh selskokhoziastvennoi promyshlennosti.* Mogilevskaia guberniia (St. Petersburg, 1903), 160.

43. *Trudy mestnykh komitetov o nyzhdakh selskokhoziastvennoi promyshlennosti.* Smolenskaia guberniia (St. Petersburg, 1903), 88, 140.

44. *Trudy mestnykh komitetov o nyzhdakh selskokhoziastvennoi promyshlennosti.* Vladimirskaia guberniia, 114; *Trudy mestnykh komitetov o nyzhdakh selskokhoziastvennoi promyshlennosti.* Kievskaia guberniia (St. Petersburg, 1903), 721.

45. *Trudy mestnykh komitetov o nyzhdakh selskokhoziastvennoi promyshlennosti.* Smolenskaia guberniia (St. Petersburg, 1903), 148.

46. *Trudy mestnykh komitetov o nyzhdakh selskokhoziastvennoi promyshlennosti.* Simbirskaia guberniia (St. Petersburg, 1903), 175. 他们的反对者预测，如果俄国放弃金本位，它就会破产。此外，考虑到俄国在欧洲的负债程度，欧洲政府将不得不采取干预并向俄国宣战，以保护其公民的经济利益。*Trudy mestnykh komitetov o nyzhdakh selskokhoziastvennoi promyshlennosti.* Tverskaia guberniia (St. Petersburg, 1903), 40.

47. Haim Barkai, "The Macro–Economics of Tsarist Russia in the Industrialization Era: Monetary Development, the Balance of Payments and the Gold Standard," *Journal of Economic History* 33 (June 1973), 338–371; Arcadius Kahan, "Government Policies and the Industrialization of Russia," *Journal of Economic History* 27 (December 1967), 460–477. For the survey of historiography (up to 1976) and the critique of Barkai's and Kahan's statements, see Paul Gregory, "Russian Monetary Policy and Industrialization, 1861–1913," *Journal of Economic History* 36 (December 1976): 836–871. For a critical assessment of the reform, see also "Dvizhenie Zolotogo Zapasa v Rossii v kontse XIX—nachale XX v," in *Istoria Ministerstva Finansov Rossii V chetyrekh tomakh,* edited by A. L. Kudrin, vol.1, 167–168 (Moskva: Infra–M, 2003).

48. Theodore von Laue, *Sergei Witte and the Industrialization of Russia* (New York: Atheneum 1969), 145.

49. Paul Gregory, "Russian Monetary Policy and Industrialization," 848.

50. Olga Crisp, "Russian Financial Policy and the Gold Standard at the End of the Nineteenth Century," Economic History Review, new series, 6, no. 2 (1953): 168.

51. Michael D. Bordo and Hugh Rockoff, "The Gold Standard as a 'Good Housekeeping Seal of Approval,'" Papers Presented at the Fifty–Fifth Annual Meeting of the Economic History Association, *Journal of Economic History.* 56,no. 2 (June 1996): 389–428

52. *Protokoly sionskikh mudretsov(po tekstu Nilusa). Vsemirnyi tainyi zagovor* (Berlin,1922), 72, 116.

53. "Vsepoddanneishii doklad ministra finansov ot 26 noiabria 1898 goda o vvedenii v Velikov Kniazhestve Finliandskom odnoobraznoi s ostal'noi Imperiiei monetnoi sistemy," in *Materialy po vorposu o denezhnom obrashchenii v Velikov Kniazhestve Finliandskom* (St. Petersburg, 1900) 243–248.

54. Ob iz'atii iz obrasheniia sredneaziatskoi tuzemnoi monety, RGIA, f.563, op.2, d.292; Ob

obmene monety khanstv, prilegaiushchikh k raionu deistviia Tashkentskogo otdelenia Gos Banka, 1875, RGIA, f.587, op.33, d.141, ll. 28–31.

55. O vvedenii v Bukharskom khanstve rossiiskoi denezhnoi sistemy, December 31, 1899, RGIA, f.563, op.2, d.397, l.3.

56. Khod razvitiia monetnogo voprosa v Bukhare, AVPRI, f.147, op.485, d.254, l.15.

57. RGIA, f.588, op.3, d.432, l. 2–3.

58. Lessar (political agent in Bukhara) to Vrevskii, general governor of Turkestan, August 2, 1894, AVPRI, f.147, op.485, d.254, l. 86ob.–87.

59. 1899 年，埃米尔以儿子的名义在国家银行布哈拉分行存入了 100 万卢布，利息为 3.5％。这次行动被严格保密，因为 "穆斯林法律禁止通过放贷收取利息。" ——Delo o vklade emirom bukharskim 1,000,000 rublei v Bukharskoe otdelenie Gosudarstvennogo Banka, AVPRI, f.147, op.485, 1899, d.271; O vkladakh bukharskogo emira, RGIA, f. 587, op.56, d.1662, l.7. In 1901 and 1902, the emir made two more deposits of ap–proximately 9 million rubles.

60. RGIA, f.588, op.3, d.433, l.46.

61. RGIA, f.588, op.3, d.433, 139 ob., 140 ob.

62. "Pis'mo iz Bukhary" *Russkie Vedomosti,* September 12 1897, AVPRI, f.147, op.485, d.254, l.122.

63. "K voprosu o bukharskoi tenge," *Promyshlennaia Gazeta,* September 23, 1897, no.207, RGIA, f.588, op.3, d.433.

64. Po voprosu o bukharskoi tenge, RGIA, f.588, op.3, d.433, August 14, 1897, 139.

65. Lessar to the Ministry of Foreign Affairs, November 28,1893, AVPRI, f.147, op.485,

66. Zhurnal Soveshchaniia po torgovle s aziatskimi gosudarstvami, February 4 and March 4, 1894, AVPRI, f.147, op.485, d.254, l.70 ob.

67. AVPRI, f.147, op.485, d.254, 70 ob. Reference to Kh. M. Fren, *Monety khanov ulusa Dzhuchieva ili Zolotoi Ordy s monetami inykh mukhammedanskikh dinastii v pribavlenii* (St. Petersburg, 1823); Kh. M. Fren, "Katalog monet dzhuchidov ili khanov Zolotoi Ordy," Zapiski ANO, t.2, St. Petersburg, 1850.

68. Komitet finansov, April 3, 1900, RGIA, f.563, op.2, d.397. This plan was elaborated in 1894–98 by a special committee "on the trade with Asian states" chaired by Dmitrii Kobeko.

69. Vrevsky to the minister of finance, November 18, 1898, AVPRI, f.147, op.485, d.254, 233. 外交部坚持一项更尊重埃米尔的 "自治" 的计划：允许埃米尔通过自己的法令确定利率，并在国家银行开放卢布兑换，从埃米尔的个人账户中存入所有可用的腾格。AVPRI, f.147, op.485, d.254, 285 ob, 313 ob.

70. Soobrazheniia d.t.s. Ternera po voprosu o vvedenii rossiiskoi denezhnoi sistemy v Bukharskom khanstve, RGIA F.563, op.2, d.397.

71. Turkestan general governor to the minister of finance, December 31, 1897, p. 9, RGIA F.563, op.2, d.397. 布哈拉的 "政治代理人" 伊格纳季耶夫也表达了同样的观点。

72. 埃米尔可以恢复银腾格的制造。然而，这些新硬币在接受国家付款后，也需要交付给国家银行并逐渐清除。1904 年，银币的铸造应该永久停止。参见 RGIA F.563, op.2, d.397. O priniatii na schet Gosudarstvennogo Kaznacheistva chasti ubytkov on perechekanki nakhodiashcheisia v Gosudarstvennom Banke istertoi bukharskoi tengi January 31, 1903, RGIA, f.583, op.4, d.316, l.16–18.

73. 2000 万的腾格硬币立即交给了国家银行。此外，埃米尔还获得了再铸造 2500 万硬币的权利，这些硬币也必须交给银行。在此次铸币之后，埃米尔失去了永远铸造货币的权利。如果出于经济发展需要再次引入银币，俄国政府有权在埃米尔的造币厂使用"来自俄国的白银"铸造腾格硬币。

74. 政府声称稳定腾格的汇率"花费"了 530 万卢布。

75. Po voprosu ob okhrane vyezdnoi razmennoi kassy, September 28, 1901, RGIA, f.588, op.3, d.436, ll. 73–74, 119.

76. RGIA, f.588, op.3, d.436, 58 ob.

77. Eteocle Lorini, *La réforme monétaire de la Russie* (Paris: V. Giard & E. Briere, 1898, 96–97. At the time Lorini was writing, the reform was not yet completed.

78. A. F. Gubarevich–Radobylskii, *Ekonomicheskii ocherk Bukhary i Tunisa* St. (Petersburg, 1905), 160.

79. 1904 至 1911 年间，到过该地区的德米特里·罗格菲特证实，即使在停止铸造腾格硬币后，当地和外国硬币仍然与卢布一起流通，货币统一的项目仍然未完成。D. N. Logofet, *Bukharskoe khanstvo pod rossiiskim protektoratom* (St. Petersburg, 1911), vol. 2, 69–73.

80. RGIA, f.588, op.3438, 8, 20–22: Pleske's telegram to the head of the State Bank branch in Bukhara, January 16, 1903.

81. Sobolevskii, head of the Bukhara branch of the State Bank, April 17, 1909, RGIA, f.588, op.3, d. 439, 13 ob.

82. Sobolevskii, head of the Bukhara branch of the State Bank, April 17, 1909, RGIA, f.588, op.3, d. 439, 13 ob.

83. See reports on the monetary situation in this province in 1912, AVPRI, f.147, op.485, d.255, l.266–274.

84. Kopiia s otnoshevniia rossiikogo imperatorskogo agentstva v Bukhare na imia turkestanskogo general–gubernatora, April 22 1912, AVPRI, f.147, op.485, d.255, 274ob.

85. "Persidskie krany v Zakaspiiskom krae," Kavkaz, May 6, 1901, RGIA, f.588, op.3, d.21.

86. O splave na Sankt–Peterburgskom monetnom dvore bukharskoi stertoi tengi v osobye slitki dlia razmennoi operatsii v Manchzhurii, RGIA, f.588, op.3, d. 444.

87. N. Poppe, "Denezhnoe obrashchenie v Severnoi Manchzhurii," *Sbornik konsulskikh donesenii,* 1904 (St. Petersburg, 1904), 312; A. Dombrovskii and V. Voroshilov, *Manchzuriia* (St. Petersburg, 1904), 196.

88. 19 世纪 90 年代游历满洲的阿历克谢·伊万诺夫斯基注意到，这些捆绑在一起的这种硬币早在 7 世纪就已铸造，甚至都不足以视为钱币收藏稀有品。Ivanovskii, "Mednaia moneta v Man'chzhurii," *Zapiski Vostochnogo Otdelenia RAO,* v.7, 1893,

301-307. 还有一些由私人银行家、贸易公司，甚至酒店发行的纸质债券代替这些钱串，但它们仅在当地流通，而且容易受到伪造的威胁。Dombrovskii and Voroshilov, *Manchzuriia,* 197.

89. Poppe, "Denezhnoe obrashchenie v Severnoi Manchzhurii," 313

90. RGIA, f.560, op.28, d.34, 3–7, Report of Mukden's governor (Tsian–Tsiun). 详细分析见 Chia Yin Hsu, "The 'Color' of Money: The Ruble, Competing Currencies, and Conceptions of Citizenship in Manchuria and the Russian Far East, 1890s–1920s," Russian Review 73 (January 2014), 87–93.

91. 参见华东铁路学会理事会和修订委员会特别会议协议书, Zhurnal Osobogo soveshchaniiia Pravleniia i revizionnogo Komiteta Obshchestva KVZhD po voprosu o monete, naibolee pregodnoi dlia rasplat v Manchzhurii, 18 okriabria 1897, RGIA, f.323, op.1, d.1109. 雅·格·阿列克谢耶夫主张采用卢布。维特在空白处写道："不，这意味着引入黄金"—RGIA, f.323, op.1, d.1109, l.70ob. 维特坚持将"银锭"作为主要支付手段。

92. RGIA, f.323, op.1, d.1110, l.130.

93. GARF, f.543, op.1, d.204, V.N. Kokovtsov, Zamechania na zapisku Golovina o sposobakh pokrytiia voennykh raskhodov s naimen'shim obremeneniem Gosud. Kaznacheistva, 3.

94. Boris Demchinskii, *Rossiia v Man'chzhurii,* (St. Petersburg, 1908), 99.

95. B. L. Putnam Weale, "Manchu and Muscovite," 引自《关于在中国、菲律宾群岛、巴拿马和其他白银消费国引入金汇兑标准以及汇兑稳定性的报告》。1904 年 10 月 22 日由美国国际汇兑委员会提交给国务卿。Hugh H. Hanna, *Charles* A. Conant, Jeremiah W. Jenks (Washington, DC: Government Printing Office, 1904), 278–282.

96. Jeremiah W. Jenks, *Considerations on a New Monetary System for China* (Ithaka: U.S. Commission On International Exchange, 1904), 11–12; 国际汇兑的稳定性。1903 年 10 月 1 日美国国际汇兑委员会向国务卿提交的关于在中国和其他白银使用国推行金汇兑标准的报告. Hugh H. Hanna, Charles A. Conant, Jeremiah W. Jenks (Washington, DC: Government Printing Office, 1903). 11–12, 15

97. *Stability of International Exchange,* 30.

98. 根据该委员会的报告, 俄国的代表宣称, "如果美国的计划修改成由政府账户发行国家银币并尽快与黄金固定汇率挂钩, 那么我们将予以批准。参见 *Stability of International Exchange,* 31.

99. O priezde v Sankt–Peterburg komissarov Pravitelstva Soedinennykh Shtatov Severnoi Ameriki dlia peregovorov ob ustanovlenii bolee ustoichivoi tseny serebra, June 27, 1903, RGIA, f.583, op.4, d.316, l.91. 正如委员会的报告所指出的, 俄罗斯是唯一一个抗议采用将在东方确定的统一的白银与黄金比例（1：32）的国家, *Stability of International Exchange,* 105.

100. V. N. Kokovtsov, Zamechania na zapisku Golovina o sposobakh pokrytiia voennykh raskhodov s naimen'shim obremeneniem Gosud. Kaznacheistva, GARF, f.543, op.1, d.293, 1–4.

101. "Zapiska Kokovtsova v komitet finansov ot 17 marta 1904 g," in *Russkie finansy i*

evropeiskaia birzha v 1904-1906 gg. (Moscow, Leningrad: Tsentrarkhiv, 1926), 51–52, 60.

102. O sostavlenii vsepoddanneishego doklada m–ra finansov o gosudarstvennoi rospisi na 1905 g., RGIA, f.560, op.26, d.505, 38ob.

103. *Russko-iaponskaia voina 1904-1905 gg. T.VII. Tyl deistvuiushchei armii* (St. Petersburg, 1910), ch.1, 391. 根据大臣的报告，在满洲的"白银储备基金"价值为 1200 万卢布，其中一部分来自掠夺"中国要塞和城市"的战利品。O sostavlenii vsepod. doklada m–ra finansov o gosudarstvennoi rospisi na 1905 g. RGIA, f.560, op.26, d.505, 37 ob.

104. RGIA, f.323, op.1, d.1110, l.169.

105. Normally, silver came from London, but British silver grew too expensive. Poppe, "Denezhnoe obrashchenie," 317.

106. G. D. Dementiev, *Vo chto oboshlas' nashemu gosudarstvennomu kaznacheistvu voina s Iaponiei* (Petrograd, 1917).

107. Metzler, Lever of Empire, 40–42.

108. 俄国的经验被外国专家引用，作为一种固执的殖民货币政策的示例。参见 references to Russia's policy in Bukhara: *Stability of International Exchange,* 14; *Gold Standard in International Trade. Report on the Introduction of the Gold-exchange Standard,* 91, 192.

109. 关于承诺的价值，参见 Michael D. Bordo and Finn E. Kydland, *The Gold Standard as a Rule,* NBER working paper series, No. 3367 (Cambridge, MA: National Bureau of Economic Research, 1990).

110. B. V. Anan'ich and R. Sh. Ganelin, Serguei Iulievich Vitte i ego vremia (St. Petersburg: Dmitry Bulanin, 1999), 88.

111. Yasnopolskii and L. Feldzer, "Predislovie," Bankovaia entsiklopediia. T.2. Birzha (Kyiv, 1916).

112. Milton Friedman, "Real and Pseudo Gold Standards," *Journal of Law & Economics 4* (October 1961): 66–79.

113. 关于金本位制的政治许可因素的类似观点，请参见 Leland Yeager, "The Image of the Gold Standard," in *A Retrospective on the Classical Gold Standard, 1821-1931,* edited by Michael D. Bordro and Anna J. Schwartz (Chicago: University of Chicago Press, 1984), 665.

第九章

1. "V tsarstve zolota," *Peterburgskaia Gazeta,* March 19, 1905, 2.

2. Al. Ivanovich, "V zolotykh kladovykh," *Novoe Vremia,* March 19, 1905.

3. 具有讽刺意味的是，维特协助中国获得了支付赔偿金的贷款。

4. MarkMetzler,The Lever of Empire: *The International Gold Standard and the Crisis of*

Liberalism in Prewar Japan (Berkeley: University of California, 2006), 3. 日本大藏大臣松方正義（Count Matsukata Masayoshi）编写的改革备忘录中使用的话语显示出俄国和日本之间存在许多相似之处。对二者而言，重点都是平衡纸币和黄金的数量，以加入其他国家的"黄金"俱乐部。与俄国不同，日本改革了发行银行，它将该银行的组织模仿自比利时银行，后者在"组织的完善性和业务管理的良好监管状态"方面"居于最高地位"。日本政府成了"银行股份的持有者，持有该银行全部资本的一半"，资本的另一部分供日本的私人股东使用。参见 Matsukata Masayoshi, *Report of the Adoption of the Gold Standard in Japan* (Tokyo: Government Press, 1899), 65–68.

5. A. A. Guryev, *Reforma denezhnogo obrashcheniia* (St. Petersburg, 1896), ch.1., vyp.1, 206–241; M. I. Bogolepov, *Finansy, pravitel'stvo I obshchestvennye interesy* (St. Petersburg, 1907), 250–251; Bukovetskii, "Svobodnaia nalichnost' i zolotoi zapas," 366.

6. GARF, f.543, op.1, d.279a, O znachenii denezhnoi reformy dlia sosredotocheniia sredstv v sluchae chrezvychainykh sobytii, April 1900.

7. 许多欧洲观察家注意到黄金储备规模的差异，参见 Karl Helfferich's book on the financial aspect of the Russo–Japanese War published in 1904 and translated (in October 1904) into French: *Die Finanzielle Seite des russisch-japanischen Krieges* (Bonn: Marine–Rundschau: Zeitschrift f ü r Seewesen, 1904); cited from second edition (1906) *Das Geld im russisch-japanischen Kriege* (Berlin: E. S. Mittler und Sohn, 1906), 67, 69, 70. 赫弗里希提到了法国和德国的一些出版物，它们都对俄国的金融状况做出了积极评价。俄国当局还关注着日本黄金改革的发展。A report of the Ministry of Foreign Affairs points out the scarcity of gold: Vypiska iz otcheta Iaponskogo Min. Finansov o zolotoi valiute v Iaponii, AVPRI, f. 138, op. 467, 1900, 185.

8. Raphaël–Georges Lévy, "Finances de guerre: Russie et Japon," *Revue de Deux Mondes* 22, no.1 (Juillet 1904): 127.

9. "Zapiska Kokovtsova v Komitet finansov," *Russkie finansy i evropeiskaia birzha v 1904-1906 gg.* (Moskva, Leningrad: Tsentrarkhiv, 1926), 42–43.

10. P.P. Migulin, *O finansovoi gotovnosti k voine,* (Kharkiv,, 1904), 7.

11. "Zapiska Kokovtsova," 59. V. N. Kokovtsov, *Iz moego proshlogo. Vospominaniia* (Moskva: Nauka, 1992), kn.1, 40–42.

12. Zhurnal komiteta finansov utverzhdennyi 27 Marta 1904, g. *Russkie finansy i evropeiskaia birzha,* 66.

13. A. I. Putilov to A. G. Rafalovitch, *Russkie finansy i evropeiskaia birzha,* 86.

14. O sostavlenii vsepoddanneishego doklada m–ra finansov o gosudarstvennoi rospisi na 1905 g., RGIA, f. 560, op.26, d. 505, 30 ob.

15. Boris V. Ananich, "Russian Military Expenditures in the Russo–Japanese War, 1904–1905," in *The Russo-Japanese War in Global Perspective: World War Zero,* edited by John W. Steinberg et al., 452–454 (Leiden: Brill, 2005). 除了巴黎的这笔贷款外，1905 年俄国还在柏林发放了两笔贷款和四笔国内贷款，总额达 12 亿卢布。

16. Edward S. Miller, "Japan's Other Victory: Overseas Financing of the Russo–Japanese

War," in *The Russo-Japanese War in Global Perspective: World War Zero,* edited by John W. Steinberg et al. (Leiden: Brill, 2005), 274.

17. Jennifer Siegel, For Peace and Money: *French and British Finance in the Service of Tsars and Commissars* (Oxford: Oxford University Press, 2014), 50–85.

18. Russian Finance, *The Times,* October 12, 1904, no. 37523.

19. Among his sources of Serguei Sharapov, Petr Butmi, and Petr Shvanebakh. Lucien 沃尔夫是欧洲和俄国犹太人权利的倡导者，他反复写到俄国对犹太人的暴行。因此，他选择参考已知的反犹太主义者谢尔盖·沙拉波夫的作品令人感到惊讶。

20. "Is Russia Solvent?" *The Times,* March 11, 1905, 10. The article appeared along with Leo Tolstoy's essay "The Crisis in Russia" and information about the battle of Mukden—one of Russia's military disasters.

21. "Is Russia Solvent?" *The Times,* March 12, 1905, 3.

22. Henry Norman, "The Gold Reserve of Russia," *World's Work,* May 1904, 4920.

23. The editor's commentary on Wolf's article, *The Times,* March 14, 1905.

24. Copy of Kokovtsov's letter "to the editor of The Times," RGIA, f.560, op.22, d.291, l.5.

25. "French Capital in Russia (from our own correspondent)," *The Times,* March 15, 1905.

26. V. I. Lenin, "Evropeiskii capital i samodezhavie," in *Polnoe sobranie sochinenii,* t.9,(Moskva: Politizdat, 1967), 376, first publication *Vperiod,* April 4 (March 23) 1905.

27. RGIA, f.560, op. 22, d.291, 13. 这段文字描述了《泰晤士报》发给科科夫佐夫的电报。然而，《泰晤士报》发表了一则关于俄国黄金储备规模的数字的通知，没有附加评论，以及一份官方公报批评了"卢西安·沃尔夫先生来信中关于俄国黄金储备的陈述。"参见 "Russia's Gold Reserve," *The Times,* March 18, 1905; "The Russian Gold Reserve," April 3, 1905.《泰晤士报》还刊登了彼得·什瓦涅巴赫（Petr Shvanebakh）的来信，抗议对他早期著作中提到的数字和判断的错误解释。参见 "The Russian Gold Reserve," *The Times,* April 4, 1905. 同一期刊物还刊登了查尔斯·利特曼（Charles Littmann）致编辑的来信，指出俄国没有维持黄金本位制，因为尽管卢布具备可兑换性，但黄金出口受到严格限制。

28. 邀请被《泰晤士报》拒绝，却被《每日快报》所期待。然而，政府的代理人鲁奇科夫斯基建议不要这样做。他指出这是一家"次要且没有影响力"的报纸。《每日镜报》（*Daily Mirror*）主动提出派遣摄影师：RGIA, f.560, op.22, d.291, 14–23. See also "Perepiska s ministrov finansov ob osmotre zolotykh kladovyckh banka predstaviteliami pechati i gazetnye vyrezki," RGIA, f.587, op.56, d.34, ll. 3–12.

29. Kokovtsov's letter to Timashev, RGIA, f.587, op.56, d.34, l.19.

30. RGIA, f.587, op.56, d.34, l.21–21 a .

31. RGIA, f.560, op.22, d.291. 参见 the polemics between Sir Howard Vincent and Lucien Wolf on the matter of the Russian gold reserve: *The Times,* April 29, May 25, May 27, 1905.

32. A summary of Martin's book is in "Rudolf Martin on Russia's Financial Conditions," *New York Times,* June 24, 1906. Many thanks to Harold James for pointing out this article.

33. Rudolf Martin, *Die Zukunft Russlands und Japans. Die deutchen Milliarden in Gefahr* (Subtitle on the original edition's cover: *Soll Deutchland die Zeche bezahlen*) (Berlin: Heymann, 1905), 69.

34. M. Fridman, "Neizbezhno li bankrotstvo Rossii?" Rech', June 18, 1906, no. 103.

35. 在 1905 年 9 月，俄国财政部将这些材料发送给德国新闻代表，包括柏林的卡尔·瑞恩（Karl Rene）和迈因茨的奥斯卡·莱曼（Oscar Leman）。参见 RGIA, f.560, op.26, d.506, l.5。1906 年 8 月，科科夫佐夫与柏林的银行家欧内斯特·冯·门德尔松—巴托尔迪（Ernst von Mendelssohn–Bartholdy）讨论基于财政大臣发送给他的材料，出版一本通俗小册子。这本小册子原计划匿名出版，题为 "*Von dem Russen!*"（参见上文，第 91-94 页）。请参阅另一本反马丁的小册子《我们时代的预言家》（*The Prophet of Our Time*），见 RGIA, f.560, op.26, d.507。1906 年，马丁出版了一本专注于俄国的新版本。有关试图中和这些出版物的影响的财政部文件，参见 RGIA, f.560, op.26, d.610. 在解除审查限制后，马丁的这本书以 "*Budushchnost' Rossii i Iaponii*" 为名先后出了两版。一版（Moska: Sytin, 1906）由诺维克（I. Novik）翻译，另一版本（Moska: Sytin, 1907）由扎克维奇（M. S. Zakovich）和温伯格（S. B. Veinberg）翻译。

36. 正如《泰晤士报》的记者所言，"无论是国内还是国外，俄国的信用完全依赖拥有大量的黄金储备，而政府正在不遗余力地将黄金保留在国内。但一旦黄金开始外流，国家信用将崩溃。" The Times, August 5, 1904

37. "Zolotoi milliard" [The Golden Billion], Rus', April 2, 1905.

38. O sostavlenii vsepoddanneishego doklada m–ra finansov o gosudarstvennoi rospisi na 1905 g., RGIA, f.560, op.26, d.505, l.31.

39. O sostavlenii vsepoddanneishego doklada m–ra finansov o gosudarstvennoi rospisi na 1905 g., RGIA, f.560, op.26, d.505, 7 ob.

40. O sostavlenii vsepoddanneishego doklada m–ra finansov o gosudarstvennoi rospisi na 1905 g., RGIA, f.560, op.26, d.505, 7 ob.

41. 维特在草稿报告侧面的空白处标注到，重要的不是信仰，而是 "实际的黄金支持"：O sostavlenii vsepoddanneishego doklada mra finansov o gosudarstvennoi rospisi na 1905 g., RGIA, f.560, op.26, d.505, 7 ob., 299. 参见请查看最终版本的报告："Vsepoddanneishii doklad Ministra FInansov o gosudarstvennoi rospisi dokhodov i raskhodov na 1905 god i obshchaia gosudarstvennaia rospis' dokhodov i raskhodov na 1905 god," *Vestnik Finansov, Promyshlennosti i Torgovli*, 1905, no.1, 7.

42. "Zapiska predsedatelia pravleniia Gosudarstvennogo banka S.I. Timasheva o denezhnom obrashchenii v Rossii v 1904–1907 gg., 12 Fevralia 1907," in "Denezhnoe obrashchenie i finansovoe polozhenie Rossii (1904–1907)," *Istoricheskii Arkhiv*, 1956, no. 3, 116.

43. "Polozhenie Gosudarstvennogo Banka i denezhnogo obrashcheniia s oktiabria 1905 po aprel 1906 (April 1906)," TsGIA SPb, f.2098, op.1, d.54, l.21 ob.

44. S. I. Timashev, Avtobiograficheskie zapiski, in A. L. Vychugzhanin, *S.I. Timashev: zhizn' i deiatelnost'* (Triumen': Slovo, 2006), 217–218. 官方备忘录曾建议，从圣彼得堡往地区办事处调配超过 7000 万卢布的黄金进行兑换。到 1905 年 12 月，

国家银行改变了政策，开始将黄金从地方省份回收到圣彼得堡。"Polozhenie Gosudarstvennogo Banka i denezhnogo obrashcheniia s oktiabria 1905 po aprel 1906" (April 1906), TsGIA SPb, F.2098, op.1, d.54, l.23 ob, 25 ob.

45. "Dokladnaia zapiska Komiteta finansov Nikolaiu II o katastroficheskom finansovom sostoianii strany i merakh sokhraneniia zolotogo zapasa, December 14, 1905," *Istoricheskie Zapiski* 2 (1955): 127.

46. N. S. Tagantsev, *Perezhitoe* (Petrograd, 1919), 68.

47. O peresmotre polozhenia ob 国家货币局, TsGIA SPb, f.1258, op.2, d.904, l. 9–10.

48. Serguei Gan's reports to the Bank's director Timashev, RGIA, f.587, op.56, d.703,.

49. Delo domovoi kontory 国家货币局 Ushakova Mikhaila Andreevicha, RGIA, f.1682, op.1, d.55; O rabochem Ushakove F.1682, op.1, d.57 (Witte's letter recommending Ushakov's appointment in which Witte attested that he was a "reliable worker"). On Ushakov's leadership in the strike: O rabochem Ushakove, RGIA, f. 1682, op.1, d.109, 14.

50. RGIA, f.1682, op.1, d.55, l.5.

51. 维特还声称乌沙科夫在说服尼古拉侯爵尼古拉·伊万诺维奇赋予宪法必要性方面发挥了关键作用。然后，尼古拉侯爵说服沙皇签署了 1905 年 10 月 17 日的宣言。S.Yu. Vitte, *Vospominaniia*, vol.3 (Moskva: Izd-vo sotsialno-ekonomicheskoi literatury, 1960),44, 53. Mikhail Ushakov, "Vospominaniia o besede s velikim kniazem" *Krasnyi Arkhiv*, 1923, 4, 413–417.

52. See reports about revolutionary incidents that leaked to the press: O raznykh proisshestviakh, TsGIA SPb, f. 1458, op.2, d.468, O dostavlenii v Osvedomitel'noe biuro svedenii, TsGIA SPb, f.1458, op.2, d.941. 国家纸币发行部的管理部门不得不购买左轮手枪，并分发给现金办公室和仓库的员工。O priniatii mer dlia okhrany denezhnykh summ . . . i o pokupke revol'verov. TsGIA SPb, f.1458, op.2, d.428.

53. See Gan's reports: RGIA, f.587, op.56, d.703, ll.193–212.

54. Perepiska upravliaiushchego Gos. Bankom s glavnokomanduiushchim okruga o postanovke okhrany banka, RGIA, f. 587, op.56, d.347.

55. Kokovtsov, *Iz moego proshlogo*, 109.

56. 彼得·萨布罗夫在财政委员会中提出了这一观点；然而，经济学家伊拉里翁·考夫曼指出，现在已经为时过晚。他认为，暂停只能作为一种预防性措施，而不是最后的手段。此外，金本位制代表着俄国与世界的联系，如果黄金在笼罩俄国富人社会的政治恐慌中被抢走，那么只有保持这座桥梁的完整，它才能重新回来。Untitled memo, November 21–28, 1905, TsGIA SPB, f.2098, op.1, d.56.

57. TsGIA SPB, f.2098, op.1, d.56, l.13.

58. Predlozheniia ministra finansov I. P. Shipova o merakh sokhraneniia zolotogo zapasa Rossii" —*Istoricheskii Akhiv* 1955, no.2, 137.

59. RGIA, f.560, op.26, d.38, l. 85.

60. B. V. Ananich, "Finansovyi krizis tsarizma 1904–1905 gg.," *Trudy Leningradskogo Otdelenia Instituta Istorii AN SSSR*, vol.8, Leningrad, 1967, 308.

61. Ananich, "Finansovyi krizis tsarizma 1904–1905 gg.," 314.

62. Siegel, *For Peace and Money,* 77–85; Boris Ananich, *Rossiia i mezhdunarodnyi kapital,* 1897–1914. *Ocherki istorii finansovykh otnoshenii* (Leningrad: Izd-vo AN SSSR, 1970), 149–177.

63. Vitte, *Vospominaniia,* vol.3, 249.

64. "Zapiska predsedatelia pravleniia Gosudarstvennogo Banka S.I. Timasheva o denezhnom obrashchenii v Rossii v 1904–1907 ii, 12 fevralia 1907," *Istoricheskii Arkhiv,* 1956, no.3, 101–103.

65. Draft of the report on the opening of the State Bank's branch in Helsinki(1903): RGIA, f.588, op.3, d.427, 81ob. 维特与芬兰总督维亚切斯拉夫·普列夫关于任命该分行主任的程序、财务专业性胜过政治可靠性的重要性以及总体上经济目标优先于俄国化政策的争论。"Ob otkrytii otdeleniia Gos Banka v Gelsingforse." RGIA, f.588, op.3, d.427, 44, 45–47, 51, 62, 65–66, 68, 73–74, 81.

66. See Vykovskii's reports to the State Bank, RGIA, f.588, op.3, d.427, l.139–148.

67. Minister of finance (Shipov) to general-governor N. N. Gerard –RGIA, f.588, op.3, d.427, ll. 169–170. 1911 年，关于在芬兰开设国家银行分行的讨论重新开始。政府决定从维堡开始，这个城市距离俄国边界最近，RGIA, f.1276, op.18, d.365, f.587, op.56, d.1685.

68. Kokovtsov, *Iz moego proshlogo,* 115, 119.

69. Michael D. Bordo and Eugene N. White, "A Tale of Two Currencies: British and French Finance during the Napoleonic Wars," *Journal of Economic History* 51, no.2 (June 1991): 303.

70. RGIA, f.560, op.26, d.38, l.43.

71. RGIA, f.587, op.33, d.23, 7.

72. "Predlozhenia ministra finansov I. P. Shipova o merakh po sokhraneniiu zolotogo zapasa strany," *Istoricheskie zapiski* 2 (1955): 137.

73. RGIA, f.560, op.26, d.38, l.10 ob.

74. P. P. Migulin, *Russkii Tsentralnyi Avtonomnyi Gosudarstvennyi* Bank (Kharkov, 1906), 13. See also Petr Saburov's (incomplete) response to Migulin's project: "Zamechaniia P.A. Saburova na brochuru Migulina Russkii Avtonomnyi Tsentralnyi Emissionnyi Bank," RGIA, f.1044, op.1, d.285.

75. Migulin, *Russkii Tsentralnyi,* 11; "La semaine financi è re," *Le Temps,* August 27, 1906.

76. Stanislav Skarzhinskii, "Gosudarstvennyi ili aktsionernyi bank?" *Slovo,* September 6, 1905.

77. *Voprosy gosudarstvennogo khoziaistva i buidzhetnogo prava* (St. Petersburg, 1907), 14.

78. O preobrazovanii denezhnoi sistemy v interesakh uspeshnogo razvitiia narodnogo khoziaistva, RGIA, f.1278, op.1–Sozyv 2, d.1201.

79. 请参阅亚斯诺波利斯基在由两位杰出的宪政党成员彼得·多尔戈鲁科夫和伊万·彼得伦科维奇编辑的关于俄国宪政体制的财政方面的文集中关于国家银行的章节。作者重申了他们关于加强公众和杜马对财政的控制以及授予国家银行免于财政部监管的要求；L. Yasnopolskii, "Gosudarstvennyi Bank," in *Voprosy*

gosudarstvennogo khoziaistva i buidzhetnogo prava, edited by P. D. Dolgorukov and I. I. Petrunkevich (St. Petersburg, 1907).

80. Yasnopolskii, "Gosudarstvennyi Bank," 254.

81. Yasnopolskii, "Gosudarstvennyi Bank," 282.

82. See also Witte's critique of Kokovtsov's monetary policy in his memoirs: Vitte, *Vospominaniia,* vol. 2, 401.

83. Witte, March 3, 1907, RGIA, f.587, op.56, d.1670, ll.163–178.

84. Witte, March 3, 1907, RGIA, f.587, op.56, d.1670, ll.163–178.

85. Witte, zapiska April 3, 1907, RGIA, f.587, op.56, d.1670, ll.110–117.

86. 1906 年 1 月，伊拉里翁·考夫曼教授给维特写了一份长篇备忘录，阐述了"将国家银行改制为股份制 [银行]"的不可取性，他在备忘录中侧重讨论了这一构想的财政方面。这一制度转变将需要国家银行资本的三倍增长。在当时的情况下，该银行很可能无法产生足够的股息收入来满足其潜在股东。参见："Zapiska dlia Vitte o nezhelatelnosti prevrashcheniia Gosud. Banka v aktsionernyi," TsGIA SPb, f.2098, op.1. d.52. It is possible that Witte considered reforming the State Bank without changing the nature of the bank's capital and governance.

87. 1908 年，政府结束了关于国家银行独立性的讨论，将改革任务交给了银行的管理层。不出所料，银行的理事会勉强讨论了其自身违反宪章的问题，以及加强对其活动的外部监督。它还坚决反对引入私人股本和将银行与政府分开的想法。Zhurnal Soveta Gosudarstvennogo Banka ob osnovaniiakh preobrazovaniia Gosudarstvennogo Banka, RGIA, f.587, op.60, d. 20, 7–8.

第十章

1. V. Zhabotinskii, "Cherez Angliiu," *Russkie Vedomosti,* September 20, 1914. Also quoted in M.I. Bogolepov, "Voina i den'gi," *Vorposy mirovoi voiny* (Petrograd, 1915), 399.

2. S. V. Prokofiev, *Dnevnik, 1907-1918* (Paris: SPRKfV, 2002), 543 (record for february 1 and 3, 1915).

3. "Zolotye zapasy soiuznykh gosudarstv," *Birzhevye Vedomosti,* february 8 1915, 14658.

4. Pavel Genzel', "Zolotoi gramm, kak osnova mezhdunarodnoi valiuty," *Russkie Vedomosti,* July 14, 1910.

5. 关于大克里姆林宫的空间安排，请参阅 RGIA，第 472 页，作品 50, d. 1684 and RGIA, f. 482, op.6, d.222; on the relocation itself and the protective measures: RGIA, f.587, op.56, d. 158.

6. "Russia's Demand for Gold due to Political Affairs," *Wall Street Journal,* April 24, 1914, 8. "Paris Exchange Threatens Gold Movement to That Center," *Wall Street Journal,* April 9, 1914. "Great European Banks Are Competing Sharply for Gold," *Wall Street Journal,* March 31, 1914.

7. L. J. Burnes, "Flow of Gold Abroad Analyzed," The Annalist, *Wall Street Journal*, June 20, 1914; "Keen Competition for Gold in London Market," *Wall Street Journal*, May 19, 1914; "Foreign Exchanges' High Point in over Four Years," *Wall Street Journal*, May 13, 1914; "London Perplexed at American Markets," The Globe, May 11, 1914, 8. 据《环球报》报道，从 1 月到 5 月初，俄国国家银行的黄金储备增加了 700 万英镑。

8. "The Outgoing of Gold," *Los Angeles Times*, July 7, 1914; " 'Holland' writes of Recent Record Exportation of Gold to Europe," *Washington Post*, July 2, 1914.

9. A. L. Sidorov, *Finansovoe polozhenie Rossii v gody pervoi mirovoi voiny* (Moskva: Akademia Nauk SSSR, 1960), 103.

10. 有关详细的财务统计，请参见 S. G. Beliaev, *Bark i finansovaia politika Rossii 1914-1917* (St. Peterburg: Izd–vo Sankt–Petersburgskogo Un–ta, 2002), 575. 国家银行年度报告中的这一数字包括所谓的国外黄金，即存放在欧洲银行的证券中的虚拟黄金。许多俄国经济学家和政治家反对将"国外黄金"算作黄金储备的一部分。如果没有这些黄金，战前的黄金覆盖率将达到 90%。

11. Z. S. Katzenelenbaum, *Voina i Finansovo-Ekonomicheskoe Polozhenie Rossii* (Moskva, 1917), 41.

12. *Stenograficheskii otchet zasedanii soedinennykh komissii biudzhentoi i finansovoi 4,5 i 6 avgusta 1915 po rassmotreniiu zakonoproektov o rasshirenii predostavlennogo Gosudarstvennomu banku prava vypuska gosudastvennykh kreditnykh biletov. Gosudarstvennaia Duma. Chetvertyi sozyv, sessiia 4. Prilozheniia k stenograficheskim ontchetam n.26 i 38* (Petrograd, 1915), 14. 政府的批评者仍然指出，政府长达一周的犹豫使 1914 年 7 月 16 日至 7 月 23 日期间撤回的 160 万金卢布损失惨重。I. A. Mikhailov, Voina i nashe denezhnoe obrashchenie. Fakty i tsifry (Petrograd, 1916), 5.

13. 暂停兑换立即影响了卢布相对于其他货币的汇率：战前以黄金为基础的汇率为 10 英镑兑换 94 卢布（57 戈比），到 1914 年 9 月升至 130 卢布，然后稳定在 1915 年全年为 110~120 卢布。卢布汇率不断波动，反映了经济状况以及俄国军队的军事胜利和外交状况。

14. 1910 年，俄国为进口黄金支付了 1900 万卢布，1911 年为 4700 万卢布，1912 年为 1.75 亿卢布，1913 年为 1.65 亿卢布。*Stenograficheskii otchet zasedanii soedinennykh komissii biudzhentoi i finansovoi 4,5 i 6 avgusta 1915 po rassmotreniiu zakonoproektov o rasshirenii predostavlennogo Gosudarstvennomu banku prava vypuska gosudastvennykh kreditnykh biletov. Gosudarstvennaia Duma. Chetvertyi sozyv, sessiia 4. Prilozheniia k stenograficheskim ontchetam n.26 i 38,* 59.

15. "Allies Buy War Munitions Here," *New York Tribune*, October 23, 1914.

16. 部长会议禁止进口俄国通常出口的食品和商品（干肉、咸肉和其他产品）。Osobyi zhurnal Soveta Ministrov August 23, 1914, in *Osobye zhurnaly Soveta Ministrov Rossiiskoi Imperii, 1909-1917. "1914"* (Moskva: ROSSPEN, 2006), 313; RGIA, f. 1276, op.10, d.248, ll. 1–72.

17. "Allies Buy War Munitions Here," *New York Tribune*, October 23, 1914. 安德烈·弗拉基米罗维奇大公在日记中抱怨弹药问题："他们在美国买了步枪，但付款时

出了问题。美国人想用黄金支付，而我们想用期票支付。我们在美国的财务代理抗议用期票支付，说我们的期票出现在美国证券交易所可能会对汇率产生负面影响"。"Voennyi dnevnik velikogo kniazia Andreia Vladimirovicha Romanova," *Oktiabr'*, 1998, no. 4, https:// magazines.gorky.media/ october/ 1998/ 4/ voennyj–dnev nik–velikogo–knyazya–andreya–vladimirovicha–romanova.html.

18.　Sergei Beliaev, P. L. Bark i finansovaia politika Rossii 1914–1917 (St. Peterburg: Izd–vo Sankt–Petersburgskogo Un–ta, 2002); Jennifer Siegel, *For Peace and Money: French and British Money in the Service of Tsars and Commissars* (New York : Oxford University Press, 2014), 125–167.

19.　Petr Bark, *Vospominaniia poslednego ministra finansov Rossiiskoi Imperii* (Moskva: Kuchkovo pole, 2017), vol.1, 313, 308. 但事实并非如此：政府不能简单地用国家银行储备的金条来支付所有军事订单，现金或借贷的金额超过了典当黄金的名义价值。

20.　克里沃舍因还补充说，黄金储备的作用之一是充当军事基金。最后这一观点在法律上是不正确的，但却得到了广泛认同。 Bark, Petr Bark, *Vospominaniia poslednego ministra finansov Rossiiskoi Imperii*, vol.1, 315, September 25, 1914.

21.　Sidorov, *Finansovoe polozhenie*, 231.

22.　文森特·巴尼特建议由 1915 年初加入财政部并积极参与金融协议准备工作的凯恩斯起草该计划。Vincent Barnett, "Calling Up the Reserves: Keynes, Tugan–Baranovsky and Russian War Finance," *Europe-Asia Studies* 53, no. 1(2001): 153.

23.　Siegel, *For Peace and Money*, 143.

24.　巴尔克关于巴黎同盟国财政会议的报告, January 20–23,1915. "Finansovye soveshchaniia soiuznikov vo vremia voiny. Soveshchanie trekh ministrov v Parizhe 20–23 ianvaria 1915 g.," *Krasnyi Arkhiv*, 1924, vol. 5, 53. x.

25.　关于"货币民族主义"，请参阅 Hew Strachan, *The First World War* (Oxford: Oxford University Press, 2001), vol.1, 819, quoting Marcello de Cecco,*The international gold standard : money and empire* (New York : St. Martin's Press, 1984), 斯蒂芬·格罗斯认为，尽管德国取消了黄金的货币化，但它作为动员和承诺机制发挥了重要的象征作用。Stephen Gross, "Confidence and Gold: German War Finance 1914–1918," *Central European History* 42 (2009): 226.

26.　J. M. Keynes, "Is It Important for Russia, from Her Point of View, to Keep All Her Gold?" in J. M. Keynes, *The Collected Writings, vol. 16, Activities 1914-1919: The Treasury and Versailles* (Cambridge: Cambridge University Press, 2013), 49,72.

27.　国家银行行长伊万·希波夫后来在临时政府经济委员会会议上说，国家银行的余额"太坦率了"(too frank)。"至少在交战国中，这种坦率是不常见的"。Stenograficheskii otchet zasedaniia Ekonomicheskogo Soveta pri Vremennom Pravitelstve, August 3,1917 (Petrograd, 1917), 8.

28.　*Torgovo-Promyshlennaia Gazeta*, October 28, 1914; RGIA, f.1276, op.10, d.248, 53; Seigel, *For Peace and Money*, 139.

29.　Keynes, from "Note on the Finance of Russia," *The Collected Writings*, vol. 16, 130–

131.

30. Finansovye soveshchaniia soiuznikov vo vremia voiny (doklady ministra finansov P. L. Barka). O finansovykh soglasheniiakh, zakliuchennykh s angliiskim I frantsuzskim ministrami finansov i s upravliaiushchim angliiskim bankom (October 9, 1915). Bark's report to the tsar, *Krasnyi Arkhiv*, 1924, no. 5, 66; A. Iakhontov, "Tiazhelye dni," 88–89, quoted in Bark, *Vospominaniia*, vol. 2, 99.

31. "U ministra finansov," Birzhevye vedomosti, October 2, 1915, no.15123, 1; "Chto privez P. L. Bark?" Birzhevye vedomosti, October 2, 1915, no.15123, 3.

32. Keynes, "Russia," in *The Collected Writings*, vol. 16, 68,

33. Sidorov, *Finansovoe polozhenie*, 149.

34. G. D. Dement'ev, *Gosudarstvennye dokhody i raskhody Rossii i polozhenie Gosudarstvennogo Kaznacheistva za vremia voiny s Germaniei i Avstro-Vengriei do 1917 goda* (Petrograd, 1917), 8–9, 12. 1913 年，烈酒垄断占国家收入的 27.9% Dement'ev, Gosudarstvennye dokhody 5. 据杰缅耶夫称，日俄战争的成本（不计战后财务结算）达 21.12 亿卢布。1914 年的军费仅占 25.4 亿卢布。Dementiev, *Gosudarstvennye dokhody*, 4, 12,

35. 关于暂停兑换的决议："Osobyi zhurnal Soveta ministrov 23 iulia 1914 goda o priostanovlenii razmena gosudarstvennykh kreditnykh biletov na zolotuiu monetu," *Osobye zhurnaly Soveta Ministrov Rossiiskoi Imperii, 1909-1917gg.* "1914," (Moskva, 2006), 221. 并非所有新印的信用卢布都是为了满足政府的需要：部分现金用于支持各种私人银行，而这些银行又有望支持信贷行业。

36. 国家银行的余额反映了这些资产，因此可以追踪政府从银行借款和国防开支的数额。政府借款是以银行贴现的国债金额来表示的。例如，请参阅《俄国新闻报》是如何解释国家银行余额的："Moskva, 11 Marta" [editorial], *Russkie Vedomosti*, 1915, no. 57. 另请参阅 Paul Apostol, "Credit Operations," in Alexander M. Michelson, Paul Apostol, and Michael Bernatzky, *Russian Public Finance during the War* (New Haven: Yale University Press, 1928), 282–285.

37. Michael Bernatzky, "Monetary policy," in *Russian Public Finance during the War*, 372.

38. 米哈伊尔·图甘-巴拉诺夫斯基在 1916 年发表在《金融学报》上的一系列关于货币价值问题的文章中解释了通货膨胀的延迟效应。请特别参阅 *Vestnik Finansov* 1916, no.18, 211–213. See a similar view in V. N. Tverdokhlebov, "Bumazhnye den'gi i tovarnye tseny," *Vestnik Finansov* 1917, no. 4 142–144. 关于价格分析，请参阅 Z. Katsenelenbaum, "Voina i russkii rubl'," in Trudy Komissii po izucheniiu sovremennoi dorogovizny, Vyp.3 (Moskva, 1915). 然而，彼得·斯特鲁韦声称，国内价格的增长不仅是运输问题造成的。然而，禁酒令颁布后，农民的经济状况也得到了改善。请参阅 "Rasshirenie emissionnogo prava Gosudarstvennogo Banka," *Birzhevye vedomosti*, March 11, 1915.

39. 克列斯托夫尼科夫要求政府引入特殊机制，允许工业家和进口商品的商人以"大致正常的汇率"获得外汇。Zapiska predsedatelia Moskovskogo birzhevogo komiteta G. A. Krestovnikova, October 10, 1914, RGIA, f.563, op.2, d.,528, 127–131.

40. "S'ezd predstavitelei birzhevoi torglovli i selskogo khoziaistva," *Birzhevye vedomosti,* April 7, 1915.

41. M. I. Fridman, "Russkoe kupechestvo o zolotoi valiute," *Birzhevye vedomosti,* April 9, 1915. 另请参阅国会理事会根据这些决议撰写的备忘录: "O valiutnom voprose v otnoshenii k tovarnym tsenam i vneshnei torgovle Rossii," *Sovet s'ezdov predstavitelei birzhevoi torglovli i sel'skogo khoziaistva. Otchet za 1915 god. Petrograd, 1916, ll. 56-64.*

42. Fridman, "Russkoe kupechestvo o zolotoi valiute." 事实上，1915 年 6 月，信贷总务处曾试图确定外币的"最高"价格，并要求银行以同样的价格提供外币: 此举成功降低了 1~2 天的汇率，但在之后，汇率又回升了。Katsenelenbaum, "Voina i russkii rubl'," *Trudy Komissii po izucheniu sovremennoi dorogovizny,* 23. 为了控制外汇市场，政府通过财政部的一个专业机构制定了在进口商和工业企业之间分配外汇的严格规则和规范 (strict rules and norms)。这一措施或许抑制了投机造成的汇率"跳跃式"波动，但并没有重新解决问题。Materialy ob usstanovlenii kontrolia nad soversheniem operatsii s inostrannoi valiutoi i o raspredelenii inostrannoi valiuty mezhdu chastnymi firmami, RGIA, f.583, op.16, d.148; Vypiska po voprosu o kurse russkoi denezhnoi edinitsy na zagranichnom rynke, RGIA, f. 560, op. 26, d. 767.

43. 参 阅 the council's address to the State Duma and the Ministry of Trade and Industry (dated July 23, 1915). Dokladnye zapiski tovarishcha predsedatelia Soveta ministru finansov o neokhodimykh merakh dlia prekrashcheniia padeniia kursa rublia, RGIA, f.32, op.2, d.86, l.1.

44. Doklad Soveta S'ezdov o merakh i razvitiiu proizvoditelnykh sil Rossii, 4–5.

45. M. Bernatskii, "Premii na zoloto," *Finansovaia gazeta,* December 3, 1915.

46. Perepiska i drugie materialy po voprosu ob uvelichenii zolotogo zapasa gosudarstva, otmene svobodnogo obrashcheniia zolota i organizatsii ego skupki v tseliakh bor'by s otlivom zolota za granitsu, RGIA, f.49, op.1, d.131; Protokoly i zhurnaly Osobogo mezhduvedomstvennogo soveshchaniia dlia obsuzhdeniia voprosa o priniatii mer k usileniiu dobychi zolota v Imperii, RGIA, f.49, op.1, d.127; "Skupka i otpravka zolota v Kitai," *Novoe Vremia,* September 6, 1916, 3.

47. "Kak protekaet dobycha zolota?" Birzhevye Vedomosti, August 15, 1915, 3.

48. Lewis H. Siegelbaum, "Another 'Yellow Peril' : Chinese Migrants in the Russian far East and the Russian Reaction before 1917," *Modern Asian Studies*12, no. 2 (1978): 326. In 1910–13, Chinese workers formed 80%~87% of the labor force in the gold mining industry. O dopuske kitaiskikh rabochikh na zolotye promysly Priamuria, RGIA, f.49, op.1, d.14, 149.

49. "Moskva 11 dekabria" [Editorial] *Russkie Vedomosti,* December 12, 1915, no.285; 对政府痴迷于金矿开采的批评，请参阅 P. P. Genzel', "Russkii rubl'," Finansovaia Gazeta, August 5, 1915; Migulin, "Zolotopromyshlennost' i nashi zolotopromyshlenniki," Novyi Ekonomist 28 (1916): 3.

50. Lektor, "Kto ponizhaet russkii rubl' v finliandii", *Novoe Vremia,* July 31, 1915. By

January 1916, the ruble's rate fell from 2.5 markka for 1 ruble in 1914 to 2.16 markka.

51. Ob uchete v finlandskom banke kratkosrochnykh obiazatelstv Gos kaznacheistva, RGIA, f.563, op.2, d.502, 37–38.

52. V. Za–k, Rubl' i finliandskaia marka, *Novoe Vremia*, September 29, 1916.

53. M. M–mov, "Kurs rublia v finliandii," Novoe Vremia, January 17, 1916; Lector, "Voennye raskhody findliandii I mezhdunarodnaia otsenka russko–finliadskoi valiuty," *Novoe Vremia*, february 3, 1916; R., "Zaem v finliandii," *Novoe Vremia*, february 4; A. Rezvoi, "Kto zhe v Imperii ustanavlivaet kurs russkogo rublia?" Novoe Vremia, April 26, 1916; M. M–M–mov, "Rubl' v finliandii," *Novoe Vremia*, June 28, 1916. 事实上，芬兰的许多机构——铁路、邮局和海关都不得不按面值接受卢布，这就造成了汇率差异带来的巨大损失。请参阅 Ob obiazatelnom prieme russkikh deneg pri razlichnykh platezhakh v finliandii, RGIA, f.1276, op.14, d.202.

54. "Rubl' v finliandii," *Novoe Vremia*, August 31, 1915; "Vosstanovlenie kursa rublia v finliandii," *Novoe Vremia*, September 24, 1915.《新时代》报纸十分关注这一话题，专门发表了几十篇文章来讨论卢布在芬兰的汇率问题。

55. 在关于货币问题的政治辩论中，有一个很有意思的小插曲：1915 年 4 月，财政部曾短暂考虑发行国库券（此举需要部分放弃 1897 年货币改革的原则），但自由派和保守派民众都表示反对。该计划由经济学家帕维尔·米古林撰写，用不含金的国库券取代了小面额的信用卢布（英国和德国也采用了这种方法）。米古林以保护卢布不贬值的需要来证明这一行动的合理性：通过发行不可兑换的国库券，政府可以腾出（理论上）黄金资源，用于兑换最高达 10 亿卢布的可兑换信用卢布，从而大幅改善纸币与黄金的比率。该项目遭到了所有专家的一致反对，并在媒体上引起了强烈的批评，甚至是负面的反应。*O vypuske osobykh kaznacheiskikh denezhnykh znakov, ne vkhodiashchikh v sostav obespechivaemykh zolotom gosudarstvennykh kreditnykh biletov* [1915]. "finansovye buffonady," *Novoe Vremia*, April 15, 1915. Pavel Migulin, "Rubl' zolotoi i rubl' bumazhnyi," *Novyi Ekonomist*, 1915, no. 9, 3–5; "Bumazhnye den'gi," *Novyi Ekonomist*, 1915, no. 15, 3–6.

56. 卡尔波夫在国务会议会议上的讲话，引自 "V Gosudarstvennom Sovete," *Novoe Vremia*, August 4, 1915, no. 14152.

57. S. Aleksandrov, "Padenie kursa rublia," *Golos Moskvy*, January 18, 1915.

58. Prof. N. P. Kolomiitsov, "Zolotoi fond i spros na den'gi," Utro Rossii, July 1, 1915.

59. "Zolotoi fond," *Birzhevye Vedomosti*, November 19, 1916.

60. M. Tugan–Baranovskii, "Rasshirenie emissionnogo prava Gosudarstvennogo Banka," Rech', March 13, 1915.

61. 1915—1916 年间，图甘·巴拉诺夫斯基在立宪民主党机关报《俄国报》（Rech'）和《新经济学家》上发表了大量关于货币制度未来的文章。他的主要著作《纸币与金属》（*Paper Money and Metal*）[Bumazhnye den'gi i metal (Petrograd, 1917)] 于 1917 年问世，该书总结了他的货币思想。

62. Quoted in Tugan–Baranovskii, *Bumazhnye den'gi i metal,* 157.

63. Strakhov, "Vnutrennie zaimy v Rossii v Pervuiu Mirovuiu Voinu," *Voprosy Istorii 9*

(2003): 29–32. 政府于 1914 年 10 月宣布了第一笔军事贷款，紧接着又于 1915 年 3 月进行了另一笔信贷操作。不过，前两笔贷款不是公开的，主要是针对银行和大企业。此外，政府还发行了 5% 的短期国债，这些债券直到 1916 年才登陆公开市场，并完全由国家银行和私人信贷机构接管。相比之下，1915 年 10 月宣布的第三次贷款，以及随后于 1915 年和 1916 年推出的第四次、第五次和第六次贷款，旨在涉及社会各阶层，因此需要普及这一金融举措。

64. M. Friedman, "Rol zaimov v finansirovanii voiny" (December 1916), in *Voennye Zaimy. Sbornik statei po obshchei redaktsiiei M.I. Tugan-Baranovskogo* (Petrograd, 1917), 141. 贷款在支付军费中所占的比例是这样的：1914–16%, 1915–25%, 1916–33%, 1917–18%; A. Shisha, "Voina i finansy," *Vestnik finansov* 12 (1928): 113.

65. Bernatskii's words, "The ruble is the property of the wealthy and the poor alike," are quoted in Rech', May 5, 1916. M. Bernatskii, "Denezhnoe obrashchenie i zaimy," *Voennye Zaimy. Sbornik statei* (Petrograd, 1917), 102.

66. "Milliardnyi zaem," *Birzhevye Vedomosti,* April 19, 1915.

67. Rech', March 16, 1916.

68. 关于所得税及其政治意义：Yanni Kotsonis, *States of Obligation: Taxes and Citizenship in the Russian Empire and Early Soviet Republic.* (Toronto: University of Toronto Press, 2014).

69. A. A. Bublikov, "Shal'nye den'gi," *Birzhevye Vedomosti,* October 24, 1916; "Patrioticheskii dolg," *Rech,* March 27, 1916. 另请参阅《新时代》中的一则广告，呼吁女性放弃"满足自己突发奇想"的冲动。*Novoe Vremia,* December 11, 1916.

70. Strachan, *The First World War,* 856; Martin Horn, *Britain, France, and the Financing of the First World War* (Montreal: McGill–Queen's University Press, 2002, 32.

71. Hew Strachan, *The First World War,* 853, 862.

72. 《基本法》第 87 条允许政府在国家杜马闭会期间以行政命令颁布法律，并在会议结束后寻求杜马的事后正式批准。由于杜马的工作日程完全取决于沙皇，政府可以在没有杜马参与的情况下获得沙皇的支持、解散议会并颁布法律。

73. O poriadke khraneniia zolotogo fonda v Finliandii, RGIA, f.1276, op.18, d.535,1, 3–3ob.

74. O vremennom prekrashenii obmena na zoloto biletov Finliandskogo banka, RGIA, f.1276, op.18, op.550, 1–43. 与俄罗斯帝国相反，芬兰使用新式（公历）日历，因此日期有所不同。

75. *O vypuske osobykh kaznacheiskikh denezhnykh znakov, ne vkhodiashchikh v sostav obespechivaemykh zolotom gosudarstvennykh kreditnykh biletov* [Petrograd, 1915], 18.

76. 杜马于 1914 年 7 月首次批准增加。1915 年 3 月，政府根据第 87 条法律，将黄金未覆盖的卢布现金数量提高至 25 亿卢布。Ob uvelichenii emissionnogo prava Gos Banka, RGIA, f.563, op.2, d.517.

77. 例如，安德烈·申加廖夫解释了为什么巴尔克延长放贷法从财务角度来看是必要的，但在政治上是不合理的：A. Shingarev, "Rasshirenie emissionnogo prava Gosudarstvennogo Banka," Rech', March 18, 1915.

78. *Stenograficheskii otchet zasedanii soedinennykh komissii biudzhetnoi i finansovoi 4,5*

i 6 avgusta 1915 po rassmotreniiu zakonoproektov o rasshirenii predostavlennogo Gosudarstvennomu banku prava vypuska gosudastvennykh kreditnykh biletov. Gosudarstvennaia Duma. Chetvertyi sozyv, sessiia 4. Prilozheniia k stenograficheskim ontchetam n.26 i 38 (Petrograd, 1915), 15–16.

79. *Stenograficheskii otchet zasedanii,* 10

80. *Stenograficheskii otchet zasedanii,* 11.

81. *Stenograficheskii otchet zasedanii,* 111, 117, 120.

82. 杜马反对派对巴尔克的背叛感到愤怒。请参阅 Pokazania A. I. Shingareva, 21 avgusta 1917. P. E. Shchegolev, ed., *Padenie tsarskogo rezhima. Stenograficheskie otchety doprosov i pokazanii, dannykh v 1917 godu v Chrezvychanoi sledstvennoi komissii Vremennogo pravitelstva* (Moskva, Leningrad, 1927), t.7, 117–118f.

83. RGIA, f.1276, op.10, d.248, 191; *Osobyi zhurnal Soveta Ministrov,* October 2,1915, in *Osobye zhurnaly Soveta Ministrov Rossiiskoi Imperii, 1909-1917.1915*(Moskva: ROSSPEN, 2008), 412.

84. Sidorov, *Finansovoe polozhenie,* 273.

85. See the assessment of the Duma's contribution to financial policy: "Ekonomicheskaia nedelia," *Birzhevye Vedomosti,* September 7, 1915, 6.

86. 哈维·菲斯克也认为，这种"纯粹是伪装的安排，用银行的话说就是'放风筝'，并没有被广大公众所认识。""这是战争期间的财务秘密之一，直到沙皇政府垮台后才被曝光。" (New York: Bankers Trust Company, 1924), 138. 菲斯克显然低估了俄国"公众"破解这个秘密的能力。

87. 对于巴尔克此举违反放贷法的解释：finansist, "Vorposy emissii," Rech', October 16, 1915. 将外国资金计入黄金储备的做法可以追溯到战前，此举一直招致严厉批评。有关国外黄金数量，请参阅 *Otchet Gosudarstvennogo Banka za 1905* (St. Petersburg, 1906), 16; *Otchet Gosudarstvennogo Banka za 1906*(St. Petersburg, 1907), 16; *Otchet Gosudarstvennogo Banka za 1907* (St. Petersburg, 1908), 16. 关于 1909–1913 的数据，请参阅 *Otchet Gosudarstvennogo Banka za 1913* (St. Petersburg, 1914), 9. See also the Ministry of finance's official response to criticism in a brochure, *Russkii zolotoi zapas za granitsei* (St. Petersburg, 1913).

88. Bernatskii, "Denezhnoe obrashchenie i zaimy," 85.

89. Bernatskii, "Denezhnoe obrashchenie i zaimy," 85.

90. Gosudarstvennaia Duma Chetvertyi Sozyv. Soedinennye komissii finansovaia i biudzhetnaia. Doklad po zakonoproektu o rasshirenii predostavlennogo Gosudarstvennomu Banku prava vypuska gosudarstvennykh kredinykh biletov, in *Prilozheniia k stenograficheskim otchetam Gosudarstvennoi Dumy. Chetvertyi Sozyv. Sessiia IV.* Vypusk V. N.330 (Petrograd, 1916), 6, 13.

91. Perevod shifrovannoi telegrammy ministra finansov otpravlennoi iz Londona 16/29 iiunia 1916, RGIA, f.1276, op.10, d.248, l.207.

92. *Gosudarstvennaia Duma. Chetvertyi Sozyv. Stenograficheskie otchety. 1916. Sessia 4* (Petrograd, 1916), stlb.5593.

93. 申加廖夫将这一举动解释为对立法程序的"人为干扰"。A. Shingarev, "Emissionnyi vopros," *Rech'*, June 28, 1916.

94. O rasshirenii emissionnogo prava Gos. Banka, RGIA, f.1276, op.12, d.574.

95. 该协议于 1916 年 10 月 14 日签署。

96. RGIA, f.563, op.2, d.541, l.6.

97. 申加廖夫在与里博特的谈话中表示："如果人们发现黄金正在消失，而纸币的数量正在增加，那将会很危险。"他暗示这符合盟军的利益帮助俄国保持"公众情绪的完整性"。"Mezhdunarodnoe finansovoe polozhenie tsarskoi Rossii vo vremia mirovoi voiny (doklad A.I. Shingareva v Voenno-morkoi komissii Gosudarstvennoi Duma 20 Iunia 1916g.)," *Krasnyi Arkhiv* 64 (1934): 10.

98. V. Zheleznov, "K preobrazovaniiu russkoi finansovoi sistemy," Russkie Vedomosti, August 17, 1914.

99. 《纽约论坛报》报道了"欧洲黄金储备之谜"，指出截至 1916 年 8 月，各国央行金库中的黄金净增量达 2.38 亿美元。"这 2.38 亿美元的余额是从哪里来的？"非黄金生产国的黄金主要来源是其本国人口。"Mystery of Europe's Gold Reserve," *New York Tribune,* August 10, 1916.

100. 请参阅斯蒂芬·格罗斯转载的德国国家银行资产负债表，"Confidence and Gold: German War finance, 1914–1918," *Central European History* 42 (2009): 234.

101. Zhurnal soveshchaniia po voprosu o privlechenii zolotoi monety v pravitelstvennyi kassy, May 26, 1915, RGIA, f.1276, op.11, d.291. With these and other measures, Germany managed to increase its pre-war gold reserve from 1,356 million marks to 2,378 million marks (in May 1915), RGIA, f.563, op.2. d.517, 2 ob.

102. 正如《曼彻斯特卫报》所指出的那样，强调政府行为的强制力，"各种道德压力都被用来诱使人们将黄金送到银行。"The Hunt for Gold"，*Manchester Guardian,* July 31, 1915.

103. Lev Pasynkov, "Bronzovaia bolezn'," *Birzhevye Vedomosti,* January 7, 1915.

104. S. N. Prokopovich, *Voina i naroldnoe khoziaistvo* (Moskva, 1917), 100.

105. Gosudarstvennaia Duma, Chetvertyi sozyv, sessiia IV, *Stenograficheskii otchet zasedanii soedinennykh komissii biudzhetnoi i finansovoi 4,5 i 6 avgusta 1915 po rassmotreniiu zakonoproektov o rasshirenii predostavlennogo Gosudarstvennomu banku prava vypuska gosudastvennykh kreditnykh biletov. Prilozheniia k stenograficheskim otchetam n.26 i 38* (Petrograd, 1915), 89–90, 91, 103–104.

106. Gosudarstvennaia Duma, Chetvertyi Sozyv, Sessiia IV, *Stenograficheskie otchety, 1915* (Petrograd, 1915), 907–908; "Rasshirenie emissionnogo prava Gos. Banka," Birzhevye Vedomosti, August 19, 1915, 5.

107. RGIA, f.587, op. 33, d. 440, 24.

108. M. M. Bogoslovskii, *Dnevniki 1913–1919* (Moskva: Vremia, 2011), 83, 162.

109. Obmen zolota na den'gi. *Birzhevye Vedomosti,* August 15, 1915, no.15026, 1; "Sbor zolota," *Birzhevye Vedomosti,* September 29, 1915, 3; Iskatel' zolota, "Eshche zolotye medali," *Novoe Vremia,* April 25, 1916.

110. S [M. Menshikov], "Dolzhny pobedit'," *Novoe Vremia*, March 14, 1915.

111. "Zolotaia medal' dlia usileniia sredstv kazny," *Birzhevye Vedomosti*, September 30, 1915, no. 15119, 3.

112. "O monastyrskom zolote," *Birzhevye Vedomosti*, August 23, 1915, no. 15044, 2; "Privlechenie monastyrei k uchastiiu v voennykh raskhodakh," *Birzhevye Vedomosti*, August 25, 1915, 15047, 4. 更多关于教会在"收缴黄金"中的作用，请参阅 "Sobiranie zolota," *Birzhevye Vedomosti*, September 12, 1915, no15083, 5.

113. RGIA, f.587, op.33, d.430.

114. Gennadii Oz–ii, "Eshche o zolote," *Rech'*, November 11, 1915; "Kustarnoe zolotoe obrashchenie," *Russkie Vedomosti*, October 1, 1915, no. 224.

115. P. Migulin, "Zolotoi fetish," *Novyi Ekonomist*, 1915, no.50, 6.

116. Spravki po operatsii priema zolota v dar i obmen, RGIA, f.588, op.3, d.653, 157.

117. Mikhail Bernatskii quoted in *Finansovaia gazeta*, November 28, 1915.

118. O zamene zolota i serebra upotrebliaemykh pri izgotovlenii medalei i ordenskikh znakov bolee deshevymi metallami, RGIA, f.1276, op.12, d.499. .

119. *Stenograficheskii otchet zasedaniia Ekonomicheskogo soveta pri Vremennom pravitelstve*, August 3, 1917, no. 6 (Petrograd, 1917), 16.

120. O rasprostranenii deistvuiushchego vospreshcheniia vyvozit' za granitsu zolotuiu monetu i zoloto v syrom vide i slitkakh takzhe i na zoloto i platinu v vide razlichnykh izdelii, June, 1915, RGIA, f.1276, op.12, d.427.

121. O privlechenii zolota v kaznu, RGIA, f.1276, op.11, d.291, 11, 18, 22, 39–43 ob; O merakh privlecheniia zolota v kaznu i borby s otlivom ego za granitsu, RGIA, f.1276, op.12, d.260, 2–11; "Vopros o zolote v komitete finansov," *Birzhevye Vedomosti*, January 17, 1915, no. 14617.

122. Ob operatsii pokupki zolota ssudnymi kaznami za schet Gos Banka, RGIA, f.588, op.3, d.578, 25–29.

123. "Nedostatok razmennoi monety", *Birzhevye Vedomosti*, September 14, 1915, no. 15087, 5.

124. "Vast Treasures in Hidden Hoards," *Washington Post*, August 16, 1914.

125. "Russia's Holy Gold fund: An Almost Inexhaustible Hoard of Wealth," *Los Angeles Times*, September17, 1915.

126. 采访达琳达（Dalinda）的文章是著名文学"杜撰者"（literary swindler）伊万·纳罗德内（Ivan Narodny）杜撰的。"Tells of Russia's Untouched Wealth," *New York Tribune*, March 19, 1916.

127. "How World's Gold Store Is Distributed: An Interesting Comparison of Per Capita Holdings," *The Globe*, November 17, 1914. 事实上，1914 年 12 月，黄金储备的价值（15.53 亿卢布）是流通金币价值（4.6 亿卢布）的三倍。如果我们考虑到俄国人口大约为 1.66 亿，那么如果没有储备的话，人均拥有黄金 2.7 卢布；加上储备金，这个数字会增加到 12.12 卢布，*Statisticheskii sbornik za 1913-1917.* Vyp 2. (Moskva, 1922), 92, 98.

128. Gosudarstvennaia Duma. Chetvertyi Sozyv. Sessia IV. *Stenograficheskii otchet zasedanii soedinennykh komissii biudzhetnoi i finansovoi 4,5 i 6 avgusta 1915 g.*, 89; Gosudarstvennaia Duma, Chetvertyi Sozyv, Sessia IV, *Stenograficheskie otchety,* 1915 (Petrograd, 1915), 924.

129. Michael Bernatzky, "Monetary Policy," 371.

130. 关于难民危机的影响，请参阅 Prokopovich, *Voina i narodnoe khoziaistvo,* 102.

131. Nedostatok razmennoi monety, *Rech',* August 18, 1915, no. 226.

132. Nedostatok razmennoi monety, *Birzhevye Vedomosti,* August 23, 1915, no. 15043; *Birzhevye Vedomosti,* August 16, 1915, no. 15029; *Birzhevye Vedomosti,* September 14, 1915, no. 15087.

133. "Iz–za razmennoi monety," "Nedostatok melkoi razmennoi monety," "Razgrom bazara," *Novoe Vremia* August 18, 191no. 14166, 5; "Iz–za razmennykh deneg," *Novoe Vremia,* August 19, 1915, no. 14167.

134. "Razmennyi golod," *Birzhevye Vedomosti,* August 18, 1915, 3; "Razmennyi golod," *Birzhevye Vedomosti,* August 19, 1915, 4; "O razmennoi monete," *BV* (evening edition), August 19, 1915. See also Onegin, "Malen'kii felieton. Numizmaty," *Birzhevye Vedomosti,* August 20, 1915, no. 15037.

135. 在战争的第一年，彼得格勒造币厂生产了 3000 万卢布的硬币，比往年平均水平高出 10 倍，财政部声称硬币不可能短缺，RGIA, f.587, op.33, d.442, 33; O zatrudneniiakh isputyvaemykh vsledstvie nedostatka serebrianoi i mednoi monety, RGIA, f.587, op.33, d,443, 28, 51.

136. 关于农民囤积宝藏的说法有一定的真实性：考古学家发现，与战前相比，第一次世界大战期间的宝藏数量有所增加。A. Veksler and A. Melnikova, *Rossiiskaia istoriia v moskovskikh kladakh* (Moskva: Zhiraf, 1999), 180.

137. Prokopovich, *Voina i narodnoe khoziaistvo,* 103–104.

138. Prokopovich, *Voina i narodnoe khoziaistvo,* 106.

139. "V Gosudarstvennom Banke," *Birzhevye Vedomosti,* August 22, 1915, 3.

140. Interview with the director of Petrograd branch of the State Bank I.I. Nazimov, "Marki vmesto razmennykh deneg," *Birzhevye Vedomosti,* October 3, 1915, 3.

141. Liubov' Martynova (Sluchevskaia), Dnevnik, October 24, 1915, https://prozhito. org/ note/244227.

142. 1915 年，政府发行了 4880 万卢布，1916 年发行量翻了一番，1917 年邮票发行量达到 2.135 亿卢布。*Nashe denezhnoe obrashchenie 1914-1925: Sbornik materialov,* edited by L.N. Iurovskii (Moskva: finansovoe izdatel'stvo NKf SSSR, 1926), 82–83.

143. "Novye bumazhnye den'gi," *Birzhevye Vedomosti,* October 4, 1915, 5.

144. 1915 年 11 月 13 日，财政委员会批准发行与邮票面值相同的国库兑换券，但最终这些兑换券并未发行流通。"Razmennye kaznacheiskie znaki," *Vestnik Finansov* 49 (1915): 344.

145. Doneseniia upravliaiushchikh mestnykh otdelenii kontor i kaznacheistv Otdelu

kreditnykh biletov Banka o reaktsii naseleniia na vvedemie v obrashchenie razmennykh marok v sviazi s otsutstviem serebrianoi monety, RGIA, f.587, op.60, d.91; O vypuske v obrashchenie razmennykh marok i kaznacheiskikh znakov, RGIA, f. 587, op.33, d.447, 41.

146. "Marki vmesto razmennykh deneg," *Birzhevye Vedomosti,* October 1, 1915, 4; A. Rennikov, "Malen'kii felieton. Izobretateli," *Novoe Vremia,* October 2, 1915

147. A. Rennikov, "Malen'kii felieton. Izobretateli," *Novoe Vremia,* October 2, 1915.

148. "Kto delaet nashi kreditki?" *Novoe Vremia,* October 13, 1915; Iakhontov, "Bumagi Iakhontova," 291, quoted in P. L. Bark, *Vospominaniia,* vol. 2, 121.

149. I. D. Ditiatovskii, "Malen'kie svideteli velikoi smuty," *Al'manakh Obshchestva ROI,* kn.3 (Moskva, 2017), 308; original source—N. I. Kardakov, "Russkie marki–den'gi germanskogo izgotovleniia," *Rossika* 46–47 (1955).

150. Dnevnik Liubovi Sluchevskoi (Martynovoi), August 20 , 1916, https://prozhito. org/ note/244285; on the circulation of silver coins see I. A. Mikhailov, *Voina i nashi denezhnoe obrashchenie,* 36–37.

151. 根据米哈伊尔·别尔纳茨基的说法，1916 年和 1917 年铸造的硬币，除了在少数几个地区以及通过向驻波斯俄军发行外，从未进入流通。Bernatzky, "Monetary Policy," 384.

152. B. I. Kolonitskii, "The Desacralization of the Monarchy: Rumours and the Downfall of the Romanov," in *Interpreting the Russian Revolution: The Language and Symbols of 1917* (New Haven: Yale University Press, 1999).

153. Bernatzsky, "Monetary Policy," 383.

154. I. D. Ditiatovskii, "Malen'kie svideteli velikoi smuty," *Almanakh Obshchestva ROI,* kn.3 (Moskva, 2017), 309–310.

155. Quoted from Rafail Ganelin, "Gosudarstvennaia Duma i antisemitskie tsirkuliary 1915–1916 gg.," *Vestnik Evreiskogo Universiteta v Moskve* 3, no. 10 (1995): 6.

156. Dopros K. D. Kafafova, *Padenie tsarskogo regima,* T.2 (Leningrad, 1925), 135.

157. Gosudarstvennaia Duma, Chetvertyi sozyv, *Stenograficheskie otchet,.* Sessiia 4, 1916, zasedaniia 17–37, Petrograd, 1916, 1312.

158. Gosudarstvennaia Duma, Chetvertyi sozyv, 3039.

159. 关于这个故事的具体内容，请参阅 Rafail Ganelin, "Gosudarstvennaia Duma i antisemitskie tsirkuliary 1915–1916 gg.," *Vestnik Evreiskogo Universiteta v Moskve* 3, no. 10 (1995): 4–37; Victor Kelner, "Politicheskoe biuro pri evreiiskikh deputatakh IV Gosudarstvennoi Dumy," *Peterburgskii Istoricheskii Zhurnal* 1 (2015): 83–89.

160. "Skupshchiki zolota dlia Germanii," *Novoe Vremia,* August 7, 1916, 6. Poteliakhov was later released.

161. 《新时代》经常刊登关于中国和德国黄金走私者的文章。参阅："Kitaitsy-zolotokhishchniki," *Novoe Vremia,* October 4, 1915, no. 14213; "Skupka zolota," *Novoe Vremia,* January 14, 1915, no. 13952; "Zoloto," *Novoe Vremia,* July 6, 1915; "Skupshchiki zolota dlia Germanii," *Novoe Vremia,* August 7, 1916.

162. About the circular: "Podpiska na voennyi zaem," *Birzhevye Vedomosti,* October 26, 1916.

163. 关于金融政策的统一性，请参阅：Niall Ferguson, *The Pity of War: Explaining World War I.* New York: Basic Books, 2001, 322–324.

164. Mikhail Bogolepov, *O putiakh budushchego. K voprosu ob ekonomicheskom plane* (Petrograd, 1916), 15. Same point is made in P. P. Migulin, "Voina i den'gi," Novyi Ekonomist 34 (1915): 2.

165. Andrei Markevich and Mark Harrison, "Great War, Civil War, and Recovery: Russia's National Income, 1913–1928," *Journal of Economic History* 71, no.3 (September 2011), 690.

166. Peter Gattrell and Mark Harrison, "The Russian and Soviet Economies in Two World Wars: A Comparative View," *Economic History Review,* New Series, 46, no. 3 (August 1993): 430–432, 438, 440; Markevich and Harrison, "Great War, Civil War, and Recovery," 682–683, 685.

167. On the 国家货币局 strike: M. Lemke to I. Shipov, March 30, 1917, TsGA SPb, f.1255, op.1, d.205, 23.

168. "Ministr finansov na mitinge rabochikh," *Rech',* March 8, 1917.

169. "Ministr finansov na sobranii rabochikh" (two articles about this event in the same issue), Rech', March 8, 1917; V. I. Starstev, *Vnutrenniaia Politika Vremennogo Pravitelstva Pervogo Sozyva*(Leningrad: Nauka, 1980), 133; on the Treasury—A.A. Bublikov, Russkaia Revoliutsiia (ee nachalo, arest tsaria, perspektivy)(Moskva: Gos.publichnaia istoricheskaia biblioteka, 2018), 54.

170. V. V. Shul'gin, "Peredovaia statia 10 marta 1917," in Shul'gin, *Rossiia v 1917 godu. Izbrannye raboty* (Moskva: Posev, 2020); original publication: "Kiev, 10 marta," in *Kievlianin,* March 10, 1917.

171. "Kreditnye bilety," Novoe Vremia, March 9, 1917. 执行委员会没有关于此请求的文件。

172. *Zhurnaly zasedanii Vremennogo pravitelstva, Mart-Oktiabr' 1917,* vol. 1 (Moskva: ROSSPEN, 2001), 92 (March 14, 1917).

173. Postanovlenie Ispolkoma Petrogradskogo Soveta Rabochikh deputatov [february 28], O. A. Shaskova, ed., *Fevral'skaia revoliutsiia 1917 goda. Sbornik dokumentov i materialov* (Moskva: Rossiiskii Gos Gumanitarnyi Universitet, 1996), 85. 临时委员会当初为何没有这样做，至今仍不得而知。目前还不清楚是谁负责将国家银行置于新当局的管辖之下——是谁下令将装甲车开到银行大楼，并解散一直守卫该机构以保护其免遭抢劫。显然，在没有这样的命令的情况下，代表临时委员会行事的人是一个热心的冒名顶替者，请参阅 A. B. Nikolaev, *Dumskaia Revoliutsiia. 27 fevralia—3 marta 1917,* vol. 1 (St. Petersburg: Izdatel'stvo RGPU im. A. I. Gertsena, 2017),382–385. 声称接管银行的人是梅尔库罗夫（A. I.Merkulov）。

174. *Aleksandr Ivanovich Guchkov rasskazyvaet. Vospominaniia Predsedatelia Gosudarstvennoi dumy i voennogo ministra Vremennogo pravitel'stva* (Moskva: Voprosy Istorii, 1993), 122.

注释

489

175. Bernatzky, "Monetary Policy," 397. 1914 年 7 月 16 日，即货币法第一次修订后，流通中的卢布为 16.33 亿卢布；1917 年 3 月 1 日，这一数字为 99.49 亿卢布；到 1917 年 10 月 23 日，货币总量增至 189.17 亿卢布。

176. 关于增加国家纸币发行部人员："Nashi gosudarstvennye finansy," *Russkie Vedomosti,* September 29, 1917; Skobelev's speech at the first All-Russian Congress of Soviets, *Pervyi Vserossiiskii s'ezd Sovetov Rabochikh i Soldatskikh Deputatov* (Moskva: Gos. Izd-vo, 1930), vol.1, 227. 另请参阅临时政府关于国家纸币发行部工人福利和特殊关税的决定：*Zhurnaly Zasedanii Vremennogo Pravitel'stva* 2 (June 10, 1917): 236.

177. Quoted from: M. V. Khodiakov, "Kerenki" i ikh izgotovlenie v Petrograde v 1917 godu, in *Istoria, Universitet, Istorik* (St. Petersburg, 2014), 122. 关于 "kerenki" 的来源和用法，另请参阅 Bernatzky, "Monetary Policy," 386–388.

178. "Dni zaima svobody," *Novoe Vremia,* July 28, 1917, 2.

179. P. V. Volobuev, *Ekonomicheskaia politika Vremennogo pravitelstva* (Moskva: AN SSSR, 1962), 342–343.

180. "S'ezd partii kadetov: finansovoe polozhenie," *Russkie Vedomosti,* July 26, 1917. 社会民主党人认为对贷款的投票是对临时政府信心的投票。"Vopros o zaime v Sovete Rabochikh i Krestianskikh Deputatov," *Novoe Vremia,* May 6, 1917, 4.

181. "Beseda s ministrom finansov," Utro Rossii, March 12, 1917.; "Beseda s ministrom finansov," *Russkie Vedomosti,* April 15. 1917; "Ministr finansov, Beseda s zhurnalistami," Utro Rossii April 15, 1917.

182. N. N.Sukhanov, *Zapiski o revoliutsii,* t.2, kn.3–4 (Moskva: Politizdat, 1991), 214–216. Resolution of the Executive Committee of May 16, 1917.

183. "finansovyi krisis," *Utro Rossii,* May 17, 1917.

184. 正如库利舍尔所观察到的那样，俄国征收所得税开始得 "太晚了"。I. M. Kulisher, "finansovyi krizis i sudba podokhodnogo naloga," Utro Rossii, July 7, 1917.

185. 涅克拉索夫谈税收结果：少缴税款的比例从 11% 到 69% 不等。*Ekonomicheskoe polozhenie Rossii Nakanune Velikoi Oktiabr'skoi Sotsialisticheskoi Revoliutsii* (Moskv: Institut istorii SSSR, 1957), ch. 2, 416.

186. 国库预计将收到约 5 亿卢布的所得税，而改革前仅为 1.5 亿至 2 亿卢布，此外还有 8000 万卢布的非经常税和 1 亿卢布的战时 "超级富豪" 税，Volobuev, *Ekonomicheskaia Politika,* 325.

187. Kotsonis, *States of Obligation,* 179–198.

188. V. Stein, "finansovaia demagogiia," *Rech',* July 29, 1917, 2.

189. "S'ezd partii kadetov. fnansovoe polozhenie," *Russkie Vedomosti,* July 26, 1917.

190. Doklad ministra finansov N. V. Nekrasova v Gosudarstvennom soveshchanii o sostoianii finansov August 12, 1917—*Ekonomicheskoe polozhenie Rossii nakanune Velikoi Oktiabr'skoi Sotsialistichekoi Revoliutsii,* ch.2, 411–419.

191. *Vtoroi Vserossiiskii promyshlennyi s'ezd v Moksve 3-5 avgusta 1917. Stenograficheskii otchet o pervom plenarnom zasedanii s'ezda* (Moskva, Tip. T-va Riabushinskikh,

1917), 3.

192. Editorial, *Russkie Vedomosti,* August 1, 1917, 引 自 *The Russian Provisional Government 1917. Documents Selected and Edited by Robert Paul Browder and Alexander F. Kerensky* (Stanford, CA: Stanford University Press, 1961), vol. 2, 509.

193. *Stenograficheskii otchet zasedaniia Ekonomicheskogo soveta pri Vremennom praviltelstve,* July 31, 1917, No. 5 (Petrograd, 1917), 1.

194. N. N. Sukhanov, *Zapiski o Revoliutsii,* t.2. kn.3–4, 228.

195. *Stenograficheskii otchet zasedaniia Ekonomicheskogo soveta pri Vremennom praviltelstve,* July 26, 1917, No. 4 (Petrograd, 1917), 31.

196. *Stenograficheskii otchet zasedaniia Ekonomicheskogo,* July 31, 1917. No. 5 (Petrograd, 1917), 8.

197. Grudina A. D., "Organizatsiia materialnoi podderzhki semei riadovogo sostava Pervoi mirovoi voiny i ee vliianie na razvitie protestnykh nastroenii v Petrograde," *Nauchnyi Dialog* 7 (2018): 242.

198. *Rossiia v mirovoi voine 1914-1918 (v tsifrakh)* (Moskva, Tsentralnoe statisticheskoe upravlenie, 1925), 4, 49.

199. Prokopovich, *Voina i narodnoe khoziaistvo,* 74. On the material versus human asset: Gattrell and Harrison, "The Russian and Soviet Economies in Two World Wars," 431. 关于补贴价值日益增长的问题: Peter Gattrell, *Russia's First World War. A Social and Economic History* (Harlow, UK: Pearson Educational Limited, 2005), 136.

200. Ferguson, *The Pity of War,* 318.

201. See, for instance, A. A. Bublikov, *Russkaia revoliutsiia (ee nachalo, arest tsaria, perspektivy). Vpechatleniia i mysli ochevidtsa i uchastnika* (Moskva: GPIB, 2018), 85–90; Anton Denikin, *Ocherki russkoi smuty. Krushenie vlasti i armii. Fevral-sentiabr 1917* (Moskva: Nauka, 1991), 224.

202. Shul'gin, "Peredovaia statia 26 sentiabria 1917 g.," in Shul'gin, *Rossiia v 1917 godu,* 469–471, originally "Kiev. 25–go sentiabria," *Kievlianin,* September 26, 1917. See also his articles of May 24, September 28, in *Rossiia v 1917 godu,* 351–353, 472–474. 向铁路工人提供的经济援助旨在向生活费用最高的地区发放低于 100 卢布的战时奖金。William Rosenberg, "The Democratization of Russia's Railroads in 1917," *American Historical Review* 86. no. 5 (December 1981): 996.

203. S. Radaev, "fabrika deneg," *Rech',* June 13, 1917, 2.

204. Diane Koenker, *Moscow Workers and the 1917 Revolution* (Princeton: Princeton University Press, 1981), 117–119, 130–131.

205. 正如史密斯所指出的那样，为了跟上通货膨胀的步伐，工人们的月收入至少要翻一番，但绝非所有人都能做到这一点。S. A. Smith, *Red Petrograd: Revolution in the Factories* (Cambridge: Cambridge University Press, 1983), 70. S. G. Strumilin, *Zarabotnaia plata i proizvoditelnost' truda v russkoi promyshlennosti za 1913-1922 gg.* (Moskva: Voprosy truda, 1923). 12, 74. 另请参阅《世界经济概览》中"工业实际工资"的统计数据。Peter Gattrell, *Russia's First World War: A Social and*

Economic History (Hoboken, NJ: Taylor and francis, 2014), 69.

206. Smith, *Red Petrograd,* 117, 119.

207. Sukhanov, *Zapiski o revolutsii,* t.2, kn.3–4, 31.

208. June 4, 1917, *Pervyi Vserossiiskii s'ezd sovetov rabochikh i soldatskikh deputatov,* vol. 1, 92.

209. *Pervyi Vserossiiskii s'ezd sovetov rabochikh,* 70.

210. N. Lenin, "Pochemu nuzhen control nad proizvodstvom," *Pravda,* July 8, 1917, no.91, 3–4 (251–252); "Doklad Bukovetskogo o sostoianii finansov," *Rabochii Put'* 43 (1917): 9.

211. 芬兰是唯一的例外。俄国报纸和政府密切关注着俄国卢布相对于芬兰马克的汇率下跌情况。俄国政府不得不向芬兰政府申请贷款，用马克支付费用，但芬兰政府拒绝了这一请求。正如《新时代》报纸所指出的，芬兰人理所当然地要求俄国在其领土上提供邮政服务、电报、国家办事处和国库用地，以换取资金。"Konflikt s finlandiei," *Novaia Zhizn',* June 24, 1917, no.57, 1; see also: "Vopros o russkom zaime v finliandii," *Novaia Zhizn',* July 8, 1917, no. 69, 1.《新时代》报纸表达了其一贯以来的反芬兰立场，指责芬兰人降低卢布汇率。*Novoe Vremia,* May 17, 1917, no. 14779, 5; "Rubl' za marku," *Novoe Vremia,* June 21, 1917, no. 14808, 4.

212. 《新时代》报纸提到，由于黄金被运走，国家银行的黄金持有量减少了 1.87 亿卢布："Polozhenie zolotoi nalichnosti," *Novoe Vremia,* July 20, 1917, no. 14831.

213. 经济学家们将这一过程视为一系列相互关联的措施，例如，如果国家承担起"金融资本家"的职能，就必须承担起向生产者提供资本和原材料的责任。A.Shatov, "Denezhnyi rynok i gosudarstvo," *Novaia Zhizn',* June 3, 1917, no.39,1. 国家对金融和经济活动的干预问题在整个革命间歇期仍然是核心问题。关于对国家日益增长的干预的批评，请参阅 finansist, "Predely gosudarstvennogo vmeshatel'stva," *Novoe Vremia,* June 17, 1917, no. 14805, 3.

214. 关于国家调控工资的分析，请参阅 I. S. Voitinskii, *Minimal'naia zarabotnaia plata* (Petrograd, 1917). 从凯恩斯 1923 年发表的《货币改革论》算起，凯恩斯时代以前的政治经济学历来忽视货币与劳动之间的任何联系。

215. 正如经济学家谢尔盖·普罗科波维奇所指出的那样，对公共经济生活的管理、对商品流通的管理，都需要有一个适当的机构，而在这方面我们面临着困难，首都缺乏中央集权，地方缺乏公共主动性。*Gosudarstvennoe Soveshchanie. Stenograficheskii otchet* (Moskva: Gos.izd–vo 1930), 22.

216. *Pervyi Vserossiiskii S'ezd Sovetov,* vol. 1, 65.

217. 正如梅尔基奥尔·帕尔伊所指出的那样，物价水平和就业的稳定比金本位和预算平衡更贴近生活，直接影响到人们对美好生活的向往。Melchior Palyi, *The Twilight of Gold,* 1914–1936 (Chicago: H. Regnery, 1972), 52–53.

218. M. I. Tugan–Baranovskii, *Bumazhnye Den'gi i Metall,* 1917. 图甘-巴拉诺夫斯基的观点明显先于凯恩斯的《货币改革论》，后者也认为战后"无法摆脱'有管理的'货币政策"。

第十一章

1. 关于法国革命时代立法者的金融保守主义，丽贝卡·斯潘也提出类似观点。Rebecca L. Spang, *Stuff and Money in the Time of the French Revolution*, Cambridge, MA: Harvard University Press, 2015, p.58.

2. V. I. Lenin, "Uderzhat li Bolsheviki gosudarstvennuiu vlast'?" Polnoe sobranie sochinenii, vol. 34, 307, 引自 V. Lenin, *Will the Bolsheviks Maintain Power?* London: Labour Publishing, 1922, pp.47–48. 着重号为原文所加。

3. 关于希尔法亭和帕尔乌斯对列宁的影响，参见：George Garvy, "The Origins of Lenin's Views on the Role of Banks in the Socialist Transformation of Society," *History of Political Economy*, 1972, Vol.4, No.1. 非常感谢弗里德里希·阿森费尔特提供这篇文章。

4. Lenin, *Will the Bolsheviks Maintain Power?*, 48.

5. V. I. Lenin, "Groziashchaia katastrofa i kak s nei borot'sia" (September 1917), in Lenin, *Polnoe sobranie sochinenii*, izd. 5-e (Moskva: Gos. Izd-vo polit. lit, 1962), nt. 34, 161–167.

6. Vospominaniia ob Oktiabr'skom perevorote, *Proletarskaia revolitsiia* 10 (1922): 62.

7. Z. V. Atlas, *Sotsialisticheskaia denezhnaia sistema* (Moskva: Finansy, 1969), 63, 66.

8. 苏维埃人民委员会—国家银行，1917 年 10 月 30 日。Signed by Lenin and Menzhinskii (copy), GARF, f. 130, op.1, d.26, 58a; Sovnarkom–Gosudarstvennyi bank, November 6, 1917. Signed by Lenin, Trotsky, Lunacharskii, Menzhinskii, Bonch–Bruevich, and Gorbunov (copy), GARF, f. 130, op.1, d.26, 54.

9. 大卫·利亚扎诺夫将此次事件的参与者称为"我们的鼓吹手银行家"（*nashi barabannye finansisty*）。Riazanov's speech at the First Congress of people's councils of national economy: *Trudy I Vserossiiskogo S'ezda Sovetov Narodnogo Khoziaistva, 25 maia—4 iunia 1918* (Moskva: VSNKh, 1918), 150. 关于该事件，也可参见 *Russkaia revoliutsiia glazami petrogradskogo chinovnika. Dnevnik 1917-1918*, edited and annotated by Jens Petter Nielsen and Boris Weil (Oslo: Representralen Universitetet i Oslo, 1986), 24; N. Osinskii, "Kak my ovladevali Gosudarstvennym Bankom," *Ekonomicheskaia Zhizn'* 1, November 6, 1918.; A. Shliapnikov, "K Oktiabriu," *Proletarskaia revoliutsiia* 10 (1922): 41; 托洛茨基认为在莫斯科的同类行动（也带着军乐队）取得了成功。"Vospominania ob Oktiabr'skom perevorote," 63. "Sobytiia v Gos. Banke v dni Okriabr'skoi revoliutsii," *Krasnaia letopis'*, 6 (1923): 335. 至于当天由领导军队，有不同的说法，包括缅任斯基、托洛茨基、斯皮利亚多诺夫，显然，没有人愿意承认参加了此次行动。

10. "V Gosud. Banke," *Novaia Zhizn'*, November 8, 1917, no. 175; "Doklad o Gosudarstvennom Banke," *Novaia Zhizn'*, November 9, 1917, No.176.

11. Obolenskii, "Kak my ovladevali Gosudarstvennym bankom"; A. M. Gindin, *Kak bolsheviki ovladeli Gosudarstvennym Bankom* (Moskva: Gosfinizdat, 1961), 24, 29, 30,

37, 45; *Russkaia revoliutsiia glazami,* 25.

12. "Gosudarstvennyi Bank i komissar Menzhinskii," *Novaia Zhizn',* November 15, 1917, no.181.

13. Protokoly sobraniia rabochikh deputatov Ekspeditsii Zagotovleniia Gosudarstvennykh Bumag. November 8, 1917, TsGA SPb. F.1255, op.1, d. 1085, ll. 95–96.

14. "Zabastovka v Gosudarstvennom Banke," *Nasha Rech',* November 16, 1917.

15. *Russkaia revoliutsiia glazami petrogradskogo chinovnika,* 28. 这一要求对于不承认分权的布尔什维克来说毫无意义。根据雅科夫·斯维尔德洛夫的说法，人民委员会的目的是结合 "立法权、行政权和管理权"。E. G. Gimpel'son, *Sovetskie upravlentsy, 1917-1920* (Moskva: Institut Istorii RAN, 1998), 14. 历史学家认为，银行在拒绝布尔什维克政府的要求时，将一些资金提供给了反革命的 "临时政府"。与此同时，依照托洛茨基的指示，财政部没有举行罢工，而是与政府合作，提交了付款申请。Trotsky, "Vospominania ob Oktiabr'skom perevorote," 64. Sovnarkom's archival file reflects the Bank's payments made only after November 14, 1917, GARF, f. 130, op.1, d.26, 40, 64.

16. 希波夫在 1917 年 11 月 11 日被解雇。The act documenting the procurement of the eight keys for Bank's storages on November 15, 1917: GARF, f. 130, op.1, d.26, 36; the request to issue money, in cash, to the secretary of the Council of People's Commissars, November 17, 1917, GARF, f. 130, op.1, d.26, 44.

   另一个轶事关于任命斯坦尼斯拉夫·佩斯特科夫斯基斯基担任首任苏维埃银行行长，他仅担任行长三天。佩斯特科夫斯基的角色纯粹是装饰性的，他的任命是财政人民委员部委员缅任斯基的即兴发挥，他想解雇顽固的希波夫，让其他人代替希波夫。正如斯蒂芬·科特金诙谐地指出的那样，这个任命具有一种荒诞性，是新权威的表演风格的展现。(Stephen Kotkin, *Stalin: The Paradoxes of Power, 1878-1928,* New York: Penguin Books, 2014, 230). 众所周知，财政人民委员部只在斯莫尔尼宫的一个房间占据了一个小角落，缅任斯基在那里放了张小沙发，他在那里睡觉。Gindin, *Kak Bolsheviki ovladeli Gosudarstvennym bankom,* 16; S. Pestkovsky, "Ob oktiabrskikh dniakh v Pitere," *Proletarskaia revoliutsiia* 10 (1922): 99–101.

17. O vremennom poriadke proizvodstva uplaty po dokumentam Petrogradskoi kontoroi Banka. Dekret SNK ot 30(17) noiabria 1917—*Denezhnoe obrashchenie i kreditnaia Sistema Soiuza SSR za 20 let. Sbornik vazhneishihk zakonodatelnykh materialov za 1917-1937g* (Moskva: Gosfinisdat, 1939).

18. M. I. Iroshnikov, Sozdanie sovetskogo gosudarstvennogo apparata. Sovet narodykh komissarov n narodnye komissariaty (Leningrad: Nauka, 1967), 89; N. Gorbunov, "Kak sozdavalsia rabochii apparat Sovnarkoma," *Vospominaniia o Vladimire Il'yche Lenine 3* (1961): 191.

19. Gindin, *Kak bolsheviki,* 60; "Akt ob osmotre meshkov s den'gami, pribyvshikh iz Gosudarstvennogo Banka v rasporiazhenie Soveta Narodnykh Komissarov," *Pravda,* November 19, 1917, no. 194.

20. 索科尔利科夫在国民经济委员会第一次会议上的讲话。*Trudy I Vserossiiskogo*

S'ezda Sovetov Narodnogo Khoziaistva, 25 maia–4 iunia 1918, 174.

21. Obolenskii, "Kak my ovladevali Gosudarstvennym bankom." 1917 年 12 月，列宁致电给斯德哥尔摩的共产党代表瓦斯拉夫·沃罗夫斯基，请他派遣"3 名资深会计师来参与银行改革，不需要懂俄语"。Telegramma V. V. Vorovskomu, in *Istoriia Gosudarstvennogo Banka SSSR v dokumentakh* (Moskva: Finansy, 1971), 49. 根据革命军事委员会的决定，一些参加罢工的银行员工被"强制带"到工作场所。Iroshnikov, *Sozdanie sovetskogo tsentralnogo gosudarstvennogo apparata*, 198n.

22. Obolenskii replaced Pestovsky as a director of the State Bank on November 13, 1917.

23. 梁赞诺夫将其称为红军化，而不是国有化，参见 Riazanov's speech at the First Congress of people's councils of national economy: *Trudy I Vserossiiskogo S'ezda Sovetov Narodnogo Khoziaistva, 25 maia-4 iunia 1918,* 105; 曾在财政人民委员部工作过的德米特里·博戈列波夫也指出，将私人银行国有化并将其所有财政资源转移到国家银行的决定令在委员会工作的少数专家感到惊讶。D. P. Bogolepov, "Finansovoe stroitel'stvo v pervye gody Oktiabr'skoi revoliutsii," *Proletarskaia Revoliutsiia 4* (1925): 166; On the event: A. Gindin, *Kak bol'sheviki natsionalizirovali chastnye banki (fakty i dokumenty posleoktiabr'skikh dnei v Petrograde)* (Moskva: Gosfinizdat, 1962), 29–30.

24. 例如，请参阅人民银行在彼得格勒的分行名单，这些分行的地址大多位于涅夫斯基大道上，并标明了这些分行所占用的前私人银行的位置："Spisok otdelenii Narodnogo Banka v Petrograde," in *RSFSR. 1-e Otdelenie Narodnogo Banka, Petrograd: Instruktsii, tsirkuliary i prikazy,* N.1(Petrograd: Tip "Fridrikh Kan," 1918). Otchet o rabotakh pervogo Vserossiiskogo s'ezda predstavitelei finansovykh otdelov Oblastnykh, gubernskikh i uezdnykh S.R i Kr. D., sozvannyi po initsiative Otdela mestnogo khoziaistva Nar. KVD (Moskva: tip. "Fasol," 1918), 9, 12.

25. 非布尔什维克报纸一再指出，摧毁私人银行虽然能迅速变现，但却剥夺了布尔什维克政府的资本来源。ibid.; B. Avilov, "Dekret o bankakh," *Novaia Zhizn',* December 30, 1918, no. 204; Z. Katzenelenbaum, "Likvidatsiia Bankov," *Russkie Vedomosti,* December 21, 1917, no. 272; "O polozhenii bankov," *Russkie Vedomosti,* November 12, 1917, no. 248.

26. 关于作为"空楼"的银行：B. Avilov, "Den'gi i tseny," *Novaia Zhizn',* February 6, 1918, no. 17. 莫伊塞·拉森斯描述了愤怒的工人是如何要求支付工资并威胁要抢劫和破坏银行、围攻银行政委办公室的。M. Ya. Larsons, *V sovetskom labirinte. Epizody i siluety* (Paris: Strela, 1932), 18–19.

27. 由于无法迫使他们工作，新的苏联银行管理层试图从他们那里"挤出"有关银行业务的信息。M. Ya. Larsons, *Na sovetskoi sluzhbe: Zapiski spetsa* (Paris: La Source, 1930), 31–34.

28. 税收收入将继续减少：如果说1918年税收收入仍有望占到州政府收入的76%（这一数字非常夸张，反映的是预期而非实际结果），那么到 1920 年，税收收入的比例则下降到了 0.3%。*Gosudarsvtennyi Bank SSSR: Kratkii ocherk k sorokaletiiu Oktiabria*(Moskva: Gosfinizdat, 1957), 134.

注
释

29. 参见 the memoir of Mikhail Lemke, the director of the Expedition for the Production of State Papers: M. K. Lemke, "Oni proderzhatsia ne bolshe 5–7 dnei" (po dnevniku), *Nemerknushchie gody. Ocherki i vospomimaniia o Krasnom Petrograde* (Leningrad, 1957), 273–278.

30. M. I. Fridman, *Gosudarstvennoe khoziaistvo i denezhnoe obrashchenie v Rossii, 1913-1919* (Moskva: Sovet Vserossiiskikh kooperativnykh s'ezdov, 1919), 19, 29.

31. *Rospis' obshchegosudarstvennykh dokhodov i raskhodov Rossiiskoi Sotsialisticheskoi Federativnoi Sovetskoi Respubliki na ianvar'-iiun' 1919 goda s ob'asnitelnoi zapiskoi Narodnogo Komissara Finansov.* (Petrograd: 4–a gos tip, 1919), 57.

32. G. Ya. Sokol'nikov, "Denezhnyi krisis," *Narodnoe khoziastvo* 2 (1918): 3–4.

33. 关于地方货币替代物，参见 M. V. Khodiakov, *Den'gi Revoliutsii i Grazhdanskoi voiny* (St. Petersburg: St. Petersburgskii Gosudarstvennyi Universitet, 2018), 53–55.

34. V. I. Lenin, "Nabrosok programmy ekonomicheskikh meropriatii," December 1917; Lenin, *Polnoe sobranie sochinenii*, t.35, 124. 根据这项计划，所有的钱都必须存入国家银行，任何人每周取款不得超过 125 卢布，超过 500 卢布限额的资金将被没收。

35. Variant stat'i "Ocherednye zadachi sovetskoi vlasti," V. I. Lenin, *Polnoe sobranie sochinenii*, t. 36, 134–136; Chernovoi nabrosok proekta programmy (VII ekstrennyi s'ezd RKP(b), V. I. Lenin, *Polnoe sobranie sochinenii, t. 36, 74–75.*

36. "O natsionalizatsii bankov," Dekret VTsIK on 27(14) dekabria 1917; "O revizii stalnykh iashchikov (seifov) v bankakh" Postanovlenie TsIK ot 27 (14) dekabria 1917; "Ob utverzhdenii sektsii blagorodnykh metallov VSNKh i ob ustanovlenii kazennoi monopolii torgovli zolotom i platinoi" Postanovlenie VSNKh on 12 ianvaria 1918, in *Denezhnoe obrashchenie i kreditnaia Sistema Soiuza SSR za 20 let. Sbornik vazhneishihk zakonodatelnyh materialov za 1917–1937g,*(Moskva: Gosfinizdat, 1939), 2–7.

37. P. Kievsky [G. Piatakov], "Proletariat i banki," Pravda, December 25, 1917, no. 212.

38. 该委员会包括政府机构、工会、工人、士兵、农民代表委员会的代表以及尚未被接管的工厂主。"Ob uchrezhdenii Tsentralnogo uchetno–ssudnogo komiteta," Dekret SNK, in *Denezhnoe obrashchenie i kreditnaia Sistema Soiuza SSR,* 8–9.

39. *Protokoly Prezidiuma Vyschego Soveta Narodnogo Khoziastva, Dekabr' 1917-1918. Sb. dokumentov* (Moskva: Nauka, 1991); Protokol no.17, 24 ianvaria 1918, 44–49.

40. 然而，《经济学报》的编辑们注意到，关于重组国家银行委员会的法令几乎没有付诸实施。"Bankovskaia politika sovetskoi vlasti," *Ekonomicheskaia Zhizn', Prilozhenie za 1919, no. 2, 25.*

41. 关于 1918 年国家资本主义，可参见 Stephen F. Cohen, *Bukharin and the Bolshevik Revolution: A Political Biography, 1888-1938* (Oxford: Oxford University Press, 1971), 69–78; E. H. Carr, *The Bolshevik Revolution 1917-1923*, vol. 2 (New York: W. W. Norton) , 1985, 88–100.

42. E. H. 卡尔写道，古科夫斯基僵化而缺乏想象力的纯粹主义，使他与党内的极右派站在了一起。E. H. Carr, *The Bolshevik Revolution*, vol. 2, 246. 关于不同

的 评 估， 请 参 见 Dmitrii Bogolepov and Solomon Lozovskii in *Protokoly zasedanii Vserossiiskogo Tsentralnogo Ispolnitelnogo Komiteta 4-go sozyva (stenograficheskii otchet)* (Moskva: Gos. Izd-vo, 1920), 133, 135. 德米特里·博戈列波夫曾在财政委员会任职至 1919 年初，他将古科夫斯基的财政管理描述为短暂的中场休息，是 1921 年后 "新经济政策" 的某种前奏。D. P. Bogolepov, "Vospominaniia o Lenine," in *O Lenine. Vospominaniia. Kn.4. Pod red. i s predisl. N. L. Meshcheriakova* (Moskva: Gos. izd-vo,1925, С.), 116–121; Bogolepov, "Finansovoe stroitelstvo," 173. 1922 年，新任财政委员格里戈里·索科尔利科夫将 "新经济政策" 描述为 1918 年政策的回归。G. Ya. Sokol'nikov, "Gosudarstvennyi capitalism i novaia finansovaia politika," in G. Ya. Sokol'nikov, *Novaia finansovaia politika: na puti k tverdoi valiute* (Moskva: Nauka, 1991), 56.

43. 摆脱黄金是格里戈里·索科尔利科夫的想法，他认为西方不会恢复金本位制。参见 Gukovskii's speech at the First Congress of people's councils of national economy: *Trudy I Vserossiiskogo S'ezda Sovetov Narodnogo Khoziaistva, 25 maia—4 iunia 1918*, 129–143.

44. *Trudy I Vserossiiskogo S'ezda Sovetov Narodnogo Khoziaistva, 25 maia—4 iunia 1918*, 129–143.

45. Gukovskii's report was published in Pravda, April 17, 19, 1918, nos. 74 and 75. 他的演讲记录内容较多，但有所删减，也刊登在：*Protokoly zasedanii Vserossiiskogo Tsentralnogo Ispolnitelnogo Komiteta 4-go sozyva (stenograficheskii otchet)* (Moskva: Gos. Izd-vo, 1920), 112–117. 在其他代表对他的发言和辩论所作的回应中，零星提到了他的话（显然没有记录）。

46. 参见 Bukharin's speech at the VTsIK session: *Protokoly zasedanii Vserossiiskogo Tsentralnogo Ispolnitelnogo Komiteta 4-go sozyva (stenograficheskii otchet)*(Moskva: Gos. Izd-vo, 1920); 也可参见 Grigorii Sokol'nikov's very critical article: "Revolutionnye finansy v svete burzhuaznoi kritiki," *Pravda,* 1918, no.77. E. G. Gimpel'son, "*Voennyi Kommunizm": Politika, Praktika, Ideologiia* (Moskva: Mysl',1973), 31–32. 另请参阅左派共产党人的主要刊物《共产主义者》上一篇批评古科夫斯基政策的文章：Afanasii Lomov, "Programma finansovykh reform komissara Gukovskogo," *Kommunist 2* (1918): 20–22. 洛莫夫蔑视古科夫斯基和博戈列波夫的节俭预算政策和纳尔康芬行动的 "合理性"。对古科夫斯基不利的是，包括前财政部大臣米哈伊尔·贝尔纳茨基在内的一些资产阶级经济学家对他的行动给予了积极评价，从而火上浇油。

47. Fridman, *Gosudarstvennoe khoziaistvo i denezhnoe obrashchenie.* 22. 只 公 布 了 1918 年的第一个半年期预算：*Obshchaia rospis' gosudarstvennykh dokhodov i rashkhodov Rossiiskoi Respubliki na ianvar'-iiun' 1918 goda* (Moskva: Izd. VTsIK, 1918). 1918 年预算的编制工作早在更早之前就已开始，当时假定制宪会议将批准该预算。N. A. Razmanova, "Dmitrii Petrovich Bogolepov v Narkomfine v 1917–1918 godakh," Vestnik Finansovoi Akademii, 2001, no. 2, 69.

48. "O sobliudenii edinstva kassy." Dekret SNK 2 Maya 1918, *Istoriia Gosudarstvennogo*

Banka SSSR v dokumentakh, 61; E. N. Sokolov, *Denezhnaia i biudzhetnaia politika Sovetskoi respubliki* (Riazan': Riazanskii universitet im. S. A. Yesenina, 2012), 32–33.

49. 他坚持"强制"开立支票账户，这实质上等同于隐性征用资金，将民众组成消费者合作社进行商品流通。V. I. Lenin, "Osnovnye polozheniia khoziaistvennoi i v osobennosti bankovoi politiki" [April 1918], *Leninskii sbornik,* 21 (Moskva: Gosizdat, 1933), 160. 也可参见 Lenin's speech at the First All-Russia Congress of the representatives of financial departments of the regional and local councils of deputies (May 17–21, 1918): *Otchet o raborakh pervogo Vserossiiskogo s'ezda predstavitelei finansovykh otdelov oblastnykh, gubernsikh i uezdnykh S.R. i Kr D* (Moskva: tip. "Fasol," 1918), 21–26, and in Lenin, *Polnoe sobranie sochinenii,* vol. 36, 350–355. 据拉林回忆，当列宁在公开场合提到他的计划时，卢布在国外市场上的汇率本已非常低，现在又跌到了一个新的极端。Yu. Larin, "U kolybeli," *Narodnoe Khoziaistvo* 11 (1918): 21.

50. 古科夫斯基在给苏维埃中央委员会的报告中总结了其中的一些原则: *Protokoly zasedanii Vserossiiskogo Tsentralnogo Ispolnitelnogo Komiteta 4-go sozyva (stenograficheskii otchet)* (Moskva: Gos. Izd-vo, 1920); 也可参见 Bogolepov, "Finansovoe stroitelstvo," 173–174. 吸纳资金的计划行不通，因为人们不愿意把钱存入苏维埃银行: 战前，流通中的卢布为 16 亿卢布，银行账户中的卢布为 50 亿卢布; 现在我们有 300 亿卢布的流通量，但储蓄和直接存款账户中的卢布不到 100 亿卢布。

51. *Protokoly zasedanii Vserossiiskogo Tsentralnogo Ispolnitel'nogo Komiteta 4-go sozyva (stenograficheskii otchet)* (Moskva: Gos. Izd-vo, 1920), 112–117.

52. A. M. Gindin, *Kak bolsheviki natsionalizirovali chastnye banki,* Moskva: Gosfinizdat, 1962, 118.

53. V. I. Lenin, "Tezisy o bankovoi politike," in Lenin, *Polnoe sobranie sochinenii,* t.36, 220. 也可以参见 Aleksandr Spunde's letter to Lenin on this matter written on March 14, 1918, in *"Samo proshedshee kak ono bylo . . . ", Perepiska Anny Kravchenko i Aleksandra Spunde* (Moskva: Izd-vo polit.literatury, 1990), 42–43. Lenin's concept of bank's organization was based, in Andrea Granziosi's words, on "the centralist program of reducing society to one large firm." Andrea Graziosi, "G. L. Piatakov (1890–1937): A Mirror of Soviet History," *Harvard Ukrainian Studies* 16, no.1–2 (June 1992): 155.

54. 亚历山大·斯蓬德自称是"左翼共产主义者"，他支持一些后来被视为"正确"的倡议，例如邀请前银行家为国家银行改革提供建议。关于斯蓬德的左翼共产主义: M. G. Nikolaev, "Bankir voleiu partii: stranitsy biografii A.P. Spunde (1892–1962)," *Ezhegodnik Ekonomicheskaia Istoriia 2019* (Moskva: Rosspen, 2020), 191.

55. 1917 年 11 月，博戈列波夫应列宁的邀请来到小卖部。尼·阿·拉兹曼诺娃提到，古科夫斯基经常生病，博戈列波夫事实上管理着委员会。Razmanova, "Dmitrii Petrovich Bogolepov v Narkomfine v 1917–1918 godakh," 69. 博戈列波夫领导了国家预算的编制工作，他还制定了使新卢布发行合法化的法律。Iroshnikov, *Sozdanie sovetskogo tsentralnogo gosudarstvennogo apparata,* 126.

56. 关于古科夫斯基，参见 *Vse ministry finansov Rossii, 1802-2004* (Moskva: REO, 2004), 287–294. 尽管曾在古科夫斯基手下工作过的德米特里·博戈列波夫对他非常钦佩，并称赞他的计划，但对他不专业的指责却屡见不鲜。Bogolepov, "Finansovoe stroitelstvo." 同样，在人民银行，副行长亚历山大·斯蓬德接替了缺席的名义行长格奥尔基·皮亚塔科夫。On Alexander Spunde, see M. G. Nikolaev, "Bankir voleiu partii: stranitsy biografii A. P. Spunde, 1892Ⅰ–962," 184–216.1918–1919 年（银行员工的罢工已经结束），金融人民粮食和人民银行人员充足，其中不乏拥有大学学位的员工。(As an example, see the list of employees at the Bank's key department on the financing industry: "Spiski sotrudnikov otdela po finansirovaniiu natsionalizirovannoi promyshlennosti," RGAE, f.2324, op.9, d.43.)

57. A. M. Gindin, *Kak bol'sheviki natsionalizirovali chastnye banki* (Moskva: Gosfinizdat, 1962), 112–117. 另见《新消息报》有关委员会会议的简短报道："Soveshchanie of bankakh," *Novaia Zhizn'*, April 11 and April 12,1918. For analysis of the principle of separating the issuing of money from the funding industry: Lurie, "Iz istorii ideologii i zakonodatelstva o denezhnom obrashchenii RSFSR," doklad 3 iunia 1920, in *Trudy sektsii po voprosam denezhnogo obrashcheniia i kredita pod pred. M.I. Fridmana i V. Ya. Zheleznova. Denezhnoe obrashcheniie i kredit. Denezhnoe obrashchenie v Rossii i za granitsei v gody voiny i revoliutsii (1914-1921*, Petrograd: 1922), 447.

58. 两份档案中包含了有关这一问题的各种材料，其中包括一位"技术顾问"（其姓名无法辨认）的备忘录，他强烈要求将货币发行合法化。"Delo o poriadke kreditovaniia kazny Narodnym Bankom i o peresmotre postanovleniia dekreta 21 ianvaria 1918 o kratkosrochnykh obiazatelstvakh Gos. Kaznacheistva," RGAE, f. 2324, op.1, d. 66; "Delo o raschirenii emissionnogo prava Narodnogo banka," RGAE, f.2324, op.1, d.178.

59. 1918 年 1 月，政府颁布了废除国内债务的法令，将利率 5% 的债券转换为相当于信用卢布的无息纸币，因此改变了抵押品的性质。

60. 俄国黄金储备为 11 亿卢布，外加 25 亿卢布的海外抵押贷款。此前，法律已经批准发行 165 亿卢布，因此有 215 亿卢布的发行量超过了法定限额。在 1917 年十月革命后的 9 个月里，除了沙皇和临时政府发行的 189 亿卢布，苏维埃政府还印制了 227 亿卢布，总计 416 亿卢布。根据财政人民委员部的统计，215 亿张债券的发行量超过了立法批准的限额。财政人民委员部估计，未来 5 个月的经济将需要 120 亿卢布（这些估算数据过小）。

61. *Izvestiia*, November 5, 1918, no. 242, 4.

62. *Izvestiia*, December 7, 1918, no. 268, 3. 人民银行的专家们继续向政府坚称，未公布的法律没有任何意义，因为对民众和"西方金融市场"来说，重要的不是天文数字般的卢布信贷（人们已经知道了），而是政府对这笔债务的承认。Narodnyi Bank—Upravlenie delami SNK, RGAE, F.2324, op.1, 1918, d.178, l.72; Glavnomu komissaru uplavliaiushchemu Naroldnym Bankom. Tekhnicheskii sovetnik, November 11, 1918, RGAE, F.2324, op.1, 1918, d.178, l.69ob–70.

63. *Rospis'. . . na ianvar'-iun'* 1919, 25.

64. *Trudy Vserossiiskogo s'ezda zaveduiushchikh finotdelami. Plenarnye zasedaniia* (Moskva: Redatsionno–izdatelskaia kollegiiia NKF, 1919), 77–78.

65. 关于俄国和乌克兰的债务分配问题，参见 Materialy po rassmotreniu voprosa o vvedenii na Ukraine samostoiatelnoi denezhnoi sistemy, RGAE, f.7733, op.1, d.128, 6ob (July 1, 1918); O neobkhodimosti konsolidatsii v dolg kazny chisliashchikhsia na schete zolota Banka za granitsei 1891.5 m.r. velikobritanskikh kreditov, August 6, 1918, RGAE, f.2324, op.1, d.14, 25–26; Krestinskii, Piatakov to the SNK, October 29, 1918, "O kratkosrochnykh obiazatelstvakh," RGAE f. 2324, op.1, d. 66, l.53–56; Materialy po russko–ukrainskim mirnym peregovoram o razdele gosudarstvennykh imushchestv. GARF, f. R–546, op.1, d.3, d.4.

66. Pavlo Hai–Nyzhnyk, *Finansova politika uriadu Ukrain'skoi Derzhavi Get'mana Pavla Skoropads'kogo (29 kvitnia—14 grudnia 1918 r) (Kyiv, 2001), 32, 34, 51; L. M. Nemanov, Finansovaia politika Ukrainy 7 noiabria 1917—4 fevralia 1919(Moskva: Koop. izd-vo, 1919), 33, 34.*

67. Zhurnal soveshchaniia chlenov delegatsii i drugikh lits 23, 24, 25 aprelia 1918 in Materialy po russko–ukrainskim mirnym peregovoram o razdele gosudarstvennykh imushchestv, GARF, f. R–546, op.1, d.3, 1–7.

68. 专家们提出了建立一个"类似于拉丁联盟"的俄国—乌克兰货币联盟的想法，他们甚至考虑过邀请乌克兰代表担任俄国人民银行的董事会成员。Materialy po rassmotreniiu voprosa o vvedenii na Ukraine samostoiatelnoi denezhnoi sistemy. Spravka; "O samostoiatelnoi denezhnoi sisteme na Ukraine," RGAE, f.7733, op.1., d.128; on "Latin union," see N. D. Silin, "O nashei denezhnoi politike v sluchae sozdaniia Ukrainskoi denezhnoi sistemy," ibid, 32–33; July–August 1918. 扎克斯（格拉德涅夫）批评说，这些计划没有考虑到乌克兰的独立已是"既成事实"，而且两国正在发展截然不同的经济和金融体系。Zaks (Gladnev), Otzyv na Proekt doklada Osobogo otdela po finansovym voprosam, stoiashchim v sviazi s osushchestvleniem Brestskogo dogovora, August 28, 1918, RGAE f.7733, op.1, d.128, 3–40.

69. 关于应该依据哪项原则来确定每个国家的份额——按领土、人口规模或其在税收收入中的份额计算，存在着争论。Zhurnal zasedanii 23 i 30 iunia i 3 iiulia Soveshchaniia iz predstavitelei uchrezhdenii Narodnogo Komissariata finansov po rassmotreniiu prislannykh i Kieva materialov, otnosiashchikhsia k russko–ukrainskim mirnym peregovoram, in Materialy po russko–ukrainskim mirnym peregovoram o razdele gosudarstvennykh imushchestv, GARF, f. R–546, op.1, d.3, 45–47). Christian Rakovskii worried that the Russian delegation had miscalculated and Ukraine's claims for properties would be too high *("my mozhem progadat'")* Materialy po russko–ukrainskim mirnym peregovoram, GARF, f. R–546, op.1, d.4, 47). Ukraine initially insisted on one third of debts and assets, which were supposed to include natural resources (Spravka, , GARF, f. R–546, op.1, d.4, 99). Finally, Ukraine's share was settled at 20% of liabilities and properties.

70. Chetvertoe zasedaniie finansovo–raschetnoi komissii, August 7, 1918, *Materialy po*

russko-ukrainskim mirnym peregovoram, GARF, f. R–546, op.1, d.4, 51–52.

71. 6-e zasedaniie finansovo–raschetnoi komissii, August 14, 1918, GARF, f. R–546, op.1, d.4, 130–132.

72. Zhurnal soveshchaniia pri Osobom otdele po finansovym voprosam stoiashchim v sviazi s osushchestvleniem Brestskogo dogovora, July 23, 1918, in *Materialy porussko-ukrainskim mirnym peregovoram,* GARF, f. R–546, op.1, d.4, 39.

73. 俄国乌克兰财政谈判委员会的信贷部门代表不能确定 1918 年 1 月 21 日的法令取消了哪一部分债务，也不能说发行了多少信用卢布。他们估计，在 1918 年 1 月，债务约为 600 亿卢布，但到 6 月底至 7 月初，债务已经上升到 740 亿卢布。Zhurnal zasedanii 23 i 30 iiunia in Materialy po russko–ukrainskim mirnym peregovoram, GARF, f. R–546, op.1, d.3, 44–45.

74. 他们的想法是有两种平行的货币——人民银行发行的、用于国有化经济和管理交易的国家纸币以及由私人股份银行发行的商业货币。奇怪的是，最高国民经济会议也有类似的计划。这种平行货币的模式后来在 1921–1924 年的货币改革中被使用。参见 A. E. Lomeier, "Vneshniaia torgovlia, kredinyi rubl', i proekt chastnoi denezhnoi edinitsy," and A. N. Za. "Reforma denezhnogo obrashcheniia i Gosudarstvennyi Bank," in *Voprosy denezhnogo obrashcheniia. Tsentral'nyi NarodnoPromyshlennyi Komitet. Otdel Vneshnei Torgovli. Doklady M.V. Bernatskogo, A.N. Gurieva, A.N. Zaka, V.S. Ziva, N.I. Lodyzhenskogo, A.E. Lomeiera, F.A. Menkova i ikh obsuzhdenie* (Petrograd, 1918).

75. Bogolepov, Finansovoe stroitel'stvo, 174.

76. Rasgovor Gorbunova s Minkinym i Kolokutskim, 18 iiunia v 9 chas.vechera, GARF, f.130, op.2, d.230, l.164 and following. During the conversation, Gorbunov periodically went to "talk to Lenin."

77. Gorbunov: "Opasnost' mne kazhetsia ne snaruzhi, a iznutri" (transcript of telephone conversation with Minkin), GARF, f.130, op.2, d.230, l. 190 and after.

78. 参见 plans for evaluation and transcripts of phone conversations between Gorbunov and Minkin on June 20 and 21, 1918, Minkin's telegram to Lenin from Penza, GARF, f. 130, op.2, d.230.

79. 参见 the report of Nikolai Kazanovskii（"zaveduiushchii poezdom s zolotym zapasom"）about the recovery of the gold reserve (May 28, 1920). The total value of recovered treasures was 409,624,870 rubles (236 million rubles in gold had been spent or sold). RGAE, 7733, op.1, d.1346, 24–28.

80. 关于黄金命运的最完整描述，参见 Oleg Budnitskii, *Den'gi russkoi emigratsii: Kolchakovskoe zoloto,* 1918–1957 (Moskva: NLO, 2008).

81. Discussion on Lourie's report "Iz istorii ideologii i zakonodatelstva o denezhnom obrashchenii" on June 4, 1920, in RGAE, f.7733, op.1, d.6267 Zhurnaly i protokoly zasedanii komissii po voprosam denezhnogo obrashcheniia. 1918 年 6 月 28 日的法令批准将最重要的工业领域国有化 . "Poriadok finansirovaniia natsionalizirovannoi promyshlennosti," Izvestiia NKF, No.1-2, 1919 (September 1, 1919), 4–5. 根据金佩尔

的统计，到 1918 年年底，中俄国有 3338 家企业（占 35%）实现了国有化。E. G. Gimpel'son, *"Voennyi Kommunism,"* 42.

82. On the "incorrect line" of Rykov and Miliutin, as well as their attempts to elevate VSNKh to the level of central government (Sovnarkom), see F. Samokhvalov, *Sovety narodnogo khoziaistva v 1917-1932 gg.* (Moskva: Nauka, 1964), 59–62. 斯蒂芬·科恩指出，全俄中央执行委员会是由尼古拉·布哈林、尼古拉·奥辛斯基、弗拉基米尔·斯米尔诺夫和格奥尔基·洛莫夫这群"年轻的莫斯科人"创建的，他们构成了"左翼反对派"的核心。Cohen, *Bukharin and the Bolshevik Revolution,* 62. For a detailed analysis of VSNKh's activity, see Silvana Malle, *The Economic Organization of War Communism, 1918-1921,* ch. 5, "Industrial Administration" (New York: Cambridge University Press, 1985).

83. 早期的苏联历史学家米哈伊尔·波克罗夫斯基将维特的财政部比作最高国民经济会议。Theodore von Laue, *Sergei Witte and the Industrialization of Russia* (New York: Atheneum, 1969), 164.

84. 关于"国家作为主要消费者"，请参见 L. Ivan, "Gosudarsvennyi uchet narodnogo khoziastva i znachenie v nem gosudarstvennogo schetovodstva," *Izvestiia NKF,* no. 7 (1919), 3.

85. L. L. Obolenskii, "Nashi zadachi," *Izvestiia Narodnogo Komissariata Finansov* 1–2 (September 1, 1919): 1.

86. 列昂尼德·尤罗夫斯基对这一观点发表了评论："在战争共产主义时期，通过银行进行交易的制度是向无货币结算过渡的一步 …… 这种观点非常普遍"。Leonid Iurovskii, *Denezhnaia politika Sovetskoi vlasti (1917-1927)* (Moskva: Ekonomika, 2008), 99 (initial publication——1928).

87. N. V. Valentinov (Vol'skii), *Novaia ekonomicheskaia politika i krizis partii posle smerti Lenina* (Moskva: Sovremennik, 1991), 36–37, quoted in M. G. Nikolaev, "Bankir voleiu partii: stranitsy biografii A. P. Spunde (1892–1962)," 191.

88. "O Raschetnykh Operatsiiakh," Dekret SNK, January 23, 1919, in *Istoriia Gosudarstvennogo banka v dokumentakh,* 76–77. x

89. 19 世纪 90 年代，谢尔盖·维特在俄国引入了无现金交易，作为减少对纸币需求的一种手段。财政人民委员部声称，苏维埃模式在重建预算方面迈出了一大步。然而，最大的新奇之处在于，既然这些商品可以以无现金的方式从苏维埃国有化的企业获得，从市场上的私人承包商购买商品则被禁止。参见 *Rospis' obshchegosudarstvennykh dokhodov i raskhodov RSFSR na ianvar'—iiun' 1919 goda s obiasnitelnoi zapiskoi NKF,* 29.

90. 正如银行政委乔治·皮亚塔科夫所解释的那样，在工业中心即管理整个工业领域的部门；例如，纺织中心、钉子中心、肥皂中心等成立之后，人民银行失去了与企业的联系，转而将资金记入这些新机构的名下，然后由它们自行决定在工厂之间分配资金。这种制度的后果之一是现金需求量急剧上升，因此，新发行的货币符号也无止境地增长，令人眼花缭乱。机制的本质应该发生变化，皮亚塔科夫建议严格分配财政资源，而不是向工厂的经常账户提供信贷，允许账户持有人自由使用资金。皮亚塔科夫建议根据人民工业部门委员会编制的预算严格分配财政资源。G. Piatakov, "O finansirovanii natsionalizirovannoi promyshlennosti," *Ekonomicheskaia Zhizn'*, November 17, 1918, no. 9.

91. Dekret SNK or 31 oktiabria 1918 o sliianii kaznacheistv s uchrezhdeniiami Narodnogo Banka, in *Sbornik dekretov i rasporiazhenii po finansam*, vol.1: 1917–19(Petrograd: Narkomfin, 1919), 41; Postanovlenie NKF ot 28 dekabria 1918 no.268 ob uprazdnenii Osobennoi Kantseliarii po Kreditnoi chasti, in Sbornik dekretov i rasporiazhenii po finansam, 46; Prikaz NK po narodnomu banku RSFSR ot 3 ianvaria 1919 goda o raspredelenii del b. Osobennoi Kantseliarii po Kreditnoi chasti, in *Sbornik dekretov i rasporiazhenii po finansam;* Prikaz NFK po Narodnomu Banku RSPRS ot 3 ianvaria 1919 ob uchrezhdenii Otdela mezhdunarodnykh raschetov, in *Sbornik dekretov i rasporiazhenii po finansam,* and other orders on the Bank's new structure, in *Sbornik dekretov i rasporiazhenii po finansam,* 47–49, 51. Spravka o preobrazovanii tsentralnogo upravleniia Narbanka. October 1, 1919, in *Istoriia Gosudarsvennogo banka SSSR v dokumentakh,* 86,

92. E. N. Sokolov, *Denezhnaia i biudzhetnaia politika Sovetskoi respubliki v 1917-nachale 1921 g.,* 46.

93. Dekret SNK ot 15 Maia 1919 o vypuske v obrashchenie novykh kreditnykh biletov obraztsa 1918, in *Sbornik dekretov i rasporiazhenii po finansam* vol.1, 10–11. 与这一决定同时，除了继续流通的旧卢布外，还发行了一系列新的信用卢布。新的卢布是用临时政府制作的旧模板印刷的，上面有一只无冠的双头鹰，上面有皮亚塔科夫的签名（因此它们被称为"皮亚塔科夫卢布"，或者被称为"奔萨币"，因为这批纸币在奔萨印刷）。正如克列斯京斯基所承认的那样，"除了皮亚塔科夫的签名，这笔钱里没有任何共产主义的内容。"*Trudy Vserossiiskogo s'ezda zaveduiushchikh finotdelami. Plenarnye zasedaniia* (Moskva: Pedaktsionno–izdatelskaia kollegiia NFK, 1919), 28. 此外，它们还以"不存在的银行"（已更名为的帝国国家银行）的名义发行，并提到了同样不存在的黄金兑换。

94. This draws on a memo published in the official organ of Narkomfin and signed by "V": V., "Raboty po sozdaniiu gosudarstvennogo balansa," Izvestiia NKF, no. 8 (October 25, 1919), 3–4. 有趣的是，备忘录还提出了一个理论上的理由，解释说在过渡时期，国民经济和国家仍然代表着两个不同的实体，它们将在社会主义的统治下合并。然而，在此之前，严格掌控国家义务和手段的平衡是很重要的。

95. "1918年法案"的第一批苏维埃货币实际上是在1919年5月发行的。Khodiakov, *Den'gi revoliutsii,* 59–60. 1919年10月，政府法令批准发行一种新的信用卢布，上面写着"共和国财富担保"。有趣的是，铭文的一个变体并没有提及这句话，而是提到了1卢布的含金量（17424股黄金）。Unsigned draft, GARF, f. 130, op.2, d.230, 99.

96. 法国大革命后这一原则的出现，参见 Rebecca Spang, *Stuff and Money,* 69–84.

97. Veinberg, speaking at the Second Congress of sovnarkhozy. *Trudy II Vserossiiskogo s'ezda Sovetov Narodnogo Khoziaistva (19 dekabria—27 dekabria 1918 g.* (Moskva:

VSNKh, 1918), 273.

98. Sotsial'naia revoliutsiia i finansy. Sbornik k III congressu kommunisticheskogo internatsionala (Moskva: Narkomfin, 1921), 111. NKF separated funds that circulated among soviet enterprises into a special category in the state budget: "oborotnye" (circulating) funds.

99. V. Ya. Chubar', "Voprosy finansirovaniia na II Vserossiiskom s'ezde Sovetov Narodnogo Khoziiaistva," *Narodnoe Khoziaistvo* 2 (1919): 22.

100. 关于国有化工业融资机制的法律，有两个相互竞争的建议：最高国民经济会议的方案将金融管理置于其控制之下；财政人民委员部试图维护其（和银行）的自治权，提交了一份"反制方案"。参见 *Ekonomicheskaia Zhizn'*, February 27, 1919, no. 45; G. Dementiev, "Predstoiashchaia reforma nashego gos. biudzheta," Ekonomicheskaia Zhizn', March 9, 1919, no. 53. 有关工业融资原则的详细讨论，请参见 Evgenii Sokolov's *Denezhnaia i biudzhetnaia politika Sovetskoi respubliki*, 47–57, and Malle, *The Economic Organization of War Communism, 1918-1921,* 234–248.

101. A. I. Rykov, Doklad po organizatsionnomu voprosu na Plenume 20 sentiabria 1918, in A. I. Rykov, *Izbrannye proizvedeniia* (Moskva: Ekonomia, 1990), 75. See also N. N. Osinskii, "Organy proletarskoi diktatury v ekonomicheskoi oblasti," in N. N. Osinskii, *Stroitel'stvo sotsializma: Obshchie zadachi. Organizatsiia proizvodstva* (Moskva: "Kommunist," 1918), 62, 68–69.

102. 另参见 1918 年 12 月苏维埃地区经济委员会第二次会议决议。Trudy II Vserossiiskogo s'ezda Sovetov Narodnogo Khoziaistva (19 dekabria—27 dekabria, 1918 g.) (Moskva: VSNKh, 1918); V. Ya. Chubar', "Voprosy finansirovaniia na II Vserossiiskom s'ezde Sovetov Narodnogo Khoziaistva," *Narodnoe Khoziaistvo* 12 (1919): 21.

103. 在这个政策方面，最高国民经济会议与其他人民委员部甚至与中央政府竞争，参见 Rykov's speeches in 1918: Doklad Prezidiuma VSNKh na plenume VSNKh (14 sentiabria 1918); Rykov, Doklad po organizatsionnomu voprosu na Plenume 20 sentiabria 1918, in A. I. Rykov, *Izbrannye proizvedeniia*(Moskva: Ekonomia, 1990), 55–57, 67, 75.

104. 介绍了银行吸收资金的原则，比如 D. 特拉赫滕贝格在 1919 年 1 月发表的文章 Trakhtenberg, "K reorganizatsii Narodnogo Banka," *Ekonomicheskaia Zhizn'*, no. 20 (January 29, 1919).

Izvestiia NKF announced the plan of the Bank's absorption in mid–September 1919. "Reorganizatsiia finansovykh organov Respubliki," *Izvestiia NKF*, no. 3–4 (September 15, 1919), 16–17. 在发布这一公告的同时，关于财政部并入银行的法令也被推迟发布。"Reorganizatsiia finansovykh organov Respubliki", *Izvestiia NKF*, no. 3–4 (September 15, 1919), 27

105. Unsigned memo, "Finansovaia politika," RGAE, f.2324, op.9, d.58, l.51. 备忘录（可能是副本）上有收件人的姓名：财政部副部长谢尔盖·丘茨卡耶夫和人民银行国有化工业融资部主任德米特里·斯帕斯基，以及发送给他们的日期（1920 年 1 月 23 日和 24 日）。

106. *VSNKH, Finansovo-Schetnyi Otdel. Ego zadachi i deiiatelnost'*(Moskva: VSNKh, 1919), 9.

107. 例如，请参见对金属供应系统的描述。,"O polozhenii metallosnabzheniia," *Narodnoe khoziaistvo* 9–10 (1919): 3–4. 但这并不意味着政府机构和企业不需要钱。对货币的需求只增不减，但在银行缺席的情况下，货币标志由一个特别委员会来分发 (Osobaia mezhvedomstvennaia komissiia po raspredeleniiu denehznykh znakov). Iurovskii, *Denezhnaia politika Sovetskoi vlasti*, 112. 对"分配"或"供应"的强调表明，货币变成了另一种商品。

108. Memo without author and date. RGAE, f.2324, op.9, d.58, 57–60. 该备忘录还声称，最高国民经济会议未能建立一个经济规划和行业间的协调体系（每个工厂都有自己的计划，基于战前不切实际的计算）。列夫·克里兹曼将战争共产主义下的经济状态描述为"无产阶级自然经济的无政府状态"。L. Kritzman, *Geroicheskii period velikoi russkoi revolutsii (opyt analiza t.n. "voennogo kommunizma")* (Moskva: Gos. izd–vo, 1926), 114–115.

109. Ob uprazdenii Narodnogo Banka, Dekret SNK, January 19, 1920, *Istoriia Gosudarstvennogo Banka SSSR v dokumentakh*, 88.

110. Sokol'nikov, "*Gosudarstvennyi kapitalizm i novaia finansovaia politika*," 57.

111. Sokol'nikov, Doklad na X Vserossiiskom s'ezde Sovetov 25 dekabria 1922 g, in G. Ya. Sokol'nikov, *Novaia finansovaia politika: na puti k tverdoi valiute*, 104.

112. Strumilin, *Problemy trudovogo ucheta*, 202.

113. Strumilin, *Problemy trudovogo ucheta*, 217. See also Strumilin, "Trudovoi ekvivalent," *Ekonomicheskaia Zhizn'*, July 31, 1920, no. 167.

114. Rozentuk, "Sozdanie novoi sistemy obmena vzamen denezhnoi," *Izvestiia VSNKh6* (1918), no. 6. See the overview of other ideas of labor money in Iurovskii, *Denezhnaia politika sovetskoi vlasti*, 133–175.

115. Zakharii Katsnelenbaum, "Problema deneg i otsenki v sotsializme" (July 2, 1920), in *K teorii deneg i ucheta* (Moskva [no publisher], 1922), 33, 34, 43, 54.

116. A. Chaianov, *Metody bezdenezhnogo ucheta khoziaistvennykh predpriatii. Trudy Vysshego Seminaria s-kh ekonomii i politiki pri Petrovskoi S-Kh Akademii*(Moska: Gos. Izd–vo, 1921) (written in October 1920), 39–40.

117. 此外，起初商品和服务的价格流动应该是基于战前帝国卢布的价格（劳工和国防委员会必须根据某些"系数"将这些价格转换成新的单位，可能是基于通货膨胀），参见 Sovnarkom's proposed decree: Proekt Polozheniia o trudovoi edinitse ucheta v gosudarstvennom khoziaistve, in Denezhnoe obrashchenie i kredit. *Denezhnoe obrashchenie v Rossii i za granitsei v gody voiny i revoliutsii (1914-1921)*, 421.

118. A. Chaianov, Metody bezdenezhnogo ucheta khoziaistvennykh predpriatii. Trudy Vysshego Seminaria s-kh ekonomii i politiki pri Petrovskoi S-Kh Akademii(Moskva: Gos. Izd–vo, 1921).

119. See Strumilin and Chaianov's discussion in Ekonomicheskaia zhizn': Strumilin, Trudovoi ekvivalent, *Ekonomicheskaia Zhizn'*, July 31, 1920, no. 167; Chaianov, "Problema

khoziastvennogo ucheta v sotsialisticheskom gosudarstve," *Ekonomicheskaia Zhizn'*, October 16, 1920, no. 231; Strumilin, "Problema trudovogo ucheta," *Ekonomicheskaia Zhizn'*, October 23, 1920, no. 237; Chaianov, "Substantsiia tsennosti i sistema trudovykh ekvivalentov," *EkonomicheskaiaZhizn'*, November 4, 1920, no. 247; Varga, "Ischislenie stoimosti proizvodstva v bezdenezhnom khoziaistve," *Ekonomicheskaia Zhizn'*, November 18, 1920, no. 259.

120. A. Chaianov, "Poniatie vygodnosti sotsialisticheskogo khoziaistva (opyt postroeniia bezdenezhnogo ucheta sovetskikh khoziaistv," in *Metody bezdenezhnogo ucheta khoziaistvennykh predpriiatii* (Moskva: Gos. Izd–vo, 1921), 5.

121. P. Amosov and A. Savich, *Problema materialnogo ucheta v sotsialisticheskom khoziaistve* (Petrograd: Petrogradskii SNKh, 1921); A. Izmailov, Materialnyi uchet(Moskva: [n.p.], 1921). In this experiment we can clearly see the influence of "scientific management." On the role of accounting in the economy of warcommunism, see Anne O'Donnell, *Taking Stock: Power and Possession in Revolutionary Russia* (forthcoming).

122. Gimpel'son, *Voennyi kommunizm*, 102.

123. 卢布正在贬值，但并没有国家纸币数量增加的速度那么快：以价格增长率表示的卢布贬值，多次超过了发行的速度。总的来说，从 1917 年 11 月到 1921 年 7 月，货币供应量增长了 119 倍，而平均价格增长了 7911 倍。*Nashe denezhnoe obrashchenie 1914-1925,* 13, 15.

124. Iurovskii, *Denezhnaia politika Sovetskoi vlasti,* 213.

125. Khodiakov, *Den'gi revoliutsii i Grazhdanskoi voiny,* 79–96.

126. 1920 年初，面额 500 卢布的帝国纸币价值 8000 卢布，面额 100 卢布的罗曼诺夫钞票价值 1500 卢布。杜马钞票是其名义价值的六倍，是同等免职苏维埃卢布的三倍。到 10 月，罗曼诺夫的货币价格进一步上涨：两张 500 卢布，也就是 1000 卢布，价值 6 万 ~7.5 万苏维埃卢布。Khodiakov, *Den'gi revoliutsii i Grazhdanskoi voiny,* 94.

127. Mobilizatsionnoe upravlenie Vserossiiskogo Glavnogo Shtaba—Narkomfin, August 10, 1920, RGAE, f.7733, op.1, d.187, 153. Kaluzhskii finotdel—Narkomfin, August 20, 1920, RGAE, f.7733, op.1, d.187, 173. See the polemics about the causes of the stratification of money: V. Kopp, "Nashe denezhnoe obrashcheniei ego reformy. "Khoroshie" i "plokhie" den'gi. Sud'ba kerenki," *Ekonomicheskaia Zhizn'*, May 6, 1919; S. A. Fal'kner, "Prichiny rassloeniia denezhnoi massy," *Ekonomicheskaia Zhizn'*, May 13, 1919.

128. 从历史上看，这代表了继贵族国家之后的第三种金融国家组织，贵族国家的收入来自国王的财产和税收国家。S. A. Fal'kner, *Problemy teorii i praktiki emissionnogo khoziastva*(Moskva: Ekonomicheskaia Zhizn', 1924), 40. Fal'kner claimed that the emission of assignats covered 80% of the French revolutionary state's expenditures.

129. S. A. Fal'kner, *Bumazhnye den'gi Frantsuzskoi revoliutsii* (Moskva: VSNKh, 1919) (the

book was written in late 1916–early 1917 and then completed during 1918), 280.

130. See also the review of Fal'kner's book: *Izvestiia NKF* 2, no. 18 (1919): 11–12. 在 1917–1922 年，法国革命者的学术兴趣出现了不同寻常的激增。然而，大多数历史学家都不同意福克纳的评估。参见 N. I. Kareev, "Bumazhnye den'gi Frantsuzskoi revoliutsii," Niva 49 (1918), no. 33, 526–528; A. I. Smirnov, *Krizis denezhnoi sistemy Frantsuzskoi revoliutsii* (Petrograd: Pravo, 1921).

131. 格里戈里·索科尔利科夫回顾性地将战时共产主义的货币投放描述为"货币资本的征用"。通过征收，革命征用了一笔金额，其货币等价物的价值不低于工厂、土地等的价值。Doklad v Sotsialisticheskoi Akademii 22 noiabria 1923 g., in G. Ya. Sokol'nikov, *Novaia finansovaia politika: na puti k tverdoi valiute,* 164.

132. E. A. Preobrazhenskii, "Bumazhnye den'gi v epokhu proletarskoi diktatury," in E. A. Preobrazhenskii, *Arkhivnye dokumenty i materialy, 1886-1920* (Moskva: Glavrkhiv, 2006), 621.

133. 城市人对"农家女"购买花布、肥皂、金属首饰、镜子、糖果、圣诞装饰品，有时甚至购买香水和丝绸的愤慨，就是一个很好的例子，引自 D. Kuzovkov, *Osnovnye momenty raspada i vosstanovlenia denezhnoi sistemy* (Moskva: Izd–vo Kommunisticheskoi Akademii, 1925), 39.

134. Yu. Larin, "O sotsialnom soderzhanii posleoktiabr'skoi diktatury" (December 27, 1917), in *Krestiane i rabochie v russkoi revoliutsii* (Petrograd: Izd–e Petrogradskogo Soveta Rab I Krasnoarmeiskikh Deputatov, 1919), 4–5.

135. 根据尤里耶夫的说法，1918 年 4 月推出的这一制度失败了，1918 年 5 月，全俄中央执行委员会转用了更严格的交换模式：更多的工业产品被转移到粮食供应人民委员会，而交换则成为"强制性的"。(A. Iuriev, "Gosudarstvennaia tovaroobmennaia sistema," *Narodnoe khoziaistvo* 11–12 (1919): 16–17. 1918 年 9 月，全俄人民委员会主席阿列克谢·雷科夫宣称，养活挨饿工人的唯一办法是垄断制成品，在固定价格的基础上用谷物和农产品交换制成品。Plenum VSNKH, 14–23 sentiabria 1918 r (stenograficheskii otchet) (Moskva: VSNKh, 1918), 13–14, 17. 1918 年 11 月，全俄中央执行委员会获得了没收用于交换的制成品的权利。Iuriev, "Gosudarstvennaia tovaroobmennaia sistema," 17.

136. Yu. Larin, "Sekret denezhnogo potoka (k s'ezdu Sovnarkhozov), *Ekonomicheskaia Zhizn',* January 22, 1920. 普列奥布拉任斯基不同意这一观点：农民的囤积物即使存在，也因卢布贬值而贬值；因此，农民更愿意花钱购买工业品，而不是囤积居奇。工业生产的衰退，以及卢布币值的下跌，不仅没有使农民致富，反而使他们受到了伤害。

137. E.N. Sokolov, *Denezhnaia i biudzhetnaia politika Sovetskoi respubliki v 1917-nachale 1921 g.,* 74.

138. 后来，普列奥布拉任斯基计算了征用和释放国家收入的相对变化（他使用战前的金卢布计价）：如果说 1918/1919 年粮食征用带来了 1.27 亿卢布，而释放收入为 5.23 亿卢布，那么在 1920—1921 年，征用物资价值为 4.8 亿卢布，而释放收入降至 1.86 亿卢布。Preobrazhenskii, "Voprosy finansovoi politiki [1921]," in

Den'gi i mirovoi capitalism (issledovaniia, nauchno-populiarnye raboty 1921-1931) (Moskva: Glavarkhiv, 2011), 7. 扎哈里·阿特拉斯（Zakharii Atlas）的计算显示，1919 年的释放收入比 1918 年下降了 58%，1920 年下降了 77%。Z. V. Atlas, *Sotsialisticheskaia denezhnaia sistema* (Moskva: Finansy, 1969), 106.

139. "K dekretu o besplatnoi peresylke pisem," *Ekonomicheskaia Zhizn'*, December 18, 1918, no. 35.

140. Gimpel'son, "*Voennyi Kommunizm,*" 119–131.

141. 消除货币和过渡到自然支付的论点：A. Goltsman, *Regulirovanie i naturalizatsiia zarabotnoi platy* (Moskva, 1918); L. V. Borisova, *Trudovye otnosheniia v Sovetskoi Rossii* (1918–1924)(Moskva: Sobranie, 2006); E. G. Gimpel'son, Sovetskii rabochii klass, 1918–1920(Moskva: Nauka, 1974), 128–183. 正如金佩尔（Gimpel'son）所指出的，到 1920 年，莫斯科工人的货币工资增长了 400 倍（自 1913 年以来），而物价增长了 20,000 倍。因此，实行"配给制"和货款支付是必要的。Gimpel'son, "*Voennyi Kommunizm,*" 152.

142. A. Yu. Davydov, *Meshochniki i diktatura v Rossii, 1917-1921* (St. Petersburg: Aleteiia, 2007), 98, 101, 115.

143. V. Kopp, "Nashe denezhnoe obrashchenie i ego reformy," *Ekonomicheskaia Zhizn'*, May 9, 1919, no. 93.

144. Yu. M. Goland, *Diskussii ob ekonomicheskoi politike v gody denezhnoi reformy 1921-1924* (Moskva: Ekonomika, 2006), 10–11.

145. "Bezdenezhnye raschety," *Izvestsia NKF* 10–11 (June 16, 1920). 1920 年 7 月，另一项法令最终禁止在未经特别许可的情况下在分销系统之外购买货物。

146. "'Volnyi rynok' i dekret 23 ianvaria 1919," Ekonomicheskaia Zhizn', 1919, no. 264.

147. Michael V. White and Kurt Schuler, "Retrospectives: Who Said 'Debauch the Currency': Keynes or Lenin?" *Journal of Economic Perspectives 23*, no. 2 (2009); 怀特和舒勒指出，凯恩斯在《每日纪事报》和《纽约时报》上读了列宁的采访，据称这位布尔什维克领导人在采访中谈到了"放纵"的货币。然而，这些采访的真实性还没有得到证实。我很感谢哈罗德·詹姆斯提供上述内容。

148. Gimpel'son, "*Voennyi Kommunizm,*" 142. 有关文学和史学争论的讨论，参见 Silvana Malle. *The Economic Organization of War Communism 1918-1921,* 1–28.

149. Yu. P. Bokarev, "Rubl' v epokhu voin i revoliutsii," in Russkiirubl.' Dva veka istorii,(Moskva: Progress–Akademiia, 1994).

150. 凯瑟琳·维尔德里就"社会主义财产"提出了类似的论点，她认为"社会主义财产"不是没有财产，而是一种不同的财产。Katherine Verdery, "After Socialism," in *A Companion to the Anthropology of Politics,* edited by Joan Vincent and David Nugent (Malden, MA: Blackwell, 2004), 21–36.

151. Zhurnaly i protokoly zasedanii sektsii Komissii po voprosam denezhnogo obrashcheniia, April 30, 1920, RGAE, f.7733, op.1, d.6267.

152. V. Ya. Zheleznov, "Rol' deneg v tovaroobmene," *K teorii deneg i ucheta* (Moskva, no publisher, 1922), 8.

153. A. Averchenko, "Krakh sem'i Dromaderovykh," in A. T. Averchenko, *Rasskazy i fel'etony* (Moskva: Direkt–Media, 2015), 548–551.

154. 从 1921 年 7 月到 1922 年 12 月，货币数量增长了 1000 倍——也就是说，比以前快了 10 倍——尽管在引入货币税后，货币发行在国家收入中的比例急剧下降。*Nashe denezhnoe obrashchenie 1914-1925,* 19.

155. Veisberg, *Den'gi i tseny,* 110–110. 另请参见 "水管工一天的工作用面粉货币计算值多少钱？" V. N. Dmitriev, *Rastsenka rabochei sily i glavneishikh stroitelnykh rabot s pereuchetom tsen dovoennogo vremeni na muchnye rubli i sovetskie denezhnye znaki* (Petrograd: no publisher, 1922), 34. 根据地区经济的特殊性，各种商品（木柴、牛奶、马铃薯、食盐）开始扮演货币的角色，但最普遍、最合理的，正如经济学家所言，是面粉或面包卢布。1921 年毁灭性的大饥荒使 "面包基金" 的想法有别于过去的黄金储备，听起来更有生命力，同时也更具挑战性。M. S. Cherniak, *Problema volnogo rynka i volnykh rynochnykh tsen* (Kursk, 1922). 1922 年 4 月，帕维尔·哈恩塞尔写了一份 "面包货币" 提案，即用工人可以兑换成面包的特别计息债券来支付工人。"Proekt platezhnykh obiazatelstv Narkomfina, vyrazhennykh v khlebnoi valiute," RGAE, f.7733, op.1, d.6896, 145–146.

156. 正如专家们所说，战前卢布的汇率是人为降低的，并不能反映其购买能力的下降。因此，寻找 "理想计算单位" 的尝试失败了。RGAE, f.7733, op.1, d.6355, 11. 关于其工作原理的说明：N. Derevenko, "Eshche po voprosu o dovoennykh rubliakh," *Vestnik Finansov,* 1922, no. 5, 51–54.

157. 尼古拉·库特勒曾在维特政府担任部长，他积极参与了苏维埃货币改革的准备工作，他称回归幽灵般的帝国货币是一种诙谐但完全虚构的发明。Protokol soveshchania v NKF 2 marta 1922, *Denezhnaia reforma 1921-1924 gg.: sozdanie tverdoi valiuty. Dokumenty i materialy* (Moskva: ROSSPEN, 2008), 161.

158. Carole Frank, *The Genoa Conference: European Diplomacy, 1921-1922* (Chapel Hill: University of North Carolina Press, 1984), 235.

159. 格里戈里·索科尔尼科夫在解释黄金的重要性时抱怨说，没有其他东西可以提供，没有人可以代表俄国。"When we were fighting against Poles, we could put forward [general] Brusilov," Doklad Sokol'nikova, RGASPI, f.670, op.1, d.19, l.56.

160. Raskhod zolota i ego postuplenie na 1918–1922 gody (po 1 oktiabria 1922 goda), July 7, 1922, RGASPI, f.670, op.1. d.36, 118–121.

161. L. V. Sapogovskaia, "Zoloto v politike Rossii (1917–1921), *Voprosy Istorii,* 2004, no.6.

162. Sokol'nikov's note to Lenin's secretary Fotieva with a request to pass this information to Lenin, RGASPI, f.670, op.1, d.36, l.7.

163. Lenin, Pis'mo V. M. Molotovu dlia chlenov Politbiuro TsK RKPb, March 19, 1922, in *V. I. Lenin: Neizvestnye dokumenty, 1892-1922* (Moskva: ROSSPEN, 2017), 517. 列宁的愤世嫉俗令人震惊：他坚持让农民被饥荒破坏，不太可能抗议。从这封信中还可以明显地看出，征收教会黄金并不是像宣传机构所宣称的那样是为了采购粮食来缓解饥荒，而是为了 "工业建设" 和捍卫俄国在热那亚的地位。

164. 除了这种获取黄金的新方法，政府还试图增加黄金的产量，当时黄金产量从

1914 年的 4056 普特下降到 1921 年的 84 普特。到 1925—1926 年，金矿开采工业已经恢复了 50%~60% 的产能（大约每年有 2000 普特）. Grigorii Sokol'nikov, "Nakoplenie zolota i dobycha zheltogo metalla," *Ekonomicheskaia Zhizn'*, September 24, 1926, no. 220 (2339).

165. Lenin, "Proekt direktivy zamestiteliu predsedatelia i vsem chlenam Genuezskoi delegatsii," February 1, 1922, *Polnoe sobranie sochinenii*, vol. 44, 375; Stephen White, *The Origins of the Détente: The Genoa Conference and Soviet-Western Relations, 1921-1922* (New York: Cambridge University Press, 1985), 120.

166. J. M. Keynes, "The Finance Experts at Genoa," in *The Collected Writings of John Maynard Keynes,* vol.17 (Cambridge: Cambridge University Press, 2013), 378, 381.

167. "Who knows but that Russia may not give us a final surprise by being the first of the European belligerents to stabilize her money?" J. M. Keynes, "The Financial System of the Bolsheviks" (April 26, 1922), in *The Collected Writings of John Maynard Keynes,* vol. 17, 407. Another article in the *Manchester Guardian* (May 1, 1922) provided a detailed analysis of the plans for monetary reform: "The Russian Rouble and the Basis of Future Trade," *The Collected Writings of John Maynard Keynes,* vol.17, 411–420. Soviet newspapers proudly popularized J. M. Keynes's endorsement of Russia's financial successes: "Prof. Keynes o russkoi valiute," *Izvestiia,* May 20, 1922, no. 111.

168. Lenin, "O znachenii zolota teper' i posle polnoi pobedy sotsializma," November 6–7, 1921, in Lenin, *Polnoe sobranie sochinenii* (Moskva: In–t MarksizmaLeninizma, 1960), t.44, 226.

169. For a detailed analysis of the reform's preparation, see Yu. Goland, *Diskussii ob ekonomicheskoi politike.*

170. K.S.Yadryshnikov, "Vosstanovlenie Gosudarstvennogo Banka RSFSR v 1921 g. (pravovoi aspekt)," *Aktual'nye problemy rossiiskogo prava* 3 (2009): 103.

171. 最早关于苏维埃新"货币"的提议之一是引入了一种新的金币而不是卢布（一张"货币"相当于十个金币）。这个名字被放弃了——可能是因为它让人想起乌克兰独立时期的乌克兰货币。"Tezisy o bankbiletakh," RGASPI, f.670, op.1, d.25, 34.

172. 具有讽刺意味的是，黄金卢布上印刷的"以整个共和国财产担保"的文字印没有保证苏维埃币的价值，而切尔文印有"保证国家银行的黄金储备，"虽然在法律上弱于整个共和国的财富，但担保了全部价值。

173. 这个模式不是由苏维埃政府发明的。英国和德国在第一次世界大战期间发行了国库券；1915 年，俄国政府也考虑引入美国国债，以增加对卢布的黄金支持的知名度。这个想法由帕维尔·米古林提出。*O vypuske osobykh kaznacheiskikh denezhnykh znakov, ne vkhodiashchikh v sostav obespechivaemykh zolotom gosudarstvennykh kreditnykh biletov* [1915] See infra, ch.10, note 55. 关于平行货币系统的讨论在 1918—1920 年继续进行。

174. 1947 年和 1961 年的货币改革均讨论了合并这两种制度的想法。这两次，政府都最终放弃，显然政府并不想给人一种新的货币没有黄金支持的印象。

175. Zakliuchenie po voprosu i regulirovanii denezhnogo obrashcheniia Rossii Soveta

finansovoi sektsii i komissii po voprosam denezhnogo obrashcheniia Instituta Ekonomicheskikh Issledovani NKF, June 12, 1921, RGAE, f. 7733, op.1, 6909, 41.

176. J. M. Keynes, "The Financial System of the Bolsheviks," *The Collected Writings of John Maynard Keynes,* vol. 17, 407.

177. 需要说明，1895—1897 年和 1921—1924 年的改革通过不同的情况实现了类似的目的。维特的"贬值"不是一个可行的选择。因为，卢布不是贬值了三分之一，而是贬值到了 100 万分之一。在讨论中经常提到这一点。See, for instance, "Izvlechenie iz tezisov, predstavlennykh pravleniiu Gosbanka komissiei prof. A. A. Manuilova, Z. S. Katsenelenbauma, and L. B. Kafengauza," in *Denezhnaia Reforma 1921-1924 gg.: sozdanie tverdoi valiuty. Dokumenty i materialy* (Moskva: ROSSPEN, 2008), 121. In 1922 the Institute of Economic Studies published a collection of documents on the preparation of Witte's reform: A. I. Bukovetskii, ed., *Materialy po denezhnoi reforme 1895-1897 gg.* (Moskva: Institut ekonomicheskikh issledovanii, 1922).

178. 在银行章程第一条中加入"垄断"一词的想法。Krestinskii's speech at the 4th session of All–Russian Central Executive Committee, October 7, 1921. Ⅰ–Ⅳ Sessii Vserossiiskogo Tsentral'nogo Ispolnitel'nogo Komiteta Ⅷ sozyva. Stenograficheskii otchet (Moskva: VTsIK, 1922), 377. 参见 VTsIK's resolution concerning the creation of the State Bank on the basis of "state–credit monopoly" (gosudarstvenno–bankovskoi monopolii). Rezoliutsiia Ⅳ Sessii VTsIK October 6, 1921, *I-IV Sessii Vserossiiskogo Tsentral'nogo Ispolnitel'nogo Komiteta VIII sozyva. Stenograficheskii otchet,* Prilozhenie, 36; and Polozhenie o Gosudarstvennom Banke (October 13, 1921) –*Sbornik dekretov i asporiazhenii po finansam,* vol. 4, 26–27. 在 20 世纪 20 年代中期，国家银行的垄断被其他信贷机构［专门信贷行业分支机构的银行（专业银行）、信用社和公共银行］的涌入而大大稀释。国家银行通常是这些银行资本的主要股东，并控制着它们的活动。根据官方统计，1923 年，在 614 家信贷机构中，有 252 家，即 41% 属于国家银行网络，到 1926 年，国家银行拥有 1815 家机构中的 488 家（27%）。1923 年，国家银行在国民经济中所占的信贷业务份额占 66%，1926 年降至 48%。在 20 世纪 20 年代末，这种趋势发生了逆转，自主信贷机构的存在开始减少。Gosbank v kreditnoi sisteme SSSR, Table 1.1.2 in *Po stranitsam arkhivnykh fondov Tsentral'nogo Banka Rossiiskoi Federatsii.Vyp.9.Balansy Gosudarstvennogo Banka SSSR (1922-1990 gg)* (Moskva: TsB RF, 2010), 9.

179. 财政人民委员部专家撰写的积分备忘录主张建立一个私人股份制的货币发行银行。For instance, L. S. Eliasson, "Sistema parallel'nykh valiut kak blizhaishchii etap k uporiadocheniiu denezhnogo obrashcheniia" (March 1922), RGAE f.7733, op.1, d.6901, 1–3; "O sozdanii nariadu s sushchestvuiushchei edinitsei novoi—bolee ustoichivogo kharaktera," RGAE, F.7733, op.1, d.6893, l.117; S. V. Voronin, "Vneshnii kurs rublia v poslednie gody," RGAE, f.7733, op.1, d.6911, 180; Doklad V. V. Tarnovskogo, iiun' 1921, in *Denezhnaia reforma 1921-1924 gg.: sozdanie tverdoi valiuty. Dokumenty i materialy* (Moskva: ROSSPEN, 2008), 50; Tezisy k zapiske V.V. Tarnovskogo, 7 fevralia

1922 g., in *Denezhnaia reforma 1921-1924 gg,* 97–98.

180. 埃利亚松甚至认为，将该机构称为银行是名不副实的，因为银行应该利用经济主体和个人的资金来运营，而从政府那里获得资本并主要利用政府资金运营的国家银行却不具备这种特质。据埃利亚松称，存款账户中只有 5% 的资金属于私人。L. S. Eliasson, "Gosudarstvennyi Bank i ego politika," doklad (November 10, 1922), RGAE, f.7733, op.1, d.6901, 126. According to N. G. Tumanov, "the bank emission is in fact regulated by NKF, and it is obvious that it will continue to be regulated by it." Stenogramma soveshchania v NKF SSSR, ianvar'1924, *Denezhnaia reforma 1921-1924: sozdanie tverdoi valiuty,* 484.

181. *Denezhnaia reforma 1921-1924: sozdanie tverdoi valiuty,* 302; Stenogramma soveshchania v NKF SSSR, ianvar' 1924, *Denezhnaia reforma 1921-1924: sozdanie tverdoi valiuty,* 480.

182. "Banknote emission as it stands today is not credit emission because it serves . . . to cover the budget deficit of industry." Stenogramma soveshchania v NKF SSSR, Ianvar' 1924, 470, 479.

183. L.S. Eliason, "Dekret 11 noiabria o vypuske bankovykh biletov," *Vestnik Finansov,* 1922, no. 38, 27–28.

184. Yurovskii, *Denezhnaia politika,* 306–330, 319, Yurii Goland, "Currency regulation," 1254–1255. 货币局发起了一场打击外币"投机者"的运动，其力度之大破坏了纳尔康芬调节切尔文汇率的努力。David Woodruff, *Money Unmade. Barter and the Fate of Russian Capitalism* (Ithaca, NY: Cornell University Press), 1999, 29–30.

185. A record of Sokol'nikov's speech, no date, RGASPI, f.670, op.1, d.21, 46. One of the earliest instances of introducing "banknotes" declared that the date of opening the exchange "should not be later than one year after opening the exchange for gold by the German State Bank." No explanation was given for choosing financial reconstruction in Germany as a landmark for the Soviet reform. [Sokol'nikov], Proekt punktov o vypuske banknot, RGASPI, f.670, op.1, d.25, 72. 除了列昂尼德·尤罗夫斯基，所有专家都主张允许硬币自由流通。帕维尔·海塞尔还指出，国家从私人财产中征收黄金的政策应该改变：政府应该使用市场机制，而不是没收和征用。P. Haensel, Ob obrazovanii zolotogo fonda i poriadke skupki zolotykh veshei, RGAE, f.7733, op.1, d.427.

186. Yurii Goland, "Valutnoe regulirovanie"; Osokina, *Zoloto dlia industrializatsii,* 34–35. In March 1926, operations with foreign currency and gold were prohibited, Osokina, *Zoloto,* 36.

187. Oscar Sanchez-Sibony, "Global Money and Bolshevik Authority: The NEP as the First Socialist Project," *Slavic Review* 78, no. 3 (2019). 1922 年 7 月，索柯里尼柯夫提出了一项出口业务计划，该计划将带来 2.5 亿金卢布的收入，其中 1 亿来自粮食出口，4000 万来自木材出口，3500 万来自石油出口。"O zolotom reserve," RGASPI, f. 670 op. 1, d. 19, l.78.

188. 所有专家也都赞成取消国营的外贸银行的垄断。参见 Zapiska no.18 P. P. Genzelia, "O kredite i kreditnoi politike v sovremennykh usloviiakh RSFSR," RGAE, f. 7733,

op.1, d.6302, 72–74. Goldberg, Vneshniaia politika i regulirovanie valiutnogo rynka (1923), RGAE, f.7733, op.1, d.6907, 138. Also, Alskii, Nadlezhashchaia organizatsiia zavedyvaniia nashim valiutnym fondom, April 1921, RGAE, f.7733, op.1. d.378, 6–14. Valiuta i Vneshtorg, RGAE, f.7733, op.1, d.6907, 16–18. 据尤里·戈兰德（Yurii Goland）称，到 1925 年 1 月，国家银行的资产达到 3.443 亿卢布，其中 1.808 亿卢布为黄金；国家银行持有的 2.536 亿卢布为切尔文的发行提供了 42.6% 的支持（也就是说，超过了 25% 的门槛）。Yurii Goland, "Currency Regulation in the NEP Period," 1259.

189. 尤罗夫斯基还指出了实行双重汇率的可能性：一种适用于外贸，另一种适用于国内市场 . Yurovskii, *Denezhnaia politika Sovetskoi vlasti,* 379–380.

190. V. V. Novozhilov, Kharakteristika nashei denezhnoi sistemy, December 29, 1928, RGAE, f.7733, op.1, d.6909, 105.

191. 支持极端分离的还有拉达政府的前财政部部长、经济学家米哈伊洛·图根-巴拉诺夫斯基，他警告说，俄国的金融灾难将不可避免地蔓延到乌克兰。M. TuganBaranovskii, "Neodkladna sprava," *Nova Rada* 133 (1918), no. 133.

192. 关于乌克兰在德国运输货币及将其运输到乌克兰，参考 Pavlo Hai-Nyzhnyk, "Dostavka dlia uriadu Direktori Ukrainskikh groshei s Nimetchiny i zagibel' Vitovskogo (1919)," in *Gurzhivski historichni chitannia. Sbornik nauchnikh pratz* (Cherkasy, 2009), 290–294. 德国和乌克兰之间的 18 次航班运输了 12.42 亿格里夫纳。其中，一架飞机坠毁，另一架飞机不得不在罗马尼亚境内紧急降落，3 亿格里夫纳被没收。

193. Z. Katsenelbaum, speaking at the session of the Institute of Economic Research, IEI, Zhurnaly i protokoly zasedanii komissii po voprosam den. obrashcheniia, RGAE, f.7733, op.1, d. 6267, 20.

194. Materialy o provedenii denezhnoi reformy v Turkestanskoi respublike, RGAE, f.7733, op.1, d.427. 汇率是 10 图尔宽 =1 索夫兹纳克。有趣的是，宣传员（鼓动者）的指导手册描述了如何解释为什么 10 图尔宽只值 1 卢布：'莫斯科' 货币可以购买莫斯科制造的产品（假设突厥斯坦的原棉价值要低得多）。Ibid, 46.

195. 1921 年，中央政府与苏联加盟共和国签署了一系列 "联邦条约"，每个条约都附有一项财政协议，规定了苏维埃加盟共和国和联邦的预算权利。

196. 1922 年，卢布的价值是格鲁吉亚货币的六分之一到七分之一，与亚美尼亚和阿塞拜疆的卢布价值相当。关于谈判和协议，参见 S. Kistenev, "Finansovoe soglashenie s zakavkazskimi respublikami," *Vestnik Finansov,* 1922, no. 12, 9–15; 关于卢布下跌: Chalkhshian, "Dizazhio sovrublia v Zakavkazie," *Vestnik Finansov,* 1922, no. 17, 24–26. 关于外高加索三种货币的统一和 1923 年 1 月 10 日的法令，请参见 *Zakavkazskii finansovo-statisticheskii sbornik, 1918-1923* (Tiflis, no publisher, 1924), ch.1, 73–76.

197. "Spravka Narkomfina ob istorii finansovykh otnoshenii s zakavkazskimi respublikami i khode podgotovki denezhnoireformy," in *Ekonomicheskie otnosheniia Rossii s budushchimi soiuznymi respublikami 1917-1922: Dokumenty i materialy* (Moskva: Vostochnaia literatura, 1996), 263. 财政人民委员部解释了格鲁吉亚有利的经济条件

导致苏维埃卢布的尴尬下跌：巴统港享有"特权"地位，享有"与外部世界的私人贸易自由"以及与俄国的孤立。格鲁吉亚的财政福利是以"经济和金融上与社会主义共和国其他地区隔离为代价的……以牺牲我们的卢布、君士坦丁堡市场的经济和货币霸权为代价，最后以当地居民特权……损害财政部和牺牲俄国消费者为代价。" Doklad sotrudnika Narkomfina RSFSR, A. G. Orlova, "Finansovoe i ekonomicheskoe ob'edinenie Zakavkazskoi federatsii s RSFSR," *Ekonomicheskie otnosheniia*, 297; L. Moiseev, "K finansovomu ob'edineniiu s Zakavkaziem," *Vestnik Finansov*, 1922, no. 28, 27–30; "Finansovo–ekonomicheskoe polozhenie Yugo–Vostoka Rossii," *Vestnik Finansov*, 1922, no. 30, 56.

198. 外高加索地区被纳入了俄国的海关和预算体系。A. Orlov, "Finansovoe i ekonomicheskoe ob'edinenie Zakavkazkoi Federatsii s RSFSR," *Vestnik Finansov*, 1922, no. 38, 34–40. 高登博格在 1922 年 7 月写道：全联邦规模的货币统一不是一个政治金融问题，而是一个严格意义上的政治问题。R. G. Golderberg, "K voprosu ob unifikatsii russkoi denezhnoi sistemy," July 1922, RGAE, f.7733, op.1, d.6355, 101.

199. 据当地统计局报告，"The introduction of chervonetz started to exert pressure on the value of zakdenznak [Transcaucasian monetary sign]," and its value plummeted. *Zakavkazskii finansovo-statisticheskii sbornik, 1918-1923*, ch.1 (Tiflis: 1924), 89–90.

200. 关于远东地区改革的更多信息：A. I. Pogrebetskii, *Denezhnoe obrashchenie i denezhnye znaki Dalnego Vostoka za period voiny i revoliutsii (1914-1924)* (Kharbin: Obshchestvo izucheniia Manchzhurskogo kraia, 1924); Chia Yin Hsu, The "Color" of Money: The Ruble, Competing Currencies, and Conceptions of Citizenship in Manchuria and the Russian Far East, 1890s–1920s, Russian Review 73, no. 1 (January 2014): 83–110.

201. David M. Woodruff, "The Politburo on Gold, Industrialization, and the International Economy, 1925–1926," *The Lost Politburo Transcripts: From Collective Rule to Stalin's Dictatorship* (New Haven, CT: Yale University Press, 2008), 218.

202. 劳拉·恩格尔斯泰因分析了米歇尔·福柯的理论在俄国的适用性：自由主义国家软性但扩张性的权力，对于治理实践不发达的专制俄国来说，是一件可怕的事情吗？Laura Engelstein, "Combined Underdevelopment: Discipline and the Law in Imperial and Soviet Russia," *American Historical Review* 98, no. 2 (1993).

203. Elena Osokina, *Zoloto dlia industrializatsii: Torgsin* (Moskva: ROSSPEN, 2009), 83.

204. 苏维埃的"货币发行法"被简化为对国家银行的简短而不切实际的指示。国际银行"货币守则"的方案从未获得批准。Victor Shtein, "Emissionnyi zakon Gosudarstvennogo Banka," RGAE, f.7733, op1., d.6355, 175. The project of the Monetary Code: *Denezhnyi Ustav SSSR*. Proekt. RGAE, f.7733, op.1, d.6270.

205. 有关如何发生的详细解释，请参见 Yurii Goland, "Currency Regulation in the NEP Period," *Europe-Asia Studies* 46, no. 8 (2007).

206. V. Doklad V. Tarnovskogo, Iiun' 1921, in *Denezhnaia reforma 1921-1924 gg.: sozdanie tverdoi valiuty. Dokumenty i materialy* (Moskva: ROSSPEN, 2008), 50. 在其他地方，他直言不讳地指出，国家权力应交出其货币释放特权。Tezisy k zapiske Tarnovskogo, *Denezhnaia reforma 1921-1924 gg.: sozdanie tverdoi valiuty*, 98.

后记

1. Arkady Strugatsky and Boris Strugatsky, *Monday Starts on Saturday*, trans. Andrew Bromfield (London: Gateway, 2016), 41.

2. Gregory Grossman, "Gold and the Sword: Money in the Soviet Command Economy," *Industrialization in Two System: Essays in Honor of Alexander Gerschenkron*, edited by Henry Rosovsky (New York: Wiley, 1966), 215.

3. R. W. Davies and O. Khlevniuk, "Gosplan," in *Decision-making in the Stalinist Command Economy, 1932-1937*, edited by E. A. Rees (New York: St. Martin's Press, 1997, 37).

4. 关于这一改革和苏联货币的多重意义，参见：David Woodruff, *Money Unmade: Barter and the Fate of Russian Capitalism* (Ithaca, NY: Cornell University Press, 1991), 21–55.

5. Paul Gregory and Aleksei Tikhonov, "Central Planning and Unintended Consequences: Creating the Soviet Financial System, 1930–1939," *Journal of Economic History* 60, no. 4 (December 2000); 1017; Woodruff, *Money Unmade*, 21–55.

6. Alfred Zauberman, "Gold in Soviet Economic Theory and Policies," *American Economic Review* 41, no. 5 (December 1951): 881.

7. Gregory and Tikhonov, "Central Planning and Unintended Consequences"；Oleg V. Khlevniuk, "'Tolkachi.' Parallel'nye stimuly v stalinskoi ekonomicheskoi sisteme 1930-e–1950-e gody," *Cahiers du monde russe* 59, no. 2–3 (2018).

8. 在这一改革中，3000 卢布以下的储蓄账户不受贬值影响，但 3000 卢布以上的储蓄则根据存款总额的不同而有不同的贬值率。有关改革、准备工作和结果的详细分析，请参见 Igor Chudnov, *Denezhnaia refoma 1947 goda* (Moskva: ROSSPEN, 2018). Similar confiscatory reform was conducted in East Germany in 1957. Jonathan R. Zatlin, *The Currency of Socialism* (New York: Cambridge University Press, 2007), 42–47.

9. 关于 1941—1945 年强加给人民的财政负担的分析，参见：Oleg Khlevniuk, "Finansiruia voinu. Formirovamie gosudarstvennogo biudzheta SSSR v 1941–1945 gg.," *Rossiiskaia Istoriia* 3 (2020): 21–35.

10. G. Zverev, *Zapiski ministra* (Moskva: Politizdat, 1973), 182.

11. Kristy Ironside, *A Full-value Ruble: The Promise of Prosperity in the Postwar Soviet Union* (Cambridge, MA: Harvard University Press, 2021).

12. 1937 至 1950 年，卢布与美元挂钩，汇率为 1 美元 =5.3 卢布。1950 年确定的新汇率为 1 美元 =4 卢布。参见：Arthur Nussbaum, "The Legal Status of Gold," *American Journal of Comparative Law* 3, no. 3 (Summer 1954), 362.

13. Quoted from Zauberman, "Gold in Soviet Economic Theory and Policies," 885, 887.

14. Zauberman, "Gold in Soviet Economic Theory and Policies," 9–11.

15. L. V. Sapogovskaia, "Zolotye resursy SSSR v voenno–ekonomicheskom protivostoianii 1939–1945 godov (postanovka problemy)," *Voprosy Istori* 4, no. 5 (2005): 5.

16. Oscar L. Altman, "Russian Gold and the Ruble," Staff Papers (International Monetary Fund) vol. 7, no.3 (April 1960): 416.关于关于这一"神话"的信息，参见：Seigfried G. Schoppe and Michel Vale, "Changes in the Function of Gold within the Soviet Foreign Trade System since 1945–1946," *Soviet and Eastern European Foreign Trade* 15, no. 3 (Fall 1979): 60–95.

17. Franklyn D. Holzman, "The Ruble Exchange Rate and Soviet Foreign Trade Pricing Policies, 1929–1961," *American Economic Review* 58, no. 4 (September 1968): 809, 815–816.

18. Predlozheniia V. S. Gerashchenko, "O provedenii denezhnoi reformy," June 5, 1958, *Po stranitsam arkhivnykh fondov Tsentralnogo Banka Rossiiskoi Federatsii. Vyp.15. Iz neopublikovannogo. Voprosy denezhnogo obrashenia. Vedomstvennye materialy* (Moskva: Tsentralnyi Bank RF, 2014): 91.

19. 1961 年的情况与 1947 年一样，卢布兑美元的汇价最终由领导人决定：苏联统计学家建议 1 : 1 平价，但赫鲁晓夫坚持美元应该比卢布便宜。参见：V. K. Sitnin, *Sobytiia i liudi: Zapiski finansista* (Moskva: Luch, 1993), 17.

20. "Vesomyi Rubl," "Prestizh dollara padaet," *Izvestiia*, November 17, 1960.

21. Anna Ivanova, Magaziny "Beriozka," *Paradoksy potrebleniia v pozdnem SSSR* (Moskva: NLO, 2018), 30; Yu. Feofanov, "Firma terpit krakh," Izvestiia, May 19, 1961.

22. Kornei Chukovskii, *Dnevnik. 1936-1969, Sobranie sochinenii*, vol.13 (Moskva: Terra, 2007), 149.

23. Leonid Lipkin, [unpublished diary], https://prozhito.org/person/5382. 圣彼得堡欧洲大学"Prozhito"中心的项目（日记和回忆录合集）出版的许多其他个人资料都记录了人们对货币改革的态度。

24. 实现可兑换的最初步骤之一是首先在经济互助委员会（COMECON）国家之间开始向"部分可兑换"过渡。参见：O. Shelkov, "Po kursu tverdogo rublia," *Pravda*, August 28, 1989.

25. "Iz pochty AiF," *Argumenty i Fakty,* February 3, 1990, no.5. 相反意见（即先推动可兑换，后改革），见对科学院中央经济数学研究所所长的采访：Ya. Petrakov: "Mnenie spetsialista. Vernut' rubliu byluiu slavu," *Argumenty i Fakty*, September 30, 1989, no. 39.

26. O. Rogova and L. Moiseeva, "Denezhnaia sistema: Mekhanizm i napravlenie stabilizatsii," Voprosy Ekonomik 7 (1990); 75, 77.

27. V. Perlamutrov, "Ekonomicheskie besedy: Kanaly infliatsii," *Argumenty i Fakty*, June 11, 1988, no. 24.

28. 更多来信和复信参见：Yu. Konstantinov in "Byt' rubliu konvertiruemym," *Pravda*, August 8, 1988, no. 221.

29. T. Alekseev, "Kak rubliu stat' valiutoi," *Delovoi Mir*, June 10, 1991.

30. "O Mezhdunarodnom konkurse na luchshuiu rabotu po konvertiruemosti rublia," *Voprosy Ekonomiki 9* (1990): 3–68; B. Milner, "Kak konvertirovat' rubl'," *Argumenty i Fakty*, June 23, 1990, no.25.

31. Egor Gaidar, *Dni porazhenii i pobed* (Moskva: Alpina, 2014), 134–135.

32. O. Rogova and L. Moiseeva, "Denezhnaia sistema: mechanism i napravleniia stabilizatsii," 75.

33. 详 见: Patrick Conway, *Currency Proliferation: The Monetary Legacy of the Soviet Union* (Princeton, NJ: International Finance Section, Dept. of Economics, Princeton University, 1995).

34. Stephen Kotkin, *Armageddon Averted: The Soviet Collapse, 1970-2000.* New York: Oxford University Press, 2001, 124.

参考文献

（扫码查阅。读者邮箱：zkacademy@163.com）